浙江文叢

宋史翼

〔上册〕

〔清〕陸心源 撰　吴伯雄 點校

浙江古籍出版社

圖書在版編目(CIP)數據

宋史翼 /(清)陸心源撰；吴伯雄點校. —杭州：浙江古籍出版社，2015.9(2024.3 重印)
(浙江文叢)
ISBN 978-7-5540-0685-6

Ⅰ.①宋… Ⅱ.①陸…②吴… Ⅲ.①歷史人物—列傳—中國—宋代 Ⅳ.①K820.44

中國版本圖書館 CIP 數據核字(2015)第 224224 號

宋史翼

(全三册)

(清)陸心源　撰　吴伯雄　點校

出版發行　浙江古籍出版社
(杭州市體育場路 347 號　郵編:310006)
網　　址　https://zjgj.zjcbcm.com
責任編輯　路　偉　潘丕秀
封面設計　劉　欣
責任校對　余　宏
責任印務　樓浩凱
照　　排　浙江時代出版服務有限公司
印　　刷　浙江新華數碼印務有限公司
開　　本　710mm×1000mm　1/16
印　　張　71.5
字　　數　798 千字
版　　次　2015 年 12 月第 1 版
印　　次　2024 年 3 月第 3 次印刷
書　　號　ISBN 978-7-5540-0685-6
定　　價　400.00 圓(精裝)

ISBN 978-7-5540-0685-6
01>
9 787554 006856

前言

一

元修《宋史》，在二十四史之中，篇幅最爲龐大，而所遭受的批評也最爲劇烈。清代紀昀等人編纂的《四庫全書總目》，幾乎每提到此書，必要拐彎抹角地諷刺幾句。以博學和嚴謹著稱的史學家錢大昕，還專門歸納了四點問題：南渡諸臣傳不備、一人重複立傳、編次前後失當、褒貶不可信[一]。這四點可謂點點切中要害。因此，就在元朝還没滅亡的末年，有周以立者，即欲改修《宋史》，但未能成功。明清兩代，發奮改修《宋史》者，不乏其人，考其編撰目的及方法，不外如金靜庵先生所言：

其一，則元人以《宋史》與《遼》、《金》並列，無異李延壽之修《南北史》，極爲言正統派之學者所不滿。故敘宋亡訖於祥興，而爲衛、益二王作紀；置遼、金於外國傳，以儕於西夏、高麗。持此論者，多爲明人，如王洙、柯維騏、王惟儉之徒是也。其二，則取法歐、宋之重修《唐書》，以訂誤補闕、事增文省爲職志，精研史學之士，多主張之。其編纂之要旨，亦欲合三史爲一書，以正元代之非。持此論者，悉爲清賢，如陳黄中、邵晉涵、章學誠之徒

是也。〔二〕

清末陸心源編纂的《宋史翼》，即是這樣一部意圖改修《宋史》但又未能完工的半成品。

陸心源（一八三四—一八九四），字剛父，號存齋，晚號潛園老人，歸安（今浙江湖州）人。咸豐九年（一八五九）恩科中式舉人，後循例分發廣東知府，輾轉數官，頗有政績。同治十一年（一八七二），奏署福建鹽法道，遭人傾軋，有旨奉部引見（即待罪酌情降職）。陸心源不堪其辱，以母親年老爲由，憤而辭職，得到批准，遂無意仕途，整裝歸鄉，侍奉老母，潛心著述。〔三〕平生所著甚多，據俞樾所言，計有：

《儀顧堂文集》二十卷、《儀顧堂題跋》十六卷《續跋》十六卷、《皕宋樓藏書志》一百二十卷《續志》四卷、《金石粹編續編》二百卷、《穰梨館過眼録》四十卷《續録》十六卷、《唐文拾遺》八十卷、《唐文續拾》十六卷、《宋詩紀事補遺》一百卷、《宋詩紀事小傳補正》四卷、《千甓亭磚録》六卷《續録》四卷、《古磚圖釋》三十卷、《群書校補》一百卷、《吴興詩存》四十卷、《吴興金石記》十六卷、《歸安縣志》四十八卷、《宋史翼》四十卷、《元祐黨人傳》十卷、《校正錢瀞薌疑年録》四卷、《三續疑年録》十卷、《金石學補録》四卷，都凡九百四十餘卷，名曰《潛園總集》。〔四〕

從這一排書單中可以看出，陸氏畢生長於文獻輯録之學。這與他豐富的藏書密切相關。陸氏自小即喜歡購書，尤其酷嗜異書，『遇有秘笈，不吝重價，或典衣以易之』〔五〕。『典衣以易之』，或許是俞氏習慣性的誇張之語，陸氏家道殷實，又值太平天國兵亂之後，藏書之家紛紛降價以售，陸氏因之購置了不少宋元珍版書。明清江南藏書之風氣極盛，尤其清朝藏書之家，率以百宋、千元相誇耀。陸氏以『皕宋樓』命名自己的藏書樓，即是欲以凌駕於他的那位號稱『百宋一廛』的前輩藏書家黄丕烈。

因爲藏書，故要鑑定版本。因爲鑑定版本，勢必需要考證作者（或刻書者）。又因爲酷嗜宋版書，故所考證者多爲宋人，而豐富的藏書，又爲他提供了博考泛覽的條件。因此，陸氏在當時，即以長於考證宋人生平聞名學界。《儀顧堂集》卷四有《復姚彦侍方伯書》一文，略曰：

彦侍方伯尊兄閣下，昨拜賜書并大著《石魚題記》，命爲攷釋。寡陋如源，何能爲役？謹就見聞所及，略陳一二，未識有當萬一否？……若再以各府縣志及宋人文集、石刻攷之，題名必尚有可得其仕履者，非一朝一夕所能及也。

可見時人凡遇不經見之宋人名字，即馳書相詢。

陸氏一生，長於文獻輯佚之學，其著者有《唐文拾遺》、《續拾》等，有關於宋者，則有《宋詩紀事補遺》一百卷，補厲鶚《宋詩紀事》之不足。在輯録文獻之時，勢必要考證作者生平。他補正厲氏《宋詩紀事》作者小傳之缺誤，成《宋詩紀事小傳補正》四卷。又，如此前大多數學者一樣，陸氏不喜王安石〔六〕，對於其新法更是深惡痛絶，因此，他特地爲元祐黨人作傳，成就《元祐黨人傳》一書。該書卷首的《凡例》，已經很接近於陸氏改修《宋史》的設想。又，陸氏少小即喜古文，集中有與人論古文書〔七〕，亦有不少模仿史家爲人所作的傳記文章〔八〕，末尾還冠以『陸子曰』加以議論。可以説，長於宋史，又以史學、古文自負，且有衆多藏書可資參考，這三個先決條件，促成了他改修《宋史》的宏大志願。

但是，改修《宋史》，茲事體大，談何容易？前代不少史家，殫精竭慮，耗費畢生精力，也少有成功的。何況陸氏興趣廣泛，無法專心，又無得力助手襄助其事，故日復一日，材料越積越多，事情卻越來越難，〔九〕陸氏在給一位朋友的信中曾經感歎道：『改修《宋史》之稿，正如滿屋散錢，體例難定。』〔一〇〕迨後來年老志衰，自知卒業無望，遂將已成之部分篇目，及其他所搜集來之材料，匯合成書，題名《宋史翼》，於陸氏殁後十三年（一九〇七），其子孫刊刻於世。

二

《宋史翼》一書共四十卷，其中列傳十七卷、《循吏》五卷、《儒林》三卷、《文苑》四卷、《忠義》三卷、《孝義》一卷、《遺獻》二卷、《隱逸》一卷、《方技》二卷、《宦者》一卷、《姦臣》一卷，可以看出，主要是補《宋史》列傳之不足。據陸氏的朋友繆荃孫統計，全書『積録應補之傳，至七百八十一人，附傳六十四人』（《宋史翼序》），這個統計數字略有出入〔一一〕，但已可見陸氏用力之勤，積累之多。

如前所述，陸氏畢生主要長於文獻輯録之學，《宋史翼》一書，也主要是輯録前人相關資料而成，計其來源，約有以下數種：

一是宋人重要史籍，如李燾《續資治通鑑長編》。《宋史翼》中不少北宋人的傳記，多從此書輯録而來，比如卷六《楊康國傳》幾乎全録自《長編》，長達數千言。同卷《李新傳》全録其《上皇帝萬言書》，卷四《岑象求傳》亦然。其次爲李心傳《建炎以來繫年要録》，《宋史翼》中不少南宋人的傳記，多從此書輯録而來。且元修《宋史》時，似乎並未參考過此書〔一二〕，故陸氏利用此書，亦相應較多。比如卷四《蘇符傳》，主要摘録《要録》各卷而成，卷一二《張戒傳》亦然。再其次，則有徐夢莘之《三朝北盟會編》、王稱之《東都事略》〔一三〕等。

二是宋人文集中之墓誌、碑銘、行狀等。此類來源在全書中所占比例甚大，約三分之一，所引文集，如曾鞏之《元豐類稿》、蘇頌之《蘇魏公文集》、朱熹之《晦庵集》等，近八十種之多。由於此類文章原文一般較長，故陸氏在輯録時多有裁減。

三是方志。不論國志或是省志、縣志，皆有《人物》一門，其中屬宋代者，是陸氏重點取資所在。《宋史翼》中引用最頻繁者，有道光重纂《廣東通志》、道光《福建通志》、雍正《江西通志》、雍正《浙江通志》、雍正《廣西通志》。由於此類志書中《人物》門多有分類，故陸氏在輯録專傳時，幾於成片收録，如《忠義傳》大部分取材於道光《福建通志》卷一九〇（《宋忠節門》），以及雍正《浙江通志》卷一六六（《忠臣四》，宋代部分）。尤其卷四〇之《姦臣傳》，除了《錢遹傳》外，其他全部抄自道光《福建通志》卷一九二（《宋外傳》）。《宋史翼》引用方志的種類不超過三十種[一四]，但由於資料比較集中，引用比較頻繁，故此類來源亦占《宋史翼》全書較大比例，約三分之一强。

《宋史翼》的材料來源，主要爲此三類。除此三類外，以下幾類也占一定比例：

宋元筆記小説。由於筆記小説中零星記載了一些不見於史傳的人物事蹟，故亦成爲陸氏取材的對象。尤其《方技傳》中，除了引用《宣和書譜》、《宣和畫譜》及少量方志外，其他幾乎主要來源於陶宗儀《説郛》、張杲《醫説》、沈括《夢溪筆談》、王明清《揮麈録》等筆記小説。

學案。主要爲明黄宗羲《宋元學案》，因該書中多爲宋代學者立傳，故《宋史翼》取材於此書的部分亦相當可觀，如《李復傳》、《胡瑆傳》、《唐仲友傳》、《吴琚傳》、《趙昱傳》、《虞剛簡傳》、《趙順孫傳》、《丁黼傳》、《陳琦傳》、《李義山傳》、《劉顔傳》、《王開祖傳》、《劉牧傳》、《倪天隱傳》、《周行己傳》、《馬大年傳》、《曹粹中傳》、《彪虎臣傳》、《黎明傳》、《陳鵬飛傳》、《石𡼖傳》、《范浚傳》、《林湜傳》、《沈度傳》、《楊子謨傳》、《黄櫄傳》、《范仲黼傳》、《陳埴傳》、《張淳傳》、《李𠕇傳》、《度正傳》、《饒魯傳》、《輔廣傳》、《張端義傳》、《吴思齊傳》、《方鳳傳》共三十六人傳記，一字不漏全抄。其他部分引用《宋元學案》者，尚不在此例。

目録書。因目録書中往往載有作者之生平行事，故《宋史翼》中間亦及之，如晁公武《郡齋讀書志》、陳振孫《直齋書録解題》、馬端臨《文獻通考》之《經籍考》，以及清修《四庫全書總目》等，其中采自《直齋書録解題》者尤多。

三

如前所述，由於臨時改變計畫，由改修《宋史》退而爲輔翼《宋史》，即由史才之撰著，退而爲史料之搜集，故《宋史翼》中所纂録之各人傳記，其情況較爲複雜。既有已纂成之定稿，又有僅供編纂裁擇未經任何加工的原材料。至其編纂方法，則大概不出以下四種：

一、全録他書以成篇。

這種情況，在《宋史翼》中所占比例甚大，幾乎達到一半以上。比如上文中已提及的李復等三十六人的傳記，完全抄自《宋元學案》；《姦臣傳》全卷除《錢遹傳》外，全抄自道光《福建通志》。《宋史翼》中經常全部抄録以成篇的書，除了上述兩種外，還有道光《廣東通志》、雍正《江西通志》、雍正《浙江通志》、同治《蘇州府志》、同治《湖州府志》（此書陸氏參纂）、《京口耆舊傳》、《新安文獻志》等。之所以全部抄録，大概是因爲這些傳記本身已經作得很好，達到了陸氏理想中的預期，自己再重寫也無法超越，故乾脆直接抄録〔一五〕。比如卷二二《宋慈傳》，陸氏在《儀顧堂題跋》卷六《影宋本宋提刑洗冤録跋》中已根據劉克莊《後村先生大全集》等材料爲宋慈作過一篇傳文〔一六〕，完全可以收入《宋史翼》，但是後來他看到《福建通志》卷一七五中亦有宋慈傳記，且材料更詳細，文筆更精練，故最終選用《福建通志》之文。

但是，很多時候，陸氏往往不標出所抄録的原書名，而代以該書中所引用的材料，一如出自自己之手。因此，如果不核實他所引用材料的原始出處，就很難分清到底是陸氏自己所纂，還是抄録他人成篇，這一點經常迷惑一般的讀者。比如最爲人稱道的宋慈傳記，因其所著《洗冤集録》頗爲著名，而《宋史》未爲之立傳，陸氏則彙考諸書，爲宋慈作了一篇詳細的傳文，從而受到不少宋慈研究者的讚歎。殊不知此文乃全抄《福建通志》卷一七五，連其中的兩處案語『《閩書》作判廣州，今據《後村居士集》』及『詳見《宦績》』亦屬《福建通志》文中所原有，只不過陸氏所標明的文獻出處，是《劉後村大全集·宋公墓誌》，而非《福建通志》。而經過核查，《劉後村大全集·宋公墓誌》之文，與《宋史翼》中《宋慈傳》之文出入頗大，故許多讀者誤以爲經過了陸氏的改纂，而没有想到其實乃全抄《福建通志》。

因爲全抄，所以此種博考之功，類敘之才，不能歸功於陸氏。同樣，某些錯誤，屬所抄之書所原有，亦不能歸咎於陸氏。如中華書局影印本《宋史翼》的《前言》中，提到《宋史翼》的缺點時，有一條是陸氏誤將《新唐書糾謬》的作者吴縝誤作吴曾（見卷二九《吴曾傳》），但以陸氏之博聞多學，其疏決不至此。通過核查原文出處，纔發現該文出自光緒《江西通志》卷一五一，誤以吴曾有《新唐書糾謬》，陸氏乃抄録《江西通志》原文，事後未暇改定而已。此亦可以想見面對這『滿屋散錢』，陸氏確實連重看一遍的精力都没有，從另外一個方面也可以看出當日成書之倉促了。

有時候連原書中的案語或者原作者的行文語氣也一併抄録，往往會使人莫名其妙。

比如：

今瑗官至通侍大夫、武勝軍承宣使，贈少師，謚忠簡。（卷三九《劉瑗傳》，所引材料出處爲《宣和畫譜》）

蔡碩……恃兄勢，招權納賄，爲駕部郎中吳安持所按，確庇之，安持反坐謫，語在《安持傳》。（卷四〇《蔡碩傳》，所引材料出處爲《福建通志》。按：《福建通志》有《吳安持傳》，而《宋史翼》無，故『語在《安持傳》』一句便無著落。）

又如上文《宋慈傳》中『詳見《宦績》』，亦屬徑抄《福建通志》而未去除者。諸如此類，疏漏顯然，幾於不去葛龔。其原因無他，只爲全抄原書，且無力一一核實修飾耳。

二、摘録一書中相關資料，連綴成篇。

這種情況，一般用於《續資治通鑑長編》和《建炎以來繫年要録》這兩部重要的編年史著作上。其操作方法爲：在書中找出有關某個人物的記載，按時間先後編排而成。如卷一《周尹傳》即是分别從《續資治通鑑長編》卷二七六、二七七、二七九、二八〇、二八一、二八四、四四九諸卷中摘録出有關周尹之事蹟而成篇。又如卷四《蘇遲傳》分别摘録《建炎以來繫年要録》卷五、六、二〇、三四、三七、三八、四六、四八、六八、六九、八四、一四五、一六八而成。當然，有時候也會有所遺漏，如卷三〇《李喆傳》僅録《建炎以來繫年要録》卷四二中一段有關李喆之事蹟，實際上該書卷一二九亦載有李喆事蹟，陸氏漏輯，遂使本篇傳記不甚完整。

三、删減墓誌、碑銘、行狀以成篇。

如卷一《畢從古傳》係删減畢仲游《西臺集》卷一六《尚書郎贈金紫光禄大夫畢從古行狀》而成。《行狀》原文數千言，陸氏節取其大概，删爲八九百字。此種情況在《宋史翼》中甚爲多見，兹不贅舉。有時候某個傳主既有行狀，又有墓誌，則結合兩者，略加編排裁訂，如卷七《王庭珪傳》即爲結合周必大《文忠集》卷二九《左承奉郎直敷文閣主管台州崇道觀王公廷珪行狀》及王庭珪《盧溪文集》末附胡銓所撰《墓誌銘》二文而成。

四、博考群書，彙聚連綴以成篇。

這是陸氏理想中的最佳編纂方法。陸氏之前有三部方志，阮元的《廣東通志》、謝啟昆的《廣西通志》、陳壽祺的《福建通志》，皆爲其所推尊[一七]。這三部著名志書中，人物傳記的作法，均爲徵引群書，注明出處，並連綴成篇。陸氏在修《湖州府志》中的人物傳記時，也依其方法而作[一八]。兹舉一例，以見一斑。阮元纂道光《廣東通志》卷二九二《吴復古傳》：

吴復古字子野，一字遠遊，揭陽人。志趣超逸，以父宗爲翰林院侍講，蔭官當得皇宫教授，遜於庶兄。居父母憂，廬於墓者三年，手植木墓傍，又以餘力葺治園亭，教育子弟。後遺去妻子，築庵居潮陽直浦都麻田山中，絶粒不食。間出遊四方，徧交公卿，然一無所求。每論出世法，以長不死爲餘事，鍊氣服藥爲土苴。戴《志》見知於待制李師中，師中於世少屈，獨於復古曰：『白雲在天，引領何及？』後東坡、黄門與一時名士悉爲知己，東坡

名其居曰遠遊，且爲銘。《輿地紀勝》

復古於紹聖丙子至惠州，同軾遊羅浮，又過循州見轍。及軾安置儋州，復古又從之遊。《羅浮山志會編》軾嘗問養生，復古對以『曰安曰和』。及軾南遷，見於真陽，無一言及得喪休戚事，獨告曰：『邯鄲之夢，猶足以破兵而歸真。目見而身履之，亦可以少悟矣。』《蘇詩施註》及軾遇赦還，復古與黄洞輩追送至清遠峽，忽病，《羅浮山志會編》不服藥。妻子問後事，笑麾之，翛然而逝。郭《志》葬於麻田，《揭陽志》軾爲文祭之。紹興三年，海寇黎盛登開元寺塔，見遠遊居，問左右曰：『是非藏蘇内翰圖書處否？』麾兵救之。復料理吴氏歲寒堂，民屋附近者賴以不爇甚衆。《夷堅志》

有子芘仲，能文章，善書劄，嘗作《歸鳳賦》，軾甚稱之。嘗與復古書曰：『少時在册府，嘗及接見先侍講下風。死生契闊，相遇江湖，感歎不已。』又有《與吴秀才書》，即芘仲也。黄《志》

像這樣的傳記，旁徵博引，貫串自然，又敘事井然流暢，的確是傳記文中的上乘之作。《宋史翼》中，亦有類似之篇章，比如《王應鳳傳》（卷一六）、《陳著傳》（卷二五）、《王鞏傳》（卷二六）、《高似孫傳》（卷二九）、《陳振孫傳》（卷二九）、《周密傳》（卷三四）等。兹舉其中較爲簡短之《高似孫傳》爲例，以見一斑：

高似孫字續古，《書録解題》夙有俊聲，詞章敏贍。《攻媿集》程大昌《演繁露》初成，文虎假觀，似孫年尚少，竊窺之。越日程索問原書，似孫因出一帙曰《繁露詰》，其間多大昌所未載，而辨證尤詳。大昌盛賞之。《齊東野語》登淳熙十一年進士。《寶慶志》爲會稽縣主簿，吏道通明，樓鑰除給事中，嘗舉以自代。《攻媿集》後爲禮部郎、守處州。《延祐》。案：《句餘土音注》作『禮部侍郎知處州』。累官中大夫、提舉崇禧觀。似孫博雅好古，《嵊縣志》晚家於越，《延祐志》爲嵊令史安之作《剡録》，而文物掌故乃備。卒，贈通議大夫。《鄞縣志》既旁徵博引，句句注其來歷，又兼有考證，且文筆簡潔，敘述井然，確爲不可多得之傳記文字。但有時候也會過了頭，如《王應鳳傳》，僅短短三百來字，卻注了二十二個出處，繁瑣不堪，《周密傳》亦然。而且若篇篇如此撰寫，工作量定會大大增加，成書更加無望了。

四

如前引金靜庵所言，明清兩代有志於改修《宋史》的學者，其出發點不外乎兩種：一是從民族大義出發，在義例上作文章，以宋爲正統，遼、金爲外國；一是以史學爲追求，以事增文省、訂誤補闕爲職志。清代嚴密的文網，決不允許陸心源在義例上做任何文章，而且所謂的正統思想，在他的時代也不占主流。因此，他改修《宋史》的計畫，最終也只能變爲從事於事增文省、訂誤補闕的工作。但是事增文省需要將整部《宋史》推倒重來，工作量極其龐大，而訂誤需要博考群書，多方考證，何況《宋史》中有列傳的多達兩千多人，一一訂誤考證，亦勢不可能，故他做得最多的，轉爲拾遺補闕，繆荃孫的《序》中，稱讚全書『積録應補之傳至七百八十一人，附傳六十四人』，即重點指出了他的這一點功績。要之，由改修《宋史》的宏偉設想，退而爲輔助《宋史》的史料彙編，就彼時情形而論，乃是在所必然之事〔一九〕。

由於臨時改變計畫成書，《宋史翼》中既有已纂定的成稿，又有未加工的原始史料，因此很難歸納出一套鮮明的體例（陸氏自己也苦於體例難定）。但是，在此之前，陸氏已經編寫過《元祐黨人傳》，這可以看作是他改修《宋史》之前所作的一次小規模的嘗試工作，而《元祐黨人傳》的《凡例》，或許可以表達出他改修《宋史》的大致設想。兹摘録其中四條如下：

一、《宋史》雖已附見而事蹟不詳者，如趙彦若、王汾、吴安詩、劉唐老、范柔中、韓治、范正平、蘇昞之類，皆徧考群書，補輯事蹟。

二、如姚勔、岑象求、楊康國、朱紱、鄧忠臣、秦希甫、周綍、楊瓌寶、馬涓、陳郛、蘇嘉、尹材、商倚、李深、李新、陳並、周鍔、黄隱、吕希績皆卓然可傳而《宋史》不爲之立傳，今爲考補，不厭求詳。

三、《宋史·王鞏傳》僅載其從東坡遊魋山事，殊非史體，今采輯群籍爲之補傳。

四、鄭俠、陳瓘，史傳雖詳，頗有舛誤，今加參考，别爲之傳。〔二〇〕

以上四條，可以歸納出陸氏的編纂宗旨爲：一、無者爲補（第二條）。凡《宋史》未爲其人列傳者，即爲補傳。二、有者加詳（第一、三條）。凡《宋史》雖已爲其人立傳，但事跡過於簡略者，爲之增補。三、誤者爲正（第四條）。凡《宋史》中記載有誤者，則爲改正。

當然，編寫專題式的史學著作《元祐黨人傳》，與大規模的改修《宋史》，其體例之複雜程度，事務之繁瑣程度，遠不可同日而語。無者爲補，這對陸心源來説，並非難事。但有者加詳、誤者爲正兩條，則大非易易。因《宋史》共有列傳二千多人，欲爲之加詳、正誤，足以令人望洋興歎。因此，整部《宋史翼》中，僅收有王古、劉顔、吴楚材、李成大、蕭明哲、王趯、高談、林特、錢遹等九位《宋史》中已有傳的人物〔二一〕，其他均爲補充《宋史》之缺漏而作。這一點，既是陸氏用力最多最勤的地方，也是《宋史翼》最重要的價值所在。試詳論之。

誠如繆荃孫《宋史翼序》中所言，前人改修《宋史》者，『其書主意曰删曰訂，皆恨本書之繁蕪而思薙治之，未嘗病本書之疏漏而轉補苴之也』。的確，《宋史》向以繁蕪著稱，但是另外一方面，缺漏之處也很明顯，本文開頭言及錢大昕所指出的《宋史》四大缺點，其中之一就是『南渡諸臣傳不備』。尤其《文苑傳》，修史者僅根據《東都事略》中的《文藝傳》略加補充〔二二〕，而《東都事略》主要記載北宋一朝史事，故南宋作家如林，而《宋史》中卻多所掛漏〔二三〕，即如劉克莊、姜夔這樣極有影響的著名作家，亦未爲之立傳。陸心源從《福建通志》卷一八八中抄録出劉克莊的傳記（見卷二九），又將阮元所輯《詁經精舍文集》卷五嚴傑《擬南宋姜夔傳》一文收入（見卷二八），彌補了這一重大缺憾。其他如張景，北宋初著名古文家，師從柳開，而《宋史》無傳，陸心源據宋祁《景文集》卷五九《故大理評事張公墓誌銘》一文裁擇删訂，爲之立傳。

（見卷二六）張先，北宋著名詞家，《宋史》亦無傳，陸心源博考《吳興志》、《古今詩話》、《過庭録》、《直齋書録解題》、《梅宛陵詩集》、《後山叢談》等書，編排類敘，兼有考證，爲張先作了一篇翔實而嚴謹的傳記。[二四]（見卷二六）其他如王令、周紫芝、蕭德藻、永嘉四靈等，皆文學史中赫赫有名之重要人物，而《宋史》皆無傳，陸心源則一一爲之補傳，極大程度上彌補了《宋史》的不足。

又如，劉牧、倪天隱均爲北宋著名學者，而《宋史》不爲立傳，陸心源則根據《宋元學案》分别補入《儒林傳》（見卷二三）。李復，北宋末著名邊將，《宋史》無傳，陸氏則據《宋元學案》卷三一補入（見卷八）。陳龍復，南宋末年從文天祥勤王，起兵抗元，兵敗被擒，旋即遇難，《宋史》亦未爲之立傳，陸氏據《福建通志》卷一九〇補入（見卷三一）。

其次，《宋史·循吏傳》僅一卷，共十二人，皆北宋人，除去已重複見於列傳中的程師孟，實僅十一人，缺漏也很嚴重。陸心源根據宋人文集以及各地方志中之相關資料，補出《循吏傳》五卷，多達一百三十一人，難怪他的朋友俞樾會禁不住感歎：『何其多也！』（《宋史翼序》）《宋史》有《隱逸傳》，而無《遺獻傳》，這當然是限於當時的政治氣氛，不得不然。陸心源於《隱逸傳》之外，又立《遺獻傳》一門，專門表彰謝翱、鄭思肖、汪元量、劉辰翁、周密、胡三省等入元不仕、心向故宋的堅貞之士，不僅有識，且頗有微意。

要之，《宋史翼》一書，多輯他人著作以成編，在體例上少有創新之處[二五]，在史法上也當不上他的朋友繆荃孫所説的『事增文省』，也不足以『與《宋史》並列學官』（俱見《宋史翼序》），但他以一人之力，或輯録他書，或自行纂定，共稽考出七百多位宋人的傳記，誠如著名史學家柴德賡所言：『於宋代史料之搜集與流傳，甚有功績。』〔二六〕

改修《宋史》這一重大課題，陸氏最終未能完成。但這並不值得歎息，因爲失敗的不僅僅是他一個人，博學如朱彝尊，亦只能以年老而作罷〔二七〕。即使是明代那位爲了專心致志改編《宋史》竟而至於發憤自宮的史學家柯維騏，雖然修成了《宋史新編》，但也不過得到一個『有史才而無史學』的中性評價〔二八〕。而且，『《新編》史料不能出《宋史》範圍，人又何必舍《宋史》而用《新編》乎？』〔二九〕其實，《宋史》未必非改修不可，相反，有學者認爲，《宋史》在史學上不稱良史，但從史料學的角度看，卻是寶貴的宋代史料集粹。這樣，前代史學家長期以來一直指摘的《宋史》繁蕪雜亂、編排失當等缺點，在今天看來，卻反而是其優點了。〔三〇〕同樣，陸氏當年曾經感歎，這些後來編爲《宋史翼》的改修《宋史》之稿，『正如滿屋散錢』，苦於『體例難定』。但他或許不會想到，從史料學的角度來看，這反而是《宋史翼》最大的價值所在。

五

《宋史翼》也有一些缺點，比如一人重複列傳，如沈度之傳記，已見於卷二一（《循吏四》），而卷二四（《儒林二》）又有《沈度傳》，僅隔三卷而一人之傳重出，實不應該。又如分類不當，如將錢遹歸入《姦臣傳》，而考其傳文，並無姦邪之事，反見其爲官頗有政績，幾乎一循吏。其他如輾轉抄録，不知《宋史》已爲該人立傳而重複收録書中；原書作者語氣未去除，遂致使讀者莫名其妙等，上文已經提到了一些。但是，以上所列舉的這幾點，若放寬了講，都可以歸結於成書倉促，未及檢核，我們或許不必苛責。其實，《宋史翼》一書最大的缺點，乃在於文獻出處。

在《儀顧堂書目題跋》中，陸氏於每篇跋文之後統一列出參考書目，這一點遭到了余嘉錫的批評，他認爲這樣處理，『使讀者不能知其某事出某書，無從取原書覈正』〔三二〕。《宋史翼》中大部分篇章，倒是每一段後都注明了出處，但是，這些出處問題卻不少。

首先，有些傳記，明明是全抄自甲書，而所列材料出處卻是乙書，如卷八《方軫傳》，陸氏所注明出處爲《八閩通志》，該書中雖然也有方軫的傳記，但文字簡略，其實陸氏乃是全抄自《福建通志》，同卷《陳朝老傳》亦然；卷三四《鄭思肖傳》，所列參考文獻爲盧熊《蘇州府志》，經核查，盧熊《蘇州府志》雖有鄭思肖傳記，然本篇傳記實全鈔自《福建通志》卷一九〇。

有時候，明明是全抄自某一書，卻要列出好多書名，比如卷二三《劉顔傳》，所列參考書目爲『《淨德集·劉庠墓誌》，《徂徠集》，參《宋元學案》』，但其實乃全部抄自《宋元學案》卷六。

這還算列出了《宋元學案》，有時候連原書都不列，而列一堆其他的書名，如卷七《張元幹傳》，所列出處爲『《閩書》，參《八閩通志》』，而實乃全抄自《福建通志》卷一七三；卷八《李復傳》，所列出處爲『《容齋隨筆》，參《建炎以來朝野雜記》』，而實乃全抄自《宋元學案》卷三一；卷三一《鮑廉傳》，所列出處爲『據《續宋通鑑》、《琴川志序》合纂，參《南匯志》』，實乃全抄自同治《蘇州府志》卷七二。

有時候，他寧可憑空猜測，也不肯照實標出原出處。如卷三六《程鼎傳》，所列出處爲《朱晦庵集・環溪翁墓表》，查《晦庵集》並無《環溪翁墓表》，而卷九〇有《韓溪翁程君墓表》。原來本篇傳記實乃全抄自弘治《徽州府志》卷九，該書以程鼎之號『環溪』，但朱熹《韓溪翁程君墓表》則曰程鼎號『韓溪』，而且並不言程爲環溪人。殆《徽州府志》誤『韓』爲『環』，進而以其爲環溪人，陸氏不察，照抄而誤。可見陸氏根本没有核對《朱熹集》，只是根據《徽州府志》程鼎傳的末尾有『晦庵先生表其墓』一語，遂想當然地列了一個《朱晦庵集・環溪翁墓表》這樣的文獻出處，而不肯明列出《徽州府志》。又如，卷七《劉安節傳》，所列出處爲《許横塘集・劉公墓誌》，但是遍查許景衡的《横塘集》，卻無論如何也找不到《劉公墓誌》。細查之下纔發現，其實乃出自劉安節《劉左史集》後附録的許景衡所撰《墓誌》〔三二〕。又如，卷二一《鄧深傳》，所列參考文獻爲『《永樂大典》引《古羅志》，參《萬姓統譜》』，而其實此篇傳記乃全部抄自《四庫全書總目提要》卷一五八《鄧紳伯集提要》，《提要》中彙集《萬姓統譜》及《永樂大典》中引用的《古羅志》二書，考證了鄧深的生平。陸氏直接抄録《提要》原文，卻不注明《提要》，而注其所引之書，一如出自己手。

照理，《宋史翼》中原有全抄他書以成篇之例，即使注明原出處，讓讀者發現全抄其書，亦並無可諱忌之處。何況陸氏生於學風嚴謹的乾嘉時代之後〔三三〕，如此隱没證據，諱其所出，幾與剽竊無異，實在令人不解。

六

《宋史翼》有清光緒三十三年（一九〇七）《潛園總集》本，此次整理，即以之爲底本加以點校，並盡可能一一核查原材料出處，採用定本式校勘法，校正後之文字列于正文，原刻中之誤字則在校勘記中標出。至于避諱之字，常見如歷之於曆、邱之於丘、甯之於寧、元之於玄、宏之於弘等，則一律徑改。又古人抄書，往往多憑己意增删，一一出校勘記，勢不可能，亦無必要，故僅在抄録有誤致文義不通時方出校記。原刻本中，文獻出處皆隨文注於篇中，今一律歸置文末，標以『原注』二字，以便省覽，凡屬原書所有之注釋或案語，一律以『案』字領起，凡屬整理者之説明，則以『按』字領起，以資區别。

需要説明的是，本書原擬名《宋史翼校證》，後來發現校證的部分很少，再冠以《校證》之名，恐有掛羊頭賣狗肉之嫌，故仍定名《宋史翼》，但於原先已做好的部分校證工作，仍然敝帚自珍，予以保留。原先擬定的校證模式，亦不特意回改。因此書中有些地方略有考證，表面上看，已經越出了點校的範圍。體例不嚴之處，敬請讀者諒解。

吳伯雄，二零一五年十月十九日晚於蘭庭賃所。

注　釋

〔一〕錢大昕著、楊勇軍點校《十駕齋養新録》卷七，上海書店出版社二〇一一年版，第一三三一—一三五頁。

〔二〕金靜庵《改修〈宋史〉考略》，《宋史研究》第八卷，中國大百科全書出版社二〇〇九年版，第五四七頁。按：歷代改修《宋史》之大略情況，可參考此文及黄雲眉《與夏瞿禪論改修〈宋史〉諸家書》（《宋史研究》第八卷，第五四〇—五四六頁）。

〔三〕陸氏生平事蹟可參考俞樾《廣東高廉道陸君墓誌銘》（《春在堂雜文六編》卷四）及繆荃孫《二品頂戴記名簡放道員前廣東高廉道兵備道陸公神道碑銘》（《藝風堂文續集》卷一）二文。

〔四〕俞樾《廣東高廉道陸君墓誌銘》，《春在堂全集雜文六編》卷四，清光緒二十五年《春在堂全書》本。

〔五〕同右。

〔六〕或許可以舉一個旁證：《宋史翼》卷四《蘇京傳》：『（蘇）嘉弟京，字世美，以父頌任假承務郎，學行稱於時，與鄒浩、游酢輩相友善，爲雄州防禦推官，監江寧府税，辟忠武軍節度判官。』此段材料抄自《京口耆舊傳》卷四，『辟忠武軍節度判官』前原有『王安石聞其所爲，歎蘇氏之有子』一句，可見辟蘇京爲節度判官者爲王安石，陸氏不欲褒揚其識拔人才之德，刻意删去，隱没其善，間接可見其痛恨王安石。

〔七〕陸心源《上吳子苾閣學論國朝古文書》，《儀顧堂集》卷四，清光緒刻本。

〔八〕見《儀顧堂集》卷一〇，清光緒刻本。

〔九〕柴德賡《史籍舉要》:『修《宋史》者,非史料不足之可憂,轉覺如何選録、如何組織之不易。《宋史》之困難在此,《宋史》之缺點亦在此。』見北京出版社二〇〇二年版,第一七五頁。

〔一〇〕陸心源《上李石農侍郎書》,《儀顧堂集》卷四,清光緒刻本。

〔一一〕據孫萬潔《陸心源〈宋史翼〉研究》(上海師範大學二〇一〇年碩士學位論文)統計,《宋史翼》全書共收正傳八百八十一人、附傳六十五人。

〔一二〕柴德賡以袁桷所開爲修《宋史》而購置之書目中無《建炎以來繫年要録》一書,懷疑元修《宋史》時未曾參考此書。見《史籍舉要》,北京出版社二〇〇二年版,第一七五頁。

〔一三〕按:因元修《宋史》時,主要參考《東都事略》,故陸氏於此書僅偶而引之,僅《計用章傳》(卷三)、《郭震傳》(卷三六)二處而已。

〔一四〕很多方志係轉引者,陸氏没有標明原出處,比如《粤大記》,其實乃轉引道光重纂《廣東通志》。又如《馬大年傳》所標材料出處爲《揚州府志》,其實乃轉引黄宗羲《宋元學案》卷二〇,其他類此者多。

〔一五〕也有一個可能的解釋是:陸氏直接抄録,僅是先作爲原材料,以待日後改纂之用。只是後來因爲時日遷延,無力親自加以改定,故直接採用。

〔一六〕陸心源著、馮惠民整理《儀顧堂書目題跋彙編》,中華書局二〇〇九年版,第一〇二頁。

〔一七〕陸心源《同治湖州府志敘》:『近時志書,論者皆推尊謝氏《廣西通志》、阮氏《廣東通志》,徵引浩博,體例嚴明。』又,《儀顧堂續跋》卷八《新福建通志康執權傳跋》云:『公甫先生修此志時,閲書千餘種,爲近來各省通志之冠。』見陸心源著、馮惠民整理《儀顧堂書目題跋彙編》,中華書局二〇〇九年版，第三六五頁。

〔一八〕《湖州府志》中的《人物》係陸氏與他人分纂，本無法分出哪些具體出自陸氏之手。好在陸氏後來將這些自己纂定的人物傳記收入《儀顧堂集》中（見卷一〇至卷一四），使我們今天可以得以比對辨認。又，這些傳記大部分收入《宋史翼》。

〔一九〕錢大昕《跋柯維騏宋史新編》云：『後之有志於史者，既無龍門、扶風之家學，又無李淑、宋敏求之藏書，又不得劉恕、范祖禹助其討論，而欲以一人之精力，成一代之良史，豈不難哉！』見《潛研堂文集》卷二八，上海古籍出版社二〇〇九年版，第四九七頁。

〔二〇〕陸心源《元祐黨人傳·凡例》，清光緒刻本。

〔二一〕《宋史翼》中爲《宋史》有傳的人物作傳，情況比較複雜。一種是不滿於《宋史》已有之傳而爲之補充改撰的，如《王古傳》。一種是輾轉抄録，不知本來出於《宋史》而導致重複的，如《劉顔傳》，陸氏從《宋元學案》中輯録其傳記，而不知《宋元學案》乃抄自《宋史》。一種是陸氏不知《宋史》已有傳，而又根據其他史料爲之立傳的。

〔二二〕此從柴德賡《史籍舉要》之説。見北京出版社二〇〇二年版，第一七八頁。

〔二三〕《宋史·文苑傳》中，北宋八十一人，南宋僅十一人。

〔二四〕《張先傳》見於《湖州府志》，此書陸氏參與修撰，並且將出自自己之手的傳記收入《儀顧堂集》中。《張先傳》又見於《儀顧堂集》卷一三，故可灼知出自陸氏自撰。

〔二五〕俞樾《宋史翼序》稱此書『有《儒林傳》而無《道學傳》，自有微意』，但這不過是清代學者的共識而已，陸氏不過遵行前賢議論，並無微意。又，俞氏此《序》，所言多謬誤。如：『《方技傳》亦倍於原書，然如徐神翁之類仍不羼入，亦見其采擇之精矣。』然卷三七中有徐守信傳記，内曰：『人以神翁目之。』則徐守信即徐神翁，焉得謂不羼入？ 又：『惟楊朴實佐太祖開基，《宋史》無傳，而兹亦闕焉，殆以其已見《遼史》歟？』然楊朴爲兩宋之際人，其所佐之太祖，乃金太祖，而非宋太祖。考《四庫全書總目》卷四六《金史提要》有云：『惟其《列傳》之中，頗多疏舛。如楊朴佐太祖開基，見於《遼史》，而不爲立傳。』俞氏殆誤記《金史提要》爲《宋史提要》，遂致有此鑿空之論。

〔二六〕柴德賡《史籍舉要》，北京出版社二〇〇二年版，第一七八頁。

〔二七〕朱氏在《書柯氏宋史新編後》羅列了一大批改修《宋史》的參考資料後，感歎道：『及今改修，文獻尚有可徵，予嘗欲據諸書考其是非同異，後定一書，惜乎老矣，未能也。』見《曝書亭集》卷四五，四部叢刊影清康熙本。

〔二八〕錢大昕《跋柯維騏宋史新編》，見《潛研堂文集》卷二八，上海古籍出版社二〇〇九年版，第四九七頁。

〔二九〕柴德賡《史籍舉要》，北京出版社二〇〇二年版，第一八三頁。

〔三〇〕王瑞來《漫談宋史》，《宋史研究》第八卷，中國大百科全書出版社二〇〇九年版，第一一九頁。黄雲眉亦云：『吾輩似不必復爲此書贅討論潤色之勤。此書卷帙繁富，吾輩但以史料視之，要亦《事略》、《長編》之比。必如諸賢之瑕疵此書，圖爲帝王别成較善之家乘，今固無此蘄求矣。』《與夏瞿禪論改修〈宋史〉諸家書》，《宋史研究》第八卷，中國大百科全書出版社二〇〇九年版，第五四五頁。

〔三一〕余嘉錫《書儀顧堂題跋後》，《余嘉錫論學雜著》，中華書局二〇〇七年第二版，第六三一頁。

〔三二〕查《皕宋樓藏書志》卷七九有《劉左史文集》，陸氏當是在其書卷末附録中發現許景衡所撰劉安節之《墓誌》，但又不肯明標出此書，而寧可想當然地以爲許景衡的文集中會有劉安節的墓誌，故憑空列了一個《許横塘集·劉公墓誌》這樣的文獻出處。

〔三三〕梁啟超歸納乾嘉時期學者治學態度爲十點，其中一點即是：『隱没證據或曲解證據，皆認爲不德。』見《清代學術概論》，東方出版社一九九六年版，第四四頁。

目録

卷十二　列傳第十二

卷十三　列傳第十三

卷十四　列傳第十四

卷十五　列傳第十五

卷十九　列傳第十九

卷二十　列傳第二十

卷二十一　列傳第二十一

卷二十二　列傳第二十二

卷二十三　列傳第二十三

卷二十四　列傳第二十四

卷二十五　列傳第二十五

卷二十六　列傳第二十六

卷二十七　列傳第二十七

卷二十八　列傳第二十八

卷二十九　列傳第二十九

卷三十　列傳第三十

卷三十一　列傳第三十一

卷三十二　列傳第三十二

卷三十三　列傳第三十三

卷三十四　列傳第三十四

卷三十五　列傳第三十五

卷三十六　列傳第三十六

卷三十七　列傳第三十七

卷三十八　列傳第三十八

卷三十九　列傳第三十九

卷四十 列傳第四十

序

往者國子監行文各直省徵求書籍，君以家藏舊本一百五十種進，天子嘉焉，有『刊校古書，潛心著述』之諭，海内傳播，以爲美談。越數載，余以例得重宴鹿鳴，疆吏上聞，奉有『覃心著述』恩旨。先後十許年，吾吳興一郡，乃有兩家皆以著述蒙朝廷嘉獎，亦云幸矣。然余呫畢陋儒，章句末學，平生於經子兩部粗有所得，史部則涉獵殊淺，集部則家無藏書，雖欲覃心，其道無繇。君則自爲諸生時藏庋已萬餘卷矣，及宦成而歸，所藏之書遂爲兩浙冠。君潛心其中，日以著述爲事，嘗於本朝《欽定全唐文》外，網羅放失，成《全唐文拾遺》八十卷、《續拾》十六卷，余讀之已望洋向若而歎矣。

今哲嗣純伯觀察又出君遺書《宋史翼》四十卷見示，則較《全唐文拾遺》用力尤勤，而其功亦愈大。考《宋史》卷帙最繁，而遺漏仍復不少，尤可異者，《張昷之傳》謂其父泌自有傳，而徧檢《宋史》，竟無《張泌傳》，疑當時或實已具稿而編纂時失之也。君所補列傳多至十七卷，得百三十餘人，其中多有昭昭在人耳目而《宋史》顧無傳，非君蒐補，無乃闕如歟？《宋史·循吏傳》寥寥十二人，而程師孟已見列傳，則實止十一人。君所補五卷，凡一百二十八人，何其多也！《方技傳》亦倍於原書，然如徐神翁之類仍不羼入，亦見其採擇之精矣。其有《儒林傳》

而無《道學傳》，自有微意。有《隱逸傳》而又有《遺獻傳》，使王炎午、鄭思肖之徒皆炳然史策，表彰風義，尤深遠矣。惟楊朴實佐太祖開基，《宋史》無傳而兹亦闕焉，殆以其已見《遼史》歟？

余謂是書也，以微顯闡幽之意，爲徵文考獻之資，非徒如《唐文拾遺》掇拾一字一句於豸朽蟫斷之中而已。余於《唐文拾遺》已爲之序，則於此書其又奚辭？昔厲樊榭徵君著《遼史拾遺》二十四卷，《四庫》著録焉。君此書踵之而作，而精博過之，惜王文懿後無請開四庫館者，不得與厲書同備天禄之藏，是則余所撫書三歎也。

光緒丙午四月，曲園俞樾。

宋史翼序

元托克托修《宋史》，成書四百九十六卷，繁蕪之譏，史家引爲大恥。錢竹汀先生標其四弊：一曰南渡諸傳不備，二曰一人重複列傳，三曰編次前後失實，四曰褒貶不可信。故其時周以立欲改修而未能，其孫敘嘗思纘成先志，明正統間請於朝，詔許自撰，詮次數年，未就而卒。嘉靖中，廷議更修，以嚴嵩董其事，然亦未有成書也。他如柯維騏《宋史新編》、王惟儉《宋史記》、王洙《宋史質》，其書主意曰删曰訂，皆恨本書之繁蕪而思薙治之，未嘗病本書之疏漏而轉補苴之也。

吾友陸存齋先生，淹雅閎通，史才獨擅，初擬改編《宋史》，積稿至四五尺，後慮卷帙重大，而精力漸衰，乃先刺取各書，積録應補之傳至七百八十一人，附傳六十四人，成四十卷，改名《宋史翼》。其中名臣如孔延之、徐彦若、喻汝礪、袁説友，循吏如侍其瑋、韓正彦、桂萬榮，儒林如宋咸、阮逸、董鼎、游九言，文苑如二洪、二崔、姜夔、高似孫、劉過，忠義如丁黼、鮑廉，方技如孫兆、唐慎微、李廷珪、李成、王詵，姦臣如吕升卿、廖瑩中，皆彰彰在人耳目，何轉棄之如遺？當時秉筆諸臣，如前代列國達官降宋，無事可紀，至盈數卷，碑傳原文，率爾録入，無類敘之才，無考訂之學，繁蕪者自繁蕪，疏陋者自疏陋。先生之補《宋史》，固其宜矣。搜采之博淺，讀者此與先生《宋詩紀事補遺》一百卷、《元祐黨人傳》十卷，皆天水氏一朝掌故之淵藪也。事增文省，亦何讓《新唐書》乎？共知之。翦裁之功，非深研者不知也。

昔揭陽王昂撰《宋史補》，其書不傳。邵氏二雲《南都事略》，其《儒學》、《文苑》一目，載入潛研《養新録》，而《宋史》以外，止增劉克莊一人。即令全書尚存，亦未必過於此書。然則是編也，即與《宋史》並列學官，亦復何媿？固非若錢文子《補兵志》及熊方之《補年表》所可同日語矣。

光緒丙午五月朔，江陰繆荃孫序。

卷一 列傳第一

張沔 子諷

張沔字楚望，福建浦城人。自祖靄而上，皆仕南唐。沔八歲而孤，稍長，發先世家書讀之，刻勵不少懈。同里楊億以文章名一世，沔外姻也，因從億遊，億甚重之。大中祥符元年登進士甲科，試校書郎，累遷太常博士，通判温州，賜緋衣銀〔一〕魚。

章皇后稱制，沔上書劾樞密使張耆〔二〕驕僭亂法，請出耆補外。事雖不行，士論壯之。宰相李迪薦其才，除侍御史。沔居臺數月，吕夷簡復入相，因論：『故事：三院由中丞薦，不當以執政用。』仁宗然其言，出沔知信州。沔雖由此去，然端亮清操，無愧清議云。尋移福州，歲餘召還。歷工部郎中，入權鹽鐵判官，假諫議大夫。使契丹，還，言敵情驕慢，疑有非常，當敕邊備。既而契丹果以兵臨境求關南地，如沔所策。慶曆二年，加直史館，知陝州。明年，轉刑部郎中。

先是，元昊寇定川砦，涇原路副都部署葛懷敏戰歿，朝議慮關中兵少不足守，詔中使往崤、澠間遮四路歸師，還補其闕。士卒久出塞欲歸，聞命大譁，將爲變。中使馳入陝，以詔書屬沔而去。沔單騎出郊，矯詔諭之云：『賊已出境，有詔命諸軍趣還。』營衆見沔之易也，帖然就道。范仲淹經略陝西，梁適奉使延州，皆奏沔權宜合變，當厚其賞，不報。

徙河北轉運使。保州軍變，諸將兵會城下，幾十餘萬，爭欲攻城。沔曰：『兵驕作亂，罪不及百姓。』遂至東關門，呼首惡者，諭以禍福。衆皆投兵仗，再拜曰：『公活我，願見詔書面縛。』旬餘，定州路安撫田況遣李昭亮受降卒。全一州者，沔本謀也，猶以事不先覺，貶秩知汝州。富弼宣撫河北，封敕不下，曰：『沔有功當賞，奈何奪其位？』請於朝。仁宗以同官例皆貶，不許。

尋移知宿州。會習妖術人李教獄發，沔坐前爲轉運使失覺察，落職，降爲都官員外郎、監宣州稅。尋除工部郎中、知廣德軍，遷江南東路轉運使。召還，判三司户部勾院。未幾，自請知明州，有詔視三路轉運使。上章告老，詔以少子誨爲州從事，以便侍養。嘉祐五年卒，年七十有八。

子三，諷最知名：，説，太常博士；，三即誨也。①

材料出處

①原注：《劉公是集》，參《八閩通志》。按：劉攽《公是集》卷五三《故朝散大夫尚書刑部郎中致仕上柱國賜紫金魚袋張公墓誌銘》，弘治《八閩通志》卷六四。

校證

〔一〕銀，原作『金』，據《墓誌銘》改。因宋代官服，紫服佩金魚袋，緋服佩銀魚袋，未有緋衣金魚者。參考龔延明《宋代官制辭典》第六六二頁『服紫』條及第六三三頁『金魚』、『銀魚』條，中華書局一九九七年版。

〔二〕耆，《墓誌銘》作『旻』。按：張耆初名旻。

諷字隱直。寶元二年，西方用兵，諷以布衣進《啟政》十篇，復陳邊要數萬言，並上書二府，論古今兵事成敗。時雖不用，公卿翕然以爲材。以父蔭補太廟齋郎。

慶曆初，魚周詢拜御史中丞，薦爲主簿。諷在臺中，乃屬官，而御史陳旭、唐介等皆以友禮待之。介之論張堯佐也，夜召諷決之。諷曰：『足下當言責，尚何疑爲？』其直諒多類此。秩滿，改大理評事。范仲淹徙知青州，辟爲判官。比仲淹病且劇，一以府事委諷。既歸京師，以父老求東南官，除安慶懷寧令。數月，獄訟衰息。遷殿中丞，通判湖州。未幾，罷歸。治平三年，召入朝。諷家居至是十年矣。

神宗即位，遷虞部員外郎。時唐介自太原府還爲三司使，請以諷權領户部判官，從之。户部諸道上供金帛，歲負二十餘萬，内帑無所考質。有旨命諷覆較。諷建言：『轉運使以經制爲職，請立殿最，中間不滿歲而去者，以數告所代。』詔頒爲法。計三年所入最，得一百三十萬。

諷又督發山、陝所負入便錢，至五十萬，大計賴焉。於是正除户部判官。在三司凡七年，遷司勳員外郎。出知越州，改明州。

時方病鹽法，自昌國縣置發引鋪，公私混淆。諷至，除引鋪，使民市於官，不爲定格，約入緡錢三百八十萬。尋移成都路提點刑獄。自熙寧以前，第五等户不徭。新法起，乃出免役錢。諷謂朝廷立法本以寬民，今賦困窮之民，非上意。奏免十二萬户，蜀民大悦。

會茂州蠻叛，諷與轉運使俞充分兵防備，且移書帥府，請詭與約和，以緩其來。已而王師至。蠻不侵軼者，諷之力也。先時，蜀使者多循故事，不閲兵仗。諷初至，將閲之，衆以爲恐生民心。諷曰：『吾職事也。』遂發視，器甲鈍敝過半。諷咸令修完，並檄支郡舉新之。至是軍興，卒獲其用。自蠻叛後，諷往來七月，無旦夕休。還至永康，感疾而卒。

諷天性渾厚，喜怒不形，與人交，辭色温温，及臨事則不苟。在三司時，新進多假途以致要津，而諷坦然不以爲意也。①

材料出處

①原注：沈遼《雲巢編》，參《范文正集》、《胡文恭集》、《八閩通志》。按：沈遼《雲巢編》卷九《張司勳墓誌銘》。

刁約

刁約字景純，丹徒人。少有盛名。擢天聖八年進士第，爲諸王宮教授。時南班之制未立，宗子非遇殊恩，無遷官法。景祐中，宗室欲緣大禮推恩，命約草表。丞相王曾愛其文詞，遂得旨，有南班之授。宗室酬以千縑，謝辭不受。

寶元中，入爲館閣校勘。慶曆初，與歐陽脩同知太常禮院。其冬，又與脩等並爲集賢校理，管當三館秘閣。四年，坐蘇舜欽進奏院祠神飲酒事，出通判海州，奉親以行。作戲綵亭，邦人榮之。李清臣賦詩所謂『傳聞綵服朱延客，已作金章白髮翁』，蓋以屬約。

皇祐中，仍以校理權吏部南曹，尋爲開封府推官。至和中，温成皇后上仙，約以厚葬爲非，未疏奏，爲内臣所白，出提點京西刑獄。時知太常禮院校理吴充、鞠真卿皆以議温成事黜，時論然之。太常丞、直集賢院馮京上言三人者不當去，亦坐落同修起居注。

嘉祐初，使北，歸塗戲用『契丹』、『疋裂』、『貔貍』等爲詩，雖一時諧謔，亦爲當世傳誦。還，判度支院，假太常少卿、直史館。四年，出爲兩浙運使。還，判三司鹽鐵院，出提點梓州路刑獄。八年，再判鹽鐵院，遷〔一〕户部。治平中，出知揚州，移宣州。熙寧初，判太常寺。議講讀官當賜坐，與吕公著等合。後雖不行，識者是之。

約性殷勤篤至，急人之急，甚於己私。在京師，賓客無貴賤少長，有謁必報，日不足，繼之以夜，故館中頗有『走馬多羅』之誚，而約實未嘗一登權要之門。故同時輩流躐進驟遷，而約獨四十年周旋館學，天下士皆稱之曰刁學士。前後如范仲淹、歐陽脩、司馬光、王安石、王存、蘇軾，皆愛敬之。其告老而歸，存以詩送之。比其死也，軾哭之以詩，安石祭之以文。

約家世簪纓，故所居頗有園池之勝。至約更葺爲一園，曰藏春塢。塢西臨流爲屋，曰逸老堂。又西有山阜，植松其上，曰萬松崗。凡當代名流，皆有詩。從容里閈，年八十餘，元豐五、六年間卒。

兄繹，擢天聖二年進士第，授太常博士，歷仕楚、蜀，最後通判揚州，卒。王安石時簽書淮南節度、判官廳公事，有祭文。弟紓，字公綽，即約出使北回《寄南徐二弟》詩中所謂『族推公綽最温良』者。紡字經臣，以父蔭入官，由户掾歷佐幕府，范仲淹、歐陽脩皆有贈送之詩。①

材料出處

①原注：《京口耆舊傳》。按：卷一。

校　證

〔一〕遷，原作『還』，據《京口耆舊傳》改。

畢從古

畢從古字幾道，濰陽人。祖士安，《宋史》有傳。從古潔廉有智略，善籌大事，不喜爲少年進取。景祐元年，以父蔭監南京糧料院，移監泗州糧料院。明年，范仲淹使淮、浙，過泗州，與語大悅，數從容與計事。簽書婺州判官，調長葛令，遷兖州通判。侍讀學士、知兖州劉湜者，雅知之。

先是，從古在婺州，婺人有郭令兒者，與叔居，叔殺里中子而厚賂令兒父母，使驗其子爲殺人者。獄成，從古從太守戚舜元問狀，皆是。從古獨念叔壯而富，姪甚幼且貧，其辭氣與情頗不類，疑之。因謂太守請移其獄鞫治，太守良久許之。獄既移，令兒父母果自首服，遂反，論殺其叔。舜元且慚且喜，謂令兒曰：『汝之更生，簽判之明也。太守幾誤殺汝！』

湜嘗聞令兒事，及得從古爲通判，大喜。兖獄非從古聽之不決，決必中，而獄事多所平反。每與湜論，湜言其律，從古言其情，無不合。湜歎曰：『嗟乎，法非仁人不能知也。如通判者，殆可謂知法矣。』

以三司使田況薦，提點淮南十三山場。明年，上言：『茶者，山澤之餘貨，利微刑重，貨日以腐，刑日以繁，愚民抵死者，歲不下數百千人，可弛其禁而征之。』書奏報聞，罷〔二〕。後數年，茶益委積，刑益繁，江淮之間尤甚，竟弛其禁而征之。

起爲壽州通判，攝其州事。秋大饑，民無食者相與發富人之倉而攘其粟。捕得者二百名，乃戒屬縣先上其渠帥五六輩，謂曰：『歲饑，雖貧，不俟縣官之命而群取人之粟，其如法何？爾不得生矣！』即以重械繫之，示以必死。官吏更相諫，不聽。會潁上亦大饑，民亦攘其粟，縣令雷詳議曰：『歲饑取粟，姑以免死。』笞二十而生之。民出相謂，曰：『歲饑無食，縣官使我食人之粟。』遂復相與發富人之倉，三日三夜，凡数千。旁諸縣亦各千人，〔二〕殆不可禁。其後太守李顧反用法日誅數人，盜終不止。而壽陽之盜聞其渠帥且死，無復敢爲盜。繫獄者其初止二百人，或配決縱舍，終無一人死者。于是壽陽諸官吏始以從古用意爲然。

從古天資直介，與時人多不合，絶不喜事貴人。貴人知之者，惟杜衍、范仲淹、包拯、田況、劉湜五人，未嘗有私謁也。自范仲淹以毁廢，從古亦無意用世。畢氏自士安以來，絶不爲生產計。仕宦三十年，竟無田宅，居人或爲憂。曰：『使吾子孫賢，雖無田宅，未聞有餓死之賢士也。如不賢而厚遺以田宅，祇速其敗爾。』平生好爲詩，有詩二百篇，文五十餘篇。嘉祐四年卒，年五十有八。①

材料出處

①原注：《西臺集・畢公行狀》。按：畢仲游《西臺集》卷一六《尚書郎贈金紫光禄大夫畢從古行狀》。

校證

〔一〕罷，原闕，據《行狀》補。

〔二〕『曰歲饑』至『各千人』，原闕，據《行狀》補。

王尚恭

王尚恭字安之。父曙，《宋史》有傳。尚恭少力學，與弟尚喆偕游庠序，喜親賢士大夫。景祐元年，與弟同登進士，調慶成軍判官，知解縣。上書言：『宜選將帥而委以不疑，責大功，赦小過，以激其忠義。節寺觀土木之費，損大臣郊祀之賞，以寬國用。精擇守令，以厚風化之本。久任外計，使究財貨之原。取士推大公而簡防禁，察吏先才行而後常流。委長吏、撤冗員以省事，減巡檢、增弓手以禁盜。』改著作佐郎，知陝州芮城縣。孫沔經略環慶，辟掌機宜，深相任信。

慶曆八年夏，賊元昊爲子寧令哥所弒，國人誅之，立其幼子諒祚，而來告哀。謂沔曰：『元昊負恩，屢挫官軍，忠臣義士，痛心頓足，未能擒戮。今父子相殘，而立其幼，殆天亡賊也。請勿賜王爵，止授以節帥之名，擇其彊臣，寵以高官，使分其權，復以厚賞招致近邊豪酋，漸收其用，以壯吾藩籬，則西陲可久安。不然，後難制也。』沔奇其言，奏上之。時天下稱沔爲良帥，尚恭有助焉。

移知開封府陽武縣。時包拯爲尹，愛其才，邑人有訟事於府者，拯曰：『既經王宰決矣，何用復訴？』自著作佐郎九遷太常少卿，遂得謝事。所居雖庳儉，而掃灑清潔，疎竹幽花，列植前後，與富弼、文彦博、司馬光等十二人爲耆英會，圖像賦詩，尚恭居第四，手書其詩于石。卒年七十有八。①

材料出處

①原注：《范忠宣集·王公墓誌》。按：范純仁《范忠宣集》卷一四《朝議大夫王公墓誌銘》。

孫　抗

孫抗字和叔，黟縣人，其先棄廣陵以避孫儒之亂。抗少孤力學，寄食浮屠山中，步行借書數百里，升樓誦之而去其階。數年，具衆經，遂博極群書，爲文操筆，數百千言。始同學究出身，歷官後登進士甲科，知潯州。當是時，州人未趨學，抗改作廟學，召吏民子弟，親據案講説，勸誘以文藝。未幾，旁州士皆來學。學者由此日多。

以選通判耀州。兵士有訟財而不直者，安撫使以爲直，抗爭之不得，乃奏決於大理。大理以抗所爭爲是，用其議，編於敕。慶曆二年，擢監察御史裏行，奏彈狄青不當沮敗劉滬永洛城事，又因日食言陰盛，以後宮爲戒。仁宗大獵於城南，衛士不及整而歸以夜，明日將復出，有雉隕於殿中。抗奏疏，即是夜有詔止獵。

蠻唐和寇湖南，以抗按撫。奏事不合，因自劾，乃知復州。後稍遷都官員外郎，提點江南西路刑獄。有言常平歲凶當稍貴其粟以利糴本者，抗言此非常平本意也，詔又從之。儂智高反，抗即出兵二千於嶺，以助英、韶。會除廣西轉運使，馳至所部，而智高勢方焰，上遣大臣部諸將兵數萬擊之。方時搶攘，抗驅散亡吏民轉芻米，又以餘力督守吏治城修械，士卒得飽，而屬州得全。以有功勞，遷司封。初抗請斬大將之北者、發騎軍討賊，及後賊所以破滅，皆如其策。卒，年五十六，官至工部郎中。

抗爲州，務整齊大體，闊略細故。與賓客談説，絃歌飲酒，往往終日而罷。聽用僚屬，能盡其力，事以不廢。在御史言事，計曲直利害如何，不顧望大臣，以此無助。自少爲文，以類集之，爲百卷。子五：適、遡、迪、适、遘。適從王荆公遊，年十四，議論著書已驚人。登第後，終永州軍事推官。遡嘗爲縣令，荆公亦稱其好學能文。自迪以下及孫略，皆登進士第。①

材料出處

①原注：《新安志》。按：卷六。

孔延之

孔延之字長源，新淦人，孔子四十六世孫。慶曆進士。幼孤，深自感勵，晝耕讀書隴上，夜燃松明繼之，學藝大成。鄉舉進士第一，遂中其科，授欽州軍事推官。杜杞之使南方，誅歐希範，策畫多出延之，書奏謀議皆其屬草。後知封州，即用爲廣南西路相度。寬恤民力，所更置五十五事，弛役二千人。使者欲城封州，延之爭以謂無益，乃不果城。遷廣南西路轉運判官，辭母老，不許。廣西人稀，耕者少，而賦糴于民歲至六百萬石，程督與税等，然不過能致數十萬石而止。延之計歲糴二十萬石而足，高其估以募商販，不賦糴于民。

初，儂智高平，推恩南方，補虚名之官者八百人，多中户以上，皆弛役，役歸下窮。延之使復其故。欽、廉、雷三州蜑户以采珠爲富人所役屬，奪使自爲業者六百家，皆定著令。交阯使來桂州，陰齎貨爲市，須負重三千人，延之止不與，使由此不數至。

雷州濱海，守方俔爲不善，官屬共告之，俔要奪其書。延之馳至，取俔屬吏，縱繫逮者七百餘人。俔坐法當斬，亦以瘐死，人讙叫感泣，聲動海上。改荆湖北路提點刑獄，罷鼎州六寨歲戍土丁千餘人。召爲開封府判官。出知越州，緝有《會稽掇英總集》二十卷。終知潤州。熙寧七年二月卒，年六十有一，著有文集二十卷。自欽州九遷至尚書司封郎中，賜服緋魚。有三子，曰文仲、武仲、平仲，同讀書于郡齋，俱好學成名，後人榜其齋曰桂堂。①

材料出處

①原注：《元豐類稿》。按：曾鞏《元豐類稿》卷四二《司封郎中孔君墓誌銘》。

吴師孟

吴師孟字醇翁，成都人。第進士，累官鳳州別駕。王安石當國，與師孟同年生也，擢爲梓州路提舉常平。師孟疏言新法不便，寧罷師孟故官。後知蜀州，又論茶法害民，遂謝事去。蘇軾常云：『吴師孟乞免提舉，如逃垢穢。』《送周朝議》詩所謂『矯矯六君子』者，師孟其一也。①

材料出處

①原注：《氏族譜》。

周表權

周表權字思道，四川新繁人。慶曆六年進士，累官知漢州。初，李稷使蜀，榷茶爲蜀害。表權與稷論異，爲稷誣奏罷去。元祐元年，再起知漢州，改名表臣。蘇軾有《送周朝議知漢州》詩云：『茶爲西南病，民俗記二李。何人折其鋒，矯矯六君子。君家尤出力，流落初坐此。』①

材料出處

①原注：《氏族譜》，參《施注蘇詩》。按：施元之《施注蘇詩》卷二七《送周朝議守漢州》詩注。

周尹

周尹字正孺，四川新繁人。慶曆六年進士，嘗知利州。熙寧末，累官屯田郎中。九年，兼侍御史。奏言：『臣聞錢幣之用，古者或謂之泉，欲其流行而無滯；或謂之布，取其周遍而平均。臣去冬奉使，經由永興、秦鳳路，見盜鑄鐵錢不少，市肆買賣交易，多不肯行用。官司雖有支出，卻不收納，上下疑惑，軍民愁怨。問其本末，蓋是錢法用一〔一〕當二，鐵錢易得，而民間盜鑄者費少利倍，所以抵冒嚴刑，不可止絕，濫錢日以滋多。昨三司指揮更不行用，轉運司改鑄〔二〕。臣竊惜官中見成數百萬貫錢，頓爲棄物。若改鑄仍作折二，民間盜鑄定亦不可止絕。望自今後只作一錢行用，則盜鑄者所獲之利不充所費，自然無復冒禁作過。歲省重辟，而農商交易獲泉貨流通之利，比之改鑄勞而又費，其利害灼然可見。』①

又言河北轉運判官李稷苛刻佻薄，父死不葬，務爲氣勢，凌蔑韓琦。時九年八月二日也。十月五日又言，十年正月十二日、二月朔又言。稷改軍器監丞。②

又言：『天下諸路役法，令民出錢，官募人充役，元指揮於數外留寬剩錢一分，聞諸州縣歲留寬剩錢過多，蓋不能推原朝廷之意，承望提舉司風旨，廣令民間出錢。又有提舉司希求勞績，或官使士庶妄陳利害，減省役人，除剋役錢，而民間所出一切如舊，致寬剩數漸倍多。天下皆謂朝廷設法聚斂，不無疑怨。役人倉法太重，募錢太輕，無以自養，不願就役，上下失所，公私共患。乞令諸路州縣依先降免役條募耆、户長及有不當過減役人，並限定人數，令逐月募錢有備外，其寬剩止留一分，上毋厚斂，下得樂輸。』

又言：『成都路户口蕃息，産鹽少，食常不足。梓、夔等路産鹽多，而食有餘。自來不禁販易，官私兩利。聞昨成都府路轉運司以相度賣陵井鹽場，遂止絶東川路鹽，及閉本路卓筒井，因閉井而失業者衆。蓋欲鹽價增長，令民願買陵井鹽場。又因言利之臣奏請募人運解鹽入蜀，自陝西至成都二千里，道險不能續運，致成都路鹽涌貴，斤爲錢二百五六十，米二斗纔得鹽一斤。而東川路鹽斤止七十，境上小民持入西路，即爲禁地，輒冒重刑。嗜利苟活之人，至以兵仗裹送販易。驅人冒法，如設陷阱。嗷嗷衆口，赴告無所。臣欲乞放東川路鹽依舊，轉運司不得止絶。』詔三司速相度以聞。

熙河路果莊爲寇，李憲以内侍省押班往秦鳳、熙河路計議措置邊事，軍前諸將皆受憲節制。尹與蔡承禧、鄧潤甫奏言：

『自《詩》、《書》以降，迄于秦、漢、魏、晉、周、隋，上下數千載間，不聞有以中人爲將帥者，此其故何也？勢有所不便也。蓋有功則負恃驕恣，陵轢公卿，何所忌憚？無功則挫損國威，傳笑四夷，非細事也。

『唐自睿宗以前，未嘗以將帥屬中人。至明皇承平日久，志大事奢，稍委近習。會安南蠻渠梅叔鸞叛，而楊思勗請行，遂許之，然猶以宗楚客爲大都護。及覃行章亂黔中，始以思勗爲招討使。雖有擒滅寇盜之功，而唐之禍萌於此矣。及代宗用魚朝恩拒史思明、討僕固瑒〔三〕，而恃功擅命，幾危社稷。倚元載除之，寒心者數月。以程元振判元帥行軍司馬，權震天下。元勳故老，皆見斥逐。洎犬戎内侵，集天下兵，無隻輪入關者。此皆已然之故也。憲宗時〔四〕王承宗叛，以吐突承璀爲行營招討處置使。諫官李鄘、許孟容、吕元膺、段平仲、白居易等衆對延英，謂古無中人位大帥，恐爲四方笑。乃更爲招討宣慰使，而承璀卒以無功，輕謀弊賦得罪。及後世區區踵其故迹，而唐之患有不可勝言者，其源蓋起於開元也。

『今陛下更易百度，未嘗不以先王爲法，而忽降詔命，以中人爲帥，搢紳士大夫皆莫知所謂。夫以陛下之仁聖神武，駕馭豪傑，雖憲百輩，臣等知其無能爲也。然陛下獨不長念卻慮，爲萬世之計乎？使後世沿襲故迹，狃以爲常，進用中人，掌握兵柄，則天下之患又將有不可勝言者矣。陛下其忍襲開元故迹，而忘天下之患乎？方今雖乏人，然文武之士布滿中外，豈無一人可以任陛下邊事？憲出入近密，荷國寵榮，詔下之日，大臣不敢言，小臣不敢議，臣等待罪憲府，以言爲職，故敢盡其狂愚。』

又言：『自開元以來，使中人爲將，亦或成功，然其患常在於後。今陛下使憲將兵，功之成否，非臣等所能豫料。然以往事鑑之，其必有害，況陛下所行，皆將爲法於萬世，豈可使國史所書「以中人將兵，自陛下始」？藝祖朝，中人官不過副使，至于今日，未嘗有專爲將帥，軍前將校皆受其約束者。乞早賜罷。』

又言：『陛下既數假寵於憲，則其類莫不畏向而服從之。憲功益高，賞不可不進，及其盛而抑之，則其中必不自滿。以柔媚之性，日習於侈大，挾不自厭滿之心，得所信嚮服從之類，以事陛下於中，此不可以不戒也。而臣等區區，誠知過計，然反覆思念，自古未嘗有以兵寄閹人而不亂者。夫天下之事，忽於其始，則其終也必有害。陛下以一方之事屬於憲，後以爲例，則兵權必歸焉。故臣等以爲果莊之患小，用憲之患大。憲功不成其禍小，成功其禍大。昔漢、唐、藝祖皆以兵定天下，方其初，中國分析爲八九，世方乏才，人不知學，而祖宗震起於欃槍擾攘之中，所以安寧者，亦自多士而已，未聞此屬有與焉。今果莊狗盜鼠竊，非可畏之與國也，陛下何重於憲而忽忘天下之士，解功臣之體，以兆後世之患哉？』③

尹有母在成都，上以兩川豐稔，遣尹乘驛齎御香往峨嵋山白水寺，因奉使迎侍。④奏言：『提舉賣鹽張景溫，擅增鹽價，禁買蠶鹽，苛細害民。』⑤

又上言：『成都府路置場榷買諸州茶，盡以入官，最爲公私之害。初，李杞倡行敝法，奪民利未甚多，故爲患稍淺。及劉佐攘代其任，增息錢至倍，無他方術，惟割剥于下，而人不聊生矣。大抵在蜀則園户所苦，壓其斤兩，支錢侵其價直。在熙、秦州則官價太高，而民間犯法不可禁止。又搬運不逮，糜費步乘，堆積日久，風雨損爛，棄置道左，同于糞壤。兼所至不通客旅，惟資無賴小民，結連群黨，持仗私販。虧失征税，茶司認虚額。又侵盜相繼，刑罰日滋，致數千里之害，可爲深慮。臣頃在京師傳聞其事，既未詳盡，安敢輕議？今受命入蜀，所至體問，乃知買茶爲害甚鉅。有知彭州吕陶、知蜀州吴師孟等論奏，可以參驗。往者杞、佐繼陳苛法，即信用其言，曾不略加參考。今議者條其刓蠹，悉皆明白，未即采聽，何勇於興利而怯於除害乎？臣願敕有司速究榷茶之弊，俯徇衆論，寬西南之慮。』

又曰：『竊詳朝廷之意，未欲遽罷茶禁者，必以熙河路買馬年計，茶最爲急。今官茶所在州縣堆積甚多，足支數年買馬。望速罷榷茶之法，以安遠方。』

還至陝，命提點河北刑獄。⑥後知眉州。丁母憂，喪除，入爲主客郎中，遷考功兼權吏部。元祐四年，知梓州。⑦吕大防典領《實録》，見尹熙寧中所言事，歎曰：『君子哉斯人也！』因言于上。五年，除直秘閣，再任。⑧

材料出處

①原注：《通鑑長編》二百七十六。按：《續資治通鑑長編》卷二七六。

②原注：《長編》二百七十七。按：原訛作『二百七十九』。

③原注：二百七十九。

④原注：二百八十。

⑤原注：二百八十一。

⑥原注：二百八十四，參《氏族譜》。

⑦原注：《氏族譜》，參《長編》。

⑧原注：《東坡集》，《長編》四百四十九。按：蘇軾《東坡後集》卷九《書諸公送周梓州詩後一首》。

校證

〔一〕一，原闕，據《長編》卷二七六補。

〔二〕轉運司改鑄，《長編》卷二七六作『仍令逐路轉運司速行改鑄』，文意較明白。

〔三〕瑒，原作『場』，據《長編》卷二七九及《舊唐書》卷二〇七改。

〔四〕時，原闕，據《長編》卷二七六補。

吕希道

吕希道字景純，河東人。祖夷簡，考公綽，《宋史》有傳。慶曆六年，獻所爲文二十卷，召試學士院，賜進士出身，判登聞鼓院，通判揚州。大姓湯氏訟閲十二年不決，部刺史檄責，州將患之。希道曰：『世豈有不可窮竟事實耶？請不問湯，先治吏。』果得情，鞫吏受財數百千，黥吏止訟。知解州。

始，州人不知向學，希道毁淫祠及寺無舊額者百餘處，取其材，廣學宫，士得居處，講習即學，爲立生祠。知和州，郡境有麻湖，瀕江二十里，環湖田數千頃，無畜泄之備，雨久則田皆陷澤中，爲一方患。希道疏河通江，介湖中爲溝港，雨暴注則瀉諸江，因溝港通運舟達城中，數千頃皆爲良田，歲收三百餘萬斛。

神宗方講修馬政，任河南監牧使，建議：『川茶、色帛，蕃部資以爲急用。邛蜀茶歲出不勝計，積久，賤即棄之。内帑縑帛新壓故，不時泄且壞。請以西川上供銀易茶，帛漬損者變緋緑，轉致塞下，以易蕃馬。』詔即行之。併廢原武、淇水兩監，歲省錢二萬緡，民田牧地四千五百餘頃，得租六萬斛，以助買馬。而言者以冗占牧地、民、兵，請廢監。希道言：『兵馬、錢穀，國之要務。兵闕可招，錢穀可斂，馬政不可旦夕得。唐初因隋馬三千匹，命張萬歲領牧事。麟德中，孳數至七萬六千，置八使領監，跨蘭、渭、秦、原四州之地，猶爲狹隘。國馬之盛，獨稱有唐，而緩急有備。今兩監牧地止二萬頃，比唐十不及一。臣承乏領使，國馬大事，不敢避萬死盡言。』書上，建議者慚沮不敢辨，乃捃希道以報孳息不實，卒廢監。

還朝，爲開封府推官。廨火，延燒比屋，坐左遷，監南京糧料院。數月，遷知滁州，又知汝州，權發遣三司都勾院。除知澶州。河朔保甲白晝持梃，公爲盜，教隊巡檢和德挾提舉司勢，因緣枉法，掠聚貨賄，監司隱忍不敢詰。希道一日發其贓狀，僚屬皆惶恐。希道即獨奏其事，捕德下獄。提舉官聞之，馳驛至澶，取保甲囚盡釋之。希道曰：『山可移，獄不可變。』既窮治，取其首領，於劫掠處斬之，餘皆配隸。澶人感泣，朝廷亦命他路監司審其獄，皆實。重貶德。

哲宗即位，除知湖州。吳興六邑出役錢七萬七百餘緡，而募直至四萬二千，其餘爲羨。首請蠲除。書上，與詳定所議合，即施行之。徙知亳州，入爲少府監。元祐六年卒，年六十七。①

材料出處

①原注：《范太史集》。按：范祖禹《范太史集》卷四二《左中散大夫守少府監呂公墓誌銘》。

呂希績

呂希績字紀常，公著次子。元豐七年，以校書郎充伴送遼國賀正旦使。八年，爲吏部員外郎、秘書少監。元祐二年，改朝奉大夫、少府少監。六年，公著喪滿，以左朝散大夫除都官員外郎。元符二年，坐父公著毀黷先烈、變亂法度，降授朝請郎，守少府少監，分司南京隨州居住。希績與兄希哲、弟希純皆師事康節，故伯温與之遊甚厚。崇寧二年，入元祐黨籍。①

材料出處

①原注：《長編》，參《紀事本末》、《聞見近録》。按：《長編》卷三五九等，邵博《邵氏聞見録》卷一二。

卷二　列傳第二

林　積

林積字公濟，福建尤溪人。慶曆六年登進士乙科，補循州判官。嘗覆訊强盜，獄多平反。忤提刑意，提刑初欲薦積，因是已之。積笑曰：『失一薦而活五十八人，何憾焉？』尋知吉州安福縣。安福爲江西劇邑，折訟日數百紙，無留獄。邑子弟少向學，爲建學聚徒，親爲訓督，用是有登第者。道士張嗣宗自龍虎山來，稱漢師君三十三代孫，持銅印，出符籙，其文曰陽平治都功印，所至風從。積忿然曰：『東漢張陵作符書惑百姓，號爲米賊。陵傳之衡，衡傳之魯，漢衰不能討，故魯據漢川垂三十年，然後委質曹操。操斬衡於陽平關，所謂「陽平治都功印」，乃賊物耳。以爲能與吾民卻禍而邀福，不亦妄乎？況今有道之世，豈容妖賊苗裔公肆誣罔，以害吾治？』遂奏於朝，力請毀印、廢恩例。貴臣或爲嗣宗地，莫能奪。

徙知真州六合縣。開陂塘三十六，以興蓄洩灌溉之利。轉太常博士。赴闕，王安石方以知制誥召，遇於道，揖之曰：『公非六合博士耶？誌君之能久矣。請見於私舍。』積卒不往。改屯田員外郎，繼改都官員外郎，賜五品服。久之，二親懷歸。積曰：『仕爲吾親耳。親不樂，焉用仕？』乞監邵武軍税以便養，得請。監司惜其才，令權知建州建陽縣。

未幾，丁母憂，積跣足冒霜雪，負土爲墳，廬其側。方卜葬，有雀三足翔於前，得赤蛇穴中。葬前一日，大雨如注。積哀籲，遂霽。既封，雨復作。郡守表於朝，詔賜粟帛，且旌其孝。

服除，累遷提舉廣南東、西路銀銅坑冶市舶。民以銀銅入官，官負其直，以故廢業。積出在官滯貨償之，坑冶課利復集。歷知齊州、泗州，以課最召見。除江西轉運判官，徙廣南東路提點刑獄。疏言：『二廣士人多貧，職田厚薄不一，欲俸賜均等，以養其廉。』久之，以覃恩授朝議大夫，知福州兼本路兵馬鈐轄，加中散大夫。將赴闕，道除淮南轉運使。淮南漕輓重於〔二〕諸路，歲歉財乏，則貸於發運、常平二司，故所欠至百餘萬。積至，督促倚辦。率用中制，百廢俱舉。元祐六年六月，卒於官，年七十有一。

積性廉謹，不苟取。少時入京師，宿蔡州旅邸，有遺錦囊牀間者，啟視之，則北珠數百顆也。旦詢主人，知前夕巨商宿其室，佯語曰：『商，吾故人也。脱復至，幸囑來上庠相訪。』且揭於室曰：『某年月日，劍浦林積假館。』既行，商人物色至蔡邸，見其牓，急往訪積。積具以告曰：『可投牒府中，當悉以歸。』商如其言，悉還之。歷官勤慎，事無小大，豫爲條目，處繁若簡，吏無所容其姦。自宰六合，爲王安石所知，及歷郎卿，在京師以公事見王安石政府，退不復私謁。安石雖素器之，終以鯁挺，故不大用也。①

材料出處

①原注：黄裳《演山集》。按：卷三三《中散大夫林公墓誌銘》。

校　證

〔一〕於，原作『以』，據《墓誌銘》改。

蘇　耆

蘇耆字國老。父易簡，《宋史》有傳。耆以父任，累官陝西轉運。景〔一〕祐中，洛陽大旱，百姓飢殍，京東轉運司無以爲賑，洛陽留守移書求粟二十萬斛，耆移文陝府，如數與之，仍奏于朝。時同官謂陝西沿邊之地，屯軍甚多，若有餘，止可以實邊郡。耆曰：『天災流行，《春秋》有〔二〕恤鄰之義。生民皆繫于君，無内外之别，奈何知其垂亡而不以奇贏賑恤耶？苟有餽運，必不以此相累。』①

材料出處

①原注：《嘉祐名臣傳》。按：《四庫全書總目·蜀檮杌》云《嘉祐名臣傳》已佚，陸氏不應獨見，且蘇耆卒於景祐二年，亦不宜入《嘉祐名臣傳》。此所注出處恐誤。此傳文字實見於張鎡《仕學規範》卷一八引

《皇朝名臣四科事實》。

校　證

〔一〕景，原作『嘉』，據《仕學規範》改。按：蘇耆卒於景祐二年（一〇三五），而嘉祐二年（一〇五七）在其卒後。

〔二〕有，原作『罪』，據《仕學規範》改。

蔡承禧

蔡承禧字景繁，江西臨川人。嘉祐二年進士，累官大理寺丞，知虔州雩都縣。事無大小，皆自詳處，胥吏畏縮。漢水暴溢，幾没城郊，爲之具枋箄以濟，而溺者獲出。遇水艱食，又出常平粟以賑，而飢者不流。監司劾其擅發，詔釋不治。熙寧七年，召對，極陳用人立政之弊。擢太子中允、監察御史裏行。奏劾吕升卿盗横不法，毆父詛母；曾旼卑事惠卿，奴僕下之。升卿責監酒税，旼與外任。又奏：

『臣累言參知政事吕惠卿姦邪不法，威福賞刑，天下共憤。頃在延和，面陳其事，以爲不可置之左右。尋蒙敕差監試。臣以措置試院，若少不經心，恐有敗事，不暇外慮。今考試始畢，遂得奏陳。臣聞參宰之任，職於輔弼人主，以道揆天下，萬事得其理，則國家安而賢者進，即爲至道之朝。萬事失其序，則朝廷危而不肖進，即爲非道之世。況朝有作福作威玩法之臣者乎？況陛下之超然遠覽高視，此理不待臣言而後明也。然臣之區區，職在於辨邪正，審賢不肖。姦臣在朝，臣安得燕然朝夕之間，而不爲天下言乎？臣請陳惠卿姦狀之尤著者。

『臣前論升卿疏中，備言惠卿之惡。頃杭州監税劉載作司農丞，升卿使京東，載嘗簽其役法之不善者，而載往京東體量災傷，以承例用閼子散飢貧斛㪷。自是州縣不奉其法，止約百姓，卻以不合散閼子罪載，自密院檢詳官謫之監税。又司農勾當公事時孝孫、孫鼇抃皆指京東役法之不善，託以司農員冗，減二員勾當公事，遂斥孝孫、鼇抃。後來不久，惠卿復增置司農勾當公事員額，當其減員，乃惠卿力行私忿，及其增也，又何謂哉？此惠卿之罔上，反覆顛倒，任意自專也。

『三司雜納庫，自祖宗以來創置，本無不善。惠卿以王白充檢正官，其父頤監此庫，不樂其職，請求惠卿，遂以頤知管城畿縣，而廢此一庫。後來朝廷以雜納無之不可，遂再行創置。其王頤敗壞管城一邑之事，强横縱恣，上所知也。夫爲一人而即以官局擅廢更置，此惠卿之弄權自恣也。訪聞惠卿妻弟方希覺，初實未有考第選人，囑請湖南察訪章惇辟爲勾當公事。是時邵州進士李鋭深入溪洞，招到蠻酋田元猛。章惇意在諂附，成就希覺恩澤，遂以李鋭招元猛之功爲方希覺之功，而轉奉禮郎。其李鋭幾不霑賞。比及鋭日夕稱訴，懼此事發覺，力相蔽護，始以鋭爲一簿尉。此惠卿之朋比竊弄國賞也。

『惠卿之舅監簿鄭膺，始寄居秀州華亭縣，以惠卿之故，一路監司如王庭老之輩，百卑下之，而招弄權勢，不復可數，至奪鹽亭户百姓之地以爲田。而提刑盧秉挫其所爲，仍發覺惠卿黨人張若濟姦贓公事。遂急移秉淮東，以張靚充兩浙路轉運。靚遂陰求秉罪，無有，即將秉所行鹽法虧壞，欲成其過，而大失遞年課額。惠卿既喜靚，即以妹妻其弟規。此惠卿之朋比專權，壞失國家源利也。

『朱温其爲大理少卿，惠卿之妻弟方希益充詳斷，失人死罪，乃倚勢妄稱温其指揮，以脱己罪。又以惠卿之勢，逮引同官以爲證。其斷官李昭遠與惠卿鄉人，惠卿與温卿、升卿同坐與食，以語罵昭遠：「富貴爵禄盡由我家，你卻不證方希益。」昭遠稱無此不敢虚引，自後不復與見，日求其過。此惠卿欺國蔽親鬻權也。

『朱温其殊無纖過，又諷府司録朱炎令勘入朱温其之罪，無得，遂更不分首從，各罰銅十斤，而乃陰除方希益衝替之罪。此惠卿侮文罔上，壞陛下憲法也。

『太學考諸州教授，方通乃其妻親，詞藝平常，惠卿不復計其可否，即令升卿勢脅李定之輩，考爲上等，以誤朝廷，與之教授。此惠卿之自專以崇親黨也。

『朝廷已定之法，多所改更，不循義理，惟循己之一時喜怒。如怒鄧綰，即令張琥同提舉臺官，又令一司一務敕於外州定奪聞奏之類，皆不可以詰計。此惠卿之專己自用，不顧朝廷也。

『弟和卿都無善狀，纔爲陽曲尉，即諷章惇舉爲軍器監丞。其舉辭云「風力精强，所至必治」，罔上如此。又遷京官。夫軍器監丞既爲要任，當亦選其人，而乃以小子妄廁其間，衆官擘畫，有可取者，則欺罔以爲己出。至於措置乖方，則歸之衆人。衆皆畏禍，不敢與之較。此惠卿之挾邪私親也。

『惠卿丁憂之日，於兩浙威使州縣語其親黨，言其將爲宰相。與知華亭縣張若濟曲相附會，脅借民財，其數不少，以置田畝。鄧綰既言其姦贓，朝廷已差官體量，則惠卿自是罪人，當闔門待罪訪聞，乃乞劾御史中丞，又自乞令以事屬張諤、徐禧。此惠卿之强横無上也。

『身爲都檢正，受張若濟請求訪聞，遂將張若濟枉法重罪，諭劾斷官吏一切出除，止奪三官編管。此又惠卿之竊弄威權、出入刑名，以壞陛下之法也。

『惠卿身爲大臣，固當守公以奉陛下之法，其弟諒卿以無考第，請監金耀門，不度法之可否，威使流内銓供腳色，以爲於條可得，即出敕以授。既而王安石點檢，遂作諒卿自陳連累流内銓官吏上簿，惠卿安然無愧。此又見惠卿之怙强自恣，以私其親也。

『惠卿之父死於懷州。條制：大卿監死無依倚者，乃得恩澤。惠卿令其家陳請異姓，越在法制之外。此惠卿之貪於害法也。

『朝廷提倉之官，所繫不輕，一路承稟按察，與監司無異，當用天下有吏幹之人。惠卿不以私故，則以私親。妻弟方沃庸謬，嘗往河北點檢軍器，郡守有陳其不善者，此衆所聞而陛下之所知也，乃以爲河北提舉。又令沃弟方澤爲江西提舉。惠卿曾判司農，豈不知江西役法已成，別無可更，爲其惡江西轉運李之純、蘇澥曾陳簿法不便，意欲移去，卻令妻黨作監司，捃摭其罪。又如張靚之比欲壞陛下成法，以成就其親。且方澤仍是違礙選人，自條例司薦爲提舉，乃一二年。此惠卿之欺國家、私親黨也。

『曾旼小子，能事惠卿之家，兵卒孩稚，能諂媚惠卿，遂薦爲侍從。陛下之明以爲不可矣，又特薦之，今爲常平提舉。此又惠卿之不顧義理，姑欲以陛下差遣立私恩，以快己一日之志也。

『陛下令撰經義，惠卿豈不知其弟升卿之不才不可以當此，苟欲其弟夤緣以得美官，即令撰進。其文之紕繆不可以言，臣有別疏論列。此惠卿之欺陛下，而以爵禄私其弟也。

『臣既言之，而惠卿百端排毀，作爲巧言，以罔聖聽。此又惠卿兄弟不顧義理之至甚也。

『身爲大臣，當秉身就義，使天下莫得以言。既恣睢不軌，以致言事者上言，而詬誶亡節，則必躬攜文字，詐爲涕泣，懇陳不可，謬爲恐懼，以欺上聰。退則張目大言，當拔擢某人，當削除某人，以威天下。此又惠卿言動之間必欺陛下也。

『王韶本與惠卿同年登科，不爲惠卿便佞，而夙負學行，又以功業爲陛下擢爲執政。拜命之日，往惠卿之家，乃問其挽强幾何，射之能否，意以兵卒待之。此惠卿之恣縱凌忽同列也。

『惠卿作兩浙水利，攻郟亶之法，僞爲温卿之名投進。又作造簿手實之法，爲和卿之名投進。不度天下之可否，姑欲以此欺陛下而進其子弟。此惠卿之姦邪欺蔽也。

『頃者沈括自兩浙察訪回，其所措置少異其説，則惠卿沮難誣毀，力欲黜除。賴陛下之聖明辨直。而今括又爲兩浙察訪，恐發其在兩浙姦賄之狀，遂嚴爲飲食之會，曲加煦煦，以絡其歡心。括所嗤笑，士人莫不知之。此惠卿之姦邪翻覆也。

『惠卿之所爲，有滔天之惡，而無抑畏之心，發口則欺君，執筆則玩法，秉心則立黨結朋，移步則肆姦作僞。朝廷之善事，使其朋類揚以爲已出；不善，則使其黨與言爲上意。如章惇、李定、徐禧之徒，皆爲朋黨。曾旼、劉涇、葉唐懿、周常、徐伸之徒，又爲奔走。至有避權畏義之士，則指爲庸爲鄙；盡忠去邪之人，則以爲害人害物。貪利希附之者，則爲賢爲善，更相推譽，彼可侍從，彼可監司。庸鄙便佞，繇此以進。欲進之，則虚增其善；欲退之，則妄加其惡。曰：「上與吉甫論某事，吉甫告上以某事，上起身以聽吉甫之某言。」吉甫，惠卿字也。至於陛下之前，陽爲恐畏卑懼，如不自勝，間或肆詭辨以伺陛下之心，或爲小亮以取陛下之信，退而踸踔奮厲，有輕聖德之語。又姦惡之大者也。

『臣聞堯舜之明大矣，至於未察四凶之象恭靜言，則不害其使之居位。及知滔天庸違，則不害其流放竄殛。伏惟陛下睿睠，一賜勇斷。』①

章言，廷諍前後數十。神宗悟，詔惠卿阿蔽所與，屈撓典刑，守本官，知陳州，罷免其弟和卿、温卿、妻弟方澤、妹婿郭附及其黨徐禧、尹政等數十人。②承禧數言事，人皆爲之危，上獨稱其忠。八年，賜緋衣銀魚，謂曰：『聊以旌卿讜直耳。』③

九年，鄧潤甫上章，乞參用舊人，又乞除二府，又乞用恬默持重之人。承禧奏言：

『臣與潤甫同爲陛下耳目之臣，固不當論其非是。然事繫國體，臣居言責，不敢私顧形迹，不以悉陳。臣伏覩陛下即政以來，嫉時已久，思除歷世之弊，務振非常之功，作興人材，繩督吏職，無論於舊，不間於新。取材則小臣皆得以面陳，去害則大臣不可以幸貸。有善不嫌於亟進，有惡不恡於速降。然其興事之初，尚多徇俗之士，自不孚于正道，顧胥動以浮言。或初是而卒非，或本同而末異。以持循爲適治，以拱默爲安常，陳事則是於古而忘於今，語治則喪其精而守其稗，以匪懈夙夜爲希旨，以不顧毀譽爲躁求，群謗萬端而無窮，聖慮一志而不惑，爭之積日而纔定，勤以累年而粗成。

『今若以傲上從康爲可賢，以違道干譽爲當進，非惟交戾於政體，恐遂漸變於時風。求舊之言，雖云有據，《書》曰「人惟求舊」，又曰「圖任舊人」，乃盤庚一時之誡言，非先王政治之本意。今潤甫不根於實，不考其由，不論其人之是非，不言其器之適否，概以新舊爲說，必分先後以庸，是則堯之共鯀久任而元凱不復進登，漢之絳灌常用而終賈固宜削逐，唐太宗必專用敬宗、義府而王珪、馬周宜畢世屏除，唐明皇必祇尊姜皎、王琚而宋璟、姚崇可終身冗廢。建言若此，其意謂何？

『臣又聞惟人君然後專馭臣之權，爲冢宰然後總詔王之義。非所宜言者寘法，越俎代庖者有誅。御史，肅臣工而執法者也，天子曰辟而勿辟，天子曰宥而勿宥。諫官，正人主而補闕者也，故天子有爭臣七人，雖無道不失天下。今潤甫職在諫司，乞除政府，殆不知其所職，亦何足以備官？二府固聖憲之所關，大臣非近列之宜薦，以臣度其所謂，可以見其厥心。第祇拜其一員，亦足收爲私惠。考其志向，足見傾邪。臣又聞古之善治天下者，必曰興能，次曰舉逸民、修廢官。逸民者，朝廷之偶遺而非自以異世離俗也，不聞曰興恬。古之盛世，詢事考言，又曰知言以知人，而不曰考其緘默。議論若此，疎鄙可知。

『蓋賢者必知命而不疑，能者必知時而自竭。知命則或顯或隱，而非繫于一曲。知時則有用有舍，而豈蔽于一隅。王陵具體之戇，不若陳平之一奇。周勃没齒厚重，不若張良之一策。是則有才能者未必恬默持重，恬默持重者未必實有才能。若信其言，實害于政，且今捄敝、理劇、拯棼，尤須勤事之人，豈容玩世之士。彼恬矣默矣，何補於天下之士，而又逐逐以爵禄予之乎？

『臣觀潤甫秉筆粗嫺，辭章持論，本無體理，庸回當路而初無一言，黜逐已行而懼有後憂，謬爲塞責之言，深懷濟惡之計，訪聞其言，曰：「吕惠卿之貶，已去不仁。」又曰：「練亨甫之黜，尚爲未善。」此乃陽爲詆斥而陰幸報復，内荏姦諂而外示剛方。所謂假直以售邪，託真而賈僞。加以罷軟畏懦，束之高閣而有餘；覼望憸壬，投諸四裔而爲晚。其潤甫見任典誥、司諫二職，若以公議，不合冒居。臣輒輕言，望賜宸斷。』

及潤甫遷中丞，承禧三奏，乞免臺職。詔不許。④

熙河路果莊爲寇，遣内侍省押班李憲往秦鳳、熙河措置邊事，承禧與中丞鄧潤甫、御史周尹、彭汝礪合詞言：『自古未有以兵寄閹人而不亂者。』承禧又言：

『竊惟陛下通知古今，明曉治體，非不知中人之出爲害政，中人柄兵不可訓後世，而必欲使之者，非以其便敏能適於指令歟？非以其捷給能有以應對歟？非以在熙河曾經行伍之間乎？此聖意孜孜，果於用之，欲以救生民一時之患，而至於忘其可患之遠者。臣固以仰伏陛下垂意於一世之功矣，然而便敏似才，捷給似智，又曾經行伍，必以爲有功。臣請言便敏之害政者。

『夫中人之出，務於集事，而不度事之淺深，一概以束下爲能。既居兩路經略使之間，則必以陛下之威，使兩路經略使不敢議其可否。縱事有未便，則無敢言者矣。無敢言者，則雖有害於邊防，陛下無由而聞矣。臣請言捷給之害於事者。陛下深居法宫之中，群臣進見以時，而憲日侍左右，群臣日疏而憲日親。親莫如憲，日侍左右莫如憲，其爲謀固已易於信從，而又嘗歷熙河，其性慧巧，必能有以投陛下之意。其所言於邊邦有害，則陛下雖聖明，能悉知之乎？

『憲之處熙河，謂之有功也，豈憲之獨能然哉？上有大帥，下有偏裨，熙河軍吏以陛下俾親信之出也，有功必推憲，其無功，敢議憲以聞上乎？故憲能累積以至此，豈憲之必能然哉？然而以陛下之明聖，必有以昭亮而未肯遽易者，豈非出此乎？

『臣有一言，望陛下少垂清光，以思之復之熟之。陛下今命諸路之帥、都副總管，以爲可以任邊矣，今差將官正副七十餘人，以爲可以將領矣。至於小郡列堡而以材武名者，不可勝數，小有事宜，豈無一人可任者？至於中人爲專帥而臨制兩路，雖曰計議，又帶措置之名，四夷聞之，豈不輕視乎？況今秦鳳、熙河之彫敝，常奉自已難給，而又以一二千指揮之兵以食之。果莊者，如聞潛已遁去，臣恐憲慮無功，又別生邊事以邀覬。伏望聖慮特回德音，以慰安中外，天下幸甚。凡今得侍左右，皆有以將順，而臣獨仰拂宸旨，豈臣心之所欲哉？惟陛下思之。』⑤

承禧累乞罷臺職，十年〔二〕，爲集賢校理、提點開封府縣界公事。嘗言：

『陛下之盛德，以臣之至愚，不能形容。然於文明而剛大，勇智而仁厚，臣庶幾或略望清光焉。臣伏思陛下以欽承七廟之靈，奉養二宮之懽，而又繼之以一日萬幾之勞，而思索被於天下四方之事，勤可謂至矣。而治猶若不充於聖心者，何也？今之患，在乎百職之不自任其職而已。中書以進人選才之方諉於陛下，密院以用兵擇帥之事諉於陛下，事事皆出於聖意，若有未合於輿議，則曰皆出於宸衷。如是則天下自古迄今何須輔佐乎？

『凡今之事，略可言矣。大臣皆不自任其責，蓋以天下之人才，一進於左右。天下之廣，士人之衆，皆出於頃刻一言。觀帝堯之聖，孔子之智，或失之四凶，或失於子羽。彼皆積歲於左右者，猶失之，而今也以片言之間而求之，陛下雖至聖矣，臣之愚，竊疑乎其未至盡也。故大臣不自任其責，萬一或自容其私，則天下亦不得而見矣，何則？陛下之斷素出於中也。故百職之吏，亦相習以成風。有操兩可之論，以倚決於上者；有摭細故，以塞重責者，此又安得而悉見乎？積此而往，非所以致大治也。古之用兵而任將者，覆軍凶師者固有之矣，至於用之久，則名將出焉。蓋始任之則有不逮者，及其久，則人才自然而出矣。臣欲乞今後進人登對者，必令進曰可以當某用，可爲某官某職。其不當也，又假論議之臣以論之。集之多，則以爲大臣進退，則才器職業，無諉上之非，而臣下亦不敢不盡其心矣。』

又言：

『臣竊以陛下執長策以馭天下，而所當精擇，在相與將二者而已。相臣主於用材，將臣主於用兵，百職不得其治，則屬於用材之相。六師不得其序，則屬於用兵之將。二者得其序而天下不治，未之有也。竊見陛下即位以來，求士如不及，非惟若商王之立賢無方也，又若文王之能官人也。非惟若文王之能官人也，又若虞舜之諧庶尹也。故或取之於下僚，或召之於數千里之外，或見之於咫尺之間，或得之於事功，或進之於語言，可謂盛矣。然竊觀召對之臣非才行卓異之人，或儕流推許之士不以進也，何則？所欲用之重，則進之也殊；所將待之厚，則遇之也異故也。

『如聞二府近薦登對者四人：盛僑、張堯夫、李師德、蔡洙。惟洙少有稱於儕伍，他皆未之聞也。稽之議論，則以爲未見可稱；審之中外，則以爲不知有善。不知以何薦之，又不知以何而不用。衆多疑惑，未知所因。

『向者熙河出兵，用内臣李憲爲熙、秦處置，人皆以爲出於聖斷，二府不得已而從命。及推原其因，乃自二府進擬。夫中人之進，自古人主有便於一己之指令，遂屈群議而用之者有矣。今二府乃自進擬，固非所宜。夫登計之人，欲以備不次之用，而進無可稱述之人。宫寺之官，本以充人主給使之職，而乃以爲大臣之所進擬。臣慮庸庸之人，汲引漸滿中外，而人主動作，則左右小臣皆爲大臣窺察，啟臣下表裏邪惡之漸，惟幸陛下考察之。』⑥

元豐元年，奏請開封二十二邑皆立義倉，二石而輸一斗。⑦內侍李憲妻王氏之母謂憲婢謀害王氏，尹蔡延慶與憲有舊，謂王氏款辭有狀外事〔二〕，不當治。承禧與延慶爭辨累日，至論列上前。延慶坐貶官。他日，上又謂曰：『向賢卿章甚合理道，凡有聞見，不可以不在其位而遂唫嘿也。』⑧二年，爲開封府推官。三年，改判官，管勾使院公事。御前生活所須索羖羝羊毛長一尺一千斤，牒送不供應。行人郭文德赴開封府行遣，承禧言：『都城之內，求一尺之羊毛，此必無有。深慮託御前生活之名，追索所無之物。市行畏懼，因緣爲姦。乞下三司選官一員相度，奏覆下行，不以無有之物苦民。』⑨

累遷太常博士。元豐官制行，換承議郎，出爲淮南計度轉運副使。吏有建征利之言，一切不用。元豐七年，卒於泗州之行司，年五十。承禧自少力學，博記善説，進對上前，亹亹有緒，故屢見稱獎。與人交，不爲炎涼。後箸有《論語指歸》十卷、奏議十卷、文集十五卷。⑩

材料出處

①原注：二百六十九。按：《長編》卷二六九。
②原注：《蘇魏公集》，參《長編》。按：蘇頌《蘇魏公文集》卷五三《承議郎集賢校理蔡公墓誌銘》。
③原注：二百七十一。
④原注：二百七十八。
⑤原注：二百七十九。
⑥原注：二百八十二。
⑦原注：二百八十八。
⑧原注：《魏公集》，參二百九十九。按：卷五三《墓誌銘》。
⑨原注：二百六十四。
⑩原注：《蘇魏公集》。按：卷五三《墓誌銘》。

校證

〔一〕十年，原作『十五年』，據《長編》卷二一八改。
〔二〕事，原闕，據《長編》卷二九九補。

郟　亶

郟亶字正夫，太倉農家子，自幼讀書，識度不凡。嘉祐中進士，初授睦州團練推官，知於潛縣，未赴。熙寧三年，詔天下陳理財省費、興利除害之策，亶自廣東安撫司機宜文字爲書，陳蘇州水利，王安石善之。五年，授司農寺丞，提舉興修兩浙水利，民不爲便，遂罷歸。治所居之西水田曰大泗瀼者，如所陳之説，圩岸、溝澮、場圃俱用井田之制，歲入甚厚，圖狀以獻，且以明前法非苟然者。復爲司農寺簿，遷丞，預修本寺制式，頗號完密。除江東轉運判官。元祐初，入爲大府丞，出知温州。以比部郎中召，未至，卒。①

材料出處

①原注：黄《志》。按：明黄佐纂嘉靖《廣東通志》。又按：此傳文字實見道光《廣東通志》卷二三七引黄《志》。

姚　勔

姚勔字輝中，越州山陰人。嘉祐四年進士，歷永康令。重親猶在，父母每以榮其親爲言，勔乃請納禄，以太子中允致仕。遇郊封父母，父母請回官封祖父母，特從之。宴居丘園，稱道不倦。清節懿行，聞于鄉黨。①端良不苟，甘貧二十年。

元祐二年，以公卿交薦，落致仕，除宗正丞，改秘書丞，易太常博士，改太常丞。四年，奏言：『本朝大饗明堂，祀昊天上帝，仍設五帝之坐，及五帝五官之神。元豐三年，始設上帝一位，不稱昊天，其餘五帝以下神位悉罷。請將來宗祀神宗皇帝於明堂，以配上帝，從祀之神，如郊徧舉。』詔禮官審議。

六年，擢右正言，奏御史中丞趙君錫雷同俯仰，無所建明，既薦秦觀才美，後因屬官有言，旋行陳首。取舍翻復，貽笑多士。數日又言：

『臣伏見潁昌府所勘趙仁恕公事，已見情理，欲結正之次，只因仁恕父彦若奏論，稱本路監司挾情攟拾，意謂其子無贓汙等事，以爲枉陷非辜，朝廷從此下別路差官推勘。其勘官孟易因而觀望風旨，將前勘大情出入，以致録問官疏駮，自始降朝旨差官，以至再勘，凡經十餘月，不能了絶。但只淹延時日，一行干證人久在囚繫，皆縁彦若奏陳所致。

『今來勘案内趙仁恕委有贓盗不法等事，顯是彦若專欲以私意苟免其子，無忠正之心爲國家，動摇吏議，罔冒上聰，使監司沮發擿之劾，勘官起觀望之意，稽留獄禁，冀逭典刑。臣備位言司，不敢緘默。謹按翰林學士趙彦若身爲從官，親侍經幄，可謂天子近臣矣。其子敢爲不法，干犯國典，蓋彦若素乖義訓，以負陛下厚恩，自合引咎杜門，惶怖待罪，而乃公然論奏，移過監司。且犯罪麗刑，邦有常憲。假使勘院屈抑，追其結正，自許翻論，豈得規免獄成，僥求別鞫？若下民皆許如此，則訟豈不煩？如使貴者獨然，則何以示天下？今以彦若一言之訴，遂至十餘月勘不圓。太平公朝，而彦若侵亂邦法，合行黜責。

『臣竊嘗聞仁宗朝翰林學士張瓌與范鎮同判流内銓，瓌有子因鎖廳補考，當用審狀移縣令，而鎮令用例以隨身歷子爲證。是時瓌雖不與，然知而弗正，輔臣皆曰瓌應罰金勿劾。仁宗曰不可，瓌私其子，不顧銓法，特奪一官，降知亳州。且鎮失取審狀，瓌誠不與，尚且奪官責小郡，蓋罪其懷情弗舉，以倖其子也。今彦若挾私罔上，其罪當黜，非瓌之比。伏乞聖斷，重行責降，以厭輿論。』

又言：

『臣近曾上言乞責降趙彦若，未蒙施行。臣竊以法者天下之公共，非一人法也。法尊則朝廷尊，朝廷尊則群下服，故人臣不可以不敬法。人臣而不敬法者必誅，此百王不易典也。今監司按吏，是職也。吏惡而監司不舉，罪重而勘官不究，則於朝廷之法何謂哉？監司勘官者，皆有朝廷之法在焉。於彦若之子何有哉？而彦若敢奪其成而請移之，敢以聲勢動摇其獄而使出没之。如彦若者，其不敬朝廷之法，可謂甚矣。

『彦若一移其獄，紛紛至於半年不了。天下獄事，蓋當如此者乎？推勘官出没其情，則無所加罪；録問官疏駮其失，則無所是非。由彦若故屈天下法，彦若之罪豈小也哉？今誣人以不實者反本罪，告上以不實者從徒坐，而彦若誣監司，掀情攟拾，欺罔聖聰，謂枉陷非辜，彦若猶可以齒於人哉？彦若者不敬朝廷之法，不顧人臣之義，但知愛子而不知愛君。今不重懲，臣恐佗日將有倣此者，寖不可止，陛下何以持至公之法而馭天下？伏乞聖斷，重行責降，以戒後來。』

彦若坐左轉。

尋改左正言，奏趙君錫、王鞏私欺公朝，有壞綱紀。又言：『李清臣除吏部尚書，物議未允。臣聞清臣曾任執政官，昨在朝廷，阿附時相，隨邪用事，無大臣之節。』清臣之命卒罷。

七年，言：『先帝表章聖學，用經術取士，誠欲以大道於變斯文。然議者以爲師用一家之説，習以成蔽，不能貫通，是以前日明詔復用詩賦。此固陛下開廣育材之路，求賢取士之深意也。然臣竊見學者自復詩賦以來，於今五六年，頗有未能工者。以臣衡論人材，其已學者，復之難成不至如此。就詢其由，良亦有説。蓋今貢舉之法，習詩賦者仍試經義，既學者期於必得，則務在兼通，至有司責其俱優，則兩難盡善。何則？業經者直求先王之道，斷聖人之心，至於詞賦雕鐫，離析破碎，主以聲病爲急，二者不可得全，猶責善視者必有聽也。若用意散漫，則兩俱不精。倘能偏長，則必有一短。又經義一科，行之稍久，壯齒以上，所業已成。一旦銷磨，亦甚可惜。而況通經辨道，不猶愈於雕蟲？又或聞將來經義舉人，所取分數不多，而詩賦兼經者，又皆滅裂。則是經義之名苟存，而六藝之學寖廢也。臣欲望朝廷並立詩賦、經義各爲一科，隨所試人多少，均爲取士之格。如此則永遠可行，而學者專精一藝，易見成就。惟陛下裁擇。』

又言劉摯朋黨不公。又言禮部郎中葉祖洽貪鄙無狀，不持廉節，自淮南行替入京，沿路商販。祖洽坐斥知海州。又言徐王府侍講魏廣浪游市廛，熟諳邪徑，既無行誼，亦無經術。廣尋改軍器少監。

除起居舍人，遷起居郎，尋兼權給事中。詔呂惠卿光禄卿分司，勔封還詞頭，罷之。八年，言知興州孫賁知真州，日以筵會爲事，暱近娼女，聞親弟之喪，匿而不舉。賁改知淮陽軍。

明年，擢國子祭酒。紹聖初，言者論其阿附呂大防、范純仁，謫知信州。蹇序辰等論不已，落職，以奉議郎管勾洞霄宫。四年，再貶守水部員外郎，分司南京，衢州居住，尋卒。崇寧三年，入黨籍，後贈寶文閣待制。

勔以孝行著，每省先墓，素衣步出城門，且行且霣涕至墓，見者爲之感動。②

材料出處

①原注：《欒城集》。按：蘇轍《欒城集》卷三〇《西掖告詞·姚勔宗正丞》、《西掖告詞·姚勔秘書丞》。

②原注：《通鑑長編》，參《會稽志》、《宋大詔令》、《紀事本末》卷百一。按：《長編》卷四二七、四五九、四六五、四六七、四六八、四七二等，《嘉泰會稽志》卷一五。

卷三　列傳第三

趙彦若

趙彦若字元考，青州人。父師民，《宋史》有傳。彦若内行修飾，節操堅正。①博學强記，沈酣書林。②以父任爲將作監主簿。嘉祐四年，大理評事，爲館閣編校書籍官。熙寧初，太常丞秘閣校理，通判淄州。

獄有失火、僞印者，法當死。彦若謂：『在律，雜犯死罪，親年九十無兼養，應上請。』與知州解賓王議異，遂獨劾奏，二人得貸死。賓王訐彦若不過廳，謫監單州酒税。③

四年，召歸。五年，同知禮院。時議復僖祖，彦若謂歷代非初即位而〔一〕復已祧之主者，獨有開元故事。因言太廟止有八室，乞候有司議定祧後，依唐制增爲九室之廟，奉僖祖神主還居舊室。不報。彦若乞免同知禮院，從之。④

九年，累官太常博士。元豐二年，爲祠部員外郎、秘閣校理，兼修《百官公卿表》。改集賢校理兼知宗正丞。奏言：

『據《仙源積慶圖》，克頌，秦王廷美曾孫，紀國公德存孫，河東郡王承衍子，在今爲三從外無服之親。名銜不當稱皇叔。廷美十子，各有封國。子孫繁屬，自存本統。克頌合稱紀國公孫。

『謹按：《禮記》曰：「君有合族之道，族人不得以其戚戚君位也。」鄭氏注：「族人皆臣也，不得以父兄子弟之親自戚於位，謂齒列也，所以尊君別嫌。」唐有司奏：宗子「皇」字爲稱首，從數爲序親，誠非不戚君位之義。《儀禮》從父昆弟，則今同堂也；從祖昆弟，則今再從也；族昆弟，則今三從也。三從内請依舊，餘各以祖稱本封爲某王公子孫。此則唐之皇親，三從内於「皇」字下有「從」及「再從」，及三從外則不書「皇」，各以其祖先所封爲房，冠於頭銜。周小宗伯掌三族之別以辨親疏，漢宗正敘九族，其制一也。

『今宗室文書行於曹局，銜位之上，雖三從外，亦無從數，非所謂敘也。親疏一概，不異其文，非所謂辨也。臣以爲骨肉之恩，固在敦睦，然上下名分不得不正。且有司之事，豈可使天旨自親其文？是乃臣之責任，所當守職而論也。伏願據《宗藩慶緒録》悉正其名，應同堂親於皇字下加「從」字，再從、三從親又加「再」、「三」字。三從之外，各以其祖先所封郡國爲房分，而系其世次，不書「皇」字，則親疏有別，尊卑不黷。』⑤

又言：『禮院更定薦新於兩廟，既徹，方驗蒲，盡老硬，無復有白。蓋議禮者但取芰之同類以相代，而不思蒲之過時不可食也。臣竊考之於《詩》，韓侯秋見，蔌用筍蒲，皆是其菹，非謂新物。《周禮》：醢人掌加豆之實，深蒲醓醢，筍蒲魚醢。祭祀供薦羞之豆實，賓客亦如之。此則肉之醢，菜之菹，賓祭內羞，四時不闕。惟筍及蒲，固所以待賓客，其義明矣。鄭氏注深蒲云：「蒲始生水中者。」《草木蟲魚疏》云：「蒲，《周禮》以爲菹，始生，取其中心入地蒻。」及云：「菰蔣亦可用。」並言蒲始生自不在秋，故《本草》曰：「蒲四月采。」唐本注云「蒲初春生，用白爲菹」是也。唐禮薦新多不限月，筍蒲茭藕，各維其時。今近地茭白特饒，舊制參於秋薦，即菰蔣也。《廣雅》曰：「菰，蔣，其米〔三〕雕胡。」《說文》作雕苽。《周禮·食醫》：「膳食之宜，魚宜苽茭。」是其萌。徐鍇《歲時廣記》所謂苽草爲茭者也。雖亦春生，至秋可食，與蒲有異。臣據《詩》言「食鬱及薁，烹葵及菽」，以同時言及，則「維筍及蒲」亦自可知。況當薦筍之辰，正是食蒲之始。伏請改從春獻，用協天時。』從之。⑥

又奏言：『昔漢之取人，不限疏近，而宗正有郡國歲計上籍之文，劉向以宗室高才，進對待詔。唐宗正寺歲送進士二十人，李程、李肱皆爲舉首。今宗正寺侍祠之外，專掌玉牒屬籍，而不豫薦士。竊恐臣之本職，有所未稱。謂宜具爲條統，俾諸教官依國子監外官學例，爲課試法，每遇秋賦，許就宗正寺投狀鎖試，別立人數，頗示優異，著爲格令。賢戚並用，紀綱四方，何獨樸樕之雅乎？凡天下事皆如權衡，重於此則輕於彼矣。宗室之間，自有考校，賢者獲升，不肖者退抑。分當裁損，必無觖望。夫親賢兼進，布列中外，以鎮安四海，爲磐石之固，與愚智混淆，聚於一處，徒殫祿廩而無所事者，不可同日語也。』⑦

尋爲國史院編修官。四年，奏進《百官公卿表》十卷、《宗室世系表》三卷，賜銀絹有差。

改朝散郎、集賢校理、同修起居注。五年，試中書舍人。《兩朝正史》成，賜彦若子遷一官。吕公著知定州，彦若草制，王安禮父名益，嫌告用益字，塗改數句，彦若不從。及權起居郎，因對邇英閣奏之。

六年，爲右諫議大夫，言：『王事之本，陰陽爲先。《月令》：孟春之月，命相布德和令，行慶施惠，下及兆民，所以致驩聲而達陽氣。是以王者游豫燕飲，與衆人同樂，爲天下自娱，感召和氣之端，贊化育而參天地也。伏緣正月陛下嘗謁景靈宫，臣比陪從至繼仁殿，竊見聖情思慕，猶如前時。公卿侍臣，無不惻楚。伏維孝治之至，大舜何以加？臣敢過計豫言者，以慶壽變除，歲月漸遠，而少陽用事，生氣尚微。若孝思發中，或復感動，慮於時令有所未順。雖上聖至德，非可以常經格之，然屈己從人，亦明主之所不違。欲望將來繼仁殿所陳服玩，酌獻之初，暫從隱蔽，抑忍聖意，奉承天時。無虧孝慕之誠，以順陽和之令。』

又言：『「三公論道經邦，燮理陰陽。」又曰：「冢宰掌邦治，統百官，均四海。」皆舉大體，故陳平言：「宰相上佐天子理陰陽，下遂萬物之宜，外鎮撫四夷，内親附百姓。使卿大夫各得任其職。」蓋據此以爲説也。《周禮》太宰分職則詳，是知三公之官，不無吏事之責。風聞去年官制初行，有司議同職犯罪四等，自是律文之正，固當以時舉行，而執政大臣不以爲便，乃引陳平之言自解，而廢沮法律正文。必若所云，宜知大體。然前時執法奏大臣不置都簿，大臣亦奏御史臺不置都簿以報之。近日執法奏大臣依刑部申不用符召寺吏，大臣亦奏執法前在禮部不用符召寺吏以報之。執法者既罪白而罰當矣，臣獨疑大臣不能以道德承聖化，而專任小數，校量必勝，失大臣體。自謂得計，而内不憂於職事，外不畏於人言，以此爲調變之功，則似非天意。以此爲輔佐之效，則實負聖明。伏計寬仁，未忍切責。願垂戒敕，俾知省思，庶有恐懼之心，可以助致和氣。』不報。

又言：『伏見尚書省聽事寫《周官篇》，此朝廷稽古命官之本也。《周官》大旨，在乎得人。故曰：「不惟其官，惟其人。」又曰：「官不必備，惟其人。」今門下侍郎章惇、尚書左丞王安禮並無行檢，非《周官》之所謂惟其人也。自居執政，未聞有補。而異黨復一，人畏其彊。僚屬觀望，雖謫不悔。權勢至此，不宜處位，請皆外補，以肅具臣。』詔以彦若侵越降官。

試秘書監。⑧尋罷爲龍圖閣待制，知亳州。八年，以司馬光薦，召兼侍讀提舉萬壽觀。元祐元年，擢兵部侍郎。二年，充實録院修撰。三年，與傅堯俞、范百禄、陸佃、曾肇、劉攽、彭汝礪、劉奉世、盛僑、翟思、趙挺之、王彭年上言殿試宜復祖宗三題之法。五年，改禮部侍郎，尋權刑部尚書兼侍讀，改禮部尚書。六年，改朝請大夫、翰林學士知制誥。

子仁恕爲陽翟令，酷虐貪贓，爲提刑鍾浚所發。彦若上書言：『臣往爲諫官，嘗劾王安禮。浚實安禮黨，恐挾此報怨，願移獄改推。』御批依奏。右正言姚勔、御史賈易、虞策、安鼎論彦若庇子之惡，誣人罔上。彦若三上章請祠，不允。六年，罷兼侍讀，尋除寶文閣學士、提舉萬壽觀。言者猶未已。除樞密直學士、提舉萬壽觀，任便居住。有旨差兵級二十人送還青州，並僱給所當船。彦若不肯復留，不以一毫干人，税客舟飄然而去。

以范祖禹言，詔與祖禹同修《神宗實録》，爲國史院修撰，兼知院事。七年十月，除翰林侍讀學士，與蘇軾、吕希哲、范祖禹、豐稷、顧臨、吴安詩上言乞校正《陸宣公奏議》。尋以翰林學士提舉兖州景龍宫。紹聖元年，以『修《神宗實録》，美意良法，輒敢隱没，得之傳聞，微言譏刺者數十事』，責授安遠軍節度副使，澧州安置，尋卒。崇寧元年，入黨籍。大觀二年，出黨籍。⑨

彦若爲司馬光上客，未嘗有私謁。⑩無書不記，世謂著腳書樓，然性不矜伐，而尤恭謹。館中諸公論藥方，有藥不知所出。或云問彦若，必能記。時彦若在下座，對曰在幾卷幾葉第幾行附某藥下，檢之果驗。衆怪曰：『諸公紛紛而子獨不言，何也？』彦若曰：『諸公不見問，所以不敢言耳。』

元豐間，三韓使在四明倡和詩，奏到其詩序有『慚非白雪之詞，輒效青唇之唱』之句，神宗問青唇事，近臣皆不知，因薦彦若。對：『在某小説中。然君臣間難言也，容臣寫進。』本入，上覽之，止是夫婦酬答語。因問大臣：『彦若何以不肯面對？』或曰：『彦若素純謹，在君父前，宜其恭謹如此。』上嘉歎。⑪

材料出處

①原注：《傳家集》。按：司馬光《傳家集》卷二八《乞令皇子伴讀官提舉皇子左右人劄子》。

②原注：《道鄉集》。按：《道鄉集》無之，疑有誤。

③按：見《長編》卷二二〇。

④按：見《長編》卷二三六。

⑤按：見《長編》卷二八九。

⑥按：見《長編》卷二九九。

⑦按：見《長編》卷二八九。

⑧按：以上見《長編》卷三四一。

⑨原注：李燾《通鑑長編》，參《紀事本末》、《長安志序》、《宋史全文》、《九朝編年》、《諸臣奏議》、《書録解題》。

⑩原注：《步里客談》。按：卷上。

⑪原注：《曲洧舊聞》。按：卷二。

校　證

〔一〕而，原闕，據《長編》卷二三六補。

〔二〕米，原作『末』，據《長編》卷二九九及《廣雅疏證》卷一〇改。

計用章

計用章字壽卿，臨邛人。以進士起家，稍遷至秘書丞。時元昊叛，范雍知延州，辟用章爲通判。用章請修城壘，備器械，乞朝廷加兵選將，以圖討賊，若不以爲意，恐朝廷之憂、關輔之禍，非年歲可弭。雍不以爲然。及元昊以兵圍城，二[一]將陷陳，都監黄德和奔還，雍召用章問以策。用章曰：『用章屢獻言矣，而公不用，今惟有一死以報國爾。然城中老幼無辜，皆公陷之至此，若令同爲血肉，是公上負天子，下負百姓。』雍怒，拂衣而起。至晚，又召用章問計。用章曰：『惟有死爾，尚何言？』會其夜雪大作，賊遂退。雍挾用章陷百姓之言，而誣以罪，用章遂竄雷州。其後范仲淹經略延州，知用章以忠獲罪，奏雪于朝，田況亦以爲言。起監隨州酒税，明年復故官。用章後知襲州，終都官員外郎。①

材料出處

①原注：《東都事略·范雍傳》。按：卷五四。

校　證

〔一〕二，原闕，據《東都事略》補。按：二將謂石元孫、劉平。

謝景初

謝景初字師厚，錢塘人。蔭爲太廟齋郎，中進士甲科，遷大理評事，知越州餘姚縣。九遷至司封郎中，歷通判秀州、汾州、唐、海、成都府路提點刑獄。爲怨者所誣，坐免。復除職方員外郎。以病求分司西京，復屯田郎中。

少奇俊，七歲能屬文，十三從師受《禮》，通其義，講解無滯。歐陽脩、梅堯臣見所爲文，相顧而驚，持以示留守錢惟演，歎曰：『真奇童也。』十六遊京師，赫然有聲，群公共稱之。朝廷始建北京，景初作《魏誥》以獻，士大夫爭傳寫。登科時，宋祁較殿試，尚以不得寘第一爲恨。

餘姚瀕海，民喜盜煮鹽，利厚而法不能禁。景初明立約束，刑不加肅，而民自戢，鹽課羨於常歲。又爲塘岸，以禦潮漲之患，民得安居。是時王安石宰明之鄞縣，知樞密院韓縝宰杭之錢塘，景初弟景温宰越之會稽，環吳越之境皆以此四邑爲法。處士孫侔爲文以紀之。

浙東和糴之法，官以錢與茶易民芻糧。民既輸，而有司虐下，不畀其直，民以爲病。景初在汾州，上疏極言其弊。至海州，毀淫祠三百餘所。熙寧初，河北大水，上疏言：『菑異之所致，且緩郊禮。』大忤建議者。蜀以遠方，凡大獄之疑者，皆鈐轄司專決。景初數上言：『此當奏讞于朝，非臣下可專。』朝廷遂立以爲天下法。屬縣尉佐有皆以入貲、流外得官者，不能爲政，因奏請縣唯許注流外若入貲官一員。

初行苗役之法，且擢屬邑宰爲之使而專其事。景初上言：『遠人樂安静，願罷使勿遣。』及使至，景初諳其爲人，因裁抑其過當。使者遂怨之，誣以燕飲事。執政入其言，將置詔獄。景初恥於對吏，乃自引咎。及坐免，逍遥里中，杜門讀書，未嘗以譴謫爲戚。築室郊外，自號今是翁。爲堂曰三疾，曰：『我亦古之遺民也。』參知政事元絳與近臣十人雪其罪于朝，除知襄州。

景初既少有才名，天下皆聞風企服，而性剛直，不與人俯仰。遇事明鋭，勇於敢爲，奬善嫉惡，出於天資。於書無所不該，詳練本朝典故。宋敏求最爲博洽，每歎以爲弗如。爲文簡重雄深，出言落筆，皆有章采，若不經思，而人莫可及。尤喜爲詩，梅堯臣爲酬唱之友，晏殊、杜衍〔一〕、范仲淹皆器待之。元豐七年卒，年六十五。有文集五十卷。①

材料出處

①原注：《范忠宣集·謝公墓誌》。按：范純仁《范忠宣集》卷一三《朝散大夫謝公墓誌銘》。

校　證

〔一〕衍，原作『祁』，據《墓誌銘》及上下文例改。按：《墓誌銘》作『杜正獻公』，即祁國公杜衍。

劉誼

劉誼字宜父，晚號宜翁，長興人。①治平四年進士。②元豐元年，以前江山縣丞勾管廣南西路常平。③請罷買沈香，帝詔輔臣曰：『劉誼論事，有陸贄之風。』④劾罷轉運使張頡。二年，奏言：『邕州官舍民居，悉以茅覆，兼兵火之後，邊城樓櫓未備。乞集陶人燒瓦，運宜州木版，置〔一〕溪洞竹，蓋公私屋宇，庶絶火患。』從之。⑤

又言：『廣西一路，户口纔二十餘萬，蓋不過江淮一大郡，而民出役錢至十九萬緡，募役實用錢十四萬緡，餘四萬緡，謂之寬剩。百姓貧乏，非他路比。上等之家，不能當湖湘中下之户，而役錢之出概用税錢。税錢既少，又敷之田米，田米不足，復算於身丁。廣西之民，身之有丁也。既税以錢，又算以米，是一身已輸二税。殆前世弊法，今既未能蠲除之，而又敷以役錢，甚可憫也。奈何州郡冗費不裁損，一切與他路同乎？勘會廣南東、西路監司、提舉司吏人一月請給，上同於令録，下倍於攝官。責之倉法，不免時時貨取，風聞迹露，遂行首告。甚不稱朝廷厚禄養廉之義。謂當裁損以減雇錢，庶以寬身丁、田米之所出，與夫下户之役錢，甚大利也。』從之。⑥

又言：『欽、横二州每年支移百姓米納于邕州太平諸寨，廉州米納於欽州，化州米納於雷州，高州米納於容州，類皆陸行，近者十程，遠者二十程，於民不便。』⑦

三年，提舉廣西常平，進光禄丞，權發遣提舉廣西常平。先是，南臺楊光富率其族姓二十三州峒歸附，獨光僭頗負固，誼與湖南轉運使同往瓊、管安撫，未幾亦降。⑧尋改提舉江南西路常平。五年，言：『聞道塗洶洶，以賣鹽爲患。望遣使體訪，稍變其法以便民。』又上書云：

『由唐至于五代，暴政所興，二廣則户計一丁出錢數百，輸米一石。江東、西許之釀酒，則納麴錢。與之食鹽，則輸鹽米。供軍須，即有鞵錢。入倉庫，則有蔟錢。正税之外，又有租錢。宋有天下，承平百年，二廣之丁米不除，江南榷酒而收麴錢，民不得鹽而入米，比五代爲加賦矣。嘉祐中，許商通茶，乃立租錢。茶租以税爲本，比國初又加賦矣。

『雖然，民生不見兵革，安于田畝，而以財力奉公家，未告病也。而論者以爲無政事，故財用不足，陛下有憂之，起王安石參大政，未久而相之。又以王安石所推引而任吕惠卿、曾布、李承之，内則議令，外則察訪，舉天下之法而新之。陛下日旰宵中，以聽萬務，自古好治之君，至誠篤信，排天下之議論而任安石，未有如陛下者。爲安石者，以身當天下之怨，以報陛下，固亦鮮比。當此時，朝廷郡縣頗革因循之弊，上下日以赴功，而一切禁言新令之不便，是以法度未備而已敝。夫法已有弊，智足以知之，然則當更而不更者，何哉？是大臣造法之過，而群臣不言之罪也。

『伏思陛下所立新法，本以爲民。爲民有倍稱之息，故與之貸錢。爲民有破産之患，故與之免役。爲民無聯屬之任，故教保伍。爲民有積貨之不售，故設市易。皆良法也。行之數年，天下訟之，法弊而民病，色色有之。其于役法尤甚，臣請試言其甚者。朝廷立一法使民出錢，而害法者十，臣請逐言之。

『唐壞租庸調法而爲兩税，其後每税錢千而增二百，是庸之外一取矣。五代之麴、鹽、鞵、蘐，本朝皆入兩税，是庸之外兩取矣。又出茶租，是庸之外三取矣。又出役錢，是庸之外四取矣。又出寬剩，是庸之外五取矣。是謂不原賦税本末輕重而出錢，害法一也。

『陛下以鄉户衙前破民家産，故占籍而税者，皆使出錢以助役。此良法也。然差役以版籍爲宗，版籍以税錢爲宗，避差科者，或隱寄税錢，詭名以就下等。又税之重輕不當田之肥瘠，議法之臣未嘗講此，案天下不正之籍，一切隨税而出錢。是謂不正天下之籍而出錢，害法二也。

『五等之有差役，一鄉不過十人，其次七八人，在公者少而安居者多矣。議法之臣始曰：「助者取於官户、單丁、女户、寺觀，未嘗爲役者出錢以助重役爾。」既而變法，不計貧富，以税錢爲率而取之，謂之免役。凡軍人代役，則取其錢以還三司。及貧民未嘗爲役，則又取之，何哉？臣嘗爲廣西常平矣，廣西凡爲税錢一文者，出錢七八或五六。夫一年之間，出錢五六，若未病民也。然以五六錢所出，方夏秋農趨功時，兩至官府公使，糜費又且數倍。古之養民，晝爾于茅，宵爾索綯；今之貧民，以五六錢奪其時，甚可憐也。故宜、融之民逃入蠻峒，廉州之民燔屋而逋，亦可見矣。是謂下户出錢，害法三也。

『朝廷以吏爲貪墨，考古庶人在官之制，而與之重禄，用河倉法決其賄獄，可謂美意矣。立法之初，蓋當考事局之繁簡，吏案之輕重，州縣之大小，以差制禄可也。不論大小輕重之别，多者至七八千，州縣常平兩案或至六千，多者至八千。本朝簿尉，下縣或七八千。今之吏乃數倍於此，豈非庸錢太厚乎？其他容有徒費者矣，如前者既罷之帳司是也。是謂庸錢太厚，又有徒費，害法四也。

『夫庸錢既厚，則取民不得不多。兩浙之民富溢其等者，爲無比户，多者七八百千，其次五百千。臣竊以舊法言之，役之重者，爲鄉户衙前，其次鹽秤子，其次酒務。使爲上户者十年而一役，費錢百萬，則是年百千矣。今上户富者出八百千，則是七倍昔日。以一户計之，十年之出，已八百萬矣。如此，則民家之錢安得不窮？天下財産安得不蹙？而法爲利民。是謂出錢太重，害法五也。

『法以役人有定數，而年歲有豐凶，故立寬剩以備歲，與夫捕虎緩急之用。此良法也。然司農意規寬剩，不立正法。行之數年，州縣寬剩刻納、減放不及之錢，貫已朽矣。役錢中又出雜支寬剩，此爲何名而取也？是謂寬剩太多，害法六也。

『夫男耕女桑，不給於買錢以輸公家，其勢不得無困窮矣。今不卹，卒不幸有方二三千里之水旱，則將何以卹之乎？陛下嘗試以近事觀之。前日明堂赦書，元豐元年以前賦税[二]苗役逋負一切放免。江西雖小，所蠲除數百萬，一路如此，其他可知。臣以謂賦税者，朝廷正利，尺布斗粟，何可不償？今天下之民連年逋負，惟幸蠲放，一有饑饉，仰給於縣官，其故何耶？

蓋役錢雜色輸官已多，雖樂歲無羸餘，正税所以不入也。昔之人君，蓋嘗變法矣。然其君臣未嘗不相爲終始也。昔者陛下以天下之法弊，故革而新之，則是變法者，陛下也。承意而立法者，王安石也。潤色討論之者，吕惠卿、曾布之徒也。故重司農之權以頒法，又詔倉官以行法，可謂有序矣。然而造法之臣不原陛下惠民本意，一切以利爲本，於是患失之徒爭言新法之便，司農不問是否，隨事立法。法未成全，而安石、惠卿有隙，曾布相繼罷去，而新法一聽於司農。主司農者，大抵妄意朝廷，志在財用，希合而已。大臣襲故事，不敢復議利害，晝而守之，行之數年，天下受其弊。是謂法未成而立法之臣去朝廷，害法七也。

『然而上下相目而不言，是群臣持禄養交，負陛下也。而今日定法之臣，又無一言救其弊，徒頒條式，以減淮、浙役人椿留爲説，責諸路依式成書，移東就西，減五增十，固無毫髮有補朝廷。所謂提舉倉官，又不肯論列利害。意者欲繼前軌，趣成書，總天下方數，見之空文，叨天下之功，以幸富貴。是謂司農不察法〔三〕，倉官不救弊，害法八也。

『夫二浙之法，始於李承之，其次沈括，其次吴雍，凡三遣使矣，屢變法矣。然民不知法之爲利而日益貧者，徒知更出錢之法，而未嘗減錢以利民也。是謂減役人而椿留其錢，害法九也。

『自改法來，變圓融爲和市，有司不爲陛下惜，乃輕爲價，上督責則下疾驅，爲縣令者乃一科買於民。昔臣過淮南，淮南之民科黄河夫，夫錢十五千，上户有及六十夫者。湖南買弩椿，官估二十，百姓實費二千，户有及二十條者。近江西買軍須衲襖，官估八百，實費三千。其他翎毛、竹箭，無不數倍。夫縣官緩急資於民，民出其餘助公上，理固然也。然民已出役錢，又不免於科配。是謂百色配買，賤〔四〕價傷民，害法十也。

『凡此數弊者，不見於上而見於民，民情壅於上聞，甚可痛也。傳曰：「知予之爲取，政之寶也。」今有司但知取民，甚無謂也。然救今日之弊，豈有難哉？陛下鑑害法者，悉更之，民享大利矣。伏維陛下察臣之言，不在於私，嘉聽幸甚。』

誼又言：『巡歷洪、筠等州，據百姓陳狀，論訴州縣抑令置舖賣〔五〕鹽，已牒所屬施行。臣竊詳蹇周輔元立鹽法，以救淡食之民，於今民間積鹽不售，以致怨嗟。賣既不行，月錢欠負，追呼刑責，將滿江西。其勢若此，則安居之民轉爲盜賊，其將奈何？』上批：『劉誼職在奉行法度，既有所見，自合公心陳露。輒敢張皇上書，惟舉一二偏僻不齊之事，意欲概壞大法，昧公誕謾，上惑朝廷，外摇衆聽，宜加顯斥，以儆在外。特勒停。』⑨

七年，復宣德郎。元豐中，遊金陵，以啟投王荆公，令其再起，更新法之不便於民者。荆公答以啟，略曰：『起於不得已，蓋將有行；老而無能爲，云胡不止？』⑩元祐元年，孫升言：『江西、湖南鹽法之害，行於朱彦博、陳偲，民之殘害，甚於水火。獨誼上書極言，請復誼職。』尋改奉議郎，差權發遣韶州。⑪

三年，坐到任謝表怨望狂率，勾管靈仙觀。後二年，知漢陽軍。⑫從異人授出世法，遂隱三茅山，自號三茅翁。有詩云：『曾跨江西使者鞍，舊言纔上便休官。三茅得夢全清瘦，頭髮鬅鬙布襖寬。』東坡自嶠南以詩問道，曰：『或有外丹已成，可助成梨棗者，不惜分惠。』又曰：『先生筆端有口，足以形容難言之妙；軾以眼中無翳，必能洞曉不傳之意。』有文集三十卷、奏議十卷，今傳於世。⑬

材料出處

①原注：《廣西金石略》。
②原注：《吳興志》。按：《嘉泰吳興志》卷一七。
③原注：石刻《曾公嶺記》。
④原注：談《志》。按：談鑰《嘉泰吳興志》卷一七。
⑤按：見《長編》卷二九七。
⑥原注：《通鑑長編》三百一。按：原訛作『三百十』。
⑦按：見《長編》卷三七四。
⑧原注：石刻。
⑨原注：《續通鑑長編》三百二十四。
⑩原注：《四六話》。按：卷上。
⑪原注：三百七十二。按：《長編》卷三七二。

⑫原注：四百九。

⑬原注：《嘉泰吴興志》。卷一七。

校證

〔一〕置，原闕，據《長編》卷二九七補。

〔二〕税，原作『剩』，據《長編》卷三二四改。

〔三〕法，原闕，據《長編》卷三二四補。

〔四〕賤，原作『錢』，據《長編》卷三二四改。

〔五〕賣，原作『置』，據《長編》卷三二四改。

黄隱

黄隱字光中，初名降，字從善。治平四年，登進士第四人。是歲族父君俞試開封第一，黜于禮部，隱上書乞以所得恩命補君俞官，君俞遂得召試，除撫州司户。隱知常州府無錫縣，以最聞。

元豐五年，入爲監察御史裏行。時方尚王安石學，神宗問隱學術何宗，隱以司馬光對。尋遷監察御史。八年，黄履言隱行誼端方，文學該贍，擢殿中侍御史。言守右僕射中書侍郎韓縝不堪大用，不報。又言京西轉運副使沈希顔多求羨餘，希冀進用，非法聚斂，一路受弊。[①]又奏宋用臣挾持恣横，殘民損國，乞罷市橋地課。又奏福建産錢，福州十二縣共八千餘貫，泉、漳、興化十四縣共六萬餘貫，而福州緣王氏之舊，每産錢一，當餘州之十，其科納以此爲率，餘隨均定，兩綱出役錢，亦皆至五倍，而其實減半焉。昨王子京奏立鹽法，不檢會前項别例，遂于元額上增，多寡相遠。本緣子京之誤，遂爲定額。民間應辦，已涉七年。遠民之冤，未易伸述。乞賜體究改正。又奏住福建路禁榷蠟茶。又奏罷京東、西兩路保馬司勾當官。又奏宣昭使宋用臣偷盜官園蓮藕，虧償物價，累贓不少，乞根究。[②]

尋遷國子司業。取《三經新義》板火之，力排王氏新説，每見生員試卷引用，輒斥其説，出榜示衆。安石死，諸生欲設齋致奠，隱輒忿怒，將繩以率斂之法，爲劉摯、上官均、吕陶上章論劾。元祐二年八月，左遷鴻臚少卿。右正言丁騭論其黨附程頤，出知泉州，尋改泗州。元符初，責授水部員外郎，分司南京，睦州居住。二年，詔以託附元祐，非毁法度，責授平江軍司馬，南安軍安置。[③]崇寧元年，再貶管勾靈仙觀，入黨籍，尋卒。靖康初，贈直龍圖閣，與一子官。[④]

材料出處

①原注：《長編》三百五十七。

②原注：《長編》三百五十七至五十九。

③原注：五百九。按：《長編》卷五〇九。

④原注：《通鑑長編》、《八閩通志》，參《萬姓統譜》。按：《續資治通鑑長編》卷四〇四，《八閩通志》卷七一，《萬姓統譜》卷四七。

朱紱

朱紱字君貺，福建仙遊人，與同郡黄隱、傅楫皆以詞賦名。治平四年，登進士甲科。元祐二年，以李常、孫覺等薦，除王宫大、小學教授。紹聖初，章惇當國，貶斥元祐諸臣。紱被旨召對，首陳正心誠意、知人安民之説，遷諸王宫侍講。四年，再遷翊善。元符元年，改都官員外郎。鄒浩以諫劉后事竄新州，貧甚，紱率親舊賰行。事聞，下臺鞫治，以紱賰特厚，追一官勒停。

徽宗即位，起用藩邸舊臣，累遷右諫議大夫、給事中。時范純禮、劉安世、吕希哲、張舜民屏黜在外，紱悉爲論列。馬涓送吏部，與合〔二〕入差遣。紱謂涓臺官兼進士第一人，無他過犯，送吏部，非崇重臺官之體。紱在後省凡四閲月，論駁無虚日。政府遣人諭意，紱不爲動。會蔡王似府史以語言指斥，送大理寺推治，似上表待罪，左司諫江公望論救，黜知淮陽軍。紱論駁再三，以忤旨出知壽州。崇寧元年，進寶文閣待制，知成德軍，兼真定府路安撫使。

先是，蔡京欲築木蘭陂渠以應讖，詭言引水溉田，請於朝。及紹述説興，紱遺書責京曰：

『寒族居莆者，爲築陂傾産，雖爲莆，亦爲公也。自陂成以來，公家父子兄弟布滿朝廷，未必非鍾靈藺水力。宜建樹不朽，爲梓里增光。而公由開封歷承旨，轉僕射，皆爲美官，諸所建明，殊損威望。令弟樞密公爲荆公名坦，濡染學術，乃中傷善類，酷於章惇。長公子少保君常蠱惑宸衷，諸少公子侍郎君、駙馬君、侍讀君協謀相濟，天下之人，盡皆切齒。殆非所以報効國恩，培植家慶，而赫濯地靈也。近者太后還政，新天子鋭意太平，而僉黨倡紹述熙豐之議。彼爲是議者，豈真毫髮爲朝廷計哉？特借是以固權位、復恩怨爾。自公秉政，中外屬望，今乃持之益堅，行之益力。是知有私恩，不知有國恩，知肆情得意取快一時，不知基禍異日，貽穢青史爲可畏也。』京怒，嗾御史中丞石豫劾紱與王回、鄒浩合黨，落職提舉杭州洞霄宫，入元祐黨籍。五年，以星變故，除黨禁，起知復州。蔡京復相，紱遂罷。大觀元年，依舊落職，贈少保。①

材料出處

①原注：《通鑑長編》、楊仲良《紀事本末》，參《福建通志》。按：此傳實録自道光《福建通志》卷一八〇。

校　證

〔一〕合，原闕，據《宋史》、《長編》補。按：『與合入差遣』爲當時習語。官員有過，送吏部酌情降官，曰與合入差遣。

卷四　列傳第四

王慎言

王慎言字不疑，河南人。祖曙，《宋史》有傳。父益恭，司農少卿。慎言幼而篤孝，以事親爲事之大，以承顏爲樂之至，故孜孜家庭，老而不懈，視萬鍾蔑如也。學無所不覽，尤深於史。幼能詩，以風騷自任。蔭補將作監主簿，改太常寺奉禮郎、光禄寺丞、監西京商税。院監在京順成倉，益恭致仕居洛，慎言不欲去親側，乞監西京洛河竹木務。改太子右贊善、知并州陽曲縣，不赴。勾當西京磨勘修内司，改虞部郎中，除提舉嵩山崇福宫，加上柱國，改司農少卿。

任滿，留守監司列上孝行，詔許再任。慎言以母老，不可一日離去，力求鄉任，以便甘旨。雖百里之卑，筦庫之冗，得之欣然，不知有貴賤之辨。名公大人交薦，所得他郡官，輒復辭避。平生更九任而七在洛，日與子孫侍左右，從容嬉戲，以順適親志。益恭卒，其母春秋亦高，即置小榻於寢側，晝夜候起居之節，凡九年，未嘗一夕改也。及終養外除，年已踰六十，慨然曰：『吾向勉而仕者，以有親也。今老矣，禄無所逮，何甘此而不去耶？』即拜章致仕。

文彦博守洛，與故相富弼、司馬光并鄉里宿舊十二人，爲耆英之會，慎言與焉。①

材料出處

①原注：《范忠宣公集》。按：范純仁《范忠宣集》卷一四《中散大夫王公墓誌銘》。

劉唐老

劉唐老字壽臣，①洛陽人。曾祖温叟，祖燁，《宋史》有傳。父忱，字明復，官修撰。唐老文采質性，見稱縉紳，和而不流，敏而不固。熙寧七年，忱以太常少卿會遼使蕭素商量地界，唐老由惠州司户參軍隨行書寫機宜文字。元祐初，累官奉議郎。二年，以吕大防舉，召試館職合格，除秘閣校理，權登聞鼓院。三年，爲太常博士。五年，遷右正言。奏言：『《大學》一篇，論入德之序，願詔經筵之臣訓釋此書上進。庶于清閒之暇，以備觀覽。』從之。

又言：『諸路州縣，有自來災傷倚閣税賦，候豐熟日起納。今來秋稼已成，竊慮官吏乘此登稔，併行催索。轉運司利於輸入，不免督責施行。伏念問者累年災傷，公私逋負不少，幸兹一稔，稱貸之餘，苦無遺溢，逼於催科之嚴，反以收成爲患。臣欲乞朝廷指揮諸路，有倚閣税賦合納去處，以十分爲率，且令催納三分，其餘候將來豐熟，依條舉行，所貴佃民實獲豐年之惠。』②

又言：『貢舉條制：考進士試卷，以四場工拙定去留、高下。蓋以分經取人，有多寡、幸不幸之異，故使程文均取，更不分經考校。然而主司以其四場通定之文，去取議論所主不一，或以經義，或以詩賦，或以策論，各隨習尚，互爲升黜。緣舉人所繫利害大者，在於得失，而高下又其次焉。須其去留、高下之間，二者分爲約束。如治平以前，詞賦取士，則去留主詞賦。熙寧以後，經術取士，則去留主經術。其論策二場，惟以品第高下。今既經術、詞賦別成兩科，須理各有所主，治經者必以義對爲先，作賦者當以章句爲重。乞將治經者以大義定去留，詩賦而兼經義者，以詩賦主取舍，策論止於定高下，不豫去留之例。如此，則主司議論既各有適從，士子得失亦不誤所習。伏乞詳酌施行。』從之。③

知蔡州、資政殿學士王安禮緣人言，移知舒州。唐老奏言：『安禮緣青州任内貪穢不法，朝廷再下監司體按，未知今此改任，爲其有罪而責之邪？以爲無事而不治邪？苟爲有罪而責，則舒之視蔡，均爲便藩，何名譴黜？若爲無事而不治，則今兹易地，有何所因？又安禮常以章辨，歸過於指使使臣，衆議喧然，亦以爲笑。且身係大臣，固當自重，乃與使令廝役規利營財，主俸禄之遺餘，昧商途之税入，縱非己物，猥屑益彰。臣竊謂官吏在任興販，論法固不爲輕，使小人有犯則罪之，大臣犯此則弗罪，則是禁令已不行於貴近。法與天下公共，王者猶不得私，況臣下乎？伏望聖慈將所按王安禮事迹明白施行，以正朝廷之紀綱，以肅官吏之貪穢。』④

六年，以疏劾蘇軾與趙卨交通，誣罔，罷爲兵部員外郎。韓川封還詞頭，唐老乞知絳州，移提點秦鳳等路提刑。紹聖中，唐老嘗爲文康世言：『時事必變，章惇必族滅，餘執政必竄。』四年，爲康世妻父蔡碩所告，詔唐老元祐姦黨，時出險言，落職添差監桂陽監鹽茶酒稅。[5]

徽宗即位，復官朝奉郎、直秘閣、知曹州。崇寧元年，落直秘閣，改知相州。尋坐爲刑、户部官時倡爲寬縱之説，删改元符敕條，落職勾管鴻慶宫。崇寧二年，除名勒停。三年，入黨籍。五年，敘復朝請郎。[6]

材料出處

①原注：《范太史集·手記》。按：范祖禹《范太史集》卷五五。
②按：見《長編》卷四四八。
③按：見《長編》卷四四九。
④按：見《長編》卷四五四。
⑤按：見《長編》卷四九〇。
⑥原注：《通鑑長編》，參《紀事本末》、《范太史集·手記》、《邵氏聞見録》、劉攽《彭城集》。

韓　治

韓治字循之，[1]相州人。父忠彦，《宋史》有傳。熙寧八年八月，賜進士出身。元祐中，累官左朝散郎、秘閣校理。七年，詔侍從官及六曹長貳、禮官集議郊祀典禮。治爲太常丞，與范純禮等二十二人議曰：『南郊合祭天地，不見於經。王者親祀天，而地則闕焉，亦非典禮。神宗皇帝考按古誼，詔罷合祭。元豐六年，止祀昊天上帝於圜丘，配以太祖。又詔親祠北郊如南郊儀，仍命有司修定儀注，則于承祀神祇，禮無違者。至于二郊之祭，或不並行，則有司攝事，亦自有典禮，合于《周官・大宗伯》「王不與祀，則攝位」之文。惟是北郊，先帝未及躬行，然詔旨明甚，所宜遵守。但當斟酌時宜，省繁文末節，則親祠之禮，無不可爲。蓋天地重祀，尤宜敬重，不宜數有廢舉。若昨罷合祭，違悖經典，固須改正。既已合禮，而又紛更，恐失朝廷尊事神祇之意。伏請並依先朝詔旨施行。』②

紹聖四年，知邢州。元符元年，提點京西刑獄。二年，召爲吏部郎中，章惇詆爲劉摯門下半夜客。崇寧三年，入黨籍。五年，與知州差遣。③尋爲太僕少卿、知相州，以疾丐祠，以其子肖胄代之。④治與同僚處，一日有卒悍厲，衆皆怒之，唯韓不顧，凝如平時，徐言曰：『無忿疾于頑，惟頑能致人忿故也。』人謂其有家學。⑤

材料出處

①原注：《塵史》。按：卷二。

②按：見《長編》卷四七七。

③原注：《長編》。按：卷四九一等，清秦緗業輯《續資治通鑑長編拾補》卷二六。
④原注：《宋史》。按：卷三七九《韓肖胄傳》。
⑤原注：《晁氏客語》。

岑象求

岑象求字巖起，四川梓州人。舉進士，學有本原，持心近厚。熙寧中，累官梓州，提舉常平。①元祐二年，知鄭州。〔一〕言：『自宋用臣興置水櫃以來，元未嘗以此〔二〕水灌注清汴，清汴流水自足，不廢漕運。乞盡廢水櫃，以便失業之民。』②尋改提點和州刑獄。③四年，以朝奉大夫爲考功郎中。④五年，以蘇轍、孫升薦，爲殿中侍御史。十月，奏知青州王安禮謾昧商税，侵擾機户，貪饕不法。⑤又言：『臣今月七日具狀言知青州王安禮在任踰濫不法，乞行根治。尋蒙朝廷改差知蔡州，更不推鞫其罪。臣竊以爲朝廷行之有所未當也，何則？君之於臣，進退黜陟，必須揭其賢否功過，明示於朝。此所謂與衆共之，不自私於一人也。今大臣有罪，於法當付有司按劾，而朝廷止降守次等藩郡，又不褫其職名，不惟在朝之士未之信服，仍使被彈之人以爲曖昧不平，歸過言者，足以藏庇姦迹，文飾穢行也。臣竊見鄉者蒲宗孟在鄆州，止因禁戢賊盜，用刑太峻，朝廷奪其職，授以郡守。宗孟戢盜峻刑，比安禮踰濫不法，公私之際，所犯不倫，而原情降罰，輕重如此，朝士未之信服，豈足怪哉？伏乞聖慈特降睿旨，速行按治，顯賜黜責，以符天下公議。』⑥

又與蘇轍言尚書右丞許將用心傾險，議論反復。將補外。又言：『南省考試，分卷取人，又五路別立額，奏名頗濫。』又言：『近歲太學諸生，無叩問師資之益，學官不以訓導爲己任，秘書省則多務燕閒，少親校讎。請立訓導之法，定〔三〕校讎之課。』詔禮部詳度以聞。⑦

十二月，奏言：

『臣讀《孟子》，至於禹抑洪水，周兼夷狄，孔子作《春秋》以懼亂臣賊子，欲正人心、息邪説，以承三聖。嘗三復其言，知楊、墨之教，與洪水、夷狄、亂臣賊子異致同害，而軻之排異反正，其功亦不後於三聖也。何者？天下之害，莫大於無形，而有形者次之。有形者淺而易見，無形者深而難知。洪水、夷狄、亂臣賊子，有形者也。楊、墨之教，無形者也。洪水不抑，則民死於水。夷狄不制，則民死於兵。亂臣賊子不去，則民死於亂。楊、墨之道不息，則民無父無君，胥爲禽獸，尚三死之不若也。嗚呼！楊、墨之教，止行於衰周之時，而佛、老之禍，至今數千年矣。楊、墨之罪，止在於誣民，而佛、老之徒，困民以自封，亦數千年。此其爲害，又非特洪水、夷狄之類也。其害非特洪水、夷狄，而學周、孔者皆忽略而不顧，無一人出力以排之。非特不能排之，又相與屈身而尊事之，增其高，益其深，使其盛大繁衍，自以爲莫己若，甚可怪也。臣謂其害之大者有三焉，可爲流涕者二，可爲太息者一，而執事大人，曾不以爲慮也。

『不耕而食，不織而衣，出入百用，一取足於民，往往蓄貨賄，擅商賈農民之利，田疇跨州縣，委積如京坻。窮奢縱欲，不知紀極。使吾民日削月朘，寖以窮匱，有不得糟糠藍縷以實腹蔽體者焉。今年作某宮，明年造某寺，以葺以造，歲無虛日，使土木被金玉、衣文采，陸離眩轉，功侔鬼神。天下名山勝地，皆據而有之，使吾民庇茅茨、暴支體，有不得聚廬而託處者焉。此可爲流涕者一也。

『不知禍福之原，而虛示天堂地獄之變，不知性命之旨，而妄肆高仙下鬼之論，日夜鐫諭，鼓動流俗，使人輸五穀以爲之食，奉絲麻以爲之衣，敺子弟以爲之童奴。彼其割口體之奉，捐骨肉之愛者，非樂於飢寒而無愛親之意也。持善不固，動作有所未正，故惑其言，信其事，恐禍之及其身，而未嘗有人以中國禮義之説開其所蔽而然也。見王侯、公卿、大夫居其上者皆敬畏承事之，無一人出片言以道其非是，安得不悦而從之？小以徼福於今生與來世，大以冀出離生死，故近者競出疏，日就太學生員掠錢，而太學生員至有秋試不中，捨儒業而事之者。用夷變夏，無甚於此。法雲僧亡，而士大夫及其妻女有相率哭臨之者。風俗蠱惡，無甚於此。是二者皆不祥之道，此可爲流涕者二也。

『祖宗時，天下道士常近二十萬，僧常近四十萬，其童奴倍焉。今雖不逮於此，而京師、列郡既有歲度之數，又有撥放之目，使游手惰足之輩離鄉輕家，爲之服役。歲月既深，則受牒易衣，遂終身安逸矣。南畝之民，終歲勤苦，猶不免於飢寒，宜其去此而就彼也。故釋、老益衆，農夫益少。一夫耕而數百人食之，一婦蠶而數百人衣之，農何爲不蹙歟？民何爲不困歟？此可爲太息者一也。

『三者之害，沈涵漸漬，牢固深結。其甚如此，奈何益尊崇而張大之乎？

『昔章聖皇帝恭儉寬慈，子養黎庶，仁深澤普，民到于今頌之。所以天下無虞，符貺屢至，故依道家之説，造玉清昭應宫，鳩工役衆，朞年而後成。會靈、祥源，相繼而作。當時府庫羨餘之資〔四〕，由是無餘矣。臣傳聞章聖皇帝在御，李沆爲宰相，王旦爲參知政事。旦一日謂沆曰：「每見相公四方奏祥瑞，即便收之。奏災異，即須敷陳。恐上誤聖意。」沆曰：「今天下無事，慮聖人無所用心，萬一事四夷、惑佛老、恣酒色，三事中如有一事，即可憂也。沆老矣，但恐同年將來費力。」後旦爲宰相，上聽道家之説，起玉清昭應宫，東封西祀，幸亳社，祠老子，及迎奉天書等，旦不能諫止，但畫李沆像供養而已。其後，上清、玉清昭應宫，福聖、護國二塔，集禧、醴泉二觀，興國、青黄二閣，乾明、崇夏、開寶三寺，並遇火災，琳宫紺宇，皆化爲煨燼。以是度上天之意，固有所在矣。

『臣伏見陛下不以上天警戒爲念，復起上清、儲祥宫，内捐十六七萬緡以給其費，迄今錫與未已，又給修宫殿巨材以爲之用。雖遂事不諫，然臣深爲陛下惜之也。何則？十六七萬緡，中人千家之産也。以濟邊用，則邊有餘糧。以遺貧民，則民有餘食。漢文以十家之産罷露臺，而陛下以千家之産爲無益之事，臣安得不爲陛下惜之哉？國家自太平興國至天聖間，屢詔天下，普度僧人，無圖之流，皆得隸名僧籍，而僧之爲盜賊、冒刑禁者，不可勝計。故張知白奏言：「臣向嘗斷劫盜，有全是僧徒者。」于時仁祖有宜漸加澄革之言，惜乎聖旨有其意，而臣下不能推明而奉行之也。國家崇奉佛、老，不爲不至。未嘗享其小利，而天下陰受其大害而不知覺，可不念哉？

『抑又聞建隆初，太祖嘗詔天下，凡寺觀之廢於顯德者，不得更興。雍熙中，太宗嘗詔天下鄉村不得創修寺觀。天禧中，真宗嘗詔公主、貴戚、近臣不得以建寺爲請。祖宗之深計遠慮，如此其至。今縱未能行沙汰之法，敺天下僧道歸之農畝，亦當思祖宗之美意，止其泛濫於末流也。臣愚以爲宜立崇飾塔廟之禁，罷兩府貴戚得造寺度僧之制，裁歲度撥放之額，立常住計口占田之限。凡寺觀僧道，少者併之，其頹弊者毁之。明詔中外，諭以至意，自然天下百姓循服五常之教，不爲異物所遷，而游惰者日少，耕墾者日衆，倉廩充實，而風俗歸厚矣。

『佛、老之徒，見臣詆之深切，必謂臣不曉其師之説而妄加毁訾焉。臣之所言，非毁釋迦、老聃也，蓋斥其徒之誕妄，陰害天下之民而已。臣請就其説而言之。夫佛之理有二焉，有藏教，有禪宗。所謂藏教者，臣嘗觀而詳味之矣。雖卷帙浩穰，詞説繁猥，然可以一言蔽之，無出於空寂不動而已。蓋西方謂寺爲伽藍，伽藍者，華言所謂靜住也。謂其徒爲僧陁，僧陁者，華言所謂乞士也。稱其居爲靜住，目其人爲乞士，則佛所以責其徒者何如哉？今不能精進戒律，篤修行業，而乃多求厚藏，享美饌，衣鮮衣，獵吾民之財以奉其身，而嚴飾其居處，是大違戾其師之説也。所謂禪宗者，臣嘗周詢而深究之矣。雖言辭深隱，旨趣幽微，然可以一理要之，不過於圓通無著而已。蓋欲不起一念，不依倚一物，不與萬法爲侶，此其極至也。今其徒不能泯思慮，忘形骸，虛心以會道，而乃雞鳴而起，孜孜然馳騖於聲利之場，惟恐人之不我信嚮，惟恐人之不我資給，是大違戾其師之説也。道家之書，雖亦甚多，然老聃止有五千言，説道德之微旨，未嘗及神仙羽化之事。其他皆黄衣之徒，浮淺誕妄，冀以廣其衣食之源而已，是尤不足信者也。夫神仙羽化之事，多出於傳聞，天下之人固未嘗見也。安足信哉？且黄衣之徒，尤不及釋氏弟子，以綴緝言詞，竊相模倣，故僧云南無西方，而道云歸命東方；僧云極樂世界，而道云逍遥世界，其詭譎虛誕，率皆是也。臣觀老子之道，大要不過清淨無爲而已。老子言清淨無爲，則是與佛之圓通無著，同其大旨也。佛之言圓通無著，則是與孔子之「寂然不動，感而遂通天下之故」同其大旨也。其道既本於清淨無爲、圓通無著，則尚安俟於紛華外飾邪？

『昔唐久視中，欲鑄大像，使天下僧人日施一錢以助，不損國用，而狄仁傑諫之，謂工不使鬼，必是役人，物不天來，皆從地出。睿宗造寺而辛替否諫之，謂佛教以清淨爲基，慈悲爲主，故嘗體道以濟物，不爲利欲以損人，常去己以全真，不爲榮身以害教。三時之月，掘山穿地，損命也；殫府虛帑，損人也；廣殿長廊，榮身也。損命則不慈悲，損人則不濟物，榮身則不清淨，豈大乘之心乎？公主外戚造寺度人，姚崇諫之曰：「佛不在外，近在於心，但發心慈悲，行事利益，則即是佛身，何用妄度姦人，令壞正法？」彭偃議澄汰佛道二教，而謂佛之立教清淨無爲，若以色見即是邪法，天生烝民，必將有職，游行浮食，王制所禁。今天下僧尼，不耕不織，廣作危言險語以惑愚者。一僧衣食，歲計三萬有餘，五丁所出，不能致此。舉一僧以計天下，其費可知。四人之言，皆著明深切，可爲至戒。其餘他〔五〕者，不可悉陳。

『至於禍福吉凶，則遠近大小各以類至，未有不因行義是否而得之者也。六沴不降，六極不臻，天下曠然，各樂其生，優游無爲，垂休後嗣，是天子之福也。職修事舉，譴罰不加，是百吏官人之福也。事父母，育妻孥，安分守業，身無禍殃，是士庶人之福也。四者爲福雖殊，而所以取之則一，曰修身謹行而已。禍福之應既在於人，則天莫得而私之矣。天且不能容私於其間，而況於佛、老歟？況佛、老之徒歟？憲宗迎佛骨，供養於内，而韓愈力陳歷代有佛無佛及其享國長短以諫，仍指其骨爲凶穢之餘。傅奕請去佛教，而曰佛是胡中桀黠，欺誑夷俗，皆邪僻小人模寫莊老微言，文飾妖幻之教，於國家有害。二人論佛，幾於詈矣，以佛威神之力，二人宜夭横短折，坎坷以死，而卒以壽命，晏然而終，何也？蓋其論公天下而言，非以逞其私也。佛果有威神之力，安能降禍於公論無私之人哉？

『昔者三代之盛時，道行而俗純美，國富而民和樂。當此之際，固未嘗有佛、老也。天下百姓，唯知有堯舜五常之教，無異端之説惑亂其意而耗蠹其生，是以至於此也。梁武皇帝信人天因果之論，起寺度僧，窮極盛麗，大設齋會，推衍教文，以至捨身給事，欲僥取福利，卒不免臺城之禍，則爲善果不在於供僧道、事佛老矣。凡有所動作，涉於形相，皆有爲之法，而一切有爲之法，佛譬之夢幻泡影，蓋言其非眞實也，言其易散滅也，言其不可依據也。由是論之，佛之教人，豈在於營造供事之間哉？黄老之教人，亦無異於此也。

『今國家以二聖降誕節及祖宗忌辰，凡有所禱請，無不集緇黄，鼓鐘磬鐃鈸，設幡幢，誦持歌唄，歸敬於二教，甚非先王之法也。以爲子孫、臣下推奉先報本之意，而奉先報本之意果在於此乎？若更以爲必能感神致福，則萬無此理。近歲朝廷減出賣祠部度牒而增其直，若非二聖知道愛民，何由及此？然貴戚妃后之家，起造寺觀，莫知其數。如曹佾起休糧道者院，張敦禮建法雲寺，皇親蓋洞眞宫，敕修開寶寺、乾明寺殿、相國寺東塔之類，以至天下郡縣，營造不可悉記。土木之功，所在甚盛。若不禁止，稍行減廢，則興作耗蠹，無有窮極，將不勝其弊矣。

『臣願陛下思周孔之格言，行堯舜之常道，體老子清淨無爲之理而損宫觀章醮之繁儀，原釋氏圓通無著之意而裁寺宇齋會之末節。勿以臣之淺陋而廢其言，將臣此疏，下兩禁儒臣博議，采臣上所陳六説，詔有司行之，是將陰獲大利於天下矣。決數千年之疑惑，減億兆人之耗蠹，使法垂後代，名播千古，在陛下思之而已。狷直之言，上瀆聖聰，罪當萬死，幸陛下裁赦。』⑧

六年，言：『長垣令孫述決無罪被水災〔六〕百姓柳閏限内死，有司按實，述避罪翻異，請再鞫，無差，遇赦不原。』從之。⑨又言：『右朝奉大夫宋彭年向知邢州，穢濫不檢，郡政頽廢。』⑩又言：『王安禮平生猥濫，至老不悛，典領雄藩，爲惡尤甚。近褫職名，若及一年，還後仍舊乞放歸里，或安置散官。』尋避蘇轍親，爲金部郎中，⑪改吏部郎中。爲兩浙轉運副使，賜米二萬斛、錢二十萬緡，賑濟災民。⑫七年，召爲户部郎中。徽宗即位，以潛邸舊勞，除寶文閣待制，知鄆州。未幾，以疾告，充寶文閣待制致仕。

象求力行素學，老而彌堅。⑬崇寧三年，入黨籍。初熙寧末，象求閒居江陵，披閲載籍，見善惡報應事，輒删潤而記之，爲《吉凶影響録》十卷。⑭

材料出處

①原注：《施注蘇詩》，参《欒城集》。按：施元之《施注蘇詩》卷三三《次天字韻答岑巖起》詩注，蘇轍《欒城集》卷二八《岑象求利州運判何琬江西運判》。

②原注：《長編》三百三十六。按：原訛作「三百八十八」。

③原注：四百四。

④原注：四百三十。

⑤原注：四百四十。

⑥原注：四百四十九。

⑦按：見《長編》卷四五三。

⑧原注：《諸臣奏議》。按：《宋朝諸臣奏議》卷八四岑象求《上哲宗論佛老》。

⑨按：見《長編》卷四五四。

⑩原注：《長編》四百五十六。

⑪原注：四百五十五。

⑫原注：四百六十。

⑬原注：《鄒道鄉集》。按：鄒浩《道鄉集》卷一八《岑象求充寶文閣待制致仕制》。

⑭原注：晁公武《郡齋讀書志》。按：卷三下。

校證

〔一〕按：據《施注蘇詩》，元祐元年岑象求已知鄭州，此恐有誤。

〔二〕此，原作『汴』，據《長編》卷三八六及《欒城集》卷四〇《再論京西水櫃狀》改。

〔三〕定，原闕，據《長編》卷四五三補。

〔四〕府、之資，原空，據《宋朝諸臣奏議》補。

〔五〕他，原空，據《宋朝諸臣奏議》補。

〔六〕災，原闕，據《長編》卷四五四補。

蘇嘉 弟京 攜 京子師德 師德子玭

蘇嘉字景謨，福建同安人。父頌，《宋史》有傳。熙寧初，入太學。學官顔復發策問王莽變法事，嘉極論以爲非，且言時政之失。復大歎賞，置第一。曾布見之，譖於王安石，請治嘉橫議罪，久之而寢。

元豐中，嘉以蔭補拱州襄邑縣丞。會高麗使者隆冬過境，同寮部人卒擊凍挽舟，提轄中官陳衍風邑令以下戎服持柱斧行督。嘉曰：『吾輩豈可爲此服？』卒不易，坐胡牀臨視。衍怒，劾嘉慢令。神宗釋不問。寇王沖黨侵軼京畿，詔遣燕順爲提舉捉殺，使縣官迎見。順自坐南面，設縣官坐東西向。嘉不揖，而退具其事於府奏之。罷順，罰銅三十斤。人皆稱嘉爲仁者之勇。

改知杭州富陽縣。縣故號繁劇，嘉至，究心民事，遂以大治。初，嘉赴亳州掾，蘇軾嘗薦於亳守楊繪，稱嘉篤學有文，而沈靜若愚，剛毅不可犯，自此相知尤深。及是，軾見頌賀曰：『公子富陽之政，雖古循吏無以過也。』

元符元年，劉摯辟爲訴理所勾管文字。歷太學博士，遷太常博士，通判常州。三年，坐『看詳訴理昭雪熙寧以來斷過刑獄，歸怨君父』，勒停。崇寧三年，入黨籍，遂不復出。五年，與監廟差遣。宣和三年，致仕。靖康元年，召用，而嘉已失明矣。建炎二〔二〕年，避寇，卒于金壇。

嘉春温雪潔，言若不能出口，和而不同，清能容物，暮年所造如此。①

材料出處

①原注：《八閩通志》，參《京口耆舊傳》。按：《京口耆舊傳》卷四《蘇頌傳》。

校　證

〔一〕二，原作「三」，據《京口耆舊傳》改。

嘉弟京，字世美。以父頌任假承務郎，學行稱於時，與鄒浩、游酢輩相友善。爲雄州防禦推官，監江寧府稅，辟忠武軍節度判官。陽翟民相擊殺，獄已具，而京疑其冤，已而得真殺人者，許人神之。改秩知丹陽縣。邑有練湖，蓄水以濟漕渠，歲久湮塞，比歲告旱。京募民浚湖，易置斗門十數，以時蓄洩。是歲，民不知飢。繼是，湖水有餘，公私兩便。丁憂，服除，簽書昭慶軍節度判官，通判沂州。一日，覽二疏事，喟然感歎，投劾而歸，〔一〕遂不仕。政和七年，卒。①

材料出處

①原注：《京口耆舊傳》。按：卷四《蘇頌傳》。

校　證

〔一〕「一日」至「而歸」，原闕，據《京口耆舊傳》補。

京弟攜，字季升，頌季子也。幼莊重警敏如成人。頌自濠州赴御史臺詔獄，攜年十三，隨至京師，朝夕入御史府問頌起居，復詣待漏院訴被誣狀。宰相吳充、王珪召至前詰問，攜剖析本末如流，充、珪大奇之。洎頌事白，攜亦以此知名。元祐間，蔭補瀛州防禦推官。徽宗即位，轉通直郎，賜緋衣銀魚。已而頌卒，兄嘉入黨籍，攜坐謫。尋除潤州丹陽縣丞，攝令事。歲饑，攜乞米於監司以賑濟，按户計丁，升斗龠合，親自量給，不以委吏胥，全活以千萬計。時朝廷方新祠觀，别置齋授道徒，而三茅山在其封内，不逞者憑藉爲非，凌蔑州縣，攜一切以法繩之，自是屏息。

徙廬州通判。麴院亡麴數萬斤，委録事推治。麴官與録事通，陰使持衡者亡去而歸罪焉。案具，攜閱之，笑曰：『持衡者交私，不過銖兩之贏耳，能積而至數萬斤乎？』比得實，乃麴官納磨户金，授以虚券，而麴材未嘗入也。倉部常請於朝，歲漕冬初不至合肥者，監司及州縣官皆坐之。吏持符請書，攜授符，見轉運使曰：『今諸漕至者未半，吾符一下，坐者無慮數百人。禋祀止月餘日，士大夫當得郊恩者皆閣矣。若稍引其期，俟禮成而下，彼將何辭？』轉運使從之。同官讙傳曰：『蘇季升，仁人之言也。』久之，移光禄少卿。

靖康初，金人寇京師，攜晝夜乘城，體素羸，不勝暴露。金兵退，即求去。欽宗謂執政曰：『如攜者，可使之去朝廷耶？』命降堂劄留之。數月，進直龍圖閣，知明州。戍卒數百人求卸甲錢，擁至堂下。攜叱去，而陰勒牙兵爲備。未〔二〕及門，譟而還，將爲變。攜不爲動，徐擒爲首者數人戮之，一州爲之肅然。紹興九年，召爲太常少卿，攜朝見力辭，不許。翼日，詔擢刑部侍郎。甫兩月，疾益甚，除徽猷閣待制致仕，卒，年七十有六。贈通議大夫。子孟容，右修職郎，兩浙路轉運司幹辦公事。①

材料出處

①原注：汪藻《浮溪集·蘇公墓誌銘》。按：卷二五《故徽猷閣待制致仕蘇公墓誌銘》。

校　證

〔一〕未，原闕，據《墓誌銘》補。

京子師德，字仁仲。事母孝，遭寇亂，與兄親負其輿而奔。崇寧四年，以頌繪像景靈宫恩補假承務郎。紹興三年，吕祉爲江東安撫使，辟師德準備差使。改右宣教郎、監都進奏院。值疆埸多事，書奏旁午，詔令率不可稽。師德以法律定爲程度，後皆遵用之。尋充樞密院計議官，請外，得廣德軍。師德之在樞密也，與胡銓爲僚，銓上書論和議，詆秦檜可斬，師德勸銓辭宜少婉。已而銓謫嶺外，用事者罪師德常預其稿，罷師德主管台州崇道觀。久之，檜嗾御史劾奏削籍，編管汀州。

師德在汀六年，買地種竹，葺茅讀書，若將終焉。檜死，赦還，復故官。上朝謁，高宗見姓名，識之，曰：『是無故遠竄者耶？』除通判建康府，一歲四遷。踰年，擢提舉荆湖南路常平茶鹽。全州軍士嘯亂，部使者多論守將失撫馭。師德曰：『守固有罪，軍士可不懲乎？』手書移督府，捕首惡誅之，一路以安。吏部尚書汪聖錫薦師德老成恬退可用，詔赴行在。自陳耄疾，力辭。築室會稽鏡湖之上。乾道八年，以右奉直大夫致仕。淳熙四年卒，年八十。①

材料出處

①原注：《南澗甲乙稿》。按：韓元吉《南澗甲乙稿》卷二〇《故中散大夫致仕蘇公墓誌銘》。

師德子玭，字訓直。初，以叔祖攜致仕恩補將仕郎，調嚴州遂安縣尉。師德貶居汀州，玭亦坐停官。秦檜死，得敘調台州黄巖縣主簿。台四邑，黄巖爲大，縣地百萬畝。吏與豪民爲市，户籍惟出鄉宦手，官莫能稽。玭日夜紬繹，悉革蠹弊，貧下始得安業。改知衢州常山縣，縣學久弗不治，力修葺之，以禮延鄉先生爲之表倡，儒風益盛。以憂去，服闋，通判明州。

城東有造船場，崇寧中，晁以道坐元符黨錮，來爲船官，玭慨然爲築祠立碣。陳瓘嘗謫於明，而豐稷明人也，玭復請於郡，立二祠於學宫。會旱歉，常平使者朱熹檄玭，屬以一郡荒政。客米自海道至者，玭請發積錢廣糴，以爲後備。熹爲聞於朝，如其請。復建議開定海縣崇丘河，灌田四千頃，親董其役，歷五月而成。歷知泰州，召爲吏部郎，分職西銓。吏畏精明，不敢肆。孤遠寒畯，悉得自伸。紹熙三年卒，年六十四，寄禄至朝請大夫。

玭天資穎異，讀書過目輒不忘。在淮西幕，嘗從使金國，繫日爲書，凡山川、城邑、人情、風俗，登載詳密，史官有取焉。屬文有體製，筆法簡遠，尺牘爲時所珍，往往藏去。晚學於朱熹，朱熹每稱善不置云。子溱，蔭授文林郎，知衢州常山縣。①

材料出處

①原注：《放翁集》。按：陸游《渭南文集》卷三九《吏部郎中蘇君墓誌銘》。

蘇　遲　子籥　簡　策　簡子謤　謤子林

蘇遲字伯充，蘇轍長子。建炎初，累官尚書右司員外郎。元年六月，直秘閣、知高郵軍。守臣趙士瑗以發運使舉留，不受代，遲改知婺州。三年，奏言：『本州上供羅，自皇祐中歲輸萬疋，崇寧中增至五萬八千疋有奇。民力凋敝，乞減其半。』上驚惻，減二萬八千疋，仍給以本。父老爲立碑祠，因家焉。

四年六月，召爲中書門下檢正諸房文字。九月，知泉州。十月，以富直柔薦，爲太常少卿。紹興元年，請補外，改集英殿修撰、知處州。三年九月，召權刑部侍郎。十月，權工部侍郎。五年，告老，充徽猷閣待制、提舉江州太平觀。十二年，遷一官致仕。二十五年卒，葬蘭溪靈洞。①

材料出處

①原注：《金華賢達傳》。按：卷四。

長子籥，字仲兹，爲适後。以祖蔭官陜州儀曹掾，任子諒薦入漕幕。登朝爲太府監丞、將作監丞，補外，參議夔府，遠不能赴，改會稽。請祠歸，卒，累官朝請大夫，贈大中大夫。少以文學見知晁以道、張嘉父、洪玉父諸人，然自處方嚴，不苟合，故任止於此。喜論事，多著述，有《雙溪集》十五卷、《潁濱遺言》一卷。①

材料出處

①原注：《敬鄉録》，參《平園續稿》。按：《敬鄉録》卷七。

籥弟簡，字伯業。以祖恩補假承務郎。宣和初，調鄭州司刑。滿，遷〔一〕華州錢監，改京兆府曹。建炎初，充江浙制置司書寫機宜文字。通判宣州，未上，改饒州。紹興初，監都進奏院。江淮開都督府，選入幕府，守嚴州。使者列薦，請便養，守建州。嚴人思其遺愛，再除守嚴州。加直秘閣、帥廣東，措置海盜有方，除直徽猷閣，尋直龍圖閣、帥洪州。踰月，罷。次年，辭召，丐祠，轉中散大夫，復龍圖閣致仕。乾道初，封中大夫。二年卒，贈少保。有《山堂文集》二十卷。①

材料出處

①原注：《敬鄉録》。按：卷七。

校　證

〔一〕遷，原作『監』，據《敬鄉録》改。

簡弟策，字伯行。以外祖梁子美恩授將仕郎，主新鄭簿，辟江西帥屬。改秩，知錢塘縣、諸軍審計司、軍器監丞兼權吏部郎，出爲閩漕，守台州。丁父憂，終喪，奉祠十年而卒，累贈朝議大夫。爲人明敏，遇事嚴辨。在錢塘，減税課之無藝者。在閩，罷運鹽押〔二〕綱以請求得之者。在台，禁私鹾，而課入自倍。在吏部，主右選，號爲精詳平允。①

材料出處

①原注：《敬鄉録》。按：卷七。

校證

〔一〕押，原作『紳』，據《敬鄉録》改。

簡子諤，字伯昌。以祖恩初任浙東帥屬，知台州仙居縣，江西運司幹官主管文字，知柳州，又除邵州、韶州。繼遭父母喪，服除入對，除寧國通判、直秘閣、明州通判。召除工部郎中，改兵部。補外，直顯謨閣、湖南運副、明州長史。召除大理少卿、太府卿、秘閣修撰、知鎮江，未上，以弟誦卒，丐便郡，經理其喪，得江東運副。改提刑，未上，遷江西。後奉祠，卒官，贈朝議大夫。有《拙齋集》。

弟誦，字伯言，以父恩補將仕郎，終知濠州。①

材料出處

①原注：《敬鄉録》。按：卷七。

諤子林，字伯茂。以祖恩初任紹興嵊縣主簿，再中漕舉，知嚴州建德縣，監都進奏院。丁父憂，免喪，添差通判秀州，幹辦諸軍糧料院，司農寺主簿，將作丞。補外，知衢州，福建提舉，就除通判，轉朝散大夫。①

材料出處

①原注：《敬鄉録》。按：卷七。

蘇　符

蘇符字仲虎，軾孫，邁之子。建炎二年，以宣教郎爲國子監丞。[1] 紹興元年八月，知蜀州，除夔州路提點刑獄。五年十月，賜同進士出身，守尚書司勳員外郎。六年十二月，兼資善堂贊善。七年四月，試秘書少監。六月，言〔一〕：『史館重修《哲宗皇帝實録》，元祐政事，屢改紛更，尤當盡付天下公論，非符所宜參預，望改閑慢差遣。』不許。

八年二月，試太常少卿，仍兼資善堂贊讀。三月，言：『景靈宫神御現在温州，將來四孟朝獻，乞比附國朝諒陰故事，行在設位，分命大臣行禮。』從之。[2] 四月，言：『徽宗皇帝、顯肅皇后至今未聞諱日，乞權于聞哀日，依祖宗忌辰例，建置道場行香。』從之。[3] 九月，守起居郎，仍兼侍讀。十一月，爲中書舍人，免召試。陞翊善，命副王倫使金，稱疾不受。

十二月，與張燾、樓炤、晏敦復、薛徽言同入對，奏言：『臣聞聖人與衆同欲，是以濟事。自古人君施設措置，未有不以從衆而成，違衆而敗者。伏見今日屈己之事，陛下以爲可，士大夫不以爲可，民庶不以爲可，軍士不以爲可，如是而求成，臣等竊惑之。伏望聖慈俯同衆情，毋遂致屈。』上覽奏，愀然變色。④

九年二月，試給事中。八月，言已分屯吳玠軍馬，乞罷免四川對糴米腳錢。充賀金正旦使。九月，試尚書禮部侍郎，仍翊善。奏請郟城縣蘇軾墳寺，援范鎮例賜名，詔以旌賢廣惠爲名。⑤明年十月，權禮部尚書，仍兼翊善。十一年正月，入對，論《易》同聲相應、同氣相求、水流濕、火就燥之理，且言：『父子天合，誠意所在，雖遠必通。今金人敗盟，朝廷用兵，雖議和之使，不復再遣。然誠心出于天合，不問〔二〕遠近，則太后終必還，饗慈寧之養。』上稱善。

旋兼侍讀。十二年二月，以『討論典禮，並不詳具祖宗故事，專任己意，懷姦附麗』，罷爲左朝散郎，提舉江州太平觀。十三年二月，知遂寧府。符有田在蘇，因留居之。秦檜不樂。十四年，右正言詹大方劾符踰年不行，徘徊近地，窺伺時事。詔降二官，趣之任。十六年二月，復敷文閣待制，乃還蜀。二十四年七月，知饒州。二十五年正月，乞祠。上曰：『頃朝廷初議休兵，符頗以爲然。及王倫被留，遂復二三。今不復肯出蜀矣。』乃以爲提舉台州崇道觀，⑥旋進敷文閣直學士。二十六年五月，起知邛州。⑦十月，卒。⑧

材料出處

①原注：《要録》卷十三。按：《建炎以來繫年要録》卷一三。

②按：見《要録》卷一一八。

③原注：百十九。按：原訛作『百九十』。
④按：見《要録》卷一二四。
⑤按：見《要録》卷一三三。
⑥原注：百六十八。
⑦原注：百七十二。
⑧原注：百七十五。

校證

〔一〕言，原作『臣僚言』，據《要録》卷一一一改。
〔二〕問，原作『間』，據《要録》卷一三九改。

蘇峴 叔籍

蘇峴字叔子，軾孫籥次子，嗣簀後。與兄嶠一時馳名。初爲海陵縣丞，故參知政事錢端禮以吏部侍郎宣諭淮東，薦之曰：『蘇軾爲宋儒宗，爵不配德，而峴才識操履，綽有典型，願加甄録，庶可敦風俗，激士氣。』賜對垂拱殿，稱上旨，命之曰：『爾四世祖，集《太常因革禮》者也，其主簿太常。』在職逾年，常論考課法，乞赴選之官具前任五事，簡平允之士以爲廷尉平，第知縣之闕爲數等，以選能者。遷太府寺丞，易將作監丞。因輪對，言：『治道貴持久，常人之情，恨不成於頃刻。陛下勿以小利而忽大計，急近效而妨遠圖。』語益切至，人以爲難。知邠州。數月，丁内艱。掌舶貨于閩。趙雄爲樞密，又薦之，除吏部郎、太府卿，由福建轉運使移江西。上復念之曰：『東坡之孫，惟峴有家法。』充秘閣修撰。淳熙十年卒，年六十有六。峴學有家法，喜賦詩，有《綺語編》，僅三卷。

兄嶠，字季真，歷諫省，給事黄扉，待制顯謨閣。①

材料出處

①原注：《南澗甲乙稿》。按：韓元吉《南澗甲乙稿》卷二一《朝散郎秘閣修撰江南西路轉運副使蘇公墓誌銘》。

峴叔籍，紹興中，累官右承事郎。十年，爲太常寺主簿。十二年正月，罷。二十五年，以右朝散郎爲湖南提刑。①

材料出處

①原注：《繫年要録》。按：卷一三七、一四四、一六八。

卷五　列傳第五

王　古

王古字敏仲，莘縣人。曾祖旦，父靖，《宋史》有傳。古第進士，力學自進，才名顯于時。熙寧八年，爲司農寺主簿，相度淮東役法。時兩浙缺雨，古因便體量災傷，當賑濟州縣以聞，奏言：『淮浙旱蝗，私家無積，乞豫爲備。』①先是，華亭縣邵奇訴張若濟修河冒賞，受吕惠卿、鄭膺請强奪民田，命古究治。劾惠卿黨轉運使王庭老、張靚不公失職，皆罷之。②

九年，遷大理寺丞，提舉兩浙常平。未幾，改提舉開封府常平。元豐元年，改將作監主簿，言：『義倉之法，設于畿邑，已見不擾。請下提舉司，視諸路税役錢欠閣不及三分者，先推行之。』③四年，丁憂。服除，提舉京東西路常平。因奏事，頗言常平法不便。王安禮欲用爲太常丞，神宗謂古好異論，止，以爲太常博士。五年，遣祭原武埽靈濟夫人廟。

六年，加上仁宗、英宗謚，因升祔四后，初議不發册。古奏言：『奉上二帝徽號，升祔四后神主，其事則殊，其爲宗廟大禮一也。今陞祔不發册，則大慶廷授、上公載輅、儀衛、鼓吹等亦皆緣此而罷，止於太廟有司攝事而已。則加號之禮顯，陞祔之事隱。蓋發册之禮，雖爲祔廟之節文，而陞祔之重，乃由發册而後顯。今既行陞祔而反廢其重禮，恐萬方觀聽，或有以輕重議朝廷者矣。或謂：「故事：用册者皆以改上尊謚，或字有增損之故，今四后謚無所改，則不可用册。」然臣以爲郊廟用册，其事多矣，非必至於增改謚號而後可爲。今自别廟而陞，始正帝后同室之位，決歷世之疑議，舉宗廟之大禮，據經稽古，至陛下而後定，其事至重。顧使減於謚號增改，使有司止以常祝告廟，此臣所以疑而未敢決。臣愚以爲朝廷苟欲姑徇禮官之議，今不用册，則乞稽參典故，凡行禮之節，務致隆極，使較然以異於常享，庶幾上副致嚴宗廟之意。』④

出爲湖南轉運判官，提點淮東刑獄，體量淮南及京東路災傷。元祐元年，召爲吏部員外郎，歷工部郎中。顧臨由給事中拜河北轉運使，古與蘇軾、李常言臨天資方正，學有根本，宜留左右，以補闕遺。尋爲右司員外郎。劉摯以古既非强明，又不勤敏，五年，易秘閣校理。尋遷太府少卿，奉使契丹。其時北使所過，凡供張悉貸于民，古請出公使錢爲之，民得不擾。七年，爲秘書少監。八年，兼國子祭酒，尋爲起居郎。

紹聖初，遷户部侍郎，詳定役法，與尚書蔡京多不合。京言臣欲用元豐人額雇直，而古乃用司馬光法。詔徙古兵部，尋以集賢殿修撰爲江淮發運使。言者論其常指平歲爲凶荒，妄散邦財，充寶文閣待制、知廣州。四年，坐謝表誕妄，締交合黨，奪職，知袁州。

建中靖國元年，復拜户部侍郎，遷尚書。與御史中丞趙挺之用赦恩理逋欠，古多所蠲釋。挺之劾古多所蠲除，傾天下之財以爲私惠，不可用。改刑部，攻不已，以寶文閣直學士知成都府。崇寧元年，降授朝散大夫、管勾崇道觀。三年，再貶衢州别駕、温州安置，入黨籍，尋移徐州。五年，敘復朝請郎，管勾明道宫。

古名臣之後，出將使指，入造省闈，秘府之校文，卿寺之副貳，率有顯譽，久而益彰。紹興中，盡還合得恩澤。⑤

材料出處

①按：見《長編》卷二六六。
②按：見《長編》卷二六九。
③原注：《通鑑長編》二百九十。
④按：見《長編》卷三三六。
⑤原注：《通鑑長編》，《宋大詔令》，《繫年要録》，《紀事本末》，《王魏公集》卷三，《蘇欒城集》，《吕淨德集》。

李　深

李深字叔平，福建光澤人。父誥，慶曆二年進士，官至太常博士，贈朝請大夫。深登熙寧九年進士，調曹州濟陰縣主簿，歷知饒州之鄱陽、蔡州之遂平二縣，以清慎聞。元豐初，爲太常博士、提點秦鳳刑獄。三年，詔以深崛彊自任，議多齟齬，于訓兵法度不能曉知，而沮排同僚，必使從己，徙淮東提刑。尋以豐稷言，知饒州。元祐元年，檢點淮南等路坑冶鑄錢事，言坑冶、鑄錢舊隸一司，元豐二年以荆、廣、淮、浙分爲兩路，韶州、岑、泉等場，自去年以來坑冶不廢，乞通爲一司。從之。

紹聖初，章惇爲相，議以僱役爲差役，置司講論。召爲秘書丞，充編敕所看詳檢役法文字。已而惇從蔡京言，徑請人額僱直一從元豐舊制，深爭之不能得，遂丐外。

四年，除奉議郎，權通判通遠軍。會星變，下詔求言，深在隴西上書曰：

『臣聞日者太陽也，故爲人君之象；星則麗乎陰者也，故爲人臣之象。今妖星示變，爲陰盛之災，臣恐天所以警陛下者，不在四海萬里之遠，而在陛下左右前後也。臣請薄陳事實，願陛下擇之。

『祖宗故事：凡進退言事官〔一〕，雖執政不得與聞，蓋以杜絶臺諫私於宰執也。比年蔡卞執政，乃使其兄蔡京得薦臺官。既被其兄之薦者，能不私其弟乎？陛下命黄履、蔡京各薦充御史者三人，而履所薦者，二人不召，一人召爲監司而已。京所薦者，三人皆召對，而二爲御史，一爲監司。四方瞻望願登蔡氏之門者，惟恐不及。然則執政之過惡，陛下安得聞之乎？

『陛下遣監司按察諸路，欲知下民疾苦，官吏美惡，故著令應職相統攝，及事之相干者，必使避親，蓋欲監司與所部無蔽欺也。今章楶爲涇原帥，乃用其壻劉何攝事，又使之專應副涇原軍須。前日進築平夏城，爲賊所鈔，而奏報不到朝廷。然則帥臣之乖謬，陛下安得聞之乎？

『陛下賞功罰罪，進退群臣，以勸懲天下，然如鄜延以〔二〕一路兵勢、一路民力，進築三城，而每賞不過於進官一等。涇原章楶以四路兵勢、三路民〔三〕力，亡失甚衆，纔築安西城一寨，而賞典則官自朝散而遷朝議，職自修撰而加密直，無乃以章楶爲宰相章惇之兄而固優之乎？陛下分命監司應副諸路芻粟，如邵龥於鄜延，則親臨飛輓，至其功成〔四〕，所賞不過一官。張詢於熙河，泰然安枕，未嘗一至沿邊，而金城之賞，乃自權發遣運副一進而爲都轉運使，又加秘閣之直，無乃以張詢爲宰相章惇妹夫而特異之乎？

『陛下鼓舞人物，文臣以兩制爲榮，武臣以横行爲榮。冠儒冠者，必有大學術、大才能，嘗爲侍從之官，或邊帥發運使副累年者，乃可得兩制。列武弁者，必有大功勞、大資望爲朝廷所親信者，乃可謂横行。臣比見吕嘉問移發運，未數月，不緣奏計登對，不緣六曹貳卿，遂除待制。天下皆謂嘉問之子娶王雱之女。蔡卞娶王雱之妹。臣不知嘉問之驟爲兩制，果出陛下之聖意乎？臣又見張赴近自左藏庫副使，不因賞功，又無他長，遂以閤門副使爲雄州帥。天下皆謂張赴乃章惇之妻弟，比自章惇入相，未三載間，差遣屢易，莫非要郡與兵權也。臣不知張赴之超爲横行邊帥，果出陛下聖意乎？章惇爲小官時，有李參者，常薦惇，今參之子孫李沖、李延嗣，悉爲監司。此人人知章惇之報私恩也。蔡卞爲王安石壻，鄧綰薦卞於先帝，欲以媚安石。先帝察其邪慝，怒而逐之，德音指爲奸回，天下至今傳誦。今綰之子洵仁、洵武同時召對，一爲校書郎，一爲提舉官，洵武又兼爲修史檢討。此人人知蔡卞之報私恩也。

『恭惟陛下復行免役，本以寬民，而取於民者不輕；陛下留神安邊，本以養民，而害於民者先至。原其所以然，則以用蔡京爲詳定，用章粢爲帥臣也。京於簾幃聽政之初，實知開封府事。方朝廷更改僱役，即奉行差法，爲天下倡。是時章惇劄子所謂祥符縣役人一千一百餘人，不數日間，差撥了當者，實京主其事也。然則如京者，其可使之詳定乎？故役書未下之際，京乃獨入劄子，乞人額僱直並依元豐，以掩昔日之失。又陰造誣言，謂同列兼行差法，議論紛紜，稽期遷令。此役法所以未全而上違陛下本意也。

『粢於元祐中爲陝西轉運使，當鄜延棄米脂、浮圖二寨之時，粢於綏德城召諸將佐，置酒高會，作樂相慶。又上表稱賀，以棄地爲盛事，進爲慶州帥，遇賊兵侵犯，而措置乖方，殺掠人民。然則如粢者，其可使之爲帥乎？故粢比赴渭川方半月間，遽請進築，欲以贖前日之罪，倉卒無備，上煩朝廷起環慶、秦鳳、熙河、涇原四路馬軍以爲防托〔五〕，又驅熙河、秦鳳、涇原三路車乘、人夫以充漕運，輦置百物，勞費萬端，老幼嗟怨，徧滿道路。此邊事所以未息，而上貽陛下深憂也。

『諫諍之臣，自上官均、孫諤以言事補外之後，論近臣者鮮矣。陛下能不爲萬世慮乎？伏望陛下上念祖宗積累之艱難，親收人主威福之大柄，選擇正直之賢士，以備諫諍。委任公忠之賢佐，以爲贊襄。駕馭英雄，使之各盡其力。屏斥奸佞，使之無所施其巧。如此，則符瑞沓至，災害不作。天文之變，不足患矣。』①

疏入，惇及京、卞大惡之。會樞密院言熙河、蘭岷路經略安撫都總管鍾傳等進築丹喇關，奏報失實，以深在軍預議，責降一官。深嘗力陳不築淺井，則天都、齊訥納森皆未可進築。其言切中機宜，而帥臣以鍾傳被責，竟不敢奏也。已而曾布言邊人皆以深爲枉，乞下兩帥體訪，遂降指揮，令章楶、孫路相度的確利害以聞。楶、路奏如布言，得旨敘復，遷朝散郎。陛辭奏事，復爲惇、卞所譖，罷歸。建中靖國元年，起爲司農寺丞，復專領户部役法。深於是取出錢之重者，悉明蠲減之。崇寧二年，京當國，貶深復州，除名勒停，入黨籍邪上尤甚第二人。四年，移建昌軍，改青州。五年，復官。②

材料出處

①按：見《長編》卷四九一。

②原注：《八閩通志》，參《通鑑長編》、《會稽掇英續集》、楊仲良《通鑑長編紀事本末》。

校證

〔一〕官，原闕，據《長編》卷四九一補。

〔二〕以，原闕，据《長編》卷四九一補。

〔三〕民，原作『兵』，據《長編》卷四九一改。

〔四〕成，原作『臣』，據《長編》卷四九一改。
〔五〕托，原作『北』，據《長編》卷四九一改。

滿中行

滿中行字思復，川東金鄉人。元豐初，爲國子監直講、著作佐郎。時監生虞蕃訴學官上下共爲姦贓，有司推治，中行所履潔廉，不涉吏議。神宗奬之，擢館閣校勘。①

三年，爲太子中允，權監察御史裏行。奏言：『李清臣前任京東提刑，親見部中蘇軾悖慢怨謗，不能刺舉，復與之更唱迭和，相爲朋比，而怨謗譏訕之辭又復過之。乞寢翰林學士新命。』不聽。又言：『都水監及巡河使臣按行河上，縱吏受賄，乞根究。』②又言：『直龍圖閣、祠部郎中、知熙州張頡天資褊躁，動多猜忌。』又言：『曹村河決，止〔二〕坐都水監當任官。竊以河隄完固，非朝夕可至，量罪定罰，宜以供職久近爲差。』詔中書立到官日限法。③又言：『豫章郡王宗謂託處州監押黎若訥買什器，取女樂，皆不償值，及多受若訥賂遺。』④又言：『知潁州薛回懷姦反復。』

元豐四年，直集賢院兼侍御史、知雜事。言：『陽翟縣孫貫姦狀甚多，樞密院都承旨張誠一黷貨外交，託公報私。』⑤又言：『判都水監張唐民素無風力，罷老曠弛。』又言：『知洪州王韶廢法干譽，侵官市恩。』又言：『兩省、臺官、文武百官日赴文德殿，東西兩向對立，宰臣一員押班，聞傳不坐，則再拜而退，謂之常朝。遇休假併三日以上，應内殿起居官畢集，謂之横行。自宰臣、親王以下應見、謝、辭者，皆先赴文德殿，謂之過正衙。然在京釐務之官，例以别敕免參，宰臣押班，近言已罷，而武班諸衛，本朝又不常置。故今之赴常朝者，獨御史臺官與審官待次階官而已。今垂拱内殿，宰臣已下既已日參，而文德常朝仍復不廢。舛謬倒置，莫此爲甚。至於横行參假與夫見、謝、辭官先過正衙，雖沿唐之故事，然必俟天子御殿之日行之可也。有司失於申請，未能釐正，欲望特降指揮，先次罷〔二〕去。』⑥又言：『現任官不准陳請分司，已分司者，滿二年勒停。』並從之。

五年，言：『知開封府王安禮任性破法，犯分干譽，乞正典刑。』上批：『中行論事不實。』落御史知雜，以〔三〕直集賢知無爲軍。⑦

七年，知相州。言：『林慮縣南修合浦河水以濟民，用功既久，又有孟兒等村鑿井取水，十年百八十尺不及泉。民以爲勞而無功，寧遠行汲水。以初奉朝旨，未敢罷。』詔罷之。召爲左司郎中。⑧

八年，充北朝國信使，尋守起居郎。元祐元年，御史孫升論中行陰附柄臣，排詆王安禮，出爲直龍圖閣、知明州。⑨著有《昌邑集》二十卷。⑩

材料出處

①按：見《長編》卷三百。
②按：見《長編》卷三〇三。
③按：見《長編》卷三〇五。
④按：見《長編》卷三〇九。
⑤原注：三百十二。
⑥按：見《長編》卷三一〇。
⑦按：見《長編》卷三一五。
⑧按：見《長編》卷三四四。
⑨原注：三百七十六。
⑩原注：《郡齋讀書後志》，參《通鑑長編》。按：《郡齋讀書後志》卷二。

校　證

〔一〕止，原作『上』，據《長編》卷三〇五改。
〔二〕罷，原作『置』，據《長編》卷三一〇改。
〔三〕以，原闕，據《長編》卷三一五補。

陳 并

陳并字巨中。①祖執中，《宋史》有傳。元豐中進士。紹聖四年，歷官某縣令，上書曰：

『臣伏承詔書以彗星西見，大赦天下，許中外臣寮直言朝廷過失。此陛下敬天愛民，罪己好諫之至也。臣聞主聖臣直，臣備員江外山縣窮僻之地，心念朝廷，不敢隨衆唯唯，輒陳愚見。

『《商書》曰：「惟吉凶不僭在人，惟天降災祥在德。」天下之治安，常以聽直言、近正人、公喜怒、消朋黨、明法度、節財用、謹戎兵、不事游觀、不邇聲色、不急功利、不惑佛老，非獨治安也，榮莫大焉。天下之危亂，常在於逆忠直、近纖佞、私好惡、縱朋黨、紊法度、費財用、好攻戰、事游觀、惑聲色、急功利、尚佛老，非特危亂也，辱莫甚焉。陛下稟堯舜聰明之資，聖德學問，日益光明，求賢納諫，聲聞中外。然進用之人，或緣不用己而執仇，或觀望大臣而陰助，或元祐持兩端、竊位幸用之人，伺意希合，豈免偏私？

『臣昨聞牓，朝堂不得附會言事，其熙寧、元豐無問賢不肖，其所行無問是不是，則目爲同心，稍言非是，便相語以指斥先帝，則爲乖背。中書舍人葉濤謂觀文殿學士安濤爲無甚過，則以濤爲非，奪職知光州。權中書舍人沈銖以户部侍郎吳居厚爲聚斂掊刻之人，繳還詞頭，則以銖爲疎，羅織罰金。夫詞臣以言而被責，臣下又不得越職言事，臺諫爲陛下耳目官，可以言而不言，則是言路壅塞，下情不通，利害不達，非太平之道也。

『乃者彗星見于西，按《漢・曆志》有掃除之象，又云其炎或短或長，内爲後宮之害，外爲諸夏之禍。又記齊景公彗星見而泣，晏子曰：「君無德於國，穿池沼則欲〔一〕深以廣也，爲臺榭則欲高且大也，賦斂如攘奪，誅戮如仇讎。彗星之出，庸可懼也。」是時孟皇后廢，天意驗于上，必當以人事驗于下，聖心恐懼，撤膳避殿，赦宥辜罪，求言悔過。中外聞之，率皆鼓舞，知陛下因變而增修其德，如周宣之側身修行而弭災，宋景公出人君之言而星退舍。

『真皇咸平間，有妖星見營室北，詔令臣下極言得失。仁皇以彗出，亦嘗下詔求諫。陛下今日所行，以周宣、宋景爲不足學，而稽祖宗之盛，言路開闢，聖政日新，忠臣義士將接迹而出。遭際有道，誰惜危言？然臣聞諂諛軟熟之言易於聽，無益於治；忠鯁法度之言逆于耳，有補于時，譬如良藥雖苦口，而利于病焉。臣不避斧鉞之誅，竊謂缺失，其大有四。中宮廢居瑶華，姬妾寵盛，一也。逐臣未見牽復，臣下互立朋黨，二也。百官趨時而迎合，臺諫觀望而不言，三也。廷臣好談兵，邊將喜攻戰，四也。

『所謂中宮廢居瑶華、姬妾寵盛者，臣試言之。陛下，日象也；皇后，月象也。日之與月，天地陰陽相資之理，而坤無以承乾，則無以母儀天下。一旦置之瑶華宮，中外駭聞。且舜使堯女能盡婦道，文王以御始于寡妻。今閭巷賤夫，尚以出妻爲恥，況陛下爲天地神明之主，言而爲天下後世法，行而爲天下後世則，朝行乎一堂之上，暮傳之四方萬里之遠。夫婦之道，體乎乾坤，理于風化，豈可容易廢黜？臣聞有過則誅，若無過惡，不過詰責〔二〕，詰責不已，不過放之别館，誘掖誨諭，使之改悔。設有忤旨〔三〕，不過猜妬，乃婦人之常情。今幽置瑶華外宫，以爲罪大也，則不置之死；以爲罪小也，則不應終廢。且未聞别降旨選后，天下疑之，臣亦竊以爲疑。昔慶曆中，仁皇欲廢郭皇后爲庶人，司諫范仲淹諫曰：「后者，所以長陰教而母萬國，不宜以過失輕廢。且人孰無過，陛下當論后之失，放之别館，擇嬪妃老者侍之，俟其悔而復宫。」書奏，不納。明日，又率屬伏闕論列。上遣中貴人押往中書商量，宰相順旨，以漢唐有廢后故事。仲淹曰：「上天資堯舜，相公奈何以前世弊法累盛德？」御史中丞亦與宰相廷辯其非，仲淹以言事出，后廢瑶華宫。其後上嘗密召郭后，后欲宰相百官立班受册，方拜命。今陛下規摹所期，直欲在堯舜之上，豈宜復用漢唐下衰之時已弊之故事耶？后決無大過也，自可再册后，令復宫，以協天人之願，以正乾坤之位，以著日月之象。諒陛下非不知此，遲遲未肯召者，必左右毁之也，必寵愛蔽之也。内則閹官嬖佞助言其非，外則百執事之人順以爲是。下不能躋上于唐虞之盛，而致陛下于有過之地，以漢唐之弊法同其稱，臣竊謂陛下不取也。願陛下俯回天鑑，復正中宫之位，使後日史册全美，天下幸甚。

『所謂逐臣未見牽復，臣下互立朋黨者，臣試言之。陛下以妖星譴告，深自戒懼，大施曠蕩之恩，有罪之人咸得自新。至于殺人情輕，尚獲全宥滌濯，收召和氣，奈何被逐之臣，尚未牽復？人情未順，天意亦乖。元祐名曰垂簾，其實陛下自總機務，事皆奏可，然後得行。一時大臣，念嘗爲陛下左右輔相，雖趨嚮乖背，不爲無過。古人言投鼠忌器，元〔四〕祐之改〔五〕更，爲形比先帝，則今有所行，亦不無形比陛下。理宜顧惜國體，乘此大霈，應逐竄舊臣，召還近地，漸復其職。天下皆知其過，陛下容而貸之，是增益陛下天德之大，内外諸臣不復分黨，此一舉而數善得也。臣元豐中擢進士第，元祐中實不蒙召用，今日亦不敢干進，故言之無嫌。蔡確之死，當時士大夫私曰：「此太皇太后之意也。」臣下無復敢言，今劉摯、蘇軾之徒放之嶺表瘴癘之地，吕大防死于半塗，范純仁置之遠地，其他棄逐，紛紛不可勝數。士大夫又曰：「上意也。」臣下又無復敢言。是過則稱君，善則稱己，非所謂忠也。夫人所學所守，各自有趨嚮，不能齊也，在朝廷用不用如何爾。舜之命禹，欲征有苗，益以爲不可。周公之東征，群臣議論，獨十夫以爲可。王恢、韓安國之論征伐，張湯、汲黯之同朝，封倫、魏證之論法度，皆各有所見，人主擇其可而用之，未聞加罪于異見之人。陛下天容地受，父生母育，無一民非王民也，無一臣非王臣也。雷霆之怒，不當于臣下計較，如天地之于萬物，溥施無報；父母之于子，有教無棄。此天下，陛下之天下。陛下之天下，乃祖宗之天下。前後用事大臣，乃藉利勢利器，恃爲己私，公肆喜怒，以得勝爲快，訩訩紛擾，自爲朋黨，非天下福也。臣願陛下召還逐臣，選用正人，改法行事，姑務安靜。朋黨既消，則朝廷日尊，人心既協，則和氣日生，天下幸甚。

『所謂百官趨時而迎合，臺諫觀望而不言者，臣試言之。唐太宗有房、杜爲相，有王、魏善[六]諫，近世如仁宗朝容納諫諍，其甚切直者，量行貶謫，近不過三兩月，遠不過半年，例行牽復，或遂召用。如此則忠臣肯言，義士感激，無所顧忌，所以得聞缺失，保守太平。陛下繼人主守成之大業，堯父舜子，重規疊矩，文經武緯，聖作明述，可謂已盛已盈矣。已盛者必善守，已盈者必善持，宜其憂勤兢畏，以保無疆之休。幸天誘陛下之清衷，韜養聖資。有不言之敏德，有不怒之神威。終之以禮樂，無以復加矣。傳曰：「治天下之要，莫若靜。」今用事言事之臣，不求安靜，以酬恩怨爲急。百官之中，少識廉恥，貪愛爵禄，務肥妻子者，紛紛如也。其間尊君愛國，以忠義名節自期千百之中，無二三人。且以近事言之。王安石爲相，門下客常不下數百人。安石罷相，則移之吕惠卿之門。惠卿貶黜，則移之吴充、王珪、蔡確之門。逮元祐，則移之司馬光之門，光死則移之吕大防之門，大防出則又移今日執政之門。宰相意在東則東，意在西則西，欲財利則財利，欲邊事則邊事，隨事變轉，隨口止落。今之人材，卑汙如此，甚可恐也。能言元祐之非，能順執政之意者，薦之登對，其次堂除。不能言元祐之非，不能順執政之意者，送歸吏部。雖有忠臣義士，無因得言，無路得進。近者所用言事官，非執政門人，則其親故同里之人。言人之善，必視君相意旨之所必喜。言人之惡，必視君相意旨之所必惡。助恩助仇，至有章疏屢上不報而不決去就，或以不敢言而求他職，或以親老不可言而求外補。臺諫削弱，風憲不振，良以所用非正人之所致也。如侍御史董敦逸、司諫郭知章，乃是元祐用事〔七〕之人，在元祐則不言元祐之非，所以能安其身；逮紹聖之後，爭言元祐所用所行無一事是，乃獲安其身。此兩面之人，操兩可之説，非所謂一心事上者也。鄉原之徒，君子切齒，而若人偃然居之，不自羞愧，使陛下不聞過失，助百官以報恩仇。敦逸、知章負天下甚矣。如皇后廢而未復，逐臣久而未還，聚斂之臣復進，閹宦用事，内降妨公，臺榭侈費，民力殫窮，邊帥生事，士無廉恥，釋、老害教，朝綱未正，法度未清，役法未均，水旱頻仍，略不聞力言。縱言之不聽，未見緣言事而出者。低回苟禄，以要大用。今所力言者，不過暴斥垂簾之事，多形瑣碎之言，一切迎合，亦未容全是也。仁皇初即位，嘗詔内外不許言大后垂簾日事。詔之大略曰：「太后保佑沖人，十餘年間，四海安靜，紀綱不亂。今言事者多挾情迎合，罔識遠圖，靡循理體，今後不得輒有上言，庶永先猷，式敦教本。」此詔最爲近厚。紹聖以後，臣嘗觀陛下有詔謂垂簾時事及元祐大臣，有「一切勿問」之語，與仁皇詔書意合。然而進用之人既盛，日與仇人爲敵，欲其必死而後已。又希進干禄、求媚取悦之人，不言元祐之失，則爲背馳。陛下雖有此詔，其實臣下不行陛下之詔意。中書、樞密，今所謂執政，官有六人而閩人居其五。先王之時，取賢無方，或取于魚鹽，或取於耕築，或取于仇讎，未聞止於取一路也。中書侍郎許將，元祐爲翰林學士，一日獨班宣見，明日除尚書右丞，蔡確南行之日〔八〕也。今尚書右丞黄履，在元祐爲御史中丞，凡涉數年，不知所救何失，所爭何事。設言之不行，則亦不可已，尋己以事爲他人所攻，罷職，不知履何以自處。或以先朝嘗以善財利稱而今復用，或以詞誥善罵而擢之要近，如昨被責閹官，不唯牽復，更加寵用。此輩只宜備使令，不當使預中書政事。願陛下察視多士，惟賢是用。潛消朋黨，悉爲王臣。招致直言，虛心悔省，法度求當，無問新舊，天下幸甚。

『所謂廷臣好談兵，邊臣喜攻戰者，臣試言之。今急功利之人，多無遠慮，但務以雪恥爲名，挑剔起事，徑入築城，士卒不得休息，轉輸絡繹於道。臣恐勤兵勞衆，雖得所侵舊境邊田，無所用之，所可憂者，在乎內地也。莫易於取之，莫難於守之。芻糧器械，積之府庫，適爲其所資也。以臣所見，不若謹備自治以待之。其太盛不軌之甚，則戰。戰之有名，無有不勝。其次俟其少衰，當自歸服。如趙充國之屯田，以不戰勝之也。陛下自免西顧之憂，有榮無辱，然後選忠厚政事、智敏老成之人爲之帥。則得民之心，一可當百。兵懦馬飢，用無紀律，雖驅而使之戰，百不當一。今鍾傳，江外書生，始爲閹人李憲門客，因緣得官，素號輕浮。今以一方重事委之，又以館職誘之，可攻可戰，有進有退，不能臨事而懼、好謀而成，不唯無功，恐辱國命。熙寧初，富弼議事不合，罷相。去之日，告先帝曰：「陛下二十年莫説用兵。」王安石《五事書》，一曰和戎。是皆天下安靖肥富，而後可以言兵也。所謂莫説用兵者，非不爲兵備，其意謂先帝熙寧初即位未久，歷事未多，天下未富，未可輕用其民。逮元豐間，陝右五路進兵，有靈武之不利，永樂築城，有徐禧之敗事。先帝謂在廷輔臣曰：「作事如此之難。」邊奏至，屢爲泣下，信乎邊事不可容易。民之死生，國之安危，君之榮辱係焉，不可不知也。臣前謂大盛不軌則戰，戰之有名，無有不勝，此自投禍也，故取之易。其次俟其少衰，自當歸服。此前世驗也。凡言禦西戎之策，多以斷西北交結之勢。漢武帝命衛、霍屢空其巢穴，列爲張掖、酒泉、武威、燉煌等郡。魏晉以下，赫連等互據西河、涼州之地，奄有靈、夏。唐開西域，始復其地，置都護、節度。僖宗以後，例授功臣。五代擾攘，封李仁福爲西平王。我太祖經略四方，未暇遠略，故彝興尚世襲領節鉞，至四世外。繼遷叛，盡據夏、宥、銀、綏之地。淳化中始納款歸服，太宗易姓改名，籍于宗正。至道中復叛，景德中又叛。其子德明尚孤幼，又值契丹北和，無以爲援，懼我朝廷併取，乃堅上表，以示臣服。真宗仁慈寬量，不惜靈、夏數州之地，遂以爲定難軍，賜以西平王號。使當時乘其勢衰力敗，有攻必取，建州邑，置靈武、安西都護府，擇帥之賢者且制且撫，則沿邊鄜延、環慶不復有今日之患。其間元昊僭號，遣楊守素入朝納旌節，犯延州，執劉平、石元孫，又入渭州界好水川，殺葛懷敏輩。臣以所見戎虜叛服往來不常，正如虎豹之性，不足怪也。德明之衰弱，可以攻取而不取，元昊之僭，可以問罪而不問，所以養成其惡也。今西戎謂之盛，則有罪，謂之衰，則不臣。宜選帥訓兵，謹備斥堠，俟之歲月，彼當自屈服歸疆，然後置都護府，廣開營田，足食足兵，攻守兩得，以永國家之利，天下幸甚。

『臣所陳四説，願陛下稍霽天威，容納而行之。負薪之賤，或有廊廟之語。陛下自視，孰與成王賢？且成王有周公旦爲師，召公奭爲保，又有閎、散之徒朝夕講道明義，爲欲致其君於堯舜之上。身不比嬖佞纖巧之小人，耳不聞近習小利之邪説，目不覩爭地兵戰之危事，聲色不得惑，游畋不得作，貨利不得萌。德已進矣，尚猶有《訪落》之謀廟，《小毖》之求助，《七月》之陳王業，《公劉》之戒民事，《無逸》之戒盤游。無諫不從，無言不聽，而召公尚有不悦。憂王之意如此，乃能君臣相濟，上下維持，以成太平。今近臣則爭曰：「陛下聖德已成，群臣皆所不及，無用諫諍。」言事之臣，又不過指斥一二差除小事與今日不得志之人，於國家大利害、天下之大本末，未聞議論。今左右倚爲廟堂之柱石者爲誰？賴以爲醫工之藥石者爲誰？爲陛下之股肱耳目者爲誰？恭惟先皇帝德業茂盛，播在四海。陛下當思所以繼之之難，不宜輕信偏聽，容易持守。《詩》、《書》之所責備成王者，謂文武之業難繼也。仁宗皇帝所以享國四十餘年，内外無事，以能聽諫諍也。唐陸贄好諫，自謂上不負天子，下不負所學，言之苟利于國，有補于君，臣雖死不恨。晉靈公冬寒鑿池，宛春諫之，謂鑿池天寒，以春之言罷役，則是怨歸于公，恩歸于春。靈公曰：「宛春有善，寡人能用之。春之善，則寡人之善也。」遂罷役。裴延齡佞人，帝欲相之，陽城等詣延英門論事，伏閤不去。帝之左右懼不測，金吾將軍張萬福大言曰：「國家有直臣，天下無慮矣。吾年今八十，與見盛事。」臣學術蹇淺，言無文采，發于孤忠，言無忌諱，願陛下萬暇，少賜睿鑑，幸而采擇。念祖宗艱難之業，除去四説之患，若稽先王之道以措之當時，非獨臣幸，實天下之幸。』

元符，累官奉議郎、高密、廣平郡王〔九〕院大小學教授。上書毀佛道，降授權發遣華州。崇寧三年，再降承事郎，添差監連水軍鹽茶酒税。② 五年，復宣德郎。重和元年，知建昌軍。并嘗爲《勸學〔一〇〕文》，云：『凡不可與父兄師友道者，不可爲也。凡不可與父兄師友爲者，不可道也。』③

材料出處

①原注：米芾《書史》。

②原注：李燾《通鑑長編》、《紀事本末》，參《諸臣奏議》。按：《長編》卷五〇六，《宋朝諸臣奏議》卷四四。

③原注：《客語》。按：《晁氏客語》。

校　證

〔一〕欲，原闕，據《宋朝諸臣奏議》補。

〔二〕不過詰責，原空作『□□』，據《宋朝諸臣奏議》補。

〔三〕有忤旨，原空作『□□□』，據《宋朝諸臣奏議》補。

〔四〕『元』上原空一字，據《宋朝諸臣奏議》删。

〔五〕改，原作『政』，據《宋朝諸臣奏議》改。

〔六〕有王魏善，原空作『□□□』，據《宋朝諸臣奏議》補。

〔七〕事，原空，據《宋朝諸臣奏議》補。

〔八〕日，原空，據《宋朝諸臣奏議》補。

〔九〕王，原作『五』，據《長編》改。

〔一〇〕學，原作『農』，據《晁氏客語》改。

洪中孚

洪中孚字思誠，諶之從孫。十四首鄉貢，避前達，處第二。方在太學，神宗已聞其名。登第，試校書郎、黄岡尉。盗張韜以三百人擾境上，久不獲。中孚單馬出境，追及，發三矢，連斃之。元祐中，爲成都縣主簿，雕門蠻叛，帥以屬中孚。即日度笮橋，呼酋長慰撫，令自歸。人謂膽大於身。改秩，後多所更歷。

崇寧初，召對，擢提舉河東常平，歲省大農費億萬。增秩，改轉運判官，除直龍圖閣，升副使，賜三品服。熙河新邊乏用，以金五千萬爲助。上喜，謂得劉晏。移漕熙河、蘭湟路，進集英殿修撰，興鼓鑄榷酤市易，博糴安西米，募藩部弓箭手輦致，新邊裕如。湟、鄯、廓皆極邊，行路苦剽剠，創烽火臺，置郵傳，屯要害處。以閑田給候人，使自耕。又請河東戍卒代蘭州坐團者給鎧仗，使遇賊得自擊。置通川、通津堡，以扼其喉。

後召爲户部侍郎。時方受八寶禮賜如南郊，有司告乏，中孚未至三十里，中使促入都堂議。中孚命吏奏辦，吏惕息不敢書，雖尚書亦然。乃獨奏，果無乏事。吏畏其聰明，思有以中之，白開封吏庇鄭仲逋負不追者。中孚曰：『后父之外，别有鄭仲耶？』吏戰栗語塞。

夏人賫寶貨來售，中孚坐驛，呼使前，不可，曰：『我雖微，亦使人也。』遣驛謂之曰：『爾以貨來，直賈耳。』命酬其半賈。夏人謂：『無戲我。』中孚曰：『往者回鶻入貢，道而境，爾掠其資拜而去。有詔褒寵。

上以陝西茶馬課不登，問曰：『神宗朝岷山茶一垛易一馬，今茶數倍矣，馬不至，奈何？』對曰：『蕃部日飲酥酪，恃茶爲命。若稍重茶禁，不急於馬，則馬自至。』解州鹽池，歲供八十萬，池壞，後行東北鹽，歲得三百萬，而議者欲復解鹽。中孚言：『解池非暴以烈日、鼓以南風不可成。今厚灌水以積成之，味苦而不可食。中外已便海鹽之甘矣，其肯捨之乎？若推東北之法廣之，歲入何止三百萬哉？』卒如其議。

尋以徽猷閣直學士知太原府。夏人重兵壓境，來議地界。中孚飭諸將乘便掩擊，皆遁去，且移書來罷議。後以知永興軍入覲，上問近歲乏才之由，對言：『祖宗時，近臣有過，特旨放罪，所以優其禮而厚責其報。身雖在外，聞朝廷政令有不當，交章論列，執政不敢肆，臺諫不敢默，小人拱手知難而退。自熙、豐以來，宰相欲行新法，畏内外掣肘，建言法行自貴近始，自廟堂大臣、侍從、臺諫皆拱手於繩墨之内，不敢有所措意。近又升走馬承受爲廉訪使者，以軋外臺之吏，由是廉帥、監司不敢按部吏，州縣之官不敢治胥史，上下相蒙，苟且成俗，風教安得不壞？人才安得不乏？』上歎息稱善。

後帥真定。女真遣使約夾攻遼，許以燕、雲地歸中國。上密詔河北諸帥經略之，皆以爲可許。中孚曰：『臣游邊久，熟知遼人情狀。昔遼主洪基用其相劉六符之言，大斂燕、雲賦役。

今其國雖弱，民心未忘，且中國通好歲久，一旦與其臣妾覆滅之，臣恐滅遼之後，女真未易制也。』凡數百言。會遣中貴人譚稹來議，中孚曰：『誰爲此謀國之賊也？』稹大不樂，竟劾使去，降待制，又奪之。時政和六年也。

城北寨禁山多大木，百年矣，斬伐幾盡。中孚請削山浚塹，以防不虞。未報而罷。其後識者追歎之。以中大夫、龍圖閣待制致仕。紹興元年，卒於家，年八十三。子彙，與諸孫以雍睦稱。①

材料出處

①原注：《新安志》。按：卷七。

周　鍔

周鍔字廉彦，鄞縣人。中元豐二年乙科，調桐城尉。既而曰：『古者學而後入仕，未聞以政學也。曩時口耳剽習，特以取科目爾。士當以治心修身爲本，本立則事不足治。』於是官期至，不赴。經史百家之書無不讀，讀必究其指歸，著而爲言，必期有用。旁至兵刑、小學、天文、地理，博極淹該。時潞公文彦博、韓公富弼、温公司馬光與其舅氏蜀公范鎮皆聚洛下，鍔每請詣講貫。①

六年，上書論四事。其一言朝廷已赦西夏，許修職貢，戒邊吏勿妄出兵，慮夏人入寇，邊吏或守詔書，不出禦敵。其二言都城已爲崇墉深池，非百步之間設爲樓櫓，則不足以備不虞。其三欲罷試太學博士，止選於教官，教官則選試於上舍、内舍及改科以來有出身進士。其四乞嚴太學補試之法，士嘗豫鄉書者，不必補而後入。詔中書省記姓名。②

國子祭酒豐稷、給事中范祖禹以學官賢良薦，歷官自濠州户曹，以至提點江、淮、荆、浙、福建等路坑冶鑄錢公事，爲政皆有綱要。居曹幕則著《會稽録》、《振領圖》，宰縣則著《日成月要歲會集》，守郡則著《承宣集》。閲其書，可以知其政矣。元豐末，上疏論章惇罪，且言元符后不可配先帝寢廟，遂坐廢錮，入元祐黨籍，退休于家。作四休堂于西湖之西，與弟銖偕隱，相與徜徉山水間，唱酬成編。

紹興初，朝廷牽復黨人，特轉中大夫，將用之而老矣。有奏議、表啟、雜文二十卷，《明天集》一卷，《六甲奇書》一卷。尚書汪大猷差次之，别《承宣集》爲一卷，製序以冠其首，尊之曰《鄞江先生文集》。③

鍔初娶胡氏，尚書右丞宗愈之女，再娶王氏，翰林學士覿之女，而妹適陳忠肅公瓘。蔡京作黨碑，婦翁甥舅俱入籍，世以爲盛事。④

材料出處

①按：見《寶慶四明志》卷八。

②原注：《長編》二百三十。按：當是卷三三八。

③按：見《寶慶四明志》卷八。

④原注：《寶慶四明志》，參《延祐四明志》、《通鑑長編》。按：《延祐四明志》卷四。

卷六　列傳第六

楊康國

楊康國，魏人。第進士。材具修整，應物知務，累官朝奉郎、御史臺檢法官。元祐二年，以胡宗愈薦，除監察御史。疏言：『蘇軾撰到召試廖正一館職策題：「問王莽、曹操攘奪天下難易。」莫不驚駭相視。時臣未有言責，徒自震恐，此〔一〕必無人爲陛下言不可之狀，致朝廷尚稽竄責。今幸擢置言路，豈敢畏避，緘默孤負？且石勒一僭僞之主，猶曰終不學曹孟德、司馬仲達狐媚以取天下。臣爲人臣，不忍盡道石勒之語。』①

王覿論胡宗愈不可執政，内批落諫議大夫，與外任。康國言：『一二年來，陛下略不優假言路。去年逐張舜民，今歲又罷王覿，皆緣論及執政，而歲〔二〕逐諫官，望追寢罷覿之命。』②

三年九月，以劉安世言與執政瓜葛之戚，改權發遣開封府推官，遷工官員外郎。五年，復爲監察御史。劉摯乞外任，康國奏言：『臣竊聞門下侍郎劉摯避寵辭榮，懇求外郡，傳播京都，人情上下，莫不驚駭。蓋摯高材遠識，公正不倚，有以大過人者。此不獨天下所共知，亦爲陛下所知久矣。故自侍御史再遷爲執政，三四年間，徧歷三省，公望益隆。自以眷厚責深，勇於求退，雖於摯爲美，於人爲難。其在朝廷，事體甚重，豈可輕聽其去？臣聞楊綰居廟堂，人心自化；汲黯在朝，淮南寢謀。是則德望大臣進退出處，實繫國家休戚，安可不謹？臣愚職在言責，乃陛下耳目之官，有所見聞，豈敢避罪畏縮而不言也？伏望押摯依舊入省，與二三執政協謀同輔，共致太平，天下幸甚。』③

尋擢殿中侍御史，改左司諫。章衡除集賢殿修撰、知襄州，康國言：『衡汙行醜名，著聞天下。語其惡穢之迹，君父之前，不敢縷陳。豈可〔三〕以歲月敘遷，進兼清職？況郡守之寄，師表千里，民所取法。考衡素履，所至之郡，識者見之，莫不訝朝廷差任之失。愚民見之，則曰郡守尚爾，我何爲而不可？當見夫不夫，婦不婦，男不男，女不女矣。伏望追寢新命，以清朝論。』④

六年，資政殿大學士、前知青州王安禮移知蔡州，以言官彈奏青州任内不法事得實，移知舒州。康國奏言：『安禮自小官以至大用，自謂姦雄，所至恣横。前任柄臣，已坐濫違罷。去年持帥節，又以贓汙著聞，猶敢公肆姦言，文飾罪戾，凌蔑法度，侮慢朝廷。大臣若斯，可不深治？而乃止令遷易，自蔡移舒，在安禮無一毫之損。士論沸騰，莫不竊議。或謂朝廷優異大臣，特屈常法。臣雖至愚，實所未喻。如此施行，恐非所以示天下至公也。況安禮素無禮義，必不謂朝廷屈法以爲恩，當謂曲見牢籠而愈横。若方鎮大臣又有如安禮之不法者，不知朝廷將治之乎？又將貸之乎？若將治之，則何行之於彼而不行之於此？若將又貸，則臣恐自此以往，方鎮大臣更相倣傚，以玩陛下之法矣。苟況以謂法者治之端，足以輔德而弼教。陛下深居九重，垂衣拱手，雍容指揮，而天下莫不傾聽承命，遵守詔令，而不敢須臾違者，以其畏朝廷之法耳。今法不行而務寬貸，使天下何所畏憚？恐非朝廷之福也。且法行則朝廷尊，不行則紀綱壞。漢賈誼曰：「先王執此之政，堅如金石；行此之令，信如四時；據此之公，無私如天地。」是法豈可以不行也？奈何爲一安禮而特屈陛下之法哉？伏望正安禮之罪，褫奪職名，使自循省，以誡天下不法之吏。』詔落安禮職，仍知舒州。⑤

尋兼權給事中。蘇轍除尚書右丞，康國奏言：『暌乖不共事，睚眦不同室，其勢然也。故自聖朝祖宗以來，官吏之有嫌隙不和者，率許相避。蓋其情終不可以强同，而適足以敗事故也。且以近事言之，昨賈易懷州上謝表，言蘇轍持密命以告人，志在朋邪而害正。後易爲殿中侍御史，轍爲御史中丞，不可以同處臺中，朝廷遂罷易，出爲淮東提刑。近日中書侍郎傅堯俞、同知樞密院事韓忠彦因理會職事，而轍彈奏堯俞等，以爲無禮無儀，見欺自解，欲擅威權，互相紛爭，而又旁及吕大防、劉摯、蘇頌。當時士論不平，皆謂彈奏不當，致使堯俞等居席不安，紊煩天聽，乞解機務。幸賴陛下體察，宣押堯俞等依舊供職。彈墨未乾，遽擢轍與堯俞等同參大政。且轍與易臺中尚不並處，況廟堂之上，動繫天下安危，豈可與堯俞等共事哉？有此未安，所繫甚大，所有畫黄未敢行下，謹具封還，伏望精思裁處。』⑥

又言：『臣僚累具彈奏尚書右丞蘇轍不可爲執政者，其事有六，至今未蒙聽納。臣自惟遭遇，陛下不以臣不肖，擢臣置之諫垣者，度陛下必欲激臣懦衷，使之夙夜恐懼，日思所以圖報也。今豺狼當路，姦惡在朝，臣若持禄取容，畏憚緘默，不爲陛下言之，則是臣有負陛下任使矣，臣何面目復見陛下乎？此臣所以寧犯顔竭忠而死，不願箝口持禄而榮。萬一開悟聖聰，屏去姦惡，朝廷清明，聽斷無惑，召來和氣，天下大安，豈獨愚臣惓惓之望，朝論上下、端人正士以朝廷爲憂者，莫不有此望也。轍有六事而陛下不以爲過，此恐陛下以轍兄弟並有文學，所以眷獎之厚而用轍之堅也。果如此，則尤不可也。陛下豈不知王安石、章惇、吕惠卿、蔡確亦有文學乎？而所爲如此。若謂轍兄弟無文學則非也，蹈道則未也。其學乃學爲儀、秦者也，其文率務馳騁，好作爲縱横捭闔，無安静理致，亦類其爲人也。比王安石則不及，當與章惇、蔡確、吕惠卿相上下。其所爲美麗浮侈、豔歌小詞，則並過之，雖轍亦不逮其兄矣。兄弟由此故多得名於戚里、中貴人之家。其學如此，安足爲陛下謀王體，斷國論，與共緝熙天下之事哉？王安石以文學進，而天下擾擾，此陛下之所知也。當時吕誨大奮忠義，屢疏安石，謂亂天下者必此人也，又曰必無安静之理，皆果如其言，此亦天下所共知也。陛下若悦蘇轍文學而用之不疑，是猶又用一安石也。轍以文學自負，而剛狠好勝，則與安石無異矣。安石進而韓琦、富弼、司馬光不能並處，相繼罷去，何哉？蓋趨向不同而所見者異也。正人皆去，故安石得以援引同類，則吕惠卿、章惇、蔡確接迹居廊廟，故天下擾擾，此亦陛下之所知也。今陛下顧轍之厚而用轍之堅，臣恐宰執之間，自非貪榮苟禄有如韓琦、富弼、司馬光之人，不能與轍並處，有相繼而去者矣，又況復有睚眦者乎？則轍於私計得行，援引朋邪，又如安石之引惠卿、惇、確共處廟堂，則天下之事又不可知也。此皆治亂所繫，非同尋常彈奏庶官違法害公之事而已。臣今所言，上可以繫朝廷安危，下可以繫生民休戚，此事甚大，不可不慮也。臣是以忘身捐〔四〕命，不避禍患而爲陛下言之。惟望陛下斷自宸衷，早賜罷轍，則天下幸甚。』⑦

轍疏辨，並訐康國，康國罷爲吏部員外郎。中書舍人鄭雍繳還詞頭，改郎中。康國乞外補，除知磁州。既而韓忠彥、劉摯謂此除不平，遂改衛州。康國復自言：『昔官于衛，死亡者五，願换相或懷。』因再改相州，以祠部郎中移知蘄州，改京東路轉運副使。康國由貧賤輟耕讀書，爲御史諫官，出奉使指，議論國事，爲朝廷聞人。崇寧三年，入黨籍。①

材料出處

①按：見《長編》卷四〇七。
②按：見《長編》卷四一一。
③按：見《長編》卷四四六。
④按：見《長編》卷四四八。
⑤按：見《長編》卷四五四。
⑥按：見《長編》卷四五五。
⑦按：見《長編》卷四五五。

⑧原注：《通鑑長編》，參劉摯《忠肅集》。按：《忠肅集》卷一三《贈朝請郎楊君墓誌銘》。

校證

〔一〕此，原作『未』，據《長編》卷四〇七改。
〔二〕歲，《長編》卷四一一作『歲歲』。
〔三〕可，原作『不』，據《長編》卷四四八改。
〔四〕捐，原作『損』，據《長編》卷四五五改。

吴安詩

吴安詩字傳正，建安人。父充，《宋史》有傳。安詩有賢行，①以蔭歷朝散大夫。元祐三年，爲禮部員外郎。四年，擢右司諫。吴處厚奏上蔡確所作車蓋亭詩，安詩上疏劾確譏訕，確責降分司南京。安詩同左諫議大夫梁燾等奏言責確太輕，確遂有新州之命。及登對，宣仁后獎諭曰：『卿等論事每如此，天必祐之。』知成都府李之純召爲户部侍郎，以蔡京代之。安詩復與燾等奏言：『之純謹厚豈弟，詳練政事，在蜀八年，百姓安悦，驟以輕薄少年代之，至則必徼才能之名，不肯以持循安静爲意。蜀民易爲動摇，恐别致生事，爲異日之憂。』②疏入，改京爲江、淮、荆、浙等路發運使。

七年，除天章閣侍講，改直集賢院兼侍講，尋除中書舍人。章惇復資政殿學士，安詩不書録黄。八年，與蘇軾等校正《陸宣公奏議》進呈。③紹聖元年，門下侍郎蘇轍罷知汝州，安詩草制，有『風節天下所聞』及『原情本出愛君』語，哲宗怒，命別撰詞，降爲起居舍人。四年，坐『鼓煽凶焰、附會邪謀』，責授濮州團練副使、連州安置。崇寧元年，列名黨籍。④

安詩母，正憲夫人也，知識過人，最能文。紹聖初，安詩欲論事，而懼其親老未敢，夫人聞之，屢促其子論列時事。及貶，夫人不以爲恨。故蘇子由輓詩云：『贊夫成相業，聽子得忠言』。⑤

材料出處

①原注：《東萊詩話》。
②按：見《長編》卷四二九。
③原注：《長編》四百八十四。
④原注：《通鑑長編》，參《紀事本末》、《東萊詩話》。
⑤原注：《東萊詩話》。

李新

李新字元應，四川仙井人，自號跨鼇先生。元祐五年進士。劉涇嘗薦于蘇軾，命賦墨竹，口占一絶立就。累官承議郎、南鄭丞。元符三年五月十一日，上書曰：

『臣伏覩詔書以四月一日日蝕，許中外臣寮及民庶實封言事者。臣學闇識陋，不能深明治亂之原，謹條當今急務，析爲十事，以應詔書所求，伏維陛下裁擇。

『臣聞天不言，示人以象。天子繼天，故應天以實。行無用之文以弭昭然之戒，循先儒之腐説以爲古人之禮經，其誣甚矣。《春秋》書日蝕，書之而已，不言禳禬之事，而左氏乃有「用牲用幣、擊鼓馳走」之文。《書》曰「建用皇極」，謂大中之道不立，則咎徵洊臻，其傳曰「時則有日月亂行薄蝕」是也。而古人乃有避殿、撤樂、減饍之事。是皆不求其端而修其末，不推原其失而狃習之。臣所謂行無用之文以弭昭然之戒，循先儒之腐説以爲古人之禮經者，此也。

『迺者四月丁酉朔，日有食之，在畢八度。夫日宗衆陽而象至尊，四月正陽，純乾之月也，陽生於復，至於巳則陰爻盡矣。陰爻盡而猶蝕，明陰侵於陽，是猶小人而乘君子之器，不可以不慮也。臣竊念陛下出膺寶緒，乘龍御天，純乾之象也。朔，一月之始也。即位，人君之始也。天其或者警陛下於其始耶？《春秋》謹乎始，所以舉其終。君子謀於始，所以慎其事。方《小毖》求賢以爲助，《訪落》謀廟而後行。綸語之敷，初自微以及著。涣號之發，亦惟行而弗返。

一設不當，則舉棋不定，再慮莫中，則置器非安。汩河之源而流卒於不清，亂絲之端而未至於不理，此陛下所以思正其始也。

『仰惟陛下仁孝洽聞，睿智有靈，而更求己躬之闕失，大新憲度，刓去敝蠹，而復咨政令之臧否。欲分左右之忠邪，故未即乎正殿而知親賢之爲急。欲明風俗之媺惡，故未加乎元服而知民事之不可緩。廣垂漏泉而懼上之德澤不下究，大闢言路而恐下之疾苦不上聞。雖舜之紹堯，中宗之繼太戊，孝文之起代邸，稽古願治之意，不過如此，而臣竊有議焉。

『自臣結髮讀書，彈冠從仕，釋負薪之憂而縻大官之廩者，已十年矣。目之所覩者，信以傳信，耳之傳聞者，疑以傳疑。屬在遐徼，叩閽未得，流賈生之涕，抱嫠婦之憂，蓋亦有日矣。丁紹聖有爲，奸臣擅命，朝多忌諱，殺身亡益，而狂狷之論，進不得吐，退復鯁其喉而不得下，見庶人之議於道，商賈之謗於市，則又與國包羞而懷憤也。幸今陛下揭至公之路，來直臣之口，臣雖疎愚，請畢以獻。非陛下赦而容之，孰肯右臣言者？

『臣嘗謂方今之弊，權綱不在人主，責任不及宰相，朋黨之風熾，臺諫之職輕。士不素養而用，師不素慮而出，土木之役興，財利之臣進，西南亡備以虞倉卒之變，內外相蒙而有衰微之漸。遠士下吏，不識國體，謬悠之談，欲以上移天意，動悟萬乘，午夜甲帳乙其處以終〔一〕篇。是非野人之芹，則遼東之獻豕者也。

『何謂權綱不在人主？自古固有專之者矣。政在陪臣，則諸田分齊。政在大夫，則六卿分晉。在房闥則拱手，在外戚則跋扈，在諸侯則僭擬。今之弊釋此而在宰相。曷以知之？臣嘗見其挾天子而報私仇，摟大臣而生死之，鼻息干雲端，芻狗視同列。臺諫斂衽，道路側目。方哲宗皇帝春秋鼎盛，可與有爲，可與無爲者也，不於此時輔弼以仁義，啟沃以道德，今日兵革，明日祥瑞，是進之以好勝喜功之心，而萌夫驕汰之志，則聲色之奉，臺榭之樂，無所不至矣，是蠱人主而奪之權也。此與夫言「天子不宜登高，登高而國耗，不宜閒暇，閒暇而觀書」者同也。且神考憲度利於民者不一，元祐諸人變更倒易，失之太鋭。既竄其身，又錮其家，廢置其子弟，蹊田奪牛，不已甚乎？於是排元祐者，進士取上第，小臣得要官，有可以逞憾借交者，反復探導，而躁進之士爭致其身，非善攘人主之權者不能爲也。瑶華之廢，哲宗皇帝固嘗訪之宰相矣。禁掖秘嚴，事不得聞，而一言喪邦，焉用彼相？乃至設鉤摭以防民口，引群小以固本根。恐其權分，則虚右揆而無所薦拔；欲膠其權，則植奥援而不恤公議。黨已蕃矣，而田蚡之除吏尚未盡；門如市矣，而欽若之子壻尚撓法。作福作威，塗人耳目。尚賴法度磐固嚴密，周慮遠顧，而承平之人，不敢變名姓以復讎，養刺客以爲用。匕首雖銛利，不得發盜賊之嘯，不堪激民以首事。臣恐久假不歸，專之不已，而堅冰之漸，養虎之患，虞在後日，則是辨之不早爾。昔吴、楚七國反，以誅晁錯爲名；侯景陷臺城，以誅朱异爲名；禄山起范陽，以誅國忠爲名。今天下嗷嗷，亦必有指宰相以爲名者。臣願陛下收還權綱，總攬在己，賞罰之任，名器之重，雷動淵默，出神入神，端持太阿，無授人柄。豈惟天下之幸，而亦宰相之重幸也。

『何謂責任不及宰相？古者三辰悖序，水旱失時，災重生變，疫癘迭作，盜賊竊發，蠻夷不賓，率以咎丞相。丞相亦以不稱職，上印綬，乞骸骨，避賢者路。天子勉留之，曰：「君上書歸侯印，丐身謝事，是彰朕之不德。其專精神，邇醫藥，强起視事，以與朕共治。」丞相固請，則賜之以養牛，上尊酒。不得已而許之，則杜門省愆，免冠待罪。甚者曰：「朕未忍退，君其審處焉。」則丞相自殺。淮南、衡山稱戎，而公孫自以爲無功居位，使諸侯有叛逆之謀。平原東郡民多餓死，而魏相亦以奉職不修，致災害未息。永徽中，自三月不雨至九月，而張行成告老焉。熒惑守心而罷方進，日蝕而罷王商。問牛喘而內史以怪丙吉，閉坊門而陷〔二〕濘者以辱再思。方今丞相殆不知此，而朝廷亦不以此屬之。高堂鮮言，務養崇貴，曷與尸而祝之，社而稷之乎？稽考程案，顧問鹽米，曷與什己者游而若己者趨乎？八座議事而丞相睥睨，如以鵰挾兔，則一切媕婀，氣焰十倍，寒熱自殊，則模棱以求苟容，伴〔三〕食以希無責。其間和事忍垢者，又比比也。始霍光謂蔡義可制，故引以同職；林甫謂陳希烈可制，故援以知政。若是而朝廷何賴耶？頃者河北水災，蠶地千里，蕩室廬，汩牛馬，老弱轉徙，箱筥錡釜，篳路籃縷，號泣道路。州縣畏其聚而無給，則更勸而遞遣，占富人之田者未暇耕鑿，而死者已十八九。所謂賑濟之法，第云空文爾。自雍以西，米斗千錢，而京東、西物價翔湧，兩蜀、巴、漢之民採橡實、屑木皮以充其腸，而屋無尺椽，突無燧煙，獸游於市，鬼哭於庭，死者若蟻潰麻仆，殆不可以占而記也。朝廷曾不以此責宰相也，宰相亦不以此謝而去也。臣願陛下用鎮撫燮理之任專責宰相，則天工人績庶幾乎熙而理，百辟卿士庶幾其率屬。此國家大體，非愚臣之所能條布也。

『何謂朋黨之風熾？當堯之朝，有舜、禹、稷、契、皋陶；太戊之朝，有伊陟、巫咸；文王之朝，有閎夭、太顛、散宜生；武王之朝，有太公望、周公旦、召公奭；宣王之朝，則有山甫、申伯、方叔、召虎之徒。然不聞其有比周之歎，何也？臣嘗謂朋黨之原，始于東漢，盛于唐，甚于本朝爲患最大而最深者也。方今其標榜曷止三君、八俊？其熏焰曷止八關、十六子？其禍之起，曷止李、杜？其憾之結，曷止牛、李？退休偃月而經營擠報者，累累皆是也。背公死權，佩劍相笑，飴漆不能過其密，神鬼不能窺其奥，張弧於前，設穽於後，其甘如薺，其裂如蝮，笑間藏刀，盃酒殺人者，累累皆是也。自古士植朋黨，卒死於朋黨。風俗薄於朋黨，由朋黨而亂法者，非一日也。一黨去，一黨興。根株蔓延，不可芟蘊。天子巍然其中，爲之證佐而已。既排其人，則反其言。其言反，其法變，勢不得不然也。且進君子，退小人，太平之本基；可則因，否則革，天下之良法。前日之士，無賢不肖，一切目之曰元祐黨，詆之惟恐不力。前日之法，無可與否，一切目之曰元祐法，變之惟恐不盡。逐之惡地，褫職削階者五十餘人，夤緣薦舉從而遷罷者又不知幾何人也。始時讒媚之人爲十九章，以激怒哲宗皇帝，和之者縵緯如織。雖嶺南，若人蒙罪以去，迄今天下不知其由。謂其有姦謀，則昔漢桓帝之立，止於殺李固；唐憲宗之立，止於殛八司馬，不如是之甚也，然猶明告天下，咸使知之。夫惡不可赦，嫉之者，與天下同嫉之也；棄之者，與天下同棄之也。奈何執政者實以攻黨而反以罔上，又以罔民者耶？元祐訴理，欲其改過不吝，俾之自新，捨此亡他意也。日月之食，而更則人皆仰之。惡人齋沐，猶可以祀上帝，而含垢〔四〕，國君之盛事。使過，古人之用權者也。前日設訴理所，執政者取刻薄吏司其職，抉剔案牘，吹求疵病，概指而摘之，所雪者輒報罷，而詿誤者益張也。是豈聖人記功忘過之義耶？夫治道惡太甚，見淵魚爲不祥，剋核至則不肖之心生，疾不仁則爲亂之心速，況已湔濯之矣，而復治之，何也？是所以闢告訐之門，而長怨讎之府，欲以此召迎和氣，弭寧天災，得乎？兹朋黨之弊也。且自古及今，人不勝天，人定能勝天，天定亦能勝人，此忠邪之分，枉直之判，所以待於陛下也。陛下臨御之，始召元老於外，咨以大政，海隅蒼生咸謂直道更興，正人在上，而猶懼張權輿作坦腹之謠，劉宗魯有掠麻之哭，則人主疑之而不察。昔小白問害霸於管仲，曰：「任賢而不能信，既信而又使小人參之者，害霸也。」唐文宗謂宋申錫孤直，擢而任之，王守澄誣以不道，幾弗免死。此又在陛下待之以不疑，而察之欲其至也。

『何謂臺諫之職輕？古者御史大夫次丞相，司諫亞九卿，皆天子自除授，非以時薦而時用之也，非限乎資格也。故名其居則曰御史府，或曰肅政臺。名其官則曰中執法，或曰大司憲。嚴其任則爲風霜也，端其本則曰綱紀也。分左右諫諍，輔人主格非心，糾百官不如法，如豸之觸邪，如草之指佞。敕，容其批也；詔書，許其封還也；裾，容其牽而止也；檻，容其折而勿治也。何者？司聰欲聰，司明欲明，使天下之情上達，上之過失以時而聞，元首之耳目不壅蔽，而亡飾非遂事之失，假之以疾惡之權，而實自以爲助者也。若人君自聖於不諫，而宰相怙升沈之手以閉拒公議，則臺諫之官結舌飲忠，約時情以去就，殊未免過屠門而大嚼，立仗馬者不嘶，尚可希片言之助，爲寵進君子、沮排小人也哉？ 然用之非其人，則將據要津以自保，而一切觀望，假道烏府以爲清要之津，委靡備位，否則懷怨隱慝，席風聞以報其私，而爲之地者又安其説而不疑，是非奇衺，雌黄於匹夫之齒牙。 此被繡仗斧者所以不厭其心，而至公之柄返困於倒持者也。 亦未聞朝廷以直敢養士氣，而俯仰寵拔，與之温言，賁之禮物，以吐其骨鯁，開白獸以助勁力，賜黄金以比精厲。 而區區言官，猶車中女、三日婦，卷懷皂囊，而伏蒲請劍，寂世不聞其人矣。 亂之初生，臺諫爲虚名。 亂之又生，臺諫爲備物。 鄒浩以言立后事得罪，中外之士恬〔五〕於故常，學爲轅駒，安於豢蓄，容容日久，一聞其風，則或笑或駭，立朝右者或目而憎之。嗚呼！ 古人之所甚易行，今人之所良難知，此衰世之弊，而見於華旦者，甚可傷也。 夫世無採詩之官以拾民言，又禁之使不得言；道無朝端之木以習士書，又禁之使不得書。 賢良科廢而人吞直聲，匭函名存而士司冷局。 天子所賴，獨有臺諫官爾。 臣竊謂哲宗皇帝强明疏通，不待劘拂而曉者，大臣專恣，築塞言路，外峻刑法，以拒脅來者。 士欲全身遠害，呼吸以終天年者，亦不肯自投諸淵。 然而鼎鑊白刃，若置之通達，付之士師，考其疏論，萬萬不中，則坐之誣罔。士雖死之日，猶生之年，何憚而不爲耶？ 近者陛下擢豐稷、孫諤、龔夬、陳瓘等列陛，斷自聖知，大協群情。 臣願陛下每於閒暇之時，旁採清議，區别〔六〕名流，躬自拔識，不以付大臣，使行私恩以叛公正，而臺諫士自以爲天子門生，則效誠竭節於萬鈞之下，而《羔裘》之正直，《晨風》

之本之飛集，足以跨越古昔。兹事體大，伏願陛下不以爲臣言愚而力行之，亦社稷之福，致治之本源也。

『何謂士不素養而用？古者開石渠、東觀以論經，天禄以讎書，宣室、承明以訪問，皆天子自育人材。平居無事，養之有素。一旦加諸上位，使之陳力就列，左之而宜之，右之而有之，以爲相而廟堂無備位，以爲將而閫外無敗績，使之昌言則真御史也，使之居百職事則名卿才大夫也，置之近侍則正人，列之郡國則循吏。其未用也，則或目之曰此國寶、此南金、此清廟器、此明堂材、此千里駒。人主振其侣若鵷鷺，高其選若瀛洲。《時雨》之保護，《菁莪》之樂育，而巖穴幽隱，玉彩呈露，下僚英俊，錐囊穎脱，號爲得人之盛。而三館之士，天子往往微幸其處〔七〕士布衣，得占詩進見，載之輅車，導之金蓮，使參鈞天帝所之遊，以激奬英氣。故拱把之杞梓有干雲之志，而一班之於菟有食牛之量。或引之便殿，訪以外事。宰相所不知，諫官所不言者，借笏假笏，得盡閒燕，而内相帝聰，日聞所未聞矣。非養之有素，試之亦有素矣。今郡國庠序之地，以家老圃，大學教化之原，以宗游譚，謂他時十科適增長浮競，而日者宏詞又闕通權要。其與選者，皆近臣之子弟。四方寒士，才力雖高，奈有司之不公不明者何！自丞轄而下，府寺之要，臺閣之妙，至一牧守，一監司，遷除補敘，出自權門，天子頷之而已。且管、晏之智，不可以方伊尹、吕望，伊、吕之功，不可以擬風后、力牧。騏驥千里，駑馬十駕，洪鐘百叩，沙石一擊，人之才器之相遠也，非自今日矣。驟而談兵，則趙括不可以將。驟而用客，則舞陽不可以使。司晨必雞，吠盜必狗，織必婢，耕必奴，其所以養之者，乃求所以用之也。臣謂粹美王道，粉飾治政，卿雲黼黻，以昭回雲漢之章。盛時豈乏人？而代王言操帝制者，詞氣卑弱，反衄國體，俗失之俚，輕失之誣，粃糠我制度，斷絶我繩墨，所謂大雅温厚之訓，簡諒易直之文，或近於嘲罵，不幾於攘臂而捽之。此識者所怪，而流之遐陬，適資外夷之笑也。至於治河者以河決奪官，奉使者以辱命削職，廉吏十一，貪吏十九，民社之託，筦庫之寄，汙穢簡嫚，吏議而去者，略無虚日。夫蟲莫知於龍，劉累豢而蓄之；獸莫戾於虎，梁鴦養而馴之。士不可養歟？亦不可用歟？以楚猶多賢臣，以衛猶多君子。皇宋造邦，百有餘年，文物之盛，比蹤三五，非楚、衛區區小國之比，而一職之闕，緩急擇人，則天子假名器於近臣，近臣〔八〕斂恩意於私家，大起寒滯之歎，甚亡謂也。臣願陛下養士以歲月，日與二三元老講論人物，磨礲漸勸，取其姓氏，書之屏風，覆之金器，舉而用之，以爲治世先務，從民之望，以新天下之耳目，豈不偉耶？若夫朔方節度，得其姓不得其名，歇後鄭五，有其名而亡其實，除韋巨源而朝廷解體，用牛仙客而士大夫養恩，房琯有浮虚之名，崔湜無經濟之略，是又人主不可以不戒也。

『何謂師不素慮而出？臣遠不敢舉三代，近不敢舉五季，其間彊臣專封而割據山河，如魏晉之時，則臣不復借喻。臣嘗謂漢唐之地廣於本朝，而法制不及。法制不及，雖多奚爲也？漢興，封建子弟，大啟九國。燕、代有雁門以東，齊、趙有常山而南，梁、楚奄龜蒙而有之，荆、吴擅江湖鹽鐵之利，淮南總山澤之富。諸侯之國，聯三陲而控胡越，天子止有三河、江陵、巴蜀、雲中、隴西凡十五郡，而公主湯沐、列侯之邑尚在其中。唐列藩鎮以爲輔，而大曆、貞元以後，益更恣横。田弘正盗有魏博，王氏盗有成德，朱氏有幽、薊，李氏有淄、青，劉氏有宣武，吴少誠有淮、蔡。或一傳，或再傳，或三四傳，或一姓，或再姓，或三四姓。四郊多壘，唐天子號令所通者，不過河湟數郡。是四海之遠，賦之所入者，十之一二而〔九〕已。遠惟祖宗深鑑漢唐之失，以中立法貽孫謀而不窮，内無封建藩鎮之失，外無戎人侵擾之患，坐而守此萬世帝王之業也。以中國之實，甲兵之利，可以坐撲四夷，而祖宗不肯輕舉而輒發者，智慮深也。澶淵之役，豈得已哉？方今用兵，連年不解，青、唐、順、義，散而復圍，是得其地不足守，降其王無所用之，勞民費財，職此之由。永念神考之志，謂羌夷驕黠爲日已久，侵暴我黎庶，虔劉我邊陲，天威震疊，欲待時而動。舉無遺策，睿謀神算，臣愚不足以知之。然臣竊觀夫積粟如山，是取於民有制也；宿兵於農，是教於民有法也。志已先定矣，計已熟復矣，糧已積矣，兵已練矣，一舉而用之，豈無成功也哉？今廟堂之上，倉卒造次，築一城，俘一級，喜見顔面，賚予四出，使之拓土至玉門，列張掖、酒泉、武威等郡如漢武帝時。若是，不知朝廷何以爲賞也。日者固常妄發救援，行軍死地，老師費財，關輔空困，是皆慮之不素也。且今叩關請命，未必不包狼子之野心，而築城受降，未必能斷匈奴之右臂。而又契丹輔車相依，縱觀勝負强弱之勢，徐起而乘我，此尤令人寒心。今欲進兵亦未可，釋甲亦未得。臣願陛下遴擇良將，堅壁以守，少休士卒，訓練加勤，積粟邊鄙，待時而動，以追述神考之志，所謂萬全之師，豈不韙耶？

『何謂土木之役興？臣嘗論大禹之卑宫室，不如堯之茅茨不翦。武帝啟千門萬户，不如文帝惜中人十家之産。以《禮》考之，天子之制有三朝，有九門。以《考工》言之，夏后有世室，商人有重屋，周人有明堂，其度如此而已。治人事天以養體者，亦惟如此而已。洛邑之營，止均諸侯之會，不聞其爲游觀之美。靈臺之作，止同庶民之樂，不聞其崇私己之奉。蕭何治未央，孫盛之論，以爲開後世之侈。楊素營仁壽，裴矩之料，以爲必婦人之説。諸侯黝堊，大夫蒼〔一〇〕，則知楹不可丹。春築於郎，冬築於囿，則譏臺不可爲。故阿房就而大盜興，紫閣成〔一一〕而國用竭，驪山幸而荒，靈光成而亡。以至鹿游姑蘇，香分銅雀，未遑風雨之避，而招兵火之憂。再行宫室之埸而增禾黍之歎者，古數有之，殆未可法也。邇者月臺之造，龍艦之制，以般之斤，工輸之巧，晝夜雜作，丹砂曾青之所圖繪，香棼柱楣之所紛奕，礲金玉以次第爲步，割龍蛇以飛走爲戲，陶甓倍於南山之土，釘頭多於太倉之粟。以鬼爲之，尚憚其勞，以人爲之，皆知其不可，而又繁飾物御，增崇佛廬。夫司農不能供無訾之求，諫官、御史未嘗有一言之及。閹寺希寵，則樂成奇麗以蕩摇天心，庶幾荒淫不度，顛倒裳衣，以滋禍亂之芽，而探矯命令，與知朝政，以隳祖宗之法者，在旦暮也。幸陛下繼統，以清躬先天下，黜淫靡之觀，究文費之蠹，前此者已罷而勿居，則後來者宜勿啟也。臣伏願陛下日慎終戒，防微杜幾，書《無逸》爲元龜，置欹器於座右。仄席儒者而與之考古今成敗之由，疚懷民力而躋之仁壽之域。則堯、禹之至德，孝文之恭儉，亦陛下所常行而不爲異者也。

『何謂財利之臣進？　夫先王生財有政，理財有義，而論道者以謂不貴難得之貨，使民不爲盜，説禮者以爲貨惡其棄於地也，不必藏於己。　使養天下者，揣本齊末，厚於人而薄於己，知所謂不貴難得之貨，則雖借黄金白玉以翼而不能飛，借明珠以脛而不能走，非特使民不爲盜而已也。　知所謂不必藏於己之意，則家給人足，猶吾之胠篋而掌握盈虛，來如江湖，積如丘山，不時焚燒，無所藏之，非特惡其棄於地而已也。　季道末世，經營天下，猶寒家細民，務爭錐刀，而有司之吝，賢士大夫不敢輕議其失得，則桑弘羊起而爲公卿，皇甫鎛進而至宰相。　言利之臣得志矣，且許行以滕君有倉廩府庫爲厲民，而記史者乃謂倉有紅腐，都有朽貫，爲富貴之美談。《王制》以爲國無九年之儲，則國非其國，而鑑古者則曰鉅橋之粟，洛口之穀，爲興王之資。　則財用之積散，與夫取予之多寡，果在於時君世主，因事趨變，不拾狼戾爲有餘，不强隕穫爲無節，求適於當而已。　夫以父擢子則必貧，旦旦伐木則必微，而寡婦之利，童子之餉，無非吾國與天下也。　若生之而不傷，厚之而不困，使之襁載囊負，各滿其意以歸，見於聲色。　此堯、舜、禹、湯、文、武、成、康以來，所以父母子民，其愷悌忠厚，發以詠歌，傳以金石，以至于今而不衰也。　方今利孔〔一二〕百出，臣不敢徧舉，獨指虐民之大者一事，爲陛下略陳之。　且摘山以爲茶，民之朝暮不可闕也。　議者以謂户部之計茶利，歲入不貲，邊防之用，仰此以爲喉物之哺，故朝廷假其權，大臣怙其勢，而司其事者，過桀、跖之徒，奉其法者，行水火之政。　臣官漢中，目擊其事，利之所在，民賴以衣食。　得之則生，弗得則死，未易可遏也。　而比年禁其私販，五木巨械，鉗首貫足，考一逮十，考十連百，囹圄無虛，刑餘半道，而冤痛之聲至不忍聞。夫臘茶之直，數十倍於草茶，而其罪惟均，細民輕以觸法，自昔然也。今官賤其直以市園户，不吾市者爲私售。酷其威以脅州縣，不吾從者爲沮法。陛下試令諸路提刑司具斷獄以上聞，則緣茶事坐者十倍其他也。交通貧富，貿遷有無，商賈之職也。茶事半天下，則商賈不通。商賈不通，則關市之征廢。他司歲計，日朘削矣，而又月計軍儲官吏之費，歲總侵欺失陷之數，其所得者，僅償所亡，是所謂朝四暮三，割膚肉以啖口者也。至於縣官苟且旦夕之譴，則抑配良民以津積滯，而他司按劾所不得與。鋪兵爲盜賊之淵，則轉寇良民以資口腹，而有司坐視，所不敢訶。故每茶使一過，則聚罵族誹，思臠其肉，噬其臍，呼天而詛，操矛而逐之，何啻十目所視、十手所指？奈何朝廷益重而委之。臣所謂財利之臣進者，斯人之徒與？陛下之遠民，忍不聽此而矜恤之耶？閭閻之疾苦，此其大者。如陛下以爲鹽池之壞未復，國用猶急於茶利，又神考已施之迹不忍遂輟，則宜求長厚之吏以補使者。少緩法禁，支計博買外，許之通商，則德澤下流，孰有遠邇耶？

『何謂西南亡備而虞倉卒之變？夫患生於所忽，而燕安爲鴆毒之懷。壞防之水，始於蟻穴。拚飛之鳥，肇於桃蟲。故聖人於萃聚之時，除戎器於既濟之時，思患而豫防之。今朝廷惟知備西北，而不知西南之可備也。且自威、茂、黎、雅以南，正古之南詔。南詔西北接吐蕃，北抵益州，東北際黔、巫。自唐時已更臣而數叛，閤羅鳳之攻雲南，劍南節度鮮于仲通乃有白厓城之敗。天寶中，異牟尋與土蕃并力入寇，令其下曰：「爲我取蜀爲東府。」杜元穎治西川，王嵯巔乃悉衆掩邛、戎、嶲[一三]，因陷三州，入成都，止西郛十日，掠子女、工技數萬引而南。今南蠻種類已離[一四]而不合，西戎道里[一五]自梗而不通，其勢不能并一。然國家晏寧日久，兩蜀之民數世不見風塵之警，白首休居，拊子孫以待盡，賣劍買書，廣弦誦以竟日，外户弗闔而無有犬吠，行人千里而不持寸刃，恬玩已久。臣恐一旦有急，則劍外州縣爲蠻夷區落。是入無人之境，而莫之攖拂者矣。臣蜀人也，知之詳矣。嘗見乞第寇瀘川，董阿丹寇茂州，上煩朝廷命帥遣將，而飛輓之饋，一方騷然。今蜀兵驕懦不可使，飽稻飫豕，十九如瓠，朔風正嚴，緩步一舍，已呀然汗矣。萬一有變，是決不可使也。蜀中守邊者，因仍徼倖，計歲月，蓄香藥、犀馬以去，不問其他。萬一有變，是決不能守也。以至有城池而無樓櫓，有金鼓而無嫻習，矛楯以脆易良，弓矢以柔易堅，甲冑爛潰而不復治，障候弛沓而不復明。萬一有變，是攻與守皆無其具也。比年峨眉蠻獠以關市不平，即包人民、掠牛馬以歸。兩林踵至，挈工徒鑿山開道，直趨盧山，以市珠馬爲名，其意果安在耶？使之有飲馬岷江之志，而吾兵不能戰，邊無良守，戰與守又無良具，則斬狄山之頭，據騎劫之兵，出入自如，蹂躪數千里之地，而民畜爲之一空矣。臣所謂西南亡備而虞倉卒之變者此也。伏願陛下勿以臣言爲迂，詔修守備，益屯戍，選清白知兵吏以鎮之，斯遠人之福也。

『何謂内外相蒙而有衰微之漸？昔賈山謂秦以不聞其過失而亡，故杜牧之曰：「族秦者秦也，非天下也。」《春秋》書梁亡，《左氏》言自取之也，《穀梁》謂心昏耳目塞，大臣背數，梁自亡也。周之天下，自夷王下堂，平王東遷，而周室遂微。其亡也，非赧王之罪也。秦之天下，自二世暗弱，趙高專恣，其亡也，非子嬰之罪也。西漢之亡，非孺子也，兆於元、成之不斷。東漢之亡，非獻帝也，由於桓、靈之不君。唐自代、德姑息，至昭宗而遂亡。夫人之受病，有在榮衛，有在四肢，有在心腹，然非一日而成也。在榮衛、四肢，則心腹爲之不寧，在心腹，則四肢爲之俱廢。榮衛、四肢之疾，緩而可治，腹心之疾，急而欲急攻之也。望色聆音，以知病所從起，不待疾至而治，謂之良醫。朝廷天下，人主之一身也。仰惟太祖太宗之德澤固結愈遠，神考之紀綱維持不絶，固無有受病處，蓋嘗治之於未然而已。臣試言之：夫黄河貫地中，猶人之榮衛，邊鄙猶四肢，大臣猶心腹。築隄以壅，疏渠以泄，然後河乃安流。或決於東，或決於西，譬榮衛之不通，故結而爲癰瘡，緩而絶經絡，治河者不深窮其利，而苟簡一時之功，是諱疾於榮衛也。芻粟不繼，如筋不勝；將不知兵，兵不知戰，如骨不勝。今邊鄙之臣，或虚張戰多，或擅棄所得，苟目前之捷，而不設久慮，是養疾於四肢也。前日大臣專〔一六〕恃顧命，頗有德色，貪天之功以爲己有，臣言之於前矣。上賴左廟右社之休，山川百靈之助，而權臣摇手不得。不幸而有他變，則莽之文詐，操之奸雄，崛起而萌亂矣，是藏疾於心腹也。一身而有此三疾，臣所謂内外相蒙而有衰微之漸者，此也。

『陛下即位，神器攸屬，人意所歸，而又文母厚德儀坤，徽音嗣世，沈幾意表而同天道之運，扶日虞淵以赫下士之照。共斷大務，而施設注措，人神僉同，則不必巫咸。和緩之術，滌腸紉腹，《肘後》、《萬金》，反魂起廢，於急迫尋常之間，彼榮衛四肢、心腹之疾，徐診而治之，鍼砭所及，聚毒供事，尚未爲晚也，在陛下施之何如耳。且今天下如磐石泰山，陛下求直言而臣以自古危亡之君，以爲陛下之鑑，不已過乎？李雲露布，固訐矣，而桓帝止以不諦何語爲口實。韓愈表佛骨，固切矣，而憲宗止以天子夭促爲乖剌。是二君者，有拒諫之實而無好諫之名，安足爲陛下道哉？臣釋耒西山，立朝無葭莩之親；負笈賢關，終歲惟雅言之學。貧無以自資，而載色載笑，獨於借書乞火。居下位，不能媚上位以釣名沽譽。所養如是，殆一木彊人耳。如上所陳，皆朝廷已行之迹，衆人之所不足言者，無裨聖政之萬一，而祇自以爲勞。伏維陛下天縱之聖，自誠而明，既恭默以思昭曠之道，又緝熙而成光明之學。昔人求禮於野人，求道於瓦礫，問迷於童子，每況愈下，謂愚者千慮，或有一得。而臣之井窺管見，區區欲罄而終未能已也。臣嘗惟天下之事，莫尚於密；聖人之功，無易於勤。昔陽處父言狐射姑不可將，晉君以其言告射姑，射姑刺處父於朝而奔狄。高宗欲廢武后，上官儀諫之，及高宗見后，則曰：「是皆上官儀教我。」而武后〔一七〕卒殺儀。且爲容之仰，舉趾之高，儀可觀也而易測其中；前在馳逐，後在音聲，志在內也而或見于外。人君可以富貴生死天下之士，未發其機而人已逆而合之矣，況以不密者乎？故臣願陛下尚密，則無過事。明皇之初，鋭意勵精，晢復貞觀之治，而開元之間，號稱太平。晚節怠荒，聲色游幸，失道敗度於天寶之末，可爲歎惜。夫禹之勤于邦，文王之日昃不食，非謂其勤于始而已，始始而終終也。十日暴而一日寒，百年爲而一日廢，適遠中晝，與不適同，深耕不穫，與不耕同。故臣願陛下責勤，則無棄功。若夫血氣之戒，精神之用，隙不在大，失不在小，永惟陛下深思而長念之，則天下幸甚。臣誠狂妄，干犯威顔，臣無任瞻天望聖、激切屏營之至。』

崇寧初，入黨籍邪等尤甚，羈管遂州。大觀三年三月，赦書與韓維等九十五人同出黨籍，並敘官。宣和癸卯，累官貳郡，流落以終。建炎三年，以其子時雨訴于朝，紹興五年，贈朝奉郎。①

材料出處

①原注：《郡齋讀書志》，《九朝編年備要》，《通鑑長編紀事本末》，《繫年要録》二十五卷，《跨鼇集》。按：李新《跨鼇集》卷一九《上皇帝萬言書》，《續資治通鑑長編紀事本末》卷一二四，《要録》卷二五、卷一一八。

校　證

〔一〕終，原作『給』，據《跨鼇集》改。

〔二〕陷，原作『淊』，據《跨鼇集》改。

〔三〕伴，原作『叛』，據《跨鼇集》改。

〔四〕垢，原作『舍』，據《跨鼇集》改。

〔五〕恬，原作『怙』，據《跨鰲集》改。
〔六〕『别』，原闕，據《跨鰲集》補。
〔七〕『處』，原闕，據《跨鰲集》補。
〔八〕『近臣』，原闕，據《跨鰲集》補。
〔九〕『而』，原闕，據《跨鰲集》補。
〔一〇〕蒼，原作『倉』，據《跨鰲集》改。
〔一一〕成，原作『城』，據《跨鰲集》改。
〔一二〕孔，原作『空』，據《跨鰲集》改。
〔一三〕雋，原作『雋』，據《歷代名臣奏議》卷四三改。
〔一四〕離，原作『雜』，據《跨鰲集》改。
〔一五〕里，原作『理』，據《跨鰲集》改。
〔一六〕專，原空，據《跨鰲集》補。
〔一七〕『上官儀』至『而武后』，原注云『案此處有缺佚』，今據《跨鰲集》補。

卷七　列傳第七

王獻可

王獻可，山西澤州人。元祐七年，累官知麟州西作坊使。坐『不稟帥司節制、擅統兵將擊夏賊』，追一官，勒停。①尋起爲英州刺史，知瀘州。元符元年，遷左騏驥使，權發遣梓夔路鈐轄、管勾瀘南沿邊安撫使公事。黄庭堅謫涪，獻可遇之甚厚。二年五月，坐『元祐中上書議論朝政、附會奸黨』，降一官，罷現任差遣。子霽、雲。②霽，詳《忠義傳》中。雲，《宋史》有傳。

材料出處

①原注：《長編》四百七十八。

②原注：《山西通志》，參《長編》。按：乾隆《山西通志》卷一二一，《長編》卷五一〇。

楊瓌寶

楊瓌寶字器之，管城人。父仲元，《宋史》有傳。兄國寶，字應之，與程伊川友善，吕公著外甥也。瓌寶元祐中自常調堂除差知咸平縣。六年，爲兩浙轉運判官，累官郡守。與張文潛相唱和。崇寧初，坐『元符二年上書謗訕邪下』，降授朝請郎、管勾鴻慶宫，再降授朝奉郎、添差監宿州鹽酒税。三年，入黨籍。五年，敘復朝請郎。①瓌寶兄弟皆安貧樂道，未嘗少屈于人。元豐間，親喪服除，至京師，寓程伊川家，日以麤飯一盆，菜蔬一盆，兄弟分食，甘如飴蜜，不求于人。②

材料出處

①原注：《通鑑長編》，參楊仲良《長編紀事本末》、《宋史》、《聞見後録》。按：《長編》卷四一三、四六〇等，《長編紀事本末》卷一二一、一二二。

②原注：《伊洛淵源録》。按：卷七。

翁彦國

翁彦國字端朝，福建崇安人。登紹聖四年進士，累官御史中丞。是時，徽宗錫賚便蕃臣僚，有被眷異者，多遂賜第。彦國上言：『蒙賜之家，踏逐官屋，輒請酬價兑買，實皆起遺居民。大者亘坊連巷，小者不下拆〔一〕數十家，一時驅迫，扶老攜幼，暴露怨咨，殊非盛世所宜有。既而鳩工市材，一出公帑，請託營繕，務極壯麗，縻費不貲，莫有爲陛下言者。故事：賞格最厚者，不過數百匹兩。陛下奈何以嚬笑之頃，頓捐數十百萬爲一第之費，斂數十百家之怨爲一家之惠哉？天下之財，入之有經，用之有節，公私富藏，可跂而待。不然，恩倖技術，濫賞無藝。雖江河之流，不能實漏巵矣。』①

宣和三年，出知建州兼福建轉運判官。靖康初，改知杭州，遷湖北、江淮等路發運使。是冬，金人再犯闕，除寶文閣直學士，充浙江、福建經制使，令募兵勤王。金人立張邦昌，以徽、欽二帝北去。是時高宗開大元帥府於濟州，彦國至淮寧，與京西北路安撫使何志同等築壇歃血，誓扶王室。遣兄子挺奉表詣帥府勸進，遂進兵。襄邑道中得邦昌書，其外封云『付翁彦國』，而中乃云『上端朝中丞』，有『忍死權就大事』語。彦國答書，稱以『太宰閣下』，其略曰：『相公朝之元臣，初以使命出疆，已而與敵俱入，頓遭變故，事狀駭異。雖私心意其出於迫脅，然殊恨相公之不能死也。相公自以救時之心權就大事，然處斯位也，居斯名也，天下之人能諒相公之心者幾何人哉？迎奉延福之文，援引故實，多非所宜。度相公有所顧避，故爲微辭以示深意，安知天下不疑相公爲新都之漸乎？夫無其意而有其言，血氣之類不可欺也。有其意而有其言，而不以時決，是速天下之兵也。康王之軍，距京城不數舍，宜致臣禮，蚤請臨郊，身率將士，降服面囚，以自歸於轅門。不然，某當勒兵十萬見相公於端闈，不得施東閣之恭矣。』②邦昌懼，乃決意避位，請元祐太后垂簾。

高宗立，召用李綱爲相。綱薦彦國知江寧府，兼江南東、西路經制使，給鈔鹽錢十萬緡，令修江寧城，繕治宫室，以備巡幸。彦國奏錢不足用，綱爲白於朝，益以淮、浙鹽錢四十萬緡，而謗議由是日興矣。

先是，宣和間，盜方臘擾浙中，陳遘以發運使經制東南七路財賦，創增經制錢，其後盧宗原頗附益之。彦國以兵事倥偬，調度繁廣，一時不能裁革，檄兩浙轉運判官吳昉依舊法收錢。民有擊登聞鼓以訴者，黄潛善、汪伯彦密譖之。詔彦國落職，與宫觀。命未下，而江寧奏彦國卒，因獨黜昉。中書舍人、權直學士朱勝非言舍渠魁而責支黨，臣所未諭，請正彦國罪。高宗猶未之許也。綱既罷相，言者論彦國不已，追奪寶文閣學士，貶單州别駕。中書舍人汪藻行制，至指彦國爲茶山駔儈之徒。茶山去彦國所居百里，而彦國自父仲通以上，六世收科，非與駔儈者伍。孝宗朝，彦國子謙之詣闕陳訴，乞改國史。當路未能從，士論惜之。③

材料出處

①按：見《宋朝諸臣奏議》卷一〇〇翁彦國《上徽宗乞今後非有大勳業者不賜第》。

②按：見《四朝聞見録》卷二。

③原注：《繫年要録》，參《四朝聞見録》、《靖康要録》、《八閩通志》。按：《要録》卷一、卷二等，《八閩通志》卷六四。

校證

〔一〕拆，原作『折』，據《宋朝諸臣奏議》改。

劉安節

劉安節字元承，永嘉人。嗜學，有所未達，思之夜以繼日，必至于得而後已。少與安上相友愛，師事伊川，遊太學，成元符三年進士。調諸暨主簿，祭酒率其屬表留太學，不報。尋除萊州教授，未行，改河東提學、管勾文字。召對便殿，安節言東宫宜慎擇官屬，雖左右趨走者，必惟其人，又論奢儉及君子小人和同之異。上稱善，即日擢監察御史。

自學禁起，伊川弟子無顯者，至安節與許景衡始見用，已而除起居郎。次年，遷太常少卿。言者斥安節在言責時無所建明，謫守饒州。州饑，大發廩賑之，又檄旁郡無遏糴。軍儲不足，他州皆强取諸民，安節曰：『歲荒如此，重困之，可乎？他用〔二〕宜有相通者。』市人爲在官者所擾，多逃散，安節安集之。未幾，飢者充，乏者濟，逃者復，于是與之治賦，裁制貢奉之須，俾屬縣先期戒民，無倉卒之擾。移知宣州，饒之民遮留之，涕泣不忍别，曰：『吾州自范文正公而後，始見劉公。』

甫至宣，大水，分遣其屬具舟拯溺，而躬督之，昕夕不休。遠近流民，至者以萬數，闢佛寺以處之。欲發廩，吏以爲法令不可，部使者亦持之，安節弗聽。政和六年春，大疫，命醫分治之，得全活者不可計。夏五月卒，年四十九。

安節清明坦夷，雅近于道，學問始以致知格物發其材，久之存心養性，于是有得。遇人無貴無賤，一以至誠，未嘗見其有恚辭怒色。至于大節，則凜然不可奪。鄒浩得罪，與其所厚數十人道送勞勉之。朝廷震怒追逮，安節泰然。已而哲宗宥之，亦自若。宣州荒政，有詔褒美，安節歸功于監司。其待吏胥，不以刑威而自服，嘗相戒曰：『神可欺，府君不可欺。』訟者亦或相戒曰：『何面目見府君？』以是政甚清簡。嘗輯《伊川語録》一卷，所著有《劉左史集》。許景衡銘其墓曰：『温温劉子其美璞，斯文有傳與敦琢。始乎致知物斯格，沈涵充積卒自得。衆人巧智獨敦樸，衆人迫隘獨恢廓，衆人利欲獨淡泊，洞然無礙油然樂。』①

材料出處

①原注：《許横塘集·劉公墓誌》。按：許景衡《横塘集》無之，而見于劉安節《劉左史集》附録。

校　證

〔一〕用，原作『司』，據《墓誌》改。

劉安上

劉安上字元禮，安節從弟也。見知于范純仁，與兄同受業伊川之門，里人稱爲大小劉以別之。成紹聖四年進士，調杭州錢唐尉，累遷至提舉兩浙學事。陛對稱旨，徽宗稱其藴藉有大臣體，由監察御史再遷至侍御史。上嘗目送之，曰：『安上奏事，可謂詳審。』

時蔡京竊弄威權，凶焰滔天，安上極論其罪，抗章不報，乃再疏論之曰：『臣累疏論列蔡京罪惡，雖蒙俞允，未即顯誅。臣不敢避再三之瀆，仰干天聽。三省事務，必由聖斷，京不候奏擬，徑行批下，其罪一也。文昌舊省，乃先帝睿畫，京惑于陰陽之説，一毀爲墟，其罪二也。謀動邊釁，舉師黔南，民不聊生，其罪三也。錢鈔朝令夕改，商販不行，棄妻鬻子，或至自經，其罪四也。汲引凶奸，結爲死黨，其罪五也。株連羅織，冀鉗異議，其罪六也。臚傳賜第，摘其語涉諷己者，編廢二十餘人，其罪七也。交結宫闈，私通近習，其罪八也。託祝聖以營臨平之私域，假利民以決興化之讖水，其罪九也。孟翊、張懷素皆其所引姦妖惡逆，其罪十也。其餘積惡，未容殫述。臣愚欲望陛下斬京頭以謝天下，斬臣頭以謝京。』時大觀二年也。復與中丞石公弼、諫議大夫張克公廷論之，京始罷相。在言路三年，凡所彈射，皆不法之尤者。

三年，遷右諫議大夫，又劾給事中蔡密以道家吐納之説，妄自尊大，侍班瞑目，上輕君父。時論偉之。政和初，除中書舍人。踰年，除給事中，尋以徽猷閣待制知壽州、婺州、邢州，有古循吏風。宣和三年，除知壽春府。凡額外泛派〔一〕，一概不應，以撫綏寬緩爲事，遂以樁發軍糧虧欠削秩去。六年，知舒州，奉祠。建炎二年卒，年六十。嘗語人曰：『吾在言路，仇怨滿天下矣。然吾職風憲，吾無心耳。』凡論列章疏，退輒削藁，故人鮮知者。所著有制誥、雜文三十卷，今存五卷。①

材料出處

①原注：《劉給事集·薛嘉言〈劉公行狀〉》。按：劉安上《給事集》附録薛嘉言撰《行狀》。

校證

〔一〕派，原作『扡』，據《行狀》改。

詹至

詹至字及甫，嚴州人。崇寧元年進士，授泗州推官，徙士曹參軍。建炎初，通判鞏州。虜騎再渡河，狙脇陜、洛，長驅至秦、隴，將及鞏，郡守假它檄去。至即日合兵民七千人，授甲登陴，虜至城下，大呼趣降。至命以勁弩射之，圍合數重，部分既定，歸與家人訣曰：『自國門直肇九郡皆不守，吾守，死矣。』竭家資犒軍，謂其父老曰：『我已與家人訣，爾當共助我。』皆感激，出金穀。虜盡力攻，五日不能破。會至所乞熙河兵至，與虜戰，殺其酋三人，遂遁去，城卒全。

紹興初，起爲招討使、隨軍轉運副使。苗傅等伏誅，虜勢憑陵，諸將有憤激戮力之意，有司顧以調度不給爲憂。會大饗明堂，已下詔矣，至時從招討使慨然奏疏，大略謂：『靖康之亂，神人共憤久矣。今大敵在前，國勢不立，與其崇孝饗之虚文，曷若厲復讎之大義？請停大禮，悉以其費佐軍，督諸將分道攻守，以慰祖宗在天之靈。繼志述事，孰大於此？』事雖不行，識者韙之。

改知徽州，丞相張浚督師，遴選時彦，首辟掌機事。劇賊楊幺據洞庭，奉檄先走鼎州，度事所宜條上，悉中機會。爲河州士曹時，故將王淵爲寨主，捶將校至死，郡守欲加罪，至曰：『小校犯階級，是不可以常人論也。』卒免之。王淵感激，平生事如父兄。張俊、韓世忠始皆淵部曲也，故其言尤爲諸將所信服。善將兵事，嘗佐世忠解濟州之圍。行至西河，聞虜騎已南，至曰：『卒遇敵，進退何據？當駐山陽，以佚待之，一戰可勝。』世忠鋭意不能從，師至宿遷，果潰，自是愈心服。劉光世之罷兵柄也，尚書吕祉往蒞其軍於合淝。至貽書張浚曰：『吕尚書之賢，固爲一時選。然於此軍恩威曲折、卵翼成就，恐不得與前人比。兼此軍今已付王德，德雖有功，而與其下酈瓊輩故等夷耳，恐有中不能平者。願更擇其偏裨素爲軍中所親附者，使爲德副，以通下情。』浚然其言，未及行，而酈瓊以叛聞，其明審有謀類如此。

自和議興，至不復用。有薦之於時相者，時相方謀和，亟惡言兵，乃曰：『詹君而賢，何乃樂從兵間耶？』尋起知處州。言者論至與諸將善，坐是罷。及虜暫歸河南地〔一〕，起爲永興路提刑。會虜敗盟，遂丐祠歸。紹興十年卒，年六十八。著有《瀛山集》十卷。①

材料出處

①原注：《張南軒集·詹公墓誌》。按：張栻《南軒集》卷三九《直秘閣詹公墓誌》。

校證

〔一〕地，原闕，據《墓誌》補。

王庭珪　吳師古　陳剛中　張元幹

王庭珪字民珪，江西安福人。崇寧癸未，三舍法行，一試即爲首選。政和八年，成進士，調衡州茶陵丞。猾胥文雅者，勢傾一邑，前政不能去。庭珪持其宿負，白於郡，黥徒之，舉邑稱快。茶陵田稅不均，富者田多稅寡，以規役。庭珪令凡執役者，邑毋得秋毫擾，使安於鄉。民既不病役，田復元税，由是産與税侔，役[二]不頗矣。丞舊兼造船場，憲臺初與薦牘，久之，欲役船工造家具。庭珪卻其薦，憲怒甚，遂拂衣歸。年未五十，葺草堂於盧溪之上，執經來者屨滿户外。人不稱其官，曰盧溪先生。

紹興十二年，胡銓以諫議和謫嶺表，士皆刺舌，庭珪獨以詩送行，有『癡兒不了公家事，男子要爲天下奇』之句。銓鄉人歐陽安永告訐，以爲謗訕朝政。詔下虔、吉兩郡切究。守臣曾慥、王珉，提刑李芝、林大聲，皆寢其事。至十九年，知洪州沈明遠始鞫治以聞，庭珪坐勒停，送昭州編管。檜死，許自便。孝宗即位，改承奉郎，除國子監主簿。庭珪以年老乞祠，主管台州崇道觀。乾道六年，以胡銓薦，復召。固辭，不聽。明年，始到闕引對，免拜，賜坐問勞。詔曰：『王庭珪年九十餘，而智識未衰，行義益固，賜對便坐，富有嘉言，除直敷文閣，領祠如故。』

乾道某年卒，年九十三。著有《盧溪集》五十卷、《易解》二十卷、《六經講義》十卷、《論語講義》五卷、《語録》五卷、《雜志》五卷、《滄海遺珠》二卷、《方外書》十卷、《校字》一卷、《鳳山亭叢録》一卷。庭珪於學無不通，工詩，尤邃於《易》，少嘗師張汝明，晚自得於言意之表，朱震、向子諲、胡安國皆以爲必傳。①

材料出處

①原注：《周益公集·王公行狀》、《胡澹庵集·王公墓誌》，參《繫年要録》。按：周必大《文忠集》卷二九

《左承奉郎直敷文閣主管台州崇道觀王公庭珪行狀》，王庭珪《盧溪文集》附録胡銓撰《墓志銘》，《要録》卷一五九。又按：出處原在『《鳳山亭叢録》一卷』之下，今依體例移至文末。

校　證

〔一〕侔役，原闕，據《墓志銘》補。按：此處文義晦澀，而《行狀》敘述明白，録之以備參考：『先是，湖南田賦不均，茶陵尤甚。富者受田不受税，以避力役。公與令約：「凡執役者一毫無所須。」民既不病役，徐下令正其賦，不悛者没入之。自是産與税偕，而役均矣。』

吳師古，宜興人。第進士。嘗得胡銓封事，鋟木而傳之。秦檜命常州守臣王緡究實，紹興九年三月，送袁州編管，永不得應舉。①

材料出處

①原注：《繫年要録》一百二十六。

陳剛中字彦柔，長樂人。登建炎二年進士。紹興初，詣闕上書，論：『民力凋瘵，國用匱乏，而冗食之官衆，不急之務繁，民之脂膏日以乾涸，邦之財賦日以蠹耗，奈之何民不窮且盜也？願罷冗食，去虚文，以裕國用。』高宗嘉納，下所陳令三省措置。尋監登聞鼓院，應詔上封事，論恢復。會朝議與金人通和，樞密院編修官胡銓以上疏乞斬秦檜、王倫貶新州安置，剛中以啟送行，有曰：『屈膝請和，知廟堂禦侮之無策；張膽論事，喜樞庭經達之有人。身爲南海之行，名若泰山之重。』又曰：『誰能屈大丈夫之志，寧忍爲小朝廷之謀？知無不言，願請上方之劍；不遇故去，聊乘下澤之車。』檜大憾之，送吏部差知贛州安達縣。贛有十二邑，安達濱嶺南，瘴癘特甚。已而剛中果死，無子，其妻削髮爲尼，天下悲之。①

材料出處

①原注：《福建通志》。按：道光《福建通志》卷一七三。

張元幹字仲宗，長樂人，自號蘆川居士。在政、宣間以樂府擅名。銓貶新州，元幹作《賀新郎》一闋送之，詞極悲憤，坐是除名。①

材料出處

①原注：《閩書》，參《八閩通志》。按：此傳實録自道光《福建通志》卷一七三。

湯東野 姪喬年 范寥

湯東野字德廣，丹陽人。崇寧間，妖人張懷素謀倡亂東南，蜀士范寥知之，欲馳入京言狀，無以爲道里費，東野資之。懷素伏誅，寥起布衣召對，授供備庫副使。白上：『臣非湯東野無以見陛下。』上問東野何人，即對鎮江府學内舍生，且具道所以資送之恩。宰執因言：『朝廷興學舍法以造士，固應學校之士有忠義奮發、仰副作成者。』有詔乘遞馬赴闕。既對言，契上心，即授忠義郎、衛尉寺主簿。再轉爲辟雍丞，使陝西、河東，除直秘閣、提舉秦鳳路常平。連丁内艱。

京東盜起，即家起知淄州，入境盜息，累陞秘閣修撰、將漕江西。靖康中，知平江。車駕幸杭，苗、劉作難。明受赦至，東野疑之。時張浚以禮部侍郎參贊御營軍事，留平江。東野謀於浚，欲匿赦不宣，浚曰：『事已如此，胡可匿？且卒徒觖於望賜，吾徒先受禍矣。』因相與謀，陰取故府所藏登極赦書置輿中，迎登譙門，讀而張之，即捐其階，禁無敢登者，而散金帛如常時郊賚之數，人情略定。乃與浚議勤王之師。會張俊提兵往行在，所道遇僞詔，使還秦、隴，師薄城下。東野大喜，夜扣浚開城納俊師。未幾，間使持僞詔，令東野斬二張。東野慮俊武人易動，即先攜見俊，與偕謁浚，斬使者，而禁僞詔。於是謀益堅，貽書抵呂頤浩於金陵，推爲盟主，招韓世忠、劉光世皆以兵會軍之〔二〕百頃，東野實主之。師既東，東野獨留爲後備。

皇帝復位，以功超拜徽猷閣待制，入爲工部侍郎。浚出撫川、陝，乞以自副。將行，留不遺，以侍郎兼權建康府。駕幸會稽，同知樞密院周望宣撫浙西，將屯平江，奏言非東野莫可爲守者。再知平江兼本路安撫使，進徽猷閣直學士兼制置使。東野知望不足與立功，辭至七八，不得已而行。既至，調民兵，置守城五壁部隊官，又遣機宜邵彪、王彦環用防城免夫錢募士，乃修治城壘樓櫓，爲戰守之具甚備。望束手無策，東野所言，悉屏不用，即以蠟書具所與望議論本末馳奏，乞別自將，不然，祇與俱死。奏凡十餘上，上手敕報曰：『朕知卿甚深，仗卿深重，宜與望協心其力，以扞一方，勿輕相同異。』於是不敢復言。望果敗事，引咎自劾，寢不報。而臺評繼上，請正失守之罪，上爲之特下詔曰：『湯東野昨累有奏陳措置守禦，頗有論理，只緣事權不專，遂致失守，與其他棄城不同，可止落職。』尋再丐祠，上猶對宰執述趙鼎之言，謂東野及康允之可任繁劇。

移江東都轉運使，罷，奉祠。紹興初，起知潭州，未赴，改江淮招討使司參謀官，從張俊討李成。初，成之叛也，鄂州李允文擅殺知岳州袁植，又直留綱運，欲與成連衡。成敗俊，欲遂取之，憚其强。時有前三省樞密院屬官汪若海者，與允文善，被罪謫英州，行至臨川。東野知其善於允文，引之謁俊，使貽書允文，允文遂伏罪。論平李成功，復職爲江、淮等路制置發運使，復奉祠，起知揚州。會僞齊宿遷令張澤拔衆四千[二]自歸，朝論以國家方屈好於豫，不宜生釁，欲還之。東野不可，章三上，得請，四千人皆免死。以言者落職，罷，奉祠。明年，復待制，以疾致仕，卒。

東野當奏補，先其弟，次弟之子，然後及己之子，時以爲難。性剛嚴，於宗族親舊有恩。①

材料出處

①原注：《京口耆舊傳》。按：卷五。

校證

〔一〕之，原空，據《京口耆舊傳》補。

〔二〕千，原作『十』，據《京口耆舊傳》改。

姪喬年，字壽隆。博學工文，慷慨自負，所與交皆一世名人，而意氣挺挺，常出其上。人慕與之交，固不計屈伸，而喬年智識之明，議論之偉，人亦自不能不屈。入太學，升内舍，以選爲前郎。紹興間，有誦所爲詩於秦檜，檜大喜，亟諭學官館致之。時檜得君專，游其門，富貴可立致。學官喜以告，喬年不答。詰朝再問之，喬年罵曰：『是主通和之議，使國家屈好於讎敵，失信於生民，而竊威福以自私者。吾方爲天下讎之，寧能伈伈俔俔，出入其門乎？』是時秦氏之勢熏灼天下，聞其言者皆辟易，而喬年處之恬然。尋以父病謁告歸，檜亦不能害也。

又數年，檜薨，喬年以《春秋經》就上舍試。故人有爲郎官者，謂喬年曰：『某聞之要路，將以某爲考官，《春秋》欲命某題，作某意立説，於公意何如？』喬年曰：『唯。』既入院，試題不異前日，而立説皆不類。考官意不慊，出院亟問之乃知，退即易他經。後十餘年，當淳熙甲午，朝論以學校前輩惟喬年與魯秉禮二人，將俾學官上其名。喬年知而謝曰：『吾結髮事科舉，誓不僥倖進。若爾，二十年前附秦丞相，久爲中書舍人矣。』議遂寢。晚以特恩對策入等，授迪功郎、韶州推官，不赴，老於家。

弟修年，字壽真，擢紹興二十四年進士第，終揚州教授。①

材料出處

①原注：《京口耆舊傳》。按：卷五。

范寥字信中，家丹陽，本范鎮之族。年少客遊，落魄不羈，浮湛俗間。翟汝文父思之爲郡也，寥知其父子有風鑑，草衣丱角，作方外士，謁庭下，願補書吏之闕。思笑遣之，汝文適從後見，亟請其父延之入，與語，奇之，因留門下。其後思立朝位顯要，寥藐不相聞。思卒，汝文持喪無錫。一日，有客自外慟哭，匍匐而入，門下大駭，問之則寥也。汝文德其意，館之家，遇之甚厚。

汝文陳白金器數事於几筵，寥一夕哭甚哀，明日夙興，斂之而行，莫知所之。乃攜以抵宜州，謁黄庭堅。時庭堅已病，嘗有詩云：『范侯來尋入桂路，走避俗人如脱兔。』爲寥作也。寥有《從庭堅城南晚望》詩，其間有云：『此邦雖在牂牁南，更遠不離天地間。人生隨處皆可樂，爲報中原衹如昨。』亦以開釋庭堅遲莫之意。未幾，庭堅卒，親友皆散去，獨寥在，爲辦棺斂，仍護其喪還，費皆出翟氏。其用意委折如此。

還抵和州，知張懷素與知州吳儲及弟侔有逆謀，乃變服介左右，求爲僕隸。懷素問頗識字否。曰不識。懷素俾夜宿書室，寥入即偃卧，未嘗一屬目。懷素滋欲試之，因責以罪，俾持狀入州。狀實訴寥者，寥即持入，謾不省所謂。懷素大喜，自是凡與儲、侔密謀書問，惟寥是任。寥既盡知其事，即佯狂脱去，欲遂告變。窘於無資，知湯東野好事，往見之，具以告東野，竭力資之。

既懷素伏誅，徽宗嘉其功，欲超進士第一人，授文階。蔡京以寥上變之日，適其在告，謂進不因己，曰：『彼素不由學校，躐授文階，不可。』第授供備庫副使。暨東野以鎮江府學内舍人對，乃授宣議郎、衛尉寺主簿。寥後累更職任，爲潁昌府兵馬鈐轄，坐『不合收藏蘇軾詩文墨迹不首毁』，追毁出身以來文字，除名勒停。後遇赦敘復。紹興間，嘗知邕州兼邕管安撫，卒。

寥志向卓犖，欲以功名自見。方未遇時，權以濟義，故不徇小節。既仕，局束武弁，志不得伸，晚年遂以詩酒自放，吕本中、韓駒皆嘗與之唱酬。①

材料出處

①原注：《京口耆舊傳》。按：卷五。

余應球

余應球字國器，江西弋陽人，安行子。登崇寧進士，授秘書省校書郎。靖康初，上言：

『臣聞《春秋》之義，大正始。克正其始，後罔不正[一]，始或不正，後將若何？陛下嗣位之初，彊虜入寇，雖日事守禦，未暇施爲，所由當正始以示天下。曾未踰月，其失有七。若積日累月，萬幾之微，所失可勝言耶？雖曰宰輔非才，朝廷之過，亦陛下之失也。臣請陳之。

『陛下踐祚之次日，太上帝后之典册未舉，而宣制先立，中宫議者謂陛下緩于父母之禮，而篤于夫婦之愛。若宰執有請，是導諛也。若陛下意而不能達明，是縱欲也。二者無一可。此一失也。

『太學書生上書陳六臣之奸，陛下不能以義斷恩，即賜施行，遂使群奸隨太上東去。今召之不敢來，責之不即罪，可不爲深憂乎？此二失也。

『虜人入寇，長驅而南，有大河之險以爲守禦，梁方平、何灌各將兵數萬，不爲夾河固守之計，無故退師，使虜馳騎直抵城闕，陛下驚憂，忍垢屈己，而與之和，二人之罪大矣。稽之軍法，在所不赦。何灌雖褫官自効，而梁方平偃然自如，略不施行賞〔二〕罰。功罪如此，何以使人必用命乎？此三失也。

『人主以論相爲職，得其人則天下治，失其人則天下亂。今日所以召亂至此者，論相非也。陛下中興，尤宜慎此。初罷白時中，繼聞翰林草制，搢紳屬望賢相，而宣制之日，輿議沸騰，咸謂李邦彥之空疎，張邦昌之庸謬，在上皇備位政府累年，曾無一言規正裨補，今日之事，預有罪焉。往事已如此，又烏能補陛下之新政乎？若王孝迪、蔡懋、李棁、路允迪之進用，士論尤嗤鄙之。搢紳士大夫豈無英傑，此必用次選者，何哉？此四失也。

『諫官之職，所以輔導人主，其任甚重。近者至使諫官家至户到，搜索金銀，使之既非矣，而諫官亦受而不辭。市井之人，指而笑之，或曰：「彊虜在郊，事出迫切。」然君之使臣，雖艱難倉卒，尤不可以廢體。此五失也。

『梁師成、時若愚皆往時奸諛之甚者，罪當誅斥。近聞内侍官、道觀金銀皆使二人總之，又聞臣僚所上書疏，尚仍昔弊，送文字庫。外議或謂陛下復加信任，臣固知其不然，而流言藉藉，小人因得以濟其奸，不可不慮。此六失也。

『近日又宣皇子封郡王之制。夫以陛下元子，禮所宜先，而艱危之時，宗社未保，城門閉拒，中外不通，未宜急者，稍候數日，寇退而後命之，豈曰後時哉？此七失也。』

欽宗嘉其忠直，親擢爲監察御史。應球遂感激知遇，知無不言。又言蔡京、童貫、蔡攸、朱勔及吴敏等宜加罷黜誅逐，黨人之未没及子孫可録用者，宜令有司條具以聞。至國家刑賞出入、進退人才，凡有裨補於國政者，知無不言。在職數月，章至六十餘上，旋忤權倖，與外任河北，知州郡，既又送吏部差遠小監當。以親喪，遂不復仕。著有《真隱集》并奏議。①

材料出處

①原注：《靖康要録》，參《江西通志》。按：《靖康要録》卷一，雍正《江西通志》卷八五。

校證

〔一〕後罔不正，原闕，據《靖康要録》補。

〔二〕賞，原作『嘗』，據《靖康要録》改。

卷八　列傳第八

滕庾

滕庾字子端，應天宋城人。兄康，《宋史》有傳。庾少力學，年十二爲文瘞死禽，磨瓦書之，題曰《爵王墓碑》。自是盃酒嬉笑，悉寓于文，見者驚異。登崇寧五年進士，授文林郎，爲《九域圖志》編修官，除正字。書成，改著作佐郎。會宰相惡陳東、歐陽澈之訐直，加以大辟。庾上疏申救，且移書相府，欲面詆之，爲同舍所阻，然義概藉藉縉紳間。

丁内、外艱，建炎元年，起爲太常博士，擢都官員外郎。時庶事草創，賞功補副尉者不可計，是非混淆。庾謂興復大業，在信賞必罰，今吏以微文沮所當得，而以賕謝予其不當得，何以鼓天下忠義之氣？又帖給吏手，多假託權勢取之，因轉售于人，冒濫滋甚。於是隨事爬梳，聞諸朝，嚴其籍。兼權太常少卿。吏祈儼乘時爲姦，庾案治之。無何，長貳佑儼，庾歎曰：『吾爲郎治一吏，不見信，況敢望協心爲國乎？天下事略可見矣。』因忽忽不樂。是年十二月，遽以疾卒，年四十二。①

材料出處

①原注：《省齋文集・滕公神道碑》。按：廖行之《省齋集》無之，當是周必大《文忠集》卷二九《權太常少卿贈銀青光禄大夫滕公庾神道碑》。

李 復

李復字履中，長安人也。案：復世居開封祥符，以復官關右，遂爲長安人。《朱子語録》稱爲閩人，蓋傳寫之誤。學者稱爲潏水先生。以進士累官中大夫、集英殿修撰。復于〔二〕吕、范諸子爲後輩，然猶及横渠之門。紫髯修目，負奇氣，喜言兵事，于書無所不讀，亦工詩。

崇寧中，邢恕爲涇原經略使，謀立邊功以洗誣謗宗廟之罪，因納許彦圭之説，請用車戰法。及造舟五百艘，將直抵興、靈，以控夏國。時復方爲熙河漕使，詔下委之。復奏云：『奉聖旨，令本司製造戰車三百兩。臣嘗覽載籍，古者師行，固嘗用車。蓋兵不妄動，征戰有禮，不爲詭遇，多在平原廣野，以車可行。今盡在極邊，戎狄乘勢而來，雖鷙鳥飛翥，不如是之迅。下寨駐軍，各以保險爲利。其往也，車不及期；居而保險，車不能登。歸則敵多襲逐，爭先奔趨，不暇回顧，安能收功？非若古時之可用也。臣聞此議出于許彦圭，彦圭因姚麟而獻説，朝廷遂然之，不知彦圭劇爲輕妄。唐之房琯嘗用車戰，大敗于陳濤斜，十萬義軍無有脱者。畿邑平地且如此，況今欲用于峻阪溝谷之間乎？又戰車比常車闊六七寸，運不合轍，牽拽不行，昨來兵夫典賣衣物，自賃牛具，終日方進五七里，遂致兵夫逃亡，棄車于道，大爲諸路之患。今乞便行罷造，如别路已有造者，乞更不牽拽前來。』

又乞罷造船，奏云：『經略使乞打船五百隻，于黄河順流放下，至會州西小河内藏放。有旨專委臣監督，一年了當。契勘本路只有船匠一人，須乞于荆、江、淮、浙和雇，又釘綫物料亦非本路所出。覩恕奏請，實是兒戲。且造船五百隻，若自今工料並備，亦須數年，自蘭州駕放至會州約三百里，北岸是敵境，豈可容易？會州之西小河鹹水，闊不及一丈，深止一二尺，豈能藏船？黄河過會州，入韋精山，石峽險窄，自上垂流直下，高數十尺，船豈可過？至西安州之東，大河分爲六七道，水淺灘磧，不勝舟載，一船所載，不過五馬二十人，雖到興州，又何能爲？又不知幾月得至？此聲若出，必爲夏國侮笑。臣未敢便依指揮擘畫，恐虚費錢物，終誤大事。』

疏上，徽宗感悟，罷之。已而卒以議邊事不合罷官。久之，金人犯關中，復已老且病。高宗以舊德强起之，知秦州，空城無兵，卒死于賊。①

材料出處

①原注：《容齋隨筆》，參《建炎以來朝野雜記》。按：此傳實録自《宋元學案》卷三一。

校　證

〔一〕于，原作『以』，據《宋元學案》改。

喻汝礪

喻汝礪字迪孺，四川隆州人。崇寧五年，廷試對策切直，有司以謗訕聞，徽宗命以學究出身。歷知閬中縣。提舉司行青苗法，欲還錢取粟，汝礪以錢糴軍糧，易錢而市，竟不煩民。①靖康初，累官祠部員外郎。朝廷議割三鎮，汝礪言不可。張邦昌僭立，捫其膝曰：『不能爲賊屈。』遂挂冠去，自號捫膝居士。②

建炎元年六月，自京師入見，復命爲郎。因論遷都利害，以爲：『敵可辟，都不可遷。汴都者，天下之根本也。若舍汴都而都金陵，是一舉而擲中州之地以資於敵矣。夫以諸葛之奇才，而不能軋曹操；李克用之驍勇，而不能抗朱温，何哉？曹魏、朱梁先定中原，庸蜀、晉陽，特碣碣〔二〕然一方之伯者耳，安足以當中原之强大乎？臣謂中原決不可舍，以爲興王之資；汴都決不可遷，以蹈金人之計。』既對，上命赴都堂與李綱語，綱大奇之。以母老乞歸省，遂除四川撫諭官，且令督輸四川漕計羨緡及常平錢物。汝礪入辭，復奏言：『金人決渡河，陛下宜急爲之防，毋以晏安之故而成此酖毒。』上嘉納之。③

汝礪欲盡收常平所儲錢，徽猷閣直學士、知成都府盧法原、轉運判官趙開、靳博文、提點刑獄公事邵伯温皆持不可。汝礪曰：『常平錢者，朝廷五六十年之儲蓄也。今朝廷多故，天子狩於淮甸，而二三大夫持必〔二〕不移，沮格詔旨，此謂之忠乎？』乃作檄以諭之，其略曰：『明皇守蜀，宫室峻壯；德宗幸梁，儲峙豐備。安有六騑在行，淹薄風露，取諸外府，以饟軍食，而謂吾人忍有不令之詞乎？』又曰：『今人主威柄，移於帥臣之頑扈；朝廷號令，奪於監司之狂率。』法原等怒，共奏汝礪搔擾生事。④會宰相黄潛善以汝礪附李綱不遷都之論，惡之，乃以『汝礪干求差遣，營私自便』爲言，二年三月乃勒停。⑤

紹興元年，張浚承制，以爲知果州。五年十月，除右朝奉大夫、知普州。上書言：

『蜀，罷國也。左無秦、隴以爲隱蔽，右無襄、鄧以爲垣墉。昨者金人驅兵，約齎深入，和尚原險要之地，已屬之於秦矣。金引兵下清泥嶺，薄仙人關，前眺鐵山，我無東北，蜀之飛鳥，不踰河池，則惴惴之蜀，豈不甚病也哉？尚賴陛下英武之威，吴玠等極力拒守，敵遂引去。夫所謂和尚原者，鳳之東境，距寶雞縣裁兩驛，抵鳳翔不能百里，我若屯兵其間，則可以下窺秦、雍，而於函、洛〔三〕之路未絶也。所謂仙人關者，興之東境，距利州裁七驛，自利抵劍門關百里而羸，今我退守仙人關，則蜀之險要，所失過半。敵既到仙人關，習知山峽隘險難以進兵，必相與籌量，别生計策。他日分兵數道並進，一軍自階、成趨文、政，鄧艾由陰平路。一軍自梁、洋經米倉山入巴、閬，往年敵自興元攻米倉山，欲入巴州。一軍自均、房由達州山路入夔、峽，此開元時涪州進荔支路，其山距子午道甚近。〔四〕復以一二千人攻仙人關，以綴吴玠。勢分形散，所備皆急，一處破壞，則在處震蕩。此其可憂一也。

『臣嘗日夜深計而苦思之，謂可以擣敵之虚、解蜀之紛者，恃有襄、漢一條路耳。日夜跂望朝廷威令一振，兵力復全，亟命偏師出襄、鄧間，可以直擣商、虢，徑薄秦、雍，此解蜀一奇也。今乃傳聞李横跳去，李成已據襄陽，則襄、漢路斷，何由插手？復聞李成經理襄陽稍有科條，歸附漸衆，耕闢亦多，使年歲間勢且張大，則必引兵侵蝕荆渚〔五〕，荆、湖道路便復隔絶。江吴、巴蜀離而爲二，蜀之人雖繫心於朝廷，其何能以自達？此其〔六〕可憂二也。

『夫一里之險而動千里之權者，地利也。然敵至仙人關，暫攻而不〔七〕久留者，何也？艱於糧故也。若使秦中治廢邑，聚散民，字孤恤老，以益其衆，耕田疾作，以益其粟，則得吾地而可守矣，入吾境而可留矣。僞齊之力，未暇大舉，然必歲踐吾境者，何也？政以困我故也。輕師以索戰，而使吾有大兵久駐之勞；約齎以深入，而使吾有犇命轉輸之苦。吾所以待之者，不過斂兵依嶮而已，非有以逆擊之也；不過尾賊出境而已，非有以厚勝之也。如此數年，蜀之財力俱盡，此高熲平陳之策也。是其可憂三也。

『緣自總領司行鹽酒之策，失羌夷之和，於是敘州諸羌攻陷諸寨，官吏殲夷，百姓奔遁。若使金人搏其胸，諸羌掎其背，四川老孺何所遺死耶？况黎、雅、石泉所在諸羌，山谷聯綿，徑道秦、隴，儻使金人乘諸羌懷怨之隙，啗以金帛，約以攻我，不知何以禦之？此其可憂四也。

『臣雖至愚，於此有二策焉。其一則經理興元，其二則措置荆襄。漢中之地，嶮塞沃野，土壤膏腴，物力浩廣，高祖因之以基漢業，德宗資之以復唐祚，昔人以爲蜀之股臂也。今則城池邱墟，屯戍荒圮，宣司雖復差官，然亦但爲文具。守臣之寄處也既無保境附衆之心，士伍之暫集也又無專軍必守之計，緩急之際，果可恃乎？願陛下擇文武能臣以爲之，相險要，塞谿隧，環壘塹，設屯守，平居則重關錯守以捍其衝，有事則諸屯併力以壓其入。

『蜀之所以備敵者，特仙人關一軍耳。文武之衝，朝天之險，米倉之隘，非有別也〔八〕，以制敵之不意也。借使金人盡鋭力攻，前軍毁敗，事勢差跌，别無後繼，不知何以遏之乎？宣司諸人慮患不遠，敵來則憂，敵退則以爲四川恢然無復事矣。論功差賞以縻其財，差官除吏以售其私，於此大節未嘗痛講，而候吏已報敵騎之復來矣。日者和尚原至仙人關，退舍失地凡五百里。臣愚不知宣撫司亦復狀其實以聞朝廷乎？側聞陛下昨者卻宣司之請，寢移司之議，臣竊壯之。願陛下命文武重臣鎮撫江陵，跨吴、蜀要害之衝，窒李成并吞之謀，專楊幺舟楫之利，亟於此時治兵荆楚，使川蜀一軍當秦、雍，江陵一軍拒襄、鄧，劭〔九〕耕勸戰，招徠流庸，俟以歲月，稍復就緒，然後六騑濟江，以爲雍容駐蹕之地，於此可以捄援川蜀，覆蔽吴會，出軍宛洛，通車三秦。是則荆楚之地，天所以假歸途而濟中興者也。若不趣行經理，一爲敵有，則巴蜀其能久存乎？吴越其能久無事乎？議者必曰：「今解潛已在江陵，王瓔已在長沙，又何以别遣重臣？」臣愚以爲解潛兵力衰單，王瓔孤軍遠客。兵力衰單，則勢寡怯而不足用；孤軍遠客，則懷去就而不盡死。願明詔大臣，差其人素能御衆有威信方略者，然後付以此寄，使之重兵精甲，坐扼襟要，繕治城壘，訓耕峙糧，楊幺不攻而自困矣，李成不戰而自蹙矣。』⑥

九年八月，旋以左朝奉大夫提點夔州路刑獄公事。以勾龍如淵薦，召對，首論：『願革近時文章骫骳之習，以還西京爾雅鴻奧之風，起中興博大混一之氣。』又論：『議者欲駐蹕渚宮，臣愚以爲未可，願俟之，加以數年，地益增治，糧益得歲，然後振旆以臨三楚，清蹕而朝諸侯可也。更復俟之，歷歲滋久，河潼囂庶，許洛昌大，然後復皇輿於舊京，旋故鼎於天邑可也。』又論：『蜀中之力何以屈？非兵屈之，官之冗者屈之。非官冗屈之，士大夫之濫賞者屈之也。今天塗未夷，國步方梗，加之以師旅，因之以饑饉，即其所深異者觀之，冗賞之濫，濫與冗偕焉。取人之父兄子弟所以相養活之具，從而潰敗磔犂之，吾國幾何而不屈乎？吾國屈矣，於何而可以伐人之國乎？』上甚嘉納，且面諭曰：『不見卿久矣，英論如昔。』遂下所奏三疏付中書。秦檜使人諭以上將用君，宜與時高下，毋妄言。汝礪不答。

翌日⑦，除駕部員外郎。面對，言：『文帝、光武嗇於用兵，而厚於惜天下之力，所以爲後世計者至深遠也。自漢以來，屯戍轉輸，歲與敵角者，其費不可勝支。唐之謀臣日闢天下之土，以弊方鎮，而唐日以微。今陛下講好結信以交兩國之驩，寢兵休士以重萬民之命，固知生事徼功之臣流毒遂以羸中國，而思有以戒之也。臣之區區，上願陛下申飭邊吏，毋隱奸，毋顓利，毋徼亂，以仰副陛下睦鄰好、紓吾民之〔一〇〕嘉惠。』又言：『臣嘗謂忠義之士，如玉鎮大寶。故爲天下者，雖有高城巨浸以爲之防，粟糧漕庾以爲之備，良士選卒以爲之戰，而微忠義之士以爲之守，是委社稷而輸之敵也。臣竊念之，自靖康、建炎而來，將帥守宰、義夫烈婦，豈無捐軀徇國、犯患觸禍、負傑異之操如古人乎？若不及時早加褒掇，歲月荒老，無所訂正。伏願申詔史臣，採自靖康而來蒙患死難暴人耳目較然不欺者，書之爲死節之士。復摭近日樓炤之所蒐訪、周聿之所論薦者，書之爲守節之士。庶幾彰國家臨危有仗節之士，勵世有消萌之術。』詔送史館。⑧

汝礪本勾龍如淵所薦，又與李光相知。光罷，汝礪不自安，因求去。十年正月，以直秘閣知遂寧府。比對，復論：『人君所以和外國、詘海内，未有不誠而能格之者。今陛下致曲用晦，結二國之好，此正可爲之時。願陛下裕民力以豐天下之財，訓武勇以飭天下之備，顯忠直以來天下之言，厲名節以鼓天下之氣。如是則外睦而鄰好比，内彊而吾民保，足以大振宗祧矣。』於是改除潼川府路轉運副使。汝礪至官，以表謝上，略曰：『顧臣何如，立節有素。方延和廷議，既不能割地以賂戎；暨僞楚滔天，又不忍聯名而賣國。』時人稱之。⑨

先是，廣安僧慧鑾淫穢不法，汝礪治其罪，士大夫多爲之請，不聽，卒杖而刑之，且劾守臣滕椅於朝，不報。何鑄劾汝礪爲門僧報怨，興起大獄。十一年七月，罷爲直秘閣、主管台州崇道觀。十三年四月，卒。⑩著有《捫膝集》。⑪

材料出處

①原注：《輿地紀勝》。按：卷一八五。

②原注：《宋史·忠義·孫逢傳》，參《困學紀聞》、《文獻通考》、《輿地紀勝》。按：《宋史》卷四五三，《輿地紀勝》卷一五〇。

③原注：《要録》卷六。

④原注：十五。

⑤原注：四十六。

⑥原注：《要録》九十四。

⑦原注：百三十一。

⑧原注：一百三十二。

⑨原注：一百三十四。

⑩原注：一百四十八。

⑪原注：《文獻通考·經籍門》。按：卷二三八。

校　證

〔一〕竭竭，原作『竭』，據《要録》卷六改。

〔二〕必，原作『心』，據《要録》卷一四改。

〔三〕洛，原作『谷』，據《要録》卷九四改。

〔四〕此處小注原闕，據《要録》卷九四補。
〔五〕荆渚，原闕，據《要録》卷九四補。
〔六〕『離而爲二』至『此其』，原闕，據《要録》卷九四補。
〔七〕不，原闕，據《要録》卷九四補。
〔八〕也，原作『地』，據《要録》卷九四改。
〔九〕劭，原作『邵』，據《要録》卷九四改。
〔一〇〕之，原闕，據《歷代名臣奏議》卷三四八補。

王縉

王縉字子雲，嚴州分水人。崇寧五年進士，調歙州司法參軍，移池州石埭令。方田法行，旋以不實罷，而石埭之民請以縉所均爲定。用薦者改宣教郎，知婺州浦江縣。神霄宫初建，觀望者競爲侈費，邑當置下院，獨取之遠鄉，僅以充數而已。主者加詰，縉曰：『朝旨不言城内外縣，境有觀而舍之，吾非違御筆也。』大駕在永嘉，從臣有以縉應詔，權吏部郎官。以論事忤宰相，出知英州。御史上縉治行第一，秩滿，令入對。會朱勝非當國，雖故鄉監官至都堂，亦使趨庭自列。縉顧不肯，勝非怒，虜方在邊，擬縉至滁州。朝議皆言縉忤范丞相，去之南荒，今方來歸，又置之北鄙，何耶？改知虔州。召爲金部員外郎，旋以選知温州，加直秘閣。陛辭之日，即拜監察御史，擢殿中待御史，時紹興五年五月。首陳正紀綱、嚴法守、明賞罰、立軍政、廣儲蓄、厚風俗，冀爲經久之謀，且援古事以申諷，因言：『湯以七十里而有九有之師，惟仁足以得天下之心。夫豈以地之廣狹、勢之强弱哉？《書》之言曰：「慄慄危懼，若將隕於深淵。」惟湯畏天保民，此所以天下歸之。雖狹而廣，雖弱而强也。』

於時東南大旱，而江湖爲甚。縉慮所以賑卹之者，如伸枉濫、寬繫纍、禁科斂、緩逋負、免穀税、通糴船、瘞殍者，其論奏甚備。而尤所拳拳者，以常平之法名存實廢，借兑之不撥還，支移之不收納，此所以坐視凶荒而莫之救也。至推其本原，則願詔大臣以燮理之事，飭清躬以修省之意，論極剴切。

六年二月，遷右司諫，言：『聽忠言於艱難之時易，聽直言於平定之後難。況寇讎未殄，願毋以目前暫無事而忽蒭蕘之言。』又言：『明皇即位之初，焚錦繡珠玉於殿前，厲精政事，以致開元之治。及侈心一動，窮天下之欲，以致天寶之禍。非初之難，而終之難也。陛下憂勤恭儉，圖濟中興。往歲金翠之禁，自内庭始，天下風靡。而近者庫藏供瑇瑁，坑冶採青緑，未必以爲器玩設飾之用，然恐下之人妄意好尚，緣類而至。願深戒明皇之失，終始惟一，以永無疆之休。』上爲之改容嘉納。

六月，臨安地震，縉言：『地震駐蹕之所，豈非天心仁愛，著陰盛之戒邪？女子小人、夷狄盜賊，皆陰類也。女子小人則遠之，夷狄盜賊則備之，恐懼祇畏，以應天心，此先哲王所以中興也。』又言：『陛下纂承，十年於兹，頻歲豐稔，僅足糧餉，一有小歉，民已流移。蓋耕者寡，食者衆，軍政未立，國用未節故也。謂宜詔大臣參酌祖宗舊制，每歲出納之數而均節之，抑僥倖以靖衆志，薄税斂以寛民力，爲久長之計。』

上幸姑蘇，軍屯淮上，逆賊驕雛方肆陸梁，而主帥有慢令不赴機會者。縉請奮周世宗、我太祖之英斷以勵其餘。又言：『今所與共濟艱難、復大業者，二三大臣耳。或出而總戎，或處而秉軸，交修政事之間，進退人才之際，謀慮有不相及，則初意未必盡同。苟無私心，惟其當而已。蓄疑敗謀，理必不可。願戒大臣，俾同心同德，絶猜間之萌，協濟國事。』縉以大臣不和爲憂，比終歲再三言之，至謂執政間有於賊馬南向之時，倡爲抽軍退保之計，上則幾悞國事，下則離間宰臣，言尤至切。又言：『軍興以來，多爲一切之制。今盜賊粗定，上下内外宜守成憲，而舊弊之未革者，如官資之轉行，過犯之改正，差遣之審量，皆用特旨，廢定法。遠方監司、守臣措置自肆，姦贓抵罪，鞫治既白，或不行法，止從輕比。若此類紀綱不立，法令不信，雖宵旰焦勞，未見可以爲治也。』張俊營第建康，廣袤占民居，縉請密敕俊自還之。内侍李琮，童貫壻也，恩旨復許其仕。縉言：『梓宫未返，天下痛憤，忍令童貫壻再仕乎？』所言多見採用。

兵部尚書吕祉護諸將於淮上，縉請於都督府屬官中選知兵者助之謀議，且留軍中撫循訓練，通將士之情。未幾，酈瓊叛，祉死之。張浚時爲宰相，臺諫議以擇帥不善爲責，縉曰：『司言責者，獨不任其咎乎？且以是進退大臣，非知大體者也。』既而章交上，縉獨論：『劉光世屯淮西，士卒數萬，惟王德一軍忠勇敢戰，餘皆驕惰自肆，不可用也。一旦以德踵光世之後，酈瓊等憚其威嚴，訴於朝。既爲之改命，而召瓊等赴行在，乃懷疑貳，相率北去，則潛爲此謀有日矣。張浚引咎求罷，方防秋之際，二大將又入奏，而朝無宰相，無乃未可乎？』章再上，不報。求補外，復以直秘閣知温州。

先是，日食之變，詔求直言，臺臣劾縉觀望，坐落職奉祠，復直秘閣、知常州。淮上戍軍經從，有攘民羊及誣民爲盜，縛之去。縉追得民與羊於舟中，獨不得軍卒姓名。貽書誚主帥，主帥卒以三輩徇河上，聞者服焉。會有故從官歸自虜中，蓋嘗仕僞庭，据吾京邑而爲之守者，過郡，縉惡之，不爲禮。力求見，縉面詰媿之，而宰相秦檜與之親厚，歸而泣訴。檜怒，十一年春，以縉主管台州崇道觀。二十九年六月卒，年八十七。著有《霜臺諫垣稿》九卷。①

材料出處

①原注：《張南軒集・王公墓誌》。按：張栻《南軒集》卷三八《王司諫墓誌銘》。

方　軫

方軫字叔載，福建莆田人。以父任補太廟齋郎。大觀初，蔡京復相，軫上疏云：

『臣伏見蔡京睥睨社稷，内懷不道，效王莽自立爲司空，效曹操自立爲魏國公，專以紹述熙、豐爲自謀之計。上以不孝劫持人主，下以謗訕誣嚇天下，風聲氣焰，中外畏之，自古姦臣未有如京今日之甚者。爰自崇寧以來，交通閹寺，結納宫禁，蠹國用則若糞土，輕名器以市私恩。内而執政侍從，外而帥臣監司，無非京之親戚門人。政事不合於天心，舉動悉結乎民怨。若設九鼎、鑄大錢、置三衛、興三舍，如斯之類，妄作無補。京凡奏請，盡乞作御筆指揮行出，語士大夫曰：「此上意也。」明日或降指揮，更不施行，則又語人曰：「京實啟之也。」善則稱君，必欲陛下斂天下之怨而後已，是豈宗社之福乎？

『元豐三年，廢殿前廨宇二千四百六十間，造尚書省，分六曹，設二十四司，以總天下機務。京惡白虎地不利宰相，盡命毁拆〔一〕，收置禁中。是欲利陛下乎？是之謂紹述乎？括地數千里，屯兵數十萬，建置四輔郡，遣親信門人爲四輔總管，又以宋喬年爲京畿轉運使。密諷兖州父老詣闕請登封，意在自爲東京留守。乘輿一動，投間竊發，不知社稷何所依倚？又聞京建議立方田法，欲擾安業百姓。數年間行鹽鈔法，朝行夕改，鈔爲故紙，鹽爲棄物，家財蕩盡，老幼怨歎，皆歸咎於陛下。祖宗不馳一騎以得天下，仁厚之德，涵養生靈，幾二百年矣。四方之民，不忍生事。萬一有壟上之耕夫、等死〔二〕之亭長，嘯聚亡命，天下響應，京乘此時，談笑可以得陛下之天下也。

『元符末年，陛下嗣服之初，忠臣義士思見太平，投匭以陳己見者，無日無之。京欲塞天下耳目，分爲邪等，或流配遠方，或除名編置，或不許齒仕籍。天下之士方且全身遠害之不暇，誰肯爲陛下言哉？蔡攸者，垂髫一頑童耳，京遣攸日與陛下游從嬉戲，惟以花石禽鳥蠱惑聖志，欲愚陛下，使之不知天下治亂。臣是以知京必反也。臣與京皆壺山人，案讖云：「水繞壺公山，此時方好看。」京諷部使者鑿渠繞山，欲以應讖。

『日者星文謫見西方，日蝕正陽之月，天意所以啟陛下聰明者，可謂極矣。奈何陛下略不省悔默悟，止於肆恩赦、開寺觀、避正殿、減常膳，舉此以答天下百姓哉？臣披肝瀝血，區區爲陛下力言者，非慕陛下爵禄而言也，所痛者祖宗之廟社，所憫者天下之生靈，而自忘其言之迫切。陛下殺之可也，赦之可也，竄之可也。臣一死生不繫於重輕，陛下安可愛一國賊而忘廟社生靈之重乎？』

詔以軫疏宣示京，京上章自辨，請下御史臺鞫治軫所言不實，追毁出身以來文字，流嶺南。尋放還。政和間，軫復詣登聞鼓院進狀，乞收權獨斷，毋令國賊肆奸。詔軫長惡不悛，編管永州。後以復燕雲恩赦歸。靖康初，軫上書陳訴，得收敘補明州鄞縣令。貧不能歸，家於鄞。①

材料出處

①原注：《八閩通志》。按：《八閩通志》卷七一有方軫傳，然文字簡略，此傳實録自道光《福建通志》卷一八〇。

校證

〔一〕拆，原作『折』，據《揮麈後録》卷三改。
〔二〕死，原作『去』，據《揮麈後録》卷三改。

陳朝老

陳朝老字廷臣，福建政和人。初入太學，有聲。大觀中，蔡京罷相，領中太乙宫。朝老伏闕上書，其略曰：

『臣竊觀陛下即政之初，首相蔡京，白麻一出，天下失望。奸雄悍戾，詭詐不情，徒以高才大器自處，務欲鎮壓同列。陛下傾懷俯納，所用之人，惟京爲聽；所行之事，惟京爲從。觀其行法出令，徇名失實，無以異於兒曹稺子，以塵爲飯，以木爲胾，何與於飢飽哉？今者官爵冗而非材雜進，財用竭而妄費無已，恩澤濫而僥倖成風，科配苛而農民重困。其它誤國欺君，難以指數。士大夫自一命以上，皆出其門。人無所守，各懷私恩。夫爵禄名位者，天下之公議，權臣盜之以植私黨，陛下漸成孤立，可爲寒心。幸其解去機務，退處祠宫，尚安處上都，門闌如市，交結内貴，其意猶欲覬它日之復用也。願陛下奮乾剛之斷，勿貳勿疑，置之遠方，以禦魑魅，庶快輿議。

『臣嘗考京所爲，大約十有四罪。曰誣上帝，曰罔君父，曰結奥援，曰濫爵禄，曰廣費用，曰變法度，曰妄制作，曰喜導諛，曰鉗臺諫，曰熾親黨，曰長奔競，曰崇釋老，曰窮土木，曰開邊釁。臣久困羈旅，不能具紙墨。陛下不以臣不肖，願詔有司給筆札，使臣得盡所言。臣死之日，猶生之年。』徽宗不省。已而制下，加中書門下侍郎何執中特進尚書左僕射。復上書曰：『陛下知蔡京之姦，解其相印，天下之人，拊掌稱快。及相執中，中外黯然失望。執中雖不敢肆爲非法，若京之蠹國害民。然天下事敗壞至此，如人一身臟腑受沴已深，豈庸庸之醫所能起乎？執中賁緣攀附，致位二府，亦已大幸。遽俾之經體贊元，是猶以蟁負山，多見其不勝任也。』亦不報。

政和二年，京再入相，臺諫承京風旨，劾朝老狂妄，編置道州。建炎改元，赦歸，隱耕石門。紹興間，詔賜白馬一疋、金鞍繡勒一副、紫磨金八十兩。三徵不起，學者以陳三詔稱之。①

材料出處

①原注：《八閩通志》。按：《八閩通志》卷七一有陳朝老傳，然文字簡略，此傳實録自道光《福建通志》卷一七五。

陳吉老

陳吉老字子州，福建仙遊人。祖浩，父無逸，皆登進士第。吉老少通《春秋三傳》，學孫、吴兵法。及長，以父任補官，調清流縣丞，擢汀州通判，累遷京東提點刑獄，收復宿、亳、徐、海四州。入對，條上鍊將卒、廣儲蓄、修城堡、紓民力、嚴策應五事。高宗諭曰：『卿且爲朕綏撫京、淮之民。』除直秘閣、知揚州兼主管安撫司公事，賜鞍馬金帶、御前大刀以寵其行。吉老始至，撙節郡計，大修州城，復遣仲子希錫取延陵私租千緡，市汀布爲軍裝。時韓世忠守楚州，吉老奏乞來相其役，從之，不數月而事集。

嘗作書白其母尹氏曰：『渾家飽煖，盡是國恩。萬一總師恢復，自當効節。』又與希錫曰：『吾儻死，汝他日出官，不得取俸外例錢，上負君父，下辱祖宗。』已而秦檜力主和議，吉老不勝憤，累疏爭辨，略言：『講和之辱，是使陛下爲劉豫，舉國爲陪臣。金人所約兩宫來期及許還關、陝諸路，皆狡計不可信。乞罷斥奸檜，專責臣以恢復之期。』檜見之大怒，吉老不少挫。未幾，卒，贈中散大夫。①

材料出處

①原注：《閩通志》。按：《八閩通志》卷七一有陳吉老傳，然文字簡略，此傳實録自道光《福建通志》卷一八一。

劉大中

劉大中字立道，揚子人。父湜，政和間進士，分教處州。大中經明行修，大觀中，賜上舍出身。時修史，極天下之選，得四人：倪若川、汪藻、徐師仁，而大中與焉。紹興三年，權監察御史、宣諭江南東、西路，斥奸惡，推善類，不避權勢，歲省泉司官吏費十三萬緡四千。使還，爲中書舍人，遷右司諫，言大禮賞格，户部〔二〕迫取物帛爲害，詔爲展限一月。四年，爲吏部侍郎兼侍講。六年，試兵部尚書，從幸平江，兼權吏、禮部。七年，充龍圖閣學士、知處州。戢吏撫民，所部肅然。未幾，召還。

八年，以禮部尚書參知政事，遂奏疏：『中原陷没，東南民死於兵火，存者十無二三。奸臣虐用，誅求過數，最爲疾苦，以致愚民怨憤，殺子溺女。乞自今守令滿日，俱以生齒增減爲殿最。』首議建儲，語尤懇切，高宗爲之感悟，賜以御書陸機《文賦》。是年冬，以與趙鼎見合，不附和議，秦檜使御史蕭振劾罷之。遂以資政殿學士、大中大夫再知處州。自宣和以後，賢守三人，大中居其一。以疾乞閒，卒於處，葬白雲山。①

材料出處

①原注：《括蒼新志》，參雍正《揚州府志》。按：此傳實録自嘉慶《揚州府志》卷四六。

校證

〔一〕格户部，原作『□□□』，據嘉慶《揚州府志》卷四六補。

卷九　列傳第九

連南夫

連南夫字鵬舉，湖北安陸人。政和二年上舍釋褐，①授潁州司理參軍，移鼎州教授，調澧陽尉，歷襄邑主簿、虔州教授。未赴，除辟雍正、禮制局檢討、補校御前文籍，遂爲校書郎。②宣和五年，假太常少卿，爲金接伴使。六年正月，爲伴送金賀正旦使，尋爲金國祭奠弔慰使。③使歸，即爲上言：『敵好不可保也。朝廷所仰大將，則郭藥師，兵則常勝軍。比年軍政不修，新邊無河山之阻，而糧食未均，薊州卒有羸餓，河朔馬群盡空，無留良馬。願選中國將帥易藥師，練中國士卒，以制常勝軍。』因面奏：『劉延慶敗十萬衆，皆童貫賞罰不明，致其遁走，且厚幣以易雲中，而以捷奏，乞斬劉延慶以謝天下。然城池不堅，器械不利，敵有輕視中國心，不一二年，將不遺力而來矣。』徽宗大駭，盡以所論付樞密宣撫司，而攸、貫之徒皆切齒。

始南夫已道遷秘書郎，既遷起居舍人。七年，遂拜中書舍人。言者觀望貫、攸意，詆爲不職，除右文殿修撰、知慶源府。南夫謂慶源在河北，正宣撫所隸，何可居？撾登聞鼓論其事，即改濠州。靖康元年，講和敕〔一〕下，論敵情十患，願因諸道之兵未遣，亟擊之。二年，進徽猷閣待制。南夫繕治濠城，鑿巨石五百步，運甓塞淮流之貫城者，增城爲三丈，立樓櫓，並城開稻田十里以爲濘。建炎登極，上疏祈幸關中，且謂敵勢甚熾，秋高馬肥，必爲渡河絶淮之計。晝捍禦策爲四十條，復移書李綱、郭三益，宜倣漢高捐關東以與〔二〕黥布、韓、彭之策，以燕雲致其地豪傑，以遼東致高麗，以契丹故地致契丹遺族。其論甚壯。④

二年四月，奏言：『諸路州縣於近城十里内開鑿湖陂，以備灌溉，使春、夏、秋三時嘗有水澤，則良民有豐年之望，敵騎有還濘之苦。方冬水涸，即令耕犁磽确，則敵又有壓塊〔三〕之患。其自來不係種稻地分，即乞令依倣雄州開鑿塘濼，亦有菱芡蓮藕之利可以及民，仍免一年租賦，以爲人工之費。』從之。⑤

三年四月，擢顯謨閣學士、知建康府。未至，淮西安撫司統制劉文舜引衆犯濠州，南夫遣土豪俞孝忠率民兵百五十往拒之。將戰，孝忠馬還濘而死，衆潰。文舜至城下，南夫出庫帛，且解所服金帶遺之，乃退。⑥六月，兼建康府、宣徽太平州、廣德軍制置使。⑦時建康寓治天寧僧舍，浙江制置使韓世忠屯蔣山，逐南夫而奪其治。詔切責世忠，南夫亦以緩不及事，改知饒州。⑧時舉行贓吏杖脊朝堂之命，連夫言：『選人七階之俸，不越十千，軍興物貨倍百，當先養其廉，稍增其俸，使足贍十口之家，然後復行贓吏舊制。』朝廷是之，增選人茶湯之給。天下稱頌，以爲長者。

四年，劉文舜大編數十由南康而下，南夫部民兵晝夜乘城，矢石幾盡。時御營統制王德，號王夜叉，駐兵廬陵，飛書邀之，衆畏其不來。德得書泣曰：『我嘗繫建康獄，連公爲守，待我厚，當死報之。』以舟師不三日至，文舜懼，請降。誅其渠魁五人而散其衆。紹興改元，張琪既破新安，直抵城外。遣將敗之，伏尸四十里。時金人已破豫章，臨川群盜蠭起，饒以塊然小壘，而能獨立於江左。饒人祠南夫不忘。以疾，得請臨安府洞霄宫。⑨

紹興初，移知泉州。金人南犯，高宗幸建康，南夫盡起本部經制常平錢物赴平江。五年正月，詔褒美。⑩及朝廷下福建造〔四〕舟以備海道，遣使督促。南夫奏言：『舟用新木，難猝辦。且濕惡易敗，不若以度牒錢買商船二百艘，可收其用，又省緡錢二十萬。』從之。⑪

二月，奏言：『海寇之患，以爲國家每歲市舶之入數百萬。今風信已順，而舶舡不來，聞有乘黄屋而稱侯王者，臣恐未易招也。願明下信令，委縣措置，團結瀕海居民，五百人結爲一社，不及三百人以下，附近社推材勇物力人爲社首，其次爲副社首，備坐聖主給帖差捕。蓋濱海之民熟知海賊所向，平時無力往擒爾。今既聽其會合，如擒獲近上首領，許保奏優與補官，其誰不樂爲用？』從之。在泉二年，以寶文閣直學士提舉江州太平觀〔五〕。⑫

六年五月，起爲寶文閣學士、知廣州，旋兼廣東經略安撫使。嶺南水陸盜賊充斥，劉宣自章貢擾揭陽，鄭廣、周聰抄海道，而曾衮據釜山者七年，其餘號稱天王、太尉、鐵柱火星、飛刀打天之號，凡十八火，動數十人。南夫入境，召大將韓京激厲使之，且按誅惠州孔目吏與曾衮表裏者，合諸郡兵，以次平定。詔書奬諭，遷官一等。番禺之人立祠作碑，以紀其績。⑬新州大饑，南夫謂轉運判官林師説曰：『撫凋瘵者，莫如高主簿。』遂檄高登攝〔六〕新興令，至則發廩賑濟，後爲糜於野食之，願貸者聽，所全活萬計。⑭尋乞祠，八年十一月，提舉江州太平觀。⑮

九年正月，上封事曰：

『臣竊惟大金素行欺侮，比年以來，兩國皆墮其術中。大概彼以和議成之，此以和議失之。今陛下果推赤心信之，以其割河南之地，遂恩之乎？臣知陛下知機，有不信也。何以言之？丙午之禍，父兄母弟、六宮九族咸被驅擄，逮今十四年，辱莫大焉。使太上聖躬無恙，隨所割地全而歸之，十四年羈縻隔絶之恨，念之猶且心折，得梓宮猶不足爲恩，得土地顧何足以爲恩乎？況陛下於太上有終天之别，於大金有不戴天之讎，方且許還河南之地，許還梓宮，許還淵聖六宮，彼其計，實老子所謂「將欲取之，必固與之」，兵法所謂不戰而屈人兵之術也。誰不怒髮衝冠、握拳嚙齒而痛憤哉？借使盡得所許，彼何加損？漢王詔吕后曰：「使趙王有天下，顧少乃女乎？」臣竊恐陛下天性孝弟，方感其恩，遂無赫怒整旅之志。蓋心不剛則四支委靡，將士雖欲斷髮請戰，有不可得，誰爲陛下守四方者？是陛下十有餘年寵將養兵、殫財曲意之計，一旦積於空虚不用之地，倒持太阿，交手而付之矣。

『昔太祖皇帝之南征也，李煜遣其臣徐鉉朝於京師，鉉曰：「煜以小事大，如子事父，未有過失，奈何見伐？」太祖曰：「爾謂父子兩家可乎？」安知大金之計，不出於此乎？豈吾太祖行之而陛下不悟者乎？伏讀正月五日赦文，曰：「戢宇内之干戈。」又奉聖旨不得詆斥大金。

如此，直墮其術中，使忠義之士結舌而不得伸，忠良之將縮手而不爲用。范增之語項王曰：「天下大定矣，君王自圖之。」可不鑑哉？臣聞張良爲漢王借前箸以籌撓楚權之謀，爲漢王不能制項王死命，遽欲效武王休馬息牛，具陳天下游士各歸事其主，陛下誰與取天下？審如詔旨，臣恐將士解體，魚潰獸散，如張良所謂誰與取天下者。

『然則計將安出？或謂彼國新主厭兵，乃有此議。臣謂使其果有厭兵之心，正當乘其懈而擊之，如其不然，先發制人，後發制於人，陛下必知所決擇矣。臣聞陛下方遣侍從、宗臣祇謁宮廟陵寢，將親見宮室之禾黍，陵寢之盜掘，此正詩人傍徨不忍去之憂也。恐有扶老攜幼、感激而聽語者，少者之哭，哭其父與兄也，老者之哭，哭其子也。陛下追悼其因，是誰之過歟？還地之恩，孰少孰多？而河南之民，何啻百萬？昔日樂生，今日效死，因民之欲北嚮，爲百姓請命，而以王師甲兵之衆隨之，河北之人必有簞食壺漿以迎王師者。此臣所以願陛下因而圖之也。』

又爲表賀曰：『雖虞舜之十二州，昔皆吾有；然商於之六百里，當念爾欺。』秦檜大惡之。⑯南夫之帥廣州也，右宣教郎杜巖以杜充故，送廣州居住。及後赦下，巖請自便，南夫遽釋之。及金人索杜充子孫之在南者，帥臣陳櫜以聞，南夫坐奪職。⑰隱於連州龍溪尚書峰之麓。紹興十三年卒，年五十八。因名其所葬地曰連山。⑱

南夫氣正言直，志在經綸，其言曰〔七〕：『《易》「窮則變，變則通」，今之禍變，真變也，而通之道寓焉。』故始議幸關中，繼則議江陵，且謂天子當留神武事，以激昂將士，乞倣講筵之制，置侍射、侍馭之官，以待諸將；選三等豪户，仿六郡良家子，以充禁衛；乞先圖李成，則盜賊可無患。其帥嶺南，懼涉瘴癘，誓不受俸給，以祈全家生還。及被賞進官，力辭不肯受。朝廷不從，竟以回授其兄喆夫，而以俸給推與其兄妹及姪。自廣而歸，扶攜士族之不能歸者數家。著有奏議三十篇、文集二十卷。⑲

材料出處

①原注：《福建通志》。按：道光《福建通志》卷一二五。
②原注：《南澗甲乙稿·連公墓碑》。按：韓元吉《南澗甲乙稿》卷一九《連公墓碑》。
③原注：楊仲良《長編記事本末》一百四十四。
④原注：《墓碑》。
⑤原注：《要録》十五。
⑥原注：《要録》二十三。按：當爲二十二。
⑦原注：《要録》二十四。
⑧原注：《要録》。按：卷二五。
⑨原注：《甲乙稿·墓碑》。
⑩原注：《要録》。按：卷八四。

⑪原注：《福建通志》。按：道光《福建通志》卷一二五。

⑫原注：《要録》八十八。

⑬原注：《甲乙稿》。

⑭原注：朱子《高登行狀》。按：朱熹《晦庵集》無之，而見于道光《福建通志》卷一七八《高登傳》。

⑮原注：《要録》一百二十三。

⑯原注：《要録》一百二十五。

⑰原注：《要録》。按：卷一四六。

⑱原注：《福建通志・僑寓傳》。

⑲原注：《甲乙稿・墓碑》。

校證

〔一〕敕，原作『赦』，據《墓碑》改。

〔二〕與，原作『爲』，據《墓碑》改。

〔三〕塊，原作『魂』，據《要録》卷五改。

〔四〕造，原作『遣』，據《福建通志》卷一二五改。

〔五〕觀，原作『關』，據《墓碑》改。

〔六〕攝，原闕，據《福建通志》卷一七八補。

〔七〕曰，原闕，據《墓碑》補。

方廷實

方廷實〔一〕，字公美，福建莆田人。父監，紹聖四年進士，官至廣東提學。廷實初由舍選補官，政和五年進士。高宗南渡，歷右奉議郎、幹辦行在諸司審計院。紹興四年，中丞辛炳辟充御史臺檢法官，轉考功員外郎，改禮部，復改刑部，遷監察御史。時秦檜當國，方主和議，金使蕭哲、張通等來計事，廷實奏言：『和議一成，沮將士之氣，啟姦雄之謀，今使人以江南詔諭爲名，或傳陛下欲屈膝受詔，臣不知誰爲陛下謀者？陛下有積累之基，有長江之險，有甲兵之衆，群臣、萬姓、三軍皆一心欣戴陛下，縱未能克復神州，尚可保守江左，何遽欲屈膝於敵人乎？』疏入，不省。九年，除試秘書少監，遣往三京、淮北宣諭。廷實以家諱避少監職，改宗正少卿以行。陛辭，請修謁寢廟，下罪己之詔，訪民疾苦，收納遺才，招安盜賊，慰撫官吏，並乞空名告身補授土豪之保守山寨者。皆許之。

使還，論邊事甚悉，且奏中原士民奔迸南州十有四年，出違十年之限，及流徙僻遠卒未能歸者，請敕有司別立限年。户部議：自新〔二〕復降赦日爲始，再展五年期。劉豫之僭也，民間蔬圃皆令三季輸稅，至是廷實極言其不便，得旨新復州縣蠲本年稅租，及土貢、大禮銀、絹三年，差徭五年。取豫重斂法焚之通衢，民皆大悅。復言：『劉豫深文密網，濫及無辜，忠臣義士多被殺戮貶竄，望委新復路分提刑多方採訪，並取索罪案看詳，其忠烈顯著之人，取旨褒録，以慰中原人心。』從之。

廷實還日，檜預使人戒之曰：『旦夕除公從官，見上，幸無及他事。』廷實曰：『欺君，吾所不忍爲也。』入對，歷歷涕泣言之。檜聞，滋不樂。廷實力求補外，除直徽猷閣、提點福建刑獄。廷實首請解官贖胡銓罪，檜銜之，語同列曰：『方廷實豈不誠佳士？第多爲書册所誤耳。朝廷欲和而銓欲戰，故出銓，廷實乃欲贖之耶？』十五年，除廣南東路提刑。二十年，請納禄，未報，卒於官，贈大中大夫。

廷實負才識，善鑑裁，歷官所薦，多知名士。龔茂良、傅自得、林孝澤、吴逵、宋藻、黄濬，皆其選也。①

材料出處

①原注：《八閩通志》。按：卷七一。又按：此傳實録自道光《福建通志》卷一八〇。

校　證

〔一〕廷實，本書或作『廷寔』，或作『廷實』，而《福建通志》及《八閩通志》、《閩書》等俱作『廷實』，故今一之。

〔二〕新，原闕，據《宋會要·食貨》六九之五七及上下文補。

賀允中

賀允中字子忱，蔡州汝陽人。政和五年進士，歷官潁昌府學教授、辟雍録，遷正，及博士、國子監、宗正寺丞，入秘書省，爲校書著作郎，假太常少卿，使金國賀正旦。時金人始通，衆皆憚行，公被選，曰：『是可覘之也。』道遠且險，館餼或不時。敵之伴者，率麤暴鮮禮，公嘻笑待之，而惟刺其下情，且問契丹遺民，果得其實，謂藥師不可保，宣撫必不能任事。歸曰：『敵之諸帥，盜賊藪也。可不慮乎？』所親執政謂允中後生毋妄言，遷司門員外郎，浩然請退休。靖康改元，遷户部，不復拜命，遂以某官致仕。

禍亂既作，張邦昌與允中僚壻，允中獨不被其汙，衆始服其先見。建炎初，丁内艱，上書薦布衣王大智知兵可用，而朝廷併召允中。允中曰：『士大夫惟不知兵，故無以禦國之難。某之居喪薦士，非自媒進也。可傷名教、害風俗乎？』即繳所被省劄不受，而避寇至天台，結茅種蔬，若無意當世者。紹興八年，始用爲江西安撫制置大使司參議官。九年，入爲倉部郎，轉吏部。請外，除福建路轉運副使。平鹽貨，謹黜陟，號爲稱職，而秦檜謂公不肯下已，主管崇道觀。

檜死，高宗更化，起爲太常少卿，除禮部侍郎、實録修撰、接伴金國賀正旦使兼侍講，俄拜給事中。時宰相沈該乞其便私差遣，有旨改合入官者二人，仍與内外窠闕。允中奏曰：『昔司馬康以光之子，扶侍改服色，光猶力辭。今陛下既新萬務，宰相忘其私，臣甚爲沈該惜也。不然，檜、熺覆轍，可不杜其漸哉？』上覽奏稱歎，謂非允中不能及。自餘如〔一〕三衙刺兵改易軍分、牧馬營地占奪民田、大將回授其子而轉閤職、中貴人遷秩不應法或免試補官特差之類，繳論不一。於是執政者相與懷愧，而權貴亦仄目。一日召對，論君子小人事君之異。允中曰：『君子志在尊君，則不能無忤。小人志在悦君，故第爲詭隨。此不可不辨也。』上稱美久之，遷吏部尚書兼修國史，進侍讀。時增修六部公廨，允中論於朝，謂費緡錢三十萬，且役殿司軍妨其閱武。不從。再乞致仕，不允。

允中善書，筆法遒美，高宗嘗以所臨王羲之四帖爲賜，批紙尾曰：『卿留心翰墨，深得八法之妙，勿以不工爲笑也。』拜參知政事，奉顯仁皇太后遺留物使金，歸即言敵勢必大侵，宜亟爲之備。上疑未決，而同列謂允中之往應故事爾〔二〕，不宜生事端，先自紛擾。乃歎曰：『吾謀不可用也。』即引年丐致仕，章三上，特許朝辭。上殿，宰執置酒江亭，朝士賦詩，祖帳之盛，中興以來未之有。允中之清介放曠，棲神養志，初若李長源。其隱卧高蹈而有志天下，中若謝安石。及剛正不屈，引去自全，又若孔君嚴。有文集、奏議共若干卷。

秦檜與允中同年第進士，同在學省、三館，且齊庚甲，契亦甚厚，而允中素善趙鼎、李光，檜反謂趣向有異，沮之特甚，允中毅然不顧也。孝宗即位之二年，詔允中落致仕，提舉萬壽觀兼侍講，親御翰墨，有曰：『其爲朕幡然而起，何以耄疾辭？』允中捧詔泣下，不〔三〕復具免。既入見，時和議未定，上問策將安出，對曰：『臣向非主和〔四〕者，自符離之役，器械刓敝，而軍氣尚索，願少需之，姑聽其和，而戰不可終食忘爾。』上稱善，即日拜參知政事。僅數月，與當路議不合，會慶節佛寺開啟，拜而偶躓，乞賜骸骨，遂致仕還台州。乾道四年卒，年七十九。①

材料出處

①原注：《南澗甲乙稿·賀公墓誌》。按：韓元吉《南澗甲乙稿》卷二〇《資政殿大學士左通議大夫致仕賀公墓誌銘》。

校證

〔一〕如，原作『加』，據《墓誌銘》改。
〔二〕爾，原闕，據《墓誌銘》補。
〔三〕不，原闕，據《墓誌銘》補。
〔四〕主和，原重複，據《墓誌銘》删改。

蔡仲

蔡仲字申道。祖襄，《宋史》有傳。父旻〔一〕，官宣〔二〕義郎、開封府工〔三〕曹。仲生三歲而孤，稍長，與兄佃、伷入太學，俱有聲，時號三蔡。族祖京方當軸，伸兄弟未嘗一踵其門。政和五年，伸以上舍登進士第，補辟雍學正，改太學正，出知濰州北海縣，通判徐州。會營卒謀夜半舉火作亂，伸聞之，部分他營密爲備，仍戒緩擊三鼓，至五鼓〔四〕乃趣之。營卒火舉，則黎明矣。衆無應者，遂奔竄。伸勒兵追捕，盡擒之。

未幾，金人犯闕，高宗以康王開大元帥幕府，伸間道謁軍門，留幕下同議軍事。及高宗南渡，道路艱梗，伸爲頓遞官，所至無闕需。建炎四年，爲神武右軍參贊官。軍賊戚方、張守忠跳梁江浙間，制置使張俊令伸作書招之。方等詣俊降，伸在俊幕，多裨籌畫，俊每事諮焉。尋通判真州。歲大寒，火延燒千餘家，民露處雪中，老幼號呼滿道。伸闢寺宇、官廨分處之，且發常平帑廩賑給，守不可，伸曰：『此國家所以備非常也，得咎，請獨當。』事已自劾，詔釋不問。擢知滁州。

初，與秦檜在太學同舍甚厚，繼而同年登進士。伸聲名出，檜頗忌之。伸又與左僕射趙鼎、樞密副使王庶有舊，檜當國，疑以爲黨，罷歸，主管台州崇道觀。紹興九年，金人既歸河南地，起直秘閣、知徐州。伸行至淮，金人再陷中原，有詔止伸，改知德安府，除浙東安撫司參謀官。秩滿，復提舉崇道觀。

伸少以文名，書法遒正，得祖襄筆意。然倜儻有大志，洞貫韜略，長於騎射，力挽二石弓，武夫悍將自以爲不及。每遇酒，慷慨浩歌，嘗曰：『國步多艱，中原未復，豈能以書生餘技取爵禄耶？』晚歲奉祠，浮湛里社幾二十年，不以窮通介意。及檜死，而伸亦病矣。卒，年六十有九。①

材料出處

①原注：《定齋集・蔡公行狀》。按：蔡戡《定齋集》卷一四《大父行狀》。

校　證

〔一〕旻，原避清宣宗旻寧諱作『明』，據《行狀》改。
〔二〕宣，原作『寶』，據《行狀》改。
〔三〕工，原作『士』，據《行狀》改。
〔四〕至五鼓，原闕，據《行狀》補。

王晞亮

王晞亮字季明，福建莆田人。宣和初，貢入太學，九試皆第一。紹興元年釋褐，賜同進士出身，歷建、汀二州教授、西外宗學教授。初，秦檜任太學正日，晞亮爲學録，及檜當國，除晞亮敕令所删定官、權太學博士，冀爲己助。晞亮足不至檜門，檜銜之，嗾其黨侍御史李文會劾晞亮潛附趙鼎、窺伺朝廷動息、僞造異説喧傳四方，罷爲福建安撫司幹官。二十六年，檜死，始召爲國子監丞，遷吏部員外郎。奏言：『國家取士，詞賦與經義並行。比來學者去難就易，競習詞賦，罕有治經。望自今經義文理優長合格人有餘，然後許將詩賦通融取足，仍以十分爲率，不得過三分。』從之。

二十九年，權工部侍郎兼國子祭酒，改權給事中。會金主亮駐兵淮甸，晞亮舉李寶於偏裨中，以爲水軍統制，焚金人萬艘，以捷聞。先是，删定官聞人滋奏請在官歷任十考以上者，委無公私過犯，雖舉狀偶不合格，以次量材，降等遷改。晞亮上議曰：『臣等竊詳選人改官之法，自祖宗以來行至二百年，至於今日，不能無弊者，非法之不善也，患在士大夫以私情汩之耳。夫自一命以上，仕於州縣之間，雖有真賢實績，勢不能以自達於上。故爲立監司、郡守薦舉之法，必使之歷任六考，所以遲其歲月而責其赴功，必使之舉官五員，所以多其保任而必於可〔一〕用。姦贓巨蠹，既有常科，而齷齪冗懦之輩，無才可以被薦，又無過可以斥逐，但予之幕職曹掾之禄，足以代耕，雖没齒而不敢望置身於京官，所以分别材否，可謂至矣。今以歷任十考、舉主不及格者與降等改官，揆之人情，雖爲至公，然恐此路一開，則有力者惟圖見闕，無材者苟冀終更，率不過出官十餘年，可坐以待京秩。此其不可一也。約每歲改官之員，減其分數，以待無舉削者，則當被舉之人必有失職淹滯之歎。此其不可二也。京官易得，馴至郎位，任子之恩，愈不可減，非所以救入流之弊。此其不可三也。祖宗法度，非有大害，未易輕議，今一旦欲將二百年之成舉而易之。此其不可四也。竊謂如故便。』滋奏遂不行。

尋乞祠，提舉江州太平興國宮，起知漳州，終秘閣修撰致仕，卒。晞亮天性忠純，長身方面，高宗嘗器之曰：『南人乃有北人骨相。』然素惡進不由道，故多積忤。①

材料出處

①原注：《福建通志》。按：道光《福建通志》卷一八〇。

校證

〔一〕可，原作『向』，據《要録》卷一八三改。

宋昭

宋昭字□□，相州人。初任陝州靈寶知縣，因論列陝州錢法，召對，除某府通判，尋擢江南提舉茶鹽公事，以歲課增羨，轉一官。宣和四年五月，童貫、蔡攸等師行，降旨有妄議者罰無赦。廷臣皆不敢言，六月，昭獨上奏言：

『臣聞犬戎之性，不可以信義結，去來無定，叛服不常。雖成周盛世，猶有玁狁之難。自古禦戎，未見上策。漢唐以還，或盛或衰，乍叛乍服，其禦之之術，率非良策，皆不足爲聖世道，故略而不論。迄我有宋，寰區之内靡不歸順，而景德中亦有澶淵之役。真宗皇帝天威一震，賊勢瓦解。當是時，乘勝逐北，則腥羶之種無噍類矣。真宗聖慈深厚，特以兩國生靈爲念，故擴天地之量，貸螻蟻之命，啖以厚利，與之議和，爲天下後世萬萬年安全之計。故虜人謹守盟誓，不敢南下而牧馬者，誠以天地之洪恩不敢忘也。

『自聖聖相承，明明繼照，雖睿知神武，堯仁湯德，足以柔懷，然實亦恃此以爲長城。神宗皇帝熙豐之間鋭意北伐，選將練卒，積穀理財，葺城郭，修器械，十九年間，倉廩實，府庫充，貔貅之士無不以一當百。當是時，鼓噪而前，則自河以北，其人皆俎上肉矣。亦以河朔祖宗興王之地，不忍騷動，安可快一時之忿，失百年之好？故終莫之舉也。

『陛下即位以來，禦戎之術，實得上策。虜使之來，宴犒賜予，恩數曲盡，故懷德畏威，向風慕義，稽首稱藩，介胄之士櫜弓偃息，黔黎之民鼓腹詠歌。歷觀三代以來，傾心悦服，至誠面向，莫如今日，實太平希世之盛事。比自王黼、童貫力引狂生李良嗣、董才之徒，妄興邊事，致煩宸慮，大臣提重兵久屯塞上，倉廩府庫爲之一空，官卒兵民死亡無數。前所奏陳，悉皆誕妄。財用尚可復全，死者何由更生？欺君罔上，蠹國害民，罪不容誅。臣願斷此數人頭以謝天下，不唯慰安虜人，又使明知陛下德音，無復猜忌，謹守盟好，庶幾奸臣賊子欺君罔聖、妄興邊事、僥覬功賞者，有所懲戒。臣固知陛下聖慈，不思誅戮臣下，然此數人不誅，則虜人之猜忌未易可解。臣願陛下勿以馭賢臣之禮馭此姦賊，不勝幸甚。

『臣聞虜中頻歲不登，斗米千錢，雖或請和，恐非本意，特出於不得已耳。萬一養鋭數年，歲穀小稔，秋高馬肥，士氣稍振，復來侵擾，則干戈相尋，無時而已。較其利害輕重，則奸臣數人之誅不足恤也。又況李良嗣、董才皆北虜叛臣，心懷怨望，故附會邊臣，撰造虚語，欲假中國之勢，以復私讎耳。實兩朝之奸賊，豈復有忠義之可望哉？

『臣竊料議者謂歲賜浩瀚蠹國用，是不知祖宗建立榷場之本意也。蓋祖宗朝賜予之費，皆出於榷場歲得之息。取之於虜，而復以予虜，中國初無毫髮損也。比年以來，榷場之法寖壞〔一〕，遂耗内帑。臣願遴選健吏，講究榷場利害，使復如祖宗之時，則歲賜之物不足慮也。

『或者又謂九州中國之地，皆土澆膏腴之田，歲得甚厚，是曾不慮屯戍守禦之備、戰鬭犒賞之費，歲幾百萬計耶？貪其所得，既不足以償所失，而又戰鬭死亡之士、横被屠戮之民，幾人也哉？徒有闢國之虚名，而無補國之實利。

『或者又謂山後之民皆有思漢之心，或欲歸順，尤誕妄之易見者。不惟北虜爲備日久，山後之民往往從居漠北，又自唐末至於今數百年間，子孫無慮已易數世，今則盡爲番種，豈復九州中國舊民哉？皆由邊臣用人無術，致探報者利於所得，恣爲誕謾，帥臣庸暗，更加緣飾，妄議邊事，僥覬功賞。

『或者又謂北虜比年以來爲女真所困，侵城掠地，横亘千里，勢已窘蹙，願與女真合從，腹背攻討，則撲滅之易甚於反掌。是亦弗思之甚也。滅一弱虜，而與强虜爲鄰，恐非中國之福，徒爲女真之利耳。且北虜雖夷狄，然久漸聖化，粗知禮義，故百餘年間謹守盟誓，不敢妄動者，知信義之不可渝也。今女真剛狠善戰鬭，茹毛飲血，殆非人類。北虜以夷狄相攻，尚不能勝，儻與之鄰，則將何術以禦之？不過修盟誓以結鄰國之外好而已。本朝與北虜通好，百有餘年，一旦敗之，女真果能信其不可渝乎？異日女真決先敗盟，爲中國患，此理之必然，事之必至，雖使伊、周復生，不能易此議也。

『臣又聞兩國之誓，敗盟者禍及九族。陛下以孝理天下，其忍忘列聖在天之靈乎？陛下以仁覆天下，其忍置河北之民於塗炭之中而使肝腦塗地乎？臣竊謂凡今之人臣，不負陛下採訪之意，愛君憂國，論奏忠赤者，間亦有之。其希意承旨，背公營私，苟陛下富貴者，不可勝數。遂使忠赤之臣，志不得伸，言不見用。此臣所以痛心疾首、扼腕憤悶、犯顏逆鱗以蹈萬死者，豈得已哉？誠以國之大事，實係安危，下情壅遏，不得上達，今而不言，其如後患何？譬猶人之一身，中氣痞隔，陽不降，陰不升，則百脈不調，四體不充，久而不治，病在膏肓。雖有良醫，不能愈也。今疾幸在腹腠，是正宜投藥石之時也。

『臣願爲陛下出疆曉諭虜人，比因虜人中忘失虜主深慮擾攘之際，疆陲不戒，姦人作過，邊臣生事，故遣近臣使之防邊。果有群寇妄託北朝，驚劫邊民，雖降處分，不得殺戮，止得北界緊行捕捉。竊慮尚懷疑貳，妄興兵馬，務在謹守祖宗之盟，無失百年之好。如女真侵削不已，力不能勝，則許求援於中國。報使復來，厚加恩禮，以釋其疑，使之外扞女真，内屏中國，則陛下奠枕，永無憂於北顧。百姓安業，得盡力于南畝，實天下萬萬年無窮之利。古人謂夷狄相攻，中國之福，正謂是矣。

『臣固知疎遠微賤，輒以狂瞽，冒犯天威，難逃誅戮。然臣聞忠臣殉義，志士殉名，故忠義發於内，則鼎鑊忘於外。愛君之心切，則慮患之志深也。況頑石五色，尚有補天之功；愚夫千慮，豈無一得之長？願陛下勿以人廢言，留神聽察，則撮〔二〕土之微，尚能增山岳下厭〔三〕之高，焰火之光，尚可備日月下照之明矣。臣向任陝州靈寶知縣日，因論列陝右錢法，蒙恩召對，面奉德音，欲除監司，旋致煩言，猶叨貳郡。未到任間，復蒙聖恩，除臣提舉江南茶鹽事，以歲課增衍，又蒙特轉一官。臣每以未能仰報天地爲恨，今日復覩奸賊敢爾欺君，義當竭節，圖報涓埃，是敢僭越，輒貢蒭蕘。萬一臣言可採，乞不降出，庶使天下皆知斷自宸衷，不由人言，足以竦動神靈，激昂士類，北虜聞之，恩歸陛下，則臣報上之心足矣。儻或上誤聖聽，置諸鼎鑊，亦臣之所甘也。惟陛下擇而處之。』

書既上，王黼見之大怒，除名勒停，枷項送連州編管。靖康元年，臣寮言宋昭書切中今日之病，乞加擢用。詔赴都堂審察，①復朝散郎。建炎元年，上書自言，授尚書膳部員外郎，仍賜白金百兩。②

材料出處

①原注：《北盟會編》卷之八。按：《三朝北盟會編》卷八。

②原注：《要録》卷五。

校　證

〔一〕法寖壞，原作『始法寖壞』，據《宋朝諸奏議》卷一四二改。

〔二〕撮，原作『撤』，據《宋朝諸臣奏議》卷一四二改。

〔三〕厭，原作『獻』，據《宋朝諸臣奏議》卷一四二改。

卷十　列傳第十

林季仲 弟叔豹

林季仲字懿成，永嘉人。宣和進士，調婺州司兵參軍，遷仁和令。建炎初，杭卒亂，躬率弓手土兵捍截有功，改宣教郎。罷爲左承議郎，主管江州太平觀。紹興四年，高宗幸永嘉，以趙鼎薦，除秘書郎。五年，除祠部員外郎。①奏言：

『役法以十小保爲一大保，而保有長；以十大保爲一都，而都有正。二〔二〕者必以物力之高、人丁之多者爲之也。然法久而弊，人僞日滋，富而與貧爲伍，預知差役之必至也，乃賂鄉佐，求與富者爲伍焉。於是富與富爲伍，物力雖鉅萬而幸免。貧與貧爲伍，物力雖數千而必差。蓋由猾胥造弊於排甲之初，致使下户受弊於被差之後。征求之頻，追呼之擾，以身則鞭箠而無全膚，以家則破蕩而無餘產，思所以脱此者而不可得。時則有老母在堂抑令出嫁者，兄弟服闋不敢同居者，指已生之子爲他人之子者，寄本户之産爲他户之産者。或盡室逃移，或全户典賣，或强逼子弟出爲僧道，或毀傷肢體規爲廢疾。習俗至此，何止可爲慟哭而已哉？

『臣復覩紹興二年閏四月十日及四年正月二十四日臣僚上言，欲不拘甲分，總以一鄉物力次第選差，非第一等不得爲都正，非第二等不得爲保長。其單丁物力應充者，許其募人，官司不得輒追正身。臣詳其說，實爲利便，欲乞檢會參酌而行之，庶幾可以厚風俗、息爭訟、安流移、恤貧匱，不煩戒敕州縣而弊源自塞矣。』

是年四月，改紹聖保甲法，頗采用其說焉。②

又言：

『臣之事君，猶子之事父也。子之事父，情話而無嫌；臣之事君，亦直言而無隱。蓋天敘有典，君臣父子，皆天也。内之事父，外之事君，其道一而已矣。以唐虞三代之盛，當時臣子若無可言者，而賡歌之章，告戒之辭，惴惴然惟恐政治之不克終，如曰「無若丹朱傲」，又曰「無若商王受之迷亂，荒於酒德哉」。舜，聖人也。成王，賢君也。何至於是？以其平居相戒，如家人之禮，雖或過甚，不以爲嫌耳。

『陛下勵精圖治，自朝至於日中昃，訪問群臣，亹亹不倦，凡國疵時病，吏蠹民艱，二三執政暨臺諫之臣當自悉言之矣。又令百官以次面對，從容而咨問之。尚慮四方之遠不及聞知，乃延見監司、郡守，兼聽而廣納焉。下至州縣一命之微，草萊一介之賤，賜對於庭，殆無虚日。是宜明目張膽、輸忠竭誠、盡於不諱之朝也。議者謂崇飾虚言、指摘細故、姑爲文具者，尚多有之。至或專事導諛，曲相怡悦，冀得所欲〔二〕，則私計畢矣。還視朝廷，無一分顧恤心。嗚呼，陛下負群臣乎？群臣負陛下乎？臣愚欲望陛下因群臣奏對之際，察其似此者而罷黜之，但使直聲日聞，乃治世之事也。』③

又因轉對，論：『幕官之賢否，繫將帥之成敗，選用賓佐，不可不慎。今三四大帥統重兵於外，能懷忠赤，共濟艱難，固無慮從史之事矣。獨未知賓佐皆能如孔戡否也？近時文士鄙薄武人過甚，指其僚屬，無賢不肖謂之從軍。雖有賢如戡者，往往未必屑就。文武，一道也，何至如是之區別哉？欲望陛下遴選老成練達之士，往佐諸將，稍優禮秩，以寵其行。遲以歲月，不見闕遺，擢居清要，以示激勸，使之身在幕府，心係朝廷。出有裨贊之益，入有榮進之望，上可以鞏固王室，下可以保全功臣，非小補也。惟陛下留神，甚幸！』④

又因面對，乞重縣令之選，因欲丐縣令以自效。其言曰：

『事有切於治道，不可一日非其人，而前後沿襲視以爲常者，監司、守令而已。至於縣令位輕責重，尤有卑猥可憐者。監司郡守，吾之父兄也。目指氣使，固所甘心，下至屬官，憑藉侵辱，無所不至。雖一卒臨門，亦得而玩侮之。以故稍自好者，恥就此職，往往罷癃而暗懦、殘虐而貪暴者乃始屑爲之。嗚呼，令非其人，一邑受其弊；守非其人，一郡受其弊；監司非其人，一路受其弊。積諸路而言之，其弊有不可勝言者。將何利於國家而輕是選耶？

『陛下憂憫黎元，思得良吏以共理天下。比降明詔，銓量監司、郡守，以示黜陟。雖資考應得，才非所長者，厚以祠禄，終不輕畀之。其於縣令，尤所遴選。且令管職以上，各舉所知，所以惠顧斯民者可謂至矣。然薦章之上，今既數月，孰當孰否，缺然未聞，豈所薦者皆不得其實？抑將有以處之而臣未之知也？人固不易知，言固不可盡信，曷亦參酌衆言，斷以聖意，曰某人某人可爲監司，用某人之薦也；某人某人可爲守令，用某人之薦也。少須歲月，以觀能否，治狀尤著者受進賢之賞，廉聲不聞者被謬舉之罰。《周官》曰：「舉能其官，惟爾之能。稱匪其人，惟爾不任。」不任之罰，其得而辭乎？近世薦舉，牽親故之私，迫權貴之請，鮮有出於公者。至其曠敗，事在有司，乃始以狀首免，曰「今聞某人改節」云爾。蓋由犯贓同罪，其罰太重，遂使令典久爲虚文。且如近日池州貴池縣丞黄大本枉法受賕，流配海外，若使舉者同罪，事亦難行。議者欲止於降官，或薄罰以愧恥之，期在必行，不許首免。人亦孰肯輕於舉人，自貽他日之羞乎？況今歲亢旱所及者廣，穀米登場，民已告飢。撫字凋瘵，尤在得人。臣才力綿薄，不敢爲其上者，願從陛下丐一縣令，往以自效。倘能布宣德意，少裨聖治，他日備陛下使令，復未晚爾。

『臣承乏郎曹，求爲縣令，若不情者。然官職輕重，惟陛下如何，以省部爲重，則重在郎官；以斯民爲重，則重在縣令。夫亦何常之有？漢館陶公主爲子求郎，明帝不許，曰：「郎官出宰百里，苟非其人，人受其殃。」蓋非以郎官爲重，重其出宰百里也。古人有言曰：「請自隗始。」郎官出宰百里，請自臣始。』⑤

旋改司勳員外郎。五年六月，充檢點試卷官，旋移尚書吏部員外郎。六年，試太常少卿。⑥七年，以母老乞補外，除直龍圖閣、知泉州。⑦以趙鼎再相，召爲中書門下省檢正諸房公事，建言：

『禍亂未平，不足憂；風俗未革，深可畏。比年以來，大臣去位，凡其所行之事、所引之人，皆廢而逐之，輩出輩入，相傾相擠，彼亦一〔三〕是非，此亦一是非，是非至於今未決也。遂使陛下願治之心，憒憒然無所底定。而在位之臣，亦或畏首畏尾，不敢展四體以從事，蓋懼後患之必至也。嗚呼，士大夫如此，亦已甚矣。今日何日，而忍爲是哉？

『臣願陛下禮貌大臣，進退以禮，唯當疇咨於未用之前，不當致疑於既用之後。誠得其人，則委以庶政，責以成功，使夫讒間之口不得以入焉。必不得已而罷出之，姑示涵容而露彈章於天下，如漢故事，策免三公，但以陰陽失度、盜賊未弭爲言，雖不斥言其罪，人亦自知之矣。孰與淫言醜語狼籍白簡，內見侮於中國，外取笑於强敵，使之輕其臣，以及其君乎？於所行之事不必概廢，問其當否可也；所引之人不必概逐，問其賢否可也。如此則皇極建，私黨銷，而風俗可革矣。』⑧

秦檜主和議，季仲奏曰：

『臣聞古語有曰：「乳㹀搏虎，伏雞搏狸。」夫㹀非虎之敵，雞非狸之敵，其能搏之者，發於感憤之誠也。金人肆爲貪虐，以吞噬中夏，自人觀之，誠强矣。然中原之地爲數千里，帶甲之士無慮百萬，亦何至如是之弱哉？嘗試號於衆曰：「金人殺爾父兄，繫爾妻子，燔爾廬舍，奪爾財寶，實爲不共戴天之讎，必思有以報之。」則俯仰之間，氣必百倍，以此衆戰，誰能禦之？

『今世之説者不然，曰：「天命如此，其如彼何？」而釋老報應之説又從而蠱之，縉紳士大夫率以爲〔四〕然，往往束手受囚，引頸待刃，爲之甘心焉。嗚呼，能洗是恥，猶有餘恥；能雪是冤，猶有餘冤。若歸之命而聽其自然，可謂善自寬矣。且人事盡，而後可以言命。四裔交侵，必因《小雅》之廢。《小雅》之廢，命耶？人耶？外攘强敵，必由政事之修。政事之修，命耶？人耶？如以命而已矣，則賢才不必求，政刑不必用，將帥士卒不必選練，車馬器械不必修備，以待命之將興，斯可也。故李泌以謂君相不可言命，惟當修人事而已矣。吴王闔廬之敗也，謂其子曰：「夫差，爾忘越王之傷爾父乎？」卒能破越於夫椒。越王勾踐之敗也，喟然歎曰：「吾終此乎〔五〕？」卒能滅吴於姑蘇。區區吴越，激於感憤，猶能以危爲安，以亡爲存，況以天下之大，億兆之衆，乘其怒心而爲之，何遽不爲福乎？

『建炎二年冬，蒙恩召赴揚州，聞諸〔六〕道路，未知信否。且云〔七〕陛下中秋對月，酒初行，愴然泣下，乃命撤酒。臣以是知陛下之心，無一日不在北也。舉斯心以感衆人之心，赫斯怒以激衆人之怒，養以沈潛，待時而動，則克復宗社，取舊物以還中原，夫何疑之有？臣未填溝壑，庶幾或見之。』

八年二月，御史常同劾之，罷爲直龍圖閣、主管洪州玉隆觀。既而同又請黜季仲職名，以戒作僞之士，坐奪職。⑨戊午，復左朝奉郎、知婺州。⑩尋改處州，復以直秘閣奉祠，遂不復赴。季仲故後，吏部尚書何濤爲之請。三十一年，詔與恩澤一資。⑪

弟叔豹，字德惠。政和六年進士。建炎四年，知慈谿縣，廉明勁直。金人破明州，以修職郎蔣安義知州事，且授以兩浙轉運使印。二月甲申，叔豹引鄉兵入城，執安義，奪其印，誅金人之在開元寺者。紹興元年，除秘書省正字。明年，除校書郎。六月，除監察御史。九月，出爲湖南運判。常同奏言：『叔豹登第，遊梁師成之門，以改正太清樓書籍改官。』遂罷。五年，起爲左朝請郎、提舉江西茶鹽。明年，知饒州。八年，除福建路運判。⑫

材料出處

①原注：《兩浙名賢録》，參《中興館閣録》、《咸淳臨安志》、《繫年要録》。按：《兩浙名賢録》卷三四。
②按：見《要録》卷八八。
③原注：八十九。
④原注：《要録》八十九。
⑤原注：九十。
⑥原注：一百三。
⑦原注：一百八。
⑧原注：一百十六。
⑨原注：一百十八。
⑩原注：一百二十二。

⑪原注：一百八十九，參《兩浙名賢録》。按：《要録》卷一八九，《兩浙名賢録》卷三四。

⑫原注：《中興館閣録》，參《繫年要録》、《兩浙名賢録》。按：《南宋館閣録》卷八，《兩浙名賢録》卷二七。

校證

〔一〕二，原作「正」，據《要録》卷八八及林季仲《竹軒雜著》卷三《論役法狀》改。

〔二〕欲，原闕，據《要録》卷八九及林季仲《竹軒雜著》卷三《乞察群臣奏對狀》補。

〔三〕亦一，原作「一以」，據《要録》卷一一六及林季仲《竹軒雜著》卷三《乞進退大臣以禮狀》改。

〔四〕爲，原作「有」，據《要録》卷一一八及《會編》卷一八九改。

〔五〕此乎，原作「乎此」，據《要録》卷一一八、《會編》卷一八九以及《史記・越王句踐世家》乙正。

〔六〕諸，原作「知」，據《要録》卷一一八改。

〔七〕云，原作「去歲」，據《要録》卷一一八改。

馮時行

馮時行字當可，四川壁山縣人。宣和六年進士，居縣北縉雲山中，因別號縉雲。建炎中，調奉節尉。①紹興中，官江原丞。五年，川陝撫諭楊愿薦其才行，詔赴都堂審察，旋擢左奉議郎，知丹稜縣。

八年，召對，時行奏言：『金人議和，何足深信？必緣初廢僞齊，人心未固，深恐陛下乘其機會，殄滅有期，如奉迎梓宫，在陛下之心至切至痛，故以爲辭。延引歲月，待其撫循既定，狡計既生，然後牽其醜類，送死未遠。陛下可否逆照其情，深爲之〔二〕備。臣竊見以前備禦，尚爲疎闊，自建康以屬海道，臣非親見，不敢妄陳。自西蜀以至江東，臣請論之。吴玠一軍，在梁、洋之間，凡五千餘里至鄂州，始有岳飛，又三千餘里至建康，始有張俊。陛下雖以淮爲屏障，然東南形勝，實在長江。今岳飛屯鄂渚，實欲兼備江漢。襄陽有警，比岳飛得聞，往返三千里，束裝辦嚴，非一月不至荆襄，而敵騎近在京西，輕軍疾馳，不數日而遂涉江漢。萬一舉偏師，向江漢連綴岳飛，而以大軍向襄陽中斷吴、蜀，當是時，吴玠不能舍梁、洋而下，岳飛不能舍江漢而上，敵騎盤泊荆南，可以控據上流，震驚吴會。或徑趨潭、鼎，横涉饒、信，可以直乘空虚，擾我心腹。備禦如此，似亦疏矣。臣願陛下先事制勝，選知兵大臣，分重兵以鎮荆襄。倉卒有警，荆襄事力，足當一面，而岳飛得專力於江漢之間。若兵有統，不可遽分，亦宜嚴戒岳飛，及兹無事，預思方略。』上諭以爲親屈己之意，時行引漢祖故事言之，上慘然曰：『杯羹之語，朕不忍聞。』颦蹙而起，乃命進秩，擢知萬州。②

州有舞陽侯廟，時行至，以噲從高祖入關，萬州非噲所至，必夷鬼所假託，撤其祠。③十一年，轉運判官李炯聞萬州有積錢，思僞爲羨財獻於朝以固寵，風時行取之，持不可。炯怒，時招置飛虎軍五百人，自衛跋扈，令取勘。録事參軍譚俣當治其事，謂人曰：『三巴嘗憐無賢守，今萬幸得賢守，反擠之，何以見長老、子弟？』卒不肯傳致[二]。炯爲提刑何麒劾罷。時行以不附和議，爲秦檜所惡，亦勒停，自是坐廢者十八年。檜死，二十七年，起知蓬州。王珪復論招軍事，到任七月而罷。

二十九年，以王剛中薦，知黎州。奏言[三]：『稅米並[四]無正色，每石理錢引[五]十三千，重困民力。今已令百姓充土丁者，每石輸錢八千，不充者輸十千，乞爲定值。』又乞禁官吏誅求土丁紅桑、影木、酥果之屬，其應於互市物貨，仍不許見任官收買。皆從之。時行爲人廉正，而用法頗嚴。前是，夷人入州互市者，率肆横難制，至是讋服。④

三十一年，金人敗盟，上記其名，召赴行在。至建康，以疾不能進，乃上疏曰：『敵決敗盟，望移蹕進幸建康，下罪己之詔，感動中外，願與社稷俱爲存亡。自古未有人主退而能使天下進，人主怯而能使天下勇。今之形勢，不比全盛之時。車駕已在江南，無復可往之地。福建、二廣，陛下可到，彼亦可到；蜀雖險阻，形勢迫促，如鼠入牛角，必不敢久。將士觀望，忠義之氣沮喪，散而爲盜賊，大事去矣。又沿邊備禦，朝廷雖已措置，然尚多疏闊。荆南兵弱，循贛將士不服李道節制，緩急豈能爲用？鄂州田師中老且病，上流重地，恐不可保，願以李顯忠代之。劉錡有威名，借其譽望，不當便置之前行。張浚憂患頓挫，更歷耆老[六]，已無年少輕鋭之氣。願陛下舍一己之好惡，勉用浚以副人望，決能使軍民回心，踴躍鼓舞，其效亦非小補。

『財用在今日最爲難事，宜省官吏，減州郡冗卒，陛下痛自撙節，蠲損切身之奉，以養戰士。清心寡欲，疏遠閹寺，與賢士大夫、骨鯁謀議之臣共濟艱難。然後命大臣留守宫闕，陛下如建炎之初，馬上從事，以數千〔七〕騎往來循撫諸軍，江淮荆襄，無有定處，使敵莫能測。今敵使已還，臣料朝廷必有大措置，一新天下耳目。旬日之間，寂然無聞，臣恐廟堂之議，猶欲遣使祈請，冀和議可以遷延。以臣計之，萬無此理。臣紹興初蒙陛下召對，時敵適請和，臣以爲疑，至煩聖訓以爲親屈己之意。然和議既成，無以善其後。臣之愚言，猶有驗於今日。今敵既敗盟，臣又以其狂愚，冒瀆聖聽，望陛下特垂聖覽，採而用之，無使狂瞽之言又驗於異日也。』⑤

疏奏，改知彭州，旋擢右朝請大夫、提點成都府路刑獄。經劃邊事，井井有條，後以爲法。經界法行，雅州姦弊最甚，跬步之田，受蓓蓰之税，連阡陌者，以巧倖免，民如蹈水火。時行按部奏革之，民慶更生。隆興元年，卒於任，民立祠祀之。⑥

時行傳譙定之《易》，著有《易論》二卷，嘗言：『《易》之象在畫，《易》之道在用。』其學傳之李舜臣。又曰：『趾所以行，輔所以言。艮其趾，雖行猶不行也；艮其輔，雖言猶不言也。故能時行時止，静而不失其時，其道光明。』⑦其文議論偉然，朱子稱之，以不得〔八〕一見爲恨。⑧著有《縉雲文集》四十五卷。⑨

材料出處

①原注：《壁山縣志》。

②原注：《要録》一百二十五。按：當爲卷一二〇。

③原注：《夷堅志》。按：《夷堅丙志》卷二『舞陽侯廟』條。

④原注：《要録》百八十七。

⑤原注：《要録》九十二。按：當爲卷一九二。

⑥原注：《建炎要録》，參蹇駒《古城馮侯廟碑》。

⑦原注：《經義考》，參《困學紀聞》。按：《困學紀聞》卷二五。

⑧原注：《朱子文集》。按：朱熹《晦庵集》卷八四《跋張敬夫與馮公帖》。

⑨原注：《宋史·藝文志》。

校　證

〔一〕爲之，原作『之爲』，據《要録》卷一二〇乙正。

〔二〕致，原作『改爲』，據《要録》卷一四五改。

〔三〕奏言，原闕，據《要録》卷一八七補。

〔四〕並，原闕，據《要録》卷一八七補。

〔五〕引，原作『計』，據《要録》卷一八七改。

〔六〕耆老，原闕，據《歷代名臣奏議》卷九一補。

〔七〕千，原作『十』，據《歷代名臣奏議》卷九一改。

〔八〕得，原空，據《晦庵集》補。

王之道

王之道字彦猷，無爲軍人。宣和六年，與兄之義、弟之深同舉進士第，縉紳榮之，榜其所居曰三桂。靖康初，調和州歷陽丞，攝歷陽令，尋丐罷，奉二親還鄉。建炎三年，金人陷無爲軍，守臣李知幾南走，之道率族黨保胡避山，使之深居守。自以兵法部其衆，轉戰於外，且誘鄉民運粟於山，能致一石者與其半，故糧不乏。山西有毛公寨，李伸圍之急，之道以精卒從間道出不意，大破之。時盜賊蜂起，殺人如麻，獨在胡避者得免。鎮撫使趙霖以便宜檄攝無爲軍，拊摩瘡疾，招集流亡，境内帖然。有僞爲皇姪奉徽宗詔領大元帥者，移檄州郡。之道引雋不疑辨戾〔二〕園事，抵鎮撫司擒送行在所，果得其奸。紹興二年，霖以守胡避功聞於朝，特改左宣議郎，進承奉郎、鎮撫司參謀官。紹興六年五月，知開州。①

八年，通判滁州。時方議和，之道移書吏部尚書魏矼、諫議大夫曾統，言辱國非便。又投匭上書，言：

『敵有五敗，陛下有五勝，雖敵强且衆，固無能爲也。而我有未必勝者三，又不可不知也。

且敵專事攘竊，而陛下一本仁義，此道勝也。敵專務奸詐，而陛下一本忠信，此德勝也。敵起兵三十年，用人如牛羊，殺人如草菅，而陛下視民如傷，不憚屈己增幣、俯約講和之請，冀與天下休息，此仁勝也。敵自烏珠用事，上則欺幼主以擅權，下則殺親族以播虐，而陛下夙興夜寐，不忘父兄播遷之難，此義勝也。敵前後專以和親欺罔國家，陛下頃緣王倫爲地，復與之和。當是時，下而樵夫牧子皆以敵爲得計，而陛下失計。然和必至於變，無可疑者。但變速則禍小，變遲則禍大。今敵曾不二年，無故敗盟，引兵入犯，臣然後知敵人今爲失計，而陛下此爲得計，此計勝也。

『陛下有此五勝，固可以勝矣。然以臣觀之，未見其必勝之理，何則？今諸軍大會境上，而不置統帥，一也。國家用兵十有六年矣，士卒之隸諸將，不爲不親附，而罰終不行，二也。今日之兵隸張俊者則曰張家軍，隸岳飛者則曰岳家軍，隸韓世忠則曰韓家軍，相視如仇讎，相防如盜賊。自不能立功，惴惴然惟恐它人之立功而官爵軋於己也。平日猶或矛盾若此，使其臨大利害，安能保其不自爲敵國邪？此其三也。臣願陛下自謀諸心，選擇耆德素負天下之望者，謀及龜筮，謀及士庶，授以斧鉞，俾統六師，自閫以外咸得專之。臣見一戎衣而天下定，不得崇爲有周美矣。願陛下斷自宸衷而必行之。』

並繳所與魏矼、曾統書。大忤秦檜意。十年七月，降一官，送吏部與遠〔二〕小監當差遣。②尋責監南雄州溪塘鎮鹽稅，會赦，不果行。遂絶意仕進，卜居相山之下，自號相山居士，以詩酒自娱，凡二十年。

檜死，起知信陽軍。紹興三十年，至郡。明年，金人敗盟，詔沿邊爲守備。之道疏言應敵之策，不報。建康都統請拘沿江舟船，毋泊北岸。轉運司以朝旨移郡，之道奏言：『拘老小則失人心，禁商旅則走官課。大將措置乖謬，貽敵笑侮。』鄂州都統乞圖結湖北保甲，遇征行許充本軍鄉導。之道奏言：『統帥所謂鄉導，是驅百姓爲先鋒耳。』朝廷是其言，事俱寢。除提舉湖北常平茶鹽，兼攝鼎州。有僧崇一居桃源，以妖惑衆，之道召致獄。民爭言僧有神術，治之將不利於公。之道不聽，獄具，流筠州，卒無能爲，民乃大服。除湖南轉運判官，權安撫使，旋以朝奉大夫致仕。

之道質直剛勁，尚風節，平居恂恂，氣和而色温，至臨大事，區處剖決，多出人意表。嘗以策干趙鼎、張浚、李光，思欲與共功業。和議成，爲檜所厄，晚守邊郡，持使節，可以有爲，而之道老矣。乾道五年卒，年七十七。③

材料出處

①原注：一百一。按：《要録》卷一〇一。

②原注：《要録》一百三十七。

③原注：尤袤《王公神道碑》，參《繫年要録》。按：王之道《相山集》附録《贈故太師王公神道碑》。

校證

〔一〕戾，原作『房』，據《神道碑》改。
〔二〕遠，原闕，據《要録》卷一三七補。

邵溥 弟博

邵溥字澤民，洛陽人，堯夫孫，伯温子也。宣和七年，累官禮部員外郎，借太常少卿，充送伴金國使。靖康元年，爲户部侍郎。僞楚時，權户部尚書。建炎元年五月，兼京城副留守，擬遣使金軍祈請二帝，溥辭，乃黜知單州，旋罷爲朝奉郎、提舉亳州明道觀。四年正月，再責汝州團練副使、陝州安置。紹興元年三月，復朝請郎、秘閣修撰。三年二月，復徽猷閣待制、提舉江州太平觀。四年四月，充瀘南沿邊安撫使、知瀘州，旋參議都督府軍事。五年三月，兼權川陝宣撫副使，置司綿州，一應軍期錢糧事，與吴玠通行主管。時寓居犍爲縣，故就用之。十月，詔溥同提舉買馬官趙開措置，即永康軍威茂州置場，以茶博馬，俟就緒日起綱赴行在。溥因言探報慕容洧常有窺伺疊宕州、侵犯川蜀之意，雖未委虚實，不可不過爲隄備。議遂寢。①

六年正月，試尚書禮部侍郎，仍兼參議軍事，旋除川陝宣撫使幹辦公事。四月，起爲都督府幹辦公事。七年二月，充徽猷閣待制、知衡州。溥乞外宫觀，尋改眉州。七月，上其父伯温所著《辨誣》三卷。八年正月，召赴行在。上謂趙鼎曰：『朕於知名士大夫，皆欲識之，獨未識溥。』故召。既溥以疾不至，乃除提舉江州太平觀，居犍爲。十八年，卒。②

材料出處

①原注：《要録》九十四。

②原注：《繫年要録》，參《畫繼》。按：《要録》卷一一八。

溥弟博，字公濟，屢官右朝奉大夫，主管襲慶府仙源縣太極境，居犍爲。紹興八年十月，以趙鼎薦，召對。上諭曰：『知卿能文，大臣亦都言卿能文者。』明日顧二相曰：『邵博不止劄子好，語言皆能成文。』乃詔博祖父雍道德學術爲萬世師，父伯温經明行潔，博趣操文詞不忝祖父，賜同進士出身。時博病新起，上又命近臣往問，賜以金嬰神丹。九年三月，除秘書校書郎兼實録院檢討官。上屬意史官，顧博甚寵，賞賜御府法書、黄金器皿、錦綺珍劑，而言者論其過。五月，出知果州，旋以左朝散大夫知眉州。

先是，直徽猷閣程敦厚廢還里居，專以持郡縣短長通賕謝爲業。及博爲守，貌禮之，而凡以事來輒不答，敦厚銜之。會直徽猷閣、成都府路轉運副使吴坰從襄陽來，多以襄人自隨，分屬郡取俸，博獨不予。敦厚知坰怒，乃爲匿名書訐博過惡，及其帷簿等數十事，遣人持置成都客舍。坰得之大喜，劾于朝，詔罷博，令成都府究其事。前是，坰已捕博送成都府司理獄。提點刑獄公事周綰知其冤，亟詣獄疏決，博乃得出，閱實其事，但得以酒餽遊客及用官紙劄過數等事獄上，博坐降三官。①二十八年，降授左朝散郎，卒于犍爲縣。②

材料出處

①原注：《要録》一百六十三。

②原注：一百七十九。

吕廣問

吕廣問字仁甫。自少雋拔能文，年二十即貢太學，登宣和七年進士第，授宣州士曹掾，改司理參軍。治獄以情，未始徇上官意〔一〕。權邦彦安撫江東，辟爲幹辦公事，李光繼至，又辟爲書寫機宜文字，及帥江西，再辟主管機宜文字。入參大政，薦西北人材，首以廣問應詔。秦檜專且愎，指以爲黨，廣問與薦者皆罷去。李光自是南遷，且興大獄，得其私書，有所善姓名，悉中以事。廣問屏居黄山之隅，怡然若無意於世者。

尋從吏部選，知江州德安，招輯流亡，建學舍以教其子弟，獄訟幾息，邑人相與祠于學。及檜死，始召爲禮部員外郎，言者又詆爲禮部侍郎周葵黨，與葵俱罷。明年，除提舉江南東路常平，移浙西路。入對，言：『常平錢穀，自軍興多用之，以法嚴故不上聞。今虛數未除，恐緩急誤指揮。』上爲遣使覈其實。遷本路提點刑獄兼權湖州，除直秘閣、兩浙路轉運副使，除右司員外郎，假某官，充接伴金國賀生辰使，除權禮部侍郎。凡内禪典禮前未有者，多所訂正，且密議先建儲宫，以示四方之信。孝宗踐阼，疏十有二事以獻，其言深切，皆留中不出。尋兼同修國史，請外，除集英殿修撰、知池州，以病移知徽州。歲饑，損常平米價以賑民，而任其所損之數。時州郡多獻羨餘，廣問不肯，曰：『無以使上知民之貧也。』其受知李光，嘗勸其明公道而察附己者。周葵與廣問平生交，自貧賤至貴達，未始一語相詭隨，而世皆目以爲黨。

隆興元年，自徽州入對，言：『致治之要，以内爲先，收人心爲急，而朝廷當守一定之論，不可以變。』孝宗稱善，除敷文閣待制兼侍講。乞外祠，進龍圖閣待制、提舉太平興國宫。六年卒，年七十二。①

材料出處

①原注：《南澗甲乙稿》。按：韓元吉《南澗甲乙稿》卷二十《左大中大夫充龍圖閣待制致仕贈左正奉大夫呂公墓誌銘》。

校證

〔一〕意，原空，據《墓誌銘》補。

譚章

譚章字焕之，長沙人。曾祖裕，祖映，父盛，三世居鄉，稱善人長者。章隱居昭潭六十餘年，專以求志爲事，孝於親，誠於物，視聽起居，必依於禮。平居讀書，自六經、諸子百家與夫天文地理、星曆山經、釋老之學，務求其義，不爲循誦習傳，故歷代治亂興衰之由，人才善惡忠邪之判，祖宗以來因革罷行之政，悉貫穿商榷，亹亹牙頰間。稠人廣衆，縱談極辨，聽者忘倦。發爲詩文，高古精深，根於義理，無補於世者未嘗落筆。於是方數百里間，有識者藉其教，有材者賴其養，不能仰事俯育者待其振給。鄰里之訟不能決者，不之官府而之章，人尊仰之，甚於父兄。有老人黄升貸章錢百萬，行而遇盜，盡亡之。歸謝於章，章曰：『幾累吾故人，今生還，幸矣，尚何言？』升感之，爲文紀其事。

少警敏，爲文立成，以親老不可遠遊，盡以所學付其子弟。由是弟申〔二〕、子世勣皆擢進士，顯於時。遭靖康之變，章痛哭，一目喪明。時世勣爲禮部侍郎，數以書勉其忠義，故世勣當僭僞時，力起之不從，至不食幽憤而死。訃聞，歎曰：『吾子得死所矣，不勝父子之情、一己之私也？爲國盡節，死天下之公也。吾何恨哉？』乃雪涕自慶，不復戚戚於懷。以世勳恩，累封右朝議大夫。後無疾而終，壽八十六。①

材料出處

①原注：汪藻撰《墓志》。按：汪藻《浮溪集》卷二八《譚章墓誌銘》。

校　證

〔一〕申，原作『升』，據《墓誌銘》改。

陳正彙

陳正彙，瓘子，福建沙縣人。流海島十餘年，靖康初赦還，授太僕寺丞。時瓘已前卒，正彙痛不及見父，遂得心疾。高宗聞其名，召見上殿，已不能對，除直秘閣、主管亳州明道宫。擢正彙子大方右迪功郎，後爲建州通判。

弟正由，紹興中提點廣西路刑獄。

弟正同，歷添差通判婺州。直歲饑，賑濟有方，詔下其法於諸路。二十六年，爲中書門下省檢正諸房公事。入對，言：『縣令之職最爲近民，今懲戒既嚴，而不旌異循良。望令諸路監司采訪拔擢一二，庶幾威惠兼行，人知勸沮。』高宗嘉納之。尋權刑部侍郎，遷敷文閣待制、樞密院都承旨。數月，出知平江府，移知太平州，終知建寧府。①

材料出處

①原注：《八閩通志》。按：《八閩通志》卷六九有陳正彙兄弟三人傳，然文字簡略，此傳實録自道光《福建通志》卷一七七。

卷十一　列傳第十一

江端友

江端友字子我，開封人，休復孫也，自號七里先生。父懋相有遺澤，以遜其兄端本。端友博學能詩，與吕居仁相唱和。隱居京城東郊封丘門外，迎養所生母，以孝聞。守節自重，躬耕蔬食，素有高行。蔡京欲辟之，不能致。靖康元年，金人圍城，上書論事甚衆，而終不肯一至公卿之門。

四月，吴敏薦賜同進士出身，除承務郎、諸王府贊讀。上書辨宣仁誣謗，其略曰：『初，元豐中，高遵裕大敗於靈武，責散官安置。未幾神宗崩，哲宗嗣位。宰相蔡確以謂遵裕者，宣仁族叔也，即建請牽復，以悦宣仁之意，而不知宣仁之不私其親也。宣仁簾中宣諭曰：「遵裕喪師數十萬，先帝緣此震驚，悒悒成疾，以至棄天下。今骨未寒，吾豈忍遽私骨肉而忘先帝乎？」即日批出曰：「遵裕得罪先帝，今來垂簾，凡高氏推恩，獨不可及遵裕。」確謀大沮。後確責知安州，作詩譏訕，坐貶新州。而邢恕乃確之腹心也，偶與遵裕之子士京中山同官，遂以垂簾時不推恩牽復事激怒之，使上書言王珪曾遣遵裕之子士充來議策立事，遵裕斥去之。士京庸懦不識字，實恕教之爲書。士充疎遠小臣，素不識珪，珪安得與之議及社稷大計？又何從輒通宮禁語言？且上書時珪、士充、遵裕亦皆死矣，何所考按？臣竊聞元豐八年時政記即確所修也，其載三月中策立事甚詳，何嘗有一疑似之言？恕之本心，但謂不顯王珪異同，則難以歸功蔡確，而不知厚誣聖母之罪大也。恕之爲人，非獨有識之士無取，其子居實亦不樂其父所爲也，天下皆知之。章惇，排斥元祐者也，在簾前奏事悖傲不遜，都堂會議以市井語侮誚同列，豈忠厚君子哉？尚云極力以消除徐王覬覦之謗。惇與王珪、蔡確同爲執政，受顧命，使當時果有異同，豈肯復爲此言乎？則恕之謗，可謂欺天矣。緣此，紹聖中蔡卞獨唱追廢聖母之議，賴哲宗仁孝，不聽其説。不然，人神痛憤，失天下心，爲後世笑，悔可及乎？』被黜渡江，寓居桐廬之蘆茨原。

建炎元年七月，召爲兵部員外郎。八月，爲閩浙撫諭使，旋改禮部。紹興二年九月，乞祠，主管台州崇道觀。三年五月辛未，主管温州神主兼權太常少卿，充神主神御提點。建言太廟典禮三〔一〕事，大略以爲：『宗廟社稷者，天子之所守，出命令，頒爵賞，皆告廟而後行。天子巡狩，猶載遷廟之主以行，示有所遵，固未有遠寄於郡國，不復近天子之居者也。今雖國步未平，然天子之居豈可無宗廟社稷？《禮》曰：「君子將營宫室，宗廟爲先。」今臨安宫室略備矣，欲乞行宫門内修創太廟，務令近古質素，不必華飾，約用屋五十間，不過費萬餘緡，而使宗廟神靈依陛下而安，所繫豈不甚重？又伏見御名祝版稱「嗣皇帝」，竊謂「嗣」字非所宜稱。唐肅宗復兩京，告廟祝文稱「嗣皇帝」，顔真卿曰：「上皇在蜀，可乎？」亟命易之。今日之事，誠大類此。又本朝故事，並用三公奉册寶，而宰臣、執政官攝之，以重其事。今太尉不得爲三公，自上攝下，名實不相副，亦令從舊事。』下吏、禮部、太常寺討論。三年十二月，營宗廟于臨安，以三公攝奉册，惟祝文稱嗣如故。

端友無妻子。四年，卒於雁宕山中。①

材料出處

①原注：《繫年要録》七，又十三，又五十八，又六十，又七十四。參《書録解題》、《澗泉日記》、《兩浙名賢録》、《續資治通鑑長編》四百八十六、《靖康要録》。

校　證

〔一〕三，原作『二』，據《要録》卷七及文義改。

張宇發

張宇發字叔光，會稽人。舉進士，調和州含山主簿、温州瑞安、河南府登封兩縣丞，監炒造丹粉所、京東排岸司。靖康初元，以李綱薦，召對，除都官員外郎。金人再犯闕，詭執和議，要大臣宣諭兩河。上以命聶昌、耿南仲，皆辭，惟中書侍郎陳過庭請行。於是宇發爲副，拜徽猷閣待制。已而分過庭往河北，而宇發往河東。會虜情中變，鑾駕北狩，兩人皆已銜命在道，遂縶留異域，聲聞阻絶。

紹興十三年，前禮部尚書洪皓還朝，言宇發自蔚州歿於雲中，見其櫬旅寄荒寺，攜至燕山，授僕人徐禹功使葬焉，因再疏請褒贈。時相秦檜沮抑，事不果行。檜薨，皓子翰林學士遵言宇發執節歿身，南北阻遠，訃[一]不及時，未蒙贈卹。於是詔贈左朝請大夫，職賜如故，仍以致仕遺表恩官其子孫焉。①

材料出處

①原注：《會稽志》。按：《嘉泰會稽志》卷一五。

校　證

〔一〕訃，原作『計』，據《嘉泰會稽志》改。

沈長卿

沈長卿字文伯，號審齋居士，[1]歸安人。靖康元年上書曰：

『靖康元年二月二十日，太學生沈長卿謹昧死再拜，獻書於皇帝陛下。臣觀自古天下國家所以敗亂而不可救者，始於人君賞罰之不明也。蓋賞罰者，人主之大柄。古者爵人於朝，與衆共之，刑人於市，與衆棄之，欲其合天下之公心，不敢有異議而已。舜之舉十六相也，天下之人謂之八元、八愷。其竄四凶也，天下之人謂之檮杌，謂之饕餮。夫八元、八愷、檮杌、饕餮，非舜舉之也，天下之人共舉之也；非舜罰之也，天下之人共罰之也。聖人賞罰之柄如此。漢唐之末，時君世主昏暗不明，賞罰之柄奪於權臣，其所賞者未必有功也，所罰者未必有罪也。賞罰不明，天下解體，亂亡隨之。如漢之哀、平，唐之懿、僖，此數君者，未必如桀、紂之暴亂酷虐，惟其賞罰不公，使忠臣義士銜恨而死，是以至於滅亡爾。

『恭惟皇帝陛下即位之初，大明誅賞以示天下，當取法於堯舜可也。而比頒明詔，前後或異，若有姦邪罔上之臣，乘擾攘之際亂陛下之聰明者。臣少負耿介，慕劉蕡、賈誼之言得事君之節，而小仲舒之論緩而不切，憤然有意於劉、賈，臣請爲陛下直言而不諱也。

『臣聞二月初五日，陛下罷李綱右丞，太學生陳東等率士數百伏闕上書，極言李綱忠義，李邦彦姦惡，冀陛下聰明睿斷，罷邦彦而相李綱，以厭天下之論也。於時京城百姓群聚闕廷，不約而來者幾數萬人。仰天椎心，祈哀請命，莫不欲李綱之相，邦彦之罷也。洎陛下遣使宣諭，復綱舊職，衆志遂定。其後乘時恃衆，毆擊内侍，蓋緣平居細民受虐之深，積怨之久。今日戎虜擁兵，困辱中國，奪我玉帛，侵我土地，非由此曹，何以致之？故危疑之間，發其至痛，以至於是，非人有所教而爲之也。夫舉數萬之衆，不煩召而群聚帝閽，若出一家，曾無異意者，豈陳東一布衣寒士所能驅率哉？蓋其平日公論如此，不勝其忠義憤激之切，欲訴於陛下爾。諂諛無知之人，阿附邦彦，自植朋黨，不問士庶所以伏闕者何心，所言於天子者何事。中外憤駭，里巷蕭然，黌舍一空。臣始聞之而驚，中聞之而疑，卒聞之而解，以爲布衣書生以忠義被戮，得與龍逢、比干並名書史，乃萬世之榮。然天子聰明仁聖，今日之事，當自有以辨之，必不惑於佞也。

『其後學官黄哲等待罪，陛下親降聖旨：「朝廷方開言路，通達下情，士人伏闕上書，乃是忠義所激，爾等何爲待罪，宜速安職，曉諭諸生。」太學之士仰觀聖訓，感激流涕，如蒙異恩，謂陛下好賢樂善之誠如此，自今以往，天下忠言讜論日聞於九重，必不至鉗口結舌如前日也。有君如此，其忍負之？稱誦未已，詔墨未乾，陛下復降御寶，以諸生伏闕係赦前已放罪，更不根治，今後如或不改，復出鼓唱，亂朝廷紀綱，當議極刑。又觀殿前司曉示備載御寶，以士庶有以伏闕上書爲名者，意在作亂，今後如更似此之人，仰三衙收捉，並從軍法，令王宗濋斬訖聞奏。臣雖至愚，心知前日姦邪之人重以變亂之説惑陛下者，是致陛下德音終始反覆之如是也。

『臣觀秦始皇，雄才大略英睿之主也，一用趙高、李斯，遂以上古爲不足學，三代爲不足法，盡取上古之書而焚之。當時天下之士有復於上者，皆以爲妖言，使御史按問其罪，群聚而坑之四百六十餘人。是忠臣義士避[二]坑戮之禍，遁逃竄伏，甘心於隴畝之間，不敢以儒自名。其謀實出於斯、高，始皇信之而不悟也。天下士既已盡去，始皇於是内修宫室，外事四夷，信惑神仙，巡遊不息，恣所欲爲，而無敢有言其非。陵夷至於二世，不改始皇之業，以致大亂。輟耕隴上之徒奮臂一呼，天下響應，禍在焚書坑儒而已。今姦邪之人欲罪伏闕之士，而陛下得此名於後世，臣所爲捫心痛哭、思欲犯顔逆鱗以自踴於鼎鑊也。

『夫人主所示天下者，賞罰也。某人當誅，必明其可誅之罪，功罪不明而妄興賞罰，使天下歸怨，則謂之暴君可也。陛下如以前日之事爲可赦，不識諸生以何罪而得陛下之赦乎？以後日之犯爲可誅，不識諸生以何罪而得陛下之誅乎？且既名之爲忠義，則不當罪之以刑法。既置之於刑法，則不當名之爲忠義。以二者不可兩立也。陛下前詔既以士人爲忠義，則後日以犯詔而誅者，乃以忠義就刑也。忠義者既不保其首領，不忠不義者，陛下將何法以加之乎？雖然，作福作威，人君之大柄，則殺士之名，臣爲陛下過有所惜者。萬世之後，陛下有殺士之名。臣恐自此天下四海忠義之士，望風股慄，且耕且釣，不肯爲陛下用也。

『臣又聞陛下虚懷側席，登用儒臣，擢徐處仁、唐恪等於閑散之地而置之輔佐，至於范宗尹、朱夢説、劉寧止之徒，盡蒙號召，將以大用，是陛下欲盡求天下忠義之士也。忠義之士聞詔未起，陛下罪言者之名已聞於天下，彼數人者敢再信於陛下乎？太上皇帝在位二十六年，其間姦臣沮抑，忠義之士以言獲罪，致斥逐者固多矣，然未有如今日之詔欲置敢言之士於極刑也。而陛下何獨忍爲之乎？臣聞自古賢人君子，未嘗不欲其君用者，惟其待之不以禮，遇之不以誠，是以懷鉛抱槧，日甘於海濱巖穴而不出也。人君惟盡禮而致之，屈體以下之，虚心以訪之，克己以從之，猶懼其不至，況示以刑威，欲致忠賢之士，不亦難哉？

『昔燕昭築黄金臺禮郭隗，而四方之士莫不奔燕。齊小白禮九九之術，而四方之士莫不奔齊。彼區區霸者之材，非有二帝三王之道德也，徒以禮賢下士，樂爲之用。臣願陛下念臣之心，察臣之言，特降聖旨，追改前詔，優加褒揚，使天下之士不至於解體，則陛下可以得四海之心，建長久之策，而享萬世無疆之休矣。

『臣又觀前日宰相吴敏有《爲李邦彦辯奸慝暴白功狀》，大書文牓，揭之通衢，行道之人莫不嗤笑。臣聞邦彦自布衣時，不修士檢，放僻邪侈，無所不爲。挾娼優於酒肆，逞顔色於庭闈，其淫言媟語往往流傳人間，有不可聞者。其後一時遭遇，旋致顯位，而阿諛順旨，偷合苟容，坐視姦邪之臣開邊致釁，曾無一言規救人主。此乃持禄養交、冒利忘恥之徒耳，而敏方且以功狀揭之市朝，欺罔文法，愚弄天下，未有若此吁可怪也。且宰相天下之屬望，任相不賢，則天下之人得以議者。昔楊綰爲相，崔寬爲之毁第觀，黎幹爲之減騶從，郭子儀爲之撤聲樂。當時公卿大臣猶畏憚之如此，今邦彦身爲宰相，而百姓遮道嫚罵甚於奴隸，疾走省闥，掩關自遁，其爲辱亦甚矣。臣聞司馬光爲相，天下兒童走隸亦皆稱頌。使邦彦而果賢也，則天下之人當自知之，當自服之，何必因敏言而後明哉？就使如敏之言，以爲邦彦畏慎太過，緩於事機，則邦彦亦不過蘇味道、盧懷慎之徒耳。以輔庸主，且猶不可，況可以輔佐陛下，成中興之盛治乎？

『臣聞太學之論，敏乃蔡京父子上客密交，奔走京門，浸有年矣，而邦彦與敏如左右手也。今所以曲爲邦彦强辯者，正欲植黨自固，邦彦去，則敏不能以孤立。原敏之心，本非爲朝廷論宰相，實爲身謀耳。向使陛下不能獨斷，而信敏之言，復用邦彦，則姦臣浸漬，事必有大於此者，誠可爲寒心也。臣觀漢之元帝，恭謹節儉，當時號爲賢君，而讒佞愚弄，優柔不斷，故孝宣之業少衰，而後世貶之。蓋人君之患，莫大〔二〕於斯二者。願陛下乾綱夬決，天下之事，斷自宸衷，勿奪於讒佞，勿溺於優柔，則萬世之後，皆知陛下爲賢君矣，豈特生靈社稷之幸哉？

『臣爲此言，臣之友有爲臣言曰：「子堂上有二親，家唯四壁，齏鹽太學，苟爲升斗之禄，將以養親，而爲狂直之言，上以諫天子，下以忤宰相，吾謂子無死所矣。」臣應之曰：「不然。昔陽城爲國子司業，召諸生誨之曰：『凡學者，所以學爲忠與孝也。』僕生平所志，在爲忠與孝，而忠孝不能兩立，苟全一節，雖死無憾。天子仁聖如此，而奸邪之人漸以浸漬，使後世得以輕訾吾君，今不言，將何以戴天而履地乎？雖以此受戮，不猶愈於今之生乎？是以不避斧鉞，直書其事，上干天聽，雖蒙誅戮，萬死無悔。冒瀆天威，臣不勝惶恐戰慄之至。」』②

建炎二年，第進士，③累官臨安府觀察推官。紹興元年，上書論范宗尹過失，降監都税務。

宗尹抗疏爲請，乃寢。二年，與虞澐同召試館職，上諭輔臣以長卿策尚懷朋附，吕頤浩曰：『澐答所問，長卿乃題外别敘四事，皆自外準備。』乃詔長卿已爲湖南安撫使李綱所辟，令赴任，旋除左儒林郎、婺州州學教授。五年，除秘書省正字，尋不行。十八年，以左通直郎通判常州。三月，以將作監丞改判嚴州。十九年十月，罷。④進左奉議郎。

長卿嘗與李光啟云：『搢紳競守和親，甘出婁欽之下策；夷狄難以結信，孰虞吐蕃之紿盟？與其竭四海以奉豺狼之歡，何至辱萬乘而下穹廬之拜？』秦檜惡之。又與芮曄同賦牡丹詩，有『寧令漢社稷，變作莽乾坤』之句，爲鄰舍人所告，以爲譏訕。二十五年，追兩官，勒停，送化州編管。⑤檜死，復左朝奉郎，主管台州崇道觀。三十年，葉義問使金，辟爲書狀官。至燕而病，比還，卒於保州。⑥著有《西漢總類》二十六卷、⑦《春秋比事》二十卷。

材料出處

①原注：《書録解題》。按：陸氏預纂之同治《湖州府志》卷七四亦有沈長卿傳，文字全同。
②原注：《三朝北盟會編》。
③原注：《吳興志》。
④原注：《嚴州圖經》。
⑤原注：《繫年要録》，參《輿地紀勝》。
⑥原注：《繫年要録》。

⑦原注：《讀書附志》。

校證

〔一〕避，原作『被』，據《會編》卷四一改。

〔二〕大，原作『不』，據《會編》卷四一改。

胡珵

胡珵字德輝，毘陵人也。詩文墨隸皆精好，學于楊時。尋以時命，學于元城劉安世，入太學，成進士。南渡初，李綱爲相，珵在其幕中，汪、黄甚之。以陳東之上書也，珵實視其草，竄蒼梧，已而東歸。趙鼎入相，召直翰林兼史館校勘，與張嵲同入書局。未幾，鼎去國，張浚以爲元祐未必全是，熙寧未必全非，遂擢何掄仲、李似表爲史官，欲有改定。珵與嵲不可，遂皆求去。

鼎再相，召二人書成講和之役，珵與同館朱松、張廣、凌景夏、常明、范如圭六人合疏爭之，其稿出於珵手，略曰：『敵人方據中原，吞噬未厭，何憂何懼而一旦幡然與我和？蓋其狃于薦食之威，動輒得志；而我甚易恐，故常喜爲和之説以侮我。又慮我訓兵積粟、畜鋭俟時而事有不可知者，故不得不爲和之説以撓我。蓋今之和使，即秦之衡人，兵家用之，百勝之術也。六國不悟衡人割地之無厭，以亡其國。今國家不悟敵使請和之得策，其禍可勝言哉？而執事者顧方以吾爲母后，爲梓宮，爲淵聖天屬之故，遂不復顧祖宗社稷二百年付託之重，而輕從之，使彼得濟其不遜無稽之謀，而藉躪以逞，將焉避之哉？昔者楚漢相持之際，項羽嘗置太公俎上而約高祖以降矣，使爲高祖者信其詐謀而遽爲之屈，則自其一身且無處所，尚何太公之可還哉？惟其不信不屈，而日夜思所以圖楚者，以故卒能蹙羽鴻溝之上，使其兵疲食盡，勢窮力屈，而太公自歸，其計之得失，亦足以觀矣。』

疏上，秦檜大怒。然是時和議尚未定，公議尚張，但出之知嚴州而已。已而李光去國，遂以琿爲其黨，罷之，飢寒困窮而死。所著有《蒼梧集》。①

材料出處

①原注：《咸淳毗陵志》，參《宋元學案》。按：此傳録自《宋元學案》卷二〇。

陳 剛

陳剛字□□，四川井研人。第進士。建炎初，爲晉原尉。時方用兵，條五利、八事以獻。久之，遷羅江丞，以母憂去。紹興十六年，投匭上書，論恢復事，大略謂當以和好爲權宜，戰守爲實務。疏入，上諭秦檜令除郎官，檜不樂，言剛資歷未深，乃以左朝奉郎充湖北路提舉常平司幹辦公事，且諭臨安府臣遣人蹤跡使去，而剛已間行出北關矣。秩滿代歸，遂不復仕。後數歲，卒於家。剛爲人彊直，登第三十年，涖官纔九考，所至皆有可稱。二十三年，以左朝奉大夫卒於家。①

材料出處

①原注：《要録》一百五十五，又二十一。

楊煒

楊煒字元光，常州晉陵人。父植，左朝散大夫，避建炎之亂，寓紹興之嵊縣，遂爲嵊縣人。少英爽有大志，讀書過目已通，文辭敏妙，頃刻數千言。以父任爲將仕郎，調右迪功郎、池州建德縣主簿，辟新昌縣主簿、監秀州海鹽縣鹽場。丁憂，服除，監明州都酒務。

會李光自知洪州除參政，煒聞而喜曰：

『吾鄉先生得位，必將盡行平日之言，上副吾君倚注之重，下慰中外縉紳之望。』久之無所聞，煒乃移光書曰：『屬者敵人求和，乃遣詔諭使，至以無禮臣我，舉國諠譁，議論不一。閣下始來造朝，遽復合爲一黨，寂然無聲，有識者謂閣下非不知利害之曉然，所以然者，賣諂取執政爾。

『自靖康國破，主上南狩，無厭之敵，既襲廣陵，又襲吴中，其意固宜重有所在也。所幸神靈庇護，社稷有主。比年以來，敵人知我不可以兵取也，又恐我國勢或至於遂强也，汲汲然遣使見報以太上之喪，以探朝廷意。謂我若遣使而有請，則唱爲議和，空我之國，困我之師，復割中原爲一大餌，以釣江南。且向竭中原、舉天下實一燕薊，猶不三年而遂弊，況今欲竭江南偏左〔一〕一方求實中原，不知空空之地，孱老孤寡既不可賦，所謂按月所支一切調度，何從出乎？東南數十州，所有幾何？頻年以來，换度牒，鬻官爵，出賣户帖，預借和買，頭會箕斂，衰世掊克之法，略已盡行，剥膚椎髓，無所不至，膏血無餘，不知何出乎？加之供奉禮物，動計百萬，異時以有限之財充無厭之欲，是以江海實漏巵爾。日者乃始揭榜都城，有曰敵人並無須求，煒所不識也。諸公蒙蔽天聽，是何異掩耳竊鐘也哉！倘或梓宫可還，真僞未辨，如爲所欺，彼且恃爲大恩，百索累至，江南無立錐〔二〕矣，尚何有於中原哉！

『自古連〔三〕和結好，講鄰國之歡以求偃兵息民者，固多有之。若乃我小而彼大，我弱而彼强，我衰而彼盛，乃欲請和以幸旦暮之存，擒縱在彼，是速滅亡而已。我太祖、太宗之肇造也，其割據諸國亦嘗告和於本朝矣，未嘗不納之和也。及其機可乘，則命將出師，破而滅之，如取諸其寄耳，曾何害於和哉？南唐李煜嘗自貶尊稱，降損省府，取媚本朝，以乞須臾之命，然卒亦無效。此蓋强弱盛衰之理使然，固不可以取媚存也。今國家兵籍非不甚衆，諸將非不有人，但當謹謀謨於帷幄，收斂幣以賞將士，期之歲月，何患中原之不復？梓宫之不還？太后、淵聖〔四〕之不歸？乃求臣事於敵人，豈不哀哉！

『設若主上睿謀獨斷，未悟敵機，閣下固當身先百辟，抗議廷諍，雖鼎鑊在前，當無顧避，此誠越國之男子也。丞相秦公方且含垢忍恥，專爲誤國之謀，傾心敵人，猶盧杞以百口保朱泚，李林甫以盛美稱禄山，非煒疏遠〔五〕之言能入也。參政孫公，煒之舅子，平生齷齪謹畏，天下初不以此責之，今日之可任《春秋》之責者，惟閣下耳。願閣下盡發敵人之詐，歷告吾君，罷絶使命，收還金幣，正天下之尊號，薄敵人之聘禮，設諸將兵備，揚問罪之先聲，傳檄中原，各保境土，人自爲戰，以待王師，一切改轍而圖之。如閣下姑欲愛惜名位，隨群而入，逐隊而趨，亦以謂敵必可信，和必可講，則請直以此書上之天子，寘以典憲，煒所不辭。』

光得書，不以爲忤。時紹興九年也。旋監潭州南獄廟，遷右從政郎，累知台州黄巖縣。歲饑，流逋滿道，煒以便宜發粟賑之。州將大怒，方具奏劾，會罷去，事遂已。縣有大渠，納泉水而注之海，歲久蕪没爲平地，遇甚雨則水冒田爲患。煒率民田渠，下者疏治之，長十里，深廣如其故〔六〕。又築斗門，以時瀦泄，並渠之田皆爲沃壤。在新昌，禱雨白鶴祠，不應，撤屋毁像，犁其庭而去，一邑大驚。黄巖俗尚鬼，一老巫，縣人尊事之，人有疾病，禁絶醫藥，惟巫之聽，煒笞而逐之。

疾惡好善，出於天性。嘗讀史傳，見大姦佞盜國威柄而不即刀鋸之戮者，則奮怒起立，拊几大呼。天台守蕭振，亦好事者，每聞煒大言無顧忌，則擊節稱善，嘗薦於朝，請改秩，又俾〔七〕浙東提刑秦昌時同薦。昌時者，檜之猶子也，密語振曰：『煒嘗書責李光及太師，昌時義不當舉，如待制亦不當舉煒。』不聽。俄縣吏有怨煒者，得所遺光書，馳告昌時。昌時以聞，檜怒，下煒大理獄，飭有司發卒大索，得所草萬言書藁於笥中，譏〔八〕刺時政，語益切。十九年，獄具，除名萬安軍編管。煒徒步赴貶所，至撫州大病。士人鄒陶見之，舁至其家，出白金以贈，乃得去。檜死，放還。二十六年八月，行次英州，遇疾，書四句偈而絕，年五十一。①

材料出處

①原注：《繫年要録》，參《赤城志》、孫覿《鴻慶居士集·楊君墓志》。按：《要録》卷一二五，孫覿《鴻慶居士集》卷四一《右從政郎台州黄巖縣令楊元光墓表》。

校　證

〔一〕左，原作『在』，據《要録》卷一二五改。
〔二〕錐，原作『卓』，據《要録》卷一二五及《會編》卷一九一改。
〔三〕連，原作『違』，據《要録》卷一二五及《會編》卷一九一改。
〔四〕聖，原作『深』，據《要録》卷一二五及《會編》卷一九一改。

〔五〕遠，原作『達』，據《要録》卷一二五改。

〔六〕故，原作『數』，據《墓表》改。

〔七〕俾，原作『得』，據《中興小紀》卷三五改。

〔八〕譏，原作『機』，據《中興小紀》卷三五改。

卷十二　列傳第十二

傅自得

傅自得字安道，福建晉江人，世居孟州濟源。父察，官至吏部員外郎，宣和末使金，不屈遇害，贈徽猷閣待制，累贈少師，謚忠肅，事詳《宋史·忠義傳》。察歿時，自得方十歲，建炎間隨母趙氏避亂南奔。參政李邴見所賦《玉界尺》詩，大異之，歸以女〔一〕。邴時僑家泉州，自得奉母從邴居，遂爲晉江人。既長，肆力於學，文益進，再試禮部，輒不利。用父死事，録補承務郎，改充福建路提刑司幹辦公事。使者李公懋性剛介，好面折僚吏，嘗委自得訟牒，間相見，則摘問以試之，自得條析無所遺，公懋喜甚，自是一司事咸使決焉。漳州兵擒漳浦賊華齊及其黨，值公懋行部至漳，安撫司檄令悉斬之，自得爭不可，且曰：『便宜指揮，安撫司受之朝廷，本司無所預。今乃承之於安撫司，可乎？』公懋悟，命諸縣令鞫，獄成，以法誅首惡數人，餘得全活。

尋丐閑，主管台州崇道觀。秩滿，通判漳州，改判泉州，差知興化軍。初，左僕射秦檜以自得忠臣子，遇之甚厚，然疑其負氣不爲己用。自得試博學宏詞科，已奏名，而故黜之。及泉判代歸，檜乃間語自得曰：『郎君文章，從臣中所不及，顧性大剛耳，盍思所貶？』自得默喻其意，力請便郡歸養。檜銜之，以故資序應典州，而僅得知軍以去。朝辭，行有日，會侍御史董德元探檜意，誣劾泉州趙令衿贓私事，下廷尉。檜奏命自得體究，自得以嘗同官辭，不許。至泉，按驗無狀，上其事，復請毋更置獄，令衿僅坐謗訕勒停。自得復爲刑部韓仲通誣劾，罷知興化軍，奪職謫居融州。

乾道元年，右諫議大夫林安宅力薦於朝，除知漳州。命下，爲言者所持，中寢逾數月。陳俊卿入爲吏部尚書，列陳自得興化之政，庭無留訟，而所坐初非其辜，遂再除知興化軍。陛辭，奏曰：『縣尉獲强盗七人以上，與改合入官。比年仕者偶獲一二真盗，妄捕愚民以充數，箠楚所迫，有至論死而不能自明者。皋陶稱大舜之德，與其殺不辜，寧失不經。殺人者固應死，而不辜者豈可殺？』時朝廷方議重强盗之法，以自得言而止。自得去興化十四年而再至，百姓爭出郊迎，歡呼之聲滿道。未三月，丁母憂歸。

自得以母老，故仕宦未嘗出閩中。在漳判任，官舍有池亭，日奉母飲焉。忽珍禽彩羽數十容與水上，母甚愛之。一旦飛去，母鬱鬱不飲數日。自得懼，與妻共禱於神，禽復來集，比自得去乃已，人以爲孝誠所感。免喪造朝，再除知漳州。奏事稱旨，留爲吏部郎中。自得素以吏事擅能，請竭力外官。遷直秘閣，爲福建路轉運副使。尋除知建寧府，移知寧國府。有監酒官自言爲吏所悖者，自得召吏詰之，吏具言監官贓皋，自得曰：『爾所言固然，然上下之分不可亂也。』杖之。吏不服，自得立命械治，悉得姦狀，將論決，袒其背，則涅『皇帝萬歲』四大字。自得呼執鍼者雜刺涅，乃論如律，闔郡快之。春雨水溢，將決圩田，自得募工築堤，力捍之而止。秋大旱，適將去郡，獨請於朝，蠲租十餘萬斛，復爲福建轉運副使。臨安闕帥，孝宗命執政選有風力不阿權貴者爲之，執政擬二人以進，孝宗獨指自得，亟命召之。

先是，自得嘗以事過三山，副總管曾覿來謁，自得時其亡往報之。及將赴閩漕，閤[二]門官子弟有使本路而還闕者，以職事來見自得。往答，則延入便室置酒，覿與從官數人皆在焉。自得飲一巵，辭腹疾退，覿大不樂。自得嘗謂諸子曰：『仕宦當自結明天子知，其次則由宰相列薦，安能俯首權門求進耶？』由是權貴多嫉之，召命遂不行，改除浙西提點刑獄。上章乞休，不允，移浙東。未旬日，有旨免官予祠，主管武夷山沖祐觀。淳熙十年卒，年六十有八，積官至朝奉大夫。

自得識慮高遠，機警絶人。少時聞朝廷奪劉光世軍，更遣吕祉代將，歎曰：『是且敗事矣。』急移書刑部侍郎曾開，請如唐罷馬燧、郭子儀等故事，擇其偏裨授以兵柄。開然之，將白宰相，未及，而酈瓊等叛書已聞矣。參知政事李光，自得父執也，罷政居會稽。自得往見之，光以通家子弟待自得，問曰：『子以老夫今日之罷爲何如？』自得曰：『得失相半。』光問其故，自得曰：『公初附和議而終以弗合去，豈非得失相半乎？』光起握自得手曰：『公晦爲不亡矣。』金人犯淮甸，黄祖舜方同知樞密院事，自得以書抵祖舜，論備禦方略，因策金有十敗，其變必自中起。書至，不數日，金主亮果爲帳下所殺。祖舜以示同列，且報曰：『何其策之明也！』

弟自修，子伯壽、伯成。①

材料出處

①原注：《晦菴集》。按：朱熹《晦庵集》卷九八《朝奉大夫直秘閣主管建寧府武夷山沖佑觀傅公行狀》。

校　證

〔一〕女，原作『妻女』，據《行狀》删改。

〔二〕閤，原作『闔』，據《行狀》改。

王　趯

王趯字彦恭，□□人，李光門人也。紹興元年十一月，充廣西軍略幹辦公事，專切提舉左右江峒丁及收買戰馬。十五年，以朝奉大夫知雷州。盡心民務，舊子城圮壞，乃刱作外城以遏寇盜，雷人賴之。十八年，胡銓爲知新州張棣訐奏，編管南海。命下，棣選使臣游崇部送銓徒步赴貶，人皆憐之。至雷州，趯廉得崇以私茗自隨，械送獄，且厚餉銓。是時諸道望風捃摭〔一〕流人以爲奇貨，惟趯能與人調護。海上無薪粲百物，趯輒津置之。二十年，趙鼎入界，趯留鼎飯，鼎轎壞，趯假一乘，雇四夫送行。通判申朝廷，秦檜委經略方滋〔二〕鞠勘。①八月，坐趙鼎、李光貶責經過排辦迎送，降爲右朝奉郎，勒停。

趯既罷官，寓居全州。李光過全州，謁趯，貸錢千緡，以二百緡隨行，八百緡送歸家。趯以八百緡并家書遣門吏行，門吏持光書赴秦檜陳首。檜怒，下趯大理獄，栲掠備至。二十三年十二月，坐與李光通書及差兵級應副使喚，除名，送辰州編管。二十五年十二月，復右朝奉大夫，主管台州崇道觀。二十六年，知純州，移知邵州。二十八年，爲荆湖北路轉運判官。三十年八月，改淮南東路提點刑獄公事，旋知揚州。三十一年，爲兩浙西路提刑。②

材料出處

①原注：《輿地紀勝》一百十八。

②原注：王明清《玉照新志》，《輿地紀勝》一百十八，《繫年要録》一百五十八。

校　證

〔一〕捃摭，原作『招』，據《要録》改。

〔二〕方滋，原作『唐』，據《輿地紀勝》改。

吴元美

吴元美字仲實，福建長樂人。宣和六年進士。紹興八年，左從事郎、充湖州府學教授。[1]能以胡翼之教訓迪，常同知湖州，薦于朝，[2]除太常寺主簿。元美出入李光門下，相與謀議。十一月，諫議大夫汪勃劾奏，以左承事郎出爲主管福建安撫使機宜文字。[3]

元美嘗作《夏二子傳》，其略曰：『天以商代夏，是以伊尹相湯而申其割剥之罪。當是時，清商颷起，義氣播揚，勁風四掃，宇宙清廓。夏告終於鳴條，二子之族無大小少長，皆望風殞滅無遺類，天下之民始得安食酣寢而鼓舞於清世矣。』夏二子，謂蠅、蚊也。其鄉人進士鄭煒得之，持以告本路提點刑獄公事權福州孫汝翼，汝翼惡之，抵煒罪。煒怒走行在，訴元美譏毁大臣。紹興二十年，秦檜下其章。元美家有潛光亭、商隱堂，煒上檜啟，有『亭號潛光，蓋有心於黨李；堂名商隱，實無意於事秦』，他皆類此。二十年九月乙酉，法寺言：『元美因與李光交結言事補外，心懷怨望，遂造《二子傳》指斥國家，及譏毁大臣，以快私忿，法當死。』上特宥之，除名容州編管，卒於貶所。二十六年，復元官左奉議郎。[4]三十年八月，侍郎楊椿年等八人言元美操履端方，學問深博，得罪故相，已死，乞録。詔特與一子下州文學。[5]

材料出處

①原注：《新唐書糾謬・後序》。按：吴縝《新唐書糾謬》吴元美《跋語》。
②原注：《汪文定集・常同墓誌》。按：汪應辰《文定集》卷二〇《御史中丞常公墓誌銘》。
③原注：《繫年要録》一百五十四，參《閩書》。
④原注：《要録》一百六十一。
⑤原注：一百八十五。

張戒

張戒字定夫，絳郡人。沈晦榜進士。紹興初，累官左迪功郎、夔州路關寨幹辦官。以趙鼎薦，五年三月，召對。上謂鼎曰：『戒禮貌生疎，必未曾〔一〕大段歷任。』鼎曰：『自登第十餘年，只曾〔二〕作縣令。』上曰：『論事頗有理，然爲文未成就。』鼎曰：『如其人剛拙。』上曰：『和柔者多，剛直者最難得。』乃改左承議郎、國子監丞。① 九月，輪對，進書一封。② 明日，趙鼎奏：『昨日蒙降國子丞張戒所上書，其言雖有過當，小臣敢盡言如此，亦不易得。』上曰：『戒因面對，攜此書來上，幾萬八千言。朕熟覽之，其間固有過當，然其憂國愛君之心，誠有可嘉。』③ 十二月，除秘書郎。七年，提舉福建茶鹽。④ 旋召爲尚書兵部員外郎。

八年正月，以常同薦，守監察御史，因入對，言諸將權太重。上曰：『若言跋扈則無迹，兵雖多，然聚則强，分則弱，雖欲分，未可也。』戒曰：『去歲罷劉光世，致淮西之變。今雖有善爲計者，陛下必不信。然要須有術。』上曰：『朕今有術，惟撫循偏裨耳。』戒曰：『陛下得之矣。得偏裨心，則大將之勢分。』上曰：『一二年間可了。』戒曰：『陛下既留意，臣言贅矣。』八年七月，除殿中侍御史。疏請外姑示通和之名，内不忘決戰之意，而實則嚴兵據險以守。又曰：『自古能守而不能和者有矣，未有不能戰、不能守而能和者也。使真宗無達賚之捷，仁宗非慶曆之盛，雖有百曹利用、百富弼，豈能和哉？』又曰：『苟不能戰、不能守，區區信誓，豈足恃也！』⑤

十一月，戒言：『臣昨奏疏十二事，陛下雖甚嘉納，朝廷未嘗施行。示弱招侮，理在必然。王倫遽回，金使遂有江南詔諭使及明威將軍之號。不云國而云江南，是我太祖待李氏晚年之禮，曾不得爲孫權乎？一則詔諭，一則明威，此二者何意？金云詔諭，臣不知所諭何事。金若果欲和，則當以議和之名而來，何詔諭之有？臣觀今日金使之來，與前日大異。禮必不屈，事必難從。臣爲朝廷計，上策莫若遜詞卻之，其次且勿令遽渡江，先問其官名何意？詔諭何事？禮節議定，得其實而後進退之，則尚可少折。』又曰：『臣自乙卯歲論戰必敗，去秋凡三年而後驗。臣今又論和必無成，豈惟無成，終必招寇，亦願陛下姑記之。』又曰：『臣逆料其事，只有四川及江北地〔三〕，舍此，復何詔諭之有？』又曰：『臣謂爲國只當自勉，不可僥倖偷安。果得偷安猶可，但恐屈辱已甚，而偷安亦不得耳。講和而是則可以息兵，非則亦可以招寇。』疏入，秦檜怒，愈有逐戒之意矣。⑥旋除司農少卿，又上疏請留趙鼎。詔以戒附下罔上，出知泉州。未幾，罷，依岳飛於江夏。十二年十月，羅汝檝論戒深詆和議，迎合趙鼎，特勒停。⑦秦檜死，二十七年五月，復左宣教郎，主管台州崇道觀。戒坐趙鼎累斥凡十九年，至是得祠。⑧

材料出處

①原注：《要録》八十七。
②原注：九十三。
③原注：九十三。
④原注：一百十二。
⑤原注：一百二十一。
⑥原注：一百二十三。
⑦原注：一百四十七。
⑧原注：一百七十七。

校　證

〔一〕曾，原作『會』，據《要録》卷八七改。
〔二〕曾，原作『會』，據《要録》卷八七改。

〔三〕地，原作『案』，據《要録》卷一二三改。

霍篪

霍篪字和卿，丹徒人。紹興初，京口當戎馬之衝，民窘於兵荒，輕相賊殺。篪父時爲府史，雞初鳴上府，道遇婦人問府舍所在，若將告變者。篪父怪而問之，不對，則告之曰：『吾府史也。汝有謁於府，必介我然後達。且天尚早，麗譙未啟，汝婦人旁皇其間，能不爲邏者執乎？盍從我歸，須辨色而入。』婦人以爲然，乃攜之歸，屬其妻與爲賓主，私問之。婦人具言本良家子，失身爲屠家婢，其家常市婢數十，閉之空室，遇夜輒殺，鬻其肉以售，而其徒不知也。我幸以篤實見信，待以家人，誠不忍殺戮之慘，故乘丙夜其家熟寐，縱群婢而來，以謁於府，幸府司聞而禁之。篪父語之曰：『汝一朝釋十數人之死，陰德實甚大，但此事一白，則是家無少長皆坐死，又其家之親鄰及所與相賣買者皆不免。無乃所活不足以酬所殺乎？且汝意欲遏絶此事，今其家以汝及群婦之亡，知事且露，必遂遁去，去此而遂之他，則無所施。是汝所活不可勝計，陰德當十倍於前也。』婦人以爲然，遂不詣府。屠家亦逃去，其患遂絶。未幾生篪，人以爲陰德之報。

篪少力學，敏慧過人。年二十，首鄉貢，一上，擢隆興進士第，授揚州泰興簿，以才稱。秩滿，辟淮南節度推官，後守以間言疏之。時和好雖定，而揚民懲創往事，聞邊遽即張皇無固志。

會密院調兵京口，增戍山陽，道出郡下，守以摇動人情爲憂，問計僚吏，無對者。咸云：『節推善謀。』守不得已延見問計，篪曰：『此易耳。盍以運糧爲辭，具船瓜洲，檄主帥令軍士到即登舟銜枚夜過。』守用其言，軍至山陽，無人知者，守由是遂爲知己。詔舉廉吏，守及部使者皆上其名。召對，改秩，知秀州嘉興縣。

嘉興邑大事叢，爲浙右最。令始至，吏欲其厭〔一〕事，抱文案魚貫而進，日晏不能竟，如是者累日。篪識其意，因下令，吏辰起並抱文案立庭下，須事〔二〕竟乃退。篪因隨事裁處，飢即據案而食，吏憊不自勝，遂不敢弄以事。篪亦計慮深遠，處事詳密，吏莫測其端倪。催科分期會爲三，聽民自輸，過期乃追治，先豪强而後貧弱。由是吏不知勞，民不知擾，而賦入常先諸邑。郡守有怙勢而來者，督積負於諸邑，皆唯唯聽命。篪獨不可，曰：『令可去，積負不可得。』守亦不能奪。其後諸邑皆坐苛斂罷，篪獨免，且以是知名。

代還，進備邊十五策，言當世急務。除提轄左藏庫，遷軍器監丞。光宗即位，再以急務進。議者以其曲盡防邊之術，將使次第行之。除知盱眙軍，以言者罷。起知澧州〔三〕，遷利州路提點刑獄，移成都府路轉運判官，卒於官。篪少脱場屋，刻意爲文，尤長於詩，有集。①

材料出處

①原注：《京口耆舊傳》。按：卷二一。

校　證

〔一〕厭，原作『壓』，據《京口耆舊傳》改。
〔二〕事，原作『自』，據《京口耆舊傳》改。
〔三〕澧，原作『禮』，據《京口耆舊傳》改。

凌景夏

凌景夏字季文，餘杭人。紹興二年對策第二，吕頤浩稱其詞勝張九成。任紹興府觀察推官，帥綦崇禮薦于上。六年，擢秘書省正字。八年，遷著作佐郎。九年，景夏與館職胡珵、朱松、張廣、常明、范如圭等六人共奏封事，言和議非便，秦檜憾之。十年，除工部員外郎。檜罷兵，斥景夏知外郡，及閑居凡十餘年。二十五年，檜死。二十六年，除軍器監，尋除起居舍人兼權給事中。景夏言：『紹興二十一年詔臨安府見推排等第，依在京例與免。今有司乃以和買役錢難以減放，止與西北流寓人蠲除，土著人户反成偏重。土著、流寓，皆陛下赤子，德澤之施，實先京師。契勘兩縣在城營運浮財物力，所輸和買絹數止二千六百餘匹，望依已降指揮並與蠲免，庶使德澤無偏，詔令有信。』詔〔一〕户部看詳，如其請。

遷中書舍人，未幾，直龍圖閣、知撫州。二十八年，知襄陽府。二十九年，知鼎州，奏免程昌禹所增蔡州官兵衣糧六萬四千餘緡，詔減四分之一。徙宣州。三十年，加集英殿修撰。三十一年，除吏部侍郎。景夏言：『慶曆三年，編定勳臣二百四家，逮建中靖國元年，續編一百一十六家，許子孫陳乞恩澤。臣竊謂崇、觀以來，至陛下即位，經涉艱難，衛社稷、捍牧圉者，略而未編，亦一闕也。望檢會崇、觀以後勳業著于國史者，接續〔二〕編定，以勸忠烈。』事下吏部，後不行。

十月，扈從親征。三十二年，奏論：『吏部七司，有法有例。法可按籍而視，例則散于案牘之中，匿于胥吏之手。官有去來不能遽知，故索例而不獲，雖有强明健決之才，不復敢議。臣愚以爲吏部七司宜置例册，凡經取旨或堂白者，每一事已，命郎官畫時擬定，長貳書之于册以爲例。每半年則上于尚書，用印給下。如此，則前後予決，悉在有司之目，猾吏無所措巧，銓綜漸以平允。』詔吏部措置申省。①

材料出處

①原注：《咸淳臨安志》引《紹興正論小傳》、《戊午讜議》、《中興繫年録》、《中興編年綱目》。按：《咸淳臨安志》卷六七。

校證

〔一〕詔，原闕，據《要録》卷一七三補。

〔二〕續，原闕，據《咸淳臨安志》補。

毛叔度

毛叔度，江山人。元符末，應詔上書，入邪等。紹興五年進士，調臨安府司户參軍。和議將變，叔度奏疏曰：

『臣竊見迺者藍公佐還自敵中，王倫獨留，遠近之情無不疑懼。大抵國家所以待金人者，不過二端，曰戰與和，而各有説也。自宣和以來，敵人常以反覆變詐困中國，啗我以土地，要我以厚利。一旦兵利得騁，則長驅深入，暴犯宫闕，震驚陵寢，邀遷兩宫，竭取金帛，中原之民肝腦塗地，所謂不共戴天之仇，何可和也？然而梓宫未卜因山，兩宫遠在絶漠，如敵人革心易慮，奉梓宫、兩宫而歸之國家，陛下亦宜含憤匿怨，不得已與之和，此一説也。

『去年使人之來，道路之言，以爲其國主議之臣厭前日黷武之禍，翻然改圖，有休兵息民之意，且其約曰：歸我梓宫，還我兩宫，一無所邀請。陛下篤於聖孝，不億不信，貪憤匿怨，屈而與之和，謂奉迎之使朝發而梓宫可以夕返也。今閲時寖久，未聞屬車之音，而使者見留，反更有所計議。揆前日之約，其言無不信者，臣實惑之，豈其權臣自相誅夷，而前日之議遂變歟？抑敵情詭詐，復欲挾我所重，依違反覆，以罷敝中國歟？如其前議既變，則和好之事，自無可望。苟爲不然，宣和、靖康之間敵人已試之謀，其迹較然，不可不察也。

『自艱難以來，費用益廣，根本所積，不能有餘。儻謂敵人要約未有顯絶，中國之意猶欲遣使賂遺，幸其革心，臣恐使軺亟行，而輕騎自出。萬一歲時之間，國用既虛，邊備不戒，敵人出吾之不意，以犯江淮之邊，未知倉卒何以待之？伏望陛下追監既遠，思患豫防，慨然發憤，明出宸斷，修兵備以杜其窺測之漸，謹財用以待吾軍旅之費，無或贈送以伐其貪婪之謀，天下幸甚！』

秦檜方議罷兵，惡其不附和議，明年八月，對移嘉州司户參軍。①

材料出處

①原注：《繫年要録》一百三十三、一百三十七，參楊仲良《通鑑長編紀事本末》。

周　操

周操字元持，歸安人。紹興五年進士。爲人氣岸磊落，知徽州黟縣，忤權要去職。二十六年，除國子學録。嘗輪對，上意欲興武學，以問操，操歷以本朝建置之因對，遂兼武學博士。①奏言：『武舉登科者，除第一人與巡檢差遣外，其餘例處管庫窠闕使。一旦舍其所習〔一〕，似非選鍊本意，乞下令樞密院措置。高者籍記姓名，任滿有績，即加擢用。其次亦乞免充財穀之任，各以才〔二〕武自效。』從之。②

二十七年，守尚書吏部員外郎。二十九年，出爲福建提舉常平茶鹽。三十一年，召爲監察御史。③明年，孝宗即位，拜右正言。奏言：『設官必資久任，以責成效。今則不然，自丞、簿數月，望爲郎；郎不數月，望爲卿監。利于速化，人則幸矣。職業不修，國家何賴？若監司、郡守之數易，則其害尤大。監司一易則擾一路，郡守一易則擾一州。臣願自今内外除授之際，恪意精選，務在久任。』詔令三省遵守。

又言：『去冬北騎退歸，諸將貪天之功以爲己力，節次奏功，略無限節。乞下張浚、陳俊卿公共商議〔三〕如何措置，以杜僥倖。』從之。④又奏：『方今彊國在彊兵，彊兵在豐財，豐財在節用，乞躬行節儉，以身先之。』隆興元年夏，除殿中侍御史。奏言：『建立長秋，費用不貲。方今軍旅未寧，歲時荒歉，望應奉繁文内外錫賜痛行裁抑。』⑤

二年，兼侍講，知無不言，無吐剛茹柔、侮鰥畏强之習，臺風凜然。⑥朝廷給成牒二萬道付諸路出鬻，每道收錢三百貫。操奏正是起夏税之時，若添此項，愈見窘迫，請減五千。後孝宗亦聞其擾，事遂已。⑦論列龍大淵、曾覿至十五章，⑧旋以左朝散郎、秘閣修撰知衢州，⑨進徽猷閣直學士、左朝請郎、知太平州。廉勤愷悌，政績著聞。六年八月，改知泉州，進左朝奉大夫。七年五月，除龍圖閣直學士、提舉江州太平興國宫。[10]復召爲太子詹事。

操履道純固，持論英亮，[11]東宫加禮敬焉。有奏議二百卷，藏於家。[12]

材料出處

①原注：談鑰《吳興志》。按：陸氏預纂之同治《湖州府志》卷七一亦有周操傳，文字全同。
②原注：《要録》一百七十四。
③原注：《繫年要録》。
④原注：《繫年要録》二百。
⑤原注：《宋史全文》。
⑥原注：《胡澹菴集·外制》。
⑦原注：《宋史全文》、《續資治通鑑》。
⑧原注：《朝野雜記》。
⑨原注：《衢州府志》。
⑩原注：周必大《玉堂類稿·内制》。
⑪原注：周必大《掖垣類稿》六。
⑫原注：談《志》。

校證

〔一〕習，原作『管』，據《要録》卷一七四改。

〔二〕才，原作『財』，據《要録》卷一七四改。

〔三〕公共商議，原闕，據《要録》卷二〇〇補。

沈介

沈介字德和，德清人。紹興八年進士。十二年，中博學宏詞科，除敕令所删定官。①十三年，除秘書省正字。以秦熺奏，充本所編定書籍官。十五年，除校書郎。十七年，爲司勳員外郎，進吏部郎中。二十六年，兼權秘書少監。②請以提舉秘書省印權納禮部，所〔一〕搜訪書籍並歸本省，官吏兼權者並罷。從之。閏十月，面對，言：『向者樞臣好惡自己，因事變更祖宗法令。望詔大臣，凡前日便文一切之制，勿復施行。』從之。③十一月，御史中丞湯鵬舉劾其欺罔，出知興國軍。二十七年，以朝散郎知台州，爲政有聲，雨暘禱輒應。④旋召爲秘書少監。二十八年，充賀金正旦使。⑤二十九年，權吏部侍郎，⑥兼權禮部侍郎。三十年，除中書舍人，論罷蔡京之甥葉林、秦檜之黨王珪，旋除吏部侍郎。⑦

三十一年正月，上封事論備敵之策，略曰：⑧

『臣竊惟今日之慮，莫若備敵之策爲急。顧今大患有二，一曰國論不定，二曰威令不行。二患不去，雖備敵，將有所不可也。何謂國論不定？備敵之策，不過有三：征也，和也，守也。征固力所未能，和則理難必恃，亦守而已。今邊候之書若有所聞，則廟堂之上焦然以爲憂，色動而慮亂。旬月之間，則又皆欣然忘其憂矣。臣願陛下與大臣斷爲一定之論，必專爲守，無復異論。又必一一而講之，曰地孰爲要，可以宿兵？將孰爲先，可使當敵？兵謹於陳，糧謹於庾。將守淮也，將守江也。越淮而戰，斯守淮矣。越江而戰，斯守江矣。雖用兵不可預料，然是數説者，不可不講也。

『何謂威令不行？曩者秦檜盜權，威福自己，宸斷赫然收還權柄。然三省、樞密院，奉行威令者也。屬者朝廷命取劉寶軍二百以爲黄魚垛之用，訖不稟承，而三省莫可誰何。本兵之臣坐廟堂以選三衛之卒，文符既下，卻而不視，顧乃私還之，而樞密亦未聞議其罰者。萬一當敵，欲望號召以爲指臂之用，詎可得乎？臣願陛下明諭大臣，無多爲令，無輕議令，其有慢令者，悉以上聞，罰惟必行，勿阿貴近。如此則朝廷尊矣。

『二患既除，而後守之之策可言也。守之之策，其要有四，一曰御將，二曰訓兵，三曰先聲以奪敵人之心，四曰棄瑕以用度外之士。何謂御將？臣聞之：善御將者莫若高祖。今諸將之視信、越，計功角材，豈可同年而語？而劉寶手握兵柄至二十年，志得氣盈，傲視朝廷，彼〔二〕其至此，果何道也？不過掠軍士之廩以利其贏，詭尺籍之數以私其禄，爲賈人之行以肥其室。家既富矣，於是爲市寵媚竈之術。宦官之徒有所謂承受者，爲之囊橐，以利其貨，爲之游談，以久其權。士大夫平昔號爲鯁亮者，歎息而已，未有敢言於朝者。爲今之策，莫若罷其承受之官，而黜其珍異之獻，自然畏威聽命。若謀之左右，皆其黨也，雖欲行之，得乎？

『何謂訓兵？大將聽命，然後精擇裨校，各分以兵。大則滿千，小則滿百，使其訓練才之能否，將不可揜。自通和之後，訓兵之政漸弛，今之諸將，運土木以爲技巧，豈復使之執兵？操奇贏以行貨，坐市區以謀利，豈復使之習戰？緩急有用，驅不素教之兵，付之貪鄙慢令之將，其禍可勝言哉？臣願陛下萬幾之暇，雖翰墨之習、圖史之玩有益而無損者，亦姑置之，專以閱武爲事。一二三大將，諭以至意，俾各條小校之能，給以軍兵，量其才而多寡之。賦之以藝，責之以日月，而訓齊之。軍爲幾校？校習何藝？陛下早朝而退，引數校以角藝，而嚴其誅賞，不過一歲，不患不爲精卒。雖横行天下可也，況守備乎？

『何謂先聲以奪敵人之氣？邇者敵人驅數百萬之夫，爲城汴之役，觀其舉措甚異。臣謂及其未徙也，爲計以奪之氣。建康北距長江，古爲都邑，謂宜急下明詔爲巡幸之舉。彼之未徙，我不先動。彼之將行，我則前邁。縱彼恃强，能不疑乎？一二年間，我備修矣。

『何謂棄瑕以用度外之士？國家承平日久，崇尚禮義，士大夫一行之失，清論不容。顧於今日之用，似未盡也。朝廷之上，清望之臣，自非才行兼全，何以膺其選？若理財穀，治郡縣，臨邊鄙，校軍旅，如此雖大過猶將用之。願陛下責大臣以求才，諭臺諫以使過，如此則實才輩出，何用而不可？　四策既行，而勿奪於群臣，勿移於左右，戰戰慄慄，若疾之附身，則社稷之危庶乎可安矣。』

三十二年，以左朝奉大夫知永州。⑨　改知平江。　十一月，除敷文閣直學士、四川安撫制置使兼知成都府。⑩　隆興元年，奏言：『四川宿兵三十年矣，民力凋弊，殆將不支。　欲望因錢引之换界，究失亡之總數，勿以他補專用，蠲四川征斂之尤甚者。』詔從之。⑪　明年，金人南牧，⑫　起介以顯謨閣直學士知鄂州，兼鄂、岳、江、黄州、漢陽〔三〕軍沿江制置使。　介以親喪固辭，不允。⑬　旋加權兵部尚書兼湖北、京西制置使。⑭　招致鋭士，入備禁旅，不以一毫擾民，奉詔奬諭。⑮

介簡貴威重，裁決無敢輒經外臺者。　王正功爲轉運主管，理或未安，改之不疑，介不以爲忤，更爲之延譽。⑯　乾道二年，再知平江，上諭以『平江輔郡，極難其人。　知卿政事，特加遴選，當爲朕撫恤百姓，均財節用，使恩威並施，如常平錢米以備凶荒，訓兵令精，不必增補。　至於兵器，亦令堅緻』，其眷遇如此。⑰　四年，移信州，與趙師巖爲代。　在任時，州民常欲援往例有所求，不獲遂謀亂。　介至，誅首惡二人，餘皆安堵。　歲饑，賑貸有方，民得不死。　是歲六月，移潭州。去官之日，老稚扶攜隨行十餘里，涕泣不忍舍。⑱　六年，乞守本官致仕，不允。　七年，轉左中奉大夫。⑲　生平著述、奏議皆未編次。⑳

材料出處

①原注：談鑰《吳興志》，參《吳興備志》。按：陸氏預纂之同治《湖州府志》卷七一亦有沈介傳，文字全同。
②原注：《中興館閣録》。
③原注：《要録》一百七十五。
④原注：《嘉定赤城志》。
⑤原注：《繫年要録》一百八十、《宋史全文》。
⑥原注：《中興館閣録》。
⑦原注：《繫年要録》。
⑧原注：《繫年要録》附於三十年之末，《北盟會編》作三十一年正月，《宋史全文》作三十年九月，今從《北盟會編》。
⑨原注：《北盟會編》，參《繫年要録》。
⑩原注：《姑蘇志》。
⑪原注：《全文》廿四。
⑫原注：談《志》。
⑬原注：《盤洲集・外制》。
⑭原注：《盤洲集・内制》。
⑮原注：《汪文定集・内制》。
⑯原注：《樓攻媿集・王正功墓誌》。

⑰原注：盧熊《蘇州府志》。

⑱原注：《西江志》。

⑲原注：周必大《玉堂類稿》。

⑳原注：談《志》。

校證

〔一〕『所』上原有『並』字，據《要録》卷一七五删。

〔二〕彼，原作『被』，據《要録》卷一八六改。

〔三〕州漢陽，原闕，據洪适《盤洲文集》卷一四補。

卷十三 列傳第十三

周麟之

周麟之字茂振，海陵人。①紹興十五年進士，治《春秋》，授武進尉。十八年正月，應博學宏詞合格，除左修職郎。十九年十一月，行太學録。面對，言：『上庠敝漏，弟子員滋多，几席不足容，非所以崇嚴奉而廣教育。』明年，詔修國子監。②旋兼權秘書省校勘書籍。二十一年，充敕令所删定官，旋以左承事郎爲秘書省正字兼中書舍人。二十三年，爲史才論罷，以右宣教郎添差通判衢州。二十五年，奏言：『近者太廟生靈芝，九莖連葉，瑞應卓絶，令有司考故事，特製華旂，繪靈芝於上，以彰偉績。』從之。移通判徽州，召爲著作佐郎。③明年，升著作郎，試起居舍人。④二十七年，試中書舍人兼實録院同修撰。二十八年，兼直學士院，面奏：『《徽宗實録》所載之事，多涉國體，與今日政令相關。凡副本之在有司者，宜謹其藏，不許諸官司關借及臣僚之家私自傳寫，庶可以嚴宗廟、尊朝廷。』即日拜尚書兵部侍郎，旋試給事中。

二十九年，爲翰林學士、修國史兼侍讀，權刑部侍郎，充金奉表哀謝使。金主亮喜其辨利，錫賚加厚，燕之二日。中貴人至館，密賜金瀾酒三罇，銀魚〔一〕、牛魚各一盤，罇盤皆金寶器，並令留之。麟之歸，以其物繳進，上復賜之。三十年二月甲戌，以草《普安郡王爲皇子詔》有『非朕敢私』之語，上讀之稱善，權吏部尚書。四月，上書玉堂二大字賜之，除同知樞密院事。

明年，金亮將叛盟，充奉表稱賀使，乃上疏曰：

『臣聞事有必至，理有固然，不待上智而後知。昔日之和議，今日之渝平是矣。方敵之許和也，初豈有至誠惻怛之心哉？徒以久戰而不休，故其心厭；盡力而不克，故其志沮，是以不得不歸之於和。馴至於今，垂二十年，彼以無道竊位，懼我興問罪之師，不能當也。彼沛然自大，尚猶藉我爲援，内安反昃，亦未遽萌搏噬之意。暨[二]巫伋之行，則以侈辭拒我矣。秦檜死，孽芽浸生，屢詰行人以買馬渡淮之禁，至罷榷場以絶南北貿易。朝廷復遣王倫輩，庶有以安之。繼遭慈寧禍，故泛使三出，辭卑幣重，禮厚而疑愈深。比顯露狂謀，不顧信誓，欺天畔神，敗盟必矣。

『累日以來，側聽聖訓，仰見廟謨雄斷，不惑群策。唯是遣使一事，遲回至今，曉夕深思，蓋有不可者七。何則？彼之所予，我不敢受；彼之所欲，我不敢從，使人到彼，其將何辭以對？其不可一也。若曰但守舊約，彼必云故主已廢，事當在我，未可以禮義説，其不可二也。議事邀使，已既指名，遣非其人，正犯凶怒，其不可三也。親征之斷，矢於宸衷，王旅戒嚴，陸續進路，事端彰著，彼必聞之，乃欲走驛輸誠，是將翻以爲詐，其不可四也。執政大臣，預聞密論，若加詰問，難以飾詞，避則爲欺，實對則賣國，其不可五也。南牧之釁，陛下知之，應敵之決，海内知之，而反藉一介行李以解紛，適足以款王師而誤大計，其不可六也。今天下無貴賤、老穉、智愚、勇怯，告之以用兵復仇則喜動容色，告之以屈尊祈請則怒髮衝冠，臣若昧於一行，人情怫然，或致王雲之禍，草芥微軀，縱死何益？其不可七也。

『爲今之計，豈有他哉？惟陛下法行天健，堅定規模，俟其來南，盡鋭奮擊，天下助順，必有成功。昔周世宗征李景，景奉表稱藩，削去帝〔三〕制，非不貶損自下，而孤晟見戮，終奪十四州而後止，則卑巽之不足恃也。世宗之盛德如是，執殺使者而逞其欲，況亮之忮〔四〕忍乎？若彼有速亡之形，我有恢復之冀，有血氣者類能言之，陛下審處而應之耳。且臣昨將命，亮數詢詰樞庭事，臣以翰苑異職爲解。今待罪於是，彼將復有問焉，則無從敢對，蓄憤弗泄，必殺臣而動兵。兵端所由，咎在臣啟，雖闔門孥戮不足償責。』

疏入，上大怒，右司諫梁仲敏、殿中侍御史杜莘老劾其懷姦避事，罷，與宮觀。仲敏、莘老再上章論之，責授左朝散大夫、秘書少監、分司南京，筠州居住。⑤

材料出處

①原注：《館閣録》作江寧人。按：《南宋館閣録》卷七。

②原注：《要録》一百六十。

③原注：一百七十。
④原注：一百七十四。
⑤原注：《要録》一百九十。

校證

〔一〕魚，原闕，據《要録》卷一八三補。
〔二〕暨，原作「既」，據《要録》卷一九〇改。
〔三〕帝，原作「常」，據《要録》卷一九〇改。
〔四〕忮，原作「伎」，據《要録》卷一九〇改。

劉度

劉度字汝一，長興人。自爲布衣，修潔博習，葉夢得、汪藻皆以賢良方正薦。① 紹興十五年進士，② 除從事郎、楚州州學教授。二十八年，入爲太學博士。③ 二十九年，除秘書省正字，旋擢校書郎，升都官員外郎。④ 金人叛盟，條陳三策。⑤ 三十一年，以汪澈薦，改監察御史，遷右正言。⑥ 入對，言：『王權初無寸功，久叨重寄，平居則虚名占籍，隳壞軍政，刻削廪稍，剥下自豐。一旦有疆埸之虞，望風退縮，歷陽之奔，士卒尚欲回戰，而權麾之使退，一城軍民爭舟赴水，死亡幾盡，軍資戎器並以遺敵。臣竊聞建隆中，晉州荆罕儒戰死，藝祖誅不效命者二十九人。咸平中，望都之役，諸將有臨陣而遁，章聖誅二十餘人。此祖宗之成法也。近自瓜洲之衄，陛下以劉汜先遁，竄之遠方矣。況元帥之罪重于偏裨，淮西之敗重于瓜洲，則王權之誅豈可出劉汜下哉？願稽藝祖、章聖成法，速正典刑，以服人心，以作士氣。』權乃除名，瓊州編管。

三十二年，轉左正言。奏劾參知政事楊椿貪懦無恥，爲湖北憲，率以三百千售一舉狀，自登政府，惟聽親史貨賂請求。椿遂罷。又言：『恭覩詔書禁約苞苴，近聞成閔入朝，侍從、卿監、郎官〔一〕、閤門、内侍，皆有饋賂。此例一開，若不重禁，他日將帥入朝，必爭治苞苴，以相誇尚，而挂虚名，削廩給，必更滋蔓，以充其求，不可得禁矣。況成閔此歸，若有功而欲賞，遠近觀聽必曰以賂賄而獲遷也。若有罪而欲貸，遠近觀聽必曰以賂賄而獲免〔二〕也。不惟隳紊邦制，玷累士風，而成閔所以爲身謀者亦甚疏矣。望揭榜朝堂，今後群臣輒受苞苴，令御史臺彈劾，重置憲典，斷在必行。』又言：『今者視師〔三〕回鑾，願止取親臨行〔四〕陣、折馘執俘有軍功者推恩，外一切常典，所宜謹惜，以革僥倖。』皆從之。⑦

明年，澈除參政，度上言：『慶曆四年八月詔書：輔臣所薦，毋得除諫官。請改外任。』徙軍器監。孝宗即位，陳《春秋》正始之道，自宗正擢諫議大夫。⑧時以龍大淵爲樞密副承旨，曾覿帶御器械。度進，首論待小人不可無節，潛邸舊僚，宣召當有時。隆興元年，復上疏劾大淵輕儇浮淺，憑恃恩寵，入則侍帷幄之謀，出則陪廟堂之論，摇脣鼓舌，更變是非。凡皇闈宴昵之言，宫嬪嬉笑之語，宣言于外，以自夸竴。至引北人孫昭出入清禁，爲擊毬旋舞之戲。上累聖德，伏望斥退。又論京房指謂石顯，元帝亦自知之，而不能用，不能以公議勝私欲耳。反復數百言，尤爲切至。乃詔大淵知閤門事、覿權知閤門事。度言：『臣欲抑之而陛下揚之，臣欲退之而陛下進之，臣欲使之畏戢而陛下示以無所忌憚，是臣所言皆爲欺罔，何面目尚爲諫官？乞賜貶黜。』不報。尋以所言失實，改權工部侍郎。度辭新命，除知建寧府。明年，放罷。⑨

度前後凡上九十餘疏，心平氣和，理正詞直，薄物細過，未嘗屑屑，至於大小之臣罹於過失，必隨事以言。⑩去國居里，貧無戚戚之態。有《傳言鑑古》五十篇、雜文三十卷，藏於家。⑪

材料出處

①原注：周益公《劉諫議集序》。按：陸氏預纂之同治《湖州府志》卷七一亦有劉度傳，文字全同。
②原注：談鑰《吴興志》。
③原注：《要録》，參《周海陵集》。
④原注：《中興館閣録》。
⑤原注：談《志》。
⑥原注：《周益公集》。
⑦原注：《繫年要録》。
⑧原注：《平園續稿》，參談《志》、《繫年要録》。

⑨原注：《宋史全文》，參《宋史・曾覿傳》、《朝野雜記》。
⑩原注：《平園續稿》。
⑪原注：談《志》引《舊編》。

校證

〔一〕官，原作『中』，據《要録》卷一九九改。
〔二〕免，原作『逸』，據《要録》卷一九九改。
〔三〕視師，原闕，據《要録》卷一九七補。
〔四〕臨行，原作『行臨』，據《要録》卷一九七乙正。

鄭伯熊

鄭伯熊字景望，永嘉人。與其弟伯英齊名，時人稱爲大鄭公、小鄭公。少慕吕申公、范淳夫舅甥之爲人，行己一以爲法，而論事則慕賈長沙、陸宣公。紹興十五年進士，歷黄巖尉、婺州司户。隆興初，召試正字，除太常博士，出爲福建提舉。魏王判宣州，南面坐受屬吏進謁，幕府進劄子亦坐而可否之。及伯熊除王府司馬，遂以劄子開説：『謙德未光，嫌疑之際，或駭視聽。』又判罷吏羊綰再役，伯熊引吏人年滿歸農不得再應募條法，不聽，遂自劾去。改江西提刑，奉祠。起知婺州，入爲吏部郎官兼太子侍讀，歷國子司業、宗正少卿。方嚮用矣，每小不合，輒乞去，以直龍圖閣知寧國府，移知建寧。卒，後謚文肅。

方秦檜擅國，禁人爲趙鼎、胡寅之學，而永嘉乃其寓里，後進爲所愚者尤多，故紹興末伊洛之學幾息，九先生之緒言且將衰歇。伯熊兄弟並起，推性命微眇，酌今古要會，師友警策，惟以統紀不接爲懼，首雕程氏書于閩中，由是永嘉之學宗鄭氏。伯熊臧否人物最矜慎，稱爲方峻。伯英喜獎借，一介之善，雖輩行懸絶，必引進之。伯熊恂恂謹厚，少而德成，悃愊無華，無一指不本于仁義，無一言不關于教化。顧徇道寂寞，視退如進，歇歷中外，不自陳年勞以求磨勘，故卒不達。

弟伯英，字景元，資性俊健果決，慷慨論事，憤發思得。其志必欲盡洗紹聖以來弊政，復還祖宗之舊，非隨時默默爲禄仕者也。隆興元年進士第四人，伯熊喜而笑曰：『子一日先我矣。』然伯英性剛，自度不能俯仰于時，甫任秀州判官，遂以親老乞養，奉祠三十年不調，竟不起。當事亦畏其氣岸，幸其自重不出、無能害己爲幸，不復徵也。晚而朝議將以司幹處之，伯英笑曰：『此冗官也。吾方議當省之，而身居之邪？』竟以疾辭。論者以伯熊兄弟性行雖不同，然並爲豪傑之士。

伯熊有集三十卷，有《六經口義拾遺》，有《贛語》，有《記聞》；伯英有《歸愚翁集》二十六卷。①

材料出處

①原注：《葉水心集·鄭伯英墓志》、《歸愚翁文集序》，參弘治《温州府志》、《隱居通議》。按：葉適《水心文集》卷二〇、二一。

芮　曄 弟暉

芮曄字國器，一字仲蒙，烏程人。紹興十八年進士，與弟暉力學起家，號二芮，同入太學。①曄孝弟忠信，博習修潔，登第後，每有慷慨憂時之志，鄉里前輩如劉一止、沈介諸賢皆敬愛之。②初，仕爲仁和尉。長河堰有龍王廟，每祭則有蛇出，或止香爐，或飲於杯，往來者謹事之。堰歲數壞，人以爲龍所爲，曄疲於修築。一日焚香設奠，蛇果出於爐，曄端笏數之曰：『有功於民者乃得祀。龍廟食於此，未嘗有功，歲數壞堰，勞民之力，爲罪多矣。無功有罪，國法當誅。』即舉笏殺之，應手碎。是夕疾風甚雨，曄處之自若。③

紹興二十五年，爲左從政郎。④鄉人沈長卿作牡丹詩，有訐以爲謗訕者，引曄爲證。廷尉捕治，曄力辨其非。長卿不任笞掠，親書誣伏，獄吏以示曄，曄曰：『長卿誣伏則可，曄豈敢誣證？』吏別摘曄尉仁和時所作詩，有『今作塵埃奔走人』之句，坐以怨望及應言上不言上。⑤追一官，武岡軍編管。二十五年，檜死，復元官。⑥除國子正。三十一年，除秘書省正字。高宗將内禪，殿中侍御史張震以曄名聞，上曰：『是能爲古文者。』即擢監察御史。⑦出爲廣東提刑，以儒雅飾吏治。⑧凡舊例供饋，積至數千緡，濬輸公帑。歸過曲江，班郡縣吏〔一〕之乏給者。乾道五年，除國子司業，旋升祭酒。請祠，優進右文殿修撰。兩學生員祖道千計，觀者太息。八年卒，年五十八。

曄恂恂自守，未嘗與物競。及當官而行，則秉誼持正，有不可奪之志，和不違衆，清不近名，不流不倚，大率類此。博通諸經，尤長於《易》。其說坎之象曰：『坎惟素習，則在險不失其常。險至方習，亦復何及？故初爻獨云習坎，他爻則曰坎而已。雖然，習當出險，乃復入坎窞者，爲陰柔小才說也。』其論離卦九三曰：『日中必昃，人生必死，當如曾參易簀，子路結纓，怡然死生之際。嗟則惑，惑則凶矣。』至於他文，正大而詞達，詩篇純粹而味永，皆有德之言也。有《易傳》一卷，詩四卷，奏議二卷，表啟、書劄、論說、記序、雜著〔二〕、長短句共七卷，⑨藏於家。⑩子及言、立言。⑪

材料出處

①原注：談《志》。按：陸氏預纂之同治《湖州府志》卷七一亦有芮曄傳，文字全同。

②原注：周必大《芮氏家藏集序》。

③原注：《齊東野語》。
④原注：《宋史全文》。
⑤原注：《芮氏家藏集序》。
⑥原注：《宋史全文》。
⑦原注：《中興館閣録》，參《家藏集序》。
⑧原注：《廣東通志》。
⑨原注：周必大《家藏集序》。
⑩原注：談《志》。
⑪原注：《周益公集》。

校證

〔一〕吏，原作『史』，據周必大《文忠集》卷五四《芮氏家藏集序》改。
〔二〕著，原闕，據《芮氏家藏集序》補。

曄弟輝，字國瑞，紹興十八年與兄曄同舉進士。① 調桐川簿，過倪偁，曰：『與我游者，皆有歌詩，然珠玉之賜，不如藥石之貽。』偁曰：『建平吏黠民姦，子何以處之？』輝曰：『以嚴馭吏，以恕待民。奉公以勤，律己以儉，交同僚以誠，暇日讀我所未見書，以增其所未至。』偁善之。②

乾道初，提舉浙西常平。③六年，轉江西轉運判官，進對，孝宗稱其所陳甚好，諭以先正士大夫風俗，次決獄訟，次則漕運。④暉抵任，卻四方聘幣，斥其貲置南昌養濟院以卹貧者，以廉節稱。⑤淳熙二年，以朝散大夫提刑浙東。四年，以職事修舉，除直顯謨閣，召爲秘書少監。⑥五年，爲國子祭酒兼國史院編修，俄以吏部侍郎同修國史。⑦六年，奏言：『吏部選法，小使臣遭喪不解官，給式假百日。欲除緣邊職任及見從軍與歸正、歸朝、揀汰、指使等官，並軍功補授雜流〔一〕出身人依舊以〔二〕百日爲限。此外小使臣如蔭補子弟，宜守家法。取應宗室武舉之類，皆自科舉中來，自合悉遵三年之制。』從之。八年，又奏言：『集議惟强有力者是從，不若令各爲議狀。如論科舉，則禮部、秘書省、國子監皆預。』⑧累官兵部尚書。⑨

材料出處

①原注：《同年小録》。按：陸氏預纂之同治《湖州府志》卷七一亦有芮暉傳，文字全同。
②原注：《氏族大全》。
③原注：《南昌郡志》。
④原注：《宋史全文》。
⑤原注：《江西通志》。
⑥原注：《會稽續志》。
⑦原注：《中興館閣録》。

⑧原注：《宋史全文》。

⑨原注：談《志》。案：刻本《晦菴集》誤暉爲曄，案文中有『芮公今爲吏部侍郎』，曄終於祭酒，亦未爲江西運判，今從《通志》。

校　證

〔一〕流，原作『充』，據《宋史全文》卷二六下改。

〔二〕以，原作『少』，據《宋史全文》卷二六下改。

唐仲友

唐仲友字與政，金華人，侍御史堯封之子。堯封以清德有直聲，仲友兄弟皆自教之。成紹興二十一年進士，兼中宏詞，通判建康府。孝宗時，上萬言書論時政，有曰：『兵力眩于虛數，一患也。敵情惑于間言，二患也。財力屈于妄費，三患也。官爵濫而輕與，四患也。和之與戰，皆隨時應敵之方，而非吾之至計，要在不忘宗社之仇，先定立國之本，時至則取而收之。』孝宗嘉納，召試，除秘書省著作郎，疏陳正心誠意之學。出知信州，以善政聞。移知台州。嘗條具荒政之策，請以司馬光舊説，令富室有蓄積者，官給印歷，聽其舉貸，量出利息，俟年豐官爲收索，示以必信，不可誑誘。從之。發粟賑饑，抑姦附弱，刱浮梁以濟艱涉，民利賴焉。朱熹爲浙東提刑，入州倅高文虎之譖，劾之，仲友即馳疏自辨。時仲友已擢江西提刑，熹疑王淮右之，劾之愈力。仲友遂奉祠。

仲友素伉直，既處摧挫，遂不出，益肆力于學。上自象緯、方輿、禮樂、刑政、陰陽、度數、兵農、王霸，皆本之經史，兼采傳注，旁通午貫，使時事相參，形聲相配，或推消長之象，或列休咎之證，各爲總説，始終條理，如指諸掌，成百二十篇，爲《帝王經世圖譜》，以求見先王制作之意，推之後世，可見之施行。其言曰：『不專主一説、苟同一人，隱之于心，稽之聖經，合者取之，疑者闕之。』又曰：『三代治法，悉載于經，灼可見之行事，後世以空言視之，所以治不如古。』痛闢佛老，斥當時之言心學者。從游嘗數百人。

仲友之書，雖不盡傳，就其所傳者窺之，當在艮齋、止齋之下，較之水心則稍淳，其淺深蓋如此。所著曰《六經解》一百五十卷、《孝經解》一卷、《九經發題》一卷、《諸史精義》百卷、《陸宣公奏議解》十卷、《經史難答》一卷、《乾道秘府群書新録》八十三卷、《天文詳辯》三卷、《地理詳辯》三卷、《愚書》一卷、《説齋文集》四十卷。尚有《故事備要》、《辭料雜録》諸種，而其尤著者曰《帝王經世圖譜》十卷。周益公曰：『此備六經之指趣，爲百世之軌範者也。』又嘗取韓子之文合丁道者三十六篇，定爲《韓子》二卷。①

材料出處

①原注：《袌書》，參周必大《帝王經世圖譜序》及《宋元學案》。按：此傳録自《宋元學案》卷六〇。

沈　复

沈复字得之，德清人。紹興二十一年進士，①官左文林郎。二十七年，吏部侍郎李琳以文行兼美薦，擢諸王宫大、小學教授。乾道初，以太常主簿賜對便殿，論古昔公卿，身兼將相，南巢之舉，尹實視師，東山之征，周公專之。漢之諸葛、晉之杜預、唐之李靖，皆儒者之傑出。乃今世之士大夫口不談兵，緩急孰可任用？孝宗悦，除宗正丞。②乾道七年，以左朝請郎直龍圖閣、兩浙運判、權工部侍郎兼臨安府少尹。八年正月，除户部侍郎。③一日登對，孝宗問版曹財用幾何，虧羨幾何，复一一奏對訖，於所佩夾袋中取出小册進呈，無毫髮差。孝宗大喜，次日問宰臣曰：『侍郎有過政府例否？』梁克家奏云：『陛下用人，何以例爲？』④九年正月，遂除端明殿學士、簽書樞密院事。十月，進左中大夫、同知樞密院事。

初，梁克家爲右相，朝有大政，必與复熟議而後行。張説在樞密，議多不合。及克家去國，复亦丐退，不允，复在告時待罪。十二月，遂罷爲資政殿大學士、知荆南府。淳熙二年，改四川宣撫使。五月，召爲同知樞密院事，旋出知鎮江府。⑤五年〔二〕，移知福州軍州事，充福建安撫使。⑥以中大夫致仕，旋卒。十三年，賜謚簡肅。⑦

复以才能結主知，分符總饟，盡天下要劇處。貳機庭，建宣閫，俱卓犖有成效。其執政也，張説以恩倖進，同列多媚承之，复嶷然中立，議論不少屈，竟力請去位，有古大臣之風。⑧

材料出處

①原注：談鑰《吴興志》。按：陸氏預纂之同治《湖州府志》卷七一亦有沈复傳，文字全同。

②原注：《明一統志》，參明《浙江通志》。

③原注：《咸淳臨安志》。

④原注：《癸辛雜識》。

⑤原注：《宰輔編年録》，參《宋史》。

⑥原注：周必大《玉堂類稿·内制》。

⑦原注：《編年録》。

⑧原注：真西山《四益齋詩序》。

校證

〔一〕年，原作『月』，據同治《湖州府志》卷七一改。

張郯

張郯字知彦，和州烏江人。少用兄邵出使恩，授右迪功郎，調開化尉兼主簿，歷全椒令、樞密院編修官、通判建康府、大府寺丞，知真州、鄂州，提舉江南東路常平茶鹽，主管建寧府武夷山沖右觀。郯臨事，前見逆決，若燭照龜卜，無秋毫疑滯。他人極思慮不能可否者，郯一言處之，常有餘裕。出守儀真，前守員琦獻羡緡八萬，皆文具，實不有一金。郯到郡，悉以實聞，訖得免輸。

俄詔兩淮守及部使者各上用錢券利害，郯力言券用於西蜀全盛之地，故能流轉，然猶有弊。今兩淮凋瘵如此，諸郡賴以給用度者，不過酒稅。新爲戰場，無復土産可以貿易，獨賴錢幣而已。若用券，商賈且不行，何以爲郡？上頗採其説，因言：『真爲楚、揚之衝，當城此郡，以固人心。度費緡錢十萬、米三千斛，而郡有上供與經制羡數，可得大半，止乞給降三萬緡，發旁近屯兵二千人，臣身自督役，不再閲月可成。』既得請，果以四十四日告畢，樓櫓屹立，而民不與知。

鄂爲江湖間一都會，總領、轉運及都統制三司鼎立。都統入朝，有營卒夜挾刃貸於富室，脅使不敢言。郯廉得之，馳入提舉軍事張平家。平素以兄事郯，呼家人置酒。郯曰：『我來正欲飲，但當得劫富民者行軍法，乃快飲爾。』平惶恐，立捕治如郯言。淳熙十年卒，年八十有七。①

材料出處

①原注：《渭南文集》。按：陸游《渭南文集》卷三七《朝議大夫張公墓誌銘》。

王佐

王佐字宣子，山陰人。十八補太學生，二十有一以南省高選奉廷對爲第一，授承事郎、簽書平江軍節度判官廳公事。未赴，召爲秘書省校書郎。時秦檜專政，其子熺以前執政提舉秘書省館中，或趨附之以爲捷徑，佐獨簡默嚴重，未嘗妄交一語。嘗語同舍曰：『三館故事：丞相與赤縣尉均爲學士。安得妄自屈哉？』熺聞不能平，嗾言者論去之。檜死熺斥，起家拜秘書郎兼玉牒所檢討官，遷尚書吏部員外郎。右司郎闕，以佐兼領。秦檜妻王氏陳乞舊所得恩數之未周[一]者，自稱沖真先生。佐駁之曰：『妾婦安得此稱？向者誤恩，有司不能執，爲失職，今當追正。然王氏封兩國夫人，蓋祖宗以寵親王之配及外家尊屬者，何可輒引以階僭紊？當併奪之。』執政不能聽，但寢其請而已。後王氏死，卒奪『先生』號。

紹興二十九年二月，拜起居郎。以臺評罷，知永州，徙知吉州，皆有治聲，除直寶文閣。逾年，徙知明州。隆興初，以張浚薦，除中書門下省、檢正諸房公事兼權户部侍郎。力辭不允，仍兼侍講。湯思退以首相領江淮都督，請以佐參其軍謀。思退去位，佐亦罷，以直寶文閣知宣州，徙知建康府。妖人朱端明、崔光生挾左道與軍中不逞輩謀不軌，其約以春大閱日起事。佐得其陰謀，一日坐帳中決事，命捕爲首者至前，略詰數語，即責短狀，判斬之，而流其徒數人於嶺外，餘置不問。寮屬方候見於客次，無一人知者，見佐擲筆乃異之，而妖人已誅矣。佐方閱案牘治他事，延見賓寮乃退，無一毫異於常日。

又徙知平江、隆興二府，未赴。會知上元縣李允升坐賄前事未作，已丐尋醫去，而讒者謂佐縱有罪，坐削官，居建昌軍。讒者去，上察守臣連坐，未有佐比，且數思其才，復官主管台州崇道觀。俄起知饒州，又復直寶文閣、知揚州。入對，留爲宗正少卿兼户部侍郎。史正志爲發運使，坐奏課不實謫，併罷佐。逾年，主管台州崇道觀，起爲福建路轉運判官，徙知潭州，連進秘閣修撰、集英殿修撰。

淳熙六年正月，郴州宜章民陳峒竊發，俄破道州之江華，桂陽之藍山、臨武，連州之陽山縣。旬日，有衆數千。郴道連、永州、桂陽軍皆警，佐奏乞荆鄂精兵三千，未報。佐度不可待，而見將校無可用者，流人馮湛適在州，召與語曰：『君能有功，不特雪前罪，且遂爲朝廷用，北鄉恢復自此始矣。』湛請行，佐曰：『請行易耳，今當不俟奏報，以兵相付。既受此命，即以群盜授首爲期，一有弗任，軍法非佐敢貸也。』遂檄湛帶元官、權湖南路兵馬鈐轄，統制軍馬。即日令湛自選潭州廂、禁軍及忠義寨凡八百人，即衙教場誓師遣行，仍命凡兵之分屯諸州縣者，皆聽湛調發，違慢皆立誅。又出軍令牌付湛，軍士所過有秋毫擾民，及臨敵不用命，或既勝而攘賊金帛使得竄逸者，皆必行軍法。上奏以擅遣湛待罪，且請亟發荆鄂軍。又私念湛有善戰名，賊必遁入廣南，思得勁兵遏其衝，而廣南非所部，未有以爲計。會受命節制討賊軍馬，而前一日又奉詔會合諸路兵，乃合二命爲一，稱節制會合諸路兵馬，檄廣南摧鋒軍兵官黄進、張喜分屯要害。賊知湛至，而廣南守備已嚴，乃驅載所掠輜重由間道歸。宜章轉運司聞之，即移諸州以爲賊已窮蹙，自守巢穴，毋以備禦妨農。佐得報，乃檄轉運司及諸州，以爲賊未嘗敗，何謂窮蹙？其巢穴旁接三路七郡，林箐深阻，出入莫測，何謂自守？復奏言遣馮湛之後，事方有緒，若遽弛備，賊必更猖獗，愚民且有附和而起者，非細事也。因堅乞前所請荆鄂軍，從之。已而果聞賊方作箭鏃甚盛，遣人入谿峒買毒藥之可爲藥箭者。佐又奏向者連州受賊首李晞降，賞犒備足，未幾復亡去爲賊，今陳峒之次首領是也。以此知不一意討賊，容其不死，湖廣之憂未艾，俟誅賊首而貸脅從，未爲晚。上獨是佐策，命佐躬至軍前節制。佐即日戒行，師徒不譁，耕隴市肆之人，莫有知者。

既至宜章，命湛以四月二十三日移屯何卑山。湛請進兵日，不答，惟給以合符曰，符至即行耳。一日夜半，始發兵符，命湛及鄂州軍統領夏俊明日詰旦分五路進兵。賊初詐降，實欲繕治寨栅阻險以抗官軍。佐得其情，督兵甚峻。及馳入隘口，賊果立寨栅，未及成，聞官軍至，狼

宋史翼

〔中册〕

〔清〕陸心源 撰　吴伯雄 點校

浙江文叢

浙江古籍出版社

卷十四　列傳第十四

沈清臣

沈清臣字正卿，鹽官人，居烏程。紹興二十七年進士，[1]授太學録。[2]投匭上書，言王希吕本歸正人，不可用爲諫官。諫院不敢受，清臣乃録本呈宰執，臺諫虞允文怒，奏其事，兼疑沈介教之，乃下清臣大理煅鍊。久之，非介教唆，遂坐『書未進御，録本示人』，編管封州。[3]孝宗登極，放還。清臣爲張九成女壻，傳横浦之學，自嶺南歸，隱居吴興城南，築晦巖書院，以來四方學者。淳熙中，以薦者，除敕令所删定官。

高宗崩，孝宗欲行三年之喪，執政近臣皆主易月之説，諫官謝鍔、禮官尤袤心知其不可而不敢盡言，清臣疏陳六事：其一謂三年終制本之禮經，行之陛下，不必以滿廷之説有所回惑。其一謂群臣請陛下還内之期，方下禮官集議，臣以爲當俟梓宫發引，始還大内。其一謂金人會慶節使，三省密院引明肅升遐故事，請陛下見之。吏部尚書蕭燧以既罷百官慶壽，恐難以見使人，但可於小祥後二日引見於德壽宫素幄。是調停之説也，已有詔從之矣。竊考仁宗時嘗使契丹，遭虜有喪，至柳河而還，虜主不見也。夷狄尚知有禮，中原乃不如耶？況陛下居喪，與明肅時事體不同，望斷自宸衷，勿牽群議。上大以爲然。是日所奏八千餘言，展讀甚久，知閤張嶷奏已展正，引例隔下，清臣奏讀如初。上目令弗卻，又良久，嶷奏進膳，清臣正色謂曰：『所言乃大事。』讀竟乃退。孝宗喜曰：『卿十年去國，今不枉矣。』

旋遷國子監丞。其後雖以群臣五上表請還内，孝宗勉從之，於小祥後二日還内，設素幄奏事，而三年之喪遂定。及大祥，群臣三上表，引《康誥》『被〔一〕冕服』、『出應門』語，請御殿，詔許於祔廟後行之。清臣疏言：『陛下當堅持前此内殿聽政之旨，祔廟後御殿終爲非禮，將來祔廟畢日，豫降御筆，截然示以終喪之志，杜絶輔臣來章，勿令再有陳請，力全聖孝，以刑四海。』上嘉納之。及祔畢，竟罷御殿禮，且斷群臣之請。論者謂是時儒臣林立，莫能成帝志，而力〔二〕破滿朝淺薄之説者，庶寮一人而已。

淳熙十五年，清臣又因對，言：『陛下臨御以來，非不論相也，始也取之故老重臣，既而取之潛藩舊傅，或取之詞臣翰墨，或取之時望名流，或取之刑法能吏，或取之刀筆計臣，或取之雅重詭異，或取之行實自將，或取之跅弛誕慢，或取之謹畏柔懦，或取之狡猾俗吏，或取之勾稽小材，始也取之奸豪譎詐，楬然空鄙之夫，而卒也任之隨順柔懦、委靡無自立之志。既取之，又任之，又從而禮貌之，未嘗不注意也，然皆非相也。間有度量沈靜而經畫甚淺，心存社稷而材術似疏，表裏忠讜而規制良狹，其他則以空疏敗，以鄙猥敗，以欺誕敗，以奸險敗，以浮夸敗，以貪墨敗，以譎詐敗，以委靡敗，若此者豈所謂相哉？甚至於誤國有大可罪者。海泗，國家之故地也，私主和議，無故而棄之夷虜。騎兵，天子之宿衛也，不能進取，無故而移之金陵。汲引狂誕浮薄之流，以充塞正塗，擅開佞倖權要之門，以自固高位，而今也循習前轍，寖成欺弊，國有變故，略無建明，事有緩急，曾不知任。然則焉用彼相哉？』

十六年三月，遷秘書丞，④兼嘉王府翊善，以直諒稱。⑤五月，罷爲主管台州崇道觀。⑥即所居治圃築亭，揭曰潛溪〔三〕，多所賦詠。⑦寧宗即位，以潛藩舊學起爲江東提舉，⑧尋改秘閣修撰，趙汝愚深倚之。及汝愚爲韓侂胄搆陷，清臣亦罷歸，尋卒于家。⑨

材料出處

①原注：談鑰《吳興志》。按：此傳大略録自陸氏預纂之同治《湖州府志》卷七四及《宋元學案》卷四〇。
②原注：《盤洲集·外制》。
③原注：《周必大集·奉詔録》。
④原注：《中興館閣録》。
⑤原注：《書録解題》。
⑥原注：《宋史全文》。
⑦原注：談《志》。
⑧原注：《攻媿集·内制》。
⑨原注：《宋史全文》、《朝野雜記》、談鑰《吳興志》、周密《癸辛雜識》、陳振孫《書録解題》、樓鑰《攻媿

集》。

校證

〔一〕被，原闕，據《宋史》卷一二三及《建炎以來朝野雜記》乙集卷三補。

〔二〕力，原作『立』，據《宋元學案》卷四〇改。

〔三〕溪，原作『欺』，據《嘉泰吳興志》卷一七改。

吳儆

吳儆字益恭，初名偁，休寧商山人。少善屬文，與兄俯俱馳聲太學，時爲之語曰『眉山三蘇，江東二吳』。登紹興二十七年進士，授鄞縣尉。捕海盜有功，晉秩。乾道二年，知安仁縣。歲大旱，儆度一縣户口，預令富民儲粟，以遏盜源。旁邑饑民爲亂，浸侵邑境，儆親閱丁壯備之。會邑有無賴，欲襲旁邑。所爲者立殺之，盜皆駭散。事平自劾，不報。然卒以是坐累數年，其後爲邕州通判、攝府事。時張栻經略嶺右，疑事悉以咨之，且以儆忠義果斷、緩急可仗，薦於朝，得召對。栻授以《五峰知言》，且爲書『孔子之剛』、『曾子之勇』、『南方之强』三章以贈。

見孝宗，首論恢復至計，大略謂：『天下大勢有二：紛紜未定之勢，宜疾戰；立國相持之勢，宜緩圖。方逆亮就戮，不能乘勢進取，及南北之勢已定，乃欲長驅以圖中原，進退緩急，皆兩失之。願陛下治兵積粟，以觀其變。』又言：『大臣宜待之以誠，而使之任天下之責；左右貴近之臣宜待之以恩，而勿令預朝廷之事。』又備陳南方諸蠻經略甚悉。孝宗嘉之，授廣南西路安撫。以親老請祠歸，就所居爲竹洲以養父，暇則與其徒窮搜經史。四方負笈至者，歲數百人，相率結茅於其傍。儆分齋以教之，如胡安定湖學之法，成材甚衆。學者稱竹洲先生。所著有《竹洲集》三十卷。寶祐四年，曾孫資深獻於朝，賜謚文肅。

儆性慷慨好剛，遇事敢爲，無屈撓。初在太學時，天子以邏卒廉外事，且至膠庠。儆執而笞之，曰：『國有令，汝無故烏得輒入此？』卒帖耳受笞，去不復至。其判邕州也，自杞蠻歲至市馬，恃强驕横，至不書正朔，人情洶洶。儆召至，庭見數之，遂屈服。有下閉洞凌謐者，歲掠良民市於他洞，儆遽擒之，梟其首。又有李棫者，藏匿逋逃爲奸。儆書尺紙示棫，棫駭懼，以書幣至請罪，儆責而釋之，反其幣。由是兩江五十餘洞皆相戒懾伏，且曰：『吾寧貧窮，無犯吴公。』其文辭峻潔雄麗，而一衷諸道，嘗爲《尊己堂記》，懇懇於天爵人爵之辨。朱子見之曰：『往見張荆州、吕著作皆稱吴邕州之才，今讀其文，又有以見其所存矣。』①

材料出處

①原注：《竹洲集》附《行狀》。按：吴儆《竹洲集》附録程卓撰《行狀》。

韓元吉

韓元吉字無咎，開封雍丘人，門下侍郎維之玄孫。① 兄元龍，長於治。知天台縣，除司農寺主簿，升寺丞。② 徙居信州之上饒。所居之前有澗水，號南澗。③ 詞章典麗，議論通明，爲故家翹楚。④ 嘗赴詞科，不利。⑤ 以蔭爲處州龍泉縣主簿，⑥ 調南劍州主薄。⑦ 紹興二十八年，知建安縣，用廣而賦嗇，乃懋遷鹽鹺以佐其費。⑧ 二十九年，以輔臣薦，召赴行在。三十一年，除司農寺主簿。⑨ 乾道三年，除江東轉運判官，以明道、伊川弟子所編《師説》十卷刊置漕齋。⑩ 四年，以朝散郎入守大理少卿，⑪ 權中書舍人。⑫ 八年，權吏部侍郎。時朝士因言張説，多去國者，元吉進故事，述太祖、太宗之訓以諫。⑬ 九年，權禮部尚書，賀金生辰使。⑭ 凡所以覘敵者，雖駐車乞漿、下馬盥手，遇小兒婦女，皆以言挑之，往往得其情。使還，奏言：『敵之强盛五十年矣，人心不附，必不能久，宜合謀定算，養威蓄力，以俟可乘之釁，不必規小利以觸其機。』孝宗然之，除吏部侍郎。淳熙元年，以待制知婺州。⑮ 於郡西南隅創貢院，工築方興，明年，移知建安府。⑯ 表率端莊，加意學校，創修郡志，以軍興調發功轉朝奉大夫。⑰ 旋召赴行在，以朝議大夫試吏部尚書，進正奉大夫，除吏部尚書。五年，乞州郡，⑱ 除龍圖閣學士，復知婺州。⑲ 罷爲提舉太平興國宮，爵至潁川郡公。⑳ 嘗寓德清之慈相寺。東萊呂祖謙，其壻也，相與講讀於寺西竹林精舍，故寺中有東萊書院。嘉、熙間，縣令章鑑創屋，額曰東萊讀書堂。㉑

元吉少受業於尹和靖之門，嘗舉朱子以自代，與葉夢得、陸游、沈明遠、趙蕃、張浚相倡和，[22]政事、文章爲一代冠冕。[23]朱子稱其詩有中原和平之舊，無南方啁哳之音。[24]著有《易繫辭解》、《焦尾集》、《南澗甲乙藁》。[25]

材料出處

①原注：《書録解題》。按：陸氏預纂之同治《湖州府志》卷九〇亦有韓元吉傳，文字略同。
②原注：《要録》一百八十二。
③原注：《江西通志》。
④原注：周必大《玉堂類稿》。
⑤原注：《書録解題》。
⑥原注：《雙蓮堂記》。
⑦原注：《送連必達序》。
⑧原注：《福建通志》。
⑨原注：《要録》一百九十二。
⑩原注：《甲乙藁・書師説後》。
⑪原注：《甲乙藁・崇福庵記》。
⑫原注：《甲乙藁》。

⑬原注：《甲乙藁·進故事》。
⑭原注：《金史交聘表》。
⑮原注：《書朔行日記後》。
⑯原注：《貢院記》。
⑰原注：《通志》。
⑱原注：周必大《玉堂類藁》，參《甲乙藁》。
⑲原注：《極目亭詩序》。
⑳原注：《甲乙藁》。
㉑原注：《西吳里語》。
㉒原注：《甲乙藁》。
㉓原注：《花菴詞選》。
㉔原注：《語類》。
㉕原注：《宋史·志》。

程宏圖

程宏圖字士尚，浮梁人，瑀猶子也。工詞翰，負氣節。紹興講和以來，金使道經，凡官私門額，悉覆之以楮。金使往天竺，過太學門，臨安尹命吏如例幕『太學』二字。時宏圖直學，襴襆立其下，正色曰：『賢士之關國家儲才，何歉于遠人？』拒之不聽。幕使白尹上聞，孝宗在東宮，嘉歎之。

三十一年，金人叛盟，宏圖上書曰：

『今日之事，國家所以應之者，其先務有四：一曰留使者以款敵人之謀，一曰下詔書以感南北之士，一曰先舉事以決進取之策，一曰用人望以激忠義之心。蓋金人憑陵之計甚久，前日二使殿上之對，軍民士夫恨不寢其皮而食其肉。臣等願朝廷姑善留之，爲之詞曰：「前日所請，皆汝等口語，非國書所載，吾將遣使以實汝言。」非獨使其未知所請之可否，吾得以措置爲前進之策，亦可以挫彼之鋭而示吾之未弱也。國家自和議以後，爲故相秦檜所誤，沮天下忠臣義士之氣，三十餘年矣。一旦使所以得其戮力，必有以感動其心而奮起之可也。故哀痛之詔，不可不亟下。然詔不可徒下也，要當首正秦檜之罪，追奪其官爵而籍其家財，追賜宇文虚中之爵而爲之立祠，雪趙鼎、岳飛之冤，而又下親征之詔，移蹕建康，則其氣固足以吞强敵矣。今敵重兵已臨汝潁，使吾不先發，則敵直窺襄陽，突至淮西。襄陽失利，則可以控蜀，且有順流東下之勢。兩淮失守，則唇亡齒寒，江非所恃，而環海而東，又有不可以不早計者。

『夫所謂人望，雖不可徧舉，如張浚、張燾、胡銓、辛次膺皆其人也。浚尤天下所屬望者，夫豈可以一失而遽棄之哉？銓以直言得罪於秦檜，不死於檜手，亦天意有所待也。陛下若能付臺諫之任，則説陛下爲苟安之計者，皆屏息而不敢爲也。今日之事，勢已急矣，然臣恐朝廷之上猶以强弱不敵之爲憂，財用不足之爲慮。臣謂兵之强弱，不以多寡，曲直所在，勝負分焉。國家自休兵以來，凡百冗費，豈無可減罷者？願俾有司枚舉條具，凡非係軍民之急者，不以大小，一切罷去，則民可不加斂，調發有餘，庶中興之功指日可冀矣。』

隆興中，舉進士，官至大理丞。①

材料出處

①原注：《建炎要録》，參《江西通志》。按：《要録》卷一九〇，雍正《江西通志》卷八八。

袁説友

袁説友字起巖，建安人，寓居湖州。登隆興元年進士丙科。淳熙四年，官秘書丞兼權左司郎官。請以《高宗聖政録》同《三朝寶訓》命經筵官講讀，從之。明年，差充浙西安撫司參議。説友上言：『自紹興辛巳之擾，閲今十五年，宿將殂逝過半，幸而僅存者，迫於遲暮，智勇已不逮於壯歲。而新進後生足爲國家用者，又皆抑遏於偏裨下位，無路自達。不拔之以爲緩急之備，臣恐未免於遺材也。臣謂莫若行薦舉之法，分爲四科：一曰忠勇，謂鋭志報國、奮不顧身；

二曰武藝，謂行陣出没、莫當其鋒；三曰謀略，謂智慮深遠、料敵必中；四曰兵法，謂習熟韜鈐、能見於用。令内外將帥各舉一人，陛下賜以召對，留寘三衙，熟察而徐試之。如所舉不應元薦條目，舉官重加黜責。有所舉得人及將來因事立功者，優與推賞。庶使行伍中有用之材皆得呈露，緩急之際可以倚仗於軍政。誠爲要務。』①

六年，召至行在，賜對。除知池州，疏上三策：一久任統帥，二選正副將，三修治戎器。孝宗嘉納之。尋坐事罷，主管武夷山沖佑觀。紹熙中，入爲侍左郎中，加直顯謨閣、知臨安府，遷太府少卿、權户部侍郎。光宗久不朝重華宫，説友連上八疏，力諫不聽。及孝宗崩，光宗復不過宫執喪，説友奏言：『臣聞金主猶能爲其祖持三年之喪，陛下何甘心不能，爲金主之所爲貽笑？敵廷輕侮中國，萬一遂爲問罪之目，不知陛下何以應之？』光宗卒不能悟。寧宗即位，落權正職兼侍講。韓侂胄漸用事，臺諫、給舍章奏多格不行，説友上言：『養氣節以勵風俗，當自朝廷始。臺諫、給舍之官，所以糾官邪而杜奸慝。陛下既已信之於未用之始，不當難之於已用之後。故臺諫、給舍之所與，是公議之所共與也，雖陛下不得不與。臺諫、給舍之所不與，是公議之所不與也，雖陛下亦不得而與之。陛下非徒從言責之臣也，從公議也。士大夫亦非畏言責之臣也，畏公議也。陛下當使天下畏公議，不使天下畏言責。公議伸則士大夫之氣節立矣，氣節既立，隋者必勤，私者必公，貪者必廉，怯者必勇。陛下何爲而不成？何欲而不濟哉？』②

未幾，内批罷侍講朱熹與外祠，臺諫、給舍交草乞留，不允。説友奏：『陛下踐阼之初，首召朱熹，寘之經筵，天下莫不傳誦，以爲盛德之舉。熹所論奏，無非愛君憂國之言，一旦遽去，莫曉所謂。成命既出，熹必不肯復留。臣等區區所論，寔以國體所關，非止爲一朱熹而已。且祖宗之朝，未有以御筆直付某人者。如此，是無用中書，他日必有援爲故事者。望收回直降御筆，俯從給舍、臺諫之請。』疏入，不報。

慶元二年，除敷文閣學士，出爲四川制置使兼知成都府，復入爲吏部尚書兼侍讀，尋知紹興府兼浙東路安撫使。嘉泰初，復召爲吏部尚書兼侍讀。二年，除同知樞密院事。三年正月，拜參知政事。九月，罷，以資政殿學士知鎮江府。辭，提舉臨安府洞霄宮，加大學士致仕。四年，卒於湖州德清寓第，年六十有五。

説友學問淹博，究悉物情，歔歷中外凡三十年，章疏敷陳多切時病。自蜀中回朝，極言蜀將當慮其變，引劉闢、王建、孟知祥以爲戒，後吳曦竟以蜀叛，如説友所料。③

材料出處

①按：見袁説友《東塘集》卷九《論舉將疏》。

②按：見袁説友《東塘集》卷八《論養士大夫氣節》。

③原注：《福建通志》三百七十四，參《東塘集》。按：『塘』原訛作『堂』。

蔡戡

蔡戡字定夫，福建仙遊人。祖伸，父洸。戡以蔭補建康府溧陽縣尉。乾道二年，登進士科，歷江州觀察推官。淳熙初，知隨州。

自金人通和之後，邊備漸弛，疏言：『陛下即位，於兹一紀，外堅和好以休士卒，内修政事以待機會，可謂得上策矣。臣聞之《書》曰：「惟事事其有備，有備無患。」《傳》曰：「不備不虞，不可以師。」向者秦檜當國十餘年間，幣聘交馳，粉飾太平，示天下不復用兵。及逆亮敗盟，長驅而來，如入無人之境，踐蹂淮甸，睥睨長江。幸而上天垂祐，亮即授首，凶徒自潰，棄甲而歸。否則，安危之機未可知也。然天幸不可以爲常，和好不可以爲安，不思先備以豫防之，萬一金人出吾不意，將有後時之悔。臣所領州縣，密邇敵境，防秋在即，望陛下戒諭大臣，申飭邊郡講求所以爲備者，緩急有恃而不恐，以守則固，以和則久。』孝宗嘉納之，轉京西轉運判官。

唐、鄧間道至荆、郢，騎兵馳疾可三日到。戡言：『緩急之際，不惟襄城戍兵應援不及，且恐牽制欲進不能。郢有城不固，荆無城可守，請東修蔡陽古城，西修光化舊城，各撥戍兵千人，以扼唐、鄧要路，仍乞分委荆鄂都統制司修築荆、郢城壁，一如襄陽之制。』詔下京西安撫使、荆鄂都統司相度施行。襄府宜城縣水渠延袤三百里，溉田六千餘頃，歲久湮塞，戡請支帑開濬，然後分兵屯田而盡其利，募田請佃而收其租，以爲暫勞永逸之計。從之。

五年，改廣東轉運判官。廣東十三州府歲置場，科買上供銀過數，裁抑輸納，大擾行户。戡請本司措置代輸，所有諸州逐年買撥上供銀權罷三年，以寬民力。詔依所請罷買。廣人醵金置酒相慶，謂之太平會。廣西妖賊李接作亂，警報日至，戡防備嚴密，民獲安堵，條陳十事。五事治盜於已然，五事止盜於未然，皆切中剿禦機竅。

十年，充淮西總領使。時議措置淮西屯田，詔戡與都統制郭剛條具事宜奏聞。戡疏言：

『淮西事體，與襄陽不同者有四。襄陽地廣人稀，水渠溉田數千頃，無民田間斷，兵耕其中，聚而不散，號令進退，不失部伍。淮西州軍去邊稍遠，軍民雜耕，豈能無擾？屯兵散處，遠隔亦難鈐束，一也。襄陽去邊不百里，自修好以來，流民未復，曠土未闢，淮西則富民大家及歸正人經官請佃，包占在户，歲月既久，遂爲永業，一切根括，必大爲邊民之擾，二也。襄陽屯田，近者負郭，遠者數十里。主帥可以親臨察其農事之勤惰，閱其武藝之精麤，戍兵往來，相望更休不遠，於事爲便。今大軍屯駐建康，與淮西異路，近者猶有一江之隔，委之偏裨，未必盡力。況事當一一咨稟主帥而後行，遥度於數百里之外，豈能盡合事宜？三也。自和戎以來，兩淮未嘗宿重兵。襄陽之兵，雖號鄂渚分戍，然自來留屯萬人，以副帥臨之，敵人習熟，不以爲疑。今若一旦廣行屯田於淮西，沿邊州郡必駭聽聞，或啟釁隙，四也。

『臣聞善立事者，戒張皇而惡煩擾，當漸於近裏州郡爲之。向來和州屯田五百餘頃，廬州有三十六圍，廢罷未久，其間多是熟田，見係人户請佃。不若先遣官吏案行，籍其舊數，根刷向來屯田官兵增益而並遣之。自來歲措置開耕，規模既成，以漸增廣，則不至張皇矣。州縣與一役，辦一事，無非擾民。監司行下諸州，諸州行下諸縣，官吏並緣爲奸，其擾數倍。縱使量給價錢，糜費減尅，所餘無幾，未見屯田之利，已爲邊民之害。臣謂不若令軍中辦其事，漕司給其費，軍獲其利，民不知擾。人心既安，地利亦盡。』

疏入，孝宗御筆褒之，曰：『卿通兵事，可以倚仗。』未幾，移湖廣總領使，請修江陵府城，與荆襄犄角，以絶敵人窺伺之心。戡躬自董役，凡樓櫓雉堞高下闊狹與防守之具，一一堅密如襄陽。召除司農卿。

光宗初政，戡奏陳謹始八事，一正心術，二辨邪正，三廣聖孝，四求直言，五戒游逸，六崇節儉，七恤刑罰，八重名器。遷知臨安府。值淫雨彌月，天目諸山洪水暴發，漂蕩田畝、廬舍，被害者五萬餘家。戡請撥椿管三十萬石，減價賑糶，民賴以濟。

光宗不朝重華宫，戡上疏極諫，備陳去歲旱災及郊夕雷震之由，語皆激切。疏入，不省。寧宗登極，遷户部侍郎，除右文殿修撰，知隆興府。尋爲廣西經略安撫使。嶺嶠去朝廷最遠，州縣官皆媮惰苟且。戡擢廉能，黜貪墨，興滯補弊，境内肅然。開禧初，韓侂胄當國，戡請老，以寶謨閣直學士致仕。戡侃直忠亮，所奏多經世有用之言，其論邊事，以嚴備爲主，而不汲汲於和戰紛爭，識者以爲非好事偷安者所可及云。①

材料出處

①原注：《歷代名臣奏議》，參《定齋集》、陳壽祺《福建通志》一百八十一。按：此傳録自陳壽祺纂道光《福建通志》卷一八一。

王 枏

王枏字木叔，號合齋，故順州人，石晉以其地入契丹，徙永嘉。乾道丙戌進士，爲婺州推官。孝宗嘗疑諸州上供有滲漏，漕司遽令婺州增斛二萬，守以下不敢爭，枏言：『今苗畝七升、羅四十餘千，較他郡已重，又無故增二萬，何以共命？』新守周權以書奏之，孝宗愕然曰：『朕未嘗加賦也。』由是凡議滲漏者皆免。移台州，能決冤獄。知績溪縣，積錢買田，爲新塘六十八、堨六，浚舊坡百頃，歲無憂旱。監進奏院、太常寺簿，以僞學罷知江陰軍。蔡涇者，江海之交也，淤閼。枏開渠港五百餘里，漕運以通。民事妖神，巫故爲陰廡複屋，詭其像設。枏鞭巫，撤祠壞像，而民以安。召爲大理丞、禮部員外郎。

初，周益公在政府，招枏往，既見，清談之外，絶無所言。至是蘇師旦欲見之，許以遷。枏曰：『吾義不交匪人，寧止于此。』鄧友龍議北伐，援以爲助。曰：『前日有發十〔一〕策者，驟用〔二〕矣。』枏力言無草草，國與身且俱不利。友龍曰：『何怯也。』竟取宣撫去，出枏提舉江東常平茶鹽兼知池州。枏言：『池州城甚惡，何以待敵？請城之。』不報。乃募得緡錢八萬，請自城之，又不許。乃補其穿穴，深其濠，抽兵嚴備，池人得少安。召爲吏部郎、國子司業、秘書少監兼侍左郎。韓侂胄死，坐者多，枏言無使滋蔓，執政善之，不能用。錢象祖雅慕枏，欲進用之，忌者因罷枏以撼錢。枏奉祠，而錢亦不安其位矣。

起知贛州，諭其耆老曰：『元祐黨籍，贛人一十有四，何多君子也？汝曹勉之。』課桑麻，清鹽禁，提刑者復毁之。枏予祠，贛人雪涕留之不得，賦詩而别。枏少與永嘉諸公同學，及仕于台，寮屬見尤遂初、樓攻媿以及彭子復、石、應之輩，皆相砥礪。〔三〕崖峭孤特，不輕狗物，尤工于文。所著有《王秘監詩文集》共二十卷。①

材料出處

①原注：《葉水心集》。按：葉適《水心集》卷二三《朝議大夫秘書少監王公墓誌銘》。

校　證

〔一〕十，原闕，據《墓誌銘》補。

〔二〕用，原闕，據《墓誌銘》補。

〔三〕按：此處《墓誌銘》作『初，尤尚書袤知台州，公爲其屬，相繼同僚者樓參政鑰、彭仲剛、石宗昭，郡人石斁，逸民應恕、林憲之流，皆聚焉』。

黄由

黄由字子由，長洲人。父雲，字景祥，嘗爲淮西總所酒官。由弱冠有聲太學，淳熙八年進士第一。時甘昇爲入内押班，見知用事二十年，招權市賄，與曾覿、王抃相與盤結。由對策及之。吳自設科以來，由始冠多士，時人榮之。授南安軍簽判，秩滿，通判紹興府，往新嵊督行荒政。由改糴爲賑，擅發米五萬石予民，不取其直。除正字，遷著作佐郎，奉使金國。還，遷將作監、嘉王府贊讀。紹熙五年五月，孝宗疾亟，光宗不能視疾，人情益懼。由請嘉王過重華宮問安，孝宗爲之感動。寧宗即位，累除權禮部尚書兼吏部，將大用矣。會知綿州王沇〔一〕朝辭，乞詔廟堂銓選，若嘗受僞學薦舉、陞改及衆論指爲僞黨者，籍記姓名，且與勿用。由入奏，謂人主不可待天下以黨與，不必置籍，以示不廣。繼擢〔二〕沇利路轉運判官，由亦出知成都。殿中侍御史張巖奏由阿附權臣，指立黨與，遂以雜學士奉祠。嘉定初，以正議大夫知紹興府、浙東安撫使。聞嵊縣昔有虎患，訛言謂虎歲久有神，變化叵測，或爲僧形，或若蝯蛆，倏忽莫可蹤跡。由禱於神，厚賞募人捕之，殄滅無遺種，民賴以安。三年，除刑部尚書兼直學士院，官至正奉大夫。自號盤野居士，卒贈少師。

材料出處

①原注：盧熊《蘇州府志》。按：卷三五。

校證

〔一〕沇，原作『允』，據《蘇州府志》及下文改。

〔二〕擢，原作『權』，據《蘇州府志》改。

汪義和

汪義和字謙之，徽州黟縣人。淳熙八年進士，通判紹興府、知武岡軍。慶元二年，以治最爲太常博士。時權要炎炎，群邪翼之，詆天下正論以爲僞學，無敢明其不然者。義和力陳人才眞實疑似之辨，人所難言。天子嘉納，誣善者皆悚。三年，遷吏部郎兼禮部。四年，除樞密院檢詳。五年，以左司兼檢討玉牒。吴興有糾合凶人、盡戕主家而火其廬延及一市者，刑寺欲分首從定罪，死者一夫而止。義和駁之曰：『殺人放火，俱合抵死。凶徒肆虐，厥罪惟均，何首從之有？』中都會子之獄，抵罪者數人，集議欲輕之，義和又曰：『僞造者斬，法也。犯而輕之，是不信于民也，何憚而不犯？』皆請論如律。義和平時官居，雖一鞭扑未嘗輕用，而于是獨嚴，戢姦宄，護善良，所以爲仁。九月，除起居舍人。慶元元年，遷侍御史。卒，年六十。①

材料出處

①原注：《絜齋集》。按：袁燮《絜齋集》卷一八《侍御史贈通議大夫汪公墓誌銘》。

周必正

周必正字子中，江西廬陵人。與從父弟必大成童俱入家塾。學行修立，以祖遺澤補將仕郎，改宣教郎，知建昌軍南豐縣。南豐，劇邑也。必正遇事明敏，常若有餘。民栢氏夜被盜，併殺守藏奴，賊逸去。必正物色求之，果獲。面詰，猶不承，搜其家，得白金器一篋。既至，倒奩出之，囚聞其聲，即引服。淨梵寺有盜夜斬關入，既獲，必正察其非盜，挺出之，立賞捕真盜。僧恨甚，訴之郡，郡即逮所縱囚繫鞫甚峻，囚不能自伸，並邑吏皆重坐。未幾，獲真盜，送郡，拒不肯治，乃以御史聞之，奏從大理，乃得實，如必正所言。

甫秩滿，除主管官告院，進軍器監丞。會益公參政事，請外。知舒州，大修學宫，又立文翁廟於學，立周將軍廟於城南，皆舒人也。復故隄城北，以禦瀦溪漲溢，民田數千畝復爲膏腴。因作四橋於北、西、東門之外，其一自捐奉爲之，州民號周公橋。郡東南有烏石陂，分其流，旁則爲石塘。烏石之民欲專其利，乃壅水使不得行，石塘之田歲以旱告。必正命懷寧令丞視之，得實，圖上于州，按圖自以意定水門高下，甫去壅水，未尺餘得古舊迹，與所高下不少差，陂利始均。石塘民喜至感泣，乃歌曰：『烏石陂，石塘陂，流水濺濺有盡時，思公無盡時。』

徙知贛州。興國縣之安陂溉田六十頃，水勢自上奔突，故難築而易壞，壞且五十年。必正命復之，費不及民，擢提舉江東常平。上章納禄，闔門屏外事，讀書賦詩者累年。益公少必正一歲，亦謝事歸第，相與置酒高會無少間，時人比漢二疏。開禧元年卒，年八十一。善屬文，尤長於詩，晚取莊周息黥補劓之説，名其堂曰乘成，因以自號。有文集三十卷。書有古法，四方豐碑巨扁多出其筆。①

材料出處

①原注：《渭南文集》。按：陸游《渭南文集》卷三八《監丞周公墓誌銘》。

卷十五　列傳第十五

衛涇

衛涇字清叔。其先齊人，唐末避亂南遷，居秀州之華亭。祖闐，始占籍崑山之石浦。父季敏，通判鎮江府。涇少有節操，入行在，從永嘉李去智學。李卒，爲制服執喪，人咸義之。淳熙十一年，孝宗擢涇進士第一。比唱名，御筆殿試上三名，欲觀其政事，特與添差差遣，仍釐務，授承事郎、添差鎮東軍簽判。涇以對策，嘗陳添差之敝，三上表乞待次。上以涇力踐所言，知重始進，特從其請。

故事：狀元初任垂滿，必通謝於宰執，始頒召命。時王淮秉政，涇不通謝。雖被召三月，不得引見。十四年，除秘書省正字，輪對，言：『陛下即位之初，鋭意事功，不次而用將相，痛憤而圖恢復。二十六年之久，無一事少稱陛下意者，而陛下大有爲之意亦少弛矣。一祖八宗之業，太上皇付託之重，子孫億萬年之基緒，陛下一身任之，豈可僅取苟安無事而遂已邪？庸常之材持禄保身，而風俗日壞，士氣日卑，民生日困。臣恐天下之患，將有出於意慮之外者。事幾易失，時不再來，願陛下堅自彊之志，振綱維以張國勢，作氣節以厲媮惰，則静可以彊根本，動可以復疆土，而事功立矣。』

光宗初立，政尚循謹，涇以著作佐郎賜對，言：『今日風俗頹靡，百度縱弛，人才削弱，國勢未張。汲汲有爲，尚恐不濟，若猶因循，其敝將至於不可爲者矣。』又言：『中國之與北虜，其勢決不能兩立。名爲和好，實則讎敵。名爲息兵，實則觀釁。復讎之本，直須時耳。今以偏方之勢，與虜持久，自紹興來五十年無大戰，自隆興來三十年無小鬬。虜酋新立，血氣方剛，間隙之生，遠不過五六年耳。願陛下奮發英斷，規恢遠圖，卧薪嘗膽，不忘北鄉，聖志先定，然後與二三重臣講求大計，委任而責之成，内治〔二〕外備，則大讎可復，中興可期矣。』又言：『自陛下踐阼，臺諫、給舍多不得其職。今日士氣向衰，風采銷落，陛下所當長養振作，而反陰銷沮之，將使群臣上懼陛下之威命，下虞群小之中傷，苟且成風，諂諛充位。脱有大姦巨惡，誰爲陛下言者？』

紹熙元年，遷著作郎兼司封郎官。二年正月，震電雨霜，大雪繼作，涇應詔上封事，言：『雷，陽也；雪，陰也。陽氣方升而陰制之，此雪所以降也。以象類而求，則君欺於臣，夫陵於妻，夷狄謀中國，小人害君子，皆陰勝陽之證也。有一於此，皆能致亂，陛下不可不預防也。』時佞倖漸肆，李后悍妬，故涇以爲言。出爲淮東、浙東兩路提舉。慶元初，召爲尚書右司郎官，論壽皇孝養禮曠，以爲：『太上之於陛下，親父子也。天性之愛，血氣之屬，慈孝之親，宜無毫髮疑間。雖太上疾勢未平，語言舉動若未容於進見者，然陛下孝心純篤，豈以吾親之不可見而遂已乎？臣聞參天地、贊化育，曰誠而已。金石之無情，鬼神之至幽，猶以誠而動。矧人子事親，誠極其至，有不感動者乎？願陛下兢業於中，以親之未順爲憂，以期於見親爲念，積此誠意，庶幾太上之懽心可得，而喜付託之得人矣。』

三年，以起居舍人假工部尚書，使金，還言：『虜有危亡之兆，而吾無自治之策。使吾治具畢張，備禦無闕，敵雖强不足畏。倘偷安歲月，僅了目前，一弱虜滅，一彊敵生，未足爲喜也。』初，涇之往，寧宗諭使覘國，而虜爲蒙古所攻，我有乘釁之意。涇深懼其輕動，故還奏如此。除直煥章閣、知慶元府沿海制置使，以言者論罷。是時，權姦用事，涇不爲勢怵，斥去十年不調。於里中闢西園，取范文正公格言，名其堂曰後樂。開禧元年，得旨入朝。明年，除中書舍人兼直學士院詔應，論北伐非計，不聽。三年，自吏部尚書拜御史中丞，請誅姦臣韓侂胄，論罷右丞相陳自强。拜參知政事，封崑山縣開國伯。嘉定初，兼太子賓客。

始，侂胄之誅，涇功多。繼又患史彌遠有專恣之漸，欲去之。彌遠爲景獻舊學，知涇謀，風御史劾罷之。五年，知潭州。八年，知隆興府。上以涇三世同居，有堂曰友順，御書二大字。太子亦爲書後樂堂牓賜之。九年，知揚州。十七年，除資政殿學士、金紫光禄大夫致仕，進封吳郡開國公〔二〕。寶慶二年，卒。理宗輟視朝一日，特贈太師，追封秦國公，賜諡文節。

涇歷仕三朝，出入内外四十餘年，憂國忘家，始終一節，而謀深慮遠，不徼近功。其進退之際，與時升降，嘗語人曰：『官職自有定分，名誼千古不磨。』其在朝孤立自守，不畏彊禦，以賢才爲立國之基，薦進搜舉，汲汲如不及，如李燔、輔廣、倪思、陳韡，皆其人也。涇在潭時，與朱熹有交承之好，侂胄指熹爲僞學，斥之。侂胄既死，涇奏召熹還朝，而熹已卒，復移文新安，取熹諸經、四書傳注，刊刻以傳。又請爲右文殿修撰張栻賜謚。其表章正學之功多矣。所著文五十卷，曰《後樂集》。弟湜，《儒林》有傳。①

材料出處

①原注：盧熊《蘇州府志》。按：卷三五。

校 證

〔一〕治，原闕，據《蘇州府志》補。

〔二〕公，原作『伯』，據《蘇州府志》改。按：宋有吴郡開國公，而無開國伯。

劉靖之

劉靖之字子和，廬陵人，學者稱孝敬先生。爲人廉静寡欲，敦重少言，而和易端粹，不爲崖異之行。其家居，孝友尤篤也。自少即以經學文行知名，登進士第，再調贛州教授。還家待次，益以諸經自課，日求其所未至者，蓋自音讀、訓詁以及近世諸儒論説，無不該貫。

及至官，視其學故有趙清獻祠，後廢，而生祠郡守、部刺史至五六人。靖之曰：『趙公與濂溪先生法皆當得祠者，今或廢于已舉，或初未嘗立也。彼紛紛者何爲哉？』命悉撤去，而更爲二公之祠。諸生請曰：『趙公則聞之矣，敢問濂溪何人也？』靖之具告之故，且出其書使之讀。晨諸生固已風動，于是又益推本其説，以發明六經、《論》、《孟》之遺意，諄諄辯告，如教子弟。晨入寓直，至暮乃罷，日以爲常。其教大抵以讀書窮理爲先，持敬修身爲主，至于學官程課有不可廢者，其命題發端，必依于是而出焉。于是學者益知所向，其言行小不中禮，服飾小不中度，必規正之。課試之文，以老、佛論道，以管、商議政，忘讎恥，狥時俗者，皆棄不録，于是學者又知所懲。其于有司之事，亦皆精審嚴密。間斥其贏以市圖史，至若干卷。待諸生以恩，至于進退取舍之間，則必考行能，視次第，稽諸公論，而未常有所私也。以故諸生之事靖之，如事父兄，服習其教而守行之，俗爲一變。其浮惰不事學者，往往引去，或亦悔前所爲而革心自新焉。郡縣吏皆怪，以謂學官弟子比無入官府辯訟請謁者；父老皆喜，以謂吾家弟子比無荒嬉惰游、還家叫呼犯上者。士大夫家亦爭遣子弟來入學。贛之人至咨嗟相與言曰：『吾邦自李先之爲教官，迨今七八十年，乃復得劉君耳。』翰林承旨周必大聞之，爲記其説于聽事之壁。靖之既去，改宣教郎。遭繼母喪以卒，諸生哭之，皆失聲，相與守其法不變，去而從其弟靜春以卒業者數人。

靖之平日閉户讀書，不甚與人接，雖名士亦不强附，而時之縉紳多慕與交。國子祭酒蕭之敏嘗以經行氣節薦于朝。劉氏自太宗時有刑部郎名式，胡安定所爲記墨莊者。至靖之父滁，亦好學修飭。及靖之兄弟，家法益峻，忠厚雍穆之風不墜。及卒，丹稜李燾書其墓曰孝敬劉君，而廣漢張栻爲刻銘納壙中，新安朱子又爲之傳。是數君子者，蓋或未嘗識靖之也。①

材料出處

①原注：《晦庵集》，參《南軒集》。按：朱熹《晦庵集》卷九八《劉子和傳》，張栻《南軒集》卷八四《教授劉君墓誌銘》。

梁季珌

梁季珌字飾父，處州麗水人。以遺澤入仕，授提點江淮坑冶鑄錢司幹辦公事，再調南外睦宗院，既而通判湖州。湖州去京師百里而近臺省，監司之滯訟，悉以委季珌。季珌閱實其事，不爲吏欺，裁處其平，不爲勢撓。自本州以及旁郡，事多賴季珌以直。經制之入，舊多乾没，當路督責無已時。季珌檢校靡密，歲額整辦，又斥其餘以補前政之虧數以萬計，諸司列上其政，孝宗亦雅聞其名，擢知信州。治信未期，以母憂去，吏以例白郡，故奠餽若干。季珌斥去之，僚吏復相率以請曰：『道遠，將無以爲資。』季珌曰：『親喪，乃所自盡也，而可煩官乎？』竟辭弗納，郡人嗟歎。

服除，知光州，除提舉荆湖北路常平茶鹽司公事，改提舉江南西路常平茶鹽司公事。江西之俗，生子不能贍，即委棄不顧。季珌創慈幼院以收育之，且撥公田爲經久計，多所全活。明年，除江南東路提點刑獄公事。俗喜終訟，季珌獨懲其發蹤者，訟以是簡。尋除都大提點江淮等路坑冶鑄錢司公事。明年，除尚書户部郎中、總領淮東軍馬錢糧總所。異時，吏以貿易新陳借貸樁積爲辭，雜塵土秕糠以爲姦利。季珌曰：『樁積以備不虞，何可屢借？且吾調度有常，和糴足以相濟，何俟於借？』即嚴綱運之程，去和糴之弊。於是糧餉輻輳，庾廩充盈，以新易陳，歲不能什一，自餘悉以見至者給，吏不得以借貸爲名有所雜揉。軍人鼓舞，以爲計其實，增常時什二三。

京口歲旱，責經賦於種菽之家，民不堪命。會季珌攝守，不崇朝蠲去，民歡呼若更生。再轉爲太府卿，除權尚書户部侍郎。時邊事方殷，調度不繼。季珌謂大絃急則小絃絶，一切之政，非所可用，惟明統紀、信期會爲庶幾。自當時而言，若甚迂緩，而外不致張皇，内不致乏絶，時以爲難。

除尚書吏部侍郎，其論吏銓一疏略曰：『恭惟國家南渡以來八十年間，省部成法，斠若畫一。昨自權臣當國，變更略盡，姑以目前所見言之：改官必班見，舊制也，今或徑得差遣，不妨趁班。改官必作邑，舊制也，今或别得差遣，遂免作邑。至於班改之員已足，特許附班；薦舉之章有礙，委曲收使。或闕已授而留抄未上，别圖改注；或闕未出而先乞留闕，阻遏後來。或不合奏薦而特與放行，既開方來之門，復令已往者援例；或不許收敘而特與改正，既使脱去罪籍，仍還積下磨勘。辟差者不問實歷之有無，换闕者不拘闕次之遠近。甚至出身定於補官之初，或扳援親屬而改授進士；限以科舉之制，或未嘗中選而出官。若此等類，不可概舉。乞詔中外，自今一遵成法。凡後來所行有與成法相戾者，並不放行。庶幾公道昭明，人心歸一，更化善治，無先於此。』縉紳服其切要。

嘉定元年夏四月，抗疏請外，温詔弗許。九月二十有九日卒，年六十有六。季珌性清静、薄嗜慾，年過强仕，即就外寢。所至一室蕭然，惟圖史是娱。兩典侯藩，六將使指，所至惜公帑，纖悉無過用，雖舊比所當得者，率卻不受。行部懼費供億，不宿地市，去官必藉，内外供帳，歸之有司，毫髮不有。①

材料出處

①原注：劉宰《漫塘文集·梁侍郎行狀》。按：劉宰《漫塘集》卷三三《故吏部梁侍郎行狀》。

吴　琚

吴琚字居父，一字雲壑，憲聖太后猶子也。陳傅良在太學，琚執弟子禮，惜名畏義，不以戚晼自驕。范成大、陸游引爲師友，項安世輩則其客也。尤工翰墨。孝宗萬幾之餘，即命中使召之論詩作字，呼之爲哥，光宗呼之爲舅。滿朝之請過宫也，琚密奏孝宗謀所以安光宗者，因擬進諭旨曰：『予與皇帝之情，初無疑間。比以過宫，稍希臣寮勸請，反涉形迹。不知三宫聲問絡繹，豈在一月四朝方爲盡禮？今天氣尚暑，過宫常禮宜免。如欲相見，予當自招皇帝矣。』會孝宗崩，不果。趙忠定公之定策也，先謀于琚，琚密奏憲聖曰：『某官傳道聖語，敢不控竭？竊觀今日事體，莫如早決大策，以安人心。垂簾之事，止可行之旬浹，久則不可，願聖意察之。』憲聖曰：『是吾心也。』于是大計遂定。

忠定欲琚出入通宫禁廟堂之意，琚欲重體貌，求慈福宫使，否則提舉中秘書，忠定難之，乃以韓侂胄任之。侂胄佯爲曲謹，雖一秩必以請，忠定墮其計，遂爲所陷。垂殁，謂其從子崇穌曰：『悔不用居父，以至今日。』琚與侂胄爲密姻，黨事既起，琚畏遠權勢，委曲遜之。然密爲諸君子地，言于憲聖，以不宜進究往事，外人多不知也。侂胄忌之，謂其弟曰：『二哥祇喜引許多秀才上門，何也？』然以憲聖故，不敢有加于琚。一日招同賞花，極歡，間問琚曰：『肯爲成都之行否？』對曰：『更萬里亦不辭。』侂胄笑曰：『恐太母不肯放兄遠去耳。』然終不欲其在朝，歷帥荆、襄、鄂三路，終于開府儀同三司、鎮安軍節度使、判建康府、江南東路安撫使兼行營留守。吴曦之復帥蜀，惟琚言其必反，後果驗。太常議謚，謂其功有人所不盡知者。朝廷後衈忠定子綱，亦以密奏進其始末。史彌遠以吴、韓本密姻疑之，不録，時人以爲屈。①

材料出處

①原注：《宋元學案》。按：卷五三。

徐　瑄

徐瑄字純中，一字漢玉，永嘉人。父定，官至知潮州。光宗即位，遣瑄表賀，授太平州司户，未上。慶元元年，中刑法科，改慶元府司法，除大理評事，三遷至太宗正丞、權刑部郎兼户部左曹，出知嘉興府，擢直秘閣、夔州路安撫使，揭旗於車前曰：『有訴官吏貪贓蠹國者，立其下。』遠近震竦。夔漕司故以鹽利之羨獻于朝，瑄念黔、珍民貧地瘠，移其羨以代民輸，爲緡十有二萬，又歲捐鹽若干以充其賦，民爲立碑像而祠之。移知瀘州、潼川路安撫使。

嘉定十一年，召爲刑部郎官。輪對，極言大臣恃獨智、悦諂辭。疏入，不報。時宰相專而忌，臺臣承望風旨詆瑄。免官，主管成都玉局觀。復直寶謨閣、知饒州，召爲户部郎官、大理少卿。寶慶元年，湖州民潘甫與弟丙、壬聚〔一〕亡命數十爲亂，夜入州劫濟王。尋敗，甫死于兵，丙磔于市，壬逸去，餘黨就擒。守臣謝周卿、通判張宗濤以下悉付大理獄，詔瑄鞫其事。時宰面授風旨，又數以手簡羅致不附己者，且諭瑄可立致貴顯。瑄曰：『王忠嗣，唐武將也，不肯以人命易官，吾忍乎？』獄具，騰〔二〕書于朝，謂跡涉疑似者罪不當死，復執論數四，不報。

會胡夢昱應詔言事，例借長官印，或怖瑄勿與，瑄曰：『吾位亞卿，不能建明，而又阻同僚之言乎？』夢昱奪官，竄象州，瑄遺書史彌遠爭之，不可，亦鐫二官，罷。王塈、梁成大論不已，先後追六官，象州居住。時年已六十矣。築室瘴江之濱，曰觀練，自號松月居士，堂曰欣止，題寓居云：『吾道日非奚至〔三〕是？此心安處便爲鄉。』紹定元年卒。端平元年，以王遂言，贈集英殿修撰。①

材料出處

①原注：《魏鶴山集·徐公墓誌》。按：魏了翁《鶴山集》卷八六《大理少卿贈集英殿修撰徐公墓誌銘》。

校　證

〔一〕聚，原作『衆』，據《墓誌銘》改。
〔二〕騰，原作『謄』，據《墓誌銘》改。
〔三〕至，原作『止』，據《墓誌銘》改。

余　古

余古，錢塘人。光宗初，罷遺補官，近臣罕進言者。紹熙二年五月，古以布衣上書曰：『恭惟皇帝陛下春秋鼎盛，自即位以來，星見再周，當思付託之重，朝夕勉惟求治之道。乃或不然。問者側聞宴遊無度，聲樂不絶，晝之不足，繼之以夜。宫女進獻不時，伶人出入無節，宦官侵奪權政，隨加寵賜，或至超遷。内中宫殿已歷三朝，何陋之有？奚用更建？樓臺接于雲漢，月榭風亭不輟作，深爲陛下不取也。自古宦官敗國，備載方册。今上而三省，下而百司，皆在此曹號令之下。蓋自副將而至殿步帥，各爲高價，但如其價，則有特除，此爲害之大者。良由公卿持禄保位，備員全身，如漢之石慶、唐之蘇味道，滿朝皆小人也。陛下果能以漢文帝爲法，唐莊宗爲戒，即乞昭示詔旨嚴下約束，除太常樂工，立定員數。凡俳優抵戲，皆放而爲民。美女麗人，自今無獻。宴開以時，酒進有數。宦官不得干預朝政，佞倖悉去，忠良並進，陛下求不垂拱以高揖羲皇，亦不可得也。問安視膳之餘，宫庭燕閒，講讀經史，頤神養性，享名教不窮之樂，固嵩岳無涯之壽，豈不休哉？』帝覽書震怒，始議特旨編管，言者救之，乃送秀州聽讀。①

材料出處

①原注：《咸淳臨安志》引《朝野雜記》。按：《咸淳臨安志》卷六七。

趙　綸

趙綸字君任，鼎曾孫。五歲誦書，入耳不忘。年十九，從朱子于富沙。趙汝愚爲相，白上録鼎舊恩，授登仕郎，移澧州安鄉令。以義勇平群盜，宣撫使吳獵上其功，改安撫機宜文字。時議散沿邊忠義，或慮召變，制置使李大性謂綸曰：『惟子可以了之。』忠義將董逵方激怒其衆，推誠諭之，勉以歸農，或隸户籍，皆大喜過望，而識拔其帥孟宗政、扈再興等數人，後皆爲名將。改知益陽縣，已而通判江陵，皆有聲。嘉定九年，遷知信陽軍。

金高乞入寇，疾馳至郡，繞城濬隍，蒐軍實，勵將士，拔袁海于囚，拔董思明于野，授以帥。兵薄城下，擐胄登堞，矢石雨發。金人知有備，拔栅以火攻。綸遣康孝先帥死士潛出，抵金人帳，斃其酋，注首槊上，金人棄攻具走。俄而復至，綸固守，調諸軍列栅淮堧，間出遊騎以誘之。一日，與敵遇〔一〕，乘勝逐，金人大潰，俘獲無算，盡以隸軍。次年，諜知金人又治兵，綸豫定諸軍之出戰者、巡徼者、列栅而守者并城中之分門而守者。金人至，及其未定，急擊之，斬馘多。金人以二萬人環城，以萬人阻城〔二〕東諸山而陳。綸親督戰，軍士一當十，金人敗走。

又明年，浮光、棗陽被圍，光山破，綸曰：『是吾唇齒也。』光守柴叔達乞師，遣董思明與袁海援之，而使從間道入光，約表裏相應。師次永〔三〕城，總餉者忽欲移師防江，綸持不可。金人乘勝入梅林，列栅據關，取倉粟，江上震摇。急召思明倍道抵關，束馬山谷，間步出胡家衝，攀木緣崖，魚貫而進三十餘里，設伏于隘，遇金候騎，擒之，遂拔栅而入，爇其酋之卧帳。金人倉黄奔迸，思明師憑高蹴之，呼聲震山谷，奪其旗幟、書敕、牛馬、雜蓄，盡得前此官軍所遺資仗并難民之陷軍者，而淮西之師亦集，遂解浮光之圍。

自綸守信陽，金再戰皆北，至是越境出奇，威名大震，然嫉妒亦自此而起。論功，以直秘閣仍守信陽，俄而以直焕章閣充淮西安撫使、知廬州，又改湖北安撫使、知江陵府。未至，以言者論之，削籍，罷。明年，予祠，復以直焕章閣充淮西安撫使、知廬州。舟次丹陽而卒，年五十九。江陵罷歸，無一椽之宅，僦居長沙。尋歸某山，矮屋五楹，僅蔽風雨。所著有《時齋遺稿》二十卷。①

材料出處

①原注：《鶴山集·趙君墓誌》。按：魏了翁《鶴山集》卷七三《直焕章閣淮西安撫趙君綸墓誌銘》。

校　證

〔一〕與敵遇，原闕，據《墓誌銘》補。

〔二〕城，原闕，據《墓誌銘》補。

〔三〕永，原作『求』，據《墓誌銘》改。

趙　昱

趙昱字希光，雄子也。少苦學，以司馬、周、程氏爲師。嘗謂存天性之謂良貴，充諸己之謂内富，故漠然不以利禄動其心。當是時，南軒之教盛行蜀中，黄兼山、范文叔皆導其緒。雄故嘗與南軒不咸，以是兩家子弟其初不甚往還，而昱獨與其高弟議論多合，説者以爲吕正獻公之于范、歐諸老爲親炙，而昱之于南軒爲私淑，然其善于親師取友則同也。

先是，雄嘗爲孝宗言：『吴挺專制蜀已久，雖名三軍，其三軍僅當挺之偏裨。陛下神武，雖百挺何能爲？然爲子孫萬世計，不當如此。』孝宗是之。及挺卒，朝廷雖略行其言，已而復以兵予吴氏。昱性沖淡，出仕二十餘年，然歷任不滿三載，及以廣安守家居，無復宦情。開禧丁卯，吴曦之變作，昱每念其父之言，輒投身大慟，或至氣絶。初欲買舟順流而東，賊以兵守夔門，不克。于是製大布之衣，每有自關表避亂歸者，輒號泣弔之。貽書成都帥楊輔，謂：『逆雛驕豎干亂天紀，痛哉宗社！哀哉蒼生！此直愚騃無知，爲敵所陷，逆順昭然，其下未必皆樂從也。肘腋之間，禍將自作，事尚可爲。』因勸以舉義，輔不能用。昱遂絶粒，浸卧疾不能起，猶晝夜大號，聲達于外。置一劍枕間，每舉欲自刺，家人捍之不得間。然竟以不食而卒。

俄而亂平，吴獵疏上其事，且乞以昱故追予其父恩澤，以昭世臣之賞。詔賜雄謚文定，而昱亦予贈卹如制。①

材料出處

①原注：岳珂《桯史》。按：《桯史》卷三『趙希光節概』條。又按：此傳大略録自《宋元學案》卷五〇。

丁伯桂

丁伯桂字元暉，福建莆田人。嘉泰二年進士，補永春縣尉，調寧德縣丞，歷知廣州南海縣、肇慶府通判。寶慶間，史彌遠當國，惡莆田人，遇進用，必抑之。伯桂以銓知循州，例當朝辭，彌遠見曰：『是異於莆士者。』留提轄雜賣場，伯桂旅揖外，未嘗一詣相府，累遷宗學博士。紹定四年，火災，求言。伯桂應詔，略曰：『比年大風顛木，巨浸成淵，雷發先春，日乘背氣，虎出平藪，龍鬬近畿，疫疾流行，妖星伏見，上下恬然而莫之省，天安得而不怒？夫大感悟必大更張，今貪酷之吏滿天下，皆由權勢庇之，苞苴啟之，參選者伸縮於吏胥之手，干進者奔走於廝役之門，人臣知之否乎？』

彌遠見疏，憾伯桂益甚，不得擢。及彌遠卒，除樞密院編修官。伯桂輪對，首乞去臺諫副封，令中外薦剡得自舉，復近臣宴見、百官集議舊制。次言居憂者汲汲起復，舉世無孝子，注闕者汲汲奏辟，舉世皆躁士，宜作而新之。理宗嘉納。端平元年，擢監察御史。時金已爲蒙古所滅，趙范、趙葵、全子才建收復三京之議，伯桂極諫曰：『故相史彌遠當國二十七年，於法當敗，然所以不敗者，用兵一事猶能謹重，必迫而後動，故雖敗而猶存。暮年輕信兒子，交韃滅金，則謬矣。今更化未數月，而遽欲收古人百年勝殘去殺之功，謬不愈甚乎？宜修沿江守備，以增一重藩籬，且戒三帥常思卻顧，無倖近功。』

已而三帥以不捷返，伯桂疏言：『輕敵之誤小，遂非之誤大。今移兩淮糧械於邳、徐、唐、鄧等州，猶循危轍，冀雪前恥。然愈變愈差，不可不慮。』復論：『彌遠在時，楮幣窮而不變，羽書急而不報，注擬壅而不行。陛下一旦更張，内則空内府累世之藏，而楮賤自若；外則八陵之圖甫南馳，而三帥之旆已北指。矧收召廣，進用驟，有一月而數遷者。前日之病在於緩，今日之病在於速矣。』理宗屢歎治效不進，有請用舊邸私人者，伯桂爭曰：『慶曆初，盜起東南，西兵未解，仁宗所選任者，杜、范、韓、富數人而已。王安石變法，先結張若水、藍元振輩以爲腹心。及神宗遣二人視府界所行青苗，皆云民便樂之。今小人不過用安石故智，奈何墮其術中乎？』

伯桂在言路二年，疏數十上，語皆切中時弊。三年，陞秘書監，遷起居舍人兼起居郎，又兼中書舍人。韓休除節度使致仕，伯桂封還，曰：『比者后家一門雙節，衆猶謂不移此募戰士。今休一賓贊之臣，顧畀以旄鉞，如祖宗舊典何？』命遂寢。閻美人進封，親屬加恩者百餘人，伯桂請俟三邊稍靖然後舉行，詔如所議。嘉熙元年，除權吏部侍郎，遷給事中。韃比〔一〕歲入寇，宰執洶洶，伯桂言：『大臣，操舟主病者也。若先倉皇動色，同舟同室之人將若之何？宜凝定志慮以應變。』時郊祀夕大雷雨，伯桂曰：『陛下本以好賢受諫聞天下，近來言官忤旨，至形詞色，而易置臺諫〔二〕如弈棋。此致異之大者。』其因事啟沃，類如此。

未幾，余天錫自福建召還，且大用。近臣多先通殷勤，伯桂駮論曰：『闒欒土以處天錫足矣。召之，徒使陛下有私故人之名，言者必起而攻之，非所以愛天錫也。』疏入，宰相喬行簡承理宗意，趣書讀行下。伯桂已病，猶堅執如初。越數日卒，年六十七。贈通議大夫。伯桂兄弟八人皆有俊譽，而伯桂尤工聲律，然素清修，不以藝掩德也。子南叟，承務郎、監海州海口鎮，調監泉州市舶務。①

材料出處

①原注：《劉後村集》。按：劉克莊《後村集》卷一四一《丁給事神道碑》。

校　證

〔一〕韃比，原作『蒙古北人』，據《神道碑》改。

〔二〕諫，原作『誅』，據《神道碑》改。

方大琮

方大琮字德潤，福建莆田人。祖萬，紹興三十年進士，初授增城尉，改監行在和劑局。大琮登開禧元年進士第三人，補南劍州教授，改江西轉運司參議，歷知將樂、永福二縣。端平元年，詣行在，丞相鄭清之一見如舊，擢監六部門。三年，遷著作郎，除右正言。上疏曰：

『臣自立朝以來，每見群臣議論，始則言成敗，中則言安危，至於去歲夏五之後，景象頓異，則以存亡言矣。然徒知天下有將亡之形，不知古今有不亡之理。理者何？綱常是也。臣側聞陛下踐祚之初，故王退守藩服霅川之事，變生不測，當時天地祖宗猶察陛下之有所制，亮陛下之不得已。既而史彌遠斃矣，端平改弦，威福自出，此非昭枉雪冤之時乎？

『臣恭覩元年六月御筆有曰：「濟邸立嗣，難以輕議。」二年七月御筆有曰：「衛王功茂，深欲保持其家。」一則如待深仇，一則如拊愛子，讀者所爲黯然吞聲也。故王之跡，非若秦邸，而秦邸子孫至今蕃盛，此太宗皇帝保全之力。今也西溪荒阡，麥飯無主，孀嫠孤寄，抑墮緇流，獨不以太宗之待秦邸者待之乎？彌遠之罪，浮於奸檜，而檜死之日，諸子勒令致仕，此高宗皇帝果決之斷。今也宅之頑童，班崇錫第，起玷名郡，敢抗公平，獨不以高宗之處檜者處之乎？德於其非所當德，怨於其非所當怨，一念之私，綱常倒置，驕卒安得不狂悖？凶氓安得不跳躑？叛將安得不飛颺？蓋有以召之矣。

『昔漢淮南王驕僭，非復有愛兄之道，文帝哭之甚哀，以袁盎解而止。及聞斗粟尺布之謠，則還地封子，不遺餘恩，未嘗終膠於盎之説也。陛下天性友愛，與文帝同。故王之脅，與淮南異。臣聞故王嘗從陛下會朝侍班，同榻共食，情愛至備。使無彌遠先入之言，寧不愴念疇昔之好？矧自更化之後，凡逐臣羈士見扼於權奸者，無枉不白，獨天倫大冤不能自明。一婦茹屈，枯旱三年，匹夫非辜，飛霜六月，而況先帝之子、陛下之兄乎？或曰四郊多壘，未暇議也。不知腹心不治，何以望膚革之安？或曰皇嗣未衍，未遽議也。不知《麟趾》不歌，何以致《螽斯》

之慶？一念之歉橫於胸中而不化，則一氣之盭鬱於兩間而不消。誠能宣明洞達，此歉不留，將見精誠感召，此盭自消矣。』

復論國家大勢，以爲：『亳之復，汴之入，方以歸疆爲喜；襄之失，蜀之危，反以蹙國爲憂。炎興半守而猶牢也，不可以當吾世而有金甌〔一〕破缺之形。侂、遠雖壞而未潰也，不可以當此時而有舉酒祝柱之歎。』反復數千言，皆不報。逾月，入〔二〕對，理宗曰：『擢卿言論，當體國。』大琮曰：『臣所言無非體國者。』袖出手疏，再奏，略言：『三邊功賞未聞，而後宮數十之宣一夕取辦，五閫將佐暴露，而近親雙節之命同日並頒，襄蜀流殍，而諸璫進勸未已，江北清野，而內庭水妖方興，非所以消疑釋謗也。』理宗嘉納，遷起居舍人。

嘉熙元年，魏了翁安撫浙東，命下，大琮奏：『韓侂冑、史彌遠剗鋤之餘，天下人才僅存真德秀、魏了翁二人而已，陛下當饋太息，傍徨乏使，而三十年劫火不燼之精英，一爲天所奪，一爲人所沮，豈不大孤人望哉？乞留了翁以爲朝廷重。』因力求去，不允，命兼權直學士院。先是，臣僚無敢言濟王事者，及大琮抗疏，言路漸開，王邁、劉克莊相繼論諫，殿中侍御史蔣峴惡之，疏刻〔三〕邁、克莊，而以大琮爲魁傑，請寘重辟。理宗不允，罷大琮主管紹興府千秋鴻禧觀。四年，除秘閣修撰、福建路轉運判官。淳祐元年，遷集英殿修撰、知廣州、廣東經略安撫使。六年，進寶章閣直學士。

大琮在廣五年，晨興治事，夜漏上數刻乃休。鎮內百廢具舉，以兼司俸送三學，用朱子所定禮，更造爵、俎、罍、籩豆、簠簋，鑄編鐘以足其數，取英、韶石以爲磬，歲行釋奠、鄉飲，務以禮教變其故俗。增摧鋒軍春衣錢，別給水軍出戍糧米，免其借剋。舊時計常苦不足，至大琮簡儉節縮，歲羨十萬緡，積四庫以備用，後守廣者賴之。改知隆興府，命下而卒，年六十有四。贈通議大夫，謚忠惠。

子演孫，字景行。國子試得銓注，調監建康府糧料院。制置使王埜辟爲幕，添差通判南劍州，攝邵武軍。景定元年，除諸司審計。當對，傷父論濟王事賫志以殁，乃疏奏：『舜有有庳之封，周公有蔡仲之命，陛下之聖，豈愧古人？三十年間因循未行者，存亡繼絶之一事耳。及今行之，是彰陛下之聖。不然，終爲人道之歉。』反覆數百言。累遷太府寺丞，請外，知建昌軍。度宗即位，陛辭，疏論新政，復申前請，移知贛州。尋歸，奉祠。已而蕪湖師潰，國事已不可支，演孫猶運粟以濟行在。德祐初，集民兵固守鄉邑，即家除工部郎中。廣王嗣位福州，召除軍器監司農少卿，進大司農。演孫奔走措置，以濟危急，積勞致疾，景炎元年九月卒，年六十有四。①

材料出處

①原注：《劉後村集·方閣學墓誌》，《福建通志》。按：劉克莊《後村集》卷一五一《鐵庵方閣學墓志銘》，道光《福建通志》卷一八〇。又按：此傳録自道光《福建通志》卷一八〇。

校證

〔一〕甌，原作『歐』，據《墓誌銘》改。

〔二〕入，原闕，據《墓志銘》及《福建通志》補。

〔三〕劾，原作『効』，據《墓志銘》及《福建通志》改。

卷十六　列傳第十六

郭磊卿

郭磊卿字子奇，仙居人。嘉定七年進士。端平初，拜右正言，尋擢右史。彈劾權幸，無所避。初，理宗微時，與鄞人余天錫善，既即位，懷其定策恩，旋擢至執政，而人材猥劣，且門庭穢雜，朝論不與。磊卿上疏劾之曰：『臣聞鵶鴞入林，鳳凰遠去；豺狼當道，騶麟自藏。不仁者而在高位，則抱道懷德之士莫之敢近矣。陛下欲聚群賢以興至治，而股肱喉舌之任，乃使庸邪廁跡其間，是卻行而求前也。』章凡三上，天錫竟罷去。

史嵩之三世相位，勢可炙手，多怙權不法。磊卿疏已具，俟召對奏之，而爲嵩之耳目所得，亟除磊卿起居郎。磊卿憤不得言，徑出國門求去，遂鬱鬱不得志，嗚咽而卒。時磊卿與侍從徐元杰、劉漢弼等號端平六君子，天下方想聞其風采，而皆相繼以没。上亦念之不已，特謚正肅，爲立正諫坊以旌之。①

材料出處

①原注：《赤城志》。按：此傳實録自《兩浙名賢録》卷二三『讜直』門。

胡夢昱

胡夢昱字季昭，號竹林愚隱，吉之吉水人。生兩歲而孤，家無卓錐，其母羅氏忍飢寒以事教育。長慕汲長孺之爲人，平居未嘗失色失口於人。人有一善，如自己出。有秋毫點汙，絶不與校〔一〕。嘉定丁丑進士，授南安軍南安縣主簿。丁母憂，服闋，授南康軍、都昌縣主簿。中大法科，授峽州司法，除大理評事。凡兩輪對，皆隨事獻言，不毛舉細故以塞責。時寶璽來歸，大布恩澤，夢昱曰：『是非國家之福，豈臣子稱功德、冀官爵之時？』獨不受轉官賞，而援江寧獲寶、河湟歸土等事，極言今日正是嚴恭敬畏、愛惜日力之時，當以事機易失爲深慮，以事力未奮爲深恥，以事勢叵測爲深憂，言極凱切。

時逆全歸附，朝廷恩之過厚，漸至驕盈。夢昱以爲國家之患，不在心腹，在山東。乃獻言，欲先時而爲之隄防，隨時而爲之操縱。所謂先時而爲之隄防者，以爲淮甸所藉以禦敵者，民兵之力居多，合汰在籍老弱之官兵，而優附籍勇敢之民兵，使有犬牙相制之形，則彼必有所顧忌。所謂隨時而爲之操縱者，以爲此曹志在攻取，朝廷每遇其生事而禁約之，今官兵民兵合養威持重，而此曹之剛心勇氣，不若使得發泄於此時。寧宗皇帝側身修行，敬天恤民，而災害怪異亦往往有之。有星隕於東北，其光如電，其聲如雷。夢昱以爲主上誠心實德，對越在天，不宜有此。然仰窺天意，俯察人事，必有端倪，乃極言今日禍機伏於隱微之中者五事，乞舉行范純仁申敕中外條陳本職之説。

時有以郡縣差役不均，賦額虧陷，請行經界〔二〕者。夢昱以苟非其人，法不虚行，弊未可革，而害先及矣。詭名之隱寄者，可許而歸併，而不可責以累年之賦；其昔磽埆而今肥饒者，可許其因仍，而不可增以數倍之賦。遂極言之。山陽虚閧，廟議將遣許國。夢昱聞之，歎曰：『山東之禍止此矣。此曹平時頗以戰功自負，且以忠赤自詭，而德望不足以鎮之，能無忿乎？』遂援戴淵、商浩等事草奏，欲因輪對及之，未及對而許行，夢昱扼腕久之。後果敗，人咸服其精識。

理宗即位，封皇兄濟王，賜第霅川，妖民妄圖作亂，王坐此死。執政因窮治其事，轉相誣引，多所連逮。大理少卿徐瑄實涖其獄，夢昱謂瑄曰：『爲逆人而伸理，豈得已哉？乖陛下之至仁，是吾憂也。』瑄即舉夢昱充所知，有『勤拳憂國』、『慷慨敢言』、『引經決疑』、『近古遺直』等語。未幾，議奪王爵而廢其祀，事且下廷尉約法。夢昱謂瑄曰：『身爲法官，何忍坐視人侮法於帝兄而不救？』

時方下詔求直言，夢昱應詔上書，大略以爲太祖皇帝艱難肇造，以有天下。顧命之日，不傳之子而傳之弟，立國根本蓋與周人異世同符。周人不幸而有管、蔡之變，我宋不幸而有秦邸之變，又不幸有近日濟邸之變。其事不同，所以處兄弟之難者則同。然周公待管、蔡者終歸於厚，太宗皇帝待秦邸者終歸於厚，故皆能有道之長。齊威之待子糾者終歸於薄，唐太宗之待建成、元吉者終歸於薄，故皆有身後之禍。恭世子本無置毒之事，驪姬則以置毒誣之。晉獻公無以散其冤抑之氣，故有請帝託秦之怪。戾太子本無巫蠱之事，武帝有以散其冤抑之氣，故有晉人之事釁而無晉人之妖孽。又引鄭伯克段、周公改過事，反覆極論，且辯濟王之不幸，其事與管、蔡、秦邸不同，乞隆追贈褒崇之典，降存亡繼絶之詔，歲時遣使致其祭祀，撫其家屬，厚其賚予。又貽書丞相史彌遠，以爲公論在，天下未有久而不明；冤抑在，天下未有久而不伸。此論不早明，他日必有反覆。此抑不早伸，他日必有厲階。彌遠得書大怒，於是御史李知孝承風旨劾夢昱黨附叛逆，與洪咨夔並逐，而夢昱則有削籍羈管象郡之命，蓋寶慶乙酉九月己未也。

廣西帥臣錢宏祖欲殺之，賴運判陳汶左右得免。在象，扁其所寓室曰涼館，讀書其中。未幾，又爲御史梁成大所劾，再徙寧越，未及行，以痢疾卒。夢昱一門孝友，閫内無間言，囊無私蓄。其去國也，弟利用相從於象死。其歸骨也，兄夢白至自象，以瘴毒疽發於背死。①

材料出處

①原注：《象臺始末》。按：卷二《行述》。

校證

〔一〕校，原作『交』，據《行述》改。

〔二〕界，原作『略』，據《行述》改。

李昴英 子志道

李昴英字俊明，番禺人。曾祖仙之，承奉大夫，自保昌來遷。祖擧，安撫助教。父天棐，龍圖待制。母黎氏將誕，夢大星降於庭，因名。少雋穎，書史一覽成誦，博學多識，文思絶人。弱冠，嘉定十五年，以《春秋》掄元首。計偕，崔與之深器重焉。寶慶元年，再薦於鄉。明年，試春官，知貢擧鄒應龍欲置第一。時方諒陰，或曰上始即位，宜崇帝王之學，遂擢王會龍書義第一，昴英第三。①粵中士探花，自昴英始。洪平齊、徐梅楚皆重其才，以爲南方間氣。②

初調汀州推官。郡守陳孝嚴鷙悍，不恤其下。江閩寇相挻，郡無壁壘。力請增陴浚隍，以備不虞。會守虐殺兵校十數人，又欲造州楮，强戍兵充口券。昴英爭不聽，吏持州楮請署押，厲色呼之，徑棄官歸。亟出郡郊，倅貳偕士民數百邀而留之，曰：『環境皆盜，公忍棄吾民乎？』洎回，悍兵王寶已鬨然閉關，將殺守吏，士民擁之入，恒以身翼蔽守。昴英開諭諸賊曰：『若欲得守，盍先害我？』守以是獲免。既而朱積寶合磜寇攻城，設備待之，調左翼軍，合民兵討賊，面授方略，躬督戰，相持五日，戰二十餘合，賊敗北。功聞于朝，特遷太學正。

丁母艱，服闋，除武學博士。端平二年，摧鋒戍卒叛，懸惠州趨番禺。承平久，人不知兵，郡大恐。帥守曾治鳳航海潛去，轉運使石孝淳避水之南，獨庾使黄炭請于崔與之守禦。與之登城撫諭，昴英與楊汪中皆出諭，賊甫縋城，群凶露刃森立，毅然不動。從容諭禍福，賊退。事聞，除大理司直，主管經撫司機宜文字。

後與之平賊，以昴英有贊畫功，召除太學博士。賜對，上奏劄，③略曰：

『與治同道，罔不興，與亂同事，罔不亡，善覘國者之法。今雨血告妖，戎馬踐淮，襄峴失而江陵孤，三川潰而夔門危。祖宗區宇將半陸沈，億萬生靈重罹塗炭。陛下自視今爲何時，反觀行事，果與治同道否邪？

『夫勢之安危，反掌易置，理之當否，亘古不移，酣嗜峻雕，未或不亡。此謹身之戒也。陛下嘗因明禋之天變而撤樂，嘗以誕節之震雹而輟燕，蓋深自警省矣。然纔立望幸之衆，易至移人；天錫飲量之洪，難免過度。作無益則玩物喪志，營不急則宴安易懷。錫賚之數無涯，宫庭之費不會，此冠布衣帛之時也。愧脱簪之諫，周室所以中興；堅覆觴之志，晉元所以再造。此豈甚高難行之事？

『無法家拂士者，國常亡。此用人之戒也。陛下選拔言官，多采直聲，或俾再入，間由外擢，其寄耳目也重矣。然切於救國者，疑其矯激；忠於報上者，謂其好名。絶江而歸，無復論留之虚文；與郡以出，似非優待之美意。倘念國所以存，僅此一脈，必使臺諫得以盡其言。倘使强本折衝，在乎衆正，必使壯士得以伸其氣。衛多君子，國未可量。汲黯在朝，淮南寢謀。豈無益於人國哉？

『亂其紀綱，乃底滅亡。此守法之戒也。陛下非不遵先朝之成憲，而干請爲撓，非不欲臣下之奉命，而威令漸輕，給舍繳建節之濫而終莫回，大臣進除擬之目而不盡用。近習乘間而宫府非一體，旁蹊捷出而政事或多門。賞罰無章，功罪奚别，法制不立，軍伍豢驕，朝廷之政本未清，軍國之威權幾褻。自昔陵夷，鮮不由此。無紀綱而周之祚微，有憑藉而唐之命永，可不監哉？

『四維不〔二〕張，國乃滅亡。此厲俗之戒也。陛下欲洗濯士心，而意向未明，欲旌崇節義，而風厲未至。權臣孽息，褒榮加渥，群憸雖斥，簡記不忘。上之好惡或偏，下之趨向必異。平居習爲頑鈍無恥之風，臨難必無仗節死義之士，國何利焉？尚名節而東都之祚延，賤名檢而典午之禍作，可不懼哉？

『閲興亡之大，無出於四者。審安危之機，當決於一心。陛下幸跡其所以致治，監其所以召亂者，赫然發憤，日課其事，月計其功，常若勍敵在前，禍至無日，則恢復之規模立矣。』④

上賜金酬其直。尋召試館職，除校書郎兼沂王府教授，遷著作郎兼屯田郎官。⑤首言：『天變狎至，所以仁愛人君也。人言交進，所以忠愛人君也。天惟不言，故告戒寓於災異；臣當盡言，故論諫出於憂危。天變不足畏，人言不足恤，此王安石所以誤先朝者。今災沴頻仍，言路壅遏，當開心聽言，以弭天變。』⑥上意嚮納。會除崔與之右相，辭不拜，上以昴英嘗從遊，俾奉御札趣召，除直秘閣、知贛州。與之力辭不行，昴英亦不拜贛州之命，遷大宗正丞，擢權兵部郎中。以親老乞外便養，除直秘閣、福建提舉。登車志澄清，貪吏望風解印去。歲大荒，捐俸賑貸，活饑人甚衆。

會崔與之薨，請歸持心喪，不許。尋丁父艱，既葬，築室墓下，聚宗族子弟講學，若將終身焉。累召不起。淳祐初，杜範入相，首薦爲監司，以吏部郎官召。丐祠，不允。⑦時杜範與侍御史劉漢弼、國子祭酒徐元杰稱三賢，合力薦。昴英幡然曰：『權奸去國，群賢拔茅，此清明時也，敢自佚乎？』⑧六年丙午，赴闕，奏言：『陛下斥逐負國之權奸，而阿匼取容者猶尸素充位，以兩吏挾扶之耄狀而協贊萬幾。』蓋論時相范鍾也。時丞相杜範、侍御劉漢弼、祭酒徐元杰相繼暴卒，人皆疑史嵩之執仇，廷臣莫敢言，昴英獨斥言不避，請正嵩之罪，以伸三賢之冤。又言：『陛下於定國本猶未決，去權奸猶未勇，宮媪閹寺猶未斥絶，是皆爲更化之累焉。』⑨上喜其直，書御屏記姓名。

十月，擢右正言，上謂宰相曰：『李昴英南人無黨，中外頗畏憚之。』除兼侍講。益感知遇，知無不言。首抗疏乞早正儲貳，言極懇切。會史嵩之服闋，謀復任。昴英復奏嵩之罪浮四凶，當遠竄荒裔，不報。又率同列抗疏，亦不報。於是自再疏，⑩曰：『臣疏嵩之奸狀，踰旬不報。

陛下一則曰保全大臣，二則曰保全大臣，何敢不將順？然事有害大禍深，與國家不兩立者。嵩之包藏禍心，乃誤國巨姦，賊民巨蠹。』一時與御史章炎、黄師雍論嵩之無父無君，乞寢宫祠，削官遠竄，詔皆落職予祠。翰林學士李韶與從官抗疏言：『陛下不能正姦臣之罪，其過不專在上，蓋大臣百執事不能輔天子以討罪。乞斷以《春秋》之義，亟賜裁處。』乃命嵩之以觀文殿大學士致仕，不復用。⑪疏三上，語益切。上爲動容，即與嵩之宫觀。

時執政狠愎自用，尹京者恃皇族日横，力詆之。上問爲誰，以陳韡、趙與𥲅對，上卻其疏。昴英引上裾，跪奏。上怒，拂衣入，留疏御榻，再拜而退，有旨與在外差遣。三學諸生以詩餞諸國門外，有『庾嶺梅花清似玉，一番香要一番寒』之句。除知贛州，再除福建憲，又改漳州，俱辭不赴。時趙汝騰有三老八士之薦，三老，李韶、陳愷、徐清叟，八士，昴英其一，所謂國之干將莫邪者也。

家食數載，杜門卻埽。會榷帥丘迪嘉淫刑以逞，戮及無辜，移書請損之，不從，而暴愈甚。昴英遂繳告敕留郡庫，乞辯平民之冤，以是全活者數百人，然亦以此爲姦憸所中，褫閣職。淳祐十二年，徐清叟參大政，力薦之。上思其賢，起家除直寶謨閣、江西提刑兼知贛州。慨然以洗冤澤物爲己任，劾姦贓，決冤滯，一道肅然。置平糶倉以惠饑民，罷官酤，聽民自釀而薄其征，民以爲便，郡人崇像祠之。諸峒負險盤據，相挻爲亂，昴英申嚴保伍之法，使相糾察，且諭峒酋各率子弟詣臺訓治，掇《魯論》首篇『有子曰其爲人也孝弟』一章解義以訓飭之。酋豪各録本以歸，私相告諭，自是革心向化，無復爲梗。徐清叟奏其事，詔以其本頒示天下，使民矜式。課治最，陞直寶文閣。

寶祐二年正月，被召除大宗正卿，赴闕，兼國史編修、實録院檢討。上殿一疏，慨論時事，⑫略曰：『人主心有大警悟，則天下之勢不患其岌岌。然此心雖微，而萬世基業、四海生靈關係甚大。今災謫頻仍，民情浸睽，國用日竭，犬羊益張，陛下固勤勞於時艱，而有可娱之具陳于前，則有時而縱。固焦勞於外懼，而無可駭之言接于聽，則有時而忘。所以爲累者，必有由矣。孟軻謂國之危由交征利，臧孫達謂官之敗由寵賂章。如聞北司竊弄勢權，掖庭憑寵干請，修内司之獻助，取兩浙之上腴。文昌八座，處恩澤之庸瑣，郡國麾節，多戚屬之膏粱。世當承平，猶不宜有，今何如時哉？歐陽脩曰：「枉費財物，利悉歸衆，中外譏議，則陛下自受。」朱熹曰：「有私用而後有私人，有私人而後有私財。」二臣之言，似爲今日發。願陛下潛消外患，無以樂玩憂。』時賈似道執政，閻妃、丁大全表裏用事故也。既奏，左右皆側目。

上有西太乙之幸，又抗疏諫曰：『方四郊多壘，正卧薪嘗膽之時。湖山在目，似涉遊觀，道路頗遥，駕還必暮，意料之外，事非一端。』⑬上嘉納，除兼侍講。時皇子忠王禥行冠禮，進太常卿。贊禮成，除右史，遷左史兼權吏部右侍郎，尋擢龍圖閣待制、吏部侍郎加中大夫，封番禺開國男，食邑三百户。

屬董、盧二巨閹竊弄威福，御史洪天錫累疏攻之，不行，乃直前敷奏，疏入，不報。又再疏曰：『邇來北司專恣，日甚一日，它人不敢言，而天錫獨言之，俄解言職以去，中外莫不駭愕。始天錫登朝，臣實薦之，如不行其言，乞與俱貶。』留疏拜辭，遂與天錫俱出國門，時人咸惜其去。時軍國多務，有詔除端明殿學士、僉樞密院事，辭不赴。上屢有大用意，竟爲憸壁尼焉。自寶祐三年歸，澹然無復仕進意，家文溪之上，因以自號。上嘗賜其所居扁曰久遠，曰文溪，曰嚮陽堂。五年秋，忽一夕，大星隕舍東，闔城駭觀。後數日，昴英卒，年五十有七。謚忠簡。

昴英天性勁直，議論高邁，其文簡而有法，婉而成章，一時同館名流如江萬里、文天祥皆推服之。平居温然，接物寬而有容，至於臨大節、處大難，毅不可奪，雖鼎鑊在前不慴也。景定三年，轉運使洪天錫因邦人之請，祠于海珠山。咸淳九年，士人又請于郡，與菊坡合祠。所著有《文溪存稿》二十卷，行于世。⑭

子志道，字立翁，號漁灣。少儁穎，以《春秋》領淳祐九年鄉薦。寶祐元年，成進士。時上御明德殿，再試稱旨，除授京邸教授，賜紫金魚袋。造育有法，士林宗之。明年，父昴英起爲大宗正，引嫌乞外職，改調浙江僉憲參幹諸軍事。志道嚴部伍，時簡閱，一意寬刑養重，一道稱平。五年丁巳，丁外艱歸。服闋，起補都憲御史，專理糧餉。未幾，丁祖母艱去。咸淳三年，召入爲朝散大夫、直寶謨閣、廣南東路經略安撫司、提點刑獄、節制兵馬兼屯田使、尚書工部侍郎。時直國步多艱，强敵在外，賈似道專政，權傾人主，志道屢疏乞歸，不許。德祐元年，以疾乞閒〔二〕，得歸田里。端宗立，航海南奔，元兵侵逼，志道糾練鄉勇，躬督戰於潮州，上粟十萬石餽送餉軍。三月，益兵三千餘人。帝重其忠，賞給番禺、南海、新會、東莞、香山各縣田地約八千餘頃。端宗崩，帝昺立，與元人戰於厓山，師潰，宋亡。志道大哭，奉大行主於家嚮陽堂，率子弟宗戚鄉人朝夕哀奠。未幾，憤鬱而卒。⑮

材料出處

①原注：黄《志》。按：此傳實録自道光《廣東通志》卷二七〇。
②原注：孫敞苞撰《行狀》。
③原注：黄《志》。
④原注：《文溪存稿》。
⑤原注：黄《志》。
⑥原注：《廣州人物傳》。
⑦原注：黄《志》。
⑧原注：《行狀》。
⑨原注：《文溪存稿》。
⑩原注：黄《志》。
⑪原注：《廣州人物傳》。
⑫原注：黄《志》。

⑬原注：《廣州人物傳》。

⑭原注：黄《志》。

⑮原注：《廣州志》。

校　證

〔一〕不，原作『而』，據道光《廣東通志》及李昴英《文溪集》卷六《端平丙申召除太博賜金奏劄》改。

〔二〕閒，原作『聞』，據道光《廣東通志》改。

虞剛簡

虞剛簡字仲易，一字子韶，四川仁壽人。祖允文，《宋史》有傳。剛簡爲趙雄壻，雄子昱，志士也，好讀周、程、張、邵、呂、謝、楊、尹之書，剛簡因知學統所在，潛心體認。以郊恩任官，再舉禮部，歷仕知華陽縣教授。二江范仲黼者，張栻高弟也，方會文講學，以明湖湘之緒。剛簡因是得和齊斟酌，盡聞胡安國父子以至張栻所討論於嶽麓者而致精焉，喟然歎曰：『洙泗之學，堯、舜以來之學也。伊洛之學，洙泗之學也，而乃以爲一家之言乎？』

凡再知永康軍，招諸生講學，境爲大治。以安撫使黄疇若薦，召赴都堂，不果，奉祠。未幾起用，未上，遭劾罷。嘉定十一年，詔知簡州。金人犯邊，制置使董居誼辟爲參議官。剛簡經濟之略得之家傳，請收人才，厚軍犒，以結士心，抽還忠義人之配内郡者，以紓邊人之憤。又請緩科三路餉夫之直。皆得施行。大散關陷，東路帥李貴遁去，天水一帶皆被兵，西路帥莫肯行。剛簡慨然請往，次魚關，遂自移金平，督帥前進，人心恟恟。剛簡謂曰：『我師既出，敵必不能越大安。』已而大安果以勤敵聞。

會居誼召還，剛簡亦抵簡。利州潰卒作亂，由果、閬以趨簡，大書其幟曰：『破簡入西川。』時剛簡至任甫五日，驚奔相屬，閣學劉光祖文節公方家居，貽書相約效死。剛簡阻江固守，賊知有備，去之，而張威歸軍過城下，賑其匱乏，軍士大喜。劉光祖上言剛簡保守一城，遮蔽西川。遂有夔州提刑之命，兼提舉常平。俄改利州，乃召軍帥劉昌祖謀曰：『必復皂郊、湫池，然後敵氣可奪，雖圖秦、鞏可也。』昌祖曰：『諾。』遣人焚湫池之糧，遂復之。剛簡曰：『未也。』時樞府慮生事，每以越境爲戒。昌祖猶豫不敢行，剛簡督之如南谷，遣其親將，進屯皂郊。於是階、鳳、成、和之民皆荷戈赴之，得兵三十萬，軍聲動天地，肉薄乘障，斃其大將郭贇，敵之壻也。皂郊既捷，進擣秦州。

有以密劄勒昌祖還者，忠義人大憤，散而爲盜，皂郊復受兵。剛簡夜出撫定士民，復募軍擣鞏之青野原以牽制之，敵師始退。於是請集保甲之民以爲守禦。三年之間，團集三十九萬二千餘人，自是閬、蜀有備。又請修屯田之利，而墾田百餘萬，邊儲以足。魏了翁除工部侍郎，舉以自代，不報。剛簡與制置使鄭損不相得，乃上歸休之請，五上報可。既歸，而損竟誣劾之，罷祠。剛簡罷之三年，而損棄階、成五州，剛簡猶貽書諸司力言不可，其始終憂國如此。是年卒。所著有《易傳》、《論語解》、《詩説》。尤致精者，《易》本邵子之學，參以周、程諸書及漢上朱氏説。論著十有六年，不以示人，卜居成都之合江。范秀才蓀，亦張栻高弟也，爲題曰滄江書院，學者稱爲滄江先生。長沙吴制使獵曰：『湖中親炙胡、張者多，而得其學如此者，鮮矣。』魏了翁稱其學，以爲『由博致約，浩然獨得』云。剛簡以故相之孫，著效危疆，故未嘗得登朝一展其抱負，君子於是知宋之終於不競也。其論學之大旨曰：『乾之九二，龍德而正中，庸言之信，庸行之謹，閑邪存其誠。而坤之六二言敬以直内，然則中庸誠敬，是乃天地自然之則，古今至實之理。帝王所以扶世之極，聖賢所以明德新民，未有不由之者。』楊伯昌聞之歎服。①

材料出處

①原注：《朝野雜記》，《元史·虞集傳》，《一統志》。按：『虞集』原訛作『盧集』。又按：此傳實録自《宋元學案》卷七二。

周端朝

周端朝字子靜，永嘉人，嘉定進士。其學本出於仲父去非，得張栻之傳，已而學於蔡幼學，於百氏無不通，尤熟於典故。又學於葉適，又嘗學於劉光祖、趙蕃。或以爲朱子弟子者，非也。趙汝愚去國，天爲雨血，京師人以盆盎貯之殷然。端朝爲太學生，與其儕楊宏中叩麗正門，侂胄欲斬其爲首者，寧宗不可，但使聽讀而已。是時爲首者六人，而端朝受禍尤酷。初，大理令聽讀於衢州，已次半道，侂胄矯旨再入大理，復聽讀於信州，已而押歸本貫。尋詔聽自便。侂胄終忌之，遂避入蜀，從劉後溪遊。蓋自上書後轉徙者十七年，授徒自給。

侂胄誅，有詔褒録，免解策進士，調桂陽軍教授，首建濂溪祠，以示準的。入爲國子録，以女妻富陽令之子。親迎之夕，有持諸生刺以入者，端朝曰：『暮矣，來朝於崇化堂當相見。』諸生曰：『我來爲國録事，非私也。有書在此。』書入，則述令爲史氏私人，恐先生官職駸駸，天下以爲出於姻亞之力。端朝愕然，則已奏樂行酒，亟告女以其故。女素嫻禮教，遽稱疾，請展日行禮。令子登車惘然，已而以女廢疾請停昏。令訴於臺，罷所居官。久之，復爲國子博士。紹定五年七月，遷秘書少監兼侍讀。上言：『近歲〔一〕經筵例咸兼職，令〔二〕抱道篤學之士列庶官而置散地，乞廣收召，以備其選。』于是徐清叟、葉味道相繼進用。尋遷太常少卿。端平初，鄭清之當國，以浮議遽興三京之師，端朝力言其不可。既而師敗，卒如其言。除刑部侍郎，卒，謚忠文。①

材料出處

①原注：《宋元學案》，參《温州府志》、《中興館閣續録》。按：《宋元學案》卷七一，萬曆《温州府志》卷一一《人物志》，《南宋中興館閣續録》卷七。

校　證

〔一〕歲，原作『錢』，據《温州府志》改。

〔二〕令，原作『今』，據《温州府志》及《兩浙名賢録》卷三改。

焦炳炎

焦炳炎字濟甫，宣州人，寓居嘉興。舉進士第三。理宗朝，爲諫官，論奏累數百章。時宰主括田議，遠近騷然，炳炎痛疏其害，面奏懇惻，涕淚俱下，上爲動容，然未有寢命。炳炎論愈力，時宰語人曰：『焦生非攻括田，實攻我也。』炳炎聞之，不爲變，必報寢而後已。尋除太常少卿，疏辭，以右文殿修撰致仕。①

材料出處

①原注：《兩浙名賢録》。按：卷六四『寓賢』門。

王應鳳

王應鳳字仲儀，①號默齋，②鄞縣人，撝之子。③與應麟生同日，④兄弟麗講，矻矻忘寢食。⑤其學淹博精切，⑥劌心文囿，根柢左氏、班、馬。⑦父性嚴急，每授題，設巍坐，命與應麟坐堂下，刻燭以俟，少緩輒叱怒。由是爲文稱敏捷，援筆立就。⑧淳熙十一年，蔭補將仕郎，⑨登寶祐四年進士。⑩廷對披腹盡言，⑪以甲科第九人賜第，監通州狼山税。⑫五年，爲儀真郡文學掾。⑬開慶元年，中博學鴻詞科。應麟亦先中是科，詔褒諭之。⑭由架閣⑮佐淮南，⑯主管機宜文字，⑰牋記填委。每入閣，口占命吏，即上馬去〔二〕，⑱尋除軍器監丞。時應麟方草制，以嫌改差淮西制置司參議官。未幾，文天祥薦其學宜在翰墨之選。⑲德祐元年，⑳召爲太常博士，將以内制處之。甫入國門即死，㉑年四十六。㉒

材料出處

①原注：《寶祐四年登科録》。按：卷二。
②原注：全祖望《湖語》。按：全祖望《鮚埼亭集》卷四《湖語》。
③原注：《寶慶志》。按：《寶慶四明志》卷一〇。
④原注：《宋史·王應麟傳》。按：卷四三八。
⑤原注：《成化志》。按：雍正《浙江通志》卷一八〇引成化《四明郡志》。

⑥原注：《延祐志》。按：《延祐四明志》卷五。
⑦原注：《成化志》。
⑧原注：《延祐志》。按：《延祐四明志》卷五。
⑨原注：《嘉靖志》。按：未詳。
⑩原注：《寶慶志》。
⑪原注：《宋元學案》。按：卷八五。
⑫原注：《成化志》。
⑬原注：應鳳撰《昌國令劉君生祠記》結銜。按：見《延祐四明志》卷一九。
⑭原注：《宋史》。按：卷四三八《王應麟傳》。
⑮原注：《咸淳臨安志》。按：未詳。
⑯原注：《延祐志》。
⑰原注：《嘉靖志》。
⑱原注：《延祐志》。
⑲原注：《成化志》。
⑳原注：據《厚齋年譜補》。按：未詳。
㉑原注：《延祐志》。
㉒原注：《成化志》，《鄞縣志》。按：康熙《鄞縣志》卷一三。

校證

〔一〕去，原作『志』，據《延祐四明志》改。

卷十七　列傳第十七

方逢辰

方逢辰字君錫，嚴州淳安人。父參謀，力學篤行，記聞該博，鄉人敬之，號耐軒先生。子三人，逢辰其長也。天稟卓絶，自幼刻苦務學，夜誦徹旦，諸子百家之書無所不讀，而會歸於周、程、朱子之學。其所爲文，家傳人誦，士林素以魁彦期之。淳祐九年，鄉舉以夢魁名預首選，明年中省試第一等。理宗臨軒策士，擢進士第一，御筆改名逢辰。逢辰感激上恩，方在期集所〔一〕，聞二豸冠忤宰相鄭清之，相繼去國，善類摇動。適遇雷變，遂上書曰："『伏覩御筆以雷發非時，避殿減膳，恤刑獄，而獨無求言一條，天下怪之。中外傳聞，以廟堂爲監謗之穽。所貴乎大臣者，以道事君，不可則止。今君嗣未定，大臣不能贊之；土木方新，大臣不能諍之；貨臣聚斂，大臣不能禁之；敵國佯遁，大臣無以備之。顛而不扶，危而不持，則具臣而已矣。聞大臣屢疏丐閒而未可其請，留之者愈堅，攻之者愈衆，乃所以爲大臣甚天下之議，非所以愛之也。』疏奏，不報。

補承事郎、僉書平江軍節度判官。吳中有和靖書堂，郡請領學事。初講《太極圖説》，分作五節，發明濂洛藴奧。寶祐元年，以秘書省正字召入。時海州喪師，淮閫以捷聞，物論沸騰。逢辰上書曰：『伏覩御筆以海州之捷，降詔獎諭，道路疑之，得以謗陛下以曲行賞矣。海州之敗，三尺童子皆能言之，而帥臣抗章來辯，徒以一去恐嚇朝廷，直欲以敗爲勝，道路傳播，莫不羞之。今曲狥其請，又詔獎諭，豈陛下不知而受其欺耶？彼國忠之欺其君，爲固寵也。天下國家之安危，彼不恤也。今富貴操柄，陛下自有而自欺，欲何爲耶？爲陛下謀者，何不降詔以督勵之曰：「朝廷好官爵，汝爲之，天下大富貴，汝享之，今四郊多壘，汝欲以敵遺君父，將安之乎？」此詔一下，彼敢於言去，臣不信也。陽城有言：「脱以延齡爲相，臣必取白麻壞之。」學士院果降此詔，臣甚爲天下國家羞之。臣願陛下急收回御筆，猶可解萬世之議，揜外國之笑。即曰萬世之議未暇恤，則四鄰笑我，何以立國乎？』逢辰此疏，爲賈似道發也。

二年，除校書郎。時上總攬〔二〕權綱，威福有竊弄者，儲君尚幼，又上書曰：『當大本猶豫之秋，豈無旁睨蜉蝣之撼？甫節之談談，難度其心；平勃之屹屹，當儲其後。』又曰：『天下有貧州郡而無貧太守，有貧國家而無貧邸第，南司貧而北司之應奉不貧，百姓貧而緇黄之窟宅不貧，如此類者，不可枚舉。至於挾小才以濟大貪者，於陛下之近親有依憑焉，於陛下之宫中有承受焉，於陛下之左右有游譽焉。專以伺陛下之好惡喜怒以媒其身，陛下得之於左右之游揚者，曰「某人能也，某人廉也」，然後出聖斷而用之，或畀以麾，或授以節，曰「吾自除吏也」，而不知西園之諧價，固有從旁而竊威福者矣。』

又曰：『京師，國家之根本；王畿，四方之命脈，此天下所恃以爲國者。京有尹，畿有漕，所以使培護根本、愛養命脈也。豈願其撥本根，戕命脈，以便吾之私哉？邇年之爲是官者，失其設官之本意，不過爲閹豎輩一大承受耳。無名宣頭〔三〕，真僞莫辨，非時取索，隱匿莫稽，親察之地，惟恐浸浸之易行，嚴邃如天，誰敢執拗以取禍？仇士良之教其徒曰：「天子不可令閒暇，暇必觀書見儒生，又納諫，思深慮遠。吾輩恩薄而權輕矣。莫若以財貨聲色蠱其心，使無暇更及他事，然後吾輩可以得志。」今此曹遑遑汲汲，爲陛下經〔四〕度，陛下方以其小心謹事、動適吾志，而不知此正仇士良之策也。帥漕兩司，疲於應奉之不給，帑庫赤立如垂罄，萬一畿甸之内有一旦警急，不知陛下何所趣辦〔五〕、何所荷杖乎？如將救之，願斷自今日，止營繕，省〔六〕宣索，剗刷兩司不急應辦之空〔七〕名悉停罷之，左右並緣需索之有例者悉閣之。掃除蠹冗，先自此始，然後可以責兩司之培護根本、愛惜命脈，以爲緩急之備也。』

三年，又上疏曰：『善處急者，不以急而震天下，亦不以暇而愚天下。夫天下之勢，固不可以激，尤不可以媮。勢急矣，吾又示之以急，則失之激，故不容不暇以壓之。此所謂暇，豈真暇哉？當爲皇皇之急，不當爲悠悠之媮，然後可以暴白於天下，曰：「吾所以示不迫之暇者，非愚天下也，不敢震天下也。」古之謀人國於江左，有爲之者矣，莫窘於淮淝而談笑於弈棋，莫迫於新亭而從容於就席。此之謂不以急而震天下。外示談笑，内必有以神其指授之略，而收轟雷破柱之功。陽示從容，陰必有以伐其壁後之謀而折飄風怪雨之勢。此之謂不以暇而愚天下。夫安則曰安，危則曰危，迫則曰迫，紓則曰紓，何爲翕張闔闢哉？世變日激，天下之事不可以直，遂故處急則必以暇，處暇則必以急。不然，吾雖爲昔人之急，天下之憂端未艾也。』

又曰：『天下者，使吾有以自謀可也，不可以鄰國之存亡爲安危；使吾有以自備可也，不可以敵國之緩急爲喜懼。以鄰之存亡爲安危，則病於依；以敵之緩急爲喜懼，則病於制。善爲謀者，不依於人；善爲備者，不制於人。苟不以我之未及謀、未及備者爲第一義，而遽以彼之存者爲安，緩者爲喜，萬一鄰敵陽示安枕以紿我，而假敵以道，臍可噬乎？胡不赫然一怒，移其揣摩他人者，而自謀自備乎？進退伸縮，無不由我，固不必以鄰國之存亡覘敵國之緩急也。』

時閹宦導上以土木，湖山工役大興，又疏言：『今與敵對境，我無一日謀敵，而敵無一日不謀我。彼之所築者，金城鐵壁；我之所築者，土妖血山。彼之所築者，奪我之地爲之；我之所築者，奪民之地爲之。』又極言備邊之事，以必爭之規模而奪浮光，然後可以全兩淮而保長江，以必死之規模而守樊襄，然後可以拒光化而全江陵。大淮之猶可守可耕者，以猶有一綫河也。今乃涉河而築浮光，浮光乃吾户内，若其屯於斯，耕於斯，生聚教訓於斯，則日夜出騎以撓我，淮東、西俱不可耕矣。雖堅城閉壁，而坐爲禁制，不得動矣。爲吾之計，當勉諭淮閫，盡力以爭浮光，毋使彼得以久其耕而牢其巢，則兩淮猶可安施也。萬一樊襄不牢，彼反奪而巢之，則江陵孤江，尚足恃哉？爲吾之計，當擇荆之猛將，責之以必死之規模守樊襄，則北可拒光化，而南可以全江陵。一則思所以奪其地，一則思所以爭其名，則對壘之勝負，決當在此而不在彼矣。』

時内豎縱横，日以滋熾，御史洪天錫劾之，不行而去。逢辰移書宰相，勉其行申屠嘉之事。又抗疏援膏肓、二豎爲喻，曰：『臺臣劾二豎，欲爲國家早去厲階，非有膏上肓下之難也。而陛下不行其言，豈陛下自愛其國，反不如愛二豎之甚乎？漢唐之季，建置天子，在閹豎掌握，罪大惡極，朝廷不能誅之，天下必有起而誅之者。漢之宦官，陳蕃、竇武爭之不勝，并州之將操戈而殪之。唐之宦官，宋申錫攻之不勝，河中之帥移兵以屠之。』又曰：『小人之在君側，其操心何所不至，其所以不敢動於内者，蓋有所憚於外。若外不足憚，則此曹無忌憚之心生。無忌憚之心生，則無君之惡動矣。』理宗不悦，遂稱疾求去。是時，丁大全以臺長用事，逢辰見幾而作，謁告徑行。程元鳳拜相，首薦之。未幾，除知寧國府，臺臣以交游學舍論罷。

逢辰自乙卯棄官歸，杜門卻掃，潛心於《易》，召之不赴。開慶元年，大全罷逐，吴潛入相，收召善類，以著作郎召。明年，權尚書左郎官。是時，丁黨雖黜，六賊尚存，國博、徐庚金等相繼上書乞誅六賊，以謝天下。先是，鄂渚危急，賈似道提師江陵，密奏欲請下流兵權。上以問吴潛，奏鄂以上既屬似道，鄂以下宜屬趙葵。上不從，徑以下流兵權併聽似道節制。時上與似道密往復，外廷不得預聞，以宰相不知邊報爲潛罪。夜半，片紙忽從中出，吴潛除職與郡。中外惴惴，謂必有後命。逢辰上疏，略曰：『臣聞聖人之好惡是非，與天下爲公，不宜與天下立異。好惡是非者，心也。聖人之心，本與人同，豈有與天下異者？然一人雖至眇，而九重至尊也，萬鈞至重也，天下雖至衆，實則至微矣。』

咸淳元年，度宗登極，以司封郎官召，辭，不允，除兼國史院編修官、實録院檢討官兼直舍人院。上疏乞舉行天聖、紹興之詔，命朝臣爲知縣，重其事權，當如胡安國之言，專以均田税、正版籍、均力役、勸農桑、崇孝悌、訓士卒、除盜賊爲考課之法。旨從所奏，後沮不行。尋除秘書少監，再除起居舍人。

三年，信州軍亂，以措置軍糧失宜，録事參軍遭其〔八〕凌辱，亂卒白晝持軍器，一城洶懼。除秘閣修撰、江東提刑，聞命就道。及境，或者來言城中近事，勸勿入城，偃旗寂鼓而過。逢辰不聽，即日單騎入州決獄，一城肅然。於是密戒能事者館於信州，盡得亂卒姓名，密調諸寨鋭卒，擒其渠魁及其餘黨，悉置之法。事平，上褒嘉之，諭曰：『仁宗朝韓琦進士第二人，平日循循，逮帥真定，悍驕挻亂，琦獨斷然不動，舉十卒而殲焉。謂儒者不知兵，可乎？卿以掄魁司臬，會上饒有脱巾之變，乃能密伺奸謀，卒草薙而禽獮〔九〕之，可謂儒效章章矣。』

逢辰斷獄如神，兩造在庭，戒吏勿挾，雖田夫樵豎，必引至案前，曲盡其情。每事如此，行之不惰。故一路無冤民，盜賊屏迹。明年，除江西轉運副使，有獻策於廟堂者，請以銅錢一當十行之天下。逢辰抗言不便，議遂寢。市糴翔湧，逢辰發米平糶，賑濟饑民。江西民苦和糴之害，申朝省蠲免。郡有女妖，以左道惑衆，鄰境數州之民，十百成群，踵門徼福者不絶，積有年矣。逢辰杖而流之，由是遂息。治事之暇，必至東湖、宗濂二書院及所建問政堂，與士友講論，明辨而篤行之。漕廨後有蓮池數畝，築屋其上，扁曰君子堂，取濂溪愛蓮之意。所至以講學爲急務，士師其道，吏畏其威，民懷其德。

五年，除權兵部侍郎、同修國史實録院修撰兼侍讀。讀書聚徒之所，賜名石峽書院。七年，除吏部侍郎。丁母憂，去國。服闋，賈似道當國，除左侍郎，不就，遂屏居十餘年。德祐初元，除荆湖、四川宣撫司參謀官，以父命辭，遂顓侍湯劑，絶意仕途。尋權户部尚書，皆不拜。宋亡，不仕。生於嘉定辛巳，卒於至元辛卯。著《孝經解》、《易外傳》、《尚書傳》、《中庸大學注釋》，凡若干卷，刊於家塾。①弟逢振，《遺獻》自有傳。

材料出處

①原注：《蛟峰外集》文及翁撰《墓誌》。按：方逢辰《蛟峰文集》附《蛟峰外集》卷三文及翁撰《故侍讀尚書方公墓誌銘》。

校　證

〔一〕所，原闕，據《墓誌銘》補。

〔二〕上總攬，原闕，據《墓誌銘》補。

〔三〕無名宣頭，原作『無患宣請』，據《墓誌銘》改。

〔四〕經，原作『輕』，據《墓誌銘》改。
〔五〕辨，原作『辯』，據《墓誌銘》改。
〔六〕省，原闕，據《墓誌銘》補。
〔七〕空，原作『窠』，據《墓誌銘》改。
〔八〕遭其，原闕，據《墓誌銘》補。
〔九〕獮，原作『黷』，據《墓誌銘》改。

鄭起

鄭起字叔起，號菊山，初名震，後改今名，福建連江人。父咸，江陵府枝江主簿。起少試禮部，不第，棄舉子業，潛心窮理盡性之學，束躬修行，言動皆有法度。嘉定間，遊臨安，宰執聞其名，欲薦官之。起恥出私門恩，辭不就。淳祐四年，同太學諸生伏闕論史嵩之起復事，得旨免解，已而移居臨安府西湖長橋，扁其廬曰水南半隱。會前相鄭清之以侍讀入朝，舍於湧金門外，有詔再授右丞相。起聞除命下，憤然曰：『我自上流歸，聞出師復兩京，大敗而還，皆清之誤國罪。』即登其門厲聲罵曰：『端平敗相，何堪再壞天下耶？』清之執下天府，母妹及子思肖皆被拘去，士論大譁。臨安尹趙與簒越一宿俱縱之，清之乃命天府廣布耳目，使卒於所居左右排日録聞物色，二年無能得毫髮。及清之去國，事乃寢。十二年，復伏闕論水火災，不報。連主諸暨、蕭山學，充和靖、安定兩書院山長。淮左、浙右環轍開講，深衣竹笏，坐擁皋比，一時學者翕然從焉。

起平生獨冠巍巾，昂然異於衆。客京師三十餘年，氣節不少屈，四方贈餽，非合於禮，則不受。見公卿大夫，言不涉私利。初與賈似道相識，後論得失不合，竟疏之。家不蓄銀器及圖畫玩好，惟藏古今書數千卷，披讀不倦。嘗教思肖曰：『古未嘗有文也，聖賢心正身修，德備行粹，見於起居踐履、揖遜問答之間，無非至文，安事章句乎？其或紀行事之實，或發天理之秘，不得已而託於言語，無作文心。自漢以來，專意詞章，言浮於理，才騁於學，不身之以道，惟務言語爲工，是委文爲技耳。行者，本也。文者，末也。有行而無文，不失爲君子。有文而無行，終歸於小人。汝其志之。』晚年學益邃，嘗欲改舊《太極無極説》別作《太極書》附所著《易注》後，而病已亟矣。卒，年六十有四。學者稱菊山先生。①

材料出處

①原注：《福建通志》。按：道光《福建通志》卷一八六。

方岳

方岳字巨山，祁門人。七歲能詩。紹定五年，試別省第一，殿試已首選，以語侵史彌遠，抑置第七。調南康軍及滁州教授，除淮東安撫司幹官。高郵軍閧，岳以制命往，戮首惡數人，一城帖然，制置使趙葵深倚之。秩滿，進禮、兵部架閣，添差淮東制司幹官。先是，史嵩之在鄂渚主和議，北使王檝有割江之請，岳嘗代葵書稿責嵩之，嵩之怒，嗾言者論之，閒居四年。及嵩之以父憂去，乃以禮、兵部架閣召，尋除太學正兼景獻府教授。輪對，首言化瑟雖更，聖心未一。又奏東西閫和戰之議及代書掇怒之由，帝再三嘉歎。

淳祐六年，遷宗學博士。時休寧程元鳳、婺源吳遇與岳皆受知范丞相鐘，同遷博士，有新安三博士之稱。進講榮邸，例至客次俟講，岳獨不可，王與芮甚敬之。趙葵以元樞出督，辟充行府參議官，與同僚辨論不合，乞去，葵不許。葵出行邊，岳自言之朝，乞祠，差知南康軍。郡故當左蠡之衝，置閘以便泊舟，湖廣總領所綱梢據閘邀民錢，非萬錢不得入，舟多覆溺。岳取綱梢，榜之百。京湖閫賈似道怒謂無體統，移文令岳具析。岳謂湖廣總領所豈可於江東郡尋體統？大書判數百語，且曰：『豈不知天地間有一方岳？』因還其文，似道益不堪，遂劾諸朝。朝不直似道，因兩易之，以岳知邵武軍。力乞祠，不許。

未至邵武二百里，峒寇作，馳榜諭之。寇知岳威名，迎拜車下而散。後以劾大豪廖復之、廖宗禹，復之等多貲，先爲之計，奏格不下，三上疏求去。未報，則拜交郡印與次官而行。既歸，然後得旨如所奏。改知饒州，知寧國，皆未上而罷。程元鳳當國，起知袁州。新其城，其後廣寇入而袁不陷，岳力也。無何，丁大全預政，以先求舉薦不從，怒之，除爲吏部尚書左郎官，而囑沿江副閫袁玠劾罷之。賈似道相，起知撫州，辭不赴。卒，年六十四，官至朝散大夫。自謂秋崖，名所居堂宇曰歸來館。

岳氣貌清古，音如鐘，詩文不用古律，以意爲之，語或天出。有《秋崖小稿》行世，及《重修南北史》一百七十卷。①

材料出處

①原注：《新安文獻志》七十九《方吏部傳》。

盧　鉞

盧鉞字偉節，福建永福人。淳祐四年進士，調建昌軍學教授。宰相史嵩之遭父喪，起復，鉞上書論之，不報。已而國子祭酒徐元杰薦鉞奮身庠序，卓然以名節自持，忠誠懇惻，奮不顧身，乞加録用，召補京秩。七年，大旱，求言，應詔者多指鄭寀、周坦等爲起災之由，鉞與牟子才、李伯玉語尤峻，坦撰匿名書誣鉞等，黄師雍爲之辨於榻前。適鉞疏有譽師雍語，寀遂劾鉞附師雍，理宗猶不之聽也，尋爲臺評所論而罷。咸淳間，累擢至户部尚書以終。①

材料出處

①原注：《福建通志》。按：道光《福建通志》卷一八六。

家大西

家大西，眉山人。祖愿，《宋史》有傳。大西第進士，初授昭化主簿。吳曦叛，大西棄官去。淳祐中，侍講經筵。累官工部侍郎，與宰相史嵩之論不合，罷。爲人方直，雖累屈，守死不變。卒謚文節。①

材料出處

①原注：《一統志》，參《朝野雜記》。按：《大清一統志》卷三〇九。

洪天驥

洪天驥字逸仲。少有異質，貫通經史百家。逮事王大母，疾甚，剔股肉雜湯藥以進，疾遂愈，然終身不以語人。淳祐七年，登進士。初爲建寧尉，折獄誨士，見稱於時。調連州推官，未上。寶祐改元，差監惠民南局。四年，較藝南宮，得文天祥卷，置之上第，人服其明。尋罷歸。六年，淮閫辟致爲屬。景定三年，通班授宣教郎、知香山縣。至之日，以教養人材爲首務，修復大成殿，明倫有堂，主敬、美身、賓賢、登俊有齋，皆捐俸爲之，斂不及民。其爲政一裁於義。俗譁健，戢其尤桀黠者，曰：『此囚牙訟師去，則吾民安矣。』邑以大治。經略使洪勳、趙汝暨、雷宜中及倉憲交以邑最上。咸淳二年，轉奉議郎。二〔一〕年，差監行在榷貨務。後除大理寺丞，終知潮州。與兄文毅公天錫文學齊名，時謂二洪。卒，文天祥狀其行實。所著有《東巖集》。①

材料出處

①原注：《粵大記》。按：道光《廣東通志》卷二三八引《粵大記》。

校　證

〔一〕二，疑爲『三』字之訛。

趙順孫

趙順孫字和仲，縉雲人也，韓王普之後。父雷，學於溪齋滕氏，授以《尊所聞集》，遂傳其子。順孫既長，謂朱子之微言奥旨散出於門人所記録者，莫克互見，乃采集以爲《四書纂疏》，學者盛傳之。淳祐十年進士，自秘書郎五遷至侍御史，皆兼講讀之職。凡日食、震雹、水火爲災，必援據經傳及累朝故實爲危亡可畏之説，隨時致戒。時帑藏朽乏，而人主不知，汰侈日甚。順孫疏奏者八，面奏者三，謂：『周言九式，冢宰實總之。今之大臣，乃學陳平之不知錢穀，非也。真宗常令三司具中外錢穀大數，陳恕以天子富於春秋，若知府庫充實，恐生侈心。恕慮先朝知其有，臣慮陛下不知其無也。』

度宗不以爲忤，令諸司條具以聞。又言内廷之帑不可輕發，恩賞之濫有所謂特除、特轉、特補、特贈者，不可輕徇。庶僚上殿，專以瑣細對揚，當申儆之，以革習諛之風。乞召洪天錫、陳宗禮、陳宜中還言職，薦湯漢、李伯玉、何基、徐宗仁、吕圻、歐陽守道、吕大圭，劾龔日升昏鄙。美人楊氏父死甫踰旬，進封淑妃，言當念《蓼莪》之感，請以期年。雖不從，而竟得過卒哭者久之。

謝堂與其弟垕皆以戚畹驕横，順孫力言之，堂免侍從，垕以節度使罷奉朝請。度宗雅重順孫，而賈似道方當國，順孫累陳買田變楮之弊，又劾罷其姪廣德守蕃世。似道怒甚，順孫丐去，度宗不允。又言新宫之建，議毁民廬，未知帥臣、相臣有諫玉清昭應如王旦者否？似道益怒，上章乞骸，順孫亦丐去，除吏部侍郎兼祭酒，同修國史，仍兼侍讀。求去益力，遂以顯文閣待制知平江府，兼淮浙發運使。

時以夏初即徵民租，順孫籌糴二千萬斛以入庾，而豫徵之法以免。築學道書院以講學。復召爲吏部侍郎，晉尚書兼侍讀。請急援襄陽，因述許翰之言：『治世諱危亡之事，而不諱危亡之言；亂世諱危亡之言，而不諱危亡之事。人臣知危亡而不言，則人主處危亡而不知。』又曰：『端平失襄而卒復之，今日之事與端平異，不急援，禍至無日。』度宗爲愀然變色，似道笑曰：『縱襄陽失守，豈遽危亡？此書生腐語耳！』六年，攝同簽書樞密院事，進簽書兼權參政。八年，同知院事兼參政馬廷鸞去位，度宗欲用爲右揆兼元樞，順孫歎曰：『吾其爲張悌矣。』已降麻，會病，得辭，以資政殿大學士提舉洞霄宫。舟次富陽，歎曰：『一病足勝二十四考矣。』

十年，起爲福建安撫使兼知福州，爲州民代輸税錢四十餘萬。知時事不可爲，亟歸，憂憤疾篤，不復御藥，而三宫北上矣，又九浹旬而卒。所著自《四書纂疏》外，有《近志録精義》、《孝宗繫年録》、《中興名臣言行録》、《格齋集》，學者稱爲格齋先生。①

材料出處

①原注：《金華黄先生集》。按：元黄溍《文獻集》卷一〇下《格菴先生趙公阡表》。又按：此傳實録自《宋元學案》卷七〇。

趙必瑑

趙必瑑字玉淵，號秋曉，東莞人，濮安懿王裔也。度宗咸淳元年進士，父崇訕同科，喬梓聯登，侈爲盛事。①崇訕性恬淡，任南安軍司户參軍，卓著賢聲，尋曰：『父子竊禄，是取盈于造物也。』解組歸。②

必瑑初任高要簿尉，郡檄署四會縣事，有異政，民爲立生祠。再任高康丞，惠州守文璧辟爲郡從事。丞相文天詳，璧之兄也，集兵勤王。必瑑往謁，相與論時事，必瑑慷慨泣下，天祥重之。後察璧無堅守意，即歸。適熊飛駐兵于邑，欲盡括税户財穀以充軍需，人情恟恟。必瑑恐爲變，請於飛，願以己資錢三千緡、米五百石以贍供餉，使減税户需擾，飛從之，即委必瑑董其事。必瑑隨其家各寬征之，人感其義。③復語飛曰：『聞王師駐海上，欲遣趙溍、方興安撫東廣，莫若用宋號，通趙、方二使，尊宋主，然後舉兵，事成則可興復，不成亦足垂不朽。』飛然之，即日署宋植號，舉兵向城，遂迎溍、興入廣。時天祥開督府于潮、惠，④辟必瑑爲朝散郎、僉書惠州軍事判官兼知録事，相與殫謀恢復，而勢已不支矣。

宋亡，歸隱東莞之温塘，以詩酒自娱，足跡不入城郭。嘗題其室曰：『詩人只合住茅屋，天下未嘗無菜羹。』其所養可知矣。元世祖至元三十一年卒，壽不踰五十。平生慷慨仗義，樂周人之急，至臨大事，以身任而不辭云。⑤有《覆瓿集》行世。

材料出處

①原注：黄《志》。按：此傳實録自道光《廣東通志》卷二七〇。
②原注：《東莞志》。
③原注：《廣州人物傳》。
④原注：郭《志》。
⑤原注：《粤大記》。

丁　黼

丁黼字文伯，故徐州人也，漢説《易》大師將軍寬之後，世居沛、碭間。南渡後，徐爲戰地，曾大父執中卜居青陽，尋遷石埭。黼年十四，已知爲學之要。父泰亨，宿儒也，自教之。已而平陽徐誼教授池州，泰亨挈黼共往從焉。誼以老友待泰亨，留與共訓後進，而授黼以《語》、《孟》、《學》、《庸》大旨、聖賢修己治人之學。永嘉錢文子亦碩儒，由誼以見之，得其經學。黼氣竦神悟，誦言觀行，遂爲誼門下第一，成淳熙進士。

枋臣當國，賢士多沈下僚，時天下所稱爲正學直道者魏了翁、洪咨夔、真德秀，皆重黼，而了翁尤契，嘗曰：『忠肝義膽，霜明玉潔，足以廉頑立懦。吾交文伯二十年，真端人也。』嘗聞張忠恕之賢，亟求見之，叩以南軒之學。以爭濟邸事干史彌遠怒，與王道、真德秀、魏了翁同被逐。彌遠死，召還。寶慶元年，累官軍器監，數上封事言大臣不法事。累進累蹶，以直秘閣知信州、吉州，皆有聲。真德秀爲江西安撫，薦之。詔遷提刑，尋充四川夔州路安撫使兼知夔州。時崔與之方帥四川，聞黼至，喜贈詩云：『同志晨星少，孤愁暮〔一〕雨多。』

黼涖夔，疏上十事，夔大治，乃以右文殿修撰充廣西副制置使守靜江。尋以四川副制置使守成都。時蜀事已極壞，黼延李微之于幕，力行寬大之政，蜀人戴之如父。而知事之必不可支，乃遣其家屬南歸，曰：『無以老子爲念。』嘉熙三年，北兵自新井大入，黼乃守大小城，飛山移屯，盡撥隸文龍帳，犀牌丁不滿七百。北兵〔二〕詐用宋將旗幟，城中以爲潰兵也，以榜招之，已而知其非。或勸黼以自全計，笑曰：『吾爲副元帥，死，其分也。不可使丁氏無後，且留館甥以收吾骨。』整兵夜出城南，遂戰于石筍街，衆散且盡。黼入城，率其親信侍從數十人巷戰，寮屬惟參議官楊大異一人。力竭，皆死之。大異復蘇得免。事聞，賜祠，贈恤如制，謚恭愍。所著有《延溪集》、《六經辯正疑問》、《諸史考》。①

材料出處

①《宋季三朝政要》，參《池州府志》、《夔州府志》、《宋元學案》、《魏鶴山集·丁泰亨墓誌》、《徐瑄墓誌》。

按：此傳實録自《宋元學案》卷六一。

校證

〔一〕暮，原作『慕』，據《宋元學案》改。

〔二〕兵，原作『京』，據《宋元學案》改。

卷十八　列傳第十八

循吏一

胡令儀

胡令儀，開封陳留人。雍熙中明經第，解褐涇州長原尉，除潁川郡法掾。辨析冤獄，嘗活人於死，拜大理評事，知泰州海陵縣。時江淮内屬未久，吏姦民嚚〔一〕，視宰政如兒戲。令儀先令後刑，人皆凜然，有西門豹之風。遷光禄丞。真宗嗣位，改大理丞，守巴漢郡，進殿中丞、領高密郡，拜虞部員外郎，典歷城郡。會河決白馬，爲朝廷憂，詔發數十州兵民塞之。科賦暴急，後期者官吏有不測之咎，諸道皆奔走，民負敲扑。令儀於部中擇其挾貴人勢力、州縣不敢動者一二家，薄責于庭，衆皆大懼，曰：『是家不可緩，況吾屬耶？』咸輦其薪，晝夜以西，比諸州率先以濟。由是民不被楚，吏不坐責。

徙隴城郡，提點河北刑獄，拜主客郎中，充淮南轉運使，改河東轉運使、知鳳翔府。每歲造舟六百艘，供大河饋運，必借民操篙，沿渭而下，以達于河。凡有覆溺，破産而償。吏私諸豪專擾下户，令儀重爲立法，使得均一，民稱道之。拜衛尉少卿、分司西京，凡十二年而終，年八十七。

初，天聖中，范仲淹掌泰州西溪之鹽局，秋潮之患，浸淫于海陵、興化二邑，五穀不能生，百姓餒而逋者三千餘户。舊有大防廢而不治，仲淹白制置發運使張綸，綸表仲淹知興化縣，以復厥防。會雨雪大至，潮洶洶驚人，而兵夫散走，旋濘而死者百餘人。道路飛語，謂死者數千而防不可復，朝廷遣中使按視，將有中罷之議，遽命令儀爲淮南轉運使，以究其可否。令儀急馳而至，歎曰：『昔余爲海陵宰，知兹邑之田特爲膏腴，春耕秋穫，笑歌滿野。今葭葦蒼茫，無復遺民，良可哀耶！』乃抗章請必行前議，張綸亦請兼領海陵郡，朝廷從之。共董其役，始成大防，亘一百五十里，潮不能害，而二邑逋民悉復其業。①

材料出處

①原注：《范文正公集·胡公墓誌》。按：范仲淹《范文正集》卷一一《宋故衛尉少卿分司西京胡公神道碑銘》。

校證

〔一〕嚚，原作『囂』，據《神道碑銘》改。

西門成允

西門成允，棣州厭次人。景德中明法，起家萊州司法參軍，再選儀州華亭尉，遷商州商洛令、瀛州景城令，除冀州南宮縣。明道元年卒，年七十三。

成允以法進，而寬平毋害，萊守苛深，嘗有强盗，欲寘之死，使高贓估。成允閲案，請估依犯時，持議甚堅。會使者在郡，守語先入，交以責成允，成允益不屈，二囚遂不死。華亭極塞，蕃漢雜居，多盗。成允部督追胥，教以捕法，賞募惡少，使與出入致其情，雖劇盗必得之。終去，邑人無警。商洛有兄弟訟財，引其父爲左。成允戚曰：『所貴乎人者，爲其有恩也。今何以自别于異類？雖然，豈天性本然哉？利蔽亡之耳。姑歸，推吾言思之。』于是相與泣于庭，曰：『某曹小人，今而後知利心不足以移親愛，實自長官賜之。』拜而去，一邑感動。前日之父子異居若親在别産者，于是皆合。

渭水經邑，可溉田，而民不知用。成允親相地形，率並水居人爲圩堰溝塍，使之殖稻，教以灌引蓄泄之法，刻其法于石，田歲增溉，皆爲沃野，民賴以無饑。景城地卑，而素無水防，天聖初大霖雨。成允曰：『前幸河安流，今萬有一决，吾民其爲魚！』乃白州預爲堤，上下誼曰：『無故勞民，非是。』成允曰：『請三思。』遂調夫二萬，横起大堤二。甫半，水已大至，躬晝夜趣成之，邑賴以免。在南宫，既疾，或勸以致事，可得叙官于朝。成允曰：『病不能事，又意于利，是欺也。』亟移告以歸。①

材料出處

①原注：《劉忠肅集·西門君墓誌》。按：劉摯《忠肅集》卷一三《贈諫議大夫西門公墓誌銘》。

蔡黄裳

蔡黄裳字叔文，福建晉江人。大中祥符元年進士，歷知鳳翔府虢縣。鳳翔守有親校，虢人也，招權納賄。黄裳至縣，先執校縛傳舍中，乃謁守條其奸狀，置諸法，一府大驚。已而改知建陽，秩滿，縣人遮留，許再任，居建陽八年。後爲鎮安軍節度推官，以太子右贊善大夫致仕。貧不能歸，客陳州，以席蔽户，誦詠不倦。①

材料出處

①原注：《福建通志》。按：道光《福建通志》卷一八三。

陳耿

陳耿字仲操，真定人。祥符初，中第得上元尉，遷建雄軍節度推官、知永濟縣。王曾鎮魏，善其政，奏徙大名，拜權永清節度判官。薦者十餘章，改秘書省著作佐郎、知霍丘。頃之，移閬中，遷太子左贊善，除葉縣，遷中丞。慶曆八年卒，年七十五。爲人廉直，不阿勢附俗，長于爲政。在永定軍，人有殺死于路者，賊不得，其子疑怨家所爲，詣吏辨訴。吏以子言名捕，訴者按之，證逮詾詾，囚無以自明。耿察其不真，訟繫待訊，而急白守丞請捕賊。守丞怒曰：『司理侮法耶？何敢爲死罪解脱？』遣他掾與雜治囚，笞掠數百千，不勝痛，誣服，具獄待報。耿猶守之不聽，人皆爲耿懼。明年，博野縣捕得真殺人者，舉郡大驚，衆乃皆服。

及爲永濟縣，當契丹使往來道，百姓騷擾，歲歲苦之。縣吏鄉典，亦利得其勢侵漁細民。耿至，爲設方略，飲食供張百物皆豫儲待。後使者過縣，不復有所調取，民便安之。始至閬中，歲大旱，郡守希轉運使意，不聽民訴災。民遮耿自言，耿即詣府請之，猶不許，因趨出，悉取民所訴狀屬吏，以令蠲其租，而公上轉運使。轉運使初不悦，後無如之何。文彦博守成都，聞而嘉之，更分遣官屬行視兩川郡縣之被災者，皆奏除其租。①

材料出處

①原注：《公是集·陳君墓誌》。按：劉敞《公是集》卷五三《朝散大夫殿中丞知汝州葉縣騎都尉陳君墓誌銘》。

王益

王益字舜良，臨川人。大中祥符間進士及第。天聖八年，以殿中丞知韶州，改太常博士、尚書屯田員外郎。越嶺以南，素習於夷，無男女之别，日浸月滋。爲吏者師耳目，謂俗止如此，凡姦事雖得，有可已者，皆不究。益曰：『夫所謂因其俗，豈謂是耶？』居郡求姦事最急，苟有萌孽，一切摘發窮治之。屬縣翁源多虎，益教捕之，令欲媚益，言虎自死，輿之至州，爲頌以獻。益使歸之，曰：『政在德，不在異。』州有屯兵五百人，代者久不至，欲謀爲變。事覺，一郡皆駭。益不爲動，取其首謀者五人，即日斷流之。或請以付獄，不答。既而聞其徒曰：『若五人者繫獄，當劫之。』然後衆乃服。韶居南方，雖小州，然獄訟最多，號難治。益治之有餘，又因民之暇時爲之理營驛，表〔一〕坊市道巷，使皆可以久遠爲後利。丁父憂去，終都官員外郎。益即安石之父也。①

材料出處

①原注：黄《志》。按：道光《廣東通志》卷二三八引明黄佐纂嘉靖《廣東通志》。

校證

〔一〕表，原作『衣』，據《廣東通志》改。

王絲

王絲字敦素，會稽人。大中祥符八年進士，選大理寺丞。奏獄必持寛典，全活甚衆。改太常博士，通判衢州。州未有學，絲始建學舍百楹。時金華郡守缺，外臺假絲領之。衢之父老遮於境，謂婺民曰：『我州一鑑，何奪之爲？』有詣外臺乞還者，舉拜殿中侍御史。慶曆中，湖南蠻人亂，攻劫郡縣。朝廷以絲爲安撫，至則察訪利病。知前之主者立重賞以誅蠻人，一級萬錢，士卒貪之，往往害樵人以爲功。遂下令曰：『得賊首者，必指其鬬地以爲質，其可擒者當生致之。』自是無枉戮者。居軍中凡十月，招安三千人。遷侍御史、充廣南東路轉運按察使。時交趾有變，而廣州當交趾之衝，無城守備。絲議陶塼爲城，造大艦十數，日習水戰，以待其來，彼不復動。歲餘，以瘴疾求領小郡，遷知通州。通人歲苦海潮，流亡者衆。絲作長隄以捍之，復民田業，量其肥瘠，奏免五年至十年之租。召權三司鹽鐵判官，卒。①

材料出處

①原注：范仲淹《王絲墓表》。按：范仲淹《范文正集》卷一四《權三司鹽鐵判官尚書兵部員外郎王君墓表》。

歐陽潁

歐陽潁字考〔二〕叔，吉州廬陵人。登進士第，歷官有能名，嘗知萬、峽、鄂三州。大中祥符末，以朝散大夫行太常博士、知歙州。盜有殺民董氏於市者，三年捕不獲。潁至則得之，以抵法。又富家有盜夜入啟其藏者，百計捕之不獲，有司苦之。潁獨召富家二子，械付獄鞫。吏民皆曰：『是素良子也。』驚疑互諫。潁不聽，鞫愈急，二子服，取其所盜某物於某所，皆是。僉以爲神明。後歷知岳、閬、饒州。治七州，皆有聲。剛果有氣，外嚴内明，不可犯，以是施於政，亦以是持身云。①

材料出處

①原注：《新安志》。按：卷九。

材料出處

〔一〕考，原作『孝』，據歐陽脩《文忠集》卷六一《尚書職方郎中分司南京歐陽公墓誌銘》改。

張　式

張式字景則，建州建安人。天禧二年進士，主南劍將樂簿，累官秘書省著作佐郎、太常博士。景祐間，知虔州。虔於東南州爲最劇，式鎮撫之，以無事。三司市綢絹十餘萬，非經數，式拒弗市，民以守爲有賜也。又知濠、壽二州。人縊其妻而以自殺告，獄既具，式詰立服，舉州讙以爲明。趙元昊反，時誘人出財助軍，誘多得賞，於是吏或劫富人出財，式疏罷之。式廉靜好書，長於政事，見時事有不便，往往能極言之，無所忌。居官既去，而人見思。仕至尚書祠部郎中，皇祐二年卒，年六十二。①

材料出處

①原注：《王臨川集·張君墓誌》。按：王安石《臨川文集》卷九二《司封郎中張君墓誌銘》。

葉　湜

葉湜字子是，建安人。以父任得邵州新化簿，改尉寧都。劇賊數十人深入廣右爲虣，已，易服遁歸。湜廉得之，盡捕置之法。後以宣義郎知贛縣，督吏胥不少假借，而以家人父子遇其士民。兩造至庭，一見即決，無所宿滯。邑有田訟，更數令不能辯枉直，湜一見詰問，具得其情，縣人稱神明焉。①

材料出處

①原注：《真西山集》。按：真德秀《西山文集》卷四四《葉安仁墓誌銘》。

王　平

王平字保衡，侯官人。天禧三年，以同進士出身調許州司理參軍。有女子乘驢單行，盜殺諸田間，褫其衣而去。驢逸，田旁家收縶之。吏捕得驢，指爲殺女子者，平疑其枉。州守趨令具獄，平持益堅，守怒曰：『掾懦耶？』平曰：『坐懦而免，不過一官耳。與其阿意以殺無辜，孰爲輕重？』守不能奪。數日，河南移逃卒至許，覈之，乃實殺女子者。守謝曰：『微司理，幾誤戮平人。』累轉開封府扶溝主簿。徐奭擢京尹，薦其才，除秘書省著作佐郎，出知洪州分寧縣。縣多强宗大姓，平款接無間，至其家有負法，雖細弗貸，衆皆慴伏。就遷太常博士，入爲審刑詳議官，數以疑似獄辯上前，輒得釋。出通判荆南府，遷都官員外郎。

慶曆五年，召爲御史。先是，石元孫兵敗被執，傳聞已死，朝廷舉贈典，録諸孤，已而西人請成，歸元孫。宰執責其不死，請斬之以厲後。平上言：『西戎比年犯塞，將校覆歿幾何？甫歸元孫，隨而見戮，是堅降者之志而絶内顧之望，非計之便。』元孫得不誅。嘗因轉對，乘間言：『人不能無過，若以古繩墨治之，世殆無全人。要之，爲國家用者，忠信而已。忠信，雖有過，尚足用也。』①

材料出處

①原注：胡宿《文恭集・王君墓誌》。按：胡宿《文恭集》卷三七《宋故奉直郎守侍御史王公墓誌銘》。

李夷庚

李夷庚字坦之，隴西人。初爲從事，以勤著績，漕運康侯表於朝，擢南安軍丞。至道中，升爲守，雪冤獄二百餘人，毁淫祠四十餘所。①天禧中，守明州，市有花樓神，郡守初至，皆謁奠，夷庚獨不屑。一日過其市，飄瓦中蓋，左右曰：『此花神之靈也。』夷庚曰：『今當毁之，靈其何在？』遂毁之。浚東錢、廣德二湖，大興水利，民立祠祀之。②

材料出處

①按：見雍正《江西通志》卷六五。

②原注：嘉靖《寧波志》。按：雍正《浙江通志》卷一五二引嘉靖《寧波府志》。

梁　蒨

梁蒨字夢符，襄陽人。天聖五年，以名進士起爲博州軍事推官，再調鼎州團練推官。江上夜覆舟，提家人投舍民家。明日，主人出百金爲公裝，卒不取，至自裂衫裹赤兒懷去。秩滿，改著作佐郎，知河南府長水縣。取豪猾一人抵法，邑大安治。慶曆中，改秘書丞、通判大名府，用安撫轉運使薦知深州，遷太常博士，召爲監察御史。請外，知磁州。皇祐祀明堂恩，拜尚書屯田員外郎，復遷殿中侍御史。時議開六塔以行大河，蒨言騷民逆水，非徒無益，且有後患。卒如蒨言。奏罷張堯佐宣徽等使。唐介以言事貶嶺南，隨以中使，蒨言：『陛下愛介，故遣護之，不幸介以疾死，天下後世能無以殺疑乎？』上曰：『誠不思此。』亟〔一〕爲還中使。

出爲京東轉運使。前時類進羨贏蒙遷，以故東方財屈。蒨言民困敝不可浚〔二〕，願戒諸路毋得進羨財，凡三司横有取，輒還其檄。因蝗災，請以米募人鑿取其種地中，對以斗斛，其孽既易殄，而方冬春艱食，又可以補民。其後遂著爲令。州郡所饋，一切不取。轉侍御史，還臺，請裁任子令，謂當自宰相始。俄乞解言責，改刑部員外郎、直史館、知襄州，賜三品服，徙邢州，轉兵部。嘉祐四年卒，年七十。①

材料出處

①原注：《劉忠肅集·梁公墓誌》。按：劉摯《忠肅集》卷一三《兵部員外郎直史館梁公墓誌銘》。

校　證

〔一〕亟，原作『三』，據《墓誌銘》改。

〔二〕浚，原作『凌』，據《墓誌銘》改。

趙誠

趙誠字希平，[①]福建晉江人。天聖五年進士，歷撫州通判。有疑獄，守刻深趣上，薄暮請判。誠知翼日有赦，故延讞實。黎明，赦果至，獲免者衆。改知歸州。州有淫祠曰巴王，歲夕殺人以祭。誠毁祠，投像於江。州東三十里有新灘，前後溺載不可計。屢議疏鑿，傍灘大姓射阻險之利，輒以游言沮撓。誠條奏利害，結廬視役，既成，人號趙江，就所廬祠焉。入爲三司户部判官，出知明州，卒於官。[②]

材料出處

①原注：《閩書》作『希中』。

②原注：《閩書》。按：《閩書》卷八二《英舊志·泉州府·晉江縣二》。

寇平

寇平字均輔，膠水人。景祐元年及第，除試秘書省校書郎，知深州静安縣，改開封府倉曹參軍，遷著作佐郎，徙通判宿州，以秘書丞通判徐州。民苦輸鐵于官，至破産，猶責之不已。平請以十之三均旁郡之户，至今便之。權知淮康軍。始至淮陽，會獄有繫囚當死，平疑其未得實，更訊之，果爲吏所誣，囚且釋，吏僅得減死。衆皆相敕，不敢以毫髮欺。一日，有告軍變者，公既密得其名，乃陽以爲妄言，使去，明日大閲于鞠場，因盡擒之。是歲，盜群起，而軍壁頽廢，民不安其居，平爲調農隙而完築之。于是里人欲立生祠于岠山之陽，平不許。召充群牧判官，賜五品服，歷判三司開拆〔一〕司，遷尚書户部員外郎。奉使契丹，還，爲京東轉運使。

先是，流民以男女傭於富室者，遇歲豐，欲贖之不可得。平敕其部中，悉取以還其家。又罪人之隸海島者，過百人則不得其所。平謂朝廷既貸其生，而返罹非命，非所以助上恩，乃重爲立法。其後更赦，多得生還者。徙淮南轉運使，再遷兵部員外郎。真州長蘆寺瀕大江，章獻太后時，歲度僧者七人，令置小舟上下，以捄沈覆之患。歲久事輒廢，而度人猶如故。平使籍其所活五人以上，始得度人如舊式。頃之，淮陽戍兵殺巡檢以叛，鄰州皆警。平亟傳檄海上，使舟檝遠去。又募勇敢士，授以方略，令傳官軍以行。既而賊果領衆東遁至海，不見舟而還，遂掩獲之。賜書褒諭。再遷兵部郎中，加直昭文館，徙知潞州，加太常少卿。又徙鄭州以終，年六十二。

慶曆中嘗上《政本書》五十篇，治平初又上《陳宜書》三十篇，若寬天下力役、定士子令、汰冗官、教宗室、市邊馬、復鄉兵，多施用其言。又自述平生感遇事，作《考祥集》。采其所見聞有足以自警者，作《警異志》。①

材料出處

①原注：《華陽集·寇君墓誌》。按：王珪《華陽集》卷五五《寇平墓誌銘》。

校證

〔一〕拆，原作『折』，據《墓誌銘》改。

范仲温

范仲温字伯玉，幽州人，唐末家於蘇臺。景祐二年，以恩例補試將作監主簿，除越州新昌尉。以誠接物，民用知勸。在邑三年，盜不及境。外計舉監杭州餘杭縣市征，能寬其利，商旅便之。三載，以績聞，除寧海軍節度推官、知台州黄巖縣。慶曆七年，海潮大至，壞州城，没溺者甚衆。仲温教民爲桴，晝夜救之，全活數千人。上官請董衆以治城，仲温雅喜利人，長於慮事，衆議築土爲城，用甓以傅之。仲温謂人築且勞，又捍水之衝，甓何能久？乃集民累土，以牛數百蹂之堅，而後表以長石，互相銜枕，勢莫得動，其城八〔二〕門皆設之閘，衆服其善。歲饑，州命邑官率富人出穀，俾輕其價，以助窮民。而窮民乏貲，無以得穀，仲温諭貸之，衆皆悦從，飢者獲濟。黄巖大邑，民數萬户，訟爭盈庭，仲温專尚仁愛，多以理遣，民自愛服。秩滿，遷太子中舍致仕。①

材料出處

①原注：范仲淹《范伯玉墓誌》。按：范仲淹《范文正集》卷一三《太子中舍致仕范府君墓誌銘》。

校證

〔一〕八，原作『入』，據《墓誌銘》改。

沈衡

沈衡字公持，越州蕭山人。景祐進士，知台州臨海、明州鄞、杭州錢塘三縣，通判濰、淄、婺三州。自校書郎十遷至尚書職方郎中，由登聞檢院出知潤州，以疾得請提舉杭州洞霄宮。熙寧七年卒，年六十八。

衡嚴整守法，尤精吏事。始爲臨海時，年尚少，縣境瀕海，多聚盜。群不逞之徒時或殺傷良民，奪其資貨。衡悉爲究訪，且知主名區處，募少壯千餘人，一旦與渡海，以計擒之。窮治得其實，抵法者百餘輩，人自以不冤。郡上其事，時相才之，進官躐一等。泉有二商人，負擔出而一人獨過期不返，其家意爲先歸者所殺，得敝衾與荷擔之人適相類者，即訴于縣。其人不能自直，遂誣服，云棄其屍于溪側。官使人視之，則腐敗不可識矣。雖縣吏亦以爲真殺人者，乃送之州。衡省案，摘其情曰：『豈夜半殺人而能負重走百里，且至城下乎？且其人存亡未可知。』因揭于道以訪後行者。數日，果有人言常見之于它郡，即召而歸之，因遂得釋，一郡皆歎伏。濰州有里人欲汙其兄者，其兄以告。它日，遇諸途而毆之，至于斃。州將當其抵死，衡固爭不得，遂請于朝，果杖而釋之。①

材料出處

①原注：《蘇魏公集・職方郎中沈君墓表》。按：蘇頌《蘇魏公文集》卷五五。

閻充國

閻充國字厚民，洛陽人。慶曆二年進士第，調鄭州滎陽尉，用薦移唐州河陽令，遷著作佐郎、知澶州衛南縣。巡檢張繼明暴虐，所部卒持兵讙譟，將殺繼明以爲亂。充國聞之，命駕欲往，從者曰：『彼亂以成矣，願無往。』充國曰：『卒亂，將害吾民。』即馳慰諭，卒悔，皆泣拜，乃執首惡械于州，餘請釋而不問。

知鳳翔府岐山縣，改霸州大城縣。東南當大河，支水歲決注民田，淤漫爲陂，充國率民築張光隄。隄將成，水大至，役者驚潰，充國獨留隄上曰：『民第去，令獨死於水。』役者回顧，相率復竭力爭赴，而隄遂成，向之隄地復爲良田。自是大河屢決，不及雄、霸，隄之力也，故民目爲閻公隄。

被選知永靜軍將陵縣，大城民號泣遮留，不得去。充國微服夜遁，安撫使以其事聞，詔即還舊治大城，民扶攜老幼迎上，而將陵民遮留如去大城時，二邑之民至持白梃爭持相攀挽，吏以朝命諭之，累日方散去。朝廷聞之，特召爲三司鹽鐵判官。神宗登極，遷都官員外郎，求便親，出知德州。時地震後，瀕河州縣大興隄徭，河流至德州，勢尤高悍，視城中如深壑，居人惴惴。充國即出常平粟募役者，又請給僧道度牒募人輸薪，而薪不時至。充國乞易納見緡以市，不待報而行，人以爲便，大築遂成。又築小隄以衛濱水之田，自德至滄州，護田數萬頃。改職方員外郎、知耀州，遷屯田郎中、知江州，轉都官郎中、知博州。元豐八年，無疾卒，年六十有七。①

材料出處

①原注：《范忠宣公集》。按：范純仁《范忠宣公集》卷一四《朝議大夫閻君墓誌銘》。

石牧之

石牧之字聖咨，越州新昌人。慶曆二年進士，試秘書省校書郎，補杭州新城尉，移台州天台令。自初任已有能名，于時王安石知鄞縣，陳襄令仙居，號江東三賢。用薦格改著作佐郎，九遷至朝議，凡知江寧、鹽城、雍丘三縣，通判温、湖、舒、建四州。後朝選知温州，增廣天台縣學，擇鄉先生居師授之任，以延俊造。先是，邑有母告子不稟教令者，訊之無大故，乃呼之前，喻以子事父母之道，丁寧訓敕，使亟歸奉養。後二十年，行李過其境上，母子泣拜馬前曰：『無狀子自蒙教戒，感懼惕厲，遂爲善良。』聞者以爲近古循吏之政。

熙寧初，頒常平發斂暨役人免募法，州縣急于期會，因致煩擾，詔遣侯叔獻察訪。至雍丘，詢之父老，咸曰：『編户但知變法，而不知變法之擾。』叔獻以聞。始涖永嘉，病火政素怠，飆風至則焮焰綿亘，姦人利救焚攘奪，吏恬不怪，寖以成弊。因舉行火保之令，預爲約束，使知有犯連坐。一日火作，親率部伍，視畚挶綆缶之不悉力者收之。餘悉競前，俄頃而撲滅，自是其弊遂革。郭有通衢名五馬，闉塞不通人行久矣，問吏屬，則曰：『俗傳闢之利舉子，不利長人。』乃詆曰：『有是乎？』立命撤屋開路。自爾衝衢不絶，後累有登科者，人德之。

早厲士節，出處進退不蘄苟得。晚年通性命之理，視死生窮達爲一。元祐八年卒，年七十有九。有遺書一編，疏五十餘事，處理家政，至于斂斂之具、喪葬之節、賓客之禮、子孫之戒，纖悉無遺者。門人葉經敘其始末，爲《往生録》。趙清獻公歸老，過温，其子屼方爲倅貳，公每戒之曰：『善事石君。』其著于筆札，則有《易論》解、經訓傳、雜文、歌詩，總七十卷。①

材料出處

①原注：《蘇魏公集·朝議大夫石君墓碣銘》。按：蘇頌《蘇魏公文集》卷五五。

黄　照

黄照字晦甫，世爲益陽人，其後徙江陵。慶曆六年進士，除歸州司理參軍，移華容令。至之日，遭歲大饑，亟諭富人出米，繼發官廩以哺流餓，活人以萬計。邑西有腴田數千頃，而夏燥秋潦，民棄不耕。照築堤置閘〔一〕，以時啟閉，遂常爲豐歲。楚俗：死者焚而委其骨於野。照諭使收瘞，至輟俸以濟之。小吏敏秀可教者，授以經業，多至成士。民之輸賦於府者，有洞庭之阻，照請受之於縣，其後遂以著令。

改著作佐郎、知江華縣，益用愷悌。以秘書丞通判桂州，遷太常博士。嘉祐六年，詔遣使分行天下以寬民力，而照當使廣南，受命即行。奏蠲僞劉以來丁米，民始不以多男爲患，父子始不以避重就輕相去。廣州增外城，人驚不寧，照疏曰：『無故起大役，非所以綏邊，且城議有三，其欲依海者，海旁之地不能尺則及泉矣。欲撤室廬者，城本以保衆，而顧可先毁其居？欲即於劉氏故城者，其地荒陋多瘴氣，豈便民之意？皆非是。』詔罷其役。朝廷第使者之狀，照爲諸路最。

英宗立，拜尚書員外郎，改福建運判。治平三年，用王珪、馮京、范鎮、彭思永前後薦，召以爲侍御史。行次衢州，以疾卒，年五十四。照性端敏，好文嗜詩，治身立事皎皎。在道疾革，猶自力占疏，極論濮園事。仕二十年，不爲私計，賙族之孤寠不能嫁娶者十餘人。①

材料出處

①原注：劉摯撰《墓誌》。按：劉摯《忠肅集》卷一三《侍御史黄君墓誌銘》。

校　證

〔一〕鬧，原作『門』，據《墓誌銘》改。

李　彤

李彤字周伯，四川晉原人。慶曆六年進士，調眉州青神尉。歲滿，遷江陵府松滋令，授隴州判官，知太原府平晉縣，改秘書丞，尋遷太常博士、知華州鄭縣，以疾分司西京。熙寧五年卒，年五十四。

彤自處素高，剛而不撓，萬州有箠人之脈者，提點刑獄視之，疑且怒，欲以骨折論。太守畏不敢辯，彤提傷者以告曰：『折則上下不相屬，今舉其上而下不稍曲，非折明矣。』使者無以勝，卒輕之。又有三人謀殺一人者，彤方攝督郵，當議法，即白守曰：『一人死，安可戮三人？坐謀首可也。』守不聽，有詬責言。彤持之益堅，請於提點刑獄，且曰：『某寧解印〔一〕綬去〔二〕，安忍妄殺人求順太守意耶？』得聞之朝，止報一人。萬州帑失緡錢數千萬，俾驗之，以爲貫朽鐵壞，不知幾十載，一旦指爲盜，疑或刻深，請飭吏共償，無煩搆獄。守從之，免數輩刑竄。松滋産茗，歲輸府千斤，春未社，牧遣校至，督所有。彤曰：『今未知茗之芽否，可偕往視。』即斸根株，俾校持以歸，願牧植之後園，俟其芽，可責輸矣。牧始不懌，既而從之〔三〕。①

材料出處

①原注：吕陶《淨德集·李太博墓誌》。按：卷二五。

校　證

〔一〕印，原闕，據《墓誌》補。

〔二〕去，原作『云』，據《墓誌》改。

〔三〕『從之』後原有『皇祐甲午卒年七十』八字，據《墓誌》删。

常珙

常珙字君璧，四川江源人。慶曆六年進士。孫夢得、張安道實司文柄，以『獺日祀祊』爲題，珙之辭章詳實華潤，攷爲第一。既擢第，調合州軍事推官，徙華州節度掌書記，用薦者授秘書省著作佐郎、知江陵府公安縣，遷秘書丞、知三泉縣。歷尚書屯田都官職方員外郎，通判忻州，又漢、遂二州，爲屯田都官郎中，移知資州、果州，又知邛州。敏於吏治，濟以彊力，事不擇巨細，必究極底裏，然後行之，人多以爲宜。懷安軍三江堰以侵競致訟，歷四十年不能已。珙時在漢州，兩蜀使者委之按治，珙鉤索本末，得其情，歸所侵田而復其堰，溉潤之利，凡四千頃。果州瀕嘉陵江，歲歲水患，珙審視形勢，爲長堤捍其衝，民得不魚，至今賴之。

性穎悟，初就學誦書，雖數百言，一閱遂記。稍長，泛觀群籍，好《周官》、《戴氏禮》，凡先儒之注釋異同微顯、錯出互見，悉能通之。尤精於名數制度，以至圭幣、冠服、車符、樂舞、牢鼎、齍尊之類用於禮者，其規範之巨狹、容色之丹黝、先後之序、繁簡之差，皆能條別指數，聽其言如視諸圖。作爲聲律，曲折中度。元豐七年七月卒，年六十一。①

材料出處

①原注：《淨德集・常君墓誌》。按：吕陶《淨德集》卷二二《朝請大夫知邛州常君墓誌銘》。

蔡天球

蔡天球字粹夫，宋城人。慶曆六年進士及第，爲宿州觀察推官。會歲荒民飢，詔所在選官賑哺，君所活數十萬人，改澶州節度推官。數以義理劘正其上官，無小大，不直不已。有能名。改秘書省著作佐郎、監杭州樓店務。英宗即位，遷省丞、知蒙州，不鄙其民，爲立學校，開以教化，人人嚮勸。轉太常博士。神宗即位，拜尚書屯田員外郎、通判乾州。熙寧二年卒，年四十五。

天球學于徂徠石介，年雖少，已卓卓有聞。于吏治敏以達，在蒙州，躬考覈版籍，得隱税積錢至百萬。監司言狀請賞，曰：『是固不足言功，誠因此得推法天下，庶乎爲有補爾。』代還，又上書言：『二廣荒遐，州縣有不足置者，勞敝民而公私亡所利。議者方愛虛名，甘實患，非是。』未幾，詔諸路併廢州縣以寬役省費，而三司亦置帳司，列賞罰，以專鉤會。著《易論》十卷，《孝經》一卷，雜文、詩百餘卷。①

材料出處

①原注：《劉忠肅集》。按：劉摯《忠肅集》卷一三《屯田員外郎蔡君墓誌銘》。

蕭固

蕭固字幹臣，新喻人。第進士，累官屯田員外郎。慶曆間，區希範誅，廣西困於兵，詔以固知桂州兼廣西都巡檢、提舉兵甲溪峒事。至則因其故俗，治以寬大，廣西遂安。以才選爲荆湖南路提點刑獄。未幾，以固之信於南方也，又以爲廣西水陸計度轉運使。方是時，儂智高蒐兵誘聚中國亡命，陰以其衆窺邊境，而邊吏士尚皆不寤。固獨憂此，謂必爲西方之患，乃選遣才辨吏説智高内屬。上書言狀，請因以一官撫之，使抗交趾，且可以紓患。書下樞密，以智高故屬交趾，納之生事。詔問固能保交趾不爭，智高終無爲寇，則具以聞。固疏言：『蠻夷視利則動，必保其往，非臣之所能。顧今中國，勢未可以有事於蠻夷，則如智高者，撫之而已。且智高才武强力，非交趾所能爭而蓄也。就其能爭，則蠻夷方自相攻，吾乃所以閒而無事。』爭議至五六，不報。又奏請擇將吏、繕兵械、修城郭以待變，亦至五六，又皆不報。

尋召固歸，智高果反廣西，所至殘破，一時士大夫因知固智謀可以任邊事。頃之，復以爲廣東轉運使，又以直昭文館知桂州。當是時，儂宗旦聚兵智高故地，無所屬，邕州爲之警。諸將皆議興師，固又獨持招降之議，朝廷用其議，宗旦遂釋兵服，以爲西頭供奉官，而邊無事。以集賢修撰再任。會蠻申紹泰反，巡檢宋士堯戰死，固坐免，遂告老。著有奏議二百餘篇，其言詳密，多世務之要。①

材料出處

①原注：《臨川集・蕭君墓誌》。按：王安石《臨川集》卷九四《尚書祠部郎中集賢殿修撰蕭君墓誌銘》。

崇大年

崇大年字靜之。慶曆中，擢進士第，知青田縣。民貧無以納和買，大年悉令候冬熟。州符督責，追杖縣吏，大年曰：『年凶民飢，若催督必破産，雖杖胥吏三五輩，尚可寬一邑之民。』至冬，民輸無不足者。徙知浦城縣。舊設兩棧，民以事追去，無輕重悉置棧中。大年曰：『此牛馬吾民。』悉命撤去。以疾丐分司。歸吴日，與程師孟輩觴詠燕游，號吴門十老。大年德守淳固，志尚夷曠，恬於勢利，浩然易退。吴士自陳之奇後，大年繼有賢稱。卒，年八十二。宋長文與鄉人議謚，謂黔婁謚康，陶淵明謚靖節，大年當有道之世，秉難進之節，仕而知止，貧而忘憂，凜然有古高士之風，乃謚曰康靖先生。①

材料出處

①原注：《吴郡志》。按：卷二六。

卷十九　列傳第十九

循吏二

侍其瑋

侍其瑋字良器，世仕南唐李氏。祖顯，始自建鄴徙蘇州之長洲。家世以武顯，瑋獨習儒學。皇祐二年進士，調杭州主簿，改仕富陽。有兩税局，一隸主簿，瑋課輒倍他日，專征者負殿，且罷斥，瑋悉推羨數畀之，以此稱長者。改開封陽武軍主簿，政殊異。尹包拯材之，命攝右軍巡判官。有亡命卒坐剽金論棄市，獄具，瑋視文案，疑有冤，得其情，白尹平之，囚以不死。累官著作佐郎、知光州。在固始縣，穿永清、南津二渠，漕粟、溉田交賴之。遷知化州，地僻陋，瑋始築校舍，親爲擁經講校義訓，化行南土。歸裝無嶺外一物。移知池州，遂乞致仕。性靖退知足，孤立介特，以質謹自將，不肯嫵媚權近，仕進淹晚，不一綴懷。嗜學，喜聚書，工草隸，善屬文，賦詩尤多，製《續千字文》行於世。吳中資産，盡推與同族，晚無所歸，徙貫宣城。崇寧三年卒，年八十三。子鈜，字希聲，知潯州、徽州，皆有政聲。①

材料出處

①原注：葛勝仲《丹陽集·侍其公墓誌》。按：卷一三《朝散大夫致仕柱國賜紫金魚袋侍其公墓誌銘》。

黄莘 從子陞

黄莘字任道，福建浦城人。曾祖元吉，仕江南李氏。祖覺，字民先，景德二年登第，有詩名，與楊億、劉筠、章得象、宋祁等相倡和，累官至殿中丞，以清直聞。父孝綽，抱德不仕，僑居舒州之太湖，人稱潛山先生。莘擢皇祐五年進士第，調揚州天長主簿，徙恩州清河令。黄河舊在州境，縣歲輸芻茭，後河徙，猶賦之，積逋四十萬，皆貧户。都水使者督不已，莘條列於朝，悉蠲之。時有旨遣使寬恤民力，欲一切罷河北驛傳之須於民者。莘上言：『騷民，故當禁，而事繫國信，往來亦何得廢？獨可具民所勞費，以其數當税役。』詔從之，公私皆便。歲饑，部使者不肯賑，莘遂發寧化鎮倉，所活甚衆。

秩滿，改秘書省著作佐郎，知曹州濟陰縣。神宗即位，就遷秘書丞。廣濟河決，勢蹙甚，莘徇邑人議，破南隄以分水。水去，病鄰邑。莘曰：『此於法甚重，奚可以累他人？』亟自劾，宰相韓琦以下皆有論捄，知冤句縣事張復禮請納官以贖之，詔薄其罪，奪一官，罷歸。琦留守北都，薦授國子監丞。久之，遷陜西提點刑獄。駕部員外郎汲逢坐市易事，繫秦州詔獄，逮累三百人。主者幸有功，慘覈巧詆，紿言逢病，故緩之。莘攝州事，亟遣醫診視，得逢無恙狀，乃檄問不實之由。主者情見，趣竟獄，不敢小出入，逢得無冤。召入尚書省，爲職方員外郎，賜緋衣銀魚。丐外，知汝州。哲宗即位，遷朝奉郎，以足疾請致仕。尋卒，年六十有五。

莘性諒直，勇於爲義。布衣時聞舒州望江令豐有孚能吏，以誣繫獄，即馳見轉運使王素，白其冤，素立釋之。莘故不識有孚，有孚亦不知也。嘗上疏論免役錢不當及下户，人以爲知言。始寓衛州，晚徙鄆州須城，遂家焉。

從子陞，字進仲，莘弟藝之子也。登崇寧二年進士，授濟州鄆城主簿，歷知廬州合淝縣。合淝當兵興之際，一切供給，賦取於民。陞隨事力爭，有不得已，視其等，裒而均之，吏不得並緣爲姦。擢知邵州，改永州。值湖南大旱，米斗千錢，陞既發官廩賑之，復勸富民出粟，猶不足給，乃請於宣撫使李綱，願出諸司封樁粟以續之，沾被一路，所活數十萬人。丐主沖佑、崇道兩祠，起知筠州，積官至朝散大夫。①

材料出處

①原注：《劉忠肅集·黄君墓誌銘》。按：劉摯《忠肅集》卷一四《朝奉郎致仕黄君墓誌銘》。又按：此傳實録自道光《福建通志》卷一八二。

陳郛

陳郛字彦聖，建陽人。嘉祐二年進士，歷欽州軍事推官。熙寧五年，賞修水利勞，進光禄寺丞。尋知崑山縣。歲饑，屬邑希部使者意，不敢蠲賦，郛曰：『歲歉而賦不蠲，饑殍滿壑，何以奉公？』竟蠲之。後爲司農丞，未嘗謁政府。遷太府丞，請外，除閩漕，尋改江、淮、荆、浙、福建、廣南提點坑冶。元符元年，罷。三年，坐『爲訴理所勾管文字時，雪熙寧以來斷過刑獄，謗訕先朝，歸怨君父』，勒停。再坐『元符末年共成黨與，變亂法度』，降朝奉大夫、管勾洞霄宫。崇寧三年，入黨籍。大觀二年，出籍。性清鯁，歷官五十年，退無居廬，舊吏饋金數百而不受。①

材料出處

①原注：《福建通志·進士表》，參《通鑑長編》。按：道光《福建通志》卷一四七，《長編》卷二三七、四九四、五〇七。

皇甫鑑

皇甫鑑字唐弼，曹州乘氏人。由父廕官台州司法參軍，調單州單父縣主簿。三司舉知光州光山縣，兼買茶場事。百姓販私茶犯法，鑑曰：『貧民以茶養生，亦何異於爲農？』不忍繩以重法。郡守以問鑑，對曰：『貧民不得販茶，且爲他盜，罪辟益重。不如容之，使有以自存。』縣吏張盛猾惡，爲上下患，鑑收治寘法，餘吏戰栗，終任，無敢犯令者。

官滿，轉大理寺丞、知并州録事參軍。曲陽縣民兄弟訟者，兄告其弟非同父，不分與田産，弟不能自明，縣邑久不決，府使鑑治之。鑑使人按視其父母葬，告曰：『彼雖無石銘，棺槨外當有題志者。』于是驗之，果悉書其子孫名字，而其弟在焉，訟者于是首服。

東河用錢，銅鐵二品均等，鐵錢輕，又盜鑄者多，詔變其法，以鐵錢三當銅錢一，百姓奪貨失業，市井讙譟。經略使鄭公集衆官謀之，鑑曰：『小民失職無聊，宜使人往慰之耳。』鄭公使兵馬都監謝雲行出諭之，民因求見太尉。既入，鄭公捕其倡率者，將刑戮之，百姓皆哭。鑑曰：『民以無聊，故願見公。公重困苦之，衆怨且怒，將不可解。』鄭公乃止。鑑又曰：『兼并之家，典質錢舊出十，乃今償三十，何厚幸也？而貧民失業，又兩倍輸，此其所以患新法之變耳。今使以舊數償，雖不利兼并之家，可以悦衆。』從之，而軍中猶疑縣官出錢刀〔二〕猶用舊法，相與竊議謀變。鄭公憂之，鑑曰：『兵今當給料錢，比文書具，更歷勾院，猶二三日久，可不俟文書，具給之後，徐入勾，無害也。』于是人情始安。改太子中舍，遷殿中丞，改尚書虞部員外郎，又遷虞部郎中致仕，年七十五。①

材料出處

①原注：劉攽《彭城集》。按：卷三八《故朝散大夫尚書虞部郎中致仕上騎都尉皇甫君墓誌銘》。

校　證

〔一〕刀，原作『方』，據《墓誌銘》改。

韓正彦

韓正彦字師〔一〕德，魏公琦猶子。嘉祐中，知崑山縣，號爲難理，正彦能以靜勝，囹圄爲空。創石隄，疏斗門，作塘長七十里，人不病涉，得膏腴田數百頃。部使者以最上。又請以輸州之賦十三萬從便輸縣，鳩作塘餘材，爲倉廩以貯之，民大悦。比去，遮道以留，立生祠，作《思韓記》，鑱石祠下。①

材料出處

①原注：《中吳紀聞》。按：卷六。

校證

〔一〕師，原作『思』，據《中吴紀聞》及《吴郡志》卷一二、《姑蘇志》卷四一改。

司馬京

司馬京字亢宗。以從祖蔭補太廟齋郎、監青州酒税，以最改通判綿州、潞州，歷太子中舍、殿中丞，虞、比、駕三部員外郎，知趙州，未赴，改博州，遷虞部郎中。始爲監酒，梁丞相守秦州，政尚威嚴，官屬震慄。京嘗白事不可，丞相厲色〔二〕呵之，京端立於庭，爭之愈彊，必從乃已，丞相無如之何。在潞州，太守役兵治園亭，旬休不得，京直縱遣之。太守又行伍保法，一人有罪，輒連坐數家，日撻數十人，京一切釋去不問。太守雖甚怒，然以京廉潔周慎，卒無以中傷。其知博州，值河朔盜賊大起，百十爲群，所在剽掠，晝入縣鎮驅殺官吏。京督責討捕，歲餘悉平。時强盜捕到即承者，法皆免死。盜倚法爲姦益滋，京擇其尤無良者，諭伍伯悉榜殺之。文潞公安撫河北，以博州多盜，始欲奏劾，已而深知其能，乃表薦之。元豐二年卒，年六十八。①

材料出處

①原注：《太史范文公集》。按：范祖禹《范太史集》卷三八《虞部郎中司馬君墓誌銘》。

校證

〔一〕色，原作『免』，據《墓誌銘》改。

費琦

費琦字孝琰，成都人。鄉進士在第一，遂中科，仕興元府户曹參軍，遷合州赤水縣令，用薦改秘書省著作佐郎、知定州安喜縣。民有婦自經，父母謂夫家殺，琦驗謂無他，覆視者既異，訟辯不已。州將置疑，有司皆傅會，連逮數十輩，淹繫累月，竟不能奪琦議。黍苗將熟，匹夫蔭其下，邏者執爲寇，誣以巨罪，琦索其情，輒釋之。郡欲深治，琦不忍致之法。未幾，旁邑果獲真盜，衆服其明。於是部使劉庠、吕大防、張問皆薦琦才，請以治無極，朝廷從之。縣接契丹境，一日，民訛言相驚，謂北兵來浸，皆閉户自匿，市井不相通。琦不爲之動，有以慰諭其心，凡三日，復業如故，兵亦不至。保州民集衆數百，撾登聞鼓，訴屯田水利事，事久不決，郡邑患之。安撫使委琦按視，即條利害以圖上。其説行，公私以爲宜。熙寧中，差通判蜀州、緜州。元豐三年正月卒，年五十四。①

材料出處

①原注：《淨德集·費君墓誌》。按：吕陶《淨德集》卷二四《朝散郎費君墓誌銘》。

陸琮

陸琮字寶之，會稽人。以從叔軫任郊社齋郎，爲吉州龍泉縣主簿，壽州壽春縣令，知〔二〕虔州石城、虔化兩縣，又知江寧府上元縣，知連州，通判潤州，又知處州。其爲虔化令，趙抃辟也。邑號難治，風俗壞久矣，至于子輾父足，弟捩兄臂，爲之者莫怪。有翁在庭訴其子毆者，使腰以石沈諸江，若是者殺三人。于是一邑大驚，俗驟變，或以比鄴令殺河伯娶婦。在潤州，歲大饑，斗米錢三百，疫繼作。方攝州事，圖所以奏卹之方備至。適有官舟溺米數萬石，有司請曝之入州廩，琮盡使貸民，人用以濟。去壽春時，嘗有以錢千緡、粟千石半途賮者，琮不顧。爲人尚氣節，對賓客不改越音，言雖無華，然意所造，自有餘趣。老猶賦詩，公餘觀史，以俸餘買書，曰：『吾以此終身，亦以此遺子孫，可矣。』元豐五年卒，年六十有六。①

材料出處

①原注：《陶山集·陸公墓誌》。按：陸佃《陶山集》卷一四《朝奉大夫陸公墓誌銘》。

材料出處

〔一〕知，原闕，據《墓誌銘》補。

孫載

孫載字積中，崑山人。登治平二年進士第，爲河中府户曹。更三守，皆立威嚴，載獨與爭曲直，不肯少下，終以此見知。中書檢正官察訪關中，辟爲官屬。青苗法行，乾祐令不以予民，察訪怒，檄載按之。載還言邑小民貧，其徒歲以黍麥博易爲生，未知稱貸公家爲利，令無罪。用薦知德清縣，以德化民，聽斷精明，不專任刑罰，開誘是非，出於誠信。訟有累年不決者，得一言皆感悟舍去。熙寧八年，吴越饑，獨縣中熟，載勸大家倍糴，得十五萬斛。明年春，米價翔踊，載使平直以糶，全活甚衆。

移考城縣，地多盜，載明賞格，嚴保伍。一日巡尉來告，盜集境上，將以上元掠近郭。至期，載張燈設宴，不禁夜，如故事。盜叵測，遂遁去。訖受代，無復盜者。神宗以載姓名付中書，除廣東常平。觸暑行部，以宣德意。元祐初，遷廣東轉運判官。紹聖初，知海、沂二州，再知婺、亳二州。延聘名儒，興學養士，爲治務持大體，時號循吏。以嘗薦元祐黨人，授提舉洞霄宫。大觀中，以朝議大夫致仕。一日，徧謁先壟及嘗往來者。未幾，疾革，問日早晏，盥水焚香而逝，年七十五。

載天資樂易，長於吏治，薦士至四百餘人，後多知名。喜讀《易》，著《易釋解》五卷。①

材料出處

①原注：《中吳紀聞》、盧《志》合纂。按：此傳實録自同治《蘇州府志》卷九一。

王　默

王默，棘道人，字復之。幼小執養事師，趨庭問膳，自有度量。登治平四年進士第，授什邡縣主簿，調夫築洛口堰，共十萬。鄰邑憂不辦，默酌民言，而賦功省，不閱月而成。遷通泉令。通泉歲饑甚，不待報而發廪。久不雨，至是而雨，有千頃渠堙廢，不知其始，其旁短户積歲不能入賦。因民願，決其源二十里注之江，歲以大熟，民畫像祀之。熙寧中，熊本察訪陜、夔路，薦默任提舉常平，尋除轉運使。苗時中饋軍興，奏默管勾文字。討乞弟，師還，以瘴癘不能隨師者萬人，且棄死夷地。請以運糧虚舟載之，分責使臣將護醫粥，以卒之存亡爲殿最，所全活者十七八。以軍功吏考，遂改承議郎，泛恩遷朝奉郎，請老而歸，十年乃終。①

材料出處

①原注：《山谷文集》。按：黄庭堅《山谷集》卷二二《朝奉郎致仕王君墓誌銘》。

家定國

家定國字退翁，四川眉山人。六歲知聲律，客以對句試之曰：『笙歌陪酒聖。』即應之曰：『桃李從花王。』客大驚，聞者以爲奇童。方冠，舉進士，除雅州名山尉，調永康軍司法。韓康公帥蜀，欲治西山道，至威茂建玉壘關，定國謂：『蜀近夷，惟恃險以安，昔唐中衰，吐蕃三入寇，一出汶川。今鑿石平塹爲坦塗，將貽蜀之憂。』康公信其言，捐工役之半。再調澧州司理。提點刑獄賈宜言因部吏饒瑄，欲誣以巨罪。定國不從，賈怒，屢捃以事，卒莫能得，識者嘉其持守。遷秘書省著作佐郎、知嘉州洪雅縣，簽書蜀州判官事。二川田税，舊有折變絲綿者，估纔十之一，監司猶欲加以耗。定國謂既變而斂，則與正税異，豈復有耗耶？乃以辨析得免。又嘗增損邛、蜀水平之制，均二渠水利，鬭訟止息，人至今以爲宜。歲滿，通判瀘州、知懷安軍，有惠愛。紹聖元年卒，年六十四。尤工於詩，古律凡三十卷，雜文十卷，體格清懿，如其爲人。①

李撰

李撰字子約，福建連江人。熙寧六年進士，①調越州餘姚主簿。有茶商夜行，遇海舶鉦鼓偕鳴，疑爲盜，持短兵格鬭，殺傷十餘人，繫蕭山獄，久不能決。趙抃守越州，檄撰攝縣事。撰至，視案牘，即得其情，曰：『犯時不知，在律勿論。』具聞於州，杖遣之。抃器其能，薦監楊州高郵酒稅，移江州彭澤令。彭澤俗喜訟而尚鬼，撰一導以信義，訟日益希。巫覡有前期唱某日所災者，已而果然。民懼禍，轉相趨奉。撰召群巫於庭，問以火起期日、處所，令將詣伺，有不信，抵罪。群巫恐，皆曰：『無有。』乃下令敢假鬼神造言惑衆者坐之，人心悉安。

朝廷下括田令，轉運使欲多得匿户羨田爲功，撰持不可，轉運使怒，翼旦且行，撰抱牘夜徑造卧内，轉運使驚問，撰曰：『彭澤令以公事白，願起視之。』抗論移時，且請就劾，解印綬去。轉運使度不可屈，卒從之，然猶未解。是時王安禮以端明殿學士知江寧府，轉運使還，以其狀告，覬共搆撰罪。安禮曰：『縣令乃敢與部使者爭衡，此必介特有守士也。』亟呼吏，對轉運使前草奏薦撰，轉運使意沮而去。

材料出處

①原注：《淨德集·家君墓誌》。按：吕陶《淨德集》卷二三《朝請郎新知嘉州家府君墓誌銘》。

曾布知青州，辟置幕府。撰少受業於布之兄鞏，及從布辟，鞏遺布書，以幕府得忠信之士爲可喜。礙吏部例格，不行。布移瀛州，再辟爲州學教授。元祐三年，朝議遣使修復河流故道，撰作《修河賦》二篇上之，大概言河不可復，究當時利害甚悉，不報。後卒如撰言。未幾，除太僕寺主簿。紹聖四年，欽聖太后出幸，撰行馬御路東，誤不引避，爲殿中侍御史蔡蹈所劾，貶監饒州德興縣酒稅。徽宗即位，轉承議郎、通判莫州，改簽書泰寧軍節度判官。值歲水災，撰首議賑救，民不知饑。秩滿，就差通判袁州。撰浮沈州縣三十年，不以淹滯介意。或勸撰詣朝廷申理，撰曰：『吾每以士人老不知退爲鑑，今躬蹈之耶？』竟不往。大觀三年，除通判保州，未行而卒，年六十有七。子彌大、彌遜、彌正，自有傳。②

材料出處

①原注：案：《續通鑑長編》以撰爲蘇州人，而《宋史》撰子彌遠傳亦云蘇州吳縣人。考撰墓誌，言撰父處常娶范氏司封員外郎元之女。國博之喪，諸孤無所歸，范爲營室於蘇，故今爲蘇人。然彌遠作《連江縣移學記》云：『自三世祖出居，越百年而歸。』是撰家特僑寓於蘇，其後仍歸連江，史未之詳考耳。

②原注：《楊龜山集·李子約墓誌》。按：楊時《楊龜山集》卷三一《李子約墓誌銘》。又按：此傳實録自道光《福建通志》卷一八二。

陳　廓

陳廓字彦明，金壇人。年十七與鄉貢，中熙寧九年進士第。主句容簿，再調長社令，辟江東運司、主管帳司。改秩，知吉水縣。又改楚丘縣。縣，古芒碭也。盜發，坐繫者百人。一夕，乘守者怠，脱械持兵，欲殺令而肆掠，人情恟懼。彦明不爲動，徐部分吏卒格鬬，獲其爲首者，斬以徇。餘黨猶時時倡言，以撼居民。彦明募致其尤桀黠者，并囊橐之家破除之，一境大治。提刑羅適以治水自任，至縣，欲有所爲。彦明知無益，即抗言曰：『此白圭之術也。』適慚而去。除都水監主簿，遷北外丞，以職事入奏。哲宗察其才，諭以行召用矣。

大名帥決河入澶州故道，以紓魏患。澶人大恐，廓爲之增堤峻防，水入無患，兩州〔二〕以安。出知處州，歲饑，賑救有方。移廣東路轉運判官，時同列多以獻羨財進用，彦明曰：『財，民力也。有羨當還以及民，可剥民以爲己利乎？』奏罷徐惕所興錢監，民以爲便。汰假版吏，以保任法，選用士類，外選爲清。就移本路提點刑獄，禁雷公淫祀，以正風俗。罷庾嶺置關，以示無外。召還，篋中無南物。丁内艱，服除，授廣西路提點刑獄。未行，改利州路，予告東歸。大觀四年卒，年五十五。有詩文、雜説，合三十卷。①

材料出處

①原注:《京口耆舊傳》。按:卷六。

校　證

〔一〕州,原作『川』,據《京口耆舊傳》改。

黄　彦

黄彦字修中,吴縣人。熙寧中,以王安石經説與弟頡俱第進士。安石舉爲越州教授,遷瀛州防禦推官,知崇德縣、長興丞,以省罷。知浦江縣,清直明恕,民畫像祠之。紹聖中,知虹縣,有廟吏譌言井蛇爲龍,水能愈疾。彦以蛇磔死,妖乃不興。又麥秀兩岐,蝗不入境,時稱有古循吏風。除楚州教授、宗正寺簿,改富陽令,爲政如前時。坐法免,管勾嵩山崇福宫。官至朝奉大夫致仕,政和四年卒。①

材料出處

①原注:盧熊《蘇州府誌》。按:卷三四。

鄭景平

鄭景平字希尹，居帶城橋，[1]剛正不撓，所涖官有廉介稱。嘗爲大理丞，每有疑獄，中夜拜禱，輒得其情。既請老家居，詔復起知饒州，數月復拂衣歸。或問故，答曰：『天子命景平爲郡，當以撫字爲職，乃不得行其志。今日須金若干，明日須粟若干，民已枯骨矣，搥考不出，吾安得不歸？』時朱勔用事，從之者甚衆，獨景平終始不阿。子絪，字天和，亦能文，屢爲郡。[2]

材料出處

①原注：盧《志》：『初名安平，熙寧三年，與父伸同登進士第。』

②原注：《吳郡志》。按：卷二七。

段　縫

段縫，熙寧中任職方員外郎、知興國軍，所屬永興縣歲輸免役錢一萬九十餘貫，實支纔千餘貫。縫不忍民力之困，而所取寬剩錢過多，奏乞裁減。先朝下其章司農寺，委本路相度，而提舉司以一路役法錢數已定爲辭，事寢不報。縫繼有論列，言甚激切。神宗特從其請，錢得減半。未幾，召縫赴闕，除屯田郎中、知潤州，又易泰州。未到官，知諫院蔡確言縫沮壞新法，追還新命，改差通判閬州。縫家貧多病，不能遠適，乃求分司，遂以朝散大夫致仕。居閒十數年，安貧守道，江東縉紳之望。元祐二年，王覿薦之，詔落致仕，差管勾宫觀。①

材料出處

①原注：《續資治通鑑》三百九十五。按：即《長編》卷三九五。

蔡　奕

蔡奕字如晦，宋州人。父挺，《宋史》有傳。奕第進士，除無錫主簿，遷大理評事。熙寧中，以太子中允爲湖南轉運判官、提舉常平倉兼農田水利。時行青苗、助役法，所置遣多不深維法意，奉宣或謬戾。奕親行州縣，視人物地宜，度出而賦之入，公私稱便。遷轉運副使。潭、邵間有上下梅山，其地千里，馬氏以來，猺人據之，號莫猺，有厲禁制其耕墾出入，歲久公然冒法。奕奏：開其酋以禍福，使爲土民口授其田，略爲貸助，使業其生；建邑置吏，使知有政。上嘉納之。

會章惇察訪本路，即付其事同奕經理。檄入，其境果大歡從，授冠帶，畫田畝，分保伍，列鄉里，築二邑隸之，藉其田，以畝計者二十四萬，增賦數十萬，遂招懷、邵之武岡蠻三百餘族、户數萬，歲輸米以萬計。納其所蓄兵杖，以其地建二寨。上遣使勞之，賜邑名曰新化、安化，寨曰武陽、關峽。遷太常丞、直集賢院。又撫納邵、徽、誠等州鎮蠻族之歸附者，皆以補吏。因言治新民，法宜有張弛，願假便宜。詔可。長沙諸邑負茶租田税，積爲緡錢四萬，請如〔一〕赦蠲除。乞行保甲法以防盜，置錢冶衡州以權物輕泉重之弊，皆從之。累官廣西轉運副使、桂州經略安撫司。元豐六年卒，年四十四。著有文集十卷。①

材料出處

①原注：劉摯撰《墓誌》。按：劉摯《忠肅集》卷一二《直龍圖閣蔡君墓誌銘》。

校　證

〔一〕如，原作『於』，據《墓誌銘》改。

郭子皋

郭子皋字德臣。其先京兆人，廣明之亂，六世祖御史中丞甫從僖宗入蜀，弟及爲廣都令，以蔭補太廟齋郎，改衛尉寺丞，知邛州大邑縣。縣北與蜀州晉原接境，每歲二邑之民鳩工爲堰，決渠溉田。晉原據上流，有餘則注之他江，以邀邑民，得重賂乃不爲病，謂之買水，人素苦之。子皋至，均以大井，斷木爲平以限水，廣深多寡，自木爲準，目曰水平，由是大邑之水不買而足，號曰郭公平。舉監成都交子務。紙幣之設，本與錢相權，至是大壞，價錢不售，法幾爲廢。子皋講求其病，錢幣復稱，官民利之。先是，交子務以二年爲任，監司奏留子皋半歲，遂著令以二年半爲任，舉者三十人。

知昌州，遷太子中舍，易階通直郎。瀘卒譙青因博戲殺人，獄五徙輒變，監司委子皋一訊而折，以具獄讞，竟獲免死。徙知劍州。官軍討瀘夷，道出劍關，戍關卒數十人輒亡從軍以幸戰功。及師還，主將悉捕送郡，有司以爲禁卒逋亡踰月當死。子皋曰：『離戍從軍，非亡命也。』止罰而釋之。郡當兩山間，民架竹爲茅屋，依山而居，故多火災。子皋教民易以瓦，官爲陶瓦貸貧民，不費而革，自是無火患。遷奉議郎、知利州。元祐二年四月卒，年五十有五。①

材料出處

①原注：《太史范文公集》。按：范祖禹《范太史集》卷四二《朝奉郎郭君墓誌銘》。

吳革

吳革字孚道，夏津人。舉進士，爲襄州司户，遷池州貴池令，改著作佐郎。熙寧甲寅，出爲廣德軍建平令。移知南雄州，課爲廣東第一。元豐間，擢知吉州，終於湖南轉運判官。革由少年書生治經術爲州縣吏，遇事力行所聞，精於吏職，所至必令行禁止。在貴池，兄弟相與訟田，爲垂涕説同生當相盡以恩義意，兄弟皆感涕去。方使者行新令，給青苗錢。革不格詔令，而實予可貸之民。在建平，歲饑饉，力舉荒政，勸發廩，所全活以萬計。南雄州有吏胥鬻獄，把持長短，聞革嚴能，乃匿去爲外台吏。革下車，盡得其姦狀，捕取伏法，郡内肅清。吉州自蹇周輔增鹽課二百萬，民已失生理，而魏綸上諸縣增課九十五萬。革至，告諸令：『後所增鹽，勿以爲課。』爲郡奬善士，勸不能，去甚汙，德意茂美。元祐初，御史按察南方，以革爲愛民吏，課稱江西第一，除江西轉運判官，徙湖南。元祐三年四月卒，年五十三。①

材料出處

①《山谷文集·吳君墓誌》。按：黄庭堅《山谷集》卷二二《朝請郎湖南轉運判官吳君墓誌銘》。

李　傑

李傑字穎伯，湖南邵陽人。熙寧進士，歷知永、靖二州。元祐初年，梓州路轉運判官。時瀘南安撫使李琮奏蠻賊乞弟爲患身死，新立頭領〔一〕阿機親手刻到芀牌，乞投降，詔傑與知瀘州張先明接納。尋遷梓州路提點刑獄。① 五年，改金部郎中，言：『利州路興州青陽鎮見有銅坑一百餘處，舊係西河邊防財用司舉官招誘收買，又本錢亦是本司計置應副。昨廢罷本司，將上件銅場併入陝西轉運司管勾。自併入後來，將銅價僅減一半，又本錢多不敷足，雖有所舉，監官無由辦集，采銅之人逐旋散潰，所收漸少，課利日虧。今相度欲乞每斤量與添錢，多行計置本錢，依舊兼用銀絹，于稱下堆垛，及比附韶州岑水〔二〕場例選官，量與酬獎，使設法措置，必有所增。』詔于利州常平錢内借錢五萬貫充買銅本錢，每斤依本處見買價錢，餘並從之。② 崇寧元年，坐『元符末應詔上書，譏訕謗斥，得罪宗廟』，勒停，編管唐州。三年，入黨籍邪上尤甚第十六人。五年，于舊資上降兩資收敘，後爲湖南安撫使，終于大理卿。嘗買書萬卷，藏之郡庠，置田數千畝，以贍宗族。③

材料出處

①按：見《續資治通鑑長編》卷三九三。

②原注：《長編》四百七十二。

③原注：《明一統志》。按：卷六三。

校證

〔一〕頭領，原作『願須』，據《長編》卷三九三改。

〔二〕水，原作『小』，據《長編》卷四七二改。

潘鯁

潘鯁字昌言，福建長樂人。曾祖吉甫，仕吳越，歸宋，終國子博士。祖衢，大中祥符元年擢第，知同安縣，累遷檢校屯田郎中，歷知興化軍、建州軍州事，終知黄州，遂家焉。比鯁長，復歸閩。從周希孟受學，登元豐二年進士。初調蘄州蘄水縣尉，民有以花爲獻者，鯁一嗅而還之曰：『受賜多矣。』其廉潔類此。遷和〔二〕州防禦推官，知江州瑞昌。郡賦屬縣鬻建茶，守問君瑞昌歲可售若干，鯁曰：『四斤耳。』守詰其說，鯁曰：『縣小民貧，米鹽猶不足，而暇及茶乎？獨縣僚四，人一斤可矣。』守悟，以故諸縣皆得無多售。後七年，以事過瑞，有兩民拜馬前，其一曰：『異時君爲縣，我訟得直。』其一曰：『異時君刑我當罪，我心服，是以偕來。』徙監楚州都鹽倉，尋爲吉州軍事推官。元祐赦，民負官錢無姦者悉免之。通判攝守事，悉下負者於獄，將鞫其姦。鯁曰：『赦欲寬之，而君故獄之耶？』執不可，民賴以免。龍泉令捕得私釀三十家，將上府，鯁謂令曰：『是法皆當徒。龍泉小邑，一日徒三十人，君爲令，安乎？』令乃頗減出之。改宣德郎、監漢陽軍酒稅，遂以奉議郎致仕，仍居於黃。卒，年六十有三。子大臨，字邠老，以詩名於時。①

材料出處

①原注：《福建通志》。按：道光《福建通志》卷一八二。

校　證

〔一〕和，原作『知』，據張耒《柯山集》卷五〇《潘奉議墓誌銘》改。

吳　思

吳思字子正，福建邵武人。元豐二年進士，調蘄州黄梅縣尉，再調虔州右司理參軍。虔俗獷悍，喜訟鬬，視他郡爲難治。思敏達强濟，事至輒迎刃解。會昌民有誣告毒斃者，縣獄具，思直其冤，得不死。令狠愎，訟思不已。守遣思更訊，卒如思所斷。

法當遷秩，任事者不以聞，思曰：『吾爲理官，治獄求生，蘄盡吾職而已，無他覬也。』就移和州防禦推官，除知吉州吉水縣。有老吏舞法爲蠹，思廉得實，繫治之。欲汙思以緩其獄，闞思出，謬爲家問，置金其中，使小吏納之。思妻黄氏得書覺重，疑之，卻不受。思適自外至，發書得金，詰得其情，吏遂伏辜。當路以爲能，交薦之。改宣議郎、知池州建德縣。興學校，勸農桑，教民力本，歲餘大治。徽宗登極，覃恩遷奉議郎，賜緋衣銀魚，辟福建路轉運司管勾文字。明年，丁母憂。服除，監江州廣臨監。值更錢法，日夜鳩工赴期會，以課最聞。再遷承議郎，還闕，除監大觀庫。大觀元年，以疾卒，年五十有三。

思爲人樂易，不事表襮。家素貧，清約自克，而賙恤族黨無吝色。明達吏治，所至有聲。士論每以用不極其材爲憾，而思處筦庫恬然也。①

材料出處

①原注：《楊龜山集·吴君墓誌銘》。按：楊時《龜山集》卷三〇《吴子正墓誌銘》。又按：此傳實録自道光《福建通志》卷一八三。

吴　與

吴與字可權，福建漳浦人。元豐五年進士，歷端州四會縣令，改饒州餘干，徙學於琵琶洲，後登科者接踵。劉正夫稱其『護士如元氣，決訟如神明』，人以爲不虛。嘗謁提刑使者燕若蒙論事，侃侃不阿。若蒙厲聲曰：『而欲效漢唐令耶？』與曰：『固學之，恨不至耳。』若蒙爲之改容。

移知懷安縣，累遷奉議郎、通判潮州。時故人張商英當國，或諷之使見，與毅然曰：『吾遇天覺於放逐中，諄諄勉以忠義。今可呈身求進耶？』竟不往。官終廣南東路提點刑獄。①生平歷官凡七任，悉以俸餘市書，所藏至三萬餘卷。鄭樵稱海内藏書者四家，以與所藏本爲最善。王邁作《清漳進士題名記》於漳，先達、器識、名節首稱與及高登，謂自國初至今，科目得士二百五十餘人，獨二公所立光明俊偉，一言一動，可爲千載矜式。②

材料出處

①原注：案：《江西通志・名宦》引《餘干志》云吳與大觀初爲御史，各志皆失載，附録備考。

②原注：《福建通志》。按：此傳録自道光《福建通志》卷一八三。

楊　存

楊存字正叟，一字存之，江西廬陵人。幼日誦數千言，未十歲能屬文。既冠，第元豐八年進士，授郴縣尉。丁父憂，服除，授袁州司理參軍。又丁母憂，服除，授廣州南海縣尉，改循州長樂縣令。長樂，二廣窮處也，士不知學。存首延士子，修學校，與諸生行鄉飲酒禮，民風一變，聲最諸邑。改宣德郎、知河中府猗氏縣，改杭州仁和縣。錢塘吳越勝地，存治整以暇，與文士登臨賦詩，爲一時絶唱，號詩將軍。時蔡京窮奸極妖，竊弄國柄。京久居杭，有尼出其門，倚京勢奪民地。民訴於縣，存直之。尼訴於京，京諷守諭存以地畀尼，當酬以美官，存執不可。

秩滿，授知襲慶府奉符縣。奉符，岱嶽祠筵在焉，仕者相傳以爲膏腴之邑。令與祠官同掌其利，故前令多墨。存爲置策書，凡四方之民捐金錢以奉香火者，皆書之，屬之祠官，隸之府廷，己無與焉。有戚里任氏子爲祠官，轉移祭器，存白諸部刺史以聞，有詔漕使韓鞫之。任置對窮，反誣存。既具獄，存無秋毫，而任抵罪。韓歎曰：『存之清，雖畏人知，神知之矣。』通判建昌軍，地接閩境，盜所出入，有惡少屬徒數百，殺人火廬，巡尉憚之。諭招不從，設方略盡擒之，既而戚曰：『愚民觸法，情實可矜。』白州戮渠魁，貸其餘。民感悔，盜遂息。通判洪州，見時事日異，靖康元年八月，上章致仕。終建炎戊申，年七十有一。①

材料出處

①原注：《楊誠齋集·楊君墓誌》。按：楊萬里《誠齋集》卷一二二《中奉大夫通判洪州楊公墓表》。

郭大昕

郭大昕字方進，臨邛火井人。少機警能文，名聲傾西州。登進士科，調遂州法曹參軍，以憂去。服除，授戎州司户參軍、果州團練判官，遷宣德郎、知都縣。泛恩遷奉議郎，賜五品服，以能舉再任。元祐初政，以議法忤使者，移蜀州永康縣，遷承議郎、通判達州。中外交章薦其材，願得學官以便養，乃除梓州教授。未至官而親殁，服除，除泰州教授，以朝奉郎充陝西路買馬司句當公事，遷朝散郎、知蜀州，遷朝請郎，卒於官。有集三十卷。

大昕好學，未嘗一日去書不觀，敏於文，操筆立成。果州比歲水害民田畜廬舍，大昕檄嘉陵江而祠之。在官四年，江水平，人傳其書似韓潮州《移鱷魚文》云。卒年五十有六。①

材料出處

①原注：《山谷别集·郭方進墓誌》。按：黄庭堅《山谷别集》卷九《朝請郎郭方進墓誌銘》。

蔣圓

蔣圓字粹仲，毘陵人。元祐六年進士第，調海州司里參軍，遷潤州丹徒令，有能名。夏不雨，行路多暍死，鑿井道旁九十有三，人賴其惠，或號蔣公泉。曾布買山於邑人，鄰者訟之，曾爲上鄰，法當得，圓直言之。時蔡京用事，怨曾氏，謂奪民田爲曾氏葬地，屬漕臣劉何劾治甚急。圓恬不爲意，斂版進曰：『與曾公無一日雅，法當爾耳。』何悔悟，遂反薦圓。時人兩賢之。

樞密院張康國挽爲編修官，修《經武要略》等。書成，賜對，上問天下所以安危，圓曰：『唐李珏嘗謂文宗曰：「安危如人之身，當四體平和，必順寒暑之節。恃安自忽，則疾患旋生。朝廷無事，宜省闕失，從而補之，則禍難不作。」今承平久，願陛下以珏之言爲鑑。』上嗟美之。擢知鄂州，陛〔一〕辭，上諭以荆湖多盜，卿何以治之。對曰：『唐崔郾嘗治鄂，謂土沃民剽，雜以夷俗，非威莫能服。臣雖能薄，敢不竭犬馬力，稱器使。』徙知濠州。淮西大旱，濠爲甚，圓欲蠲賦，其僚懼漕臣之督過也，噤不敢應，圓獨銜以聞，且乞蠲十之九，敕書獎諭。

未幾，徙知沂州。宋江嘯集忘命，剽掠山東，一路州縣大震，吏多避匿，圓獨修戰守之備，以兵扼其衝，賊不得逞，祈哀假道，圓嘸然陽應，偵食盡，督兵鏖戰，大破之。餘衆北走龜、蒙間，卒投戈請降。或請上其狀，圓曰：『此郡將職也，何功之有？』除開封少尹。輒賜對，上問宋江事，圓敷奏始末，益多其才。時年已七十矣。元夕，從登樓，上命中貴人以寶杯宣勸，一府以爲榮。除大卿，翼日拜光禄卿。以疾乞補郡，遂除秘閣修撰、知通州。復以疾辭，提舉江州太平觀。聞二聖蒙塵，疾寖革，遂致仕。建炎四年卒，年八十有八。①

材料出處

①《毘陵集·蔣公墓誌》。按：張守《毘陵集》卷一二《左中奉大夫充秘閣修撰蔣公墓誌銘》。

校　證

〔一〕陛，原作『附』，據《墓誌銘》改。

卷二十　列傳第二十

循吏三

任宗誼

任宗誼字仲宜，博平人。以父任爲太廟齋郎，調亳州鄼縣令，用薦通判沂州，除知淄州。天性明吏事，在官務核實，不肯便文自營。鄼有民椎埋剽攻，敗則行錢詆讕，數得脱。前令不能制，因事殺之以徇。有盜群行入境，微得其處，會尉不在，宗誼部分方略，以授主簿，曰：『往取賊受賞，以君有母，故爲君得。』主簿感激如教，盡獲之。訴久不竟若冤不能自直者，摘其要害，躬爲鐫諭，無不厭服。日所受書檄與凡小爭訟，區處立決，廷無留事，獄户可羅雀。豪惡吏屏氣，竟歲無敢犯。大觀元年卒，年五十九。①

材料出處

①原注：《學易集·知淄州任公墓誌》。按：劉跂《學易集》卷七《朝奉大夫知淄州任公墓誌銘》。

汪愷

汪愷字伯彊〔一〕，徽州婺源人。弱冠入太學爲諸生，有能文聲。紹聖四年，解褐，調常州晉陵縣主簿，累除添差，通判饒州。饒有酒官郝陞者，出軍伍，怙勇挾奸，持郡短長，郡守不能制，而深怨之。會盜侵旁郡，舉城皆奔，陞之子亦佩劍出城，爲關吏所録，守即誣以叛，并其父械於獄，將斬之。愷曰：『急遽時以刀劍自衛，人情也。可盡誅乎？』持之數日，陞與其子皆免。除知常州、漢陽軍吉州，未行，移知處州。未幾，復移撫州。撫州民許以女歸其鄰久矣，既而悔之，一日白官，女死於兵半年，請署爲異日之信。愷立械其人於獄，僚屬愕然，愷笑曰：『女誠死，不白官也。必女家不良其夫，欲盜吾判耳。請爲諸君致其女。』明日而女果出，人以爲神。歷知袁州、江州，主管台州崇道觀，起知全州，卒。①

材料出處

①原注：汪藻《浮溪集》。按：卷二六《左朝請大夫知全州汪君墓誌銘》。

校證

〔一〕彊，原作『疆』，據《墓誌銘》改。

王汝舟

王汝舟字公濟，婺源人。生三歲而孤，不好戲弄。纔冠，登第。性豁達，以風節自喜，所不合，不肯降色詞。知南劍州，時沙縣獲强盜十三人，已殺其魁，餘十二人皆當死。汝舟閱牘，得捕盜官利賞增入其贓之狀，三日而決，皆免死。以治行第一，除知建州，後又知虔州，自京東移河北。朝旨降樣市北珠，奏言：『真宗時，詔益州市錦六千疋，知州趙稹止市千疋。至天聖中，仁宗因稹奏對，獎其恤民。臣元符初在京東淮省符市錦，未幾移河北，又拋買北珠。一珠之直，至九十四千。陛下即位之初，聖政一新，錦與珠如不可罷，猶願詔有司損其數以留難得之錢，少助經費。』疏奏，即日有旨罷之。自江西徙夔州路提點刑獄，告老而歸。歷官十七任，餘五十年，未嘗有失。閑居閱六歲，安卧而逝，年七十九。

汝舟內行修，事祖父母孝，繼祖母胡氏没，季父持喪百日而卒。汝舟時守南劍，上言：『諸父無在者，臣以適孫，乞解官接服，以終三年。』下禮官議，詔特聽之，因著爲令。始筮仕，南豐曾鞏贈以詩曰：『身役簿書雖擾擾，力窮文史尚桓桓。』李清臣嘗勸習大科，不願。晚號雲溪翁。有文百卷，手所校書萬餘卷。①

材料出處

①原注：《新安志》。按：卷七。

程　邁

程邁字進道，黟南屏人。登元符三年第，爲仁和尉，以捕盜功，改秩知西安縣。部使者督諸郡水旱積欠，郡因移文督税之畸零逃絶者，邁曰：『衢州數年無水旱，何積欠也？』守不能屈，由是他邑皆免。徙知鹽城，宰相劉正夫薦之，除提舉江西常平。歲祲，募流民浚東湖，水患爲息。繼除直秘閣，以忤中使李彦褫職。高宗即位，遷太府卿，除集英殿修撰、知福州。建賊葉儂、楊勍、范汝爲等作亂，邁且招且捕，所向悉平，惟范汝爲未下，乃使降寇張毅守古田，責以立功。度大將辛企宗等終不能平賊，密請王師航海，五日可至，庶一戰滅賊。章十餘上，始從之。賊平，請録死士，掩露胔，給脅從無歸者粟及田廬，選循吏以撫綏之。留廣東船米五萬，以寬民賦。留大軍三千以鎮壓餘黨，閩境以寧。進徽猷閣待制、知温州。黥平陽吏四十人，他縣猾吏望風遁。帝謂宰相曰：『程邁温州之政，光絶前後，今之吏師也。』

紹興七年，議復發運司，以邁充使。邁以任重權輕，力辭不許，乃置司平江，尋權知府事。邁以和糴終無補於國，請罷之。就除知鎮江府兼沿江安撫使。鄱陽歲饑多盜，帝憂之，以邁知饒州。至則手條寬恤三十餘事揭於州門，又奏蠲舟車征算，增米價以招商賈，不踰月米大至，價爲損半，而民食以足，盜亦潛消。復徙温州，修舉廢墜，詔書褒美。進顯謨閣直學士，再知福州。州有舊招安賊首二百餘人，以使臣廩羈縻之，郡人側目。邁因戍兵還朝，盡遣歸樞密院聽差使。尋罷，奉祠，卒。所著有《漫浪編》五卷，奏議、表啟三十卷，詩二百餘篇。①

材料出處

①原注：淳熙《新安志》。按：《新安志》卷七。

韓復

韓復字辨翁，陵州井研人。登進士第，調瀘州尉。盜殺人，而執舍旁子掠服之，令謝病不敢予奪。復釋之而趣捕盜，出將刑者非真盜，已而果然。改秘書省著作佐郎，知五臺山寺務司。五臺供施傾天下，惡少年多竄僧籍中，上下囊槖爲姦。復摘其魁宿，置於法。會軍興，辟河東轉運司勾當公事。部使者懼乏役，皆須一調十，復請峻期會法，而調以實，民用不擾。再遷鳳州，興滯補敗，寬而不弛，郡以最聞。是時民冒茶禁，日或千人，至有貼妻賣子入償不足而繫有司。復上其狀，皆得釋。尋通判鳳翔，卒，年五十七。①

材料出處

①原注：《山谷文集·韓君墓誌》。按：黄庭堅《山谷集》卷二二《朝奉郎通判涇州韓君墓誌銘》。

高元常

高元常字復明，世家符離。用恩爲將作監主簿，徙嘉興丞。嘉興劇縣，令不任事，則求持檄出旁郡，訟牒如山。元常暫領其事，一朝剖遣立盡。先是，佃户靳輸主租，訟由此多。元常揭而書之，曰：『田人田，嗇其入，杖〔一〕，且奪田。』民競往償，訟於是衰。守吴安世黷貨，私委令市竹，元常語令毋受，令阿安世，飫其欲。後安世繫獄，令欲告之，元常曰：『前戒君毋受，受而告之，可愧。』後轉奉議郎。①

材料出處

①原注：晁補之《高元常墓誌》。按：晁補之《雞肋集》卷六五《奉議郎高君墓誌銘》。

校　證

〔一〕杖，原作『權』，據《墓誌銘》改。

李　翀

李翀字彦淵，富春人。崇寧二年登進士第，中大觀三年宏詞科，時試《新建書學記》。以國朝會要所檢閱改官刊正謚法，進秩。宣和初，提舉廣東市舶。居官守廉直，自歎理財非長，然舶場珍貨，一毫不取。未幾，舶商輻湊。召回，盜邀之，及胠篋，隨行書帙而已，盜亦斂衽退避。時兵戈擾攘，翀與親歸里，奉祠。其後提舶與翀殊轍。紹興間，舶商遂以翀嚮來清節聞于朝，除比部郎，序遷吏部，誥詞有曰：『翀也清。』秦檜欲以子與翀女爲婚，翀卻之。遷將作監。檜屢遣子就學，翀曰：『吾爲天子卿監，豈爲宰相教子？』遂匄外，持憲閩部，易江東。既忤權臣，累奉祠，不復榮望。卒，年七十七。翀淡泊寡欲，廉直之節載在國史。晚年謂貪與癡已絕，獨嗔未盡去，因牓小室曰去嗔。有《去嗔居士集》。①

材料出處

①原注：《咸淳臨安志》引《李大監行實》、《登科記》、《宏詞總類》、《淳祐志》。按：《咸淳臨安志》卷六六。

王　復

王復字景仁，淄州淄川人。以門蔭補官，歷兩浙轉運副使。方臘初叛，所過守將望風奔駭，復下令所部嚴保壘，修戰備，竭力討賊，屢戰有功。賊平，擢徽猷閣待制，遷都轉運使。朱勔以花石奉艮岳，多取漕艦以載，號直達綱。復曰：『今寇起倉卒，飛輓繁困，而佞幸之徒猶欲以苑囿惑上心。』固執不與，復疏奏謂必不可以不急之務疲民費財。擢龍圖閣直學士，後贈資政殿學士，謚壯節。①

材料出處

①原注：《蘆浦筆記》。按：卷八。

毛友

毛友字達可，西安人。少游太學，與郡人馮熙載、盧襄號三俊。擢進士第。崇寧間，守鎮江。方臘已殘睦、歙，監司猶不以實聞。友奏言之，朱勔怒其張皇，友遂監觀。其謝表曰：『兩郡生靈，已罹非命；一道使者，猶謂無他。』陳瓘聞之，以書譽於親舊，曰：『蔽遮江淮，阻遏賊勢，斯人有助也。』①

材料出處

①原注：弘治《衢州府志》。按：雍正《浙江通志》卷一七〇引弘治《衢州府志》。

黄子游

黄子游字叔言，①福建浦城人。少以伯父實蔭授承務郎。宰之就逮也，子游訟冤於朝，乞納告身贖罪。京滋怒，子游號訴益力，由是知名。大觀三年，八寶恩循登仕郎，調相州儀曹。建炎初，客南京，歐陽澈以上書忤宰相黄潛善棄市，子游適與同邸，收而葬之。澈子飛英年纔十四，子游傾囊輟所乘馬賙其歸。未幾，補潁州汝陰令。時軍需繁挐，雖許預借夏税，而歲迫暮不能辦，子游召民諭之曰：『某户當受錢買絹若干，今計汝所輸夏税，留錢而給鈔。汝歸，徐以絹來。』民皆聽命。守下其法於諸邑，公私大以爲便。

四年，避地歸閩，道由嚴州之朱村，土豪守險者盡掠其貲。州守柳約將以軍法窮治，子游力止之，朱村人繪像以報。紹興元年，召監左藏西庫。車駕自越州移蹕臨安，子游銜命先渡江，經度臺省倉庫所在，畫圖以進，後皆不能易。尋權度支郎官，擢江東轉運判官。吕頤浩都督江淮諸軍，請以子游爲隨軍轉運。安撫使與子游有憾，密奏子游留滯糧餉，罪且不測。參知政事沈與求曰：『軍前無奏而他司言之，必讒也。』已而果然。猶坐奪一官，改知台州，徙池州。

台産鹽，池産茶，奸甿囊橐其中，重法不能禁。子游治以輕典，人不忍犯。池屬縣曰青陽，僞唐時爲宋齊丘食邑，後因田租定稅額，畝輸三斗，多於諸縣十倍，或七八倍。子游還奏曰：『國家涵養斯民，二百年矣，忍使青陽獨用李氏弊法乎？』詔減苗稅二分有半，課米二分，凡歲蠲錢千百緡、米萬七千石。久之，致仕，積官至右朝議大夫。乾道三年卒，年八十有八。累贈奉直大夫。②

材料出處

①原注：《八閩通志》作字叔偃，今從《墓誌》。又，《續通鑑長編》誤以爲實孫。

②原注：周益公《黄公墓誌》。按：周必大《文忠集》卷三三《朝請大夫致仕賜紫金魚袋黄公子游墓誌銘》。又按：此傳實録自道光《福建通志》卷一七四。

喬大臨

喬大臨，政和三年爲海鹽令。時平江朱勔以花石得幸，浙江之西，一花一石，不問何人家，朱氏蒼頭排闥而入，以黄紙封之，戒主人曰：『善護御前物。』蒼頭至海鹽，入僧房，將盡封花石，僧徒少拂其意，即箠之，訴於縣。大臨命追逮，杖十餘人。朱氏誣劾之，坐是罷免。①

材料出處

①原注：弘治《嘉興府志》。按：雍正《浙江通志》卷一五〇引弘治《嘉興府志》。

章元振

章元振字時舉，福建崇安人。政和五年進士。歷潭州寧鄉令。帥臣曾孝序廉其能，調長沙，改知徽州休寧縣。丁方臘之亂，元振極力撫綏。屬嚴州寇繼發，督兵捍禦，縣賴以安。移知泰寧縣。①後知潮州，悉革蠹弊，民爲謠曰：『長言法到葵關住，今出葵關到海陽。』久之，改知肇慶府。以治行聞，遷諫議大夫、提舉廣南東路常平茶事兼東西路鹽事。自秦檜當國，除吏多親故，元振與檜同登第，甘於遠宦，未嘗以私書干，檜銜之。前知潮州時，監司薦元振，狀上，檜但籍記中書而已。至是稍録之，元振卒不與通。②

材料出處

①原注：詳見《宦績》。

②原注：《福建通志》。按：道光《福建通志》卷一七四。

孫時升

孫時升字子亨，丹陽人。登政和八年進士第，主泰州如皋簿，教授保定軍，省罷爲杭州刑曹掾。值方臘作亂，而其詿誤甚衆，悉平反之。訊囚不委胥吏，杭人有訟，咸願送孫掾，獄訟爲清。改秩，知江寧府上元縣，簽書鎮江軍節度判官廳公事，就知金壇縣，不赴，知建康府句容縣。其爲縣也，事之細大必親，或病其苛，時升曰：『君謂王衍爲何如人？吾爲親民官，當事事與民接。若徒拱手清談，寃者衆矣。』上元有從臣不輸賦，歲仰役户代輸，時升捕繫其人，正其罪，俾盡輸所負，自是彊宗慴服。句容當聚斂之後，取民無藝，時升平其概量，闔邑懽呼。通判濠州，還，遂告老。

時升爲吏明敏精練，平居自奉儉薄，出入無僮馭，或問之，指鄉民曰：『吾固與若等也。』性直諒，中無嶮巇，有不盡言，如茹物不下，故舊貴者，輒不見。建炎俶擾，家數百指獨全。晚以田園自娱，預治棺衾，除冢地。年七十有四，無疾而終，人以爲賢德之報。①

材料出處

①原注：《京口耆舊傳》。按：卷五。

張琯

張琯字子律，寧州真寧縣人。大父居，擢元祐六年進士。徽宗嗣位，下詔求言，時爲黔州彭水令，上疏切直。會蔡京入相，取疏奏次第之，置姦黨上等，特降官，永不准改官。琯以郊祀恩入官，調贛州會昌縣主簿。會昌與梅州比境，梅移文捕逃卒，卒已亡去，巡檢司乃發卒圍其所親李杞舍。杞雄其鄉，以爲恥詬，聚謀亂。令託辭委縣去，以印屬琯。琯不爲動，械巡檢卒繫獄，親爲檄諭杞以禍福。杞皇恐聽命，縣賴以無事。

調潭州右司理參軍。有老卒夫婦居牙城中，白晝爲人所屠而掠其資。卒有義子，兵官疑之，執送州，且以同處之卒及牧羊兒爲證。既繫獄，琯親詰之，皆詞服。琯〔一〕察其冤，他日取牧羊兒寘壁間，引義子者與他重囚雜立庭中，出兒問孰爲殺老卒者，懵無以對。乃入白州，請揭厚賞募告真盜，不閱日獲之，則卒王青也。即日釋義子去。捕至具伏，且得其貲於市庫無遺，即日釋義子去。湘鄉縣械鋪卒張德上州，以爲手刃其叔祖。琯引至前，語之曰：『茲罪十惡，赦宥所不及，汝兄與叔同居，汝暫自外來，有何憾而戕之？』德泣曰：『囚來省叔祖不得見，兄以疾告，就視則死，而非疾也。方愕視，兄與里正及鄰人共謀執誣之，且以言脅誘，謂決不死，今乃知死矣。』因稱冤不已。琯亟呼其兄與對，兄情得語塞，遂伏辜。他死囚類此，得不死者十有七人。

以薦主管官告院，進大府寺丞。文思院火，告身綾無在者，士大夫不以時得告身。建援故例，便宜以雜華綾紓目前，從之。請外，乃知嘉興府。民張瑨得臨安營妓，與之歸，遂欲棄妻出子，其兄止之，復悖兄。兄以告官，琯爲逐妓歸臨安，且以大義開諭之，於是瑨爲兄弟夫婦如初。摘發隱伏，照了如神，良民雖相與化服，而姦豪之讒作矣。改主管建寧府武夷山沖佑觀。卒，年六十有四。①

材料出處

①原注：《渭南文集》。按：陸游《渭南文集》卷三八《朝奉大夫直秘閣張公墓誌銘》。

校證

〔一〕琯，原作『公』，據文義改。

黄徹

黄徹字常明，莆田人。宣和六年進士，初授辰溪丞，就升令。在任五年，以才謂稱。調沅州軍事判官，攝倅事。郎將汪長元與猺酋有隙，酋鼓衆數萬，聲言渡江乘城，人心恟懼。徹奮不顧身，入其巢穴，曉以禍福，悉愧懾謝罪，一州賴以全。權麻陽縣，遭巨寇曹成之擾，徹率群獠拒敵，擒其將，賊衆宵遁。復權平江令，帥漕交辟處之賓幕。平江士民詣都督行府，乞還任。未幾，即真。時湖賊楊幺鈔掠數郡，遏絶水道，官軍距州數舍，地險，艱於轉餉。徹慮糧食不繼，預設巨艦，令民輸租其中，得米千餘斛，乘風而前，賊引數十艘尾逐。會官軍至，隻舟不得返，因降其衆，賊壘遂平。秩且滿，有權貴寄産於縣境爲民患者，徹按以法，乃陰排之。徹自以不善諧俗，委官而歸。①

材料出處

①原注：楊邦弼撰《墓誌》，參《湖南通志》及《閩書》。按：黄徹《䂬溪詩話》附録楊邦弼撰《墓誌》。

滕　膺

滕膺字子勤，宣和中爲台州户曹參軍。時睦寇方臘聲震東南，守丞以下皆遁。膺獨慨然自任，即日移書訣其父母昆弟，而閉其妻子於官舍，悉召州人，諭以利害，人人感泣思奮。乃亟下令發兵守險，增陴濬隍，分屯列栅，爲死守計。既而吕師囊亦起仙居，爲賊響應，先後攻城凡數四，膺皆應機設械，立摧破之。手弓臨城，殪厥渠魁。賊遂退走，而城卒全。慶元初，州人上其功，敕賜義靈廟，至今祀焉。

材料出處

①原注：《赤城新志》。按：雍正《浙江通志》卷一五四引《赤城新志》。

凌　哲

凌哲字明甫，吳縣人。宣和中進士。高宗朝，自明州通判召對，擢爲御史，數日遷右正言。初，周望守平江，金兵入寇，望遁去，以罪責死連州。至是其家自陳，詔復故官，澤及其子。哲因追數望棄城罪惡，竟寢其命。及上疏論秦氏親黨因緣科第，有妨寒畯進取之路。又奏王會前知湖、明二州，及移平江，恃權貪酷，乞投竄遐裔，以爲慢令賊民之戒。會竟編管循州。遷左司諫、吏部侍郎兼侍講，以敷文閣待制知台州，遂退歸鄉里十餘年。卒，年八十六。

哲爲人澹約自守，雖處侍從，不啻寒素，非時未嘗至郡。鄰有茶肆，日爲市井俚俗所聚，哲徙避之。人服其德量，目爲凌佛子。①

材料出處

①原注：盧《志》。按：明盧熊《蘇州府志》卷三四。

夏穎達

夏穎達，德興人。甫冠，舉於鄉，補太學生。靖康初，金兵至，上命李綱與之決戰。執政惑和議，諷臺諫劾罷之。穎達率同舍生陳東、劉銓等六十餘人伏闕上書，復用綱。張浚開閫江淮，留幕下，浚命其子栻授經術。後奏補惠州文學，遷鄂州蒲圻縣丞，改知吉州龍泉縣。歲大饑，郡守希轉運使意，不聽民訴災。民遮穎達馬號泣以請，詣府陳之，不許。因趨出，悉取民所訴狀屬吏按行阡陌，先蠲其租，自詣轉運使，得蠲恤。屬邑效之。移知清流縣，數月，以憂免。①

材料出處

①原注：《人物志》。按：雍正《江西通志》卷八八引《人物志》。

向伯奮

向伯奮字元伯，樂平人。以蔭補官，攝開封，脱死囚甚衆。靖康國難，伯奮監在京市易務。時帑藏充羨，金人求索，旨令押本務物輸之。伯奮憤惋，止用藥物雜品數輦隨以往，詞直色厲，金人信不疑。尋聞僞，詔棄官去。高宗召，知建州，帥襄陽，擒劇賊李彦猷、王大漢，甚著威聲，當路薦其才。召對，陳四事，上偉之。孝宗嗣位，擢户部侍郎，奏兵貴精不貴多，黜老懦，選精鋭，使人人可用，則兵不冗，財不匱。尋得劉權、王宣竊發廣右，起知静州。伯奮威名素著，至則約日出降。後改知筠州，復秘閣修撰。①

材料出處

①原注：《人物志》。按：雍正《江西通志》卷八八引《人物志》。

富元衡

富元衡字公權，吴縣人。幼入太學，有聲，擢進士第，調隨縣主簿。建炎初，爲襄陽撫司機宜。都督張浚以才薦，改秩爲諸王宫大小學教授、大中正丞。紹興十一年，以宣教郎知江陰軍。十二年，詔諸路州學委守臣修葺，具次第驛聞。元衡出緡錢五十萬，鳩工掄材，庸閒民以服役，閲月而功成。嘗辨盜之不應死者，全活數十人，皆感泣。改興國軍。二十六年，知袁州，逾年，遷湖南常平，改利州路提刑。蜀舊例，監司交饋不下數千緡，元衡悉拒不納。再移湖北，專以平反爲心。隆興中，召還，中途遇盜，行李爲之一空。帥李師顔餽以匣金，元衡不啟，緘謝絶之。除工部郎中。嘗曰：『吾家以清白相傳，今不翅足矣。』疏乞骸骨，詔以内閣奉祠，制詞有『知止不殆』之語，元衡因揭『知止』名其堂。以慶禮成，賜金紫，官至朝散大夫。卒，年八十六。元衡守節清慎，終始不渝，倣蘇軾書，能逼真，尤善柳葉篆。①

材料出處

①原注：盧《志》。按：明盧熊《蘇州府志》卷三四。

趙子嶙

趙子嶙字公遠。建炎三年，知湖州。時金人南侵，所過輒下，或空城邑去之。子嶙初至，慨然言曰：『朝廷所以立方面、置牧守，豈適爲平時計哉？亦惟一旦緩急，免斯民於阽危爾。』指城池曰：『吾知死所矣。』已而敵勢日張，鄰郡之民或走險阻以自固。邦人請於子嶙，子嶙曰：『非計也。湖水鄉爾，我能往，寇亦能往。將安避？』迺躬率將士，戮力乘城，艱難辛苦同之。天寒日晏，士卒未食，不敢食，中夜以興，疾風暴雨不避。人皆感勵，願以死守。敵勢益迫，號令益精明，衆恃以無恐。顧闔門二百指言曰：『守土，吾職也。不敢顧其家。敵來，吾以身先之，爾曹同一死爾。』從容暇豫，無異平時。或謂敵且浮舟而來，乃募多人水行以鑿敵艦。誅巨木，沈廢舟，以絶間道。短衣毁服，出入民間，民之利害，纖悉得聞。民有負薪及門，門卒難之，因留不與。子嶙聞，呼門卒痛懲之，且謂曰：『一束薪，細事爾。平時强取於人，猶不可，今何時耶？』豪强斂手，一毫無犯。倉卒遭變，乃應之從容，智略輻輳，雖平時出入兵間者，自以爲不及也。

事甫定，宣撫使謬用武臣楊應臣來代，父老遮道閉關，不能留。御史以民言告於上。四年五月，上黜應臣，還子嶙於郡。會轉運使督緡錢十萬餉劉光世軍，而堂帖隨下，謂州故貸椿管錢二萬緡、米七千斛，期以十日盡償。子嶙言民力不支，請先軍需，後償欠。遂劾子嶙侮慢，貶秩而罷。①乾道五年，立生祠於顔魯公堂東偏。②

材料出處

①原注：仲并《浮山集·趙公生祠記》，參周必大《記跋》。按：陸氏預纂之同治《湖州府志》卷六二亦有趙子璘傳，文字全同。

②原注：談《志》引《舊編》。

羅棐恭

羅棐恭字欽若，吉水人。建炎進士，授虔州司理參軍。宣諭使命鞫賊，賊富且黠，故有以持有司。至是復餽錢二十萬求脱，棐恭竟論殺三十人。移潭州，平反死獄十一人。遷茘浦令。茘浦民輓粟五千石餉宜州，棐恭言於轉運司曰：『縣抵宜州，絶遠不通舟楫，輓餉不便。』改知石城，搆捕宿盜七十人，減民税。紹興二十年，簽書道州軍事，朝旨命鞫邵州民張臣騶獄。初，臣騶爲讎誣與賊通，獄吏得賂，力主讎家，遂起大獄，連坐者三百餘人，瘐死者七十人，黥〔一〕而流者二十八人，没入貲産者十八家。棐恭廉得其實，正獄吏罪，而前獄盡得釋。通判贛州。俗憎女，生則溺之，乃作《溺女戒文》下十邑，悉禁民之溺女者。隆興初，胡銓力薦於朝，授左朝奉大夫、知武岡軍，以疾卒。其學邃於名數字書，有詩文三十卷行世。①

材料出處

①原注：《吉州人文紀略》。按：雍正《江西通志》卷七五引《吉州人文紀略》。

校 證

〔一〕黥，原作『黠』，據胡銓《澹庵文集》卷二八《武岡軍太守羅公墓誌銘》改。

張 震

張震字真父，廣漢人。嘗爲臺諫，多所建白。元豐官制置軍器監，又有御前軍器所。建炎中，以大閹董繫提舉，未逾年即罷之。紹興五年，始隸工部，後復以中人典領。孝宗受禪，增益提點官一員，以内省都知李綽爲之，改稱提舉，詔御前軍器所專隸提舉，其隸工部等指揮勿行。震時爲御史，力論其不然，且言：『軍器所不治，令工部按劾措置可，工部不職，罪之可也。今使内侍掌之，則他日吏部有銓量之弊，户部以至兵部軍政之弛，刑部獄訟之繁，亦將盡以中官領之耶？』繼又論近日大小飛蝗地震，皆小人紊政之象，其不可有四。乃命隸工部。①

上初即位，劉度入對，首言：『龍大淵、曾覿潛邸舊人，待之不可無節度。臣欲退之，而陛下欲進之，何面目尚爲諫官？』乞賜貶黜。震時爲中書舍人，繳其命至再，遂除震敷文閣待制、知紹興府。震力辭，具言若苟惜爵禄以爲榮而喪其名節之實，在公議誠所不容，望除一在外宫觀。不許。震屢辭職名，並遺史丞相書云：『臺諫有言而不行，給舍受職而請罪，況越之爲郡，近在肘腋，它時爲所陰中，重慮聖知。曷若保全，使得善去？』越日，上批：『張震除職，已有成命。累上辭免，特從所請。可與外祠，從其本意。』②改知夔州，爲政以利民澤物爲先。嘗修補大晟樂及忠武侯祠，皆自爲記。③

乾道初，吴璘爲宣撫使，議奏綱馬陸路勞費，歷峻嶺亂石之間，馬多道斃，請以舟載而東。上命夔路造舟與之，震力論其不可。上曰：『第令造舟與璘，他日有損壞，皆吴璘自辦。』事遂行。其後峽江湍險，軍士素不諳習，一過灘磧，人馬覆溺，于是驅沿流之民爲之操舟，所齎衣糧皆遭劫奪，所過雞犬爲之一空。虞允文代璘爲宣撫使，備陳其利害，乃詔川路馬船日下廢罷，蓋自璘建請之。後利、夔兩路沿江十餘郡之被其害者，三歲而後得免。④後知成都府，卒于官。⑤

材料出處

①按：見《建炎以來朝野雜記》甲集卷一八『御前軍器所』條。
②按：見《建炎以來朝野雜記》乙集卷六『臺諫給舍論龍曾事始末』條。
③按：見雍正《四川通志》卷七上。
④按：見《建炎以來朝野雜記》甲集卷一八『綱馬皆陸路』條。
⑤原注：《繩鄉紀略》。

樓　璹

樓璹字壽玉，一字國器，①异之子。以父任得官，佐婺州幕。州歲貢素羅數頗多，民不能輸。璹爲州將，作奏自詣行在所具言利害，朝廷爲損其數。州縣輸納至者多不省輕重，予奪在吏，璹以其多寡所當出者，大書揭之，民甚悦。蘭溪大猾造亂，璹即日行縣，盡得其情，誅之。除知於潛縣。②篤意民事，爲耕、織二圖。耕，自浸種以至入倉，凡二十一事。織，自浴蠶以至翦帛，凡二十四事。事爲之圖，繫以五言詩各一章，章八句。雖四方習俗間有不同，其大略不外乎此。未幾，朝廷遣使巡行，郡邑以課最聞，尋又有近臣之薦，賜對之日，遂以進呈。即蒙嘉獎，宣示後宫，書姓名屏間。③改通判邵州，④除行在審計司。⑤廣州賈胡訟市舶使無狀，上命選使者，參知政事孫近薦疇，遂提舉廣南。到官，盡削前弊，較量珍貨，使賈胡自持權衡，諸蕃咸服。⑥紹興十五年，爲福建市舶，⑦歷荆湖北路、南路、淮南路⑧三轉運判官。其漕湖南，適安撫使以病死，攝州事。獄訟淹滯，一日而決遣之。時以户部所降滴乳爲道里費，疇言諸朝，罷之。淮南殘於兵，多曠土，朝廷令起賦。疇第以墾耕者聞，無一毫加增。⑨二十五年，⑩遷知揚州，兼淮東安撫使。⑪明年春，⑫主管台州崇道觀，遂致仕，積官右朝議大夫，爵奉化縣開國男，食邑三百户。⑬

疇持節十有餘載，所至多著聲績。⑭襟度高勝，喜與雅士遊。⑮晚自揚州歸，畫《六逸四賢圖》以寄興。⑯家居，優游自適。⑰置腴田五百畝，⑱取范仲淹規模爲義莊，以活宗族之不給者。濱江有堤壞，以錢百萬倡率里人共爲之。三十二年卒，年七十三。⑲子鏜，字仲宏，資孝謹，事親敬，遇臧獲亦未嘗失色。嘗受詩於柯宋英，宋英亟稱之。鏜子淵，文辭蔚然，鄉評甚休。由承議郎知浦江縣，歷五任，所至以賢稱。職事無不辦。⑳廉介謙恭，㉑行己無毫髮之玷云。㉒

材料出處

①原注：樓鑰《跋耕織圖》。案：樓鑰《跋嵩嶽圖》：『伯父生於元符二年，小名曰嵩。』

②原注：劉岑撰《墓誌》。

③原注：《圖跋》。
④原注：《墓誌》。
⑤原注：《圖跋》。
⑥原注：《墓誌》。
⑦原注：樓鑰撰《蔣孺人墓誌》。
⑧原注：案《圖跋》作淮東。
⑨原注：《墓誌》。
⑩原注：案：璹撰《馮恭人歲月記》：『紹興乙亥，余叨守維揚。』
⑪原注：況逵《義莊記》。
⑫原注：《馮恭人歲月記》。
⑬原注：《墓誌》。
⑭原注：《圖跋》。
⑮原注：樓鑰《跋伯父所藏畫卷》。
⑯原注：樓鑰《跋六逸四賢圖》。
⑰原注：《墓誌》。
⑱原注：《義莊記》。
⑲原注：《墓誌》。
⑳原注：《孺人墓志》。

㉑原注：樓鑰《送從子淵宰浦江詩》。
㉒原注：《孺人墓志》。

路彬

路彬字質夫，晉陽人。紹興間提點廣西刑獄，所至輕身，輒先詣獄，悉記所繫名數，隨取到館按問之，枉者立釋。或諷以憲體宜肅，彬曰：『天子設提刑，豈欲盡驅人死地乎？州縣不良，或以立威。吾不親往爲理，非行部使者職也。且肅在親政，豈在深文哉？』人皆服其言。時上供布錢過重，帥漕皆不言，彬獨抗章請減，一路稍輕。桂人張仲宇追述其事，鐫之中隱山壁。①

材料出處

①原注：《文載》。按：《粵西文載》卷六三。

潘時

潘時字德鄘，婺州金華人。以叔良貴任以爲登仕郎，累遷南路提點刑獄，除直秘閣、知廣州，主管廣南東路經略安撫使司公事。將行，猶奏郴州用度不足，多横賦以供軍，馴致巨寇，前後非一，請下漕司通融補助，以息後患。廣東地接郴、桂、汀、贛之境，四州之民歲〔一〕一踰嶺貿易，折閱即相聚爲盗，大群至數千人。時入境，適捕得渠帥〔二〕八人，即斬以狥，曰：『三日而去者，吏不得格。期外不去，復捕如初。』於是皆散。

有梁氏兄弟者，招納亡命，前後殺人無數，而掠其貲以致富。交通州縣，吏不敢詰，民患苦之，號爲四彪。時擒捕誅殺，汙潴其居，它盗望風破膽。大奚山斗入海中，寇攘所聚，雖良民亦以魚鹽爲命，急之則散入賊中，不可禁，所從來久。至是新置都鹽使者，鋭欲禁之，檄水軍逐捕。時曰：『水軍專受帥府節度，非他司可得而調也。且爭小利起大盗，將誰使任其責耶？』卒拒去，不爲發。良民既少安，乃陰募其酋豪，使以捕賊自効。由是盗發輒得，有功者爲奏補官，鬭死即官其子，而重責其坐視不赴救者。官屬不幸死者，厚賻歸，存没、老稚無一人流落，如是三十餘家。士族女失身非類，贖而歸之。終朝議大夫、直顯謨閣，卒。①

材料出處

①原注：《粤大記》，《朱子大全集》。按：道光《廣東通志》卷二三六引《粤大記》，朱熹《晦庵集》卷九四《直顯謨閣潘公墓誌銘》。

校　證

〔一〕歲，原闕，據《墓誌銘》補。

〔二〕帥，原作『卒』，據《墓誌銘》改。

方　擴

方擴字端之，① 福建莆田人。曾祖愼微，贈吏部侍郎。父希叔，累贈右朝散大夫。擴登紹興二年進士第，調南雄州保昌縣尉。南雄州接壤汀、贛，人多梗悍，歲不熟即去爲盜。擴嘗一至賊壕，暮不遽入。有來覘者，擴熟寐，達旦乃發柵，盜皆慴伏而散。左司諫韓璜、尚書郎林說先後持節廣南，交口譽擴不置。循從政郎差補建安縣丞，用薦者知閩縣，移知温州平陽縣，轉承議郎，賜五品服。擴爲邑如治家舍，竟日坐庭中聽訟，鞭朴無所用，悉達其情。郡守苛急，夏稅輸一絹率至萬錢，擴以爲賦調倍蓰，寧忤上官，不可苦百姓，力爭之。既而侍郎張九成、尚書王大寶相繼守温，卒如擴議。時有部使者按縣，以平陽政有善狀，同九成、大寶白於朝，得旨增秩，通判臨安府，累遷朝奉大夫。求外補，出知岳州。州爲沿江表裏重地，擴條上利害十三事，大略以内治爲急，而後攻守可以次第施行，識者韙其言。孝宗登極，恩轉朝散大夫。乾道元年，主管台州崇道觀。明年卒，年六十。

擴通今嗜古，同郡鄭耕老、林光朝、龔茂良、劉夙兄弟皆敬重之。積官至二千石，自奉如布衣，惟以周貧恤舊爲務。有友人赴調，貸之錢三十萬，未至而其人歿，擴即以此錢賻其喪。其篤於行誼多類此。子二，伯達，贛州信豐縣主簿；仲忽，撫州司户。②

材料出處

①原注：《艾軒集》作『端立』，《晦庵集》作『端正』，今依《閩書》。

②原注：《艾軒集·方君墓志》。按：林光朝《艾軒集》卷九《巴陵史君方公墓誌銘》。

卷二十一　列傳第二十一

循吏四

黄　齊

黄齊字義卿，臨桂人。紹興二年進士。調賀州富川尉，迎父表中就禄養。值盜曹成寇攘，齊懼遺親憂，自奮擒獲七十人，磔之，縣以安堵。第功改京秩，僉判柳州，再僉知昌化軍。賜對，具言桂林潛藩多俊秀，而賓興之數狹；地瘠民貧，而折納之輸重。詔增鄉貢三人，減軍輸布錢九百萬有奇。鄉人利之。紹興三年，自肇慶來攝新州。踰年，種刺竹，圍城一千二百餘丈，胡侍郎銓爲記其事。先是，鄉民之貧死者猶附於籍，富厚者多避事役。齊榜諭之，且置大櫃於州門，令民自投户數於中。限滿拆〔二〕封，於户口覈實，賦役均平，民以不擾。後知廉州，舊有珠池，齊奉詔罷貢，禁采珠。是歲，珠溢池外。其卒，范成大爲誌其墓，張栻爲之題額云。①

材料出處

①原注：《文載》。按：《粵西文載》卷六八。

校　證

〔一〕拆，原作「折」，據《粵西文載》改。

李守柔

李守柔字必强，臨桂人。紹興間，與兄守卓相繼登第，爲雷州海康令。初，趙鼎南貶，前令王超以故相禮之，秦檜廉其狀，株連守柔，十年不調。檜死，始倅邕。守武臣，御下嚴，衣糧不時給。將大閱，衆洶洶不靖。守柔勸使移病，爲攝州事，下令發帑廪給諸將，引首亂者斬之，軍中肅然。後知梧州、宜州，最後知新州，卒。①

材料出處

①原注：金《志》。按：雍正《廣西通志》卷七六引清金鉷奇纂嘉慶《臨桂縣志》。

樊光遠

樊光遠字茂實，錢塘人。少從張九成學。紹興五年，南省奏名第一。八年，除秘書正字。九年，光遠上疏言：『臣竊觀今日士大夫之論，莫不以金人詭詐爲可憂。臣獨曰詭詐不足憂，而信實深可懼也。臣願陛下勿以得地爲喜，而常以爲恥。勿以甘言爲悦，而常以爲憂。勿罪忠讜，以養敢言之氣。勿喜迎合，以開濫進之門。勿盡民力，宜愛惜之，以固根本。勿阻士氣，宜聳動之，以備緩急。』

十年八月，秦檜將，遂休兵，罷爲閬州教授。二十六年，召爲秘書丞。俄特引對，光遠言：『頃年大臣挾權修怨，不平其心。臺諫之所排擊，法寺之所煅煉，告訐之所中傷，其間又有因責降而死者。夫嘗與聞朝廷之政，親陪甘泉之班矣，及子而無一命之禄。宜聖心之所深憫。望明詔有司，凡曾任執政、侍從，死于責降而子孫未有官者，許令自陳，與復官職，録其子孫。』上曰：『甚善，當令看詳檢舉。』上又曰：『朕與卿不相見，今幾年？』光遠曰：『臣得外任，逮今十有六年。』上曰：『朕所以令卿上殿，欲除卿察官。』光遠頓首辭。于是遂除監察御史。二十七年，遷工部員外郎，尋請補外，知興化軍。二十八年，除福建路提點刑獄。二十九年十月，徙知嚴州。時三衙誘略近郡平民爲軍。三十年，光遠奏乞禁止，今後遇有闕額，均下諸州軍招填。詔三衙自今止以見管兵爲額。光遠又言本州歲輸御爐炭七萬四千五百斤，而不償民間之直。

上亟爲罷之。[1]

材料出處

①原注：《咸淳臨安志》。按：卷六七。

方翥

方翥字次雲，福建莆田人。六歲而孤，多所通解。書一過目即貫通，下筆有奇軼語。從兄略造萬卷樓，儲書千二百笥，語翥曰：『次雲才性，不出户十年，可移吾書入肝膈矣。』翥登紹興八年進士，調閩清縣尉。到官未一載，歸而闔户盡讀略所藏書。凡三十年，無干進意。有司以聞，得旨召對，除秘書省正字。方給札，時院吏先送策題，翥卻之曰：『何待我之淺也？』發策者遂以三國六朝形勢戰守爲問，廋辭僻事，若傲以所不知者。翥一揮六千字，條列縷析，如響答聲。凡陳壽、王隱、孫盛、習鑿齒、沈約、魏收諸書所載，無毫粟漏失。閲卷官讀之大驚。甫九月，以風聞論事，聽外補。卒於家。

翥爲學不株守章句，悠然有得，性雖高亢，而能虚己以下人。初，與同郡林光朝、鄭樵善，約光朝借樵新書讀之。客錢塘時，光朝語及嵇康、阮籍、李白、石曼卿之爲人，欣然慨慕。翥曰：『此數人來孔門，恐一日著腳不得。今有一等人物可同出於舞雩之下，則翥也惟恐後矣。』光朝愧悟，自是益敬重翥，兄事之。翥與鹽官施廷先居最久，廷先者，將樂楊時再傳弟子也，故翥所學有淵源。建陽朱子道萧，與翥相見，嘉其説理精細，退而思之，至忘寢食。其爲名儒推服如此。①

材料出處

①原注：《福建通志》。按：道光《福建通志》卷一八八。

張敦頤

張敦頤字養正，婺源人。紹興八年進士，爲南劍州教授，陞宣城倅，攝郡事。先是，郡奉朝旨，汰養老之卒七百人。一日，以不給麥，群譟廷下。敦頤好諭之，即敕吏曰：『州倉無麥，以常平麥代之。』衆謝而退。因密疏爲首者七人姓名白之省，悉從軍令。歷守舒、衡二州，致仕。所著有《韓柳文音注編年》、《六朝事蹟》、《衡陽圖志》。初，敦頤在南劍，與朱韋齋友善，邀與還鄉。韋齋以先業已質於人對，敦頤許爲贖之。及韋齋卒，敦頤以書慰文公於喪次，而歸其田百畝焉。郡人義之。及卒，附祠文公家廟。

弟敦實，紹興五年進士。歷任監察御史，知無不言。户部退駁鄉邑絹萬六千疋，敦實抗疏至再，有旨收付左藏。後遷樞密院檢詳諸房文字兼直慶王府贊讀，以老歸。所著有奏稿、宏詞。①

材料出處

①原注：《徽州府志》。按：弘治《徽州府志》卷八。

張維

張維字振綱，一字仲欽，福建劍浦人。紹興八年進士，調汀州推官。秩滿，改龍溪縣丞，陞知閩縣。乾道三年，擢廣南西路提點刑獄。自金人通好，維嘗貽書宰執，略言：『符離之役，失於輕舉，而人心終不以爲非。四郡之棄，急於休息，而人心終不以爲是。今當修明政事，俾天下曉然知朝廷未忘中原之念。』及是入對，遂勸孝宗以立志爲先，且引益之所以解舜者，以謂不可狃於小康，便稱太平。語甚切至，孝宗嘉納，且俾察部内守令臧否以聞。維請以政平訟理爲臧，以政不平訟不理爲否，凡臧之品有三，否之品有二。詔頒其法於諸路，令監司、帥臣歲終各以其實聞於朝。維到部，按行郡縣，海外荒遠，靡不周徧。官吏有望風解印綬去者。還臺，條上臧否若干人，即日施行。

就除直秘閣、知靜江府兼廣南西路經略安撫司。拊循普洽，奏減經總之額，日取滯訟故牘，便坐閱視，予奪咸得其情。有暴横若亡匿者立誅斬。南丹猺莫氏賂結永樂王氏，藉兵以逐其兄而自立。既立，背約，王氏以兵攻之，莫氏困急，請輸並塞田及銀冶税場，乞師救援。寮屬皆以爲受之便，維曰：『莫、王連兵，正坐貪爾。今乃以啗我耶？國家爲夷夏宗主，屬國不奉條約，當以義詰之。』於是遣一小校持檄往諭，二酋頓顙受命，即日釋兵。或告昭州故盜甘文誠謀叛去，郡給執文誠至，欲寘諸法。維察其非辜，撫遣之。未幾，象郡猺反，使者欲調兵逐捕，維曰：『官兵入箐歷險，與猿猱角勝負，非計也。』遣裨校戍山口，且以文告之。猺曰：『前年殺凌鐵，往年殺王宣，今年又殺甘文誠，非從若招者耶？誰聽命！』維遣文誠示之，則皆大喜，遣子入謝罪。

進直徽猷閣，留鎮五年。孝宗方謀北略，移軍建康，使者謀作屯營，不如指，乃調維江南東路計度轉運副使。營屯事竣，就加秘閣修撰，以寵其勞。江東歲和糴，以備儲積。先是，嘗糴三十萬，或以予直太高而捐其半，維力争不能止。至是復以命維，且曰：『監前失，毋傷民。』維奏曰：『前事之失，民以陛下爲不知，故獨歸怨有司。今既知之，乃曰姑以爲監，而不能償，則天下將有以空言疑明詔者矣。』尋召入奏事，留爲尚書左司郎中。事有未便，屢詣都堂坐白。或曰：『瑣瑣非朝官體。』維曰：『都司助調鼎鼐，幾微所關。若視吏簽擬，輒涉筆書，不置可否，安用我輩？』丁艱，免喪，除司農少卿，再入都司。

維姿稟端裕，不見喜愠，禄稍所入，悉班族里。敭歷中外，聲績藹然，卒以持正，故爲當路所抑，不大見於設施。論者惜之。①

材料出處

①原注：《晦庵集·右司張公墓誌》。按：朱熹《晦庵集》卷九三。

何耕

何耕字道夫，世居漢州之綿竹，後徙德陽。耕從外祖史彬學，警敏異常兒，張行成、任慥皆奇之。省試第一，紹興十七年進士，充彭州學教授。孝宗即位，移成都路轉運幹辦，汪應辰以文章典雅科薦，俄通判成都府，擢知蜀州。撫摩善良，繩治奸猾，郡以大治。頃之，丁憂。耕出居僧舍，自號恬菴踦叟，以布裘、鐵環、竹杖等五物爲五友，若無意於世者。免喪踰年，青州羌寇沉、黎，虞允文爲宣撫使，檄耕守雅州，諸司調西兵來戍。耕曰：『蠻敢侵邊，貪吏實啟之，其患在外。今多屯兵，必損郡。既不滿意，必内訌，是腹心之疾也。守誠潔己奉公，戒城寨，常無黷貨生事，訓練州兵，優恤土丁，蠻何足患？』其後八年，黎境再擾，調兵益衆，果作亂。人服公先見。

知果州，改嘉州，課學爲諸郡最。除潼川府路提點刑獄，作《諭民詩》四十一篇，語平易而教化寓焉，郡邑皆有其書。强暴犯法，父老必誚曰：『汝不誦何公詩乎？』往往知誨。淳熙五年，召對，論[一]恢復四事，且曰：『願陛下内定其志，外修其具，考其實事，無聽其虚言，無畏難于今，成功于後。』上曰：『卿所言盡之矣。』拜倉部員外郎，累遷國子祭酒、秘書少監、太子侍讀。丐外，知潼川府，請祠，未報。十年九月卒，年五十七。

耕恬于進取，未嘗造請，登第三十年，始召爲郎。趙雄雅敬之，而耕不甚親。雄之罷，爲所引者往往被逐，獨耕不染物議，雍容而去。時人稱之。有文集百卷。①

材料出處

①原注：《省齋文集》，參《朝野雜記》。按：《省齋文集》未見何耕相關傳記，恐誤。此傳事迹見周必大《文忠集》卷三五《朝請大夫知潼川府何君耕墓誌銘》。

校　證

〔一〕論，原作『令』，據《墓誌銘》改。

趙善佐

趙善佐字左卿，福建紹武人。登紹興三十年進士，歷將樂縣丞，累遷知泰州。未幾，知贛州。將行，以書問朱子政所宜先，朱子以所聞告之。至則歎曰：『民所病者，尚不止是也。』值歲大旱，禱祠、賑貸必盡其力。節遊宴，罷土木，寬諸縣逋負，捐市人酒課。常時州郡别以使臣掌牙兵，善佐罷之，而歸其職於兵官，責以嚴紀律、謹訓練，營部肅然。州人相率以治行上使臺，善佐亟諭止曰：『太守德薄政荒，不能布宣天子德意，使早至此。父老不以爲有罪，則幸矣。何善之可稱？亟歸，教爾子弟孝於親，弟於長，忍小忿，敦大信，以善其俗。天暑道遠，毋苦往來爲也。』聞者感歎，益相告戒毋違令。淳熙十二年，卒於官。善佐初在長沙，從張栻遊，受其學以歸。其後待次遭憂，閒居累年，尋繹舊聞，講習不倦，而尤究心於《易》。其於進退得失之際，漠如也。①

材料出處

①原注：《福建通志》。按：道光《福建通志》卷一七九。

宇文師獻

宇文師獻字德濟，成都人。考粹中，任尚書左丞，以恩補承務郎，差監潭州南嶽廟。考滿，知漢州德陽縣丞，差四川安撫使司幹辦公事。會詔從臣各舉所知，楊椿以師獻博學有守聞，張浚言於朝，遷知簡州，移知綿州。綿爲大州，適承頹弛之後，帑庾匱甚，師獻獨整科條，察蠹弊，節用度，未幾而經常不缺。郡舊有冤獄，佃人殺主之僕而誣其主，外臺執偏見不釋。主家死於獄者三人，其他亡辜逮繫死者又以十數。方春，天爲雨雪，地爲震，歷兩使者不能決，更送師獻所。詳究其牘，得情，數語折之。佃人引服，致之法。事益省，即理緝學校，與其士者行鄉飲酒禮，使敦長幼之節。在郡再歲，樞密使王炎宣撫四川，以請改知閬州。閬故常爲宣撫所治，地尤重，事且夥，師獻先立規模，上下趨令，惟恐後。率以夜漏未盡數刻秉燭出視事，不以爲勞。淳熙元年卒，年四十有七。①

材料出處

①原注：《南軒集》。按：張栻《南軒集》卷四一《宇文史君墓表》。

鄧深

鄧深字資道，湘陰人。紹興進士，試中教官，入爲太府丞。輪對，論京西、湖南北户及士大夫風俗。高宗嘉納，提舉廣西市舶，以親老求便郡，知衡州，茶陵、安仁溪峒之盜望風帖息。擢潼川。潼鹽酒虚額，久爲民害，請於朝，蠲川引四十七萬。守令貪虐，劾奏之。虞允文貽書曰〔一〕：『不畏彊禦，思濟斯民，挺然之操，未見近比。』後以朝散大夫終於家，愛居東湖之勝，建閣曰明秀。有文集十卷。①

材料出處

①原注：《永樂大典》引《古羅志》，參《萬姓統譜》。按：此傳實録自《四庫全書總目》卷一五八《鄧紳伯集提要》。

校證

〔一〕曰，原闕，據《四庫全書總目》補。

沈　度

沈度字公雅，儀真人，①居德清。②紹興中，令餘干。田無廢土，市無閒居，獄犴無宿繫，民謳歌之。③隆興二年，以考功郎中除直秘閣、知平江府。乾道二年七月，召赴行在。上曰：『甲申之歲，委卿守吴門，未幾治行昭著，可謂得人。』又曰：『二年以來，水澇軫憂，惟恐懼修省，以百姓爲念耳。』度奏：『臣到郡，水歉艱食，蒙陛下捐四萬石馬料以賑濟，全活甚衆。』上曰：『太守措置，漢宣帝所謂與我共理者，其惟良二千石乎？』即以爲中書門下檢正諸房文字。④乾道四年，以直龍圖閣知建寧府。當是時，朱子居崇安，與鄉士劉如愚創立社倉，度以錢六萬緡助之。⑤乾道九年，以權兵部侍郎兼臨安少尹。淳熙改元，除權兵部尚書，旋除龍圖閣待制，在外宫觀。⑥

材料出處

①原注：朱子《崇安社倉紀》，參《揚州志》。

②原注：范成大《驂鸞録》有『過德清往公雅考室』語。案：《揚州志》以爲播之曾孫。播本德清人，故公雅復居德清也。

③原注：《江西通志》。

④原注：王鏊《姑蘇志》。

⑤原注：《晦庵集・崇安縣五夫社倉記》。

⑥原注：《咸淳臨安志》。按：此傳大略録自《吴興備志》卷一三。

家炎

家炎字季文。以〔一〕父任，主金州石泉縣簿，知潼川府郪縣，通判敘州，知富順監，知資、彭、普三州。郪縣二十年皆攝令，人疑其不利，虚正寢弗敢居。炎至，新其寢以將母。渠廣劇賊羅從義爲民害，既逮，瀘帥欲從之沈黎，以責後用。炎言黎接六詔，萬一從義走夷中，是資寇也，帥動色爲改之。抵富順之明年，曦以蜀叛，炎憤惋，至忘饗寢。母問故，炎具以對，且曰：『萬一變作，守城，臣當死，爲母憂，奈何？』母曰：『死城郭，分也，非吾憂。』炎乃夜自爲書告本道使者，吏竊稿去，炎不問，馳使四出。及至敘，敘守薛君九齡亟和之。至帥府，帥府布其言十四州，已而叛勢鴟張，皆沮且怖，炎不爲變。曦誅，亦不自言。宣撫使安丙上富順抗僞事，請知開州，薦充監司。炎辭，起知資州。

宣諭使吴獵奏移西師屯成都，以實内郡。安丙以問炎，炎曰：『雖僅捄目前，而有二慮。凶年糧不足，則聚而逋掠者難制。歲久長子孫，則浮而驕脆者難用。』丙然之，奏留四分之三不遣。資州西門曰珠江，侵齧城下。炎捐錢千萬，築五隄而北之。又捐三百萬置鹵井，歲收羨爲修隄費，劉光祖爲之記。又捐二千萬有奇代民賦。葺王子淵諸賢祠，築奇文館，月朔、月半屬學士試藝，優獎風勵。資人謂炎三世守此土，築世德堂爲生祠。祠吏非古，生祠又非也，亦以識懷允之誠耳。謝事里居三十年，紹定四年卒，年八十有七。①

材料出處

①原注：《鶴山文集·家君墓誌》。按：魏了翁《鶴山集》卷八四《知富順監致仕家侯炎墓誌銘》。

校　證

〔一〕以，原闕，據《墓誌銘》補。

趙善待

趙善待字時舉，濮安懿王五世孫也。登隆興元年進士，通判吉州，攝郡政。時方和糴，吉當十萬石，吏白本錢未降而省符屢趣，均之諸縣。善待曰：『今八縣之民輸米郡倉，斛計八十萬，凡水脚等費皆變米得錢，市商牟利，由是傷農，其可重擾乎？若使以米代錢，公私俱便。』民果樂從。比新守至，糴已足，以課最除知岳州。陛辭日，論江西旱傷，秋苗減放矣，督隨苗錢如故，無所從出，必斂於民，禁之便。孝宗曰：『卿言是也。無母安得子乎？』累官浙東安撫司參議。①

材料出處

①原注：袁燮《絜齋集》。按：卷一七《朝請大夫贈宣奉大夫趙公墓誌銘》。

楊　方

楊方字子直，福建長汀人。隆興元年進士，調弋陽縣尉，還家待次。道崇安，謁朱子，面受所傳，學益進，與楊簡、楊戢俱爲朱門高弟，時號三楊。未赴官，改廣州清遠主簿，提刑使者姚考資檄攝韶州曲江縣事，改隆興府武寧縣丞。清學租積贏，以辦祭器，爲政平易，人皆化之。轉知靖安縣。趙汝愚帥蜀，辟主管機宜文字，尋薦於朝，除宗正寺主簿，歷吉州通判、建昌軍知軍事。

淳熙末，召爲樞密院編修官。首疏乞朝重華宫，辭甚懇切。寧宗立，除秘書郎。慶元元年，出知吉州。僞學禁興，坐朱門黨，罷官，僑居贛州。閉門讀書，不接賓客，所居植淡竹，因自號淡軒老叟。黨禁解，起知撫州。未數月，奉祠歸。嘉定初，召爲考功郎官，復以積忤去。踰二年，臣僚有言方鯁介老成，不宜閒廢。除直寶謨閣、提點廣西刑獄，至則循歷屬部，發摘奸貪。行至象州，以疾卒。方清修篤孝，剛正不阿，其後縣令陳顯伯建道學六君子祠，以方與鄭立中配食焉。①

材料出處

①原注：《福建通志》。按：道光《福建通志》卷一八八。

方崧卿

方崧卿字季伸，福建莆田人。父憲，南恩州陽江令。憲卒七月而崧卿生，稍長，能自力於學，登隆興元年進士。淳熙三年，累轉奉議郎、知信州上饒縣。初，宰相葉禺著《治縣法》一編，世服其能。崧卿，禺壻也，能遵行之。縣凡七十二都保，正副一百四十人，崧卿令旬分四番，番三十五人，迭詣縣受約束，皆給定走歷。有故或追呼，批歷授之，無則奉歷而退，人不勞而事舉。保長則揭示當輸之户及其數，五日一集，出納明簡，上下便之。

先是，督鄉司具民之物力高下，毋敢不實，封文書藏之。遇當役者爭承，則啟封參考，親加詰問，情僞立辨，民欣然就役。常平使者潘疇以治績聞，召赴都堂審察，遷通判明州。十二年春，選知南安軍肇新貢院。條教簡嚴，郡人祀之於學。光宗登極，轉朝奉大夫。紹熙元年，除知吉州。吉稱難治，崧卿決事如流，庭無留訟。未及期，州以大治。大蠲積逋，以寬民力。郡庠故有歐陽脩祠，久廢，前守無過而問者，崧卿即後圃創六一堂，繪像祀之。脩先壟在屬邑瀧岡下，令尉葺治，復裒脩翰墨及《集古録》，刻於石。去吉，後凡疑獄滯訟經崧卿剖決者，一字不可移易。其爲政明允如此。

三年，徙廣西轉運判官。大講鹽筴，會計更法之後諸郡實貨若干，漕司歲得若干，編爲書十二條，上之。且曰：『本路民困矣，乃推剥以餉武昌，又助靖州，是謂瘠己以肥人，請裁其數。』得旨罷歲解鄂靖錢十一萬緡。崧卿欲周知一路利病，躬冒災瘴，偏行湘、衡、欽、廉、鬱、林、貴、柳等州，詢民疾苦。以是得渴病，求奉祠，朝廷憫其勞，易京西轉運判官以優之。五年三月卒於官，年六十，積官至朝請大夫。以子信孺恩，累贈宣奉大夫。

崧卿風神警邁，才具恢宏，善治盤錯，雖薄物細故，皆經理有法度。同邑林枅嚴於取人，惟稱崧卿吏治，推贊不容口。及其卒也，蔡戡、周必大皆以崧卿粗試所長，而不盡其材爲可惜。居官凡三十年，所得俸賜，半以鈔書，築聚書堂貯之，積卷至四萬有餘，皆手自讎校。詩文辯麗無陳言，追古作者。子信孺，自有傳。①

材料出處

①原注：《平園續稿·方君墓誌》。按：周必大《文忠集》卷七一《京西轉運判官方君崧卿墓誌銘》。又按：此傳實録自道光《福建通志》卷一八三。

俞亨宗

俞[一]亨宗字兼善，山陰人。登隆興二年進士第。洪适帥越，聞亨宗行義，延至郡齋，又偕至番陽，與其弟樞密遵、内翰邁游，日以文章爲事。嘗爲博學宏詞科所業，三洪讀之，謂曰：『他日玉堂揮翰可也。』宰常州宜興，秩滿，幹辦諸軍審計司，遷國子監主簿、軍器監主簿、知漳州。先是，州以鹽抑民，計口請給，督促其直，急於常賦。至有鹽不給而責其直，民甚苦之。亨宗首罷之，又罷溪港津渡之榷，聽民往來無禁，及減去經總制錢後來額外苛取者，歲罷緡錢合四萬四千，又代民輸丁錢一萬六千有奇。秩滿，凡槖中所餘，悉散之宗族、親戚之貧者。自漳州還，奉祠里居，杜門不復出。嘉定初，起爲提點江淮等路鑄錢公事，移江東轉運，入爲吏部郎、大理少卿、秘書少監。自以年老，乞掛冠，章凡六上，除直顯謨閣、主管成都府玉局觀。既歸，累告老，增一秩，加秘閣修撰，如所請。嘉定十五年卒，年八十九。

亨宗初爲臨川簿，爲文謁廟，大概謂：『肩輿擔負，迎盜於室，雖至愚無知者不爲。吏郡邑無大小，至之日，民相與出力迎致，謂其人足以庇於躬而無害於家也。庇之不能，而害及焉，是盜也。夫何願而迎？』其語亨宗蓋終身行之。自奉儉約，衣食器用，質素粗充，官雖稍遂，弊屋頹牆，處之泰然。著述有《垂軒稿》二十卷、《宏詞習業》五卷、《山林思古録》十卷、《群經感發》十卷。①

材料出處

①原注：《會稽續志》。按：卷五。

校證

〔一〕俞，原作『余』，據《會稽續志》及本卷目録改。

朱晞顔

朱晞顔字子淵，休寧城北人。登隆興二年進士，授當陽尉，歷知永平、廣濟二縣。在當陽日，設方略捕方湖北沌河盜，平之。及爲永平，苗獠悦服，民爲立祠。知廣濟時，淮右民兵歲調就合肥教閲，晞顔致書淮帥，令就各州縣閲習，免貧民奔馳道途，且緩急可保鄉井。從之。知興國軍，入對論三事，皆切直，孝宗嘉之。

除知靖州，奏言：『襄漢通吳〔二〕蜀，宜移武昌大軍戍襄陽，留水軍以控鄂汭。』帝甚悦，後改知吉州。赴闕，復上二事，其一言西蜀事，謂蜀之邊患不在南，而在北。宜移成都制置司於興元，與荆鄂相應。擢廣西運判，講究鹽策，上便宜事數千言，革客鈔科抑之患。陞京西轉運判官，至襄陽，陳備邊便民之策，皆深合機宜。擢廣西安撫，浚靈渠，通馬市，治城壁。南地卑濡，城苦不能久，乃創新意，爲城屋數千間覆之。以勞加秩，召爲太府少卿，總領江東軍馬錢糧，力節浮冗，歸奏樁積軍糧，招刺子弟二事，朝廷嘉之。遷權工部侍郎兼知臨安府仁和縣。地多爲官舍、軍營，而税額仍舊，晞顔請以本府餘財代輸，報可。以疾卒，贈宣奉大夫、休寧縣開國男。

晞顔至性友愛，産業悉推與昆弟，官其姪由義、由道、由信，而不及其子。由義字宜之，累官福州都監，所至以善政稱，所著詩有《秀軒集》。①

材料出處

①原注：《新安文獻志》談鑰撰《行狀》。按：卷八二談鑰撰《宋故通議大夫守尚書工部侍郎致仕休寧縣開國男食邑三百户贈宣奉大夫朱公晞顔行狀》。又按：『鑰』原訛作『綸』。

材料出處

〔一〕吳，原作『和』，據《行狀》改。

陳琦

陳琦字擇之，號克齋，臨江人也。乾道進士，從張栻遊，主衡陽簿。有殺人於野而主名不立，提刑鄭丙責主者急，吏迹一驛卒，其襜有血，掠訊誣伏。琦疑之，診尸得死者裯署曰羅仲美，乃懸之衢，有見之者曰：『吾子也，與吾族子餘皆商，今乃死耶？』即命逮餘，一訊而服。蓋仲美貲倍於餘，以此致死，而驛卒乃得白。栻帥桂林，復招入幕。邕州歲市大理馬，馬來已二千里，傳致諸軍又數千里，多道死。琦令修圉而飼之，瘠者止，良者行，後者至，先者發，自是馬無耗者。遷贛縣丞，政最，知興國縣。留正帥蜀，辟爲機宜。初，蜀之民私以楮券爲貨，謂之交子。至天聖中，官始榷之，再歲一易，謂之交界。其後有司因以爲弊，凡券之微壞者，皆没入之，不賂不易。蜀之民爲屯十有八，所隸之將三。士之廩給當折物爲錢，必視其所屯之地，稱其土物之直，以直之低昂爲錢之多寡，故米之估則龍州得仙關之半，絹之估則興元得西和州三之一，銀之估則大安得龍州之半而過之。乃有軍在某州，反用他州之估者。正憂之，謀於琦。杜交界之奸，以信楮券；平廩給之估，以慰士心。蜀人大説。朝議欲用爲郡，會病卒，論者惜之。琦負用世才，遇事迎刃而解，事至不拒，事定亦不自有其功。與人絶無崖岸，而亦不詭從也。①

材料出處

①原注：《江西通志》。按：雍正《江西通志》卷七三有陳琦傳，然文字簡略，此傳實録自《宋元學案》卷七一。

黄 洧

黄洧字清臣，甌寧人。以父蔭除知南雄州。郡小，用度不饒，舊常法外重價以取資，且榷酒酤，增税柵。民告病矣，而官用猶不足。洧至，一切罷之，人以便安，而郡亦未〔二〕嘗乏事也。州故與建、饒、贛州代輸坑冶司歲貢白金各若干兩，故事皆取于民以辦，公請以郡大小爲差，詔悉蠲之，郡人賴焉。

乾道四年，改廣南東路提舉市舶，帥守市賈胡香不償直，洧舉法移州，帥愧且懼，急召歸之。更爲轉運判官。廣學租，禮名士，益勸諸生以學。番禺令近在帥守諸司治所，肆意爲姦，無按舉者。洧素聞之，至是誨厲之，不能改，乃捕其吏屬劾之，反而獄具，奏上閲實，抵罪以去。

其餘不循法度以病民者，隨罪大小，以次繩治。於是一路肅然，官吏始知有法守矣。市人困於官估丐奪之擾，洧爲移書一路，罷官酤〔二〕，除市籍，百賈〔三〕得職，物價爲平。復上奏，請均其法于諸路，詔施行之。丁籍久失開收，口賦之逋均及鄰伍，流亡日衆。洧選吏分行，覈其實而除之，一路所蠲凡十有五萬口，流亢浸復。瀕海蜑户數萬，生理至微，亦有役于州縣，洧悉免之。按行所部，雖煙瘴荒遠，無所憚。訪問疾苦，伸理寃抑，不可勝計。革外銓匿闕、徇私之弊，人無怨言。

江浙歲饑，有旨發二廣義倉米，航海詣永嘉，往時常有此役，吏並緣以擾民，而米不時達。洧處之有方，且并西道所發轉致之，不越月而至永嘉者八萬斛。永嘉人焚香迎拜步下，曰：『此廣東運使活我也。』史正治爲發運使，專以括取諸道羨錢爲己功，諸道承風聽命不暇。洧曰：『嶺外貧薄，安得視它路？』財予緡錢千數。正治怒，欲陷洧，有以公〔四〕爲人告者，乃已。改使荊湖南路，積官朝散郎。卒，朱熹銘其墓云。①

材料出處

①原注：《粤大記》，《朱子大全集》。按：道光《廣東通志》卷二三七引《粤大記》，朱熹《晦庵集》卷九三《轉運判官黄公墓碣銘》。

校證

〔一〕郡亦未，原闕，據《墓碣銘》補。
〔二〕酟，原闕，據《墓碣銘》補。
〔三〕賈，原作『貫』，據《墓碣銘》改。
〔四〕有以公，原闕，據《墓碣銘》補。

蒲堯仁

蒲堯仁字彦性，福唐人。乾道六年，知泰和縣。廉白端謹，自奉尤薄，嘗曰：『吾不欲以口腹累人。』間出俸餘散之貧民，不爲儲積計。縣廨火，縣人環視歎曰：『得無爲吾大夫憂乎？』出力新之，不費縣官一錢。在任三年，未嘗以色假人，亦不以言拒人。民有訟，反復曉以禮義，不得已乃加責，人皆樂其寬。去之日，爭齎錢帛送之，堯仁一無所受。①

材料出處

①原注：《豫章書》。按：雍正《江西通志》卷六一引《豫章書》。

張奭

張奭字叔保，亳人，徙家廬陵。淳熙中，官隆興府決曹掾。豫章自建炎兵餘，民多死徙，租賦罅漏，貧富倒置，公私俱病。奭白府請檢校冒耕之田，府命其檢校新建武、寧二邑，期月得實以報。下其法於諸邑，郡賦始均，邑繪像祀之。紹熙五年，通判洪州，以考績三轉至朝請郎。時趙鞏、蔡戡相繼爲帥，事無大小，悉以屬之。秩滿，除知永州。①

材料出處

①原注：楊萬里撰《行狀》。按：楊萬里《誠齋集》卷一一九《朝奉大夫知永州張公行狀》。

李訦

李訦字誠之，福建晉江人。祖邴，建炎中避地居泉州，子孫遂籍晉江縣。訦早慧好學，下筆數千言。用祖蔭補承務郎，調仙遊縣丞，改主管南外睦宗院。淳熙間，史浩再相，陳俊卿、梁克家咸以手書薦訦可用，除通判漳州。時劇寇沈師平，而它盜相挺於鄰郡，訦被檄督兵防備，郡賴無警。安撫使趙汝愚以聞，乞用訦知汀州事，雖不行，當路益知訦才。久之，擢知黄州。

訦入對，論邊郡數易之弊，請仿漢制令郡守兼領武事，遵祖宗久任邊將之法，孝宗意甚悦。

紹熙元年，赴郡。值歲大荒，出官錢傭饑民，開内澳六百丈，民不告病，而商舟始有所泊。丁父憂，慶元二年，服闋，知袁州。撙節用度，儲米幾二萬石，刱周濟倉，如常平法。遷夔州路提點刑獄。開禧初，移荆湖北路轉運判官。召至行在，賜對，訦首論朝廷政令之更變者數事，且曰：『此特其小者爾，有大此者，苟不謀於衆，而遽欲儌幸焉，人心未一，臣恐發之易而收之難。』是時韓侂胄有伐金議，故訦言及之。

留爲大理寺少卿，尋遷正卿，鞫獄平允。嘗白於執政曰：『守法者有司之職，朝廷當從寬典。若有司欲骫法，是恩歸於己，而怨歸於上。朝廷欲盡法而行，則人又無所措手足矣。』又以徒、流罪誤出入，雖或過差，未甚相遠。至於當生而死，當死而生，相去殊絶。請分大辟案爲十，其七編麗死比而獲生者，以示好生之仁，其三編附生比而論死者，以存止殺之義。遂著爲令。

未幾，權户部侍郎。王師敗績，鄧友龍謫居興化，蘇師旦謫居衡州，訦論友龍首事生釁，師旦謀將納賄，猶在善地，未足蔽辜。復移書侂胄，乞顯正其罪。始侂胄勉黜二人以逭謗，而意常庇之。户部舊有總轄司，以鉤考五子司錢物虚實之數，後廢，訦請復置之。郎官有惡其害己者，探侂胄意，諷言官劾訦，罷歸。已而寧宗知其誣，起知靖江府兼廣西安撫使。時江西賊李元勵未平，楚粵邊界皆騷動，訦分兵措置寨柵，防守隘要，盜不能犯。提刑楊方嫉惡太嚴，多所發摘，官吏重足。訦謂之曰：『治道去泰甚，遐方僻壤，士大夫一遭按治，至有全家流落者。』方悚然，由是濟之以寬。嘉定改元，累加敷文閣待制、知建寧府。②丐歸，畀祠者再。除寶文閣待制致仕。十三年卒，年七十有七，贈宣奉大夫。

訦居官不尚詭激，而惠利可以及民者，雖艱鉅爲之。若漳之建庵宇，給閑田，以便往來；黄之創瓴屋，居戍兵，以省科擾；袁之寬過税，優行商，以免寇害；在夔、在桂、在建，營叢塚，築銓館，架輿梁，治道路，蠲逋賦，散羨錢，蓋不可殫書云。③

材料出處

①原注：互見上《李綸傳》，父世系未詳。按：此傳實録自道光《福建通志》卷一七六。

②原注：詳見《宦績》。

③原注：《西山集》。

宋煜　孫翊

宋煜字伯華，莆田人。淳熙間，知循州。嶺南諸郡黌舍悉湫陋，煜至，即徹而新之，循人士始自力于學。州境舊多曠土，煜令民墾耕，奏蠲其租六年，遂成沃壤。初，民以茅覆屋，恒多火災，煜乃量户高下，貸以官錢，又輟城兵之匠者、陶者相其役。民用安居，以時還所貸，無一人敢負者。先是，守將閲城多具文，煜案視必親，月以爲常。陳峒盗發倉卒，徵旁郡兵，獨煜所遣皆素練，督將倚賴之，迄以殄賊。尋改知惠州。惠有蘇、范二姓，故武斷爲奸利，州縣莫能制。煜卒窮致其罪，豪猾喘息。有富民抵辜，援舊比請輸錢以贖，煜曰：『是豈所以癉惡示懲耶？』竟論如律。又減重額，刷逋户，剗虚籍，以蘇積困，惠人德之。

煜孫翊，以蔭補得官。端平初，通判廣州。時崔與之爲帥，辟知循州，上疏。①端平二年二月，即獲朝旨，命速之任，不許陛辭。循與汀、梅接壤，陳、羅之寇甫息，而寇成之黨復張。翊到州數日，即糾集官民兵丁，扼其要衝，卒以俘獻。猶復增陴浚隍，募兵益戍，爲異日慮。以撫綏爲政理，尚鎮静爲規模，催科無急符，是以循之細民得以安生樂業，與之遺書奬諭。②明年，修學校〔一〕，增廩秩，閲軍政，稽版籍，禁譁訐，奬孝弟，減斛面之取贏，罷丁錢之虚額，申奏于朝，永爲定式。不惟當時之民德之，而後政亦視以爲法。是年冬，梅州復有小警，人心皇皇。翊知其變，修城壁以嚴保障，簡邏諜以探寇情，措置捍禦，尤極詳備。舊有三寨，以守隘口，翊擇其要害，合而爲一，用力寡而功倍，民賴以安。③

材料出處

①原注：疏曰：『竊見通判宋翊綿歷已深，廉介有守，昨試令之程鄉，又宰惠之歸善。一意撫循，安静無擾，

邑人至今思之。循州介乎二邑之間，凡民情之休戚，風土之利病，耳目所案，罔不備諳。今丞部番禺多籍，俾贊委以決事，咸謂精明。竊惟州郡擇守，最戒貪殘，倘使翊爲之，必有成效。』

②原注：書曰：『循爲南中佳郡，今非昔比矣。狐鼠之妖方息，鴻雁之居未安。兹得通才，以當隆委。出于上簡，不勞陛辭，慰遠民之望也。撫摩爲心，鎮静得體，元氣充足，而外邪自消。千里宅生之寄，得所托矣。總未歸華顯之班，抑亦在澄清之選。』

③原注：黄《志》。按：此傳實録自道光《廣東通志》卷二三九引明黄佐纂嘉靖《廣東通志》。

校　證

〔一〕校，原闕，據道光《廣東通志》卷二三九補。

傅大聲

傅大聲字仲廣，仙遊人。淳熙十四年進士，授福州主簿，累遷通判循州。適寇起，守稱疾，大聲調發諸軍，奮力鏖戰，賊皆潰去。未幾，餘黨復猖獗，諸司專委大聲督捕。乃上禦賊數策，漕使劉强學韙之，頒行於廣東，遂劾守不職，以大聲攝州事。尋奏爲真，闔城驩呼曰：『傅父爾留，吾屬有依矣。』前數月，郡圃有老松數株，口出紫氣，如雲騰空而上。及大聲拜守，人以爲德政所感。守上日，有例册錢千緡，卻之。郡倉米斛過大，大聲手較定，減小之。在循四年，民樂其政，相率立祠焉。①

材料出處

①原注：《粵大記》，參《閩書》。按：道光《廣東通志》卷二三八引《粵大記》。

卷二十二　列傳第二十二

循吏五

郭份

郭份字仲質，新淦人。甫冠，中進士，爲辰州、道州、南雄州教授，湖南轉運司幹辦公事。湖南自軍興，治戰艦，積材於場，久而腐敗相承，募丁守視。份白之臺，毀材爲薪，歲省衣糧萬計。官有羨緡數十萬，議獻諸朝，份曰：『此非可繼也。』使者爲止。醴陵有豪族，取民田治宫室，上流有古陂，輒徙之，田以蕪廢，訟數十年不息。份以地比與圖視之，一訊而決，還陂於上流，溉田如初。

用轉運使黄鈞等薦，擢通判常德軍。常德爲湖北望郡，更二守，無善狀。份至，委曲扶持之，靖獠干紀，王師討之。份主督運，山行既艱，而水道經若水寨，遡流百餘里，尤險惡，漕餽不通。份命輕裝淺舟，水陸並進，軍用不乏。師還，第功擢守興國軍。嘗因賜對，建言常德當夷獠出没之衝，比年復有茶寇之警，屯兵纔二百人，不足以彈壓湖北一道。北被邊，南控溪峒，城壁皆不治，非所以備不虞，請以荆鄂千人戍常德，而諸郡城惡者亟治之。卒，年五十七。①

材料出處

①原注：朱子撰《郭公墓誌》。按：朱熹《晦庵集》卷九二《岳州史君郭公墓碣銘》。

黄犖

黄犖字子邁，分寧人，庭堅之族孫。以父霦郊恩補將仕郎，除主吉之龍泉簿。吉大邦，田租之輸，累巨萬計，姦弊總總，郡檄莅之。始至，吏或密請使令，犖瞪視之。請不置，訪其故，乃前此有吞其飲器之餌，拱手聽所爲，莫敢誰何者。一日復請，犖數之曰：『爾謂我不知耶，吾不欲暴前官之短耳。爾亟去，無汙我。』擇愿吏，平概量，除常歲多取之虐，人情大悦。會邑長病，郡俾兼領。葺學宮，增弟子員，立程、蔡、吕先生祠，示學者以趨向。創大豐陂，溉田二萬頃，慮其久且廢也，買田十畝、山九百畝，以備修築之費。立長若副，分番掌之，以均工役之勞。隄防周密，遂爲長利。侍郎孫逢吉深歎美之，爲識其事以諗來者。

嘗出見民有空舍，老嫗卧其下，旁無一物，屋猶堅壯，心疑焉。使人問故，嫗曰：『兒賈人，將鬻此廬以就婦舍，嫗弗忍也，甘此獨卧。』犖驚歎曰：『詎有此風耶？』立逮其二子俱來，一宴且瘁，一壯而悍者，賈人也。犖曰：『此豈待拷掠而得其情哉？』欲置之法，嫗以天性之愛，祈免甚苦。賈人亦痛自刻責，請後不敢。因其機而訓飭之，母子于是不睽。劉清之以比古循吏篤于風教者，述其事於詩以美之。

再調汀州連城令。縣圃有松，老而連理，犖名之曰義松，取庭堅《翊真觀義松》之作，圖而刻之，邑人歌頌，謂德政所召。改宣教郎、知湖州歸安縣。近輔劇邑，巨室有訟，理不直而以私請，一斷以法。僧爲惡少所誣脅取財物，無以自明，立伸其枉。女巫遊仙夫人者，誑惑寓公，達于官府，則判其諜云：『信巫不信醫，此愚俗之病。衣冠右族，豈宜淪胥？淫祠不毀，蠹民益甚。』洒杖其人，而盡取其土木偶投洪流中，及其他挾邪術惑民聽者，一切蕩刷無遺類，巫風遂息。既解印，貧尼其歸，僦居郡治之側，吴興士大夫敬之不替，部使者交薦。遷司農寺丞、大宗正丞，除大理正、浙西提舉常平茶鹽。召爲郎中，遷大府卿，除淮南轉運副使兼提刑、加秘閣修撰。嘉定四年卒，年六十有一。

觀風浙右之日，有蘇師孟者，夤緣師旦補官，占一卒，養私馬於官廄。犖没入之，黥其黨親爲吏而犯法者。師旦雖含怒，犖弗顧也。生平不治産業，惟法書、名畫、古器物是好。一日得山谷帖數十卷，值千金，傾橐而償之，對客卷舒，津津喜見眉睫，曰：『吾不貧矣。』詩律字體祖述山谷，而時出新意，大字尤奇壯。東宮欲見之，書《中庸》、《大學》以獻。雜著二十卷，《介軒詩詞》三十卷。①

材料出處

①原注：《絜齋集·黄公行狀》。按：袁燮《絜齋集》卷一四《秘閣修撰黄公行狀》。

李大訓

李大訓字君序，福建閩縣人。父士龍，仕至奉直大夫、直秘閣，老居里中。後生考德問業者，應之無倦色。黄幹嘗賢士龍，謂其於窮通榮辱之變泊如也。大訓初以父蔭補同安縣丞，縣奸豪受民賦，與吏相表裏，賦不以時入。大訓課吏，籍其姓名與所受之數，按籍以索，不擾而辦。轉吉州廬陵縣丞。適大旱，獄囚淹滯。提刑司檄大訓慮囚，有以峒寇繫者七十餘人，大訓鞫得正犯十餘人，餘皆平民，官軍掠之以邀功。獄具上，捕盜者力爭庭下，大訓正色曰：『將官殺人軍前，則獄官不得與。今既付獄，是非曲直，當聽有司。君安得輒爭乎？』所活五十餘人。有尹四者，或謂賊酋不當釋，大訓辨其非。後數日，果有執尹四酋〔二〕而至者，人乃大服。

峒寇猖獗，勢連湖廣。萬安邑連寇境，大訓攝其事，密調義丁、戍兵備之，賊不得逞而去。郡委大訓往湖南議夾攻之策，潭帥曹彦約喜其材，留大訓偕行討賊，迄事始歸。調贛州安遠令。會吉之龍泉尚有負固跳踉者，監司交辟大訓知縣事。既至，招集流亡，一意撫摩。朝廷擢兩税，大訓復奏寬年限。大軍徹戍，大訓謂不可無備，請置隴頭寨以捍外寇，留戍兵五百以護縣郭，人情始安。青草、明坑二峒素桀驁，或議勦之，大訓曰：『獨不可理諭乎？』招其酋長十餘人至，具勞之，諭以禍福，皆泣謝去，曰：『李知縣非欺人者。』相與勒石筍峰，頌大訓德，且誓不敢負。用薦者改知惠州歸善縣。事省俗醇，治以安靜。舊時衣冠喪葬，無復品節，爲文戒之，俗爲一變。嘉定十二年，卒於官。

大訓篤志伊洛之學，非其類不交，鄉鄰罕識其面。居官所至，以廉謹稱。倥偬則力事功，閒暇則修禮教，論者謂其儒而不懦，吏而不俗云。①

材料出處

①原注：《黄勉齋集·李知縣墓誌》。按：黄榦《勉齋集》卷一一《李知縣墓誌銘》。又按：此傳實録自道光《福建通志》卷一八二。

校　證

〔一〕酋，原闕，據文義補。按：《墓誌銘》原作：『有尹四者，或謂賊將不當釋，君辯其非。後數日，果有執尹四將以至者，人方大服。』陸氏易『將』爲『酋』，亦通，然脱下『將』字，則文義不暢，故據補。

吴炎

吴炎字濟之，福建邵武人。登紹熙元年進士乙科，調桂陽軍教授。環軍皆猺，炎不鄙夷其人，講切磨濯，絃誦彬彬，旁境聞風，多來學者。地遠且貧，士或不能偕計吏。炎積餘廩，裒衆力，置貢士田。前相余端禮判潭州，與湖南諸監司合薦於朝，詔與掌故京秩。嘉泰二年，除户部架閣，遷武學學諭。開禧元年，改太學博士。時韓侂胄專國，炎不樂官京師，乞補外，添差建寧府通判。①請祠，主管台州崇道觀。

初，炎與麗水章良肱同朝相善。嘉定初，良肱弟良能拜御史中丞，舉炎自代，被召詣闕，而良能已除參政，問炎所欲，炎曰：『食議幕之禄，足矣。』良能曰：『吾何辭以白吾兄？』遂除知江陰軍。時方更楮法，吏奉行新例甚峻，炎陛辭，極論其弊，且曰：『民心向背，社稷存亡繫焉。開邊挑敵，曩嘗失天下之心矣。奈何更持不恤之論，行一切之政，稽令者斥，干令者誅，大吏倡之，小吏迎之，臣恐人心動而國勢隨之矣。』别疏言士風饕墨，宜復祖宗治贓吏舊法，引公儀休、毛玠事以諷當軸之貪者。詞旨剴切，無所顧避。前一日，所親任希夷在詞掖詣炎商對語，炎拒不答。疏出，希夷始大愧服。

江陰以邑爲郡，歲入常不給，賴舶〔一〕税支吾，後改税務隸嘉興。炎請復之，寬征嗇用，以其餘力葺郡學貢闈，繕築黄田閘，資民灌溉，治績爲浙西諸郡之最。七年，除監温州。炎固請小壘，改知興化軍。復以老乞休，主管崇禧觀，改千秋鴻禧觀。十四年卒，年六十有九，官至朝散郎。炎少敎學，長宦遊，所入皆以奉尊老，均兄弟。色睟而莊，言簡而遠，若甚和易而有毅然不可犯者，終其身不汲汲進取。歷仕二郡，自下車奏記時宰外，比去不再通名。其清介恬靖，出於天性也。子垠，蔭授通直郎、知甌寧縣。②

材料出處

①原注：詳見《宦績》。

②原注：《劉後村集·吳君墓誌》。按：劉克莊《後村集》卷一五四《太學博士吳公墓誌銘》。又按：此傳實録自道光《福建通志》卷一八三。

校　證

〔一〕舶，原作『柏』，據《墓志銘》改。

曾　噩

曾噩字子肅，福州閩縣人。癸丑登第，筮尉瑞州，再轉監行在惠民局。時權臣用事，噩恬於下位。開禧丙寅，兵興費倍，攝封樁庫，感慨獻箴，大書于壁，辭警而切，寓意諷諫，識者韙之。改宣教郎、知泉州晉江縣。嘉定乙亥，改監左藏東庫。夏旱，應詔言六〔一〕事，在職二年，除軍器監主簿，遷大理寺丞。攝司直三月，多所平反。嘗太息曰：『人貴知足。』遂求外補，出刺潮州。葺學宫，重建韓昌黎、趙忠定之祠，民聽翕然。斥興利之説，蠲坊場之逋，榷〔二〕斂之亡藝者，如近城三十里之市征、海陽女户丁米之類，一切革去。聽斷精明，吏不容欺。人有以死罪誣訴，噩察其情，不爲急追，未幾果獲，人皆歎噩之明。潮俗以人命同貨賄，犯重辟者，惟賂鄉保邑胥，十無一聞于郡，殺人不復死，視以爲常。武斷横行，冤氣莫伸。噩力革之，自是人不濫死。朝嘉治最，擢將漕本道。寶慶二年三月終，年六十。

噩七歲能屬文，有『江呑天上月』之句。自少至老，未嘗一日廢卷。有《義溪集》十卷、《班史録》二十卷、《通鑑節要》十三卷、《諸子要語》、《左氏辨疑》等書。①

材料出處

①原注：陳密《復齋集》。按：陳宓《復齋先生龍圖陳公文集》卷二二《大理正廣東運判曾君墓誌銘》。

校　證

〔一〕言六，原作『六言』，據《墓誌銘》乙正。

〔二〕榷，原作『催』，據《墓誌銘》改。

汪大定

汪大定字季應，慶元府鄞縣人，大猷弟。寧宗時，知江州事。江州素號名郡，自征賦弗辨，又耗於游士之干請，至是帑藏遂不盈萬緡，而負諸司之錢幾二十萬，官兵俸給亦積至萬五千。大定矍然曰：『朘民膏血，而使往來者挹取之以邀虚譽，吾不忍爲也。』會照申游謁之禁，大定奉行尤嚴，凡有挾而來者，止謝以尊酒。或恐由此起謗，不爲動。謹朱墨，節浮費，屬邑舊逋盡蠲貸之。不數月而用粗足，補解諸司十七萬緡，吏俸亦以次支給。治獄仁恕，懲惡黨綦嚴，姦盜爲之屏迹。慶元四年，罷歸，次池陽得疾卒。①

材料出處

①原注：樓鑰《攻媿集》。按：樓鑰《攻媿集》卷一〇三《知江州汪公墓誌銘》。

桂萬榮

桂萬榮字夢協，慈谿人。慶元二年進士，授餘干尉。邑多豪右，一裁以剛介，而御小民以慈愛。秩滿，調建康司理，尋通判平江。時守朱在政尚嚴刻，因鹽課拘繫甚衆。萬榮具書告，在不從，乃挾行狀與所拘人同寢。在愧，即委縱遣焉。陞守南康，檢吏奸，省浮費，征税以法。進直秘閣，遷尚書右丞奉祠。①

材料出處

①原注：成化《四明郡志》。按：雍正《浙江通志》卷一六八引成化《四明郡志》。

幸元龍

幸元龍字震甫，高安人。慶元進士。初尉京邑時，万俟卨之孫與岳飛家爭田，歲久不決，府檄元龍裁斷。積案如山，元龍並不閲視，即擬云：『岳武穆一代忠臣，万俟卨助檜逆賊，雖籍其家，不足謝天下，尚敢與岳氏爭田乎？田歸於岳，卷畀於火。』時論韙之。改知當陽縣，擢通判郢州，忤史彌遠，劾令致仕。紹定辛卯秋，京師災，彌遠私第獨存。元龍自家上封事云：『天火曰災，人火曰火。陛下即位以來，虛己以聽宰相。若火出於天，臣知宰相獲罪於天。若火出於人，臣知宰相獲罪於人。』且言：『彌遠負寧考付託，竊陛下威福，使天下知丞相不知有天子，願陛下戮其首以謝天下，籍其家以賙天下，然後斷臣之首以謝彌遠，則災自弭矣。』明年，卒。

子溥中，嘉定進士，廉介有父風，知鬱林。①

材料出處

①原注：《人物志》。按：雍正《江西通志》卷七一引《人物志》。

張方

張方字立義，資陽人。慶元己未進士，以宣撫使程松薦，詔赴都堂審察。未行，留權制置使準備差遣，入爲國子監正，轉太常博士。以祖父母老，除嘉定府，尋改果州。丁祖父母憂，復補邛州、眉州，提點夔州、利州、成都各路刑獄，兼四川制置使參議。

始召見，即上疏曰：『更化之美，浸渝於初；立國之勢，益趨於弱。天變未弭，民怨益深。邊鄙若小康，而亂本未戢；盜賊若小寧，而奸黨未除。』及去國，又曰：『陛下坐朝無所咨謀，聽事無所可否，百官無所勸勵，四方無所視瞻。今日之事，卒以偷歲月之暫，未足以致理而爲久安之圖。』己卯，金人入漢中，勢張大危急，又言：『漢中三年兩罹侵擾，如隄再潰，如器再壞。吾蜀唇齒之國，不容一失。朝廷近所施置，去取有類於棄蜀者三焉。』又條上急務六事，皆勁挺無所忌諱。及言大本大綱大勢大務，指陳激切。觀者咸爲之惴栗，上竟優容之。

及主漢中臬事，更復山河堰，蠲民錢至三十萬緡有奇、米二千餘斛，追賁死節二人，給田以贍其孥。及興元末張福作亂，陷利州，掠閬州、果州，四川大震。又與魏了翁移書宰執，謂安丙不起，則賊未即平，蜀未定。詔丙爲宣撫，民心始安。建白合類省試逡事，分上庠生員十五合試西蜀之士，中選者即升之於學。嘗以嘉定寶璽貤恩，官其弟莊。莊尋亦決科，兄弟自爲師友。作《心箴》以自警，刻銘座右，有曰：『敬安肆危，勤逸怠勞。』皆有微旨。進刑部郎官、直秘閣，詔赴任，以母老辭。御史論其矯激黨附，遂奉母還其鄉，治精舍，築圃屋，集鄉之秀士，日與講習論説，游息於其間。爲人廉明剛介，見義必爲。三作州，三持節，所在有聲。號亨泉子，有《亨泉遺稿》一百卷。①

材料出處

①原注：《資陽縣志》。按：乾隆《資陽縣志》卷一〇。

麋溧 子弁

麋溧字子長，吴縣人。初以郊恩授如皋尉，登慶元五年進士第，改和州司户參軍。嘉定七年，知廣濟縣，崇庠序，督課試。邑苦役法，溧諭民自得差次，率無横擾，獄訟衰止。講行荒政，勸率富民，得椿積三萬緡，告糴旁近，米值頓平。又請於秋苗外别置義倉，出公帑糴米儲之，謂之官社。有田於鄉者，更勸出粟，謂之民社。各廩於鄉，每一鄉爲兩倉，擇鄉所推信者三人掌之，謂之社長。又聚穀於倉，每春量丁口多寡，許鄉民借貸。秋成，每石取息二斗，耗五升，以折庸賃之費。五年息及本，則歸本於主。又五年息又及本，復以息之半酬之。民社既豐，則賑糶以還官社，仍再糴以實穀廩焉。其區畫事目凡十條，編次成帙，上之於州，州鏤版下屬邑，且爲申請旌賞。洎去官，民泣送至百里外，爲立生祠。

通判吉州臨安府，差監察御史。首論苛玷臺列輕儇妄庸之人，又論年來受納秋苗之弊，詔下諸路轉運鏤版禁約。理宗即位，除右正言，奏畏天、悦親、講學、仁民四事，又論邊備宜蓄威望以開重寄，示恩信以服義旅，廣招刺以固邊障，便收糴以省漕運。又論賞罰之弊及官屬泛濫，請從省罷；科目具文，請定限制；三軍招刺，請先擇子弟；差役紛爭，乞主義役。時臺臣請上謁原廟，議自溧始也。又上定規模、正紀綱、振起人才、肅清官列、擇監司守令、選將帥、愛民、强兵八事。詔舉賢能，首薦丹陽劉宰。溧在臺諫，所劾十一人，悉當其罰。寶慶初，除宗正少卿。明年，改太常少卿。尋乞外任，除直顯謨閣浙東提刑，俾郡縣各置代歷，以絶欺蔽，劾治屬吏之故縱、失入、留獄、任情者。三年，詔兼本路常平，以疾轉朝議大夫、秘閣修撰致仕。卒，年五十六，贈銀青光禄大夫。

溧學問充實，性稟純厚，謙退孝友，恪守清介。臨政勤敏，立朝正色，有循吏之風、大臣之節。其居諫職，不肯順旨劾真德秀，由是去國，名重當世。①

材料出處

①原注：盧《志》。按：同治《蘇州府志》卷七八引盧《志》。

弇字仲昭，溧次子。以父致仕恩調崇仁丞，知山陰縣。邑苦催科，弇釐正税長，所收不趣而辦。移丹徒縣。先是，縣官接送，凡納堂日用百需，悉出於吏。吏並緣爲姦，名曰納錢，里正破産不能支。春夏之交，輒預借苗錢，民重困。弇首嚴納堂之禁，催科則設匭使自投繳，民不復用一錢。又每都置人直縣，給里正紫袋，俾往來有公事，吏不得高〔一〕下其手。舊有折麥、折羅二錢，弇併爲一，遇旱輒躬自檢實，不以屬吏，由是執役户或終歲不入縣門。諸司交薦，由淮東安撫機宜通判陽州，改江東安撫司參議，知建昌軍，歷大府寺丞，改度支郎官。輪對，首奏畏天、愛民、講學、修政、求賢、聽言六事。上問近日貪風未革，弇乞獎廉首，以陳塏、陳昉對。尋兼權右司。

時丁大全陰奪政柄，弇守正不阿，出知台州。州有閧卒，驕蹇日甚，弇密訪倡亂者，上制司誅之，一州慴伏。卒爲大全所中，罷去。除侍左郎中，遷尚書右郎中。弇在銓衡，人皆憚於私請，尋罷去。除將作監、淮東總領兼知鎮江府。圍田租、取斛面尤甚，弇至，悉從寬減。舊買軍需取贏，率三數年後方能追及倍稱之息，囚繫多死者。弇抑不行，力請宣限支給，恒使有儲，聲積甚著。久之，差知安吉州，改知吉州。繕城郭，甓衢路，作簽聽，葺浮梁，以濟不通。州人名曰㮣公橋。詔兼提舉江西常平。景定五年卒，年五十九。

弇性孝友，睦族恤貧，倣范公義莊，規約所至，吏不能欺，豪右屏跡。立朝議政，尤知大體。平居奉養清約，燕游玩好，絕不留意。①

材料出處

①原注：盧《志》。按：同治《蘇州府志》卷七八引盧《志》。

校　證

〔一〕高，原闕，據《蘇州府志》補。

羅博文

羅博文字宗禮，一字宗約，福建沙縣人。祖畸，見《文苑傳》。父彥温，知甌寧縣。博文甫周歲，家人示以晬盤，博文扶服取性理書展玩久之，畸作文以記其事，且喜曰：『是兒當以文學大吾門。』十餘歲喪父，用祖蔭授福州司户參軍。嘉泰二年，第進士，調靜江府觀察支使。郡爲嶺徼以西一都會，常時幕府已不勝煩，博文裁處從容，各得其理。是時秦檜專權，士大夫竄斥南來者相踵，博文悉善遇之，廪奉竭則鬻衣服以濟其乏。改知贛州瑞金縣。始至，歲欲先事儲備，及饑，發廪賑贍，厝置纖密，吏莫敢以出入欺。復請推其餘以及旁縣，全活甚廣。縣故多盜，博文飭巡徼，設方略，得渠酋數人寘諸法，境内帖然。

張浚都督江淮，辟爲幹辦公事。博文舊從同郡李侗遊，侗聞其就辟也，喜謂朱子曰：『張公高明闊大，而宗禮以精密詳練佐之，幕府無過事矣。』孝宗嗣位，覃恩轉通直郎，賜五品服。浚使募兵江西，和糴建康，皆有成績。及浚再入相，賓客例出幕府，除知和州。未上，而吏部侍郎汪應辰制置全蜀，奏辟博文爲參議官。應辰虚心好問，博文亦推誠啟告，成都政績最天下。嘗銜命漢中，撫勞將士，帥司以禮遺錢三百萬，博文辭不獲命。還次漢州，州方治貢院，博文以五十萬予之，餘悉輸成都公帑，取河南二程遺文與他名臣論奏、纂述可以垂世者，募工鋟版，用之略盡。横渠張載子孫避地流落，貧不自振，博文訪得之，爲言應辰延置府學，俾蜀士知所勸。乾道四年，秩滿，丐祠，主管台州崇道觀。命下而應辰亦召還，博文與之俱行，至嘉州而卒，年五十有三。

博文沈靜寡欲，年未三十即屏遠聲色，一榻蕭然，惟樂善不倦。聞天下之士有一言一行之幾乎道，不遠千里求之。視人患難困乏，如切於身，救之必盡其力。既得侗所授河洛之傳，喟然歎曰：『儒佛之異無他，公與私之間耳。』由此沛然自信，守之益堅。朱子嘗稱畸以清德重天下，而博文復能以道學行誼世其家云。①

材料出處

①原注：《晦庵集·羅公行狀》，參《汪文定集·羅宗約墓誌》。按：朱熹《晦庵集》卷九七《承議郎主管台州崇道觀賜緋魚袋羅公行狀》，汪應辰《文定集》卷二二《沙縣羅宗約墓誌銘》。

陶崇

陶崇字宗山，金州人。十歲能賦筆山詩，有驚人句。登嘉泰二年進士第，歷仕兩廣，召試館職。慕柳子厚爲文，嘗撰《宋鐃歌鼓吹曲》及《楚詞七敘》以進於朝。理宗在潛邸時，崇爲講讀官。龍飛被召，陳保業、謹微、慎獨、持久之説，又陳郡縣修武備、厚民生、厲士氣之論。與時宰史彌遠忤，出知信州，終於任。有《澈齋文集》。贈特進，謚文肅。子夢訓，典春陵、瑞陽兩郡，終監丞。①

材料出處

①原注：《文載》。按：《粵西文載》卷六八。

張汝明

張汝明①字晦叔，福建興化。嘉泰二年進士，歷郴〔二〕州宜章令。邑有飛虎軍，調馭頗難，汝明結以恩信，遂帖服。武靈侯廟巫數十輩，號神老，妖言惑衆。每迎奉涉水濟，託言神不樂從橋入邑，令必避堂居，否則大災。民爭獻牲幣恐後，汝明諭衆曰：『神欲民安，不宜令民濟水。令與神分理幽明，神宜居寺舍。祭在誠，不在物，其以蔬果奠。』神老恚，謂災且及令。汝明聞之，下神老於獄，誡曰：『災則爇汝以謝。』神老皆泣拜具伏，邑竟無災。遷通判漢陽軍。時行公田法，汝明躬閲四郊，雨雪不渝，以故吏不得通賕，而税以償。被檄董築黄州城，汝明建議城外磨旗山，敵至可瞰城中，請築外城環之。黄州民賴焉。辟四川總領司幹官，卒於道。②

材料出處

①原注：《邵武志》云：『舊志「張」作「謝」，非。』

②原注：《福建通志》。按：道光《福建通志》卷一八三。

曾治鳳

曾治鳳字君儀，晉江人。開禧元年進士，歷官富陽縣、章州通判、將作監、知袁州、除直焕章閣、知廣州兼安撫使。性簡儉，愛惜公帑，一毫不以妄費。不嗜殺戮，寇發循、惠間[一]，郡請其捕追，不從，必諭降之。端平二年，進直徽猷閣，改知建寧。會戍卒挺亂，薄廣城，時已解印，引咎丐罷，奉祠，數年卒。①

材料出處

①原注：《廣東通志》，參《閩書》。按：道光《廣東通志》卷二三六。

校　證

〔一〕間，原作『聞』，據《廣東通志》改。

吳懿德

吳懿德字夏卿，處州慶元人。嘉定二年進士，英州教授、知玉山縣，改知新會。時縣久無正官，弊端如毛，民狃于訟，且瀕海多盜，縣不能制。懿德至，縣事無鉅細必親。時新令至，蜑户有給由錢，受訴牒有酷息錢，一切罷去。凡士族之流寓，與惸獨顛連無告者，廩其食。春賦貧民錢粟，夏則和藥施之，雖溝澮亦時濬治。其誠于民皆此類。以廉介有聲辟通判廣州，未及拜而卒。將没前二日，書於册曰：『平生薄宦，甘受凍飢。一介不取，一豪不欺。』嘗祠昔刺史吴隱之于縣東，以勵來者。邑民謂其清白可尚，遂配享焉。西山真德秀誌其墓，甚稱重之。①

材料出處

①原注：《粤大記》。按：道光《廣東通志》卷二四〇引《粤大記》。

楊長孺

楊長孺字子伯，別號東山潛夫。以蔭補永州零陵主簿。嘉定四年，守湖州。彈壓豪貴，牧養小民，政聲赫然，郡之士相與畫像祠于學宫。除浙東提刑，累官至廣東經略安撫使，知廣州事。每對客曰：『士大夫清廉，便是七分人矣。』嶺南群吏，獨有長孺清白著于時。有詔獎諭，謂其清似隱之，故長孺賦詩有『詔謂臣清似隱之，臣清原不畏人知』之句。改安撫福建。真德秀入對，寧宗問當今廉吏，德秀以長孺對。端平中，以忤權貴劾去，加集英修撰致仕。紹定元年，起判江西憲臺，尋以敷文閣直學士致仕。年七十九，卒。郡人立像，與吴隱之合祠。①

材料出處

①原注：黄佐《廣東通志》，參《鶴林玉露》。按：道光《廣東通志》卷二三六引黄《志》。

宋　慈

宋慈字惠父，福建建陽人。父鞏，以特奏名授廣州節度推官。[1]慈少受業於同邑吴雉，雉本朱子弟子，慈因得與楊方、黄榦、李方子諸儒論質，學益進。暨入太學，真德秀衡其文，謂其源流出肺腑，慈復師事焉。嘉定十年，中進士乙科，補贛州信豐主簿。會南安軍三峒賊煽亂，提刑葉宰徽前招安養禍，決意剿除，辟慈充準備差遣官。時副都統制陳世雄擁重兵不進，慈亟趨山前，先賑六保饑民，使不從亂。乃提兵三百，爲隅總倡，破石門寨，俘其酋。世雄恚，輕進逼賊巢，賊設覆誘之，將官死者十有二人。世雄走贛州，賊得勢益猖獗。慈欲用前賑六保之策，白宰數移文提舉常平司魏大有。大有聞慈主議，銜之。慈率義丁力戰，破高平寨，擒謝實崇，降大勝峒曾志，皆渠魁也。賊平，幕府上功，特改合入官。宰去，大有攝提刑，挾忿庭辱慈，慈不屈，拂衣而出，語人曰：『斯人忍而愎，必召變。』大有怒，劾至再三，慈遂罷歸。未幾，大有爲卒朱先所戕。

閩中汀、劍、邵盜起，詔擢陳韡爲招捕使。德秀貽韡書，言慈可用。韡奏雪慈前誣，復元秩，命與李華同議軍事。王祖忠督淮西軍，至閩，以慈書生，謾與約分路剋日會老虎寨。祖忠與華以全師渡明溪，慈提孤軍從竹洲進，且行且戰三百餘里，卒如期會寨下。祖忠驚曰：『君忠勇過武將矣。』由是軍事多所咨訪。慈先計後戰，所向克捷。直趨招賢、招德，以扼賊鋒。祖忠與華遂得進破潭飛漈。賊酋丘文通挾謀主吴叔夏、劉謙子竄入石城之平固，慈與偏將李大聲疾馳平固，執以歸。招德賊徐友文謀中道掩奪，慈併俘以獻，大盜無漏網者。汀卒囚知州陳孝嚴，嬰城負固，韡檄慈圖之。慈至，梟首亂者七人，出旗牓貸餘黨，衆無敢譁。韡奇其才，薦知長汀縣。②

端平二年，樞密使曾從龍督師江淮，辟慈爲屬。未至而從龍卒，詔令荆襄督臣魏了翁兼其職。了翁遺書幣趣慈，賓主懽甚，每曰『賴有此客爾』。尋通判邵武軍，攝郡有遺愛。改通判南劍州。守臣宰相李宗勉以慈應詔，入境問俗，歎曰：『郡不可爲，我知其説矣。强宗巨室，始去籍以避税，終閉糴以邀利，吾當代謀之。』析人户爲五等，上者半濟半糴，次糴而不濟，次濟糴俱免，次半受濟，下者全濟之，全濟之米從官給。衆皆奉令，民無餓者。

累遷提點廣東刑獄。粤吏多不奉法，有留獄數年未詳覆者。慈下條約，立期程，閲八月，決辟囚二百餘，復以時循行部内，雪冤禁暴。移任江西，兼知贛州。贛民遇農隙，率挾兵械販鹺於閩粤境上，所過剽掠州縣，莫敢誰何。慈鱗次保伍，譏〔一〕其出入，姦無所容。臺諫奏取慈所行，下浙右諸路以爲法。除直秘閣、提點湖南刑獄，條上大理諸讞事宜。詔除韡爲湖南安撫大使兼節制廣西，韓辟慈參謀，事無大小，多與商榷然後行。會鬼國與南丹州爭金坑，南丹詭言蒙古逼境，望乞師。慈白於韓曰：『北兵無飛〔二〕越大理、特摩二國直擣南丹之理。』已而果然。進直焕章閣、知廣州，爲廣東經略安撫使。威愛相濟，嶺海晏然。淳祐六年卒，年六十有四。贈朝議大夫，御書墓門以旌之，蓋異數也。

慈博記覽，善辭令，據案執筆，一埽千言。丰裁峻厲，望之可威。然不以己長傲物，雖鯫生小校，寸長片善，提獎如恐不及。性無他嗜，惟喜收異香名帖，而疏食緼袍，蕭然終身。劉克莊謂其可與辛棄疾相頡頏焉。③

材料出處

①原注：《閩書》作判廣州，今據《後村居士集》。

②原注：詳見《宦績》。

③原注：《劉後村大全集・宋公墓志》。按：劉克莊《後村集》卷一五九《宋經略墓誌銘》。又按：此傳實録自道光《福建通志》卷一七五。

校　證

〔一〕讖，《墓誌銘》作『訊』。

〔二〕飛，原作『非』，據《墓誌銘》改。

李義山

李義山字伯高，豐城人，知成州修己之子。嘉定十三年進士，授大宗正兼金部。輪對，言爲善不可有疑心，去惡不可有悔心，並陳進善不能無疑者三，去惡不能無悔者三。由是罷，出知吉州，後以湖南提舉攝帥漕。楚俗尚鬼，有妖覡譚法祖假禍福惑人，義山曰：『此張角、孫恩之漸也。』斬法祖，燬其祠。歷階至中正大夫。所著有《後林遺稿》、《思過録》。①

材料出處

①原注：參《江西通志》。按：雍正《江西通志》卷六七引林《志》。又按：此傳實録自《宋元學案》卷七二。

樓大年

樓大年字元齡，義烏人。登嘉定十六年進士。令南昌，治先教化，建利去病，洞察民隱。有殺其傭者，賂給其甥就辟，甥自陳殺人狀甚悉。大年疑之，縣丞與府録事受賕，使焚屍以滅跡。大年正色抗辨，上之憲臺，推官重讞，事始白。民敬之，生爲立祠。及去，攀轅留者綿數十里。遷奉議郎、通判吉州。提刑李迪以大年廉慎，命録一道滯囚。未幾，攝郡事。江東大姓查氏據幼弟貲産六十萬，爭訴二十年不解。大年舉張詠決子壻爭財故事，命歸其弟，人以爲允。歲終，吏白公帑錢粟羨餘，前官例納，大年斥之以助軍餉及周宗室之貧者。尋陞朝奉郎，卒官，年七十。①

材料出處

①原注：《宋文憲集》。按：明宋濂《文憲集》卷一〇《樓大年傳》。

陳景魏

陳景魏，福建南安人，知柔從孫。以蔭補信州鉛山主簿，歷廣州新會丞，擢贛州會昌令。石城寇竊發，景魏請於郡守，乘機掩捕，破其寨，擒其酋，餘黨悉平。改知潮州潮陽縣，縣歲輸丁銀至郡，例增耗，曰錠頭錢。景魏曰：『此小民無窮之害。』亟裁去。及解，郡守謂不如例，盡械邑吏。景魏曰：『令裁之，當罪令。』守乃釋吏。尋召提轄文思院，出知惠州。決疑獄，剔蠹胥，案牘一清。惠經兵燬後，公私赤立。景魏痛節縮，修復學宫官廨，以餘力葺白鶴故居、合江樓、六如亭。歲大饑，上言民瘵未瘳，乞減惠民糴米三之一。改知韶州，以言者罷，主管雲臺觀。起知英德府，白於帥，請增洽洸口戍兵以防猺寇，帥不從。未幾猺覆洽洸，始如其策增戍。

開慶元年卒，年七十有七，積階至朝散大夫。①

材料出處

①原注：《福建通志》。按：道光《福建通志》卷一八三。

吴一鳴

吴一鳴字伯大，福建將樂人。紹定五年進士，爲潭州益陽縣尉。帥李華聞其賢，置幕中，政事一委之，復薦於朝，累調德化令。時康維新帥漕，或謂之曰：『例三司歲得舉其屬一人，公何獨不薦？』新曰：『留以待賢。』或曰：『賢者爲誰？』曰：『吴一鳴也。』卒薦之，得調長樂。①始至，見倉庫蕭然，詢知其縣多上官寄莊〔二〕，苗糧官不敢督責故耳。因歎曰：『官自我得之，自我失之，何憾？』時參知政事陳偉在朝，一鳴撻其幹，督糧甚急。幹以告偉，偉曰：『令爲誰？』曰：『南平吴一鳴也。』偉曰：『南劍亦有此人耶？』由是諸勢家聞之，悉爲輸納。乃廣學舍，修官廨，邑人作歌頌之。邑有盧尚書者被劫，得賊所遺刀。一鳴悉召縣之鐵工出示之，一工曰：『此某所作也。』命諸工還，獨留詢之，所爲作者乃泉州巨賈之徒也。一鳴以計獲之，一訊而伏。後爲仇家所誣去任，邑人號哭於道。執政知其非罪，復調臨安府簽判。時樞密鄭清董修大内，疾作，諗一鳴之賢，遂委代之。官終浙東安撫司主管機宜。②

材料出處

①原注：詳見《宦績》。

②原注：《福建通志》。按：道光《福建通志》卷一八三。

校　證

〔一〕莊，原闕，據嘉靖《延平府志》卷三補。

木天駿

木天駿字德遠，温州瑞安人。與陳傅良同里，得其緒餘。登嘉熙二年進士第。初教授永州，發明張南軒之學以淑士。知閩縣，有政聲。後守建昌，郡人包恢居政府，族子倚勢漁獵小民。天駿入境，即逮至，黥竄之，邦人撰録記其事。知饒州，除大宗正丞、通攝考工諸曹，卒。博學能文，尤工駢驪。①

材料出處

①原注：萬曆《温州府志》。按：卷一一。

陳琥

陳琥字少嚴，一字恕齋，福州連江人。寶祐元年進士。開慶初，知南豐縣，痛繩群吏，嘗曰：『民不得安者，吏爲之蠹也。』取巨猾吏曰三陳者，斷手足以令，於是胥吏皆股栗不敢肆，百姓歡呼載道。有問之者曰：『公以恕齋自號，而竟不恕，何也？』曰：『吾恕於民耳，吏可恕乎？』識者以爲名言。①

材料出處

①原注：《建昌府志》。按：正德《建昌府志》卷一三。

謝子强

謝子强字强學，永嘉人。登進士第，由州縣升内職。寶祐四年，帥廣東，律己以廉，牧民以惠，束吏以法。己未，廣右繹騷，八桂開制閫，供億取辦於民，邊聲警甚，處之裕如，民不知有西師。因浚城池、團保伍，爲備禦計。簡靜不擾，海邦晏然。市田以增學費，兼領舶〔一〕事。四年，廣人歌頌德政，余復亨爲之記。立像，與吴隱之、楊長孺並祀。①

材料出處

①原注：郝《志》。按：道光《廣東通志》卷二三六引郝《志》。

校　證

〔一〕舶，原作『泊』，據《廣東通志》改。

陳　介

陳介字方叟，福建福〔一〕清人。初遊同邑陳藻門，年十三，不以場屋爲意。人問故，介曰：『吾早孤，母子相依爲命，何忍一日離膝下？』母喪服除，始就舉。開慶元年，擢進士乙科。時丁大全當國，介廷對，語切直，考官懼而抑之。調衢州司户。始至，即卻砂地粳糯例錢。秋場受納，每石有買口錢二楮。介笑曰：『口可買，心可買乎？』撝去之。果毅軍鬨，郡守誅其渠，洶洶未已，委介詣營撫諭。衆歡然曰：『是不受錢司户，吾曹敢不聽命？』其議死獄也，必爲囚者求活，死者求冤，曰：『庶幾兩無憾也。』常山邑寇作，介登陴守捍，獨當寇所必攻。事平，辭賞格不受。歲旱，禱雨久未應，介白於郡守曰：『旱之虐者天，政之虐者人。減五邑賦，天必雨。』守弛其半，雨立應。在職三年，四易守，寬猛雖不同，介隨時救正，守無不敬重者。秩滿，擬以幕職，辭不就，外移潮州判官。①

材料出處

①原注：《福建通志》。按：道光《福建通志》卷一八二。

校　證

〔一〕福，原作『永』，按福建無永清縣，據《福建通志》改。

孫嶸叟

孫嶸叟字仁則，餘姚人。第進士，擢監察御史，論賈似道罪重法輕，當斬以示國法。德祐初，元兵渡江，文天祥起義勤王，而右相陳宜中深結留夢炎，奏勿使入衛，以沮毀之。天祥列上勤王及留屯利害，皆内忌夢炎，莫敢關白。嶸叟取所列，徑造御前奏之。復乞倚任天祥，竄宜中、夢炎及黄萬石、吕師孟，以作忠義之氣。時朝議方倚重師孟，求好於元，不報。嶸叟居官，竭忠盡智，排斥奸回，不爲身謀。官至禮部侍郎，卒謚忠敏。①

材料出處

①原注：《兩浙名賢録》。按：卷二三。

李申巽

李申巽，宋末知上猶縣事，忠愛廉謹，深得民心。丙子冬，元兵攻城，申巽率居民死守。元使來諭降，申巽與民李梓發等誓曰：『邑未城以前，遇變民輒散避。今有城矣，吾民當資以共守。若前人建城，後人以城降，於義曷可？』乃堅守至七十五日。城陷，申巽死之，路帥張伯子及梓發皆死。時晴空不雲而雷，識者疑爲星隕云。①

材料出處

①原注：《江西通志》嘉靖林《志》。按：雍正《江西通志》卷六五引明林廷棉纂嘉靖《江西通志》。

卷二十三　列傳第二十三

儒林一

宋咸

宋咸字貫之，福建建陽人。先世洪州南昌人，父樂守太子中舍致仕，徙居建陽縣。生數子皆殤，妻江氏謂樂曰：『積善餘慶，今生子不育，無乃父母有所闕與？姑自修而已。』未幾生咸。總角好書，不同群兒。其母每謂樂曰：『此子必興宋氏。』司勳郎中江拯，咸母外家叔父也，知南劍州。母命咸往受業，不數年，學大成，登天聖二年進士乙科。知尤溪縣，累官知邵武軍。慶曆元年，除太常博士、知瓊州。瓊僻在海外，舊未置學，咸奏請設學，賜經史以變夷風，從之。集諸生讀五經，於先聖廟建尊儒閣，暇日親爲講授，置學田以資膏火，由是州人始知力學。

初，咸在尤溪時，上官以積憾故，遣爪牙吏伺其所爲，將加以罪。及至瓊，亦如之，聞者以爲憂。其母曰：『吾兒志大且〔一〕廉，決無私事爲人所得，不足憂也。』既而果然。母喪服除，知韶州。州兵卒多驕悍難制，咸以嚴治之，俱帖服。皇祐中，狄青經制廣西，薦爲轉運判官。邕州賊平，以勞轉職方員外郎，仍留任，尋遷轉運使。嘉祐六年，交趾與甲峒蠻寇邕州，詔經略使蕭固發諸郡兵赴邕州。咸及提刑李師中議掩擊之，已而師中劾咸黨附知州蕭注，坐追官勒停，仕終都官郎中。

咸莅官所至有聲，性耿介，不肯阿人以取容，竟以蜚語爲師中所彈，然非其罪也。後注起用而咸已卒，論者以不得盡其才爲憾云。①

材料出處

①原注：《福建通志》。按：道光《福建通志》卷一八七。

校　證

〔一〕且，原闕，據李覯《盱江集》卷三〇《宋故將仕郎守太子中舍致仕宋公及夫人壽昌縣君江氏墓碣銘》補。

阮　逸

阮逸字天隱，福建建陽人。天聖五年進士，調鎮江軍節度推官。①景祐初，詔天下有深達鐘律者，所在以名聞。知杭州鄭向言逸通知古樂，上其所撰《樂論》十二篇，并律管十三。召詣闕，命同禮賓副使鄧保信、湖州鄉貢進士胡瑗校定舊鐘律。逸專主分方法，取上黨秬黍大者累度求尺，製黄鐘之律，復進《周禮度量議》，詔翰林學士丁度等詳考得失。度等言逸以大黍累尺，小黍實龠，自戾本法，而《度量議》欲先鑄嘉量，然後取尺度、權衡，法亦疏舛，不可依用。

右相韓琦復論逸與瑗、保信所造鐘律違經乖古。逸乃上言：『臣前蒙召對，言王朴律高而李照鐘下，竊覩御製《樂髓新經・歷代度量衡篇》，言《隋書》依《漢志》，黍尺制管或不容千二百，或不啻九寸之長，此則班《志》已後，歷代無有符合者。惟蔡邕銅龠本得於《周禮》遺範，邕自知音，所以只傳銅龠，積成嘉則，是聲中黄鐘，而律本定矣。謂管有大小長短者，蓋嘉量既成，即以量聲定尺也。今議者但爭《漢志》黍尺無準之法，殊不知鐘有鈞石量衡之制，臣所以獨執《周禮》鑄嘉量者，以其方尺深尺，則度可見也。其容一鬴，則量可見也。其重一鈞，則衡可見也。聲中黄鐘之宫，則律可見也。既律管、量衡如此符合，則制管歌聲，其中必矣。臣見鑄成銅甌，欲乞再限半月，更鑄嘉量，乃取李照新鐘就加修整，務合周制鐘量遺法。』復下度等參定。度等皆以爲非，詔悉罷之，然猶以〔二〕鑄造推恩，除逸鎮安軍節度掌書記。

康定元年，入爲太子中允，上《鐘律制議并圖》三卷。慶曆初，遷太常寺丞。三年，始置武學，以逸爲武學教授。已而學廢，改兼國子監丞，尋爲睦親宅教。會與宗室倡和，逸有『易立泰山石，難枯上林柳』句，怨家造逸謀不軌，方下吏治，而逸復坐他事，遂除名勒停，竄遠州。皇祐二年，將祀明堂，言者以爲鎛鐘特磬未協音律，復召逸赴大樂所，同太常寺定鐘磬制度。明年十二月鑄成，召兩府及侍臣觀新樂於紫宸殿，賜名大安。然逸視舊樂止下一律，而鐘聲弇鬱震悼，不和滋甚。五年，詔南郊姑用舊樂，其新定大安樂惟用之常祀及朝會。逸以製律成，復勒停爲户部屯田員外郎。既而翰林學士胡宿言新樂未施郊廟，先用於朝會，非先王薦上帝配祖考之意，仁宗以爲然，逸樂遂不復用。②

材料出處

①原注：《閩書》作鎮東軍。

②原注：《福建通志》。按：道光《福建通志》卷一八七。

校　證

〔一〕以，原闕，據《福建通志》補。

士建中

士建中字熙道，鄆州須城人。天聖、慶曆中，以高行達學顯于時。孫復講學于泰山，建中同時而起，復之所推重，建中爲第一，而石介其次也。復贈介詩曰：『擴臂欲爲萬丈戈，力與熙道攻浮譌。』又嘗薦之范仲淹。石介所服膺，自復外惟建中。①其集中《與蔡副樞書》稱其器識備而才用足，智慮周而宇範遠，識時運，知進退，言必信，行必果，安貧守節，非其義一介不取，非其人未嘗與之往還，廉介清慎，不屈權貴，不畏强禦，施之于用，王佐才也。

建中所著，言帝王之道，則有《道論》；明性命之理，稱仁德之貴，則有《壽顔論》；報善惡之本，窮慶殃之自，則有《善惡必有餘論》；大聖人之言，辨注者之誤，則有《思聖人言論》；舉五常之本，究禍福之謂，則有《原福》上下篇；明鬼神之理，存教化之大，則有《原鬼篇》；守正背邪，遺近趨遠，則有《隨時解》；達聖人之時，廣夫子之道，則有《夫子得時辨》；擇賢養善，誓姦除惡，則有《莠辨》。累官評事，知魏縣，官至尚書兵部員外郎。②孫衮，字補之，在《方技傳》中。

材料出處

①按：見《宋元學案》卷六。

②原注：《學易集·士補之墓誌》，石介《徂徠集·蔡樞副書》。按：劉跂《學易集》卷八《士補之墓誌銘》，石介《徂徠集》卷一三《上蔡副樞書》。

黎　淳

黎淳字希聲，四川廣安人。幼務學，既冠，與仲兄洵游京師，當時儒宗石守道、孫明復皆美其才。慶曆六年進士，調利州節度推官，除成德軍觀察推官，監延州折博務，轉大理寺丞，改殿中丞，知閬州南部縣，還太常博士、屯田員外郎。歐陽脩薦爲學官，得國子監直講。是時太學生凡千數，諸博士講解，先日撰口義，升座徐讀而退，無復辨旨要。淳獨不然，置經于前，按文釋義，聽者樂聞其説。守雅、蜀、眉、簡四郡，皆先德後刑，務存治體，不汲汲簿書期會。君子喜其勸，小人畏其懲，有古循吏之風。在唐安，乘歲饑募民完堤堰，兩得其利，不殍而稔。

淳專經而信道，常謂《春秋》緣舊史之文，假聖師之筆，行王者之事，其文坦易，其法簡嚴，思之不必太深，求之不必太過，則有得。乃探索藴奥，敷暢厥旨，著《春秋經解》十卷。大率以經爲主，不汩於異家曲説之紛紜，傳諸士林，信之深，從之衆。熙寧初，丞相韓琦上其書於朝，謂可置文館，翰林王禹玉輩援之甚力〔二〕。會貢舉更制，《春秋》不爲科，議乃寢。元祐八年卒，年七十九。①

材料出處

①原注：《淨德集·黎公墓誌》。按：吕陶《淨德集》卷二二《朝議大夫黎公墓誌》。

校證

〔一〕力，原闕，據《墓誌》補。

劉顔

劉顔字子望，彭城人也。少孤，好古學，不專章句，師事高弁。舉進士第，以試秘書省校書郎知龍興縣，坐事免。久之，授徐州文學。居鄉里，教授數十百人。採漢唐奏議爲《輔弼名對》，馮元、劉筠、錢易、蔡齊上其書，除任城主簿。歲饑，發大姓所積粟，活數千人。李迪知兗州、青州，皆辟爲從事，終青州觀察推官。博學知道，爲世大儒，有器業，可巨用。及卒，門人考其德義，謚明道先生。著《儒術通要》、《經濟樞言》，復數十篇。石徂徠見其書，歎曰：『恨不在弟子之列。』子庠，《宋史》有傳。①

材料出處

①原注：《淨德集·劉庠墓誌》，《徂徠集》，參《宋元學案》。按：此傳實録自《宋元學案》卷六，而《宋元學案》則録自《宋史》卷四三二《劉顔傳》，陸氏不察，誤予收録。

王開祖

王開祖字景山，永嘉人，學者稱爲儒志先生。皇祐進士，不仕，杜門著書，從學常數百人。復以薦召試賢良方正，未赴而卒。開祖見道最早，所著有《儒志編》。言：『復者性之宅，无妄者誠之原。』又言：『學者離性而言情，奚情之不惡？』又曰：『使孔子用于當時，則六經之道反不如今之著。』又言：『由孟子以來，道學不明，今將述堯舜之道，論文武之治，杜淫邪之路，開皇極之門，吾畏天者也，豈得已哉？』其言如此。是時伊洛未出，安定、泰山、徂徠、古靈諸老甫起，而開祖之言實遥與相應。永嘉後來問學之盛，蓋始基之。惜其得年僅三十有二，未見其止，爲可惜也。①

材料出處

①原注：《宋元學案》。按：卷六。

劉牧

劉牧字先之，號長民，衢州西安人。年十六，舉進士不第，曰：『有司豈枉〔一〕我哉？』乃買書閉户治之。及再舉，遂爲舉首。調州軍事推官，與州將爭公事，爲所擠，幾不免。及後將范仲淹至，牧大喜曰：『此吾師也。』遂以爲師。仲淹亦數稱牧，勉以實學，因得從學于泰山之門。歲終，將舉京官，牧以讓其同官有親而老者，仲淹歎息，許之曰：『吾不可以不成君之美。』及仲淹撫河東，舉牧可治劇。于是爲兖州觀察推官，改大理寺丞、知大名府。先是多盗，牧即用其黨推逐，有發輒得，後遂無爲盗者。有詔集其强壯，刺其手爲義勇，多惶怖不知所爲，相率欲亡走。牧諭以詔意，爲言利害，皆刺，欣然曰：『劉君不我欺也。』

通判建州，富弼以樞密副使使河北，奏掌機宜文字。保州兵士爲亂，弼使撫視。牧自長垣三日抵其城下，定之。會弼罷去，乃之建州。連丁内外艱，服除，通判廬州。朝廷弛茶榷，使江西議均其税，奏事得請，人皆便之。除廣南西路轉運判官。修險阨，募丁壯，以減戍卒，徙倉便輸，考攝官功次〔二〕，絶其行賕。居二年，凡利害無不興廢者。乃移荆湖北路，至踰月卒。家貧無以爲喪，自棺櫬諸物皆荆南士人爲具。

牧既優于學，復優于才，又爲范仲淹、富弼所知，一時士大夫爭譽之，牧亦慨然自以爲當得意。已而屯邅流落，抑没于庸人之中，幾老矣，乃稍出爲世用，若將以有爲也，而即死。掄材者爲之悵然。牧又受《易》學於范諤昌，諤昌本于許堅，堅本于种方，實與康節同所自出。其門人，吴秘、黄黎獻也。秘上其書于朝，黎獻序之，《卦德通論》一卷、《鉤隱圖》三卷、《先儒遺論九事》一卷。①

材料出處

①原注：《臨川集》九十七《劉君墓誌》，參《宋元學案》。按：此傳録自《宋元學案》卷二。

校　證

〔一〕枉，原作『杜』，據《宋元學案》改。

〔二〕次，原闕，據《宋元學案》補。

倪天隱

倪天隱字茅岡，桐廬人，古靈先生妹壻，學者稱爲千乘先生。所述《周易上下經口義》十卷，又《繫辭》上下及《説卦》三卷，安定講授之餘，欲著傳而未逮，天隱述之。以非其師之親筆，故不敢稱傳，而名之曰《口義》。官至縣尉，晚年主桐廬講席，弟子千人。其爲桐廬令葉安道作《題名記》戒之，令師善懲惡，無爲石羞。時人傳之。①

材料出處

①原注：彭汝礪《鄱陽集》，參《景定嚴州續志》、《嚴陵集》、《宋元學案》。按：此傳大略録自《宋元學案》卷一。

單　鍔 兄錫

單鍔字季隱，金陵人，籍於常之宜興。少有志操，從胡瑗肄業，頗見推重。長益邃於學，著《詩》、《易》、《春秋》義解，博覽諸家之説，斷以胸臆。它經及子史皆手自抄纂，篇秩盈皮，筆札細楷，幾若摹印。其爲文務辭達事舉，不喜浮靡，論議衮衮可聽。尤能言吴中水利，以爲荆溪當宣歙、廣德下流，東注震澤，而震澤自吴江入於海，今江隄連亘，水勢壅閼，古人濬治遺跡堙塞殆盡，誠能通海浦溝港以道吴江，增江隄橋梁以決震澤，又復故百瀆以疏荆溪，則積水皆下。譬如人身去鯁於咽，口腹通矣。有獻其説于朝者，事下部使者，使者諉鍔按行，鍔察其屬忌之，辭弗往。

性樂易，遇人傾蓋如故，聽言置虚實，一切傾信。久知其玩謔，弗愠也。客至，無疎戚留飲，醉輒假寐，頃刻已醒，未嘗爲酒困。間有所感，賦詩見意。崇寧中，慕容彦逢憂居里閈，鍔過其居，日三數，雖大雨雪，聞外有履聲，曰此必季隱也，既而果然。時年七十有餘矣。相見慰勉已，必自敘所得經傳新意，大編長卷常以自隨，據案風誦，援筆改竄。大觀四年卒，年八十。①

兄錫，第嘉祐二年進士，明陰陽、圖緯、星曆，讀書無不該貫。與東坡爲同年進士，坡愛其賢，以女兄之子妻之。來宜興，每寓其家。錫卒，坡祭以文。

從子發，舉八行科，有《風土記》傳於世。[2]

材料出處

①原注：慕容彦逢《摛文堂集·單季隱墓誌》。按：卷一五。

②原注：《毘陵志》十七。

吴　孜

吴孜，會稽人。嘗從安定胡瑗學，名馳於嘉祐、治平間。會郡謀建學，孜即舍宅爲基，今學有祠堂存焉。初學成，太守張伯玉至，以便服坐堂上，孜鳴鼓行學規，伯玉欣然受其罰。王十朋題其祠云：『右軍宅化空王寺，秘監家爲羽士宫。惟有先生舊池館，春風歸在杏壇中。』[1]

材料出處

①原注：《會稽續志》。按：卷五。

朱臨

朱臨，其先家吴興，五季避亂，遷浦陽。臨少穎悟，從安定胡瑗游。瑗以明體適用之學教東南人士，或治經，或治事，各有條法。長樂劉彝授《周禮》，又兼習水利，臨乃授《春秋》。瑗嘗著《春秋辨要》，惟臨得之爲精。臨晚年好唐陸淳學，淳之師啖助、趙匡，嘗會三《傳》而取舍之，淳遂總其説，爲《纂例》、《辨疑》二書。臨謂孔子没千有餘年，説《春秋》者皆膠於偏見，無有出淳書之右者，雖董仲舒爲兩漢通經第一，然猶拘於《穀梁》，不克别白，餘可知也。其所學，蓋卓卓有所見如此。臨初以丞相吕公著薦入官，歷宣德郎，守光禄寺丞，以著作佐郎致仕。後子貴，贈正議大夫。所著《春秋記》二百餘篇，他詩文又别有集，藏於家。①

材料出處

①原注：《浦陽縣志》。按：此傳實録自明宋濂《浦陽人物記》卷下。

范柔中

范柔中字元翼，江西南城人。元豐八年進士，累官宣教郎、太學博士。其學長于《春秋》，著《春秋見微》十卷，折衷三《傳》，去取諸家，深得聖人之意。元符二年三月，詔求直言，柔中上書，多詆紹聖，併及熙、豐之政，且獻所著《春秋見微》。坐停官，雷州羈管。入黨籍選人邪上尤甚第一人。崇寧五年，敘復承務郎，依舊致仕，仍不許放還。紹興五年，以晏敦復言贈直秘閣，與一子官。①

材料出處

①原注：《繫年要録》，參《九朝編年》、楊仲良《長編紀事本末》、《江西人物志》。按：此傳大略録自雍正《江西通志》卷八三引《江西人物志》。

周行己

周行己字恭叔，永嘉人也，學者稱爲浮沚先生。少而風儀秀整，語音如鐘，讀書十行並下。遊太學時，新經之説方盛，而行己獨之西京從伊川遊。持身艱苦，塊然一室，未嘗窺牖。嘗作《顔子不貳過論》，曰：『過不必大，毫末萌于心，而天地爲之應。悟不必久，斯須著于心，而天下歸其仁。』伊川稱之，曰：『是子早達，然憂其速退。』豐稷爲司業，一日騶從闐于堂下，行己上書規之，稷爲巽謝。時兩賢之。成元祐進士，求監洛中水南糴場，以便從學。

行己未達時，從母有女，爲其[一]母所屬意，嘗有成言而未納采。至是其女雙瞽，而京師[二]貴人欲以女女之，行己謝曰：『吾母所許，吾養志可也[三]。』竟娶之，愛過常人。伊川常語人曰：『某未三十時，亦不能如此。』崇寧中，官至太學博士，願分教鄉里，以便養親。尋授齊州教授，發明《中庸》之旨，此邦始知有伊洛之學。大觀三年，御史毛□劾行己『師事程氏，卑汙苟賤，無所不爲』，遂罷歸，築浮沚書院以講學。宣和中，除秘書省正字，卒于鄆。所著有《周博士集》三十卷，與許景衡、劉安上、安節、戴述、趙霄、張煇、沈躳行、蔣允中稱元豐九先生。①

材料出處

①原注：萬曆《温州府志》，參《浮沚集》。按：萬曆《温州府志》卷一一有周行己傳，然文字簡略，此傳實録自《宋元學案》卷三二。

校　證

〔一〕爲其，原漫漶不明，據《宋元學案》補。
〔二〕京師，原漫漶不明，據《宋元學案》補。
〔三〕可也，原漫漶不明，據《宋元學案》補。

蕭楚

蕭楚字子荆，廬陵人，自號三顧隱客。紹聖中，遊太學，貢禮部不第。于時蔡京方專國，楚慨然引還，移門人馮澥書，謂蔡凶敗國，將爲宋王莽。澥得之驚，後始證其不狂。楚誓不復仕，遂退而著書，明《春秋》之學。自漢唐迄宋，《春秋》家且千，皆癖于傳，而楚則獨斷于經，著《春秋辯疑》行于世。大旨爲權姦柄國而發，而持論正大，實有合尼山筆削之義。[1]門人胡銓以《春秋》登第，歸拜牀下，楚告之曰：『學者非但拾一第，身可殺，學不可辱，毋禍我《春秋》乃佳。』嘗有友坐誣繫大庾獄，楚冒暑往救，終得不冤，人皆道其義。楚性嫉惡，至抗聲縷數，不少恤。及見善，則談不去口。建炎四年卒，年六十七，私謚清節先生。[2]

材料出處

①原注：《獨醒雜志》。按：卷六。

②原注：《澹菴文集·清節墓誌銘》，參《獨醒雜志》。按：胡銓《澹菴文集》卷五《清節蕭先生墓誌銘》。

馬大年

馬大年字永卿，[1]揚州人，元城弟子也。大觀三年進士，聞元城謫亳州，寓永城縣之回車院。大年時赴永城主簿，其舅高郵張桐薦使求教。既至，見元城雄偉闓爽，談論踰時，體無欹側，肩背聳直，聲不稍動，手足亦不移。自是從學二十六年，當紹興六年，追録其語爲《元城語》三卷。[2]

材料出處

①原注：案：《廣信志》作馬永卿字大年。

②原注：《揚州志》。按：此傳實録自《宋元學案》卷二〇。

何兑

何兑字太和，福建邵武人。重和元年進士，授廣南西路提點刑獄檢法官，歷知興化縣。建炎初，殿中侍御史馬伸撫諭荆、廣，見而賢之，辟爲屬官。伸本程頤門人，兑遂從伸受學。先是，金人陷汴京，脅百官議立張邦昌。伸時爲監察御史，不肯書名，勸中丞秦檜上書金帥尼瑪玷乞存趙氏，檜從之。邦昌既僭立，金人挾檜北去，伸排日申狀邦昌，斥使避位，速迎康王，邦昌爲之氣沮。

高宗即位，右正言鄧肅嘗論朝士臣邦昌者例貶二秩，伸不辯也。伸歿，兑嘗輯其事狀，藏於家。及檜南歸當國，兑通判辰州，欲上其稿。子鎬固諫曰：『俟檜死上之未晚。』兑曰：『不然，萬一我先死，馬先生忠節不彰矣，瞑目有餘恨。』徑取所輯事狀達尚書省，且手書陳伸不汙邦昌僞命，屢請復辟有功。檜初自詡靖康時議他人莫預，見事狀有敘及伸建謀語，大怒，下兑荆南詔獄。辭皆出吏手，坐上書不實，削官編管英州。檜死，復官還里，語所親以馬先生事得白爲快，一笑病廢。奉祠，逾年卒。兑從伸得頤中庸之説，踐習不懈，以終其身。鄉人目爲『中庸何公』。①

材料出處

①原注：《福建通志》。按：道光《福建通志》卷一八八。

王　普

王普字伯照，福建閩縣人。登宣和三年進士，歷太常博士。紹興初，輔臣請以太牢祭祀天地，普言故事惟大饗明堂用太牢，乃止用犢。四年，遷國子監丞，上明堂典禮未正者十一事。其一謂陶匏用於郊丘，玉爵用於明堂。今明堂實兼郊禮，宜用陶匏，他日正宗祀之禮，乃奉玉爵。其二謂《禮經》太牢以牛、羊、豕爲序，今用《我將》詩，先羊、豕而後牛，所謂以辭害意者。

其三謂陳設尊罍，宜倣《周官·司尊彝》秋嘗之制。其四謂泛齊、醴齊，宜代以今酒而不易其名。其五謂《三禮圖》祭器不合於古，請用《政和新禮》改造。其六謂冕服衣裳舊式，欲並正訛謬，一從周制。其七謂皇帝未後詣齋室，則是致齋二日有半，乞用質明，以成三日之禮。其八謂齋不飲酒茹葷，行事官宜勿給酒饌，俾得專心致志，交於神明。其九謂設神位版及升禋、奠册，不當委之散吏。其十謂古者既作詩，從而歌之，然後以聲律協和而成曲，自歷代至於本朝，雅樂皆依此法。崇寧以後，乃先製譜，後命詞，於是詞律不相諧協，與俗樂無異，乞仍倚詞製譜。其十一謂黄鐘堂下之樂，大吕堂上之樂，郊祀皇帝版位在階下，故還位之樂當奏黄鐘，明堂版位在階上，則還位當歌大吕。今明堂祀不下堂，而襲郊祀例，並奏黄鐘之樂，於義未當。詔下禮官討論施行。

尋轉太常寺丞，普復奏言：『宗廟之制，與禮不合。僖祖非始封之君，而尊爲始祖。太祖實創業之主，而列於昭穆，其失自熙寧始。宣祖當遷而不遷，翼祖既遷而復祔，其失自崇寧始。謹案《禮經》，太祖即廟之始祖，是廟號非謚號。惟我大宗嗣位之初，太祖皇帝廟號已定，雖更累朝，世次猶近，每於祫享，必虚東鄉之位，以其非太祖不可居也。臣謂自僖祖至於宣祖，親盡之數當遷；自太宗至於哲宗，昭穆之數已備。宜奉太祖主居第一室，永爲廟之始祖，每歲五享、告朔、薦新，止於七室，三年一祫，則太祖正東向之位，太宗、仁宗、神宗南向爲昭，真宗、英宗、哲宗北鄉爲穆。五年一禘，則迎宣祖神主享於太廟，而以太祖配焉。宣祖皇帝實生太祖，當爲禘主，無可疑者。如是則盡合《禮經》，無復前日之失矣。』先是，起居舍人董弅嘗有是請，詔侍從、臺諫過防秋集議。及普疏入，乃趣禮官參詳。後二日，高宗謂右僕射趙鼎曰：『太祖開基創業，始受天命，祫享居東鄉之位，普所言不可易也。』既而臣僚議有異同，卒不行。

十一年，權都官員外郎。明年，普安郡王出閤，普奉詔同吏部太常各官議禮，尚書吳表臣等謂國本未立，當從厚以繫天下望，遂取皇子出閤例上之。高宗不悦，詔責表臣等『討論典禮，不詳具祖宗故事』，普坐是并罷。十九年，添差通判邵州。普素爲秦檜所嫌，數歲不遷，丐祠，主管台州崇道觀。檜死，始起提舉江南東路常平茶鹽公事。三十一年，召除禮部郎中。轉對，論取士分科之弊，以爲後生舉子競習詞章，而通經老儒存者無幾，望詔有司將國學及諸州解額各以三分爲率。其二以取經義，其一以取詩賦，仍於經義中優取三《禮》、《春秋》，庶幾兩科可並行而無偏廢之患。事下禮部國子監看詳，中尚書省。逾月，擢太常少卿。孝宗受禪，假工部侍郎，充送伴大金報登寶位國信使。還朝，卒。

普經術湛深，議論淹貫，朱子嘗評福州前輩明禮者三人，普最優，劉藻次之，任文薦又次之。①

材料出處

①原注：《繫年要録》，參《宋史·禮服志》、《福建通志》。按：此傳録自道光《福建通志》卷一八六。

曹粹中

曹粹中字純老，號放齋，定海人也，李莊簡公光之壻。宣和六年進士，釋褐黄州教授。秦氏欲因莊簡見之，辭焉。私語婦曰：『尊公其能終爲首揆所容乎？』已而莊簡果被出，歎曰：『吾媿吾壻。』粹中自是隱居，終秦氏之世，未嘗求仕。莊簡退居，著《讀易老人解説》，而粹中箋《詩》，各以其所長治經，可謂百世之師矣。張魏公晚年入相，薦于朝，通守建寧。不久，乞身而歸，贈侍講。①

材料出處

①原注：《宋元學案》。按：卷二〇。

彪虎臣

彪虎臣字漢明，湘潭人。父約，孝友渾厚，聞有言人過失者，則掩耳去之。虎臣以經術教授，學者爭迎致。天性和易，而教尚方嚴，以不欺爲本，以孝弟爲先，以文藝爲後，故從之者不徒務進取，有所畏而不爲。青人張所早遊京洛，聞二三先生緒論，所至志訪求人物。宣和中，典教長沙，遣其壻就學，遠近士子益依歸焉，號爲鄉先生。卒，年七十五。子居正，①受業胡文定之門。

材料出處

①原注：《彪君墓誌》。按：胡宏《五峰集》卷三《彪君墓誌銘》。又按：此傳實録自《宋元學案》卷三四。

陳長方

陳長方字齊之，福建閩縣人。父侁。長方少孤，奉母客吴中，依外祖太僕寺卿林旦以居。杜門勵學，家貧不能置書，借鈔至數千卷。聞著作王蘋得程顥兄弟之傳，遂以父侁遺訓爲請，蘋器重之。一日讀《論語》至『參乎，吾道一以貫之』，喟然歎曰：『六經之書，淵深浩博，無踰此一言矣。』因榜所居曰唯室。年十八，敘伊洛答問，謂二程得絶學於千五百年之後，學者當由斯言而體之於身。御史中丞許景衡見而詫曰：『真陳後之之子也。』

建炎初，工部侍郎楊時請祠南下，長方往謁之，時留與語，且曰：『子之學，知至而行未至，故志剛而氣劲，行其所知，則剛劲不足爲子道矣，子其勉之。』紹興六年，以布衣應詔上劄子，諄諄以嚴師律、備長江、謀漕運爲急。復因朝廷罷趙鼎，任張浚，作《里醫》一篇諷之，大略謂國家欲起痼疾，必固元氣，補當持重，攻當相機，其言深中浚輕躁僨事之病。八年，擢進士第，調太平州蕪湖縣尉。縣多猾吏，鬻獄舞文，長方訪其尤者繩以法，一縣肅然。民有兄弟互訟，長方教以孝〔一〕弟，戒而遣之，兄弟雍和，無復爲隙。

用薦闢陞佐從政郎，補江陰軍學教授，謂親朋曰：『教官惠不及民，幾於尸素。要當育人材，使聞孔孟之道，庶足以報吾君置官設學之意也。』未行，以疾卒。朱子稱同時學者多舉其字，惟於長方必曰唯室先生，蓋頗引以爲重云。弟少方，孝宗朝爲東宮講官，時號二陳。①

材料出處

①原注：《福建通志》。按：道光《福建通志》卷一八六。

校　證

〔一〕孝，原作『子』，據《福建通志》改。

李　樗

李樗字若林，福建閩縣人。與兄柟俱受業於呂本中，後領鄉貢。其學以孝弟忠信、窮經博古爲主，及門士多渾厚質實，志尚修潔。黄榦嘗稱之曰：『吾鄉之士，以文辭行義爲後進宗師，若林其傑然者也。』學者稱迂齋先生。①

材料出處

①原注：《福建通志》。按：道光《福建通志》卷一八六。

卷二十四　列傳第二十四

儒林二

黎　明

黎明字才翁，長沙人也。以孝友信義著稱，師事胡安國。建炎之亂，安國避地荆門，明爲卜室廬、具器幣往迎之。胡氏之居南嶽，實昉於此。明少嘗從學御史張昕，昕託其母。至是陷於賊，明間關入賊所，取而歸之。嘗過郢州，李允文以京西提刑至郢，明曰：『郢多招安之寇，而允文凶惡，其來必與爲亂，不可久居。』即去之，後一月而難作。薛徽言使湖南，高宗令訪山林不仕賢者，以明薦。命未下而卒。其古道蓋亦侯無可之流，而湖湘學派之盛，則明最有功焉。①

材料出處

①原注：《宋元學案》。按：卷三四。

傅寅

傅寅字同叔，義烏人也，學者稱爲杏溪先生。自少神骨清聳，于經史百家悉能成誦。比長，益求異書讀之。唐仲友講學于東陽吴蔡之家，因從之質疑問難，皆有援據，可反復。仲友喜曰：『吾益友也。』及聞其升陑、分陝之説，語門人曰：『職方輿地，盡在同叔腹中矣。』寅于天文地理、封建井田、學校郊廟、律曆軍制之類世儒置而不講者，靡不研究根穴，訂其譌謬，資取甚博，參驗甚精，每事各爲一圖，號曰《群書百考》。吕祖儉見其《禹貢圖》，曰：『是書可謂集先儒之大成矣。』嘗延之麗澤書院中，列坐諸生，揭其圖，使申言之，且曰：『以所能者，教人所不能者，理之所在，初無彼此。諸生弗以門户之見恥受教也。』寅亦樂爲之盡。嘗舉文中子之説『人不里居，地不井授，終爲苟道』，反覆太息，謂《周禮》太平之書，于時〔一〕九等授田，家給人足。泉府之設〔二〕，特以備凶荒，原非常用，況是書體有本末，用有先後，若大綱不舉，而獨行所謂國服爲息者，是猶取名方中百品之一而服之，及其害人，則曰爲是方者固名醫也。熙寧諸賢，但知力攻青苗而未知以此折之，是以不足以詘其説。故寅之書，于成周制産、分郊、作貢、授賦之説尤詳。

嘗徧遊江淮，縱觀六朝故迹、南北形勝，證諸史牒，而得其成敗興衰之故，歷歷如指掌。然自經制事功之學起，説者病其疏于踐履。而寅之教人，則謂下學上達，各有次第，舉而措之，尤非可以一蹴語者。故其教人必先以小學，授以《曲禮》、《内則》、《少儀》、《鄉黨》諸篇，使其日用之間與義理相發明，而知道之與器未嘗相離也。寅精于古今軍制，而從未嘗教人讀兵書，曰：『胸中無《論語》、《孟子》爲之權衡，遽聞譎詭之言，則先入者爲主，害心術矣。』蓋其所以學與所以教者如此。

家居非公事不至官府，長吏之賢者或造而問政，則盡言無隱。人有隱被其賜者，而未嘗洩也。所與交遊，其官至執政或臺諫，則不復與之通問。州里有事，以身任之而不辭。里中與馬師文、孫居敬最相契，其後館于黄商伯之家最久。賓主之間，日以〔三〕義利相箴切，不爲無益之語。寅既不仕無禄，又不屑治生産，商伯持浙西庾節，遺以錢五十萬，寅悉散于宗族鄰里，無所留，晚益貧。太守孟猷聞而歎曰：『不可使賢者飢餓于我土地。』乃捐俸以倡。諸好義者，爲買田築室于東陽之泉村。黨禍既作，寅杜門不出。其詩閒遠古淡，有淵明、康節風。所著有《尚書説斷》。

子大東，承其家學，敦慤有父風。子大原，從慈湖楊先生遊。從子定，學於朱門。①

材料出處

①原注：《兩浙名賢録》，參《宋儒學案》。按：《兩浙名賢録》卷一，《宋儒學案》卷六〇。

校證

〔一〕時，原作『是』，據《宋元學案》改。
〔二〕設，原作『説』，據《宋元學案》改。
〔三〕以，原作『與』，據《宋元學案》改。

李郁

李郁字光祖，福建光澤人。父深。郁幼從舅陳瓘學，踰冠，謁楊時於餘杭而請業焉。時奇之，妻以女，且告曰：『學者當知古人之學何所用心，學之將以何用。』郁退而思之不合，乃獨取《論》、《孟》讀之不懈。凡十有八年，涣然若有所得。陳淵嘗見而歎曰：『光祖學行，當於古人中求之。』時既没，後進多從郁遊。郁平居留心世務，凡政事法度，以及行陣農圃，靡不究知。遊太學，屢舉鄉薦，不第。紹興三年，詔遣御史朱異宣諭郡國，訪舉遺逸。異還，以郁名聞。召對便殿，所陳皆當世大務。高宗改容傾聽，請退而留者再。補右迪功郎，尋充敕令所删定官，改承務郎。

值秦檜用事，郁自度不能俯仰，遂築室於邑西山，闔户讀書。久之，辟福建路安撫司、主管機宜文字，日訪民間利病，以告其長，而罷行之。一日帥用小人言，欲毁民居數十爲列肆，酤酒以牟利。郁白其非便，帥不悦，郁即辭去。帥悟，慚謝，乃復留。二十年七月，卒於官，年六十有五，學者稱西山先生。

郁天資粹美，而涵養有方，平居未嘗有惰容，誨人終日不倦。以父深遺命，爲叔父庭後。子撰，蔭授承務郎，晚以德壽慶恩補官。孫閎，全州教授。①

材料出處

①原注：《朱子大全集・李西山墓誌》。按：朱熹《晦庵集》卷九〇《西山先生李公墓表》。

王　蘋

王蘋字信伯，其先福建福清人。父侖，徙家吳之震澤。蘋出爲世父伯起後，伯起受經於王安石。二程在洛，伯起遣蘋從之，遂爲二程高弟，通《春秋》。楊時爲程門先進，同門後來成就莫能踰蘋者。自舍法行，遂不就舉。紹興四年，高宗幸平江，守臣孫佑言蘋專行高潔，有憂時愛君之心、開物成務之學。丞相趙鼎以聞，召對稱旨，補右迪功郎，賜進士出身，除秘書省正字。詔令條具賊退利害，蘋奏治本三事，曰正心誠意，曰辨君子小人，曰消朋黨。高宗悦，謂輔臣曰：『蘋起草茅，而議論進止若素宦者。儒生能通世務，乃爲有用。』明年，命兼史館校勘。

尋守著作佐郎，力請補外，通判常州。中書舍人朱震、寶文閣直學士胡安國、徽猷閣待制尹焞皆嘗舉蘋自代，安國論薦尤力，謂其學有師承，識通世務，使司獻納，必有補於聖時。爲宰相秦檜所抑，累數年不得召。匄祠歸，主管台州崇道觀。

蘋同産子誼〔一〕，年方十四，一日在書塾拈紙作御批曰『可斬秦檜以謝天下』，爲僕所告，有司懼檜耳目，不敢隱，驛聞於朝。詔逮赴廷尉，獄具當誅，高宗憐其幼〔二〕，減等編置象州。蘋以誼故，奪官勒停，廢於家。誼能詩文，在貶所，聚徒自給。及檜死，乃歸。①

材料出處

①原注：盧熊《蘇州府志》，參章憲撰《王先生墓誌》及《閩書》。按：明盧熊《蘇州府志》卷三七，王蘋《王著作集》卷五章憲撰《墓誌》，《閩書》卷一三四。

校　證

〔一〕誼，原作『證』，據下文及葉紹翁《四朝聞見録》卷一『布衣入館』條改。

〔二〕幼，原闕，據葉紹翁《四朝聞見録》卷一『布衣入館』條補。

周孚先

周孚先字伯忱，晉陵人。嘗偕弟恭先從伊川學，與楊龜〔一〕山友善。龜山好著書，伊川每以多言害道爲戒，謂孚先兄弟氣質淳明，可以入道。程門高弟皆推之。謁太學，特恩以迪功郎監明州鶴鳴買納鹽場，改建德尉，皆不受。紹興五年，著作郎張九成等言孚先學問淵源，操履方正，久游庠序，士論推服，欲望朝廷處以師儒之職，使爲後學矜式，庶幾盡其所長，少補教化。十一月癸酉，賜同進士出身，添差臨安府學教授。六年三月，改左承事郎。①

材料出處

①原注：《咸淳毘陵志》，參《繫年要録》。按：《咸淳重修毘陵志》卷一七，《要録》卷九五。

校　證

〔一〕龜，原作『包』，據《毘陵志》改。下同。

關　注

關注字子東，世爲錢塘人。紹興五年進士，調湖州教授，與胡瑗之孫滁裒瑗遺書，得《易解》、《中庸義》，藏之學宫。又輯《胡先生言行録》，汪藻爲之序，稱注之意在於美風俗、新人才。① 瑗奥學精義，見於著書，蒐索編次，罔有遺逸，則注力也。注嗜學若渴，行己誨人，以先哲爲師。② 官至太學博士，卒。自號香巖居士，有《關博士集》二十卷。③

材料出處

①原注：潛説友《臨安志》。按：潛説友《咸淳臨安志》卷六七。

②原注：《苕溪集·吴興郡學記》。按：劉一止《苕溪集》卷二二《吴興郡學重繪三禮圖記》。

③原注：《臨安志》。按：潛説友《咸淳臨安志》卷六七。

黄公度

黄公度字師憲，福建莆田人。父静，政和二年以上舍及第，歷遷朝奉郎，卒贈中奉大夫。公度紹興八年省試第一，是科免廷試，賜進士及第，簽書平海軍節度判官。代還，除秘書省正字。時秦檜當國，用李文會居言路，排擊無虚日。公度移書文會，責其受檜風旨。文會以告檜，檜嗾侍御史汪渤劾公度『欲爲趙鼎游説，陰懷向背』，遂罷歸，主管台州崇道觀。十九年，差通判肇慶府，攝知南恩州。增學廩，遴秀民，與之登降揖遜，學者用勸。南恩自唐貞觀置郡，至是始有登第者。邦人像而祠之。

檜死，高宗親政，始召還，詢以嶺外弊事。公度曰：『廣東西路數小郡，如貴、新、南恩之類，守臣有至十年不遷者。權官苟且，郡政弛廢，民受其弊。』高宗曰：『何不除人？』公度曰：『緣闕在堂除，欲者不與，與者不欲。』高宗曰：『撥歸部則無此弊矣。』遂以公度爲考功員外郎，兼金部。明年，輪對便殿，乞總權綱，厚風俗。高宗嘉納。尋卒，年四十有八，累贈中奉大夫。

子沃，以父任補官，終朝請大夫，知邵州。寧，慶元五年，特奏名漳州軍事推官。①

材料出處

①原注：龔茂良《黄公行狀》，參林大鼐《黄公墓誌》。按：俱見黄公度《知稼翁集》附録。

吴棫

吴棫字才老，福建建安人。①舉進士，②召試館職，不就。紹興間，始除太常寺丞。十二年夏四月朔，遣孟忠厚爲迎護梓宫禮儀使，忠厚請禮官偕行，乃命棫往。棫妻，忠厚女弟也，棫以貧故，依忠厚以居。忠厚使還，移守紹興府。會以郊赦加恩，令棫爲表，中有『本無時才，出爲世用』語，秦檜以爲議己，諷言者論忠厚表詞輕侮，詔令分析。忠厚惶恐，上疏自明，赦不問。已而檜物色知棫所代，遂罷之。逾年，添差通判泉州。泉人傅自得聞棫博通古學，日從之遊，往復辨質，序其《論語十説》，行於世。

棫長髯豐頰，進止閒暇，中和温厚之氣，睟然見於面目，學者皆以君子儒稱之。所著《補音韻》諸書，朱子謂近代訓釋之學，惟才老及洪慶善爲優云。③

材料出處

①原注：案：《繫年要録》作舒州人，非是。

②原注：《閩書》云：『舉進士。』後又引徐蕆《序》云：『擢第後，數年不求官。』然各《志・選》俱無棫名。

③原注：《福建通志》一百八十七。按：道光《福建通志》卷一八七。

陳鵬飛

陳鵬飛字少南，永嘉人也。紹興十二年進士。自爲布衣，以經術文詞名當世，教學諸生數百人。其于經不爲章句新説，至君父人倫、世變風俗之際，必反復詳至，而趨于深厚，晚始得第。秦檜寓永嘉，其子熺學于鵬飛。于是得召對，除太學博士，多所接納，林光朝、范端臣輩由此出。時以高閌之爲司業，與鵬飛爲中興師儒之首。改崇政殿説書，遷禮部員外郎，在資善堂贊讀，仍兼説書。經筵論平王歸仲子之賵，上問：『母以子貴，何也？』對曰：『舜、禹皆聖人，興于微賤，其父母待之而後顯，所以貴也。若失道與民，以憂其父母，則非所以爲貴也。』上爲悚然，而檜浸不説。

鵬飛每見檜，言荆襄可爲都以控接北方，今置郊祀壇、都驛亭，勞費甚矣，是忘讎恥以自佚。檜益怒，乃以熺爲禮部侍郎以臨之。鵬飛謂熺所下文案，多不應法，蓋年少未習政事，批其後還之，熺亦恨甚。鵬飛講筵，多引尊君卑臣之義，崇抑予奪，有所開諷。遂以御史疏罷，奉祠。高宗頗思之，將召用。適彗星見，有自永嘉來者，檜問陳少南作何狀，對曰：『靚妖星，聚飲爲樂耳。』乃除名居惠州，徒步往。居四年，以瘴疾卒，年五十。

所著有《陳博士書傳》三十卷、《詩傳》二十卷、《管見集》十卷、《羅浮集》二卷。陳振孫曰：『觀其書紹興十三年所敘，于《文侯之命》，其言：「驪山之禍，申侯啟之。平王感申侯之立己而戍申，不知其德不足以償怨。鄭桓公死于難，而武公復娶于[二]申。君臣如此，而望其振國恥，難矣。」嗚呼，其得罪于檜，豈一論而已哉！』其解《詩》，則以爲《商頌》當闕而《魯頌》可廢。是説蓋亦取尊君抑臣之義，有爲言之也。①

材料出處

①原注：《葉水心集·陳少南墓誌》，參《書録解題》。按：葉適《水心集》卷一三《陳少南墓誌銘》，《直齋

書録解題》卷二。又按：此傳實録自《宋元學案》卷四四。

校證

〔一〕于，原闕，據《宋元學案》補。

石　斀

石斀字子重。其先新昌人，大父公孺始遷臨海。斀自少警悟不群，及長，刻意爲學。與晦庵朱子交好，嘗稱其論仁之體要甚當，願與長者各盡力於斯。又謂心説甚善，但更須收斂造約爲佳。以紹興十五年進士，歷四縣，知南康軍。卒年五十有五，晦庵誌其墓。晚名其燕居之室曰克齋，讀書其間，没身不懈。後生執業就正者，多賴以知嚮方。陳耆卿修郡乘，謂里人自克齋知有洛學。車若水亦云：『克齋石公，所謂大人爲己之學，深造而自得者也。』所著有《周易》、《大學》、《中庸》解數十卷，文集十卷。①

材料出處

①原注：《台學源流》。按：《宋元學案》卷四九引《台學源流》。

鄭汝諧

鄭汝諧字熙績，平陽人。操行純固，言動必謹於禮。博學强記，老不釋卷，經史百氏、經略刑名之書，無所不覽，時號武庫。紹興中，入太學，會當朝稱壽覃恩封其母，乃曰：『吾母爲命婦，吾復何求？』於是歸隱。①

材料出處

①原注：《兩浙名賢録》。按：卷一。

劉夙 弟朔

劉夙字賓之，福建莆田人。同邑林光朝倡聖賢踐履之學，夙與弟朔師事之，得其傳。夙擢紹興二十一年進士第，調吉州司户，添差建州教授，改臨安府教授。會朔爲温州司户，迎母游氏就養，夙因乞與温州教授莫沖易任以便親，從之。孝宗即位，召試館職，策問薦舉之弊，夙對曰：『此執政大臣爲惠而不知爲政致之也。陳執中、章惇，人知其小人也，然能不以官爵私所親。今將告執政大臣，爲惇乎？爲執中乎？則艴然怒矣。至其行事，則有執中與惇所不爲者矣。』策出，學者爭傳誦之。

隆興元年，除秘書省正字。朝議減員，移樞密院編修官。以母老，屢求去，不許，命兼國史院編修。夙曰：『求去，以便私也。美職可因此而得乎？』力辭不就。右正言陳良祐、侍御史周操合疏留之，遷著作佐郎。時士大夫無不嚮恢復者，建陽朱子召至行在，與夙遇於吏部。侍郎李浩坐論之，夙不以爲然。朱子他日語人曰：『某所見乃爲賓之屈。』

明年，夙輪對，奏曰：『群臣不以堯舜事陛下，臣不識忌諱，竊深憤之。』孝宗遽曰：『天下事可言者，卿第言無隱。』對曰：『自去夏至今，日再食，東南三地震，比又積陰彌月，所至水潦蝗食，爲異尤大。在廷紛紛，謂陛下宜避殿損膳自責矣，而至今不聞德音，且長淮無一兵之戍，而陛下乃親技擊，豈緩急欲爲自將地乎？閻德、陳敏近墜馬失臂，梁珂亦摧折瀕死，陛下所親見也。』孝宗爲之改容，遂下詔曰：『政事不修，災異數見，江浙水潦，害於秋成。朕甚懼焉。其自八月朔不御正殿，減常膳，令侍從至館職疏朕闕失。』

夙復封上曰：『陛下引舊僚謀政事，得如張闡、王十朋可也，乃與曾覿、龍大淵輩觴詠唱酬，字而不名。罷宰相，易將帥，待其言而後決乎？嚴法守，裁僥倖，自宮掖近侍始可也。今梁珂一年三受醲賞，内目一日遷四使，而但減卿監郎曹數十員乎？昔姚崇以十事要其君，曰：「能用則就，不用則去。」今陛下以五事要其臣，曰：「不能如是則去，能如是則留。」然則安用大臣？孔道輔首論曹利用、羅崇勳使罷去，呂誨、范純仁力諫濮王稱親爲不可，今幺麼如楊倓，尚熟視莫敢議，然則安用臺諫？』疏入，亟求去，除荆湖北路安撫使參議官。

乾道元年，以母老丐祠，主管台州崇道觀。三年，差知衢州。時覘自福建副總管召副賀金正旦使，道衢謁夙，夙不見。在衢期年，政平訟理，民爭畫像祠之。徙知温州。明年，引疾歸。始朔爲司户，有惠政，及夙去，民曰：『天以太守兄弟賜我邦而不能終也。奈何？』莆人往還，必問夙兄弟及游夫人安否。其得民如此。至莆，值歲旱，手爲救荒十餘事，率鄉人行之。白郡守免力勝錢，招潮、惠米商，四集城下，郡以不饑。莆之苗斛餘六萬，建炎盜起，漕司算其軍食，猶賸二萬五百，入之福州。因是莆有猶賸米，斛增四斂。夙愬於朝，捨其半，請猶不已。辛相袖書以進，盡蠲之，莆人謂其澤被桑梓也。

七年，卒。光朝時以著作郎謁告，聞夙訃，哭之甚哀。秘書少監周必大語三館士曰：『師友道喪久矣。艾軒此哭，古道爲之一振。吾儕弔可已乎？』遂縞衣哭於光朝之門。光朝答弔者曰：『賓之愛君均於愛親，憂國過於憂身，古之遺直也。何可復得？』聞者以爲知言。子彌正、彌邵，彌邵自有傳。

夙弟朔，字復之。與兄齊名，時稱二劉。少喜《周易》，蘄以著作成家，既而曰：『《春秋》爲王介甫茅塞久矣。』由是更治《春秋》。紹興三十年，試禮部第一，廷試擢甲科，調温州司户。屬歲饑，繼以大疫，郡守袁孚以朔董其事。朔計口授粟，以其餘散粥糜，日有常數，設二坊以居病者，命僧主醫療，朝暮至，以藥囊自隨，所活數萬人。收道旁棄兒，募乳飼之，聽無子者擇取。

嘗攝教職，以義理之學淑諸生，陳傅良、葉適皆所成就，後名於時。乾道二年，同知樞密院陳俊卿薦於朝，召至行在。賜對，朔奏曰：『陛下何不延納憤激敢言之士而聽訐直難堪之言，因以考察成敗得失？』

改宣議郎，知福清縣。時王之望爲安撫使，不以禮待僚屬，朔以義爭，之望不悦。居五月，引疾請祠，再召入對。虞允文爲相，方鋭意謀恢復，朔諫曰：『臣觀今日通和未爲失策，昔紹興間累增歲幣，今減十萬矣。往者兩淮不許備守，今江北諸城增陴浚隍矣。前此江上教兵，彼且呵問，今沿淮分屯，鼓聲達泗、潁矣。或示我弱，殆不可測。宜選兵將，廣儲峙，責成於端重堪事者，從容以待其變。若募北人嚮導，憑虚蹈空，將有臨危失據之憂，此所謂決天下於一擲者也。』孝宗悚然。免試除秘書省正字。疾作，丐外，除福建安撫司參議官，行至信安而卒。

朔兄弟皆負重望。夙性挺持，不以辭色假人，朔則濟以和易，至於輕禄位而重出處，厚名義而薄勢利，飭廉隅，公是非，殆不相讓云。子起晦、起世。起世登慶元二年進士，官廣州南海尉。①

材料出處

①原注：《葉水心集·二劉公墓誌》。按：葉適《水心集》卷一六《著作正字二劉公墓誌銘》。又按：此傳實録自道光《福建通志》卷一八八。

范　浚

范浚字茂明，蘭溪人。世家膴仕，浚獨不近榮利。篤志聖賢之學，以治心養氣爲本。紹興中，以賢良薦，因秦氏當國不起。婺守延之入學主講，亦辭不就。閉門講道，危坐一室，塵几敗帷，處之泰然，學者稱爲香溪先生。浚之文，世之所誦習者，《四書集注》所取《心箴》而已，他罕有知者。元之胡仲子始表章之，謂其多超然自得之語，不獨《心箴》也。案《香溪集·答潘默成書》云：『膚受末學，本無傳承，所自喜者，徒以師心謀道，尚見古人自得之意，不孑孑爲世俗趨慕耳。』然則浚之學，所謂得之遺經者，皆承伊洛之風而出，雖不在見聞知之列，而同車合轍，可謂豪傑之士也。所著有《香溪集》三十二卷。

浚雖不仕，非無意於世者，其《書曹參傳後》則隱戒熙寧之變法，其《補翟方進傳》則深愧靖康之事讎，其《讀周禮》一篇，亦爲王安石而發，而《進策》五卷及《上李丞相書》，於當時世務尤言之鑿鑿，非迂儒不達時變者，特以時不可爲而自晦耳。①

材料出處

①原注：《宋元學案》。按：卷四五。

方愨

方愨字性夫，桐廬人。性至孝，父死，廬墓三年。領鄉薦，表進《禮記解》于朝。詔賜上舍釋褐，而頒其書于天下，學者宗之。居官以剛廉稱。家置萬卷書堂，雖老，手不釋卷。朱文公嘗曰：『方氏《禮記解》儘有説得好處，不可以其新學而黜之。』[1]

材料出處

①原注：《嚴州府志》。按：光緒《嚴州府志》卷九。

閭丘昕

閭丘昕字逢辰，麗水人。知温州時，有秦檜親黨薛某爲郡丞，承檜密旨，俾造漆器。昕不從，薛怒，諷秦相黜之。昕嘗憤權臣專政，作《周易二五君臣論》以排用事者。平生不殖産，至無宅可居。郡守馬光祖建祠祀之，扁曰清風。[1]

材料出處

①原注：嘉靖《浙江通志》。按：雍正《浙江通志》卷一九一引嘉靖《浙江通志》。

林　湜

林湜字正〔二〕甫，長溪人。從朱子遊，舉紹興進士，除監察御史。疏言：『陛下託股肱于宰執，而除授皆小人；寄耳目于臺諫，而彈擊皆君子。治亂之大，無過于此。』時論多之。寧宗即位，以太府少卿使金，金主賜之衣，湜不服。金人曰：『君命何可慢也？』湜曰：『宋正統相承，群官服視其品，今易左袵，有死而已。』金人趣之謝，湜盛服入謝，金主不能屈。使還，寧宗奬之。遷司農卿。韓侂冑用事，吕子約貶嶺外，湜謂余丞相端禮曰：『此叔世事也。執奏收回，大臣之責，丞相可不勉乎？』于是不能安于朝，出爲湖北運副，奉祠。已而知泉州，又奉祠。進直龍圖閣。有《盤隱類稿》十卷。①

材料出處

①原注：《閩書》，參萬曆《温州府志》。按：《閩書》卷一二二，萬曆《温州府志》卷一一。又按：此傳實録

自《宋元學案》卷六九。

校證

〔一〕正，原作『止』，據《閩書》等改。

沈度〔一〕

沈度字公雅，武康人。度從學陳淵幾二十年。紹興間，令餘干，政有三善，田無廢土，市無閒居，獄犴無宿繫，民謳歌之。以考功郎中除直秘閣，知平江府。乾道二年，召赴行在。帝曰：『甲申之歲，委卿守吳門，未幾治行昭著，果如朕所料，可謂得人。』即以爲中書門下省檢正諸房公事。四年，又以直龍圖閣知建寧府。是時，朱子在崇安爲屬吏，創立社倉，均糴備貸，度以錢六萬緡助其役。倉成，民賴之，朱子爲記其事。仕終兵部尚書。①

材料出處

①原注：《江西志》，參《朱子大全集》。按：雍正《江西通志》卷六三，朱熹《晦庵集》卷七七《建寧府崇安縣五夫社倉記》。又按：此傳實録自《宋元學案》卷三九。

校　證

〔一〕按：卷二一《循吏四》已有沈度傳，此誤重出。

汪　逵

汪逵字季路，應辰子。乾道進士，官國子司業。韓侂胄用事，斥僞學，善類不自安。劉德秀因乞考核邪正真僞，所逐多名士。逵入劄子辨之，德秀以逵爲妄言，並斥之。閒居三年，參政李壁力言於朝。嘉定初，召爲太常卿，累遷至吏部尚書。①

材料出處

①原注：《人物志》。按：雍正《江西通志》卷八五引《人物志》。

王　炎

王炎字晦叔，婺源人。登乾道五年進士，調明州司法參軍。丁母憂，再調鄂州崇陽簿。時南軒張栻帥江陵，聞而器之，檄於幕府，議論相得。秩滿，授潭州教授，以教養爲己責。提學蘇詡補一學職，炎辨之不從。蘇怒，欲易教武岡，炎遂投劾出關。諸生卷齋乞留不獲，大帥李椿親出關挽之，並車而回。蘇悟，乃以特立有守薦。改秩，宰岳之臨湘。邑在蘆葦中，蕭條特甚，賦出無名。會朝廷下蠲減之令，條陳宿弊，得旨歲減二千八百餘緡，邑賴以寬。通判臨江軍，三攝郡政，庭無留訟。除太學博士，遷秘書郎、著作佐郎，兼實録院檢討官，陞著作郎兼考功郎、吴興郡王府教授，又兼侍左郎官，又兼禮部員外郎，除軍器少監，主管武夷山沖佑觀。起知饒州，尋與部使者不合去。改知湖州。湖甲浙右，素號難理。炎不畏强禦，邸第貴介有撓政者，炎注於牘曰：『汝爲天子親，亂天子法。炎爲天子臣，正天子法。』浙右人多誦之。竟以謗罷。再奉祠，積官至中奉大夫、軍器監，賜金紫。嘉定十一年卒於家，年八十一。

所居有雙溪，築亭寄興，以白樂天自比。所著書有《讀易筆記》、《尚書傳》、《禮記》、《論語》、《孝經》、《老子》解、《春秋衍義》、《象數稽疑》、《禹貢辨》、《考工記》、《鄉飲酒儀》、《諸經考疑》、《編年通紀》、《紀年提要》、《天對解》、《韓柳辨證》、《傷寒論》，總曰《雙溪類稿》。初著《易解》未竟，病革，夜分祝天，願須臾無死以成書，卒如其言。①

材料出處

①原注：《新安文獻志・王大監傳》。按：卷六九。

趙師淵

趙師淵字幾道，號訥[一]齋，黄巖人。乾道八年進士，嘗從朱文公游，與之論校《綱目》，前後凡八書。歷官衢、南劍、寧海軍推官。趙丞相汝愚以從班薦，有旨與職事官。會趙以讒斥，遂翩然東歸，益究所學，積十餘年不仕。暨詔申前命，以母病添差通判温州，入主將作太常簿、司農太常丞，以論成肅后山陵事不合而去。①金華王魯齋嘗跋晦翁所與訥齋帖，稱訥齋登朱子之門爲最先，其後遠庵昆弟相繼而進，開之以道誼，締之以婚姻，往來尺牘，其多可知。②

材料出處

①原注：《赤城新志》。按：雍正《浙江通志》卷一七六引。
②原注：《台學源流》。按：雍正《浙江通志》卷一七六引。

校　證

〔一〕訥，原作『納』，據《浙江通志》等改。下同。

施德操 楊子平附

施德操字彦執，鹽官人。學有本末，主孟子以排釋氏，曰：『絶人倫，漫等級，棄禮樂仁義不用，謂能躐造空無，此其勝處。概之以道，尚自顛倒後先，況又飾荒幻報應，誑愚取資，則尤爲世蠹。』因著爲論，以曉未悟，實有强立不惑之見。

楊子平，同縣人，名犯度宗御名，子平其字也。安貧樂道，不妄取予，謹獨之操，闇室猶康莊也。

二人身塞而譽不宏，然里人嚮慕，與張九成等。淳熙四年，縣令魏伯恂祠九成于學，以德操、子平佐，號三先生。①

材料出處

①原注：《咸淳臨安志》引程大昌《鹽官縣學三先生祠堂記》。按：卷六七。

劉炳

劉炳字韜仲，福建建陽人。與兄爚、弟炯俱從朱子講學於寒泉精舍。朱子編集《程氏遺書》成，炳研誦晝夜不息。第淳熙五年進士，授迪功郎，調劍浦縣丞，轉知安州應城縣。好賢禮士，修飾儒學，訪求前令謝良佐遺跡，創上蔡先生祠於講堂西隅，朱子爲文記之，美其嗜學而居官不苟也。累官兵部郎中，以朝奉大夫奉祠。自號悠然翁，學者稱睦堂先生。①

材料出處

①原注：《福建通志》。按：道光《福建通志》卷一八七。

卷二十五　列傳第二十五

儒林三

楊子謨

楊子謨字伯昌，潼川人也。其父雲山老人，得張栻之學以授子謨。子謨朝夕究圖，凝然一室，往往踰月不出户，自是默識聖賢下學上達之序，動静語默不違乎誠。淳熙七年省試，胡晉臣得其文，以爲有格君氣象，列優等。入對，孝宗發策問之，曰：『帝王躬行之道，莫大於學。學者，政事之本也。欲極乎學之用，不可不求其要。何謂要？行之以至誠，要之以不息是也。《大學》之道自正心誠意以至乎平天下，《中庸》之道自尊賢以至於來遠人，皆不外乎至誠之一言。臣不知陛下之躬行，誠與？未與？試以天人之應而卜陛下之誠，而知容有未至也。』又曰：『臣聞之道路，謂陛下左右近習之人，雖無顯然害治之迹，而諂諛欺矯，實繁有徒。故凡速於求售者，率造宦寺之門，珠玉錦繡，以充苞苴，絡繹於道。而陛下有所不知，此非細患也。』孝宗嘉其直，擢置甲科第八，累官通判成都府。吏部侍郎李壁舉以自代，權發遣黎州。適有吳曦之亂，誓以死守，移書方請討賊，願以義勇爲前驅，無應之者。而曦所遣逆黨至成都，分遣其將至黎，子謨以計遣之。使又至，子謨與之文移，遷延以待其變，而曦已誅。以薦召入對，首論權臣誤國、叛將干紀，願鑑諯往之已事，開維新之令圖。其二論皇太子既正儲宫之統，宜使親正人，授正學。王者之學，果何學也？《大學》之所謂正心，《中庸》之所謂謹獨是也。惟輔導得人，而後有所受。其三乞招填黎州土軍，分番上寨，給緡以收末楮，嚴責州郡實常平之儲，歸廣惠倉以備凶歉。罷軍興一切科斂之法，復師旅饑荒之地，以紓民力。又曰：『民之困苦極矣，易失者人心，難諶者天意，修人事以符天意，其要在養民。』

除軍器監，復兼侍左郎官，上言：『學術，國家之壽脈。公論，天下之元氣。所以扶持皇極，主張國是者，必歸諸此。更化以來，衆正之路方啟，而群枉之門漸開。善類雖進，而忠鯁之士有相繼引去者矣。姦黨雖斥，而貪緣勢要有拂拭敘用者矣。君子小人，猶薰蕕不可同器。今顧欲調停參用之，幾何不爲國家之禍？』寧宗蹙額頷首者久之，而小人側目矣。自知不容，請補外，除大理少卿。有坐僞告者，事連中官，子謨移文内省索贜，小人忿恨。除直華文閣、提刑成都，再兼知嘉定府，皆有善政。尋請老，進直徽猷閣奉祠，起知隆州，不赴，卧家十年。召赴行在，屯田郎度正貽書强起之，力辭，詔晉秘閣修撰致仕。

自奉祠，講學于雲山書院，與諸生敷陳《論》、《孟》、《學》、《庸》大義。平生不輕著述，欲使人精體實踐，以造於得。其遺文有《浩齋退稿》四十卷。①

材料出處

①原注：《鶴山集》。按：魏了翁《鶴山集》卷七四《中大夫秘閣修撰致仕楊公墓誌銘》。又按：此傳實録自《宋元學案》卷七二。

時　瀾 子少章附

時瀾字子瀾，學者稱南塘先生。其先開封人，後徙居東陽。天姿卓絶，吕祖謙一見異之，試以文，援筆立書，由是親重。瀾侍學左右，未嘗一日離，故得於東萊者爲深，門人自以爲不及。登淳熙八年進士，授迪功郎，監潭州南岳廟。刻意問學，不汲汲於利禄。調温州天富鹽官。郡侯雅敬瀾，檄攝郡文學。生徒間有不居學而靡廩食者，繩以規。不聽，自罰俸以礪之。有孫其姓者，在罰中，挾貳車以請免，瀾不爲變。貳車怒，窘以鹽事。瀾懷鹽官印趨庭納之，不脱衣而去。

調邵武軍泰寧尉，改教授臨安府學。養士以九十人爲限，而分四方，求者常數倍。朝廷優京庠，率三歲許就太學，試補者七百餘人。往往挾戚里臺諫以進，瀾悉以禮法裁之。禮部倪思薦，改秩，知寧國府寧國縣。或有以邑弊不可爲語瀾者，瀾曰：『安有不可爲之邑？其身不正，是爲私罪。私罪斷不可有也。催科政拙，是爲公罪。公罪其可無乎？』於是舉大義，立大信，大書其楹曰：『刑罰如加諸身，賦斂如取諸己。』手疏諭民，不移文催租，約民自輸。有吏乘間詒欺，瀾覺，不正吏罪，自咎不明，榜通衢謝民。邑爲鄉十五，其二吏循舊稱頑鄉，瀾警曰：『吾知其良而已。』削去惡名。其鄉感奮，課反出諸鄉之右。漕臣以爲有古循吏風，薦之，通判袁州。至則戒吏毋得下縣，日與守溥心惠愛，一郡大治，民歡呼于道。改通判台州，到官踰年，如所以治袁者。一夕，不病卒。

在家愔愔，如對大賓，盛暑必冠必襪。見人善則稱誦若己出，不善不肯視其面，以故君子皆愛之，而見嫉於人者亦不少。有《南堂雜著》若干卷、《易講義》若干卷、《左氏講義》若干卷、《用録》若干卷、《日記》若干卷。①祖謙輯《書説》，自《泰誓》至《洛誥》，未畢而卒，瀾以平昔所聞補完，序而刊行之。②

子少章，字天彝。寶祐癸丑進士，由南康軍教授擢史館檢閲，授保寧軍節度掌書記，卒。自負甚高，談經自出新意，史學最精。平生所著，有《易》、《詩》、《書》、《論》、《孟》大義六十餘篇，《論》、《孟》、《詩》贅説，《易卦贊》、雜文、古歌詩，總曰《所性稿》五十卷。鄭士懿稱其新雋峭拔，自成一家，吳師道亦云。③

材料出處

①原注：《陳復齋集·時公墓誌》。按：陳宓《復齋先生龍圖陳公文集》卷二二《通判南堂時公墓誌銘》。

②原注：《敬鄉録》及《書説序》。按：元吳師道《敬鄉録》卷一一。

③原注：嘉靖《金華縣志》。按：雍正《浙江通志》卷一八一引嘉靖《金華縣志》。

黄　櫄

黄櫄字實夫，漳州人。淳熙中，舍選入對大廷，獻十論，升進士丙科，調南劍州教授。三山講學之侣，二李與林其眉目，而櫄亦翹楚也。迂仲解《毛詩》，櫄足之，兼傳龜山、了齋之學。官終宣教郎。有《詩解》、《中庸語孟解》。①

材料出處

①原注：《學案》。按：《宋元學案》卷三六。

范仲黼

范仲黼字文叔，成都人，正獻公祖禹之後也。仕至通直郎，爲國子博士兼皇姪許國公府教授。初，張栻雖蜀産而居湖湘，其學未甚通於蜀。仲黼始從栻學，杜門十年，不汲汲於進取。魏了翁謂其剖析精微，羅絡隱遁，直接五峰之傳。晦翁、東萊皆推敬之。後以著作郎知彭州，學者稱爲月舟先生。晚年講學二江之上，南軒之教遂大行於蜀中。其時二江有九先生之目，謂范蓀、范子長、范子該與仲黼，皆成都人；薛紱、鄧諫從，皆漢嘉人；盧剛簡、程遇孫，仁壽人；宋德之，唐安人。或亦有未及事南軒者，皆從仲黼私淑得之，而南昌李修己、延平張仕佺亦同講習其間。①

材料出處

①原注：《宋元學案》。按：卷七二。

朱　黼

朱黼字文昭，學於陳止齋，不事舉業。嘗著《紀年備遺》，始堯舜，迄五代，若呂、武、王莽、朱温皆削其紀年，以從正統。葉水心序之，且云：『此書一出，義理所會，寶藏充斥。』人始知其能傳陳氏學也。躬耕於南蕩山，抱其學以終。①

材料出處

①原注：《平陽縣志》。按：雍正《浙江通志》卷一九三引《平陽縣志》。

陳文蔚

陳文蔚字才卿，上饒人，朱子門人。著書立説，深得旨趣。朱子與手書往復，互論正。所作《州學修禮器記》，亦推尊朱子儀式而損益焉。①

材料出處

①原注：林《志》。按：雍正《江西通志》卷八五引林《志》。

車若水

車若水，黄巖人。講明性理，博學工文。自號玉峰山民，所著有《宇宙略紀》、《玉峰冗稿》。①初從陳耆卿學古文，及從杜範游，大悔之。往來王魯齋之門，得聞晦翁緒論。嘗欲取《大學》『知止有定』以下二條，合聽訟章爲《格物致知傳》，質於魯齋，以爲洞照千古錯簡，使朱子聞之，亦當爲之莞爾一笑。其友胡立方稱玉峰貌癯而野，口呐不能言，即之既熟，回視胸中，狹者寬，塞者通，陋者廣，真益友也。②

材料出處

①原注：《明一統志》。按：卷四七。

②原注：《台學源流》。按：雍正《浙江通志》卷一七六引《台學源流》。

滕璘

滕璘字德粹，婺源東溪人。與弟珙俱從朱子遊。登淳熙乙科，以恩陞首甲，調鄞縣尉，教授鄂州，改除四川制置司幹官。韓侂胄當國，或勸璘一見，可得掌政，璘曰：『彼以僞學誣一世儒宗，以邪黨錮天下善士，顧可干進乎？』後知嵊縣，歲饑，奉行荒政，多所全活。廟堂欲處之班列，終不肯爲韓侂胄屈，徑從銓曹注四明簽判，以病奉祠。尋起倅隆興府，歷浙東、福建帥司參議官。其爲政務，寬厚愛民，兩爲帥幕，皆以誠實不欺事其長，所議多悅從。其在閩時，有議更鬻鹽舊法者，舟人、亭户皆失業。璘白帥，弗盡從。後帥至，復力言，卒還其舊。官至朝奉大夫，賜三品服致仕。

璘自少喜讀書，在蜀得官書數千卷以歸。及家居，益求生平所未見，搜覽不怠，所著集曰《溪齋類稿》。初，璘爲《論語説》，朱子見而善之，既而語之曰：『學以變化氣質爲功，而不在於多立説。』璘愯然不敢輕論著。及卒，真西山爲撰墓誌，盛稱其學得朱子淵源，故終身踐行，不離名教之域云。子鉦，以孝友稱。①

材料出處

①原注：《真西山集·滕公墓誌》。按：真德秀《西山集》卷四六《朝奉大夫賜紫金魚袋致仕滕公墓誌銘》。

李繒

李繒字參仲，婺源鍾山人。父鏞，以恩科入仕，終太平推官。繒絶意科舉，築室鍾山以老。淳熙中，朱子自武夷歸，每過繒，講論終日，稱其文章高古奇崛如其人，爲書齋扁，以鄉丈人稱之。卒，書其墓表曰：『有宋鍾山先生李君墓所。』著有《論語》、《西銘》解義、《山窗業書》及詩文等集。

子季札，亦從文公學，答問見《語録》，有《明齋蛙見録》、《膚説》及《近思續録》、《字訓續編》、《會語集》、《家塾記聞》諸書。①

材料出處

①原注:《新安文獻志·鍾山先生行狀》。按:卷八七。又按:此傳實録自弘治《徽州府志》卷九。

楊復

楊復字志仁,福安人。受業朱文公之門,與黄榦相友善。資性通敏,精於考索。真德秀帥閩,嘗創貴德堂于郡學以延之,學者稱曰信齋先生。著《祭禮》十四卷、《儀禮圖》十四帙,又有《家禮雜説附注》二卷。①

材料出處

①原注:《閩書》。按:此傳實録自《八閩通志》卷七二。

董鼎

董鼎字季亨,德興人。受業於黄榦,得其端緒,著《書傳纂疏》。①

材料出處

①原注：《明一統志》。按：卷五〇。

余芑舒

余芑舒〔一〕，亦德興人。潛心程朱之學，著有《書傳解》。①

材料出處

①原注：《明一統志》。按：卷五〇。

校　證

〔一〕舒，原作「孫」，據《明一統志》等改。本卷目録亦作「余芑孫」，並改。

陳　埴

陳埴字器之，永嘉人。父煜，字民表，隱君子也。埴舉進士，少師葉水心，後從朱子學。其言：『善問者如攻堅木，善待問者如撞鐘。朋友講習，不可以無問也，問則不可以無復。今之不善問者，徒先其所難，後其所易，取其節木之堅，乃欲一斧而薪之，不少徐徐以待其自解，則匠石從旁而竊笑之矣。至其待人之問者，或小叩之而大鳴，或大叩之而小鳴，不待其再至而亟盡其餘聲。或餘之未盡，而恣其人之更端焉。然則是鐘也，其必州鳩氏之所棄者乎？』故集其答門弟子之問者，名之曰《木鐘集》。其《四端説》，即朱子之答其所問者，而轉以之答其弟子之問，蓋能墨守師説者也。江淮制使趙善湘建明道書院，辟埴爲幹官兼山長，從遊者甚盛。後以通直郎致仕。所著有《禹貢辯》、《洪範解》、《王制章句》，學者稱爲潛室先生。①

材料出處

①原注：《温州府志》，參《木鐘集》。按：萬曆《温州府志》卷一一。又按：此傳實録自《宋元學案》卷六五。

張　淳

張淳字忠甫，永嘉人也。五試禮部不中，授特奏名官，棄去養母。或薦之朝，禄以監嶽，淳謂徒費縣官亡誼，歷三任不食其禄，亦不書考。執母喪，無不與《士喪禮》合。間爲族姻治喪，亦斷斷持古制。時爲文章銘人墓，有諷有勸，皆不虚書。負其學，自刻苦，忍窮以死。爲人嚴重深博，善忍事鎮物，絶有材智，抑不使出。其氣貌沈沈，偉然丈夫也。其言曰：『今之仕者，皆非出于古之道。』或問之，曰：『始至則朝拜，遇國忌則引緇黄而薦在天之靈，古有之乎？是以雖貧不願禄也。』著有《古禮》十七卷、《釋文》一卷、《識誤》三卷。①

材料出處

①原注：《止齋集》，參《攻媿集》。按：陳傅良《止齋集》卷四七《張忠甫墓誌銘》，樓鑰《攻媿集》卷七七《書陳止齋所作張忠甫墓銘後》。又按：此傳實録自《宋元學案》卷五二。

李　皐

李皐字季允，丹稜人。父燾，《宋史》有傳。學者稱爲悦齋先生。燾以史學傳家，七子俱有文名，而壁與皐最達。從張栻遊，求道甚鋭。紹熙庚戌進士，聲華籍甚，以召試爲館職，廷對忠讜，累官至知潼川府，改知常德府，以安静爲治。當時蜀患未靖，潰卒内訌，皐繕兵訓戒，盜不敢犯，卒以自斃。改知夔州，時與士子講學，夔人愛之。内召，累遷爲禮部侍郎。理宗眷倚甚至，將引之參豫，而皐正色立朝，持論侃侃，政府忌之，出爲沿江制置副使兼知鄂州。

金人犯蘄、黄，甫退，朝議將總領所招親效軍、强勇軍、參商軍皆隸制司，而制司又别有帳前一軍，其漢口舟師則鄂州守所屬也。㚖以諸軍皆因烏合之衆，未訓未練，而舟師亦惰於講習，大爲振刷，武昌士氣始奮然。㚖卒與諸司爭曲直，不相能。請罷，詔知遂寧府，其政不肅而成。蜀事日壞，朝臣亦多不願往者，乃以㚖爲四川制置使兼知成都府。漫塘劉宰貽之書曰：『制使以世家子帥梓里，人望所屬，甚不易副。此政府内懼，爲諉以分責，尚謹旃哉。』然㚖以安靜鎮之，蜀中稍治，已而以禮部尚書召還。淳祐元年，奏請以周、程、張子從祀，又言王安石雖罷享，而因循未黜，乞亟進三人者以易之。詔可。累遷資政殿學士、知眉州，卒謚文肅。

立朝始終一節，不肯詭隨，所以終不登二府者。有得於伊洛之正傳，而其所至皆有吏聲。要屬有用之才，固不徒以文章，亦非迂談道學者比也。所著有《李文肅集》、《十朝綱要》諸書。時蜀有張福之亂，逐制使，戕總領，剽殺縱横，或死或逃，無敢抗者。已殘削且及潼，㚖疾馳至任。提刑曹叔遠方謀死守，見㚖至，大喜，亟集義壯治諸縣隍堞，設木隔礮，凡可以壞賊之具，無不集，上下激厲。賊覘知有備，取他道去。城西牛頭山極險，㚖謂叔遠曰：『昔者相里貴據此山以攻城，幾爲所破。今可委此山於城外耶？』乃跨山包之，通西溪之渠，以達武江，而天險爲城中所有，遂恃之無恐。①

材料出處

①原注：《宋元學案》。按：卷七一。

度正

度正字周卿，合州人。少從朱子學。紹熙進士，官至禮部侍郎。太廟災，獻二説。其一用朱子之議，其一用宋朝廟制而參朱子之議。自西徂東爲一列，每室之後别爲一室，以藏祧廟之主，各依昭穆次序，後世穆之祧主藏太祖廟，昭之祧主藏太宗廟。仁、高二宗，爲百世不遷之宗，藏亦如之。前爲兩室，三年祫享，則帷帳幕之，通爲一室，盡出諸廟。及祧主並爲一列，合食其上。于本朝制度初無更革，頗得三年大祫之義。著有《性善堂文集》。①

材料出處

①原注：《宋元學案》。按：卷六九。又按：《宋史》卷四二二已有度正傳。

胡方平

胡方平字師魯，號玉齋，婺源人。初，德興沈貴珤受《易》於董夢程，夢程受朱子之《易》於黄榦，而方平少從夢程遊，繼復師貴珤，故於《易》爲得其傳。既又精研反復二十餘年，嘗謂朱子《本義》明變占之旨，而《啟蒙》四篇，特明象數，以爲讀《本義》章本。乃合《本義》、《啟蒙》注《通釋》一書，又爲《外翼》四卷，又作《易餘閒記》，傳於世。①

材料出處

①原注：《新安文獻志·胡玉齋傳》。按：卷七〇。

游九言 弟九功

游九言字誠之，初名九思，建陽人。十歲，爲文詆秦檜。及長，鋭志當世。初筮古田尉，入監文思院。被旨視行在災傷，歸白都堂，放苗八分以上。張栻帥廣西，辟幕下。栻弟杓帥金陵，復辟撫幹。時黨禁方嚴，九言《記上元縣明道祠》痛譏之，聞者壯焉。調全椒令。開禧初，爲淮西安撫機宜，尋知光化軍，充荆鄂宣撫參謀官。卒贈直龍圖閣，謚文清。九言始學於張栻，教以求放心，久之有得。嘗序《太極圖》曰：『周子以無極加太極，何也？方其寂然無思，萬善未發，是無極也。雖云未發，而此心昭然，靈源不昧，是太極也。欲知太極，先識吾心。』讀者稱之，號默齋先生。①

九言弟九功，字勉之，一字禹成。用蔭補官。嘉定中，興元失利，九功知金州，將兵備禦，收復鄰疆。除湖北運判、知鄂州，召爲兵部郎官。入見，首言守邊必先結人心，又言：『征役無已，以資苞苴囊橐，而民心失。將帥朘削，功賞不以時下，而軍心失。倚仗諛佞，諱疾忌醫，而士夫之心失。』出知泉州。端平初，召爲司農少卿，疏論奸貪多佚罰，諸賢或號召未至。又論沿邊夫役之弊。兼樞密副都承旨、知慶元府，以循吏稱。入權刑部侍郎，丐祠。再召不赴，除待制，加寶謨閣直學士。九功清慎廉恪，與兄九言自爲師友，講明理學，號受齋先生。寶祐中，謚莊簡。②

材料出處

①原注：《閩書》及《後村集》。按：《閩書》卷九五。

②原注：《劉後村大全集》，參《閩書》。按：《閩書》卷九五。

饒魯

饒魯字伯輿，一字仲元，餘干人。髫齡有志於學，稍長，從黃榦、李燔學。榦問：『《論語》首論時習，習是如何用功？』魯曰：『當兼二義：釋之以思慮，熟之以踐履。』榦大器之。嘗以

《易》赴棘試，不遇，遂歸，專意聖賢之學，以致知力行爲本。中書舍人趙汝騰、御史董槐、左司諫湯中、提刑蔡杭等皆相爲引薦，召，不起。時理學大明，師儒攸屬，四方聘講無虛日，作朋來館以居學者。又作石洞書院，前有兩峰，因號雙峰，門人私謚曰文元。所著有《五經講義》、《語孟紀聞》、《春秋節傳》、《學庸纂述》、《太極三圖》、《庸學十二圖》、《西銘圖》、《近思録注》。①

材料出處

①原注：《宋元學案》。按：卷八三。

輔　廣

輔廣字漢卿，號潛庵，其先趙州慶源人也。父逵，字彦達，南渡隸楊和、王沂中麾下，累立戰功，官至左武大夫、邵州防禦使，知泰州，稱能吏，老居崇德之晚村，遂爲崇德人。泰州四子，廣其仲也。廣生于軍中，以父恩授保義郎，轉忠訓郎，漕舉四試不第，始從吕祖謙遊，已，問學于朱子，留三月而後返。秋塘陳善有詩送之云：『聞説平生輔漢卿，武夷山下啜殘羹。』言其用志堅苦也。僞學禁嚴，學徒多避去，廣不爲動。朱子曰：『當此時，立得脚定者甚難，惟漢卿風力稍勁。』開禧議和，方信儒奉使未成，欲遣廣，辭以考亭諸生、老不稱使，舉王柟自代。與魏了翁善，每相過，必出朱子言語文字，雒誦移晷而去。了翁外補，廣以其生平所得於朱子者盡畀之。

廣容止氣象，不類東南人物。達官貴人，稍有過舉，即正色規戒。嘉定初，上政府書，反覆於是非成敗之際，政府不悦。時衛涇在樞密，雅重之。政府益忌，授意言官劾之，奉祠而歸。築傅貽書院，教授學者，稱爲傅貽先生。所著有《語孟學庸答問》、《四書纂疏》、《六經集解》、《詩童子問》、《通鑑集義》、《潛庵日新録》、《師訓編》。卒贈朝奉郎。①

材料出處

①原注：《至元嘉禾志》，參《崇德洪志》。按：《至元嘉禾志》卷一三。又按：此傳實録自《宋元學案》卷六四。

衛　湜

衛湜字正叔，涇弟。好古博學，除太府寺丞、將作少監，皆不赴。嘗集《禮記》諸家傳注爲一百六十卷，名曰《禮記集説》。寶慶三年上之。終朝散大夫、直寶謨閣、知袁州。學者稱爲櫟齋先生。①

材料出處

①原注：盧熊《蘇州府志》。按：卷三五。

程永奇

程永奇字次卿，休寧人。朱子省墓婺源，永奇受學，侍歸建安，踰年而返。朱子書持敬明義之説勉之，遂以敬義名其堂。邑子弟從學者雲集，郡縣大夫有稽古禮文之事，悉咨訪焉。江西制閫請爲白鹿洞書院山長，浙東帥聘爲塾師，皆不赴。父晚得痺疾，孝養備至，務適其歡。居家嘗倣行伊川宗會法，以合族人。又舉行《吕氏鄉約》，冠、婚、喪、祭悉用朱氏禮，鄉族化之。僞學難作，遁於邑之東山。朱子訃至，設位慟哭。或傳其輓章於有司，被繫者數月。平生玩索經傳，爲《六經疑義》二十卷、《四書疑義》十卷，又以明道《定性書》、伊川《好學論》當與《太極圖説》、《西銘》並傳，各爲注釋一卷。《朱子語類》出於衆手，純駁不一，因加銓擇，爲《朱子語粹》十卷。又集朱子論中和之旨，爲《中和考》三卷。以《大學》始於格物，自號格齋，有《格齋稿》四十卷。及疾革，門人問之，正衣冠而起曰：『吾不能多言。』呼筆大書一敬字而逝。學者稱格齋先生。①

材料出處

①原注：《新安文獻志·格齋先生墓誌》。按：卷六九。

陳著

陳著字子微，鄞縣人，①號本堂，②德剛子。六歲能文，③爲舉子，聲日起，諸公爭致之。授簡客右，出語往往驚其坐人。④寶祐四年進士。⑤初監饒州商税，⑥調光州教授。⑦景定元年，任鷺洲書院山長。⑧相國吳潛以著才可大用，薦於朝。時賈似道當國，諷其及門，著曰：『寧不登朝，不爲此態。』遂出爲安福令。⑨未幾，浙漕提領趙與訔辟監三石橋酒庫，湖南帥趙必普辟帥準，既而與訔爲江淮提領，復辟蕪湖茶官。⑩四年，賈似道買公田于浙西，著時爲著作郎，上疏曰：『似道居外閫，則志在欺君。處端揆，則務於瘠民。未有將相如此而能致隆平者。乞罷買公田，斥逐似道，庶可以救國安民。』似道怒，出知嘉興。⑪咸淳四年，改知嵊縣。

先是，宗室外戚有居嵊者，持一邑權，前令率被譴去，且布黨僻地，剽縶行人役於家，及造白契占人田産。著至，獨持風裁，諸豪乃斂戢，民賴以安。⑫在嵊四年，遷通判揚州去，民乞留不得，祖帳遮道數十里，至城固嶺。⑬民依依不舍，因易嶺名曰陳公嶺，以識去思。代者李興忠問何以教我，著曰：『義理明而取予當，教化先而獄賦後，識大體而用小心，愛細民而公巨室。如是而已。』[14]尋改臨安簽判，轉通判，擢太學博士。[15]十年，賈似道歸越治母喪，[16]詔以天子鹵簿葬之，起墳擬山陵。著率諸生上疏切諫，以爲自古未聞有如此者。不聽。似道銜之，比還朝，欲遠竄著，上不可。後以監察御史知台州。[17]除秘書監，不就。[18]

著爲人抗節不屈，[19]雅操足以勵俗，讜論足以匡政，而卒阨于枋臣，不得大用。[20]德祐時試士，著預參文衡，得一策痛陳時事，持白其長，宜置前列，聞者爲瑟縮而掩抑之。著每對人道其屈，氣拂膺，未幾國事非矣。[21]宋亡，避兵遷徙，流離困頓。[22]晚居四明山中，[23]不與世接。[24]感慨君國時事，見之詩文。[25]奉化縣尹丁濟以著先朝宿望，聘修縣志。[26]卒，年八十四。[27]子深、瀹、洵、泌，並元儒學官。[28]

材料出處

①原注：案：著撰前妻董氏墓表，自稱陳必大。注云：『必大，先生乳名。』又案：《寶祐四年登科録》：『著小名祥孫，小字謙之。』

②原注：案《本堂集》，著每自稱松溪遺耄。

③原注：《成化志》。

④原注：蔣巖《本堂集序》。

⑤原注：《寶慶志》。

⑥原注：《嵊縣志》。

⑦原注：《奉化縣志》。

⑧原注：《本堂集》。案：《嵊縣志》作『白鷺洲山長』，誤。

⑨原注：《嵊縣志》。案：《紹興府志》作『福安』，宋無此縣名，從《宋元學案》乙之。蔣《傳》作『福寧』，亦誤。

⑩原注：《本堂集》。

⑪原注：《成化志》。案：《浙江通志》作『斥知嘉興』。又案：《寶陵陳氏譜》作『出知南昌縣』。

⑫原注：《紹興府志》。

⑬原注：案：蔣《傳》、錢《志》作『固嶺』。考《嵊縣志》：『陳公嶺在縣東七十里，舊名城固嶺。』則作『固嶺』誤。《宋元學案》作『賊國嶺』，更誤。

⑭原注：《嵊縣志》。

⑮原注：《本堂集》。案：任士林《文公書院記》：『先是，朝請大夫趙崇憲有志改築，其壻太學博士著規示之。』是著嘗與崇憲謀建朱子書院，但無年分可考，故附注之。

⑯原注：案：原文作『咸淳元年』，考《宋史·本紀》：『咸淳十年，賈似道母喪，起復視事。』則『元年』當係『十年』之誤，故改正之。

⑰原注：蔣《傳》。

⑱原注：《奉化志》。

⑲原注：《成化志》。

⑳原注：陳旅《歷代紀統序》。

㉑原注：蔣巖《序》。

㉒原注：蔣《傳》。

㉓原注：《成化志·陳桱傳》。案：《成化志·著傳》作『晚歲隱居奉川』。又案：陳旅《序》言『隱居句章山中』。

㉔原注：陳旅《序》。

㉕原注：蔣《傳》。

㉖原注：《至元奉化縣志》。

㉗原注：其子深《跋至德觀記》。案：《匏翁家藏集》陳著《題松江圖古箋詩一首》，時年八十矣。用筆沈著端勁，而行復匀整不苟，足以占知其爲有德君子也。又案：《成化志》、聞《志》作『年八十』，誤。

㉘原注：《司成集》。

董楷

董楷字正翁，台州臨海人。登文天祥榜進士。初爲績溪簿，直冤獄，賑饑饉，修城捍水。擢守洪州，有惠政。終吏部郎。楷曾從潛室陳植得朱子再傳之學，所著有《克齋集》。又嘗合程、朱《易》爲一書，其言曰：『《易》更三聖人，而卦爻象辭始備。其要皆因卜筮以爲教，使天下後世之人得以決嫌疑，定猶豫，不迷於吉凶悔吝之途而已。至夫子，則推明其所以爲卦爻象辭之理，以極乎陰陽變化、性命道德之藴，而河圖大衍之數，太極兩儀、四象八卦相生之序，蓍策分揲掛扐之法，無不畢具，其所以承三聖、開來學，功至大也。《十翼》之外有功於《易》道者，則惟程子、朱子之書而已。而朱子補程子所未逮，然程子之名言，有朱子不能加毫末於其間者。』又曰：『偏于象占而不該夫義理，則孔子之意泯。一於義理而不及象占，則羲、文、周公之心亦幾乎息矣。』知《易》者蓋有取其言云。①

材料出處

①原注：《臨海縣志》。按：康熙《臨海縣志》卷七。

黄仲元

黄仲元字善甫，福建莆田人。父績，從陳宓、潘柄遊。仲元少刻志讀濂洛關閩及其父所傳陳、潘二家書，自取邵雍《善人吟》，以四如爲號，績喜曰：『難難，但勿過飲斯稱耳。』績選《近思録義類》，未脱稿，仲元日夕删補，同邑方澄孫極器賞之。咸淳七年登進士，以對策直言忤時相，寘第五甲，調監瑞安府比較務。需次未上，陳文龍延於二劉祠，一月兩講，爲學者師。九年，捧檄考類試歸，過南劍州，適江萬頃爲南劍守，留之郡齋。未幾，萬頃兄萬里招至芝山講學，聲譽動一時。德祐元年，始之官。明年，與簽樞陸秀夫至自平江，一見如舊，炙燭對酌，劇談達曙。及聞杭州陷，乃歸。秀夫趣仲元赴行都，充益王府撰述官兼處置使司幹辦公事。景炎元年，改刑、工二部架閣，以通直郎陞武學教諭，轉朝奉郎，兼福建路招捕使、司都參議官。仲元雖屢膺超擢，然未嘗供一日職，升斗不批券曆，曰：『斯時何時，穀而恥也。』秀夫拜樞密使，將有異除，仲元力以母老辭。宋亡，歸隱山中，不與世接，更其名曰淵，字天叟，併改四如之號，以韻鄉聱翁彥安爲稱。卒，年八十有二。仲元説經間與先賢異同，文亦艱深奇古不可句。①

材料出處

①原注：《四如集》附録《四如先生事述》，參《壽藏自誌》。按：《壽藏自誌》見《四如集》卷四。

卷二十六　列傳第二十六

文苑一

張景

張景字晦之，江陵公安人。羈丱能言，嗜學尤力。未冠，涉通藝文，頗班班言當世務。貧不治産，往從崇儀使解人柳開。開以文自名，而薦寵士類，一見歡甚，悉出家書畀之，由是屬辭益有法度。開每曰：『今日在朝廷挈囊薦笏，誰踰晦之者？』即厚遺使如京師。時富春孫僅、沛國朱嚴、成紀李庶幾，號爲豪英，晦之敝衣與游，名稱籍籍，美不容口。計偕名在第四，調主大名館陶簿。年少氣鋭，未能以智自將，坐公累，爲吏痛詆，貶全州。會赦還，景德中廢不用，則大覃思古今，爲《洪範》、《王霸》二書。常病浮圖氏怪迂誕荒，塔廟日熾，雖服儒衣冠者，皆共寵神之，慭寘六經，反爲外典。故因事見文，爲紀傳數十篇而辨折之，雖與世舛馳，而自信不跲云。

陳堯咨以西臺舍人爲本府，爲言于上，復還楚州寶應主簿，改大理評事、知泗州昭信縣。

翦除房祀且百所，輸入材瓦以完吏舍。邑人宜之。移掌真州搉茶務，既又請通理州事，可制已報會。遘疾，終官下，年四十九，實天禧二年。平生文章，門人萬稱集爲二十五通。①

材料出處

①原注：《宋景文集》。按：宋祁《景文集》卷五九《故大理評事張公墓誌銘》。

李　畋

李畋字渭卿，自號谷子。少師任奉古，以著述爲志，不樂仕進。士大夫多稱之，爲張乖崖所器。隱居永康軍白沙山，從之學者甚衆。任中正薦，乞賜處士之號，詔爲校書郎。凌策又薦之，召授恒寧主簿、國子監説書，改大理丞、知泉州惠安縣。久之，以先所著書未成，乞國子監説書以修其業。著《孔子弟子傳讚》六十卷上之，得知榮州。力言榮州鹽害，得蠲歲額三十萬斤，還雜役三百一十五家。撰有《道德疏》二十卷，《乖崖語録》二卷，《谷子》三十卷，歌詩、雜文七十卷。年九十卒。①

材料出處

①原注：《澠水燕談録》，參《四川通志》。按：《澠水燕談録》卷七，雍正《四川通志》卷七上、卷八。

張先

張先字子野，烏程人，天聖八年進士。詩格清麗，尤長於樂府。① 客有謂先曰：『人皆謂公張三中，即心中事、眼中淚、意中人也。』先曰：『何不目爲張三影？』客不曉，先曰：『「雲破月來花弄影」、「嬌柔嬾起，簾櫳捲花影」、「柳徑無人，墜絮飛無影」，此余平生所得意也。』② 李公擇守吳興，招先及楊元素、陳令舉與蘇子瞻、劉孝叔集於郡圃，號六客。③ 先作《一叢花》詞云：『沈思細恨，不如桃杏，猶解嫁東風。』一時盛傳，歐陽永叔尤愛之，恨未識其人。先至都謁永叔，閽者以通，永叔倒屣迎之，曰：『此乃桃杏嫁東風郎中。』子瞻守杭，先尚在，嘗預宴席，有《南鄉子》詞，④ 卒章云：『也應旁有老人星。』蓋以自謂，是時年八十餘矣。子瞻數與倡酬，聞其買妾，爲之賦詩，皆用張姓事。⑤ 晚歲優游鄉里，常泛扁舟垂釣爲樂，至今號張公釣魚灣。仕至都官郎，⑥ 卒年八十九，葬卞山多寶寺之右。有文集一百卷，唯樂府傳於世。⑦

子文剛，字常勝，好學能文，再舉進士不第。⑧

材料出處

①原注：談《志》。按：陸氏預纂之同治《湖州府志》卷七四亦有張先傳，文字全同。

②原注：《古今詩話》。

③原注：談《志》。

④原注：《過庭録》。

⑤原注：《書録解題》。東坡詩云：『詩人老去鶯鶯在，公子歸來燕燕忙。』詩人謂張籍，公子謂張祐，見《侯鯖録》。

⑥原注：案：張先曾知虢州、渝州、鹿邑，見《梅宛陵詩集》。

⑦原注：談《志》。

⑧原注：《王臨川集・張常勝墓誌》。《後山叢談》云：『子野詞「雲破月來花弄影」、「簾幕捲花影」、「隨風絮無影」，世稱誦之，號張三影。』○陳振孫曰：『本朝有兩張先，皆字子野。其一博州人，天聖三年進士，歐陽公作《墓誌》。其一天聖八年進士，則湖州人也。二人名、姓、字皆同而又適同時，不可不知。』

齊　唐

齊唐字祖之，山陰人，唐開元中浙西觀察使澣之後。少貧苦學，應得書皆自寫，誦過一二則不忘，學識之博，人罕過之。郡從事魏庭堅，聞士也，謂唐曰：『今之士多不讀書。』唐曰：

『幸公任意以几上書，令唐一誦之如何？』庭堅以一秩開示，乃《文選·頭陁寺記》，而唐誦不遺一字，魏大驚服。登天聖八年進士第。嘗進《龍韜勝略賦》，士大夫覽者皆震讋。兩應制科、秘閣，皆首選。兩對策，皆在第一。當塗忌其切直，復排去，遷著作佐郎、知杭州富陽縣，改秘書丞太常博士，爲南雄州簽判。會交趾進麒麟，唐據史傳非之，斥蠻人紿中國，衆服其博物。以職方員外郎致仕。初，鑑湖東北有山，巋然與會稽山禹廟相望，最爲山水奇偉之處。唐命其山曰少微，而卜築焉。熙寧七年卒，年八十八。有《學苑精英》三十卷、《少微集》三十卷。①

材料出處

①原注：《會稽續志》。按：卷五。

邵　餗

邵餗，丹陽人，佚其字。再舉不第，養高丘園。范仲淹守潤，嘗薦之，不報。後數年，王琪爲守，述仲淹意再薦之，賜號沖素處士。家有溪齋，仲淹自潤移越，道過之，得唐人許鼎所撰《祖先生墓誌》於席間，頗言賀監之異。至越，刻之祠堂。後謫守睦州，作《嚴子陵祠堂記》，致書於餗求篆，有云：『謹奉短書於先生邵公足下，今春與張侍御過丹陽，約詣先生。維舟水邊，聞先生歸山，所謂其室則邇，其人甚遠，惘然愧薄宦之不高。暨抵桐廬，郡有嚴陵釣臺，思其人，詠其風，能使貪夫廉，懦夫立，有大功於名教。築堂而祠之，又爲之記念，非託之以奇，則不足傳後。今先生篆高出四海，或能枉神筆於片石，則嚴子之風復千百年未泯。』其尊尚之如此。以壽終。①

材料出處

①原注：《京口耆舊傳》。按：卷三。

强至

强至字幾聖，杭州吳山里人。少有志節，力學問。吳俗喜嬉遊請謁，至一切謝絶，讀書屬文，忘晝夜寒暑。鄉試爲舉首，其賦傳四方。慶曆六年，登進士第。遂悉破舊轍，學古文，尤積思於詩，居官聽獄訟，不視勢高下輕重，窮究辨析，平反甚衆。居喪，毁瘠過制，其治終事，一出己力，不資於人。最受知於韓琦，琦罷政事，鎮京兆，徙鎮相、魏，常引至自助。琦爲詩合賓客屬和，至獨思致逸發，不可追躡。琦上奏及他書記，皆至屬稿。琦乞不散青苗，神宗閲其奏，曰：『此必强至之文也。』至有守，一日琦行一事，不關由簽聽，至翌日自言不稱職，力辭去。琦謂小事故不相關，至曰：『小事尚爾，何況大事？』遂謝數日，乃肯留。琦數薦充館閣，未及用而卒，官至祠部員外郎，累贈金紫光禄大夫。有文集二十卷，曾鞏爲之序，謂其文簡古，不少貶以徇俗。鞏弟肇，其壻也。嘗祭以文，謂『以文起家，以行忼身，崛起進士，厥聲四馳，歷試吏職，民懷去思』，世以爲實録。

子浚明、淵明、陟明，皆登進士第。淵明字隱季，仕最顯，贈資政殿學士。①

材料出處

①原注：《咸淳臨安志》。按：卷六六。

韋　驤

韋驤字子駿，錢塘人。生而警敏。年十有七，以文謁王安石，見其《借箸賦》，大奇之，曰：『吾行江南，入吴越，見文士，唯子與董顧行耳。』由是籍甚，每一賦成，學者傳誦。皇祐五年，登進士第，累遷至屯田員外郎。官制行，改朝奉郎，主少府監簿。元豐中，遣使高麗，選書狀官，宰執以驤名聞，召試㦬啟，驤辭不就。元祐初，詔近臣舉可任諸路使者，韓維、李常、楊汲等皆薦驤，擢利路運判，移福建路。年饑，咸議請賑貸，驤曰：『閩去京師往返數千里，今民朝不及夕，若上書待報，是冠冕從容以救焚溺也。』乃檄州縣發廩，而請違法之罪於朝，全活甚衆。閩盜阻險，爲數州患，官軍屢到，吏畏怯，爭言盜勢猛熾，請招納。驤曰：『閩盜狃於姑息，曩者彭孫、廖恩皆緣此列官於朝，故姦民以怙山谷、市凶慝爲得計。若遵前軌，是爲民稔患。』因處畫斬捕方略，咸就法，部内肅然。召爲主客郎中，久之，出爲夔路憲，知明州。乞閒，提舉洞霄宫。子壽隆以崇寧四年守衢，迎驤就養，卒焉，年七十三。

驤秀眉冰骨，樂易靜退，孝友廉平，文章藻麗，一時推先。後復以政事彰聞，率德勵行，有宿儒循吏之風。將没，猶料理平生文稿，示子孫曰：『吾志在此。』有文集二十卷、賦二十卷。壽隆至建炎初，爲給事中。次壽朋、壽松、壽卿、壽成、壽佐。①

材料出處

①原注：《咸淳臨安志》引陳師錫撰《墓誌》、《繫年要録》。按：《咸淳臨安志》卷六六。

章友直

章友直字伯益，福建浦城人。少卓越自放，讀書通大旨，不屑爲舉子業。族人得象爲相，欲以郊恩奏補，謝去，徧遊江淮嶺海間。精音樂，而書畫尤知名。皇祐中，用薦召試，以疾辭。

已而詔太學篆石經，廷臣復言友直篆法與李陽冰相上下，再召赴闕。友直即日泝淮及泗，舍舟而徒至京師。篆畢，除將作監主簿，固辭。朝廷知其不願仕，賜銀百兩，絹百匹。初，友直來京師，有從之學書者，友直曰：『篆法不可驟爲。平居必先能約束用筆輕重，及熟於畫方運圜方可。』其人未甚解，友直乃對之作方圜二圖，皆一筆所成，其麤細位置踈密分毫不差，且語之曰：『子姑歸習之。能進乎此，則篆有餘用，不必見吾可也。』其人大駭愕，不敢復請。友直工作古文，非止以字畫名世，而世顧多重其字，每得一幅，爭珍藏之。嘉祐七年卒，年五十有七。①

材料出處

①原注：《王臨川集》，參《閩書》。按：王安石《臨川文集》卷九一《建安章君墓誌銘》。又按：此傳實録自道光《福建通志》卷一八九。

晁仲衍

晁仲衍字子長，澶之清豐人，今家開封之昭德坊。資識敏悟，方總角時，已自如成人，蚤夜抱書册諷誦。父母愛憐之，又閔其素弱，意不欲其苦之也。亦陽從遊息，夜潛起取燭，或徹旦不寐。益務記覽，工辭章。召試西掖，賜進士第。慶曆初，通籍於朝。適天子宴皇屬太清樓，觀燈翠芳亭，撫州進金山等，皆一時盛事。仲衍作爲歌頌以獻，凡三錫詔美之。侍祠南郊，復奏頌，極于褒讚。上顧謂輔臣吕文靖等，稱歎殊甚。繼進文三十軸，後召試禁林，充秘閣校理。抗疏得懷守，乘前政之敝，專厲風節，誅鋤豪强，衆不敢犯法。郡境有沁水，創碾磑，借水勢，歲破麥數千斛，以給榷酤。先是，掾吏苦出納道勞，輒議均麥于民，率衆力以供，咸吁嗟，不敢訴郡。仲衍下車，亟召掾吏曰：『太守，所以便民也。今掾吏顧勞民自便耶？』乃出教，趣使復水利。未幾，轉運使移州以民租折供繒萬計，已而又欲以他斂。仲衍言歲饑，民不可重困，使者宜有以貸。轉運使不聽，仲衍愈持之，卒寬民輸之半。就除京東提刑。懷人德仲衍，逮其去也，父老遮道攀車。其判太常禮院時，京師有貓鼠同戲，援唐崔祐甫故事，請飭邊將以嚴武律。間歲，天子欲獵近郊，有司豫治道設供帳。久之，詔蹕未行。仲衍建白，幸上早出畋，有詔罷幸。

仲衍練達國朝典舊，未嘗一日去書，故博識無不該貫。著文集二十卷，章得象、晏殊尤見獎許，其牋記多出仲衍之文。爲《汴陽雜説》一卷，其言切于規喻。又以唐白傅所撰《事類集》傳者寖舛，乃參考經史，一以刊是之，仍據舊目補考摭新，别爲三十卷，曰《事類後集》。又爲《兩晉文類》五十卷。晚在山陽，與侍讀錢明逸篇章寄酬，凡數十百首，曰《河内唱和集》。又觀司馬遷、班固、范蔚宗所論，其中或有可疑者，因摘其失，折衷其義，作《史論》三卷。復取太史書，采類其文章，凡次成二十卷，曰《史記文通》。皇祐五年卒，年四十二。①

材料出處

①原注：《華陽集·晁君墓誌》。按：王珪《華陽集》卷五〇《提點京東諸路州軍刑獄公事兼諸路勸農事朝散大夫行尚書祠部員外郎充秘閣校理上輕車都尉借紫晁君墓誌銘》。

楊景略

楊景略字康功。治平二年擢進士第，知壽州安豐縣。里豪有倚富冒法者，以事召至庭下，窮竟無罪。得器服擬上方事，立寘于法，一邑爲之惴慄。縣當水衝，歲嘗病涉，爲之巨橋，往來者遂無患，目爲楊公橋。徙開封府推官，就遷判官。方朝廷患獄瘉之弊，景略以爲護視不謹，吏當繩之以法，診治有瘳，醫當勸之以賞。詔著爲令。出提點兩浙刑獄，嘗言太學有歲月之限，遠方寒士或以貧，或以親老，不趨期，請州置學官如太學法，以便科舉。元豐六年，拜尚書右司郎中，擢試中書舍人，避親嫌換龍圖待制，知揚州，移蘇州，復徙維揚。元祐元年卒，年四十七。

爲政嚴而不苛，在郡公私未嘗以一毫撓民，故二州之政，從容若無所事，而民自悦服。至蘇未數月，獄無繫者。去之日，吴人遮道涕泣。及卒，揚人思之不已，舉州爲之設浮〔二〕屠齋。

又建祠堂於龍興佛舍。古所謂遺愛，不是過也。平居佔嗶之外，無他玩好，常以讎校得失爲樂事。所藏書萬餘卷，猶繕寫不輟。又集周秦以來金石刻文至七十卷，用以考驗前史疏據與夫放逸之事。文集十五卷，《西掖草》二卷，《奏議》三卷，《執政年表》一卷，《奉使句驪叢鈔》十二卷，《少林居士聞見録》十卷。①

材料出處

①原注：《蘇魏公集》。按：蘇頌《蘇魏公集》卷五七《龍圖閣待制知揚州楊公墓誌銘》。

校　證

〔一〕浮，原闕，據《墓誌銘》補。

鄧忠臣

鄧忠臣字慎思，長沙人，自號玉池先生。熙寧二年進士，王珪門客也。累官知衡陽縣、大理丞。元豐四年，爲開封府界提舉司管勾官。奏言：『祥符縣鄧公鄉大堝村有泉水，民間飲之，多能愈疾，遂妄以李水子爲名。京師内外士庶軍營子弟轉相告言，今日神見某處，明日神降某處，傾動風俗，結成朋社，率斂財物，奔赴鄧公鄉，欲與神立廟。小人緣此易生姦心。神民異業，不可不禁。』不報。①以獻《郊祀慶成賦》及《原廟詩》百韻，擢秘書省正字。元祐三年，以韓川言通判瀛州，遷考功郎。忠臣事母周，以孝聞。母卒，護喪歸里，飲食起居，哀慕之節，皆應古禮。有學行，能文，長于雜記，嘗注杜詩，又留心晉史。元祐中，充注《晉史》官，申省乞差劉疇、蘇象先、王摭、白時中充《晉史》檢校官，爲姚勔所劾。崇寧初，權發遣汝州。

初，范純仁薨，謚曰忠宣，忠臣爲謚議，有曰：『每思捐身而獻策，常願休兵而息民。祇知扶危而濟傾，寧恤跋前而疐後。』又曰：『方讒言亂國，而明蔡確之無實；洎姦黨投石，而謂大防之可原。當衆人莫敢言之時，在偏州無可用之地。義形正色，憤激至誠。非特救當世正人端士之網羅，直欲戒後世亂臣賊子之迷罔。徇公忘己，爲國惜賢。』又曰：『父母之國，有時而去；股肱之義，於是或虧。放之江湖，忽如草芥。紉蘭澤畔，更甚屈原之忠；占鵩坐隅，已分賈生之死。』又曰：『側席南望，而抉浮雲之蔽；趨節東歸，而詠零雨之濛。』又曰：『法座想見其風采，詔書相望於道塗。』元年十二月，臣僚上言純仁謚已追奪，定議之博士、覆議之郎官各罰銅十斤。忠臣坐是罷爲管幹南京鴻慶宮。三年，添入黨籍，後贈直秘閣。著有《玉池集》。②

材料出處

①原注：《長編》二百十二。按：當爲卷三一三。

②原注：《書録解題》，參《湘陰縣志》、《能改齋漫録》、《通鑑長編》、《墨莊漫録》。按：《直齋書録解題》卷一七，《能改齋漫録》卷一四，《續資治通鑑長編》卷四一三、四六四，《墨莊漫録》卷一。

華　鎮

華鎮字安仁，會稽人。登元豐二年進士第，官至朝奉大夫。鎮好學博古，工於詩文，一時名人宗師多稱道之。嘗爲《會稽覽古詩》凡百餘篇，山川人物，上自虞夏，至於五季，爰暨國朝，苟可傳者，皆序而詠歌之。歷按史策，旁考傳記，以及稗官瑣語之所載，咸見採摭。傅〔一〕崧卿稱其詞格清麗，興寄深婉，足〔二〕以垂觀來者。

子初平，登大觀三年第。爲太常博士，討論典故，據經考古，無所阿附。靖康初，爭金人尊號，貽怒當塗。及都城失守，二聖北狩，初平竟以憂憤而卒。①

材料出處

①原注：《會稽續志》。按：卷五。

校　證

〔一〕傅，原作『富』，據《會稽續志》及《宋史》等改。

〔二〕足，原作『是』，據《會稽續志》改。

謝逸 弟邁

謝逸字無逸，臨川人，自號溪堂。少孤，博學工文辭。操履峻潔，再舉進士不第。黄庭堅嘗曰：『使斯人在館閣，當不減晁、張。』李商老謂其文步趨劉向、韓愈。所著書有《春秋廣微》、《樵談》、《溪堂集》。其他詩、啟、碑志、雜論數百篇。淳熙中，繪像祠於郡學。①

逸弟邁，字幼槃，自號竹友。嘗爲漕司首薦省闈，報罷，以琴弈詩酒自娱，詩文不亞其兄，時稱二謝。吕本中云：『無逸似康樂，幼槃似元暉。』又云：『二謝修身勵行，在崇、觀間，無所汙染，不獨以文見稱。』著有《竹友集》十卷。②

材料出處

①原注：（雍正）《江西通志》。按：卷八〇。

②原注：（雍正）《江西通志》。按：卷八〇。

何去非

何去非字正通，福建浦城人。累舉進士不第。元豐五年，以特奏名廷試。考官曾鞏奏有累舉之士一人，所論用兵之要，非通儒碩學不能及，神宗覽而異之。後數日，神宗御集英殿，賜第，乃得去非名，即引對殿陛。問曰：『昔嘗遊邊乎？』對曰：『臣生長閩粵，每恨未識邊防制度。』又問：『何以知兵？』對曰：『臣聞文武一道，古之儒者未嘗不知兵。』神宗喜，顧宰執優與之官。或奏宜授武職，使效所言。除右班殿直武學教授，使校《兵法七書》。書成，奏御得旨，褒賞。官制行，改武學博士，遷左侍禁。

元祐四年，翰林學士蘇軾狀奏：『去非在武學今已八年，臣嘗見其著述材力有餘，識度高遠，所論歷代廢興成敗，出人意表。雖喜論兵，然本儒者，不樂爲武吏，欲望聖慈特與換一文資，令充太學博士，以率勵學者。』詔加承事郎。歲餘，出爲徐州教授。軾復奏：『州學教授，比於博士，乃似左遷。恐朝廷不見去非文章，無以較量其人。臣謹繕寫去非所著《備論》二十八篇，附遞進上，乞降付三省執政考覽。如臣言不謬，望除一館職。非獨收羅逸才，風曉士類，亦以彰先帝知人之明。』不報。秩滿，知杭州富陽縣，收課爲一道最。歷通判廬州，卒，年七十有三。

去非廉勁踔悍，於書莫不通曉。軾每稱其筆勢雄健，得楚漢間風力。其所論撰，雜之軾集中，人亦不能辨也。①

材料出處

①原注：《福建通志》。按：道光《福建通志》卷一八九。

黄裳

黄裳字冕仲，福建南劍州人。未第時嘗作《遊仙記》，傳於京師，神宗覽而愛之。元豐五年，禮部奏進士有裳名，及進讀廷試策，凡在前列者，皆不稱旨。令求裳卷，至第五甲始見。神宗曰：『此乃狀元也。』擢爲第一，考官以高下失實皆罰銅。紹聖末，權兵部侍郎。元符二年，兼權吏部侍郎。徽宗即位，累轉工部、禮部侍郎。求外補，未行，留爲禮部尚書。會朝廷議推太學三舍法於天下，裳謂宜近不宜遠，宜少不宜老，宜富不宜貧，不如遵祖宗科舉之制。不聽。久之，句祠，提舉杭州洞霄宫。政和四年，以龍圖閣直學士起知福州。宣和七年，進端明殿學士，再領宫祠，自號紫玄翁。建炎二年，乞致仕，轉正議大夫。卒，年八十有七。

裳在政和間嘗言：『聖人不畏多難，而畏無難。備豫不虞，古之善教。天下無事而爲有事之備，則可以坐享太平。』又言：『雄州弓箭手趫捷勇健，北敵畏憚，請增額選募，分屯邊郡。』又言：『東南城池頹毁，無戰守具。萬一姦人竊發，懼無以制。』其後方臘作亂，連陷州縣，金人叛盟，長驅深入，悉如所論，人以裳言不見用而老於州郡爲可惜也。著有《演山集》六十卷。①

材料出處

①原注：《演山集》，參《閩書》。按：黄裳《演山集》附録程瑀撰《宋端明殿學士正議大夫贈少傅黄公神道碑》，《閩書》卷一〇一。又按：此傳實録自道光《福建通志》卷一八九。

李彭

李彭字商老，南康建昌人。祖常，《宋史》有傳。彭詩文富贍宏博，鍊錘精研，句多警。江西詩派居第九，在韓駒之次。集中多與蘇軾、黄庭堅、吕本中、陳師道、張耒、何頡、徐俯、韓駒、蘇庠、謝邁相唱和。時蘇庠居廬山，以琴書自娱，與彭齊名，時稱蘇李。著有《日涉園集》。①字有鍾、王之風，自言法右軍之贍麗，用魯公之氣骨，獵奇峭于誠懸，體韻度于凝式。灌園修水之上，筆畫一出，人爭傳寶。②

材料出處

①原注：《書録解題》，參《雲麓漫鈔》、《日涉園集》。按：《直齋書録解題》卷二〇，《雲麓漫鈔》卷一四。

②原注：《書史會要》，參《石門文字禪》。按：《書史會要》卷六，釋惠洪《石門文字禪》卷二七。

馮正符

馮正符字信道，遂寧人。其父堯民，字希元，爲鄉先生。正符學于安逸處士何羣，三上禮部不第，教授梓、遂間。閉户十年，著《春秋得法忘例論》，凡三十卷，及《詩》、《易》、《論語》解。蜀守何郯首以其《春秋論》上之。熙寧九年，用御史鄧綰薦，召試舍人院，賜同進士出身，授蜀州晉原主簿。鄧綰尋被謫，正符坐附會，奪官歸。時王安石不喜《春秋》，而正符所著於《春秋》特詳，其書首辨王魯、素王之説，及杜預三體五例、何休三科九旨之怪妄穿鑿，其説務通經旨，不事浮詞，皆正論也。①

材料出處

①原注：《遂寧縣志》。

王令

王令字逢原。祖居魏之元城，叔祖父乙居廣陵，令幼育於乙，遂爲廣陵人。年十數歲，晝從群兒嬉，夜讀誦書，往往達旦不眠。未嘗從師爲辭章，即雄偉老成。稍長，倜儻不羈束，周鄉里之急，爲不義者，面加毀折，無所避，人皆畏而服之。

里人滿執中，謹厚人也，一日責令所爲非是，令因自悔，更閉門讀書。久之，所得益閎深，乃作《竹賦》以自廣。其姊寡居，貧無以自存，乃聚徒天長，教其孤兒如己子。已而積薪之中得芝一葉，著《藏芝賦》。王安石赴召，道由淮南。令賦〔一〕《南山之田》詩，安石見之，期其才可與共功業於天下，因妻以其夫人之女弟。既而徙高郵，太守邵某延請主學，令辭不獲已，彊應之，尋亦辭去。邵爲部使者，以其節行聞於朝廷，不報。

令既喜退隱，思江南山水之勝，乃居潤，賦江上山中之詞。居頃之，熟於潤之山水道里，著《遊山記》以寓其意。居無何，以江陰幽僻，乃遷江陰。江陰地下濕，苦足疾，後居常州而終。婦吳，歸令一年而寡。歸廣陵，治田桑，布素以待盡。其趨操議論，説者謂宜爲令婦也。著有《王令集》二十卷、《廣陵文集》六卷、《論語注》十卷、《孟子講義》五卷。①

材料出處

①原注：劉發《廣陵先生傳》，《宋史·藝文志》。按：王令《廣陵集》附録劉發《廣陵先生傳》。

校　證

〔一〕賦，原作『赴』，據《廣陵先生傳》改。

袁百之

袁百之字必强，其先許人，後徙雍丘。少奇穎，登進士第。調郡曹，歷縣令，遷幕府，以選再爲州教授。天性孝愛，已壯，猶嬉戲親側如兒時。仕宦常擇比近，率五日一通訊，過期皇皇不能以日。母喪，哀毁，勺飲不入口三日。爲人美風致，夷然蕭散，善談笑，博學，軼於文辭。嘗讀董生《仕不遇賦》，歎曰：『命在天，不遇其何憂？道在我，奚往而不可樂？又方以天下爲憂，安知遇之非憂？方自樂其樂，安知不遇之非樂？』迺作《樂不遇賦》，其辭類騷。眉山蘇公見之，笑曰：『不見此作久矣。』平居恂恂需緩，至遇事，侃然不爲骫骳。逢州遞卒盜貸所護錢，當死，百之爲掾，讞之曰：『錢委窮卒，實誨之盜，乃與寇同抵罪，死非法意。』州不聽。固爭，且曰：『終不以一官易七人者命。』竟論減死。其後坐失出免官。元祐六年卒，年四十四。①

材料出處

①原注：《學易集·袁君墓誌》。按：劉跂《學易集》卷七《陳郡袁府君墓誌銘》。

馬 存

馬存字子才，樂平人，元祐三年進士。省試論以揚雄、劉向爲題，存論曰：『方王莽以險怪愚弄天下，學士大夫高節尚潔者，非引去則繼以死。龔勝以清死，鮑宣以悍死，其憤甚矣。雄斯時方著《劇秦美新論》，以發揚其盛，讀之令人氣拂膺不懌者累日。嗚乎雄乎！寧死爾，其忍爲此文哉？』典舉蘇軾奇之，置高等。京師競傳，因呼爲拂膺公。廷試策言：『臣之深思，常略於東南，而獨在北方。』詳定官蘇轍喜其遠慮，欲以冠多士。同列間之，抑居第四，授鎮南節度推官，再調越州觀察推官。紹聖三年卒。

存蚤遊太學，研經以考道，觀史以究治亂之變，摇毫頃刻數千言，文學錙一時。文集二十卷行世。①

材料出處

①原注：《江西通志·人物志》。按：雍正《江西通志》卷八七引《人物志》。

林虙

林虙字德祖，長州人。虙少穎悟絶人，能傳父祖業。伯父希嘗獲古鏡，背有龍朔二字，虙從旁曰：『是非唐大帝時物乎？』希奇之曰：『是兒眉過於目，當復以文名，可繼其祖矣。』遂以德祖字之。既長，益刻苦自淬厲，故其學早成。登紹聖四年進士第，除潤州教授，入爲太學録，復教授常州。常號多士，籍於學者千餘人。時方以三舍取士，乃身爲勸率，從者風靡。大觀三年廷試，常士預選者五十三人。上賜詔曰：『進賢受上賞，知州、教授特轉一官。』虙由奉議郎改宣德郎，知州徐申於學南立進賢坊、榮賜亭以侈之。在職六年，學者信服，遷揚州教授，擢河北西路提舉學事。陛對日，上首以久歷師儒，顧問甚渥，且使徧行所部，推廣風旨。虙頓首奉詔，因請加鄒、兖二國公謚，復捐公廨、菜圃歸於學。除開封府左司録，以府尹不之禮，上章請老。夜自書牘，旦報可，家人無知者。即日束裝出國門，士大夫奔走出餞，皆不及。既歸，杜門一室，不入州縣，無一言及時事。爲人强敏有志操，自六經、諸子而下，錯綜貫穿，無不記誦。爲文章捉筆數百言，闔易敷暢，初若不經意，然論辨研覈，皆有抵宿。晚好浮屠説，不肉食者十四年。始疾，即不呼醫，逮卒弗亂，年六十六。所居大雲坊，自號大雲翁。①

材料出處

①原注：盧《志》。按：同治《蘇州府志》卷八五引明盧熊《蘇州府志》。

商倚

商倚，淄川人。元祐八年官太學博士，與張文潛、晁無咎、鄧忠臣相唱和。紹聖四年，爲秘書省校書郎、通判保州。建中靖國元年，爲殿中侍御史。九月，上書曰：

『臣嘗聞自古〔一〕朋黨之論既起，未有不爲朝廷患。臣不敢遠引漢唐敗亂之變爲今日戒，臣竊觀紹聖、元符間，朋黨之所互作，豈朝廷所欲爲哉？亦有傾危變計之士，以飛箝捭闔之術奔走一二權臣之門，陳謀獻計，以意求合，務希寵利。遂使縉紳之禍幾半朝廷，而班列爲之一空。五六年間，海内多故，君臣無閒暇之日。此陛下所親見也。

『伏自陛下即位以來，治尚簡靜，以與天下休息。更革庶事，唯務便安。進用群臣，不問新舊，任賢以勿貳，去邪以勿疑。由是朋黨之論不攻而自判，天下士大夫始得安枕而寢。比下明詔，以謂爲政取人無彼時此時之別，又以建中靖國元年爲紀年之號，則陛下切於致治之意蓋可見矣。然臣竊聞近士人中或有乘時射利之徒，伺候府第，出入權門，或巧締讒言以中人，或妄生虛譽以舉類，或倡異同之論以潛惑上聽，或騰反覆之説以陰動柄臣。或執異見，欲以混淆人物之正邪。或騁曲辯，欲以變更朝廷之好惡。假浮議〔二〕以奪正，任私意以亂公，轉是作非，駕虛爲實。豈顧紛紜之害〔三〕理，唯期協附以進身。黨與漸成，必壞風俗。不行禁飭，曷底靜安？臣願陛下聽覽之際，聖慮先及，仍詔中書門下特行戒勵，及出榜朝堂，庶以少慰中外士大夫危疑之心，知朝廷深惡朋黨之弊，使善人君子可以存立。則大中之道，何患不建？唯陛下察之。』

崇寧三年，入黨籍。①

材料出處

①原注：《通鑑長編》，參楊仲良《紀事本末》、《諸臣奏議》。按：《宋朝諸臣奏議》卷七六商倚《上徽宗乞戒朋黨之弊》。

校證

〔一〕臣嘗聞自古，原空，據《宋朝諸臣奏議》補。下文亦多空字，皆據《宋朝諸臣奏議》補，不一一出校。

〔二〕議，原作『譏』，據《宋朝諸臣奏議》改。

〔三〕害，原作『言』，據《宋朝諸臣奏議》改。

曾紆

曾紆字公衮，號空青，世家撫之南豐，丞相布之第四子也。年十三，伯父鞏授以韓愈詩文，學益進。以父任爲承務郎，除太常寺主簿。左司諫江公望薦紆累數百言，不敢以宰相子爲嫌。布免相，言者指紆嘗夜過韓儀公家議復瑶華事，且受父客金，入元祐黨籍，竄永州。會赦，復承奉郎，監潭州南嶽廟簽書、寧國軍節度判官、通判鎮江府。會淮南漕渠不通，泗、楚州連數守罷。發運使陳亨伯密奏，移知楚州。紆因荒政役饑民，渠通而民活者不可勝計，因加直秘閣，移秀州。未幾，提舉京畿常平、江南東路轉運判官，陞副使。罷歸，主管南京鴻慶宫，屏居湖州。

建炎三年，苗傅、劉正彦反，吕頤浩、張浚檄諸州勤王。檄至湖州，守梁端會士大夫謀之，衆未及言，紆奮然曰：『逆順明甚，出師無可疑者。』數日，苗傅來取兵，紆請端械繫使者，毋令還。高宗反正，御史張守白發其忠，除直顯謨閣、江南東路轉運副使。盜孫誠等暴誘屬邑，一方騷然。紆作聖旨招安，單舸見之，諭以禍福，誠等望風迎拜。紆上書請矯制罪，上廉而釋之。未幾，隆祐皇后崩，監護使李回辟爲修奉，議者欲稱園陵，紆曰：『上不日恢復中原，奉隆祐歸祔，此特欑宫耳，當先正名。』朝廷用其言，聞者服其得體。提舉明道宫，甫兩月，起知撫州，除江南西路轉運副使。明年，除司農少卿，改福建路提點刑獄。明年，進直寶文閣、知衢州。未之官，卒，年六十有三。

紆才高識明，博極書史，其謫永州也，黄庭堅魯直得其詩而愛之，手書於扇。紆之叔父肇，不妄許可人，嘗曰：『文章得天才，當省學問之半，吾文力學至此耳。吾家阿紆，所得超然，未易量也。』故詩文每出，人爭誦之。篆隸行艸，沈著痛快，得古人用筆意。①著有《空青遺文》十卷。

材料出處

①原注：《浮溪集·曾公墓誌》。按：汪藻《浮溪集》卷二八《右中大夫直寶文閣知衢州曾公墓誌銘》。

黄　策

黄策字子虚，蘇州人。九歲能屬文，嘗追和梁昭明所選詩，持見蘇軾，軾曰：『子異時必以文顯。』弱冠擢第，歷雍丘主簿、齊州教授。元符末，詔中外言事。時昭慈聖獻皇后既復位號，而典册未有盡正者。策引古誼，上書甚切，蔡京深銜之。崇寧初，入黨籍邪上尤甚第二十八人，羈管登州，會赦還。後爲發運司屬官，斥賣京家貲，得京草《復元祐皇后制》所録上皇聖語，親劄副本上進，見神宗悔悟之心，欽聖詔復之旨，隆祐誣抑之由，由是京主並后以遂復廢之姦益明。建炎中，追録黨人，除直秘閣、通判嚴州。初，欽宗在青宫時，聞策名，大書隨緣堂三字以賜，因自號隨緣居士。①紹興二年，卒。②

材料出處

①原注：《姑蘇志》卷四十九。

②原注：《汪文定集・黄師聖墓誌》。按：汪應辰《文定集》卷二二《黄君墓誌》。

王　鞏

王鞏字定國，莘縣人。父素，《宋史》有傳。鞏篤學力文，志節甚堅，練達世務，彊力敢言。吴充、馮京器其爲人。①上書言事，多切時病。京薦于上，王安石沮之。②累官大理評事。熙寧八年，坐見徐革言涉不順而不告，追兩官勒停。③尋爲秘書省正字。九年，坐借趙居兵書，追兩官勒停。元豐二年，敘復太常博士。坐『與蘇軾交通，受謗訕文字不繳，又受王詵金』，謫監賓州鹽酒税。④一子死貶所，一子死于家。⑤鞏安患難，不戚于懷。

初，王氏父子以經術得幸，下其書于太學。凡置博士，試弟子，皆以新書從事，不合者黜之。鞏處放逐，⑥更刻苦讀諸經，頗立訓傳以示意。⑦成《論語注》十卷，自信不惑，成一家之言。

言請閤門奏上之。三年，歸來，⑧氣益剛實，⑨言事如故。⑩司馬光喜之，待以國士。⑪元祐元年，⑫言揚州之朝廷，擢宗正寺丞。⑬疏論宗室疎遠者不當稱皇伯皇叔，言者摭其疏，指爲離間宗室，除揚州通判。⑭在任皎皎，府賴以治。更謝景温、王安禮二守，皆相喜，因有少年之過，代還。四年，除知海州，不滿意。吕大防愛其才，改知密州。到官數月，言者交攻，罷歸，因恩例乞得管勾太平觀。⑮五年，起判登聞鼓院，朱光庭言未協公議，詔别差遣。⑯謝景温薦其有政事才，通判揚州，在官無過。⑰蘇轍言鞏之所長，人所難能，所短或少年所不免，乞加録用。六年，除知宿州。⑱安鼎姚勔論鞏在揚州日，交通州吏馬守珍，踰違公事，詔罷新命，依舊管勾太平觀。⑲改朝奉郎、管勾鴻慶宫。紹聖初，爲滎州簽判。⑳

鞏跌蕩傲世，好臧否人物，其口可畏，以是頗不容於人。㉑每除官，輒爲言者所論，故終不顯。㉒元符元年，坐『元祐中及元豐末累上書議論朝政，欲盡變先朝法度』，追毁出身以來告敕，除名勒停，送全州編管。徽宗立，復朝散郎。崇寧元年，送吏部與合入差遣，入黨籍。㉓鞏生長富貴，所好皆老書生事，㉔長于詩。㉕東坡歎爲不及。㉖他文章不守近儒繩尺，欲以雄長一時。㉗小草有高韻。㉘著有《論語注》十卷、《聞見近録》一卷、《甲申雜記》一卷、《隨手雜録》一卷。

材料出處

①原注：《東坡集》、《欒城集》。

②原注：《老學庵筆記》。
③原注：《長編》二百六十二。
④原注：《通鑑長編》。
⑤原注：《東坡序》。
⑥原注：秦少游《論語注序》。
⑦原注：《山谷集》。
⑧原注：秦少游《序》。
⑨原注：劉摯《日記》，見《長編》四百五十九。
⑩原注：《欒城集》。
⑪原注：《東坡集》。
⑫原注：《長編》。
⑬原注：《欒城集》。
⑭原注：《長編》二百九十二，參《東坡集》。
⑮原注：劉摯《日記》。
⑯原注：《長編》四百四十五。
⑰原注：四百四十六。
⑱原注：四百五十二。
⑲原注：《長編》四百五十九。

⑳原注：《長編》五百四，參《甲申雜記》。
㉑原注：《劉摯日記》。
㉒原注：《宋史》。
㉓原注：《長編》，參《紀事本末》。
㉔原注：《山谷集》。
㉕原注：《宋史》。
㉖原注：《墨莊漫録》。
㉗原注：《山谷集》。
㉘原注：《宋書録》。

卷二十七　列傳第二十七

文苑二

洪　朋

洪朋字龜父，南昌人。父民師，爲石州司法參軍。性孝，以毁卒。朋幼孤，受業於祖母文成君李氏，手不釋書，落筆成文，尤長於詩。舅黄庭堅嘗謂龜父筆力扛鼎，異日不患無聞。兩貢禮部不遇，早卒。遺稿有《清非集》。①

材料出處

①原注：《江西通志》。按：雍正《江西通志》卷六六。

洪　炎

洪炎字玉父，與兄朋、弟芻、羽俱以文詞名世，號四洪。舉進士，爲穀城令。坐以兄弟罹元祐黨同貶竄，復知潁上譙縣，並有循政，累官著作郎、秘書少監。高宗初，召爲中書舍人。時方倥偬，除目填委，炎操筆立成，訓詞典雅，同列歎服。有《西渡集》。嘗編列仙、臞儒事蹟三卷，號《塵外記》，又手録雜家小説，行於世。①

材料出處

①原注：《南昌耆舊記》，《江西通志》。按：雍正《江西通志》卷六六引《南昌耆舊記》。

高茂華

高茂華字秀實，元氏人，祖化始徙祥符。茂華人物高遠，有出塵之姿，其爲文稱是。嘗和呂本中《高郵道中》詩，有『中塗留眼占星聚，一夕披顔覺霧收』之句，與曾元嗣續、關止叔沼、呂本中居仁、韓子蒼駒、顔平仲岐、饒德操節爲十友。崇寧元年，臣僚上言布〔二〕與韓忠彦、李清臣交近爲私，結爲死黨，使其子壻吳則禮、外甥高茂華往來計議，共成元祐之黨。崇寧三年，入黨籍。五年，敘復承議郎。①

材料出處

①原注：《長編》，參《紀事本末》、《庚溪詩話》、《雞肋集》、高旦《墓誌》。按：呂本中《紫薇詩話》，《長編紀事本末》卷一三〇。

校　證

〔一〕按：布謂曾布，陸氏轉録《紀事本末》而失補其姓。

雍孝聞

雍孝聞，四川閬州人。元符末，有聲太學，學者推重之。崇寧初，省試第一，殿試策中力詆二蔡及時政未便者，徽宗大怒，減死竄海外。宣和末，上思其忠，批云：『雍孝聞昨以上書致罹刑辟，忠誠可嘉，特開落過犯，授修武郎、閤〔二〕門宣贊舍人。』命頒而孝聞死。①

材料出處

①原注：《揮麈前録》。按：卷二。

校證

〔一〕閤，原作『闔』，據《揮麈前録》改。

慕容彦逢 孫綸

慕容彦逢字叔遇，常州宜興人。六歲默識彊記，讀書一再過輒不忘，有異人語。其父曰：『是兒手有從理，足有二黑子，他日必貴。』視之信然。元祐三年進士，調主池州銅陵簿，遷知鄂州崇陽縣。紹聖二年，中宏詞科，改越州州學教授。刊印三史，讎校精審，遂爲善本，四方士大夫爭購求之。元符元年，遷太學博士。崇寧初，賜對便殿，言邇來學者程文往往尚浮靡，畔經術，願詔有司，凡選擇務先理教後文采，詭僻不醇者黜之。詔從其請。除秘書省校書郎，三遷至左司諫。章數十上，後言執政蔡京當去，上亟罷之。論議堅正，風望隱然，擢中書舍人。大觀元年春，除尚書兵部侍郎。蔡京復，言官希京意，誣以他事劾之。遂力請外，出知汝州。政和元年，復以吏部郎召。明年，擢刑部尚書。七年卒，年五十二。

彦逢友愛三弟甚至，講習琢磨，以身率之，皆有名。延賞不先與子，必徧逮同氣，飲食衣服必均，絶甘分少，迨貴猶然。暫不見，即惘惘若有所失。太常議謚法曰：『德美才修曰文，能善兄弟曰友，謚曰文友。』幼嗜學問，晚節益篤，藏書數萬卷，朝夕繙閲，經史諸子，靡不洽通，故發爲詞章，雅麗簡古，無世俗氣。尤長於辭令，典嚴温厚，褒貶無溢言。詔命或叢委，操筆立成，每一篇出，多士口傳。上尤愛其文，以爲有古風，往往摘訓辭之善者稱賞之。有文集二十卷、外制二十卷、内制十卷、奏議五卷、講〔一〕解五卷。孫綸，淳熙中知象州，搜訪于兵火之後，編爲《摛文堂集》三十卷。①

材料出處

①原注：《摛文堂集》附《墓誌》。按：慕容彦逢《摛文堂集》附録《慕容彦逢墓誌銘》。

校　證

〔一〕講，原作『請』，據《墓誌銘》改。

于世封 正封

于世封、正封，浦江人，皆舉進士。世封能暗記六經三史，正封尤以博洽自負。每兄弟論辨，旁引曲證，各歷誦全文，一字不遺，人號爲雙璧。初，世封善屬文，頃刻數千言，縱橫變通，無不如意，自以爲所向無敵。及同正封見歐陽脩，脩不然之。世封慚，脩因授以爲文之道，世封之學於是益進。晚乃著《易》、《書》、《詩》傳四十卷。正封著《春秋三傳是非説》二十卷。正封善正書，酷類顔真卿，世多傳之。①

材料出處

①原注：《浦陽人物記》。按：明宋濂《浦陽人物記》卷下。

毛滂

毛滂字澤民，江山人。元祐中爲杭州法曹，東坡爲守，滂秩滿去，會有歌贈别小詞，東坡問誰作，以毛法曹對。坡語客曰：『郡僚有詞人而不及知，某之罪也。』翼日，折簡追還，留連數月，滂因此得名。官至祠部員外郎、知秀州。有《東堂集》。①

材料出處

①原注：《衢州府志》。按：雍正《浙江通志》卷一八一引《衢州府志》。

林宋卿

林宋卿字朝彦，福建仙遊人。崇寧五年，由舍選登進士第，授睦親北宅宗學博士，召試秘書省正字，歷官翰林權直。①出知恭州。時邊臣多以拓土蒙賞，瀘南帥司奏開溪、費州，南通辰、沅，西抵瀘、戎，置一州二縣，夔、梓二路聽其節制。②宋卿上疏，反覆數千言，大略謂溪州與猺夷比鄰，遽行檢踏，恐夷人疑惑，别生事端，得其地不足耕，得其民不足治。若不杜窒其源，則邀功起釁者衆，豈不斵喪六十州生民命脈？徽宗覽疏惻然，詔罷其役，以宋卿兼提舉夔州、潼川府路兵馬都監，仍知恭州。宋卿嘗從將樂楊時學，及是時聞之，曰：『朝彦真百鍊鋼也。』

未幾，思州納土，夷官田祐恭與弟祐祥爲怨家告密，提刑使者欲置極典，朝命宋卿讞其獄。宋卿至，察其詿誤者釋之，以事關邊防，乞從末減。奏至，徽宗大喜。時尚書省劄下夔州路，斂十萬縑，充燕山軍需。宋卿上言：『保障繭絲，當權輕重。夔門至隘，人心易摇。末産下户，當爲蠲削。』事遂寢。復奏蠲恭民宿逋。自受俸外，非禄令所著者，一介不取。家繪生祠奉之。

靖康中，爲言者所讒，銜替僑寓涪陵之韓亭，日與士大夫唱酬歌詠以自適。涪人以宋卿才學出處與黄魯直相先後，因號爲小涪。建炎三年，涪守王擇仁薦宋卿學識純正，氣節剛方，可備中興任使。河北帥臣奏：『兵興機密，帥幕參謀以儒知兵，以節全城，無出宋卿右者。』得旨差充湖南安撫司參議。紹興五年，張浚以尚書右僕射都督諸路軍馬，宋卿條湖北事宜及兵籌五利等事。浚還朝，首薦之。宋卿乞祠歸里，未幾卒，官終朝請大夫。宋卿登第後，娶福清鄭俠孫女，所得匲資盡斥之以贍寒畯出京者，人歎其高誼。嘗西歸，道出通州，與同年廖剛謁陳瓘，曰：『頭項直。』宋卿言下領悟，故立朝行己，多遵榘矱，以風節著。③

材料出處

①原注：弘治《興化府志》云：『權直翰林學士院。』案：《宋史·職官志》：『凡他官入院，未除學士，謂之直院。學士俱闕，他官暫行院中文書，謂之權直。淳熙五年，議者以翰林乃應奉之所，非專掌制誥之地，更爲學士院權直。』據此，則徽宗朝權直銜不帶學士院。王邁《臞軒集·跋林學士宋卿帖》稱學士者，蓋邁以南渡後官銜稱宋卿，非其實也。

②原注：溪州，弘治《興化府志》作溪、費州，《八閩通志》、《閩書》皆同。考《楊龜山文集·向子韶墓誌》云：『瀘南帥劉亞夫用夷冉萬叜議，請開溪州路。』即此事也。唐有費州，其地在涪州間。宋時州廢，正屬夔州路。溪州或與費州故址相近，亦未可知。然以《子韶墓誌》證之，則當時所議開者，惟溪州也。

③原注：《福建通志》。按：此傳録自道光《福建通志》卷一八一。

葉廷珪

葉廷〔一〕珪字嗣忠，福建甌寧人。政和五年進士，除武邑丞。時方興燕山之役，廷珪資餉饋運不失，轉知德興縣。張邦昌僞詔至，不拜。後知福清縣，民困鬻鹽，廷珪請增鹽錢，又採煮鹽利害作圖及書，州縣遵用之。紹興中，召爲太常寺丞，遷兵部郎中。①十五年，轉對，言：『比者專尚文德，天下廓廓無事。然芸省書籍未富，切見閩中不經踐破之郡，士大夫藏書之家宛如平時。如興化之方，臨彰之吳，所藏尤富，悉其善本。望陛下逐州搜訪抄録。』從之。②議論與秦檜忤，③十八年秋，以左朝請大夫知泉州。鎮靜不擾，後移漳州，奉祠歸。

廷珪童時知嗜書，宦游四十餘年，未嘗一日釋卷。食以飴口，怠以爲枕，雖老而不衰。每聞士大夫家有異書，無不借，借無不讀，讀無不終篇。嘗作數十大册，擇其可用者，手抄之，名曰《海録》。其文多成片段者，曰《海録雜事》。其細碎如竹頭木屑者，爲《海録碎事》。其未知故事所出者，曰《海録未見事》。其事物興造之原，曰《海録事始》。其詩人佳句爲前輩稱道者，曰《海録警句圖》。其有事迹著見作詩之由者，爲《海録本事詩》。④其詩老而益工，未嘗一日不作，用事精當，寓意清高，置于唐人詩集中，幾不能辨。吏部郎宋喬年喜稱其詩，河陽傅自得寓泉州，與之往還，見輒論詩，⑤名重當時。陳俊卿、黄祖舜、鄭丙皆出其門。⑥

材料出處

①原注：《福建通志》，參《萬姓統譜》。按：道光《福建通志》卷一八二，《萬姓統譜》卷一二四。

②原注：《要録》一百五十三。

③原注：《萬姓統譜》。按：卷一二四。

④原注：《海録碎事自序》。

⑤原注：傳自得《序》。按：《海録碎事後序》。

⑥原注：《萬姓統譜》。按：卷一二四。

校證

〔一〕廷，原作『庭』，據《福建通志》及本卷目録改。

朱翌

朱翌字新仲，鄞縣人，自號灊山居士。漢桐鄉嗇夫邑之後，世家安慶之懷寧，晚卜居於鄞。父載上，司農卿，嘗從蘇軾、黄庭堅遊。翌爲學淵源出晁説之，著作有元祐遺風。政和八年，年二十三，以太學生賜第。初任溧水主簿，爲江寧王彦昭幕官。高宗南渡，爲秘書監屬，建太學，載韓厥於祀典，皆翌發之。預修《徽宗實録》，時范沖領史局，翌以文詞進，删潤功居多，高宗屢奬之。歷官中書舍人。文采聲華，傾動一時。在朝敢言事，嘗奏論信夷狄太堅，待虜使太厚，排衆論太切，姑息諸將太深，待大臣太嚴，立志太弱。秦檜相，逐趙鼎，翌以鼎黨貶韶州。斥久窮極，益自刻苦，倡明理學，粤東化之。在韶十九年，名山勝景，遊覽殆遍。詩益老，文益奇，遂以名家。起知嚴州、寧國、平江三郡。

當初起時，朝廷憫其飢寒，計貶所衣俸悉與之。其在平江，撙節浮費，積緡錢四十萬，尋奉祠歸。高宗視師江上，後守獻翌積錢，有詔嘉獎。起知太平、潭、泉三州，皆不赴。家居食指甚繁，往往炊煙不繼，性又好賓客，因作信天緣堂以寄意，爲文記之，示子孫。又嘗言：『人生壽夭不齊，姑以七十爲率。十歲爲兒童，父母膝下乳哺衣食，以須成立，其名曰生計。二十爲丈夫，骨强志堅，問津名利之埸，意在千里，其名曰身計。三十至四十，日夜注思，擇利而行，位欲高，財欲厚，門欲大，子孫欲盛，其名曰家計。五十之年，心怠力疲，俯仰世間，智術用盡，過隙之駒不留，當隨緣任運，息念休心，善刀而藏，如蠶作繭，其名曰老計。六十以往，甲子一周，夕陽銜山，倏爾就木，内觀一心，要使絲毫無慊，其名曰死計。』翌每以此語人。翌飽諳世故，晚歲見道，號省事老人。乾道三年卒，年七十一。將終，自識其墓。官至敷文閣待制，累贈少師。子軝類翌遺稿，周必大序之，論其詩如杜牧之，而出處亦相類云。

軝字叔止，慶元三年官贛州通守。嘉泰間，知南劍州，奉祠。①

材料出處

①《寶慶四明志》，參《延祐四明志》、周必大《平園類稿》、《隱居通議》、《萬姓統譜》、《搜采異聞録》。按：《寶慶四明志》卷八、《延祐四明志》卷九。又按：『延祐』原訛作『元祐』。

傅崧卿

傅崧卿字子駿，山陰人。省試第一，擢甲科，除辟雍正，改婺州州學教授，遷國子正，充校正御前文籍。以憂去職，服除，召爲考功員外郎兼太子舍人。方士林靈素得幸，造符書，號《神霄籙》，自三公輔臣以下皆從靈素師授。崧卿與曾幾獨不行，被譖出爲鄂州蒲圻縣丞。高宗初，除知太平州，數日罷。久之，召爲中書門下省檢正諸房公事。詔問群臣居建康與趨鄂岳吳越孰便，崧卿以『建康古建國，宜定基本，以濟中興』爲對。虜渡江，上自越將幸四明，崧卿殿後〔一〕，乘障盡死力，以爲浙東及衢、信州防邊使。明年，罷防邊使，除直龍圖閣、知越州。

上自永嘉還越，供億用度，崧卿乞悉從蠲減。雖中旨，有不便輒執奏，皆賜可。改知婺州，召拜秘書監兼權户部侍郎，尋除宣諭淮南東路。左僕射吕頤浩都督江淮荆浙諸軍事，崧卿以徽猷閣待制充參謀官。頤浩還行在，以崧卿管都督事，尋權知建康府。有言使淮南日奏事失實，降秩，提舉洪州玉隆觀。頤浩安撫荆湖，更辟參謀官，詔復集英殿修撰，固辭不拜。久之，召爲中書舍人，詔以强敵入寇，將親撫六師。崧卿入對，言留都管鑰、旁郡輔翼，當及鑾輿未發，亟圖之，庶無後慮。上稱善，進給事中兼史館。御史常同論其懷姦如王安石，罷歸。崧卿謂鄉人曰：『王公名世大儒，言者以僕比之，但有媿耳。』怡然不少動。

崧卿自國家多事，常慷慨欲以功名自見，與客言及國事，輒憤詫，或至流涕。覽鏡見齒髮衰皓，歎曰：『吾遂無以報國家而死乎？』在上前論議尤感激。未及大用而卒，時人惜之。有《樵風溪堂集》六十卷、奏議十五卷、《西掖制誥》三卷。又作《夏小正傳》，最行於世。①

材料出處

①原注：《會稽志》。按：卷一五。

校　證

〔一〕按：後，原作『對願得』，據《會稽志》改。

徐　兢

徐兢字明叔，又號自信居士，和州歷陽人，後遷長洲。幼穎異不群，年十八入太學，以父直秘閣閎中任補通州、司刑曹事，辟入阬冶司幕。攝知雍丘事，民服其化，獄訟衰止。京西使者以佞倖進，遣逃卒二百輩築室邑中，肆爲盜暴，一邑大擾，兢捕治之。使者託上冢，得旨抵邑，縱其徒鼓噪入獄，盡解所縛。兢曰：『位無高卑，遵三尺法，奉天子，均也。』密掩其室，復得凶黨，聞于所屬，置之法。治舉著聞，移攝原武縣。時有挾其弟貴勢者，威震郡邑，檄邑治市炭後至與慢令者。兢疏其害，聞諸朝，願以身贖無辜。鄭竦謂同列曰：『使縣令皆如徐兢，天下其有不治乎？』

宣和六年，高麗入貢，以兢爲國信使提轄官，隨路允迪報聘，撰《高麗圖經》四十卷上之。徽宗覽書大悦，召對便殿，賜出身，擢大宗丞兼管書學。以篆名家，自署曰保大騎省世家。遷刑部員外郎，以時相册免，坐親嫌，謫監池州永豐監。起除沿江制司參議，奉祠吴中。治圃數十畝，名洗硯池，幽勝聞江南。紹興二十五年卒，年六十三。

兢文詞警敏，下筆不能自休，尤長于詩。過西楚霸王廟，留二十八字，韓駒見之，曰：『後人不可措筆矣。』畫入神品，山水人物皆冠絶，人謂兢爲騎省後身。初，閟中命兢題咸寧墓碑，不能成，禱于佛，取《般若心經》習書之，至『實』字，見風幡飛動，因悟體勢，自此擅天下重名。徽宗尤所愛賞，召至禁中，命書『進德修業』四字，字長丈許，至『業』字特出奇變，行筆之敘，留中畫〔一〕最後落，修勁端直，如圓石墜千仞，上駭異稱善。①

材料出處

①原注：張孝伯《徐公行狀》。按：徐兢《宣和奉使高麗圖經》附録張孝伯撰《宋故尚書刑部員外郎徐公行狀》。

校證

〔一〕畫，原闕，據《行狀》補。

王洋

王洋字元渤，山陽人。宣和六年進士。紹興五年，以修職郎召試館職。六月，除秘書省正字。二年正月，除校書郎。五月，除吏部員外郎，尋守起居舍人。二年十月，詔群臣條缺失，洋請官五代九國子孫，上以洋姑應詔旨，言無可取，降一官。旋坐草方闓、張綱改官制詞溢美，罷爲直徽猷閣、主管台州崇道觀。十一年，起知邵武軍，奏言：『近蒙恩詔，貧乏之家生男女不能養贍者，人於免役、寬剩錢内支〔二〕四千，可謂仁德甚厚矣。然免役、寬剩，州縣所收甚微，勢不可久。乞鄉村之人無問貧富，凡孕婦五月，即經保申縣，專委縣丞注籍，其夫免雜色差役一年。候生子日，無問男女，第三等已下，給義倉米一斛，縣丞給食錢十千。專掌附籍，所掌萬户已上，歲及千人，便與改官。蓋義倉米本不出糴，今州郡尚有紅腐去處，一〔三〕郡歲發萬斛，可活萬人，通數路計之，不知所活其幾何也。又縣尉終任，獲强盜七人，便許改官。今使縣丞終任，活一二千人，俾之改官，亦豈爲過？又義倉之米若有不繼，逐年隨苗量添升斗，積活民，民自樂從。再三審度，實可經久。』①從之。

有袁氏者，夫死，詣庭投牒丐他適，見衰絰之下紅裳微露，且無戚容。械訊之，乃毒死其夫，問如律。②旋移知吉州，下車，首以禮幣邀王庭珪，虚正堂，延訪政事，即學宫聽講經，一時士大夫多爲歌詩以紀其盛。移饒州。洪忠宣爲秦檜所忌，無敢過其居者，洋獨修舍，蓋故事。適通判州事李勤與洋積不相能，訐忠宣有欺世飛〔三〕語，洋與聞之。坐是，十五年，罷爲直徽猷閣、主管台州崇道觀。寓居信州上澆之南池，有荷花水木之勝，因號王南池。闢宴坐一室，號半僧寮。與吕本中、曾幾相唱和。善詩，著有文集三十卷。紹興二十三年卒。③

材料出處

①原注：《繫年要録》一百三十九。
②原注：《福建通志》。按：道光《福建通志》卷一二七。
③原注：《繫年要録》，參《周益公文集・王右司文集序》、《澗泉日記》、《江西通志》、《胡澹庵集・王庭珪墓誌》。按：事迹多見周必大《文忠集》卷二〇《王元勃洋右史集序》及韓淲《澗泉日記》卷中。

校　證

〔一〕支，原作『制』，據《要録》卷一三九改。
〔二〕一，原作『二』，據《要録》卷一三九改。
〔三〕飛，原作『處』，據《要録》卷一五六改。

董逌 子棻

董逌字彦遠，山東東平人。徽宗時，官校書郎。蔡居安會館職食瓜，令坐上徵瓜字，居安所徵爲優，欲畢，彦遠連徵數事，皆所未聞，悉有依據。後數日，補外。①靖康中，爲國子監祭酒。建炎元年四月，率諸生至南京勸進，除宗正少卿。二年五月，除江東提刑，旋召爲中書舍人，充徽猷閣待制。②著有《廣川易學》、《廣川詩學》、《廣川書跋》、《畫跋》、《藏書志》③等書。

材料出處

①原注：王明清《揮麈前録》。按：卷三。
②原注：《建炎以來繫年要録》。按：卷三、卷四。
③原注：《直齋書録解題》及卷三吴棫《論語續解》解題。

子棻，字令升。宣和中，官鎮江府學教授。丹徒人李迎高尚不出，棻白太守虞奕訪之。①紹興初，累官提點廣西刑獄公事。時高登爲賀州富川簿，棻聞其名，檄兼賀州學事。②三年十二月，廣南宣諭使明槖奏棻公正奉法，特立不群，廣西州縣姦貪成風，其間能循守吏所恃以安職者，棻一人而已。紹興四年，以趙鼎薦擢吏部員外郎。奏言：

『仰惟太祖皇帝受天明命，削平僭亂，混一區宇，建萬世不拔之基，垂子孫無窮之祚。即功德所起，則有同乎周之后稷。乃若因時特起之蹟，則無異乎漢之高帝。魏晉而下，莫可擬論。是宜郊祀以配上帝，祫享以居東鄉之尊，傳千萬世而不易者也。

『國初，稽前代追崇之典，上及四世，故於祫享，用魏晉故事，虛東鄉之位。逮至仁宗皇帝嘉祐四年，親行祫享之禮。嘗詔有司詳議太祖皇帝東鄉，用昭正統之緒。當時在廷多洪儒碩學，僉謂自古必以受命之祖乃居東鄉之位。本朝太祖方受命之君，若論七廟之次，有僖祖以降四廟在上。當時大祫止列昭穆而虛東鄉，蓋終不敢以非受命之祖而居之，允協《禮經》。暨熙寧之初，僖祖以世次當祧，禮官韓維等據經有請，援證明白。適王安石用事，奮其臆説，務以勢勝，乃俾章衡建議尊僖祖爲始祖，肇居東鄉。神宗皇帝初未以爲然，委曲訪問。安石乃謂：「推太祖之孝心，固欲尊宣祖。自宣祖而上，孝心宜無以異，則尊僖祖必當祖宗神靈之意。」神宗皇帝意猶未決，博詢大臣。故馮京奏謂：「士大夫以太祖不得東鄉爲恨。」安石肆言以折之。已又欲罷太祖郊配，神宗以太祖開基受命，不許。安石終不然之，乃曰：「本朝配天之禮，不合《禮經》。」以此事未害逆順大倫，姑未暇釐正。一時有識之士，莫敢與辨。

『元祐之初，翼祖既祧，正合典禮。至於崇寧，宣祖當祧，適蔡京用事，一遵安石之術，乃建議請立九廟，自我作古，其已祧翼祖及當祧宣祖並即循舊。沿至今，太祖皇帝尚居第四室，遇大祫處昭穆之列，識者恨焉。臣竊謂王者奉先，與臣庶異，必合天下之公願，垂萬世之宏規，匪容私意於其間。祖功、宗德之外，親盡迭毁，禮之必然。自古蓋未有功隆創業爲一代之太祖，而列序於昭穆之次者也。亦未有非受命而追之祖，居東鄉之尊，歷百代而不〔二〕遷者也。是正闕違，以契天人之望，理固有待。

『陛下孝通神明，治法祖宗，光紹丕圖，中興聖緒。嗣服之初，郊見天地，寅奉太祖，以嚴配祀。載舉合宫之祭，仍修並配之儀，亶諧公願。兹者當省方駐驛之地，肇建太廟，以時享獻，用昭奉先之孝，帝王盛德曷以加諸？然則辨廟祧之次，尊受命之祖，固當遠稽前代，上憲祖宗，以時釐正。況今告朔、時享、薦新之禮既略舉矣，大祫之祀獨闕而未講。誠欲修嚴曠典，則東鄉之尊謂宜先定。夫宗廟事體至大至重，有輒擅議，罪萬死。然私竊懷此久矣。幸遇陛下隆寬逮下，不間疏賤，兹敢冒昧一言。倘或可採，乞從睿斷舉而行之，天下幸甚。

『臣謹按：太廟九室之制，始於唐之明皇，非本於禮也。而後之爲説者，乃遷就其事，以爲三昭三穆，與太祖、祖功、宗德三廟不遷，爲九廟。蔡京之議，祖襲唐制。漢以高皇帝爲太祖，尊居東鄉，後世無有異論。魏以武帝爲太祖，晉以宣帝爲太祖，蓋皆以始封爲據。唐以景帝始封，故尊爲太祖。其後追崇獻祖，而列景帝於昭穆。禮官陳京抗論辨證，前後二十年，卒復其舊，識者是之。蓋以景帝始封於唐，事蹟有類乎后稷。要之非始封之君、受命之祖，不得居東鄉。由三代歷漢魏，以迄於唐，無異道也。我太祖皇帝開基，雖與后稷異，而創業實同乎高帝，未聞漢以太公合食於祫而居高帝之上也。今若正太祖東鄉之尊，稽古沿革，委合《禮經》。

『臣再考商周之興，太廟世遠，而群廟之主皆出其後，故其禮易明。漢魏而下，太祖世近，毀廟之主皆在太祖上，於是禘祫不得如古制。而漢魏之制，太祖而上毀廟之主皆不合食。唐以景帝始封，故其後廟制既定，始以獻懿而上毀廟之主藏於興聖、德明之廟，遇祫即廟而享焉。是以别廟之祭，以全太祖之尊。當時剛勁如顏真卿，儒宗如韓愈，所議雖各有依據，皆不得易。陳京之説，以其當理故也。歷代沿革具在，謂宜博采而擇取其當。』③

九月，試太常少卿。十月，改尚書右司員外郎。旋以左朝請郎守起居舍人，劾罷權知賀州直徽猷閣程芾。六年六月，試中書舍人。王淵增置閤門官員外缺，棐言其非，遂寢前旨。又奏：『陛下雖當巡守，必載廟主。然近歲時享，徒以有請弗殺牛者，至三牲不備，而謂之隨宜。今陵寢尚淪僞境，歲時衣冠之游，未獲嚴奉。獨有太廟神主祀事，必過於厚，情文始稱。願明詔禮官舉行，以稱祇事神靈之意。』從之。④

李健、汪召嗣爲劉光世參議官，金人入犯，二人自廬遁歸。棐奏言應坐軍法，乃降一官。⑤旋兼權禮部侍郎。先是，有旨禁伊川學，録黄行下，吏部郎官黄次山欲鏤版，棐請少俟，而以己意進對。禮部欲遍牒所屬，棐又難之，戒諭堂吏毋得輒發。御史臺謂棐沮格詔令，七年正月，遂罷爲集英殿修撰、知衢州。旋請祠，提舉江州太平觀，尋起徽猷閣待制、知嚴州。九年，罷爲提舉台州崇道觀，寄居宜興。二十二年，右諫議大夫章廈論棐干撓縣道，落職。二十六年，起爲左中大夫、知婺州。⑥三十二年，罷爲提舉洪州玉龍觀。引年告老，詔復敷文閣待制。⑦著有

《廣川家學》二十卷、《燕談》三卷。⑧

材料出處

①原注：《嘉定鎮江志》。按：附録。

②原注：《宋史·高登傳》。按：卷三九九。

③原注：《要録》九十二。

④原注：卷一百五。

⑤原注：卷一百零六。

⑥原注：卷一百七十二。

⑦原注：卷一百九十八。

⑧原注：《直齊書録解題》。按：卷一〇，卷一一。

校　證

〔一〕不，原闕，據《要録》卷九二補。

黄次山

黄次山字季岑，庭堅族子。宣和元年，試國學第一，以庭堅名在禁錮，復抑置第四。歷信陽州學教授、池州司理參軍。靖康初，遷博士。坐與李綱厚善，謫監虢州銅場。建炎二年，擢尚書員外郎。未幾，撫御京東西路。使還，乞外補，遂知筠州。又乞監當以歸。丁内艱，終喪，復吏部郎官。入對，力陳日食之咎，又進校旗大閱之法。會金兵大至，淮南告捷，次山言策功行賞，勸沮所係，因條上三策，乞解六將軍逗留者之節鉞，授偏裨立功者。朝廷既罷劉光世兵柄，命吕祉代之。次山言光世固可罷，祉雖若可用，然統師御衆，非其所長。其言卒驗。靖康以來，學者宗程顥兄弟，不能深明其旨，轉爲迂怪。紹興初，諫官極論其弊，有旨戒飭學者。次山時權禮部郎官，與侍郎董棻爭之於朝，事雖直而謗議起矣。出提點荆湖南路刑獄。居數月，以言罷，主管亳州明道宮，凡九年，卒。①

材料出處

①原注：《危太朴集》。按：雍正《江西通志》卷六六引《危太朴集》。

王昪

王昪字逸老，本京師人。草聖奇偉。徽宗朝，被召入御書，補右爵。高宗南渡，寓居崇德之羔羊。時上留神翰墨，近臣有言其能者，召對賜札以書，玉音褒賞。官至正使。①

材料出處

①原注：《至元嘉興府志》。按：《至元嘉禾志》卷一三。

任申先

任申先字世初，四川眉山人。父伯雨，《宋史》有傳。靖康初，李綱薦，自布衣錫對。欽宗忽問云：『卿在前朝，曾上書乞取燕雲？』申先云：『誠有之。臣是時爲見遼國衰弱，謂我若訓練甲兵，遲以歲月，乘此機會，可以盡復燕雲舊地，初非欲結小羌擣其巢穴。此書尚在，可賜睿覽。』上云：『曾見之。使如卿言，燕雲之地何患不得？』繼以歎息，即批出，賜進士出身，自是進用。①

材料出處

①原注：《揮麈餘話》。按：卷一。

康與之

康與之字伯可，洛陽人，居宛丘。祖識，元豐八年東上閤門使、嘉州刺史，賞西夏功，頒榮州團練使。①父倬，字爲章，爲右班殿直，折節讀書。②紹興元年，知臨江軍。李成黨邵友犯臨江，倬遁。③晁以道居嵩山，與之常往學焉。又從潤上文人陽翟、陳恬遊。熟記《左氏》，不遺一字。與常子正同鄰居，同極愛之。南渡初，高宗駐維揚，上《中興十策》，名頗噪。旋監杭州太和樓酒庫，坐盜錢飾翠羽爲妓金盼履免官。八年，謁常同於湖州，以養母爲請，同創一檢察御書之員，月賙緡錢三萬，俾奉其母，與之乃不以爲養。同探取數月，逕致其母。與之鞅鞅去，旋因左璫以題徽宗畫扇詩受知，高宗起爲承務郎。

紹興十五年，上以星變求言，與之上書言彗不足畏。秦檜大喜，轉改京秩，監尚書六部門，專應制，爲歌詞諛體。十七年，擢軍器監丞。十九年冬，東平周三畏彦恭知蘇州，與之挾秦氏子弟勢爲樂妓趙芷脱藉，攜以去。三畏不敢顯拒，謀之通判蘇師德。師德，同亞壻也，其子玭又爲同壻，皆愛其才，恐爲與之終身累，乃追還芷，與之恨甚。二十年二月，同卒于海鹽，遂訐三畏賻錢二百萬，令師德越境往祭。祭文有『奸人在位，公棄而死』之語，檜怒，命提舉王珏鞫之。三畏鐫職，師德編管，玭亦停官。與之竟娶芷爲儷云。

未幾，又稱秦檜命，往鎮江市玉帶，又從都統王勝借金。上聞，出之外，爲福建安撫司、主管機宜文字。檜死，監察御史湯鵬舉劾其在平江干求州縣，妄造語言，貪汙尤甚。二十五年，除名編管欽州。二十八年，坐與士人交爭，移雷州，④尋移送新州牢城。弟舉之、譽之，皆進士。二十九年，臨安奏其妄説事端，送南康府聽讀、本軍拘管。⑤與之善爲詞曲，世比柳耆卿，著有《順庵樂府》。⑥

材料出處

①原注：《長編》三百五十二。
②原注：《揮麈録》。按：《揮麈餘話》卷二。
③原注：《宋史》。按：卷二六。
④原注：《要録》一百七十。
⑤原注：百八十九。
⑥原注：周南仲《山房集》，《鶴林玉露》，《桯史》，《繫年要録》，《汪文定集·常公墓誌》，廣東南海廟《風雷雨師殿記》。按：周南仲《山房集》卷四《康伯可傳》。

鄭厚

鄭厚字景韋，福建莆田人。四歲聞讀書能默記，七八歲通解經旨，作詩文，皆出人意表。舍法行，士子惟通一經，厚獨兼之。舉進士，入太學，以親老委之而歸。講學薌林，四方從遊者日衆。與從弟樵倡物理之學。宇文虛中一見嗟異，嘗遺厚書曰：『士弊於科舉久矣，安知亦有淵源深渺、不爲俗學所漬如二君者乎？』紹興五年，再試禮部，奏賦第一。登進士，廷對六千言，指陳無隱。

初，考官第厚居下，高宗素聞厚名，詔特循兩資，與陞擢差遣，授左從事郎，調泉州觀察推官。未赴，上封條奏三事。一曰國勢，謂建立舊鎮，使犬牙相制也。二曰治體，謂調兵足賦，使攻守有備也。三曰兵略，謂犄角敵騎，以控其奔衝也。參知政事劉大中力薦厚材，左僕射趙鼎亦以爲言，得旨召對。厚復上御相、固本、攬權之策，高宗嘉納。會秦檜擅權，大中、鼎相繼去國。詔任滿日改合入官。

厚至泉，鼎適來知泉州，事無巨細，悉以屬厚。踰年，除廣南東路茶鹽司幹辦公事。言者希檜旨，論厚諂事趙鼎，謗議朝政，遂罷歸。初，厚少時嘗著《藝圃折衷》，論多過激，既而悔之，有竊其稿以刊者，遂布於外。駕部員外郎王恭摘書中詆孟子語，言於朝。詔厚自今不得差充試官及堂除，令建州毀板，其已傳者皆焚之。厚家居十年，不得調。檜死，起昭信軍節度推官。

值齊述之亂，厚脱身賊中，出與守將協力討平之。復請於帥守，發帑掩骼埋胔，賑給流離，郡賴以安。改左承事郎、知潭州湘鄉縣。卒於官，年六十有一。

厚器識閎遠，學問淵博，文以《左氏》爲法，詞賦典麗秀傑，爲時所宗。參政龔茂良嘗謂莆中文士以湘鄉爲開山祖云。①

材料出處

①《建炎以來繫年要録》，參《興化志》、《八閩通志》。按：《要録》卷九三、一四八、一四九，《八閩通志》卷七一。又按：此傳實録自道光《福建通志》卷一八九。

王　銍

王銍字性之，汝陰人，昭素之後，曾紆壻也。父莘，字樂道。銍嘗從歐陽脩學。南渡後，寓居剡中，善屬文，不樂仕進。讀書五行俱下，他人纔三四行，銍已盡一紙。記問該洽，尤長國朝故事。對客指畫，誦説數百十言，退而質之，無一語謬。①紹興初，累官右承事郎、守太府丞、迪功郎，權樞密院編修官，纂集祖宗兵制。書成，四年三月，賜名《樞庭備檢》。罷爲主管台州崇道觀。

鋕以建隆、元符信史屢更，書多重複，乃以《七朝國史》帝記、志、傳外，益以宰執、宗室世表，爲《宗室公卿百官年表》。常同爲中執法，言于朝，詔鋕祠中，視史官之秩，尚方給劄奏御。至九年，以《元祐八年補録》及《七朝史》上之，詔進右宣議郎。然所修未及半，後爲秦檜所阻，不克成。②九年二月，秦檜上徽宗陵名永固，鋕言後周叱奴皇后陵實以爲名，當避。檜大怒。進右宣教郎，充湖南安撫使參議官。獻《祖宗八朝聖學通紀論》，遷右宣教郎。③十三年，獻《大玄經解義》，賜白金三百兩。④藏書數百篋，無所不備。

鋕卒，秦熺手書移郡將，欲取其藏書，且許以官。其子廉清字仲信，號泣拒之，曰：『願守書以死，不願官也。』郡將以禍福誘脅之，皆不聽。熺亦不能奪。廉清著有《京都歲時記》、《廣古今同姓名録》。⑤次子明清，字仲言，紹熙乙酉，簽書寧國軍節度判官。⑥著有《揮麈》三、餘，《玉照新志》、《投轄録》。

材料出處

①原注：《老學庵筆記》。按：卷二、卷六。
②原注：《要録》一百二十五。
③原注：一百五十一。
④原注：一百四十九。
⑤原注：《老學庵筆記》。按：卷二。

⑥原注：《玉照新志》。按：卷六。

畢良史

畢良史字少董，自號苑齋，上蔡人，文簡公士安五世孫。[①]第進士。少喜字學，得晉人筆法。壯遊京師，以買賣古器書畫之屬，出入貴人之門，當時謂之畢償賣。靖康之變，僑寓興國軍。蔣璨官江西，喜其辨慧，給貲令赴行在，諸内侍皆喜之。高宗方搜訪古器書畫之屬，恨未有辨其真僞者，得良史甚悦，月給俸五十千，仍令内侍延請爲賓客，又得束脩百餘千。會迪功郎、權婺州司户參軍畢隣者死事，得任子恩，其妻言子爲金人所殺，願官姪良史，遂補上州文學。[②]

紹興八年，金人歸三京地，擢右迪功郎、開封府推官，乃益搜求京城亂後遺棄古器書畫，買而藏之。金人敗盟，開封陷，良史入于金，不仕，乃教學講《春秋》。有從之游者，因爲圖，名《緇經》，寫其訪問紬繹之狀。[③]十二年，和議成，與孟庾、李正名同放還，遂盡載所收骨董至行在。上大喜。良史上言不能死節，請正典刑。詔放罪，旋差監南嶽廟。[④]十三年正月，進《春秋正辭》，特改右宣議郎、幹辨行在糧料〔二〕院。十五年七月，加直秘閣、知盱眙軍。[⑤]十八年，進直敷文閣。二十年八月，卒于任。[⑥]著有《春秋正辭》二十卷、《緇經堂集》八卷。[⑦]

材料出處

①原注：《解題》。按：《直齋書録解題》卷三。
②原注：《繫年要録》八十八，參《北盟會編》、《六研齋二筆》。
③原注：《解題》。按：卷一八。
④原注：一百四十五。
⑤原注：一百五十四。
⑥原注：一百六十一。
⑦原注：《解題》。按：卷三、一八。

校　證

〔一〕料，原作『科』，據《要録》卷一五四改。

周紫芝

周紫芝字少隱，號竹坡，宣城人。家貧苦學，得詩法于張文潛、李端叔，清麗典雅，在山谷、後山派中爲小宗。建炎初，貢京師，應詔上書言：

『今金人盛强，憑侮中國，雖驅天下之兵以脅之，不足以當其强，竭天下之財以餌之，不足以厭其欲，盡天下甘言以悦之，不足以回其意。臣深思之，不過一言，曰：「上策莫如自治而已。」自治之策無他，在力救前日之弊耳。陛下亦嘗思所以致今日之禍者乎？用人不專，黜陟不明，剛斷不足，此三者所以召禍亂之本也。

『李綱〔一〕危言讜論，天下聳聞，朝廷知其爲賢，既委以輔相，豈當責以將帥之事？遂致覆師，以貽竄逐。綱之用舍，係一時之輕重。願陛下盡以國計傾心付之，勿惑於詆訾不根之言，毋責以勝負不常之勢。臣所望陛下專於用人以救前日之弊者，此也。

『六賊之惡，暴著遠邇，當時猶且遷延歲月，處以善地。元惡有如蔡京，猶得保其腰領而死。其同惡之臣，非特不能盡去，方且依以爲用，或付以兵柄，或委以重鎮。凡今日奔軍之將、亡國之大夫，皆前日姦佞闒茸，可誅而不誅，可去而不去者。如此人尚在要路，則幾何而不致於喪師割地、誤國欺君者哉？臣願陛下大明黜陟，以正忠邪，屏除畏懦軟弱之徒，旌耀骨鯁難犯之士，使天下曉然皆知忠義者必賞，姦邪者必誅，則忠臣爭效死節，壯士勇於敢爲，庶幾可以雪恥。臣所望陛下大明黜陟以救前日之弊者，此也。

『淵聖皇帝虚以受諫，常若不及，惜其群言交至，一切聽納，受之泛然，無所甄别。而人主之權，遂歸臺諫。敵圍初解，議者欲追擣之，既而惑於群言，不能斷以必往，而割地之盟棄不復用。明年敵騎果入，而惑於衆議，守城不遷，至有今日之禍。臣所望陛下勇於聽斷以救前日之弊者，此也。

『夫任用之専，最爲人主難事。今既得賢而用之，不能去姦邪，則其勢必不兩立。此三者，在陛下勉之而已。』

紹興十二年，始以廷對第三釋褐。十五年五月，設六部架閣官。紫芝以迪功郎掌禮、兵兩部。十七年十二月，以承奉郎爲樞密院編修官，旋進右宣教郎兼實録院編修官。嘗和御製詩：『已通灌玉親祠事，更有何人敢造猷？』秦檜怒其諷己。二十一年閏四月，知興〔二〕國軍，政崇簡靜，終日焚香課詩，而事不廢。秩滿乞祠，寓居九江之廬山以終。①著有《竹坡〔三〕詩話》一卷、《太倉稊米集》七十卷，傳于世。

材料出處

①原注：《要録》，參江西、江南《通志》。按：《要録》卷六，乾隆《江南通志》卷一六七，雍正《江西通志》卷九六。

校　證

〔一〕綱，原作『剛』，據《要録》卷六及上下文改。
〔二〕興，原作『軍』，據《要録》卷一六二改。
〔三〕坡，原作『彼』，據《宋史・藝文志》改。

卷二十八　列傳第二十八

文苑三

姚　寬

姚寬字令威，嵊縣人。以父舜明任補官。少有令望，筮仕之始，一時名流爭禮致之。吕頤浩、李光帥江東，皆招置幕中。傅崧卿繼至，以主管機宜文字辟之，辭不就。崧卿移書交舊，有愧恨之語。秦檜執政，以舊怨抑而不用，寬亦不屈己求進。後以賀允中、徐林、張孝祥等薦，入監進奏院、六部門、權尚書户部員外郎，兼權金、倉二〔一〕部、屯田郎、樞密院編修官。

寬博學强記，於天文推算尤精。完顏亮入寇，中外皆以爲憂，具云：『虜百萬何可當，惟有退保爾。』寬獨抗論沮止，且上書執政言：『今八月歲入翼，明年七月入軫，又其行在己巳者，東南屏蔽也。昔越得歲而吴伐越，吴卒以亡。晉得歲而苻堅伐晉，堅隨以滅。今狂虜背盟犯歲，滅亡指日可待。又推太一熒惑所次，皆賊必滅之兆。』未幾，亮果自斃。從上幸金陵，以其言驗，令除郎召對。上首問歲星之詳，寬敷奏移晷，復論當世要務。奏未畢，疾作，仆於榻前。上面諭令優假將理，俟愈復入對。後一日，卒。上甚念之，特官其一子，且用其弟憲於朝。①

寬詞章之外，頗工於篆隸及工技之事。嘗謂守險莫如弩，因裒集古今用弩事實及造弩製度，爲《弩守書》以獻。且請用韓世忠舊法，以意增損，爲三弓合蟬弩。詔許之。既成，矢激二里，所中皆飲羽。又嘗論大駕鹵簿指南車，得古不傳之法也。所著有《西溪集》十卷、《注司馬遷史記》一百三十卷、《補注戰國策》三十一卷、《五行秘記》一卷、《西溪叢語》一卷、《玉璽書》一卷，注《韓文公集》未畢，尚數卷。寬每語人曰：『古稱圖書，豈可偏廢？』故其注《史記》、《戰國策》，辭有所不盡，必畫而爲圖。於文最得於詩，葉適云：『寬古樂府流麗哀思，頗雜近體。詩絶去尖巧，乃全造古律，加於作者一等矣。』爲當世推重如此。卒，年五十八。

兄宏，字令聲，少有才名，吕頤浩爲相，薦爲删定官，後忤秦檜，死大理獄。

材料出處

①原注：王明清《揮麈後録》，參《國史》。按：此傳實録自《會稽續志》卷五。

校　證

〔一〕二，原作『工』，據《會稽續志》改。

任盡言

任盡言字元受，右正言伯雨之孫。與兄質言同登紹興二年進士第。居下僚，好慷慨論事。秦檜死，朝廷懲言路壅塞之弊，召湯鵬舉於外，爲臺官。盡言投啟賀之，有『每愧朱雲之請劍，未聞林甫之斲棺』云云。鵬舉袖以白上，上意頗回。始黜檜姻黨，釋趙鼎子汾及李孟堅、王之奇等自便，公道大彰，盡言之力也。通判平江，除京西運判，改淮東提舉。欽廟上升，盡言率搢紳爲《位佛宫哭臨疏文》二通，讀者感泣。啟與疏，岳珂皆載之《桯史》，謂其『義不忘君，直不蔽姦，忠信之至，惜不究其用』云。著《小醜集》。①

材料出處

①原注：《顧志·名臣》。按：明顧清纂正德《姑蘇府志》卷二八。

張行成

張行成字文饒，四川臨邛縣人。紹興五〔二〕年進士。①學易于譙定，②通經博古，臨事能斷。累官左迪功郎。紹興九年五月，獻《芻蕘書》二十篇。其首曰《定謀》。大略謂關中、汴洛之地，我無故得之，然敵情未可測，意我得關中，必以蜀兵實之，得汴洛，必以吳兵鎮之，留梓宫以多索賄賂，我必竭吳蜀之財以奉之。兵移則守懈，賂重則財困，然後求我之釁，正彼之名，舉兵以來，乃得志矣。自古講和多矣，未有終久不變，則審處慎行，乃今日有常之謀，不可勝之術也。

次曰《審勢》。大略謂天下形勢，不過乎三，曰强、曰弱、曰强弱之中。故或戰而圖之，或和而圖之，或守而圖之。及其成功，一也。國家南渡，遠在江左，誠弱矣。然昔日之敗，本由人不知兵，故望風奔潰，遂成孺子之名。頃年以來，人材日經事，兵將日練習，天下之心稍怒，忠義之氣漸振，咸思效死於敵，故金人三敗於蜀，再敗於吳，一敗於楚。況項羽以會稽，高祖以漢中，皆取天下，則其弱亦不必憂。今日和議，恐未堅也，戰守二事，必居其一矣。倘審勢慎守，不與敵遽絶，陽交而陰圖之，俟我之力既全，敵之志已殆，一舉而滅之，則亦何遠之有？

次曰《議都》三篇。大略謂當今之可都者，莫如金陵。自過江以來，十餘年矣。廟堂之上，未有發斯議者。其弊有二，一曰苟且不任事，二曰誇誕不務實。且今河南既還，返汴洛，遷關中，臣知必不敢也。莫若勵志竭力，以建金陵之都，猶不失晉元帝也。或曰：曷若稍徙楚荆，以爲取之資？臣應之曰：方城之山，推車可上。漢江之水，褰裳可涉。此之謂險阻淺，一不便也。江南之師，遇漲則隔，吳越之中，泝流則遲。此之謂應援難，二不便也。前耕襄許，寇難實逼，後視湖湘，膏腴復鮮。此之謂地利薄，三不便也。荆楚雖未可都，亦不可輕，可順流而東，形勢便利，此之謂撫吳之背。斷三峽之口，則蜀勁兵，亦莫能前，此之謂扼蜀之吭。若夫用荆州之衆，涉漢水，踰方城，不十日間，汝洛震動，此之謂撞敵之胸。故勢不得不重。若建爲留都，示人以漸，命宰相爲留守，出御史於留臺，如今八路銓選，遠方類試，攬此二者萃於留都，亦足以振接天下之勢，維絡遠人之心矣。

次曰《議地》三篇。大略謂今河南之地，欲奄而有之，即力所未能。若貪而信之，恐害必遄至。若因而利之，據其可據，割其當割，最爲得策。如秦隴之上附之於蜀，淮漢之內附之吳〔二〕楚，有其土地，有其人民，此據其可據也。秦隴之下，淮漢之外，或擇豪傑，或因舊將，裂而藩鎮之，此割其當割也。

次曰《議蜀》三篇。大略謂農以田，商以貨，二者蜀民所以生。自新法行，增和買、免役二年，復有對糴之米、激賞之絹、募兵贍家之錢，比昔時之税不知幾倍。茶鹽酒法一變，官收九分之息，下無毫末之利。今關中虛竭，方賴蜀以供給徵斂，未可遽輕。若改紀其政，大爲措畫，使冗兵可消，冗官可減，冗費可節，如是則民力蘇矣。臣竊謂爲蜀之計者，當固邊而息民。固邊莫若專任，息民莫若省事。今取熙、秦二路附之於蜀，而於山南置秦蜀宣撫。外則分之一付於人，此專任也。内則并之一付於法，此省事也。

次曰《立志》。大略謂志不可以卑弱，亦不可以荒唐。江左自併蜀地，抗衡中原，垂三百年。今河南新復之地雖未盡獲其用，亦可假以爲藩籬。苟有立志焉，事何患其不濟？

次曰《遣使》。大略謂梓宫、親屬，悠悠未返。若追而求之，則要我益堅。若遂賂之，彼雖先歸梓宫，而母后兄弟未必歸也。苟若緩而圖之，卑辭可以屈己，厚幣不可傷國。數年之後，積財訓兵，我彊敵畏，而使者得如侯公、養卒，有辭藉口以張其説，則梓宫、親屬何患不歸耶？

次曰《任相》。大略謂古之人君定大難、濟大功者，必擇宰相與之終身，未有中道輒易者。故雖有嫌疑弗信，雖有過失弗問，要其終之成功而已。方今多難，擇相而任之，願以太祖爲法。

次曰《蓄力》。大略謂自古竊據中原，未有三十年不變亂者。若能痛自刻勵，積粟訓兵，求材練將，俟時至而赴之，會稽之恥可雪矣。

次曰《建親》。大略謂本朝宗室親近者，雖有爵號，而無土宇權柄，故靖康之難，拱手偕行。賴陛下適總兵在外，不然，何所顧藉以繼此配天之業？今宜搜訪天下宗室，稍分之以權，任之以事，數年之後，安無挺挺著見者？

次曰《搜奇》。大略謂國朝以詩賦取士，又有免舉推恩之法，如賢良之試六論，皆注疏之學，豪傑之士豈肯俛首作此？方今外有巨敵，正急人材之秋，如謀任帷幄、武堪將帥、辯可奏使，若此等類，宜使在位，各舉所知，闊略細故，務得奇才，如是而英雄豪傑庶無在下之歎。

次曰《省官》。大略謂欲節財用以專軍須，莫若併州縣、省官吏。若謂親老家貧，或仰禄以爲養，假令任子之未及年，進士之未登科，固必有術以生，亦豈仰禄而食？今若恐英豪失志，則宜開自薦之路，如州縣之殘破者願自效而安輯，壤地之荒蕪者願自效而營墾，或備驅使於絶域。材有堪此，咸許自陳，則英豪之士當自穎脱。餘子雖群譏聚謗，安能南北奔走哉？

次曰《惜穀》。大略謂天下之穀，半縻於酒。今若爲令，非歲時不許造釀，豈惟可惜穀而人樂於供上，所得將愈於榷酤矣。

次曰《實内》二篇。大略謂孫皓之守吴，惟恃江險，不終内備，故杜預以破竹策之。劉禪之守蜀也，亦恃山險，自姜維漢中之外，惟有羅憲屯白帝以備吴，霍戈屯夜郎以備蠻，其餘郡縣罕有精兵强卒。及鍾會以重兵扼姜維，鄧艾由江油道入，諸葛瞻一敗，後主遂降。今吴蜀之地，兵素弱，若用以備敵，則吴沿江一帶，蜀隨山數處，宜有宿將總兵鎮扼之。至於内郡，莫若鄉兵。漢之材官騎士，可用爲法。若因保甲之舊，精擇而教之，置材武上中下三等之科，事藝進者遞遷，退者黜責，階至五百人長得副尉，千人得比校尉。人知此途可以進身，將樂然爲之矣。

行成又獻《七引》一篇。其意謂今日之勢，未可一戰復中原也，故託晉元帝以寄意焉。③不報。丐祠歸，杜門十年，成《述衍》十八卷，以明伏羲、文王、孔子之《易》；《翼玄》十二卷，以明楊雄之《易》；《元包數義》三卷，以明衛元嵩之《易》；《潛虚衍義》十六卷，以明司馬光之《易》；《皇極經世索隱》二卷，以明邵雍之《易》；《通變》四十卷，取自陳摶至邵雍所傳《先天卦數》等十四圖，敷衍解釋，以通諸《易》之變。

乾道二年，進呈所著《易》書七種。詔以其言可採，除直徽猷閣，出知漢州。聰察强敏，請謁不行。號令嚴明，盜賊屏息，豪强退聽，倉庫充實，修舊起廢，不擾而辦。尋起爲成都府路轄鈐司幹辦公事。二十二年，王孝忠等謀叛于成都，帥臣曹筠閉閤不敢出，官僚往往逃避。行成獨排闥見筠，邀請出廳事，整兵授甲，指畫擒捕。尋即平定。汪應辰奏薦，移知潼川府以終。

行成頗得《易》數之詳，所傳十四圖得于蜀中估籍吏人之家。其論《易》，謂『理者大虛之實義，數者大虛之定分。未形之初，因理而有象；既形之後，因象以推數。因數以知理，不可論理而遺數』云。自號觀物先生，有《觀物集》二十卷。④

材料出處

①原注：《宋刊二百家播芳大全·世次》。

②原注：《宋史·譙定傳》。按：卷四五九。

③原注：《要録》一百二十八。

④原注：《繫年要録》，參《宋史·藝文志》、《鶴山集》、《朝野雜記》、《觀物篇解》、《汪文定集》。按：汪應辰《文定集》卷六《薦張行成劄子》，魏了翁《鶴山集》卷一〇九《師友雅言下》。

校　證

〔一〕五，原作『二』，按《宋刊名賢二百家文粹·世次》，張行成名下注『同年第』，其前爲程敦厚，名下注『（紹興）五年第』，故據改。

〔二〕『吳』下原有『外或』二字，據《建炎以來繫年要録》卷一二八删。

仲并

仲并字彌性，揚州江都人。自少卓犖不群，潛心學問。嘗從胡安國游，力排王氏一偏之説。紹興壬子進士，累官平江府學教授。五年，以朱勝非薦召對，特改左承奉郎。制曰：『孔子稱：「可與共學，未可與適道；可與適道，未可與立；可與立，未可與權。」夫知堯舜文王爲正道而不惑於異端者，可與共學也。自是而後適道，適道而後立，立而後權，然後可爲成德之士矣。然自昔者大學之道不明，而求士之可與共學者，殆不易得，況成德哉？爾資稟淳明，氣質深厚，頃自妙齡，潛心向學，則知所謂是非邪正，拳拳服膺。雖於異端競起、邪説誣民之時，能獨立不懼，自信甚確，庶幾孔子所謂可與共學者。朕聞而嘉之，兹用錫對便朝，改賜京秩。爾其勉哉！期進於道，用其所學，以見之於行事焉。』旋通判湖州。後三年，張浚與湖守陳與義復以名聞，召至闕，而樞密秦檜頗不謂然，并即移疾出倅京口。言者希檜意，劾并前通判湖州日爲籍中聲妓楊韻作生朝設醮青詞，降三官，自是棲遲閒退者二十年。孝宗初元，擢光禄丞、知蘄州，終。著有《浮山集》十六卷。①

材料出處

①原注：《繫年要録》，參周必大《平園集》、陳振孫《書録解題》、《玉照新志》。按：《要録》卷八〇，周必大

《文忠集》卷五四《仲并文集序》。

孫松壽

孫松壽字巖老，四川郫縣人，蜀人稱牧齋先生。紹興五年進士。力學好古，剛方廉潔，環堵蕭然，不求人知。衣食僅給，淡如也。屢官州縣，決事多用經術。嘗守漢嘉，甚有威愛。淳熙三年，除利州路轉運判官，時年六十六，遂乞致仕。

松壽與江源人樊漢廣善。漢廣字見南，嘗知青神縣，寬大長者，兼有能名。范致能與松壽並薦于朝，有旨召赴行在，皆辭不起。蜀人高之，何耕所以有《賢二大夫詩》之作也。趙雄在樞府，爲上言漢廣之賢，賜三品服。趙子直入蜀，奏漢廣掛冠勇退，凡二十年，内行素飭，終始不渝，乞賜旌表。詔除直秘閣，年九十餘乃卒。①

材料出處

①原注：《四川通志》。按：雍正《四川通志》卷八。

李石

李石字知幾，資州人，進士高第，蜀人稱爲方舟先生。紹興末，以趙逵薦，任太學博士。太學生芝草，學官方賀，石獨以爲兵兆，坐斥爲成都學官，就學者如雲，閩越之士萬里而來，刻石題諸生名，幾及千人。蜀學之盛，古今鮮儷。累官知黎州。乾道中，召爲都官，爲言者論罷。趙雄，其鄉人也，驟貴，石以晚輩視之，不與通書。久之，起守眉州，除成都路轉運判官，十日而罷。趙雄秉政，石遂不復出。及王淮爲相，與石有學官之舊，自書近詩數十以寄，筆勢傾欹，殆不可辨。淮憐之，方議除官而石卒。石好學能屬文，少從蘇符游，其淵源出於蘇氏，詩文皆以閎肆跌宕見長。著有《方舟集》五十卷、《後集》十卷，今存十二卷。①

材料出處

①原注：《朝野雜記》，參鄧椿《畫繼》、《資州志》。按：《建炎以來朝野雜記》卷一三，《畫繼》卷三。

蕭德藻

蕭德藻字東夫，福建閩清人。紹興二十一年進士，初調湖州烏程令，遂家焉。歷知峽州，終福建安撫司參議。德藻長於詩，造語苦硬頓挫，而極其工，與范成大、尤袤、陸游齊名。官湖湘時，楊萬里一見奬異，嘗曰：『近世詩人若范石湖之清新，尤梁谿之平淡，陸放翁之敷腴，蕭千巖之工緻，皆余所畏也。』德藻所居屏山，千巖競秀，故自號千巖老人云。著有《千巖擇稿》。①

材料出處

①原注：《書録解題》，參楊萬里《薦士録》、《千巖擇稿序》。按：《直齋書録解題》卷一八，楊萬里《誠齋集》卷八二《千巖摘稿序》、卷一一四《薦士録》。

施元之

施元之字德初，長興人。紹興二十四年進士，①以絶識博學名天下。②乾道二年，除秘書省正字。五年五月，除秘書省著作佐郎。十月，除起居舍人。十一月，兼國史院編修官。是月，除左司諫。③尋遷左正言。五年，汪應辰上李亘詞業，有旨召試。元之方候對，爲起居郎兼權中書舍人林機言故事無獨試者，當繳之。機即奏繳録黄，元之亦奏：『祖宗制科之設，自有典故。今亘詞業雖付後省，未有許令參考指揮，遽有召試中書之命，未應前後典故。兼國子監看詳明言令送兩省、侍從參考，況閣試大論，本朝典故録三四人以上糊名考校，無一名獨試者。乞重此非常之科。且以㕓詞業令有司公共參考來上，俟繼有一二人，然後俾之就試，庶幾受得賢之實，無倖進之譏。』詔令參考。繼聞二人握手私語，乃大怒，詔林機、施元之身居納言之地，朋比相通，並放罷。虞允文言不當罪。④

七年，起左宣教郎、權發遣衢州軍州主管學事〔一〕，兼管内勸農事。⑤入對，論用人責小過太詳，孝宗深然之。⑥於衢州郡立月波亭及超覽堂，毛幵爲之記。⑦復還贛州太守，急於繩吏。⑧吏游飲者，札杜潁簿録其家，潁袖還，曰：『罪由邏發，懼者衆矣。』元之矍然而罷。已爲提刑辛棄疾以私意劾罷。⑨嘗注蘇詩，與吴郡顧景蕃共爲之。元之子宿從而推廣，且爲《年譜》以傳於世。⑩陸游序之曰：『用功深，歷歲久，於東坡之意可無遺憾。』⑪

材料出處

①原注：談《志》。按：陸氏預纂之同治《湖州府志》卷七四亦有施元之傳，文字全同。
②原注：陸游《東坡詩注序》。
③原注：《中興館閣録》。
④原注：《朝野雜記》。
⑤原注：《五代會要跋》。
⑥原注：《宋史全文》。

⑦原注：弘治《衢州府志》。
⑧原注：《劉後村集·杜潁墓誌》。
⑨原注：同上。
⑩原注：《書録解題》。
⑪原注：《東坡詩注序》。

校證

〔一〕事，原闕，據陸氏《皕宋樓藏書志》卷三五所録《五代會要》施元之跋補。

崔敦詩　兄敦禮附

崔敦詩字大雅，通州靖海人。紹興三十年進士，調揚州高郵簿。早有文名，入爲秘書省正字。乾道九年，以韓元吉薦，授爲翰林權直。制詞温潤詳雅，明白有體，衆以驚歎。兼崇政殿説書，兼權給事中。淳熙五年，以吏部尚書韓元吉薦，召見，即言國家治否係公論廢興。公論者，衆心所在，理之當然，乃天道也。願明詔大臣，施舍廢置，務合于此。上稱善，除樞密院編修，復爲權直。敦詩既拜命，從容言曰：『翰林院者，自唐以來醫卜、技術皆預直也。至開元別置學士院，則專待儒臣。今泛然以翰林權直爲名，固懼聖朝官名未正。』上悟，即更爲學士院權直。遷著作，兼權吏部郎官，又兼崇政殿説書，進國子司業，改權直學士院。八年，拜中書舍人，加侍郎、直學士院。始以固人心、振士氣爲言，且謂監司、郡守以鎜厲之威爲强，以敏給辦事爲能，詞訟不理而專事財利，教化不修而專用刑法。上皆嘉納。進《選德殿六箴》，極規正之義。

敦詩博覽强記，爲文敏贍。嘗倣漢魏晉唐，爲《鐃歌吹曲》十二篇，以述祖宗功德之盛，見稱於時。又以司馬光《資治通鑑》于治亂得失、忠邪善惡有所未論者，凡一君之後爲《總説》，一代之末爲《統論》，成六十卷，號《通鑑要覽》，皆以奏御。而上命敦詩更定吕祖謙所編《文鑑》中群臣奏議，其增損去留，率有意義。有文集若干卷、内外制稿若干卷，所類《制海》十編、《鑑韻》五編。淳熙九年卒，年四十四。①

兄敦禮，與弟敦詩同登紹興進士第，官至諸王宫大小學教授。愛溧陽山水，買田築室居焉。著有《芻言》三卷，上卷言政，中卷言行，下卷言學，其文皆規橅楊雄、王通，無語録俚鄙之習。嘗集李太白句爲《太白遠遊》、《太白招魂》二篇，仿《離騷》頗工。著有《宫教集》二十卷。②

材料出處

①原注：《南澗甲乙稿》。按：韓元吉《南澗甲乙稿》卷二一《中書舍人兼侍講直學士院崔公墓誌銘》。
②原注：《提要》。按：《四庫全書總目提要》卷一一七《芻言集提要》、卷一五九《宫教集提要》。

吳説

吳説字傅朋，號練塘，錢塘人。累官知信州。北山九里松碑，説所書也。高宗詣天竺，親御宸翰，徹去説書。未幾，説陛辭，高宗因與説云：『九里松碑乃卿書，朕嘗三次作此，觀之終不如卿。』朝退，令再揭元碑。席大光以母碑求説書，大光立于碑側，不數字必息憩。説病之，至夜分，秉燭濳起而書。大光聞之起立，以文房玩好二物盡歸之。説書深入黄庭堅之室，時作鍾體，尤善遊絲書。①

材料出處

①原注：《書史會要》，參《洞天清録》、《貴耳録》、《行都紀事》。

翟耆年

翟耆年字伯壽。父汝文，《宋史》有傳。以父任入官。自少知友名士，劉器之甚愛之，而以著騷見稱于張耒。好古博雅，偏介不苟，自謂爲吏必以贜罷。放浪山水間，著書自娱。范宗尹欲召之，蘇庠曰：『翟子清濁太明，善惡太分，此張惠炤所以不容於當世也。』既老，自號㲠㴩老隱。善篆、隸、八分，著有《籀史》二卷。①

材料出處

①原注：《嘉定鎮江志》，參《籀史》、《書史會要》。按：《嘉定鎮江志》附録。

姜　夔

姜夔字堯章，鄱陽人，先世出九真，唐中書門下侍郎公輔之裔。八世祖泮，官饒州教授。父噩，紹興進士，以新喻丞知漢陽縣。夔從父宦游，流落古沔。沖淡寡欲，不樂時趨，氣貌若不勝衣。工書法，著《續書譜》以繼孫過庭，頗造翰墨閫域。詩律高秀，琢句精工。詞亦清虚騷雅，如野雲孤飛，去留無迹。尤嫻音律，初從蕭𢘅學詩，𢘅攜之苕上，妻以兄子。一時張鎡、楊萬里輩皆折節與交，而樓鑰、范成大更相友善。紹興中，秦檜當國，去隱武康縣箬坑之丁山，累薦不起。高宗賜宸翰，夔建御書閣以貯焉。嘗患樂典久墜，欲正容臺樂律。寧宗慶元三年，詣京師，上《大樂議》一卷、《琴瑟考古圖》一卷，詔付有司收掌，特予免解。時有疾其能者，以議不合而罷。五年，作《鐃歌鼓吹曲》一十四章，上於尚書省。書奏，詔付太常。周密以爲言辭峻潔，意度高遠，有超越驊騮之意。非虚譽也。居與白石洞天爲鄰，因號白石道人。時往來西湖，館水磨方氏。後以疾卒，葬西馬塍。子二，瓊，太廟齋郎；瑛〔一〕，禾郡僉判。①

材料出處

①原注：嚴杰《南宋姜夔傳》。謹案：夔與西秦張炎齊名，爲南宋詞家正軌，猶唐詩人之有李、杜。後以移家湖州，而《宋史》又失載夔傳，故舊《志》及《饒州府縣志》皆寥寥數言，未能詳盡。茲據國朝阮元所輯《詁經精舍文集》，損益他書，改訂斯傳，備是邦文獻之徵云。按：阮元輯《詁經精舍文集》卷五嚴杰《擬南宋姜夔傳》。

校證

〔一〕瑛，原作『暎』，據《擬南宋姜夔傳》改。

袁文

袁文字質甫，鄞縣人，垌之子。少聰警，以能賦稱。甫踰壯歲，厭舉子業，而讀書益勤不懈。一書精通，始更他書。自經史子集，至稗官小説，奥編隱帙，多所記覽。①夙精小學，取古三百五篇，參之方言，概以韻語，有若不同韻而實相協者，則會歸於一。其於字書偏旁點畫，毫髮無差。②晚歲猶平旦即起，日鈔書數千字，端勁有力。爲人亮直，中無留藏。遇人無貴賤，必以誠敬，恂恂卑謙，若無尺寸可稱者。雅尚清致，[3]有園數畝，日涉成趣，屈伸得喪，弗爲欣戚。榜所居小齋曰卧雪，自號爲逸叟。性尤不喜華侈，嘗曰：『食苟可以飽，衣苟可以禦寒，足矣。』紹熙元年卒，年七十有二，贈通議大夫。[4]

材料出處

①原注：袁燮《先公行狀》。按：袁燮《絜齋集》卷一六。

②原注：袁燮《先公墓表》。按：袁燮《絜齋集》卷一七。

③原注：《行狀》。

④原注：《墓表》，《鄞縣志》。按：乾隆《鄞縣志》卷二四。

張　有

張有字謙中，吴興人。自幼喜小篆，以説文爲正，[1]篤志古道。傷俗學之混淆，爲書一編，號曰《復古》，考證精詣，字之合於古者，皆所不論，惟俗書亂之者，必正其譌舛，毫釐不貸。其落筆作篆如真行，然略無艱辛之態，惟體修而末重與世小異，與漢元、成間谷口銅筩款識正同。其巍字從委從嵬，或省山以爲韓魏之魏，有爲林中書篆墓碑，絶不省去山字。古無菴字，有以爲當作闇，而難以題扁。山谷雖定從草，有亦不用。嘗篆楊龜山《踵息菴記》，終篇偶無此字，碑額雖從广，竟作隸體書之。其信古不從俗類如此。②其辨形聲，分點畫，剖判真僞，計較毫釐，視徐楚金兄弟及郭恕先尤精密，其有功於許氏甚大。年五十餘，成此書。崇寧以來，用篆籀名一時者，以有爲最。晚棄家爲黄冠，殆世外士，爲陳了翁所敬服。③

材料出處

①原注：《書録解題》。按：《直齋書録解題》卷三。
②原注：樓攻媿《復古編序》。按：樓鑰《攻媿集》卷五三。
③原注：李燾《説文解字後序》。按：見《吴興藝文補》卷一八。

喻良弼

喻良弼字季直，義烏人。與兄良能字叔奇，俱以古文詞有聲太學。良能成進士，而良弼僅以特科尉新喻，有《杉堂集》十卷、《樂府》五卷。龍川陳亮曰：『叔奇爲文精深簡雅，讀之愈久而意若新。季直文蔚茂馳騁，蓋將包羅衆體，而一字不苟，讀之亹亹無厭也。』尤工於詩，一時鉅公若洪邁、楊萬里，皆與爲文字友。①

材料出處

①原注：《兩浙名賢録》。按：卷四六。

趙師秀

趙師秀字紫芝，永嘉人，登紹興第。浮沈州縣，僅一改秩而卒。自乾淳來，濂洛之學方行，諸儒類以窮經相尚，詩或言志，取足而止，固不暇如昔人體驗聲病，律吕相宣也。潘檉出，始創爲唐詩，而師秀與徐照、翁卷、徐璣繹尋遺緒，日鍛月鍊，一字不苟下，由是唐體盛行。著有《天樂集》。①

材料出處

①原注：《兩浙名賢録》。按：卷四六。

徐照

徐照字道暉，永嘉人，自號山民。嗜苦茗，上下山水，穿幽透深，拾其勝會。有詩數百，斲思尤奇，皆横絶欻起，冰懸雪跨，使讀者變踔愣慄，肯首吟歎不自已。發今人未悟之機，回百年已廢之學，使後復言唐詩自照始，亦一快也。[1]

材料出處

①原注：葉適《徐照墓誌》。按：葉適《水心集》卷一七《徐道暉墓誌銘》。

翁　卷

翁卷字續古，一字靈舒，樂清人。著有《西巖集》，一名《葦碧軒集》。[1]

材料出處

①原注：《温州府志》。按：雍正《浙江通志》卷一八二引《温州府志》。

徐　璣

徐璣字致中，一字靈淵，仕長泰令，工詩，著有《山泉集》。自趙師秀以下四人，號永嘉四靈。館閣有《四靈集》。①

材料出處

①原注：《温州府志》。按：雍正《浙江通志》卷一八二引《温州府志》。

王厚之

王厚之字順伯，世本臨川人，左丞安禮四世孫也，祖榕始徙居於諸暨。紹興二十六年，厚之以越鄉薦爲舉首。尋入太學，登乾道二年進士第。由秘書郎出爲淮南轉運判官，召爲度支郎、兩浙轉運判官、知臨安府提點坑冶鑄錢、提點江東刑獄。上章乞致仕，詔進直寶文閣，從所請。厚之好古博雅，富藏先代彝器及金石刻，與尤袤俱以博古知名於時。嘗取古今碑刻參訂而詳著之，號《復齋金石録》。嘉泰四年卒，年七十四。①

材料出處

①原注：《會稽續志》。按：卷五。

周孚

周孚字信道，世濟北將家，避亂南徙，居丹徒。天資穎悟，七歲通《春秋左氏傳》。既長，喜讀書，過目輒成誦。時有鄧氏張書肆，孚日往游焉，因得盡閱天下書。其友陳珙爲孚集序，謂其博聞强記，尤邃於楚騷、遷《史》、唐韓、杜氏之詩文，而博以本朝諸公名世之作。爲詩始以黄、陳爲法，而卒歸於杜。屬思高遠，鍊句精穩，少而工，壯而新，晚而平淡。爲文長於敘事，簡潔而峻厲，不喜襞積雕繪，循理而言，理盡而止。辛棄疾少壯時，兄事之。擢乾道二年進士第，爲真州教授。郡守延璽，武人，欲薦之，介學職以意。學職喜，以告孚，不答。退復以書扣可否，孚答書陳誼甚高，聞者韙之。在任以疾卒。有《蠹齋集》三十卷，又《非詩辨妄》二卷，尤爲詳明精確。

時京口之士多從游，其最厚者朱叔琣字德裕、陳珙字德厚、宋郭字安民。德裕〔一〕未嘗請鄉舉，刻意古學，爲《京口七原》，略倣柳宗元《晉問》，他詩文亦多擬古，未第而卒。孚識高見博，爲朋友所推，每一言出，輒相與傳誦，惟德裕數與反復，是而後已，蓋孚畏友云。珙擢淳熙八年進士第，歷秀之崇德尉、真州司法、湖州教授，卒。性嗜書，老不釋卷，平居端重寡言，及杯酒從容，援古證今，談論衮衮，叩之不窮，始知不可及。安民四舉於鄉，晚以特科拜官，從蜀帥張詔辟於興州，卒。安民亦多識前言往行，善談論，性謙和，喜接引後輩，學者多出其門。①

材料出處

①原注：《京口耆舊傳》。按：卷三。

校　證

〔一〕德裕，原闕，據《京口耆舊傳》補。

王卿月

王卿月字清叔。博學，工古文詞，不隨時好，力還古雅，多藝能，雖音律卜筮，無不貫徹。中乾道五年進士，仕秘書郎、權中書舍人、直學士院、掌制誥〔一〕所。草詞百餘篇，深得代言之體。嘗〔二〕草胡銓制云：『吾寧身蹈東海，獨魯仲連不肯帝秦；至今名重泰山，微藺相如何以存趙？』時論多之。除太府卿，卒。著有《醒菴集》。①

材料出處

①原注：《臨海縣志》。按：雍正《浙江通志》卷一八一引《臨海縣志》。

校證

〔一〕誥，原作『詔』，據《浙江通志》改。

〔二〕嘗，原作『當』，據《浙江通志》改。

曾丰

曾丰字幼度，樂安人。乾道五年進士，官至知德慶府。以文章名，著有《緣督集》四十卷。氣剛而義嚴，辭直而理勝。真德秀初嘗受學于丰，及執政，奏取其集，入崇文四部。晚年無意仕進，築室名撙齋，以詩酒自娱。①

材料出處

①原注：《道園學古録》，參《真西山集》、原本《緣督集》。按：元虞集《道園學古録》卷三四《曾撙齋緣督集序》。又按：『緣督』原誤倒作『督緣』。

鞏豐 弟嶸

鞏豐字仲至，號栗齋，上世自鄆州須城縣渡江，即所寓土斷爲婺之武義人。以太學上舍對策高第，登淳熙甲辰進士，教授漢陽軍，次授江東提刑司幹辦公事。母喪免，又授幹辦福建帥司公事。以格知臨安縣，政尚寬簡，吏民信化，刑罰衰息。久之，提轄左藏庫，奉祠卒。豐學敏而早成，自童丱時，前輩源緒、古今音節、事之因革，總統如注水千仞之壑，迎前隨後，宿叟駭服。嘗從朱子問學，聲實著甚。其文以理屈人，片詞半牘，皆清朗得言外趣。尤工於詩，多至三千餘首。有《東平集》二十七卷，又有《耳目志》若干卷。①

豐弟嶸，字仲問。淳熙二年進士，累官至太學博士、大理寺丞。上書言兵端不可開，忤宰相，出知嚴州。陛辭，力言外攘當先内修。已而直秘閣，歷遷司封郎，奉祠致仕。爲人靜正夷博，居官未嘗澤辭色、貫聲光以媒進，而儒術吏治，所至皆有聲。所著有《厚齋集》八十卷。嶸母楊氏，通《毛詩》、《論語》、《孝經》，知大義，故自長子峴而下，皆知師東萊，傳正學，有聞於時。②

材料出處

①原注：《敬鄉録》。按：《敬鄉録》卷九。又按：此傳事迹間有不見於《敬鄉録》，而見於葉適《水心集》卷二二《鞏仲至墓誌銘》。

②原注：《洪平齋集·鞏君墓誌》。按：洪咨夔《平齋集》卷三一《吏部鞏公墓誌銘》。

卷二十九　列傳第二十九

文苑四

孫應時

孫應時字季和，餘姚人。父介，躬行古道，訓授閭里，鄉人尊之，號雪齋先生。應時天才穎異，陶冶嚴訓，八歲能屬文。乾道壬辰，入太學，年方弱冠，從江西陸九淵悟存心養性之學，登淳熙乙未進士第。初尉黄巖，士民惜其去，欲共置田宅留居焉，辭不受。朱熹爲常平使者，一見即與定交。紹熙壬子，丘崈帥蜀，辟入制幕。興州元帥吳氏將有世襲之勢，朝廷患之，而未敢輕有變易也。丘崈因其病，使應時往視疾，以察軍情。盛禮十獻，辭焉。復命，以事實告。會吳挺死，即白制帥，定議差統制官擢領其軍，檄總領楊輔兼利西安撫節制之，草奏乞別選帥材，以代吳氏。朝廷從之，以張詔爲興州都統，一方晏然。改秩，知平江府常熟縣。既滿，郡將以私憾捃摭倉粟累政流欠三千斛見問，士民感德，至相率擔負詣郡願代償，不報，竟坐貶秩。故有詩謝其邑人云：『牛車擔負愧高義，豈知薄命非兒寬？』授通判邵武軍，將赴而卒，年五十三。自號燭湖居士，有文集十卷。

開禧丁卯，吴挺之子曦復歸興元，果據軍以叛。曦誅，嘉定初，户侍沈詵、刑侍蔡幼學、給事曾喚、吏侍黄度、兵侍戴溪、工侍汪逵六人同奏應時學問深醇，行義修飭，見微慮遠，能爲國家弭患於未形，乞甄録其後，得旨特補其子祖開下州文學。①

材料出處

①原注：《會稽續志》。按：卷五。

高似孫

高似孫字續古。①夙有俊聲，詞章敏贍。②程大昌《演繁露》初成，文虎假觀，似孫年尚少，竊窺之。越日程索問原書，似孫因出一帙曰《繁露詰〔二〕》，其間多大昌所未載，而辨證尤詳。大昌盛賞之。③登淳熙十一年進士。④爲會稽縣主簿，吏道通明。樓鑰除給事中，嘗舉以自代。⑤後爲禮部郎、守處州。⑥累官中大夫、提舉崇禧觀。似孫博雅好古，⑦晚家於越，⑧爲嵊令史安之作《剡録》，而文物掌故乃備。卒，贈通議大夫。⑨

材料出處

①原注：《書録解題》。按：《直齋書録解題》卷一〇。
②原注：《攻媿集》。按：樓鑰《攻媿集》卷三一《除給事中舉高似孫自代狀》。
③原注：《齊東野語》。按：卷一九『著書之難』條。
④原注：《寶慶志》。按：《寶慶四明志》卷一〇。
⑤原注：《攻媿集》。
⑥原注：《延祐志》。案：《句餘土音注》作『禮部侍郎知處州』。按：《延祐四明志》卷四《人物考》『高閲』條。
⑦原注：《嵊縣志》。按：同治《嵊縣志》卷十七。
⑧原注：《延祐志》。案：《鮚埼亭外集》：『晚年始遷姚江，而諸弟如衡孫等仍居甬江。』
⑨原注：《鄞縣志》。按：乾隆《鄞縣志》卷二一。

校證

〔一〕詁，原作『詁』，據《齊東野語》改。

王偁

王偁字季平，四川眉州人。累官承議郎、知龍州。偁刻意史學，斷自太祖，至于欽宗，上下九朝，爲《東都事略》一百三十卷。其非國史所載而得之旁收者，居十之一，皆信而有徵，可以依據。洪邁修四朝國史，奏進其書，加直秘閣。慶元中，終吏部郎中。①

材料出處

①按：此傳漏注出處，當見陸氏《皕宋樓藏書志》卷二三『東都事略』條所録洪邁《劄子》，以及《建炎以來朝野雜記》甲集卷四『續通鑑長編』條。

陳　造

陳造字唐卿，高郵人。年二十五始知爲儒。貧不能自振，妻張氏，富室也，捐所有以左右所無。年三十四，登乙未科，調繁昌尉，改平江府教授。范成大見其詩文，曰：『唐卿亦高郵人，使遇歐、蘇，盛名當不在少游下。』尚書尤袤、樞密羅點得其騷詞、雜著，手之不置。尋知明之定海縣，以薦通判房陵，攝郡事，皆有最績。秩滿，授朝散郎、浙西路安撫使參議官，曰：『吾得盡償詩債，足矣。』改淮南西路參議官。晚年自號江湖長翁，有集四十卷。其詩文居今篤古，一洗南宋纖巧俚俗之病，卓然自立於頹波之外。①

材料出處

①原注：申屠駉《陳公墓誌》，參陸放翁《序》、萬曆《揚州府志》。按：陳造《江湖長翁集》卷首申屠駉《宋故淮南夫子陳公墓誌銘》及陸遊《江湖長翁集序》，萬曆《揚州府志》卷一八。

吳曾

吳曾字虎臣，崇仁人。由上舍獻書授官，累遷至吏部郎中。太史局欲徙紹興殯宫内士民墳墓，曾謂坤道尚静，恐傷旺氣，事得止。又言辛巳、壬午歲，俱日食正朔，當主兵，請豫爲備。除知金州，去貪吏，恤良民，善政著聞。改嚴州致仕。所著有《君臣論》、《負暄策》、《毛詩辨疑》、《左傳發揮》、《新唐書糾繆》、《得閒文集》、《待試詞》、《學干一策》、《南征北伐編年》、《南北事類》、《能改齋漫録》，近二百卷，悉收入秘府。①

材料出處

①原注：《江西通志》，參《浙江通志》。按：雍正《江西通志》卷八〇引《人物志》，雍正《浙江通志》卷一五六。又按：此傳實録自光緒《江西通志》卷一五一。

倪朴

倪朴字文卿，唐户部侍郎若水之後也。若水居恒州，唐末之亂，子孫南遷江浙間。五代時，有名盈者，自吳興遷浦陽之石陵，世爲農。至朴曾祖展，始以貲雄於鄉。初，衢、婺嘗輸丁身錢，相傳仁宗時，永康胡則爲奏免。崇寧間，欲復算之。適部使者行郡，展持則像拜使者於馬前，歷訴其非便。使者上其事，復獲免。祖子從，性好施，田旱及半，悉捐與種家。又多奇謀。建炎初，山賊作亂，遠近震動。縣令丞檄子從問計，子從爲之籌畫，使其子統民兵爲前導，賊皆敗走。民兵别部有貪功擒至百餘人者，縣令例縛之，將斬以徇。子從聞之，急白令曰：『此輩豈皆賊哉？不如勿殺，使自新。賊不足定也。』令悟，足地曰：『微公言，幾敗吾事。』悉縱之，事果帖帖。

朴豪儁不羈，喜舞劍談兵，恥爲無用之學，必欲見之於事功。紹興間，聞廟堂謀遣將掃清河洛，喜曰：『依日月，乘風雲，以佐天誅，此其時矣。』乃草書數千言，歷陳征討大計，精忠感激，有古作者風。鄭伯熊見之，連吐舌曰：『男子，男子。』雖以無階不得上進，而朴志益堅，且以天下山川險阻、户口多寡用兵者所當知，乃徧考群書，成《輿地會元志》四十卷。又合古今夷夏，繪爲一圖，張之屋壁，手指心計，何地可戰，何城可守，猶幸一用其能。晚雖知不用，復著《鑑轍録》五卷，以痛國家禦侮用策之失，惓惓猶前志也。

朴好使氣，與人多不合。年四十七尚未娶，當時人亦鮮有知朴者，獨永康陳亮敬焉。淳熙中，與知縣趙汝鉞有隙，鄉人樓益恭遂以豪俠中之，徙家筠州，會赦東歸。朴於書過眼不再覽，辨駁甚精，嘗言吳越受梁封爵，未嘗稱帝，其改元寶大，實當梁亡之後，且取觀音院鍾刻爲證，以破《五代史》之疑，論者服之。①

材料出處

①原注：《浦陽人物記》。按：卷下。

吳仁傑

吳仁傑字斗南，一字南英，其先洛陽人，居崑山。父信，修武郎。仁傑博洽經史，有俊〔一〕才，講學朱子之門，登淳熙進士第，歷羅田令、國子録。自號蠹隱。以詩文名一時。所著《古易》十二卷，《兩漢刊誤補遺》十卷，《禘祫緜蕞書》三卷，《周易圖説》、《樂舞新書》、《廟制》、《罪言》、《郊祀贅説》、《鹽石論》丙、丁各二卷，《集古易》、《尚書洪範辨圖》、陶淵明、杜子美《年譜》各一卷，皆行於世。弟〔二〕仁輔，子樗。①

材料出處

①盧熊《蘇州府志》。按：卷三七。

校證

〔一〕有俊，原作『育□』，據《蘇州府志》補正。

〔二〕弟，原空，據《吴中舊事》補。

劉過

劉過，泰和人，自號龍洲道人。以詩俠名湖海間。周益公聞其名，欲客之門下，不就。叩閽上書，請光宗過重華宫，辭意懇婉，聲重一時。嘗以書陳恢復方略，謂中原可一戰而取，用事者不聽，以是落魄無所遇合。晚年欲航海抵崑山，友人潘文留之，尋卒。①

材料出處

①原注：《吉州人文紀略》。白《志》舊案：『劉過字改之，江西詩派中一人也。其詩名《龍洲集》，近有僞刻作蘇叔黨《斜川集》者。卒葬崑山城中，祠墓今尚在。安《志》既列劉過，復列劉改之，分名字作兩人，誤矣。』按：雍正《江西通志》卷七六引《吉州人文紀略》。又按：原注後原有『江西通志』四字，據本書體

例删。

徐次鐸

徐次鐸字文伯，東陽人。紹熙元年進士，又試宏詞科，爲山陰尉，著《復鑑湖議》。爲樞屬，以西府典故散在方册，自建炎以來攻守之具，編纂成書，名曰《中興兵防事類》。官止三衢倅。嘗倣古《周禮》作《漢官制》，又作《唐書傳注》、《補注》、《音訓》，總三百卷，自號《徐氏唐書》，又以《唐書糾繆》訛舛，作《釋糾辨謬》十卷。①

材料出處

①原注：《金華先民傳》。按：雍正《浙江通志》卷一八一引《金華先民傳》。

施宿

施宿字武子，長興人，元之①子。②紹熙四年進士。③慶元間，知餘姚縣。始至，詢究利害，得其要領，於是百廢具興。邑瀕海，既築石隄以障海濤，民田得無害。而前人不知守護之策，隨務補隨壞，迄無安歲。議建一莊，爲田二千畝，募民耕墾，築倉專儲粟以備修隄之用。④其爲政，務大體，不事細謹，尤加意風教。市田置書，教誨學者。⑤沈作賓守會稽，時宿通判軍事，與撰《會稽志》，積勞累月乃成。⑥晚爲淮東倉曹，時有故舊在言路，因書遺以番葡萄，歸院相會，出以薦酒，有問知所自，憾其不已致也，劾之，無以蔽罪。宿嘗以其父元之所注〔二〕坡詩刻之倉司，有所識同郡傅穉字漢儒，窮乏相投，善歐書，遂俾書之，鋟板以賙其歸。因摭此事，坐以贓私。⑦

材料出處

①原注：《文學》有傳。按：陸氏預纂之同治《湖州府志》卷七一亦有施宿傳，文字全同。
②原注：陸游《會稽志序》。
③原注：《宋進士表》。
④原注：樓鑰《餘姚海隄記》。黄溍跋云：『宿嘗爲隄四萬二千尺，其中爲石隄者五千七百尺。其用力於海者，古所未及。』
⑤原注：萬曆《紹興府志》。
⑥原注：陸游《會稽志序》。
⑦原注：《癸辛雜識》。

校證

〔一〕注，原作『著』，據《癸辛雜識》改。

喻偘

喻偘字伯經，義烏人。慶元己未進士，歷僉書鎮南軍節度判官。尋請祠歸，築室夫人峰下，曰蘆隱。性豪，談論今古，輒目光如炬，氣軒軒出鼻吻間，尤長於文詞。當乾道、淳熙間，朱熹、吕祖謙、陸九淵、張栻皆談性命而闢功利，學者各守其師説。陳亮倔起，獨以爲性命之微，子貢不得而聞，後生小子與之談不置，殆多乎哉？禹無功，何以成六府？乾無利，無以具四德，如之何可廢也？於是推尋聖賢經理世故之大略，明白簡大，坦然易行。人多疑其説而未信，偘獨出爲諸生倡，扶持而左右之。已而亮再下詔獄，偘與同志極力營解，遂脱亮於萬死一生之中，人多義之。所著有《隨見類録》二百卷、《蘆隱類稿》五十卷。①

材料出處

①原注：宋濂《喻偘傳》。按：明宋濂《文憲集》卷一〇。

敖陶孫

敖陶孫字器之，福建福清人。少貧倜儻，爲文章操筆立就。淳熙間，魁鄉薦。紹熙末，入太學。會朱子罷講職，除外祠，陶孫贈詩，但云：『當年靈壽杖，止合扶孔光。』及丞相趙汝愚死謫所，陶孫復作《甲寅行》哀之，語皆不涉韓侂胄。或爲詩託陶孫名題於市樓，知臨安府趙師睪承望侂胄風旨，急逮捕，陶孫微服變姓名去。事白，登慶元五年進士。①

初調通州海門縣主簿。嘉定初，教授漳州。郡守趙汝讜尤愛敬之。秩滿，辟酒所幹官，改廣東轉運司主管文字。安撫使楊長孺性峻，多面熳僚吏，惟見陶孫必改容。寶慶元年，轉奉議郎，賜緋魚袋，主管華州西嶽廟。陶孫長身厖眉，軒昂驚俗，博覽載籍，奇字奥義，穿抉呈露。諸文皆可傳世行遠，而天下獨誦其詩。自涉憂患，明練世務。奉祠歸。適悼亡室，無妾媵躬執炊爨，積俸錢買田二畦，築室一區，深居茹苦。客至，從户内摇手謝絶之，惟與同里林公遇、連江李韶、莆田劉克莊相過從。然不妄有所吟詠，而詩名益重。晚學後生多託陶孫以行，有選其贋詩入《江湖集》者，臺臣得而論之，詔毁集，鐫一官。卒，年七十有四。②

材料出處

①原注：《四朝聞見録》云：『慶元初，韓侂胄既逐趙忠定，太學諸生敖陶孫賦詩於三元樓云：「左手旋乾

右轉坤，如何群小恣流言。狼胡無地歸姬旦，魚腹終天弔屈原。一死固知公所欠，孤忠幸有史長存。九泉若遇韓忠獻，休説渠家末世孫。」陶孫方書於樓之木壁，酒一再行，壁已不復存。陶孫知詩已爲韓所廉，捕者必至，急更行酒者衣，持煖酒具下，亡命歸走閩。捕者入閩，逮之至都。以書祈哀於韓，謂詩非己所作，韓笑而命有司復其貫。陶孫旋中乙丑第。由此得詩名。』劉克莊云：『先生詩名益重，託先生以行者益衆，而《江湖集》出焉。真詩未爲先生之福，而贋詩每爲先生之禍。』是《江湖集》亦非陶孫作也。陶孫登第，在慶元己未，非開禧乙丑。《四朝聞見録》亦誤。

②原注：《後村集·敖先生墓誌》。按：此傳實録自道光《福建通志》卷一八九。

留元剛

留元剛字茂潛，福建永春人。博學强記，爲文奇峭。開禧元年，試博學宏詞科，與浦城真德秀同應選。考官李大異批德秀云：『宏而不博。』批元剛云：『博而不宏。』寧宗喜其文，命俱置異等，授元剛國子監學録。嘉定初，累遷直學士院。嘗言今日有貧國貧民，而無貧士夫。聞者以爲至言。遷權起居舍人，奏言國朝左右史立御座後，今乃躲殿東，乞復侍立，修明舊制。以内艱去。服闋，起知温州。勤恤民隱，發奸摘伏，人推精敏。永嘉劉氏掩據晉王羲之墨池且百年，劉本豪族，莫敢斥言者。元剛徑判歸於官。加直寶文閣，移知贛州。爲言者論劾，詔與宫觀，罷歸。

元剛早負盛名，自擬大用，使酒任氣。既歸後，鬱鬱不適，築圃北山，自號云麓子。德秀初甚與之契，中年對客語及，則愀然不悦，蓋嫌其矜才傲物，不能蓄德以待時也。①

材料出處

①原注：《福建通志》一百七十六。按：道光《福建通志》卷一七六。

李劉

李劉字公甫，江西崇仁人。嘉定進士，歷禮部郎官兼崇政殿説書、起居舍人，遷吏部侍郎，穆陵書『梅亭』以賜之。其在蜀，歷守榮、眉，進總漕事，帥成都，守本路憲、四川都大茶馬等，凡八印。軍府僚佐各稟教令，條治無不得宜。所得圖書，皆以八印識之。劉熟於典墳，以駢儷著稱，制詞爲南渡之冠。所著有《類稿》三十卷、《續類稿》三十卷。①

材料出處

①原注：林《志》。按：雍正《江西通志》卷八〇引林《志》。

王明清

王明清字仲言，汝陰人。[①]明清甫十歲，朱希真、徐敦立過其父，因詢以國史中數事，應之無遺，由是受知。慶元間，居甥館於嘉禾。官至朝散郎。與其父雪溪、兄仲信俱有史才。當時諸公欲收置史館，不果。嘗剴切上封事。是時南渡以來，簡册散亡，老成凋謝，明清裒集軼事遺聞，編爲《揮麈録》及《玉照新志》。[②]

材料出處

①原注：《至元嘉禾志》。按：卷一三。

②原注：《檇李詩繫》。按：卷三。

章樵

章樵字升道，昌化人。嘉定元年進士，歷海州高郵山陽教官。習知海徼事，再上時宰書，力陳李全必叛。全果亂，郡縣官多被禍，樵率諸生盛服坐堂上講誦，賊至斂刃而退。擢宰吳，判常州，皆以廉著。御史洪咨夔舉監登聞鼓院，以疾乞歸，授知處州。樵學宗伊洛，著有《集曾子》十八篇、《章氏家訓》七卷、《補注董仲舒春秋繁露》十八卷、《古文苑》二十卷。①

材料出處

①原注：萬曆《杭州府志》。按：卷七六。

陳耆卿

陳耆卿字壽老，號篔窗，台州臨海人。嘉定七年進士，官至國子司業。吴子良稱其文遠參洙泗，近探伊洛，沈涵淵微，恢拓廣大，周旋賈、馬、韓、柳、歐、蘇間，疆場甚寬，步武甚正也。葉適見之，驚詫起立，爲序其所作，以爲學游、楊而文張、晁。適既没，耆卿之文遂巋然爲世所宗，蓋其統緒正而氣脈厚也。所著有《論孟紀蒙》、《篔窗集》、《赤城志》。①

材料出處

①原注：《臨海縣志》。按：康熙《臨海縣志》卷九。

吴子良

吴子良字明輔，號荆溪，台州臨海人。寶慶二年進士，官至湖南運使、太府少卿。幼從陳篔窗遊，年二十四，登葉水心之門。水心稱其文意特新，語特工，韻趣特高遠，雖昔之妙齡秀質終以文名世者，不過若是，何止超越流輩而已哉。及卒，車玉峰挽以詩，有云：『江右文章今四葉，水心氣脈近三台。』所著有《荆溪集》。①

材料出處

①原注：《臨海縣志》。按：康熙《臨海縣志》卷九。

戴復古

戴復古字式之，號石屏。從林景思、徐似道遊，又登陸游之門，講明詩法。後又走東湖，過河漢、淮粤，凡空迴奇特、荒怪古僻之蹤，靡不登歷。蓋二十年然後歸，而詩乃大進。真德秀稱其句法不減孟浩然，由是遂名天下。有《石屏集》行世。①

材料出處

①原注:《黄巖縣志》。按:雍正《浙江通志》卷一八一引《黄巖縣志》。

左緯

左緯字經臣。强記善屬文,劉元禮、周行己皆兄事之。初業舉子,曰:『此不足爲學。文如韓退之,詩如杜子美,吾將遊其藩焉。』真德秀稱其《避寇七詩》可比老杜《七歌》。有詩集行於世。①

材料出處

①原注:《黄巖縣志》。按:雍正《浙江通志》卷一八一引《黄巖縣志》。

劉克莊

劉克莊字潛夫,福建莆田人,朔兄夙之孫也。克莊初名灼,嘉定二年郊恩,補將仕郎,易今名。調洪州靖安主簿。丁父憂,服闋,注福州司理,改差真州録事、江淮制置使。李珏開閫建康，辟沿江制置司準遣。先是，朝野盛言金衰，及泗上兵敗，始息進取之謀，以守易戰。克莊至淮東，見維揚兵不滿數千，意欲抽減極邊戍兵，使屯次邊，以壯根本。説不行。已而金人果乘虛犯安豪，攻滁州，建康大震，時嘉定十二年二月也。滁州圍解，克莊自請南嶽祠去。越五年，始改宣教郎、知建陽縣。真德秀還里，克莊師事之，學益進。

言官李知孝、梁成大箋克莊《落梅詩》，激怒史彌遠，幾得譴，鄭清之力辨，乃改通判潮州。真德秀帥閩，以機幕辟除將作監主簿、帥司參議官。次年六月，除樞密院編修官兼權侍右郎官。德秀尋以户部尚書召，克莊援例乞解，隨司入京供職。輪對，言：『服天下莫若公，今失之私；鎮天下莫若重，今失之輕。楊、謝貴胄，聯翩華途；沂、榮魚軒，融洩廣内。南陽侵奪貧細，郡國不敢問；北司憑侍恩寵，風憲不敢劾。非私與？大臣憂讒畏譏，有狼跋之嗟；厭事避權，動魚羹之興。依違肺腑之間，道有所屈；浮沈官寺之際，志不得行。以匹夫横議而變政，以走卒偶語而易令。非輕與？』次言：『柄臣反易綱常，變亂邪正，與其徒攫取陛下之富貴而去，獨留大敝極壞之朝綱，已開難合之邊釁，驕亢不可簡稽之兵，窮極不可變通之楮，陷溺不可挽回之風俗，以遺陛下。陛下不幸而當之，諸賢不量力而就之，遂使陛下疑君子之無效，意小人之有才。宣和、靖康之禍，此陛下商監也。』疏出，魏了翁、游似見而擊節曰：『二劉後有此佳兒。』二劉，謂克莊祖夙與弟朔也。

未幾，以吴昌裔疏，罷主管王局觀，尋知漳州。嘉熙元年，改知袁州。殿中侍御史蔣峴知理宗不説言者論濟邸事，遂劾克莊，并及方大琮、王邁。三人皆嘗言濟王者，同日罷歸。李宗勉當國，薦擢廣東提舉，升轉運使兼提舉市舶使。留粵凡兩年，寬荷箬，嚴筐苞，節漕計，助邊屯，買田二百畝，以贍仕於南而以喪歸者。淳祐四年，除江東提刑。訪求民瘼，獄訶千紙，一閲盡得其情。

以右丞相游似薦，召赴行在。道除太府少卿。入對三劄，首論右丞相史嵩之以借助滅殘金爲戰，以厚幣奉傒螽爲和，以清野蹙國爲守，若非天去其疾，他日必貽宗社之憂。次言：『陛下雖有退小人之功，而復受小人之謗，洛、蜀分明而摯逐，韓、曾爭柄而京相，臣實未知所終。』又言：『陛下待群臣至厚，記善忘過，收採不遺，其間尚有迹遠而孤、位卑而滯者。昔尚盛年，今已暮景。願收之於霜降水涸之餘，使善類常合，言路常通。』讀未畢，理宗問未召者爲誰。克莊對曰：『從臣則有王遂、徐清叟、方大琮，庶僚如湯巾、潘枋，不幸已殁。存者黄自然、王邁耳。自然近已向用，餘人皆年事已高，望陛下收録。』三言江東使事，以恤貧民、處流民爲最急。理宗皆嘉納之。

六年，以母老求歸養，理宗不許，曰：『朕知卿文名，有史學，行將錫第任修纂矣。』退出，御劄賜同進士出身，除秘書少監。次日，兼權國史院編修、實録院檢討官。又三日，兼崇政殿説書。轉對，言國本未建，中外寒心，援引詳切。理宗爲感動，尋命暫兼中書舍人。初，詔嵩之起復，屢爲臺諫所論，遂豫乞致仕，御批：『服闋除職予祠。』閲月，嵩之祥禫，得旨守本官職致仕。

克莊奏：『嵩之有無父之罪四，無君之罪七。臣行嵩之誥詞，未知爲褒爲貶？且不知合帶何官奉祠？』已而有旨，嵩之除觀文殿大學士致仕。克莊復奏嵩之忠孝有虧，所除職名乃與元勳重德無異，乞寢除名，止守本封永國公致仕。遂與給舍同繳奏。理宗不得已，奪嵩之除職指揮。克莊草制有云：『我聞在昔，求忠臣於孝子之門；人謂斯何，豈天下有無父之國？』未上，殿中侍御史章炎因攻嵩之，並劾克莊不合奏審、賣直欺君。遂罷歸。

七年，鄭清之再相，薦直寶文閣、知漳州。以母老辭，除直龍圖閣、主管明道宫。八年，除秘閣修撰、福建提刑以便養。克莊復辭，不允，即家建臺。甫及月，丁母憂。方禫，除秘閣書監，以制未終辭。十一年春，有旨趣行。既至，兼太常少卿、直學士院。劄言：『朝廷之士議君上者，或以掖庭，或以戚畹，或以聚斂。議大臣者，或指除授，或指賓客，或指子弟。道路傳言，皆曰君相厭之。臣以爲不然。惟聖主可以責善，惟賢相可以責備。』辭甚忠婉。時事多内出，克莊言：『祖宗盛時，内降絶少。今中外除授，不由大臣啟擬，習以爲常。臣竊惜之。』復進故事，言：『本朝名相，惟杜衍能卻内降。衍在相位，三閲月耳。小臣能以去就爲輕，雖大事可論。大臣能以去就爲輕，雖内降可卻。』其語頗諷當國，於是益落落難合矣。

克莊六上疏乞挂冠，皆不許。遷起居舍人兼侍講，進言愈切。史宇之除工部侍郎，克莊不草制，時有傳嵩之將復相者，克莊因進《讀九朝通略》，至澶淵事，理宗歎今無寇準，克莊從容對曰：『本朝三有狄難，三大臣皆以身當之。耶律氏越幽薊，犯河朔，決大駕親征之策者，寇準也。完顏氏越太行、黄河，犯汴京，決堅守京城之策者，李綱也。逆亮百萬南下，百官欲散而航海，卒之扈乘輿幸建康者，陳康伯也。臣嘗謂此三人者，奮由諸生，口不談兵，一旦國家有急，所立奇偉如此，豈有他哉？直以忠義之氣吞敵人耳。若不論其人節義大閑，但以其曾爲邊帥而相之，中外所以寒心也。』理宗曰：『卿言良是，豈非疑朕復用史嵩之耶？』克莊曰：『臣知陛下萬無此事。設或有之，此誤不小。嵩之以埒國之富、震主之威，謬爲恭順，陰懷怨毒。外豈可付以寸鐵，内豈可假以寸權？願陛下熟慮。』蒙古自定宗崩，久未立君，朝廷謀再舉，克莊言：『趙范欲圖唐、鄧，唐、鄧不可得，而棗陽先失，安、隨、均、房皆爲丘墟；趙彦呐欲圖秦、鞏，秦、鞏不可得，而劍、關不守，五十四城遂成蕩覆。豈非外重而不能禦，内虚而無以守？臣謂江陵固然後可以援襄樊，重慶實然後可以圖漢中。范與彦呐，前事可鏡也。』言雖峻切，理宗優容之。

十二年，除右文殿修撰、知建寧府兼福建轉運副使。發憤前疏不行，再論，褫職寢新命，依舊職提舉明道宫。景定元年，賈似道爲相，克莊與似道有舊，除秘書監，復除起居郎兼權中書舍人。克莊尚在道也。入對，略言：『國以危懼存，以佚樂亡。陛下必持勝慮危，毋忘敵兵馬飲江時。大臣必弼違裕非，毋忘漢陽舟中與白鹿磯時。士大夫毋以清談誤務，毋以浮文妨要。』所奏皆切中時病。語畢，理宗慰勞曰：『知卿愛君憂國至老不衰。』累進除擢工部尚書兼侍讀。尋以年老求退，除寶章閣學士、知建寧府，賜玉柄寶箑，御製五言詩書其上，侑以金纈香耄，異禮也。五年，目眚，辭職，除焕章閣學士，守本官致仕。咸淳四年，特除龍圖閣學士，仍舊致仕。明年卒，年八十有三。贈銀青光禄大夫，謚文定。

克莊前後四立朝，天性忠愛，敷陳剴切。晚歲身兼兩制，詞命填委，而論事不休。每奏輒數千言，理宗尤重之，凡大詔令，必曰非劉克莊不可。論者謂其長於吏事，而爲文名所勝云。①

材料出處

①原注：《福建通志》一百八十八，《後村大全集》附《行狀》。按：此傳録自道光《福建通志》卷一八八。

陳振孫

陳振孫字伯玉，安吉人，所居號直齋。博通古今，①爲鄞縣學、②紹興教官，③宰南城。④寶慶二年，通判興化軍。嘗佐郡人陳宓修濠塘，踰月而成，學田得以克復。⑤時有楊氏訟子及婦不孝者，逮問，則婦之翁爲人毆死，楊亦預焉。獄未竟，值覃霈得不坐。其後父又訟子及婦，振孫時以倅攝郡，謂：『父子天合，夫妻人合，在法離絶，皆許還合，而獨於義絶不許者，蓋謂此類。若楊婦盡禮於舅姑，則爲反親事讎，稍有不至，反得以不孝罪之。初問楊罪，既脱，合勒某婦休離。當離不離，則是違法爲婚。既不成婚，即有相犯，並同凡人。今其婦合比此條，不合收坐。』時皆服其得法之意焉。⑥

端平三年，以朝散大夫知台州，除浙東提舉。嘉熙元年，改知嘉興府。⑦爲浙西提舉，體祖宗卹民之意，舉行萬户停廢醋庫，邦人德之。⑧制以振孫研精經術，有古典型，除國子司業。⑨徐元杰暴亡，或謂史嵩之毒之，振孫亦有疏。⑩以某部侍郎⑪除寶章閣待制致仕，贈光禄大夫。⑫家藏舊書至萬卷，倣《讀書志》作《解題》，極其精詳。摭舊事輯《吴興人物志》、⑬《氏族志》、⑭《書解》、《易解》。⑮

子造，字周士，登第，爲嘉禾倅。⑯

材料出處

①原注：勞《志》。按：陸氏預纂之同治《湖州府志》卷七四亦有陳振孫傳，文字全同。
②原注：《書録解題》四。
③原注：《齊東野語》八。
④原注：《解題》三。
⑤原注：《解題》七。案：興化軍治莆田，故《解題》云『莆郡』。
⑥原注：《野語》八。
⑦原注：《會稽續志》。
⑧原注：王鏊《姑蘇志》。

⑨原注：徐元杰《楳埜志》。

⑩原注：《癸辛雜識》。

⑪原注：《野語》九。

⑫原注：《劉後村大全集·外制》。

⑬原注：《野語》十五。

⑭原注：《梅磵詩話》。

⑮原注：《志雅堂雜鈔》。

⑯原注：《野語》。

趙孟堅

趙孟堅字子固，號彝齋居士，系出安定郡王。以父朝奉郎與采蔭，登寶慶二年進士。歷官集英殿修撰、知嚴州，平反張均平報父讎獄。郡歲饑，發廩賑贍，全活民五萬餘户。隱居廣陳，乘一舟東西遊適。縣令宣城梅轍造船謁之，竟飛棹去。梅佇立曰：『昔人所謂名可聞，身不可見，殆謂先生歟？』孟堅善書畫，工詩文。著有《梅譜》、《書法論》，傳於世。①

材料出處

①原注：《海鹽圖經》。按：天啟《海鹽縣圖經》卷一二。

陳均

陳均字平甫，福建莆田人，號雲巖。於丞相俊卿爲從孫，濡染家世舊聞，又時親炙於從父寺丞宓，刻勵自奮。宓在嘉定間，立朝有直聲，多均贊之。初肄業太學，及以累舉恩，當大對，不就。歸著《皇朝舉要》、《備要》二書。端平初，簽樞鄭性之聞於朝，有旨令本軍繕録以進。授迪功郎，辭不授。郡守楊楝延入郡學，爲諸生矜式，力辭不獲，深衣大帶，一至而返。閩帥王居安聞其名，延至福州，甚禮遇之。年七十餘卒，性之題其墓曰篤行君子。①

材料出處

①原注：《福建通志》。按：道光《福建通志》卷一八九。

張端義

張端義字正夫，鄭州人也，居於吳，即朱長文樂圃故址。少讀書，兼習技擊。嘗師項平齋於荆南，一時耆艾如慈湖、説齋、鶴山、菊坡、習庵，皆從之遊，而尤服膺其中表葉元吉，亦慈湖高弟也。愛作詩，兼工詞。其賦蜨云：『不因花退盡，必是夢殘時。』極爲時所傳誦。書其圃曰江湖旦過，用浮屠家所謂旦過寮也。端平更化，應詔上第一書，次年再應詔上第二書。三年，明堂震，廳詔上第三書。有詔龍州安置。執政謂詔以直言，罪以直言，非祖制，得免。乃自笑曰：『故事，宰執、侍從用安置，庶官用居住，士子用聽讀，軍將用自效。予小臣而用大臣之法乎？』晚自號荃翁，所著有《荃翁集》，亡矣。又有雜記曰《貴耳集》，今存。顧其論真文忠公晚節不終，失民望，則有足與《黄氏日鈔》相證明者，惜其亦惑於浮屠之言耳。①

材料出處

①原注：《貴耳集》。按：此傳實録自《宋元學案》卷七四。

陳容

陳容字公儲，自號所翁，福建長樂人。端平二年進士，初爲温州平陽令，闢道路，通溝洫，議賑糴，修學宫，從容簡易，政務修舉。時集諸生敷衍經義，士風大啓。尋通判臨江軍，去後人常思之。理宗聞容才名，召除國子監主簿。賈似道欲招致幕下，容酒酣輒卑侮之，卒不往。出知興化軍。容詩文豪壯，尤善畫龍，世傳所翁龍。①

材料出處

①原注：《福建通志》。按：道光《福建通志》卷一八二。

薛　據

薛據字叔容，平陽人。淳祐間，臺省交薦，賜出身。嘗爲《天保采薇末議》二卷，又采諸子百家稗官緯紀之書，輯《孔子集語》二十卷，摭古今輔相經濟之業爲《宅揆成鑑》二十二卷。景定元年，史館劉克莊、謝子强上之，敕付秘書省。①

材料出處

①原注：《温州府志》。按：萬曆《温州府志》卷一二。

姚　勉

姚勉字成一，新昌人，慷慨有大志。寶祐中狀元，授平江節度判官。丁父憂，服闋，除秘書省校書郎正字。四年，太學生有因論丁大全而被逐者，蔡杭亦去國，勉上言：『斥逐學宫之士，以禁天下之言，此蔡京、秦檜、韓侂胄所爲，今日豈宜有此？』遂歸。及吴潛入相，再除校書郎正字、沂王府教授。景定元年，又上封事，言天下之事可惜者一，可憂者三，並痛言丁大全之奸。尋兼太子舍人。輪對，言朝廷綱領，惟在用人聽言，又及守帥數易之弊。後上過東宫，勉講否卦，因指斥權姦，無所顧避。忤賈似道，遂諷孫附鳳劾勉爲吴潛黨，免歸。其文如長江大河，一瀉千里，著有《雪坡集》五十卷。卒，年四十一。①

材料出處

①《江西志》，參《雪坡集》文及翁序、方逢辰序。按：雍正《江西通志》卷七一。

羅　泌

羅泌字長源，廬陵人。學博才宏，侈遊墳典，迺搜集百家，成《路史》四十七卷，西蜀費煇爲之序。子苹，能世其學，嘗爲之注。①

材料出處

①原注：《吉州人文紀略》。按：雍正《江西通志》卷七六引《吉州人文紀略》。

鮑雲龍

鮑雲龍字景翔，號魯齋，歙楓口人。景定中鄉貢進士。幼嗜書，至忘寢食，義有未解，静坐默思。比長，博通經史，尤精《易》學。母病亟，夜半登西山巔焚香祝天，願以身代，母病尋愈。從師閔俊甫試郡庠，踰年，分格當陞職，雲龍讓其師，郡博士嘉之，遂兩陞焉。嘗偕同里鄭芑待試國庠，將入棘闈〔一〕，芑卒，雲龍不就試，傾貲護芑喪歸。至次舉，乃領鄉薦。已而省試不利，因絶意科場，居鄉教授。所著有《天原發微》行世，又嘗著《大月令》、《筮草〔二〕研幾》等書。①

材料出處

①《新安文獻志》八十八，參《鮑魯齋傳》。

校　證

〔一〕闈，原闕，據《新安文獻志》補。

〔二〕草，原作『章』，據《新安文獻志》及《千頃堂書目》、《經義考》等改。

舒嶽祥

舒嶽祥字舜侯，一字景薛，寧海人。寶祐進士，官終承直郎。年二十六時，以文見吴荆溪。荆溪稱其異稟靈識，如漢賈誼、終軍，唐李觀、李賀，本朝王令、邢居實輩，後果以文學名。奉化戴表元，在元大德間爲東南大家，其學得於嶽祥者爲多。所箸有《史述》、《漢砭》、《補史》、《家録》、《蓀墅稿》、《避地稿》、《篆畦稿》、《蜨軒稿》、《梧竹里稿》、《三史纂言》、《談叢》、《叢續》、《叢傳》、《叢肆》、《昔游録》、《深衣圖説》，凡二百二十卷。學者稱爲閬風先生。①

材料出處

①原注：《嘉定赤城志》。按：當是弘治《赤城新志》卷一〇。又按：原文多有殘闕而標以空圍，今據《赤城新志》補足，不復出校。

宋史翼

〔下册〕

〔清〕陸心源 撰 吴伯雄 點校

浙江文叢

浙江古籍出版社

卷三十　列傳第三十

忠義一

石待舉

石待舉字寶臣。天聖五年進士，補沂州軍推官。會河陝用兵，除通判保州。先是，州有雲翼軍数千人，俱隸沿邊巡警，皆精鋭驍勇，故廩給特優。治平間，復領以中貴人，訓練無法，驕蹇日甚，邊郡患之。待舉條奏，乞均廩食，且以武臣領之。驍卒往往怨語，中貴人罷去，武臣俞貴代之。貴怙寵恃勇，憾奪己之權，與中貴人及卒之怨者日以言激之，故逆卒乘間鼓譟，劫庫兵爲亂。待舉聞難，徒步率州兵數百人討賊，轉鬬於市。賊鋒鋭不可敵，兵潰遇害。①

材料出處

①原注：成化《新昌縣志》。按：雍正《浙江通志》卷一六四引成化《新昌縣志》。

李　英

李英字子厚，高要人。天聖中，同學究出身。初仕象州司理參軍，轉博羅簿，用辟薦歷横州、白州、欽州推官，所至以廉能稱。熙寧中，欽州守臣謀啟釁，交人攻城陷之，英以死守，一家殲于刃者十有三人。①神宗聞而悼之，贈比部郎中，詔録其季子忠爲班行，從弟表爲三班。忠乃招魂葬之於禄村，建祠祀之，號比部廟，祀於鄉賢。①

材料出處

①原注：《明統志》云：『儂寇之難。』

②原注：黄《志》。按：此傳録自道光《廣東通志》卷二九六引黄《志》。

唐子正

唐子正字幾卿，興安人。治平初，舉孝廉，後通判邕州。熙寧八年冬，交趾圍邕，與蘇緘固守。外援不至，城陷，與緘死之。①

材料出處

①原注：《一統志》。按：《大清一統志》卷四六二。

葉居申

葉居申，福建莆田人。父冑，熙寧九年進士，威武軍節度推官。居申元符三年第進士，授奉議郎。宣和二年，調通判睦州。將赴任，道聞清溪賊方臘作亂，從吏勸無行，居申曰：『吾被命爲州佐，以寇故避難不行，是不臣也。』叱馭而前。比至，賊勢張甚，居申戰不利，閉關拒守。郡守張徽言棄城走，賊圍急，城將陷，有壯士數十人欲擁之去，居申曰：『守既去，吾又去，一州塗炭矣，何以生爲？』整冠北向，再拜畢，出坐堂上。賊至，遂遇害。賊平，居申子廷伏闕訟其事，會當路與居申父冑有宿憾，抑之，惟補廷及弟建文學，廷、建力辭，居申褒恤竟不及。①

材料出處

①原注：《福建通志》。按：道光《福建通志》卷一九〇。

毛奎

毛奎，舊名倜，字世高。紹聖間進士，爲閩曹。建卒張員作亂，奎力疾諭之，遂死於兵，血流如白乳。①

材料出處

①原注：天啟《衢州府志》。按：雍正《浙江通志》卷一六六引天啟《衢州府志》。

王履

王履字坦翁，開封縣人。曾祖螭，閤〔一〕門通事舍人。祖仲平，知潞州。父景琚，皇城使、知澧州。履好學通經史，鄉薦不第。元符二年，以父南郊恩補三班奉職。元祐間，上書力言朝政闕失，怒當事，褫官，編置新州。預黨人，列名在碑籍。政和初復官，差充提舉恩、冀州黄河堤埽句當公事，以功轉成忠郎。五年，吴玠辟充本司準備。次年，隨府罷。宣和二年，又復上書極諫，勒停。六年，敘復舊官。秘書少監賈禋、户部侍郎虞欒薦履，殿對稱旨，差監西左藏庫，轉修武郎。

靖康元年八月，以武翼大夫充大金白西軍前和議副使，副李若水。行至太原，見粘罕〔二〕，議以租賦奉大金贖其地，金人不從。十一月，還京。越三日，復與若水、王雲、馬識遠再使軍前。行次中牟，守河兵潰，或傳金人已渡河，衆謀改路。若水疑未決，履曰：『守邊防河諸隘將士望風逃避，奉使又若此，朝廷何所賴？以某處之，惟有死耳。』若水然之，遂令曰：『違者行軍法。』衆遂定。沿路屢浼若水奏朝廷，乞嚴設備。次懷州，逢金館伴使蕭慶、劉思前來，言已遣使，請畫河爲界，更不須議三鎮。履不勝其憤，氣疾作，輿以還，隨金軍進。

閏十一月三日，至京城外，粘罕召履與若水飲，且曰：『奉使有勞，宜勸以酒。』若水歎曰：『某等奉命議和，不能爲國家定大事，罪宜死，酒不敢飲。』粘罕笑曰：『前言戲之耳。』履曰：『君國事大，曷可爲戲？』擲酒盃〔三〕於地。粘罕大怒，曰：『事已至此，尚敢爾耶？』履曰：『殺人以梃與刃，亦無異也。』粘罕呼左右囚之，履曰：『平生讀書，頗識忠孝事。死尚不惜，何懼囚也？』因囚之沖虚觀。城陷，粘罕遷履與若水入城。十二月四日，履與若水從駕出軍前。駕還，除履武勝軍承宣使。履辭，上曰：『卿盡忠佐國，面折金賊，固宜重賞。』履對曰：『臣六世食禄，方蒙陛下誠擢，當朝廷多事之秋，願以死報國家，實不敢冒膺殊賞。』竟不拜命。遂除相州觀察使，又辭，上不允。正月初，扈從駕再出軍前，遂爲金人所留。

二月六日，金人廢帝，宣詔畢，粘罕令蕭〔四〕慶、劉思脱上御服，履抱持攔截，曰：『皇帝爲百萬生靈屈身來此，衆賊不得無禮。』粘罕命左右牽去之，傷及頭面。二十一日，與若水大罵不屈，被害於青城郊臺下。臨刑，神色不動，仰天長歌，有『矯首向天兮，天卒無言。忠臣効死兮，死亦何愆』之語，聞者莫不墮淚。時年四十八。

子二，高中、立中。建炎元年，贈保寧軍節度使。履與李若水被害時，斡離不歎曰：『南朝若人如二子，豈有今日？』吕好問題其墓曰大宋忠臣節使王公之墓。①

材料出處

①原注：《三朝北盟會編》八十二。

校 證

〔一〕閤，原作『闔』，據《會編》卷八二改。
〔二〕粘罕，原作『罕粘』，據下文乙正。
〔三〕『盃』下原衍一『擲』字，據文義删。
〔四〕蕭，原闕，據《會編》及上文補。

李 階

李階字晉祖，福建光澤人。父深。階崇寧二年禮部省試第一，既廷對，會安惇之兄忱以特奏名對策，言使黨人之子魁多士，無以示天下。遂奪階出身。遇赦敘復，調楚州鹽城縣尉。建炎初，攝臨安府比較務。州卒陳通作亂，脅階叛。階叱之，遂遇害。事聞，贈右承事郎，與一子官。①

材料出處

①原注：《福建通志》。按：道光《福建通志》卷一九〇。

周隨亨

周隨亨，崇寧二年進士。紹興間，以直龍圖閣傳宣陝、蜀，死於閬州亂軍。贈忠國侯。①

材料出處

①原注：正德《江山縣志》。按：雍正《浙江通志》卷一六六引正德《江山縣志》。

潘中

潘中字民極，福建浦城人。崇寧五年進士第三人，歷知長溪縣。靖康二年，徽、欽二帝北狩，詔下，嗚咽流涕，觀者感慟。已而建卒葉濃叛，中慮濃迫境，團結民兵，結忠義社以爲備。明年，賊勢益張，寧德令遺書報急，中率兵夜赴，控扼白鶴嶺，賊卻去。復烏合千餘，中迎戰於鹽田之麓，陷陣被執。賊脅使降，中瞋目叱之曰：『汝輩平時養父母，畜妻子，春秋衣廪，郊祀賞給，國何負汝？汝敢背叛？我憾不斬汝萬段，肯與汝俱生耶？』遂遇害，尸僵立不仆。事聞，詔贈朝請大夫，官其二子。①

材料出處

①原注：《福建通志》。按：道光《福建通志》卷一九〇。

夏　承

夏承字元茂，鄞人，以太學上舍登崇寧五年第。靖康間，任開封少尹。寇犯闕，大尹徐秉哲散文牓根括皇族，冀以免死。承奮身立爭，潛令諸廂毀棄文牓，放散苛留之人。紹興二年，臣寮疏列其事，國事方殷，未及褒表。隆興初，特贈三官。二年，贈左朝議大夫。①

材料出處

①原注:《寶慶四明志》。按:卷八。

袁植

袁植字材老,無錫人。登崇寧進士第詞學兼茂科,爲監察御史。金人入寇,陳邊防十三事,以誅佞人爲先。不納,引疾休。至建炎,召爲左司諫。直言忤臣,黜守岳陽。會虜騎大入,叛臣李允文據昴,擁衆怙亂。植條奏其狀,遂遇害。允文誅,贈直龍圖閣。①

材料出處

①原注:《咸淳重修毗陵志》。按:卷一七。

王霽

王霽,獻可之子也。獻可語詳《列傳》。霽崇寧中爲詳議官,上書言蔡京罪,黥隸海島。欽宗復其官,從种師中戰死。①弟雲,《宋史》自有傳。

材料出處

①原注：《山西通志》，參《長編》。按：雍正《山西通志》卷一二一。

史　徽

史徽字洵美，一云東美，鹽官人。勤苦力學，登崇寧進士，累遷户部郎官，出爲京西運判。徽宗下詔罪己，罷西城所督逋賦，徽悉焚其租籍。進右司郎中，以疾致仕。高宗即位，起爲司農少卿。建炎三年，扈駕至江口，遂遇害。贈左大中大夫、右文殿修撰。子黽年、岑年，皆至員外郎。①

材料出處

①原注：萬曆《杭州府志》。按：卷六八。

劉　滂

劉滂字德霖，婺州武義人。大觀三年進士，調新昌令。豪鄒氏横里中，挾貴媚誣人死。滂捕致，械治之。部使爲請，不聽，卒歟以法。蔡京與滂祖爲布衣交，滂至京師，京欲挽爲黨，滂拂衣去。建炎中，知建昌軍。建昌兵習悍驕，要求無度。滂至，一以法繩之。兵不勝忿，持戟入市掠人物，即拒者刺傷之。滂捕繫追償，兵遂爲變，滂及母妻皆死。其妻湯氏侍姑側，兵及身猶不去，故遇害。建昌人聞滂死，慟哭失聲。朝廷既誅始亂者，褒滂爲朝請大夫，官其一子。[1]

材料出處

①原注：《宋學士文集》。按：明宋濂《文憲集》卷一〇《劉滂傳》。

余光庭

余光庭字朝美，福建羅源人。大觀三年，由國子監薦試擢第，唱名居前列。值從兄深校文，以親嫌奏黜。政和二年，復領鄉薦，試禮部，廷唱仍在前列。徽宗識其名，深異之。累官光禄寺丞，出知鄧州。建炎初，金人陷州，不屈死，舉家殲焉。[1]

材料出處

①原注：《福建通志》。按：道光《福建通志》卷一九〇。

熊安上

熊安上字仲禮，福建建陽人，衮八世孫也。大觀三年，中武科第一人。時叔姪兄弟文武同登，上賜詩云：『晉室安玄齊奏捷，虞廷元愷並登庸。』累官信德府兵馬鈐轄，權通判軍州事。金兵南下，禦戰死之，追贈武義郎。①

材料出處

①原注：《福建通志》。按：道光《福建通志》卷一九〇。

鄭柟

鄭柟，福建龍溪人。政和初，應選補武學生。時募良家子從軍，柟往投鄜延路總管劉延慶軍效用。與夏人戰大理河，多所斬獲，以功補承信郎。賊平，授汀州黄土寨巡檢，捕獲劇〔一〕盜王豬奴。辟興化軍吉了寨巡檢。會黄土寨兵黄勝等煽亂，復以柟權巡檢。勝素懾柟威名，閉寨自焚。宣和七年，金人犯邊，柟赴樞密院，自陳願赴河北軍前任使。累立戰功，轉修武郎。靖康初，金兵逼都城，柟隨勤王兵入援，補四門都巡檢，力戰死之。紹興初，劉光世請於朝，授其子綸承信郎。①

材料出處

①原注：《福建通志》。按：道光《福建通志》卷一九〇。

校　證

〔一〕劇，原作『據』，據《福建通志》改。

林子立

林子立字伯與，福建興化人。政和二年進士，調知衡州武陵縣。靖康元年，詔諸道以兵勤王，子立募集鄉勇二千餘人，率赴南道總管軍營。至荆門，遇金兵，接戰，衆寡不敵，中流矢卒。帥司上其事於朝。①

材料出處

①原注：《福建通志》。按：道光《福建通志》卷一九〇。

羅　復

羅復字無悔，銅陵人。政和三年進士，知胙城縣。靖康之難，金人偪城下，復力禦之，身被重創，死守久之，城始陷。南渡後，以忠節褒。①

材料出處

①原注：《江南通志》。按：乾隆《江南通志》卷一五五。

鄭中立

鄭中立字從之，福建長汀人。登政和五年進士，初調崇安縣尉。金兵南下，擢行軍總管，奉使募福建民兵，得數十人，轉而前收復光、蔡等州，遂入蔡州固守。金兵再圍蔡州，城陷被害。特贈朝散郎，官其子穆。紹熙中，再官其孫岫。①

材料出處

①原注：《福建通志》。按：道光《福建通志》卷一九〇。

翁開

翁開，壽昌人。政和五年進士。宣和二年，攝清溪尉。方臘寇起，領所部與賊戰，不勝被執，罵賊而死。①

材料出處

①原注：《兩浙名賢録》。按：卷七。

詹友端

詹友端字伯尹，宣城人。政和丙申，鄉貢第一。建炎初，上書言復讎取中原事，語甚壯。不報。值潰將戚方圍宣城，友端親當鋒矢，以爲衆倡。賊平，補迪功郎，調監池州贍軍酒庫。盜發鄰鄙，郡委友端攝西安尉，與賊戰，中流矢卒。詔録其子雷。①

材料出處

①原注：《一統志》。按：《大清一統志》卷一一六。

黄璘

黄璘字邦美，福建浦城人。幼孤嗜學，登重和元年進士，歷官拱州襄邑縣丞。靖康元年，金人分兵襲拱州，驅郡縣吏爲鄉導，一郡風靡。璘獨移病不出，金兵促之急，遂赴井死，時年四十。吏得故棺以殮，藁葬城外。數月，其弟至，發棺視之，見棺蓋大書一十三字，曰：『異日諸弟來，煩舉葬於先塋之側。』驗之乃璘筆，蓋矢死其素志也。建炎初，贈朝奉郎，官其弟之子，爲璘後。①

材料出處

①原注：《福建通志》。按：道光《福建通志》卷一九〇。

包汝諧

包汝諧，温州人。業儒，事親孝。宣和庚子，方臘起睦州，連陷杭、歙、婺諸郡，至遂昌，郡守、倅皆倉皇莫知計所出，州學教授劉士英與館下生石礪謀禦賊，糾集義士王三錫等二十八人，汝諧與焉。白諸父老曰：『某等雖無官守，然所食皆君食也，可值時變而甘不義乎？』乃身先士卒，先後禦賊，不下數十戰，竟死於難。事平，立專祠，賜忠孝扁。①

材料出處

①原注：周行己《包汝諧傳》。按：雍正《浙江通志》卷一六六引周行己《包汝諧傳》。

曹　夬

曹夬，休寧人，任睦州建德丞。方臘之亂，死其官。詔進秩三等，與三子恩澤。①

材料出處

①原注：《休寧縣志》載：『夬登崇寧二年第。』今案：登第曹夬乃黟人，官至本州通判，非休寧曹夬也。

按：此傳漏注出處，當見弘治《徽州府志》卷九。

董公健

董公健字伯强，新昌人。宣和庚子，方臘起桐廬，蔓延新昌，官吏奔竄。公健慷慨率子弟聚里中萬人，馭以紀律，遂破賊，焚其寨，斬首千級，境内復安。王師討剗西賊，檄公健爲先鋒。公健藉累勝之威，以數百當數千，殺獲頗衆。已乃王師不進，勢孤援絶，公健度事不可爲，呼衆語曰：『大丈夫寧以義死，不可以不義生。』遂自殺。贈武功大夫、汝州團練使，官其諸子。①

材料出處

①原注：萬曆《紹興府志》。按：卷四四。

江汝度

江汝度字致一，開化人，爲桐廬尉。會方臘竊發，死事，特贈通直郎，官其子蹊、蹕。①

材料出處

①原注：弘治《衢州府志》。按：雍正《浙江通志》卷一六六引弘治《衢州府志》。

葉鑛

葉鑛字勉明，壽昌人。宣和二年，方臘竊發，與龍溪洪基護鄉井有功，授忠訓郎、瑞州軍馬都監。靖康二年，金人犯闕，與王時雍守東壁。粘罕攻城急，鐄守禦甚力，歿於王事。①

材料出處

①《嚴陵志》。按：雍正《浙江通志》卷一六六引《嚴陵志》。

詹良臣

詹良臣，福建崇安人，官縉雲尉。值方臘寇處州，良臣禦之，深入無援，被執。賊愛其勇，脅之降。良臣罵曰：『男兒以身許國，便當斬頭瀝血，不顧身死，寧能向若輩求活耶？』賊怒，支解之。事聞，官其子大方。①

材料出處

①原注：《福建通志》。按：道光《福建通志》卷一九〇。

毛　稟

毛稟字叔鎮，江山人。少有節操，晚以特恩爲歙士曹。睦寇攻城，官吏皆遁。稟曰：『吾職司寇，獄有繫囚，誼不可去。』乃攝州事。時二子貢辟雍，即遣人持印縋城以出，令上之朝。城陷，㮚衣冠坐堂上，賊脅使降，不屈，罵不絶口，嬰刃而死。妻錢氏，弗忍去，婦掖其姑，又弗忍去，俱遇害。事聞，贈朝請郎。①

材料出處

①原注：《兩浙名賢録》。按：卷七。

張　理

張理，瑞安人。宣和間，寇至郡縱火，延爇接橋。理統兵爲先鋒，出城迎敵，賊衆披靡。俄而橋陷，溺死。郡爲立忠義廟祀之。德祐間，封忠惠侯。①

材料出處

①原注：萬曆《温州府志》。按：卷一二。

周承己 婁淵 潘守真

周承己字恭先，行己弟，婁淵字淵明，潘守真字適道，皆永嘉人。清溪寇渡樂灣，將攻城。統制郭仲荀遣裨將張理帥師迎敵，承己等慨然請於郡以行。渡壩接橋，賊鋒鋭甚，麾兵據橋爲陣，橋斷，皆溺死。德祐中，理封節惠侯，配享忠烈廟，承己等三人皆從祀於旁。①

材料出處

①原注：《温州府志》。按：萬曆《温州府志》卷四。

王行之

王行之字才仲，太平人，爲婺州士曹。宣和三年，方臘寇婺，守臣皆遁。行之曰：『吾，刑官也，分當死職。』遂遇害。①

材料出處

①原注：《一統志》。按：《大清一統志》卷一一六。

鮑琢

鮑琢，旌德人。宣和中，方臘寇寧國，琢糾義兵擊破之。補承信郎。明年，賊盧邁寇涇，琢力戰，中流矢死。①

材料出處

①原注：《一統志》。按：《大清一統志》卷一一六。

程全

程全字禹昌，休寧人。宣和末，方臘盜起，縣令翁由棄印去，全起義兵，遮道請留。從大將劉延慶破淳安幫源洞，授修武郎。又從待制洪中孚招河北劇盜張仙，宦官李彦妬其功，劾罷歸。彦誅，乃復官。後從康王入援，忤汪伯彦，被斥。從宗澤破金人於衛州。苗、劉之亂，從劉光世勤王，授開州團練使，詔封休寧縣開國伯，食邑九百户。復忤建康留守杜充〔一〕，會金兀术入寇，充〔二〕督之出戰，衆寡不敵，死。紹興三年，詔贈協忠大夫，録其子孫，累贈太尉。①

材料出處

①原注：《新安文獻志·開州團練使程公神道碑》。按：卷六五。

校證

〔一〕充，原作『克』，據《新安文獻志》及《宋史》卷四七五改。

盧　榕 子沂

盧榕字叔材，初名郁，福建永福人。登宣和三年進士，歷衡州安仁令。紹興初，劇寇曹擁衆自江北掠湖南，時帥臣向子諲駐兵安仁，不滿千數。寇鼓譟入邑，榕率民兵轉戰，力屈死之。贈宣教郎。

子沂，字詠道，以父死事補官。初爲廣州東莞縣尉，襲破劇盗綦和尚。乾道中，通判韶州，攝英州。劇盗李全抑犯廣州，英爲上流，人心驚潰，簽判請棄城遁。沂誓死守，城賴以保。進二秩，命爲真守。未幾，賊猝至，沂戰死。高宗憫之，復官其子鑄。①

材料出處

①原注：《福建通志》。按：道光《福建通志》卷一九〇。

陳自仁

陳自仁字克廣，福建興化人。宣和六年第進士，調吉州永豐縣尉。屢捕盜有功，不肯自陳。建炎三年，金人自馬家渡濟江，遂攻吉州。隆祐皇太后避敵至太和縣，龍神衛四廂都指揮使楊惟忠所領衛兵萬人皆潰。其將傅選等九人悉去爲盜，將犯永豐。知縣趙訓之與自仁簡兵分爲二，一取間道遶賊後，一據地利匿其精兵以誘賊。賊至，伏發，殲其衆。賊別校繼至，官兵未成列，遂敗，自仁與訓之皆死之。郡上其事，贈自仁通直郎，官其子褟孫。後永豐人立祠祀訓〔二〕之，自仁與享焉。①

材料出處

①原注：《福建通志》。按：道光《福建通志》卷一九〇。

材料出處

〔一〕訓，原闕，據文義補。

張撝

張撝，未詳里貫。宣和六年，累官武略大夫，副連南夫爲大金賀正旦使。二年二月，金人犯滑州，宗澤聞之，謂諸將曰：『滑當衝要必爭之地，失之則京城危矣。不欲再勞諸將，我當自行。』撝曰：『願效死。』澤大喜，即以鋭卒五千人授之。撝至滑州，身率將士，與金迎。敵衆且十倍，諸將請少避其鋒，撝曰：『避而偷生，何面目見宗元帥？』鏖戰數合。日暮，敵少卻。澤遣統領官王宣以五千騎往援，未至，撝再戰死之。後二日，宣至，與金兵大戰于北門，士卒爭奮〔一〕，金出不意，退兵河上。宣曰：『敵必夜濟。』收兵不追，半濟而擊之，斬首數百，所傷甚衆。澤即命宣權知滑州，且令載撝喪以歸，爲之服緦，厚加賻卹，仍請於上。贈撝拱衛大夫、明州觀察使，録其家四人。金自是不敢復犯東京矣。①

材料出處

①原注：《繫年要録》十三。

校證

〔一〕奮，原作『奪』，據《要録》改。

葉顗

葉顗，福建仙遊人。兄禹。宣和間，顗與禹徒步入京師，並隸太學。金兵南下，詔設武藝謀略科，顗首中其選，授承節郎。靖康之難，大將劉延卿、范瓊統材武人，分四壁，除顗京城東壁守禦官。時金兵攻圍日急，顗度勢不可支，召禹謂曰：『忠孝不可兩全，吾已受命，當登陴死戰，以盡臣節。爾歸養父母可也。』禹相對泣涕而别。城陷，顗力戰死之。①

材料出處

①原注：《福建通志》。按：道光《福建通志》卷一九〇。

李珙

李珙字温之，永福人。少業儒，尚氣節。三試禮部，兩升上庠，不偶，乃慨然以功名自奮。

會宜州蠻入寇，以禦賊首功補右職。進築南丹州，以珙攝州監押，爲先鋒，群蠻畏慴，納款歸疆。積官至武功大夫。劇賊劉花三嘯聚，自虔、吉入寇廣東，朝廷議擇將禦之，除廣東路。至則盡俘其衆，檻賊首送京師。擢忠州刺史、知融州。議者以爲賞輕，拜邕州團練使。會金人犯京，以蠟書召天下兵。珙聞之，集僚佐曰：『主憂臣辱，主辱臣死，豈可以道遠便自營乎？』募死士三千人，屬通判蔣炳文與俱，炳文託爲桂帥所留，珙獨引兵進。北至衡州，賊將擁數萬衆扼其前，旁郡皆閉城自守。或勸珙宜退，珙不從，竟戰死。事聞，贈忠州防禦使，官其子一人，詔旌其門曰忠義。①

材料出處

①原注：金《志》。按：清金鉷纂雍正《廣西通志》卷八一。

林師益

林師益，福建仙遊人。父豫。師益少習武略，以父任補三班，借職調洛州雞澤縣尉。上書論邊防利害，譏切時政，有旨差充京畿第十四副將，累授武翼郎、閤〔一〕門宣贊舍人，提舉京城四壁守禦司後軍統制。未幾，金兵逼京師，侍從孫傅等薦充京畿第一副將，訓練馬步軍，駐劄陳留縣。楊時在講筵，奏師益曉達軍政，使專督兵馬，必有績效。授京畿第一等正將，守禦鄭原武。金兵至，不克攻，去。明年，金兵再犯京師，諸將皆遁，惟師益孤軍守原武不動。守禦使劉韐請於宰相何㮚，亟召師益兵入援。師益行次封丘，遇金前鋒，迎戰，破之。明日，金兵大至，師益謂其副將曰：『彼衆我寡，誠不敵。然此吾致命之秋，尚何顧哉？』遂力戰死之。一男若瀾一作淵甫晬，一女九歲，妻葉氏及乳媪襁負流離，凡五六載始歸。兄師舜，官至中大夫，靖康中守職不肯避金兵，全家被害。弟師皋，通直郎，亦死於王事。詔各官其一子。①

材料出處

①原注：《福建通志》。按：道光《福建通志》卷一九〇。

校　證

〔一〕閤，原作『闔』，據道光《福建通志》改。

吕由誠

吕由誠，壽州人。徽宗末，知乘氏縣，有治績。後知集慶府。康王移軍濟陽，由誠竭力饋餉，軍以不乏。金兵至[一]，城陷不屈，死之。①

材料出處

①原注：《山東通志・宦績》。按：乾隆《山東通志》卷二七。

校　證

[一]至，原闕，據《山東通志》補。

危翁一

危翁一，福建光澤人。家貧業樵。靖康中，聞徽、欽二帝北行，哭三日，骨立而死。李炳以詩弔之云：『南鄉老人危翁一，歲晏雨晴扶杖出。驚聞二聖塵再蒙，歸闔柴門哭三日。眼空愁絕聲遂止，里人唁翁翁死矣。凜然生氣申包胥，萬古千秋葬忠義。』①

材料出處

①原注：《福建通志》。按：道光《福建通志》卷一九〇。

魏孝友

魏孝友字移可，福建甌寧人。卓犖不羈，弱冠入學，應詔論時政得失，凡十餘疏。金人犯闕，徽、欽二帝被留營中，孝友作歌一篇，情辭悽惋。躬詣軍前，欲與金帥粘罕辨。伏地〔一〕兩日，不得達。傅亮勤王〔二〕至闕，檄爲幕府從事。孝友請往迎康王，亮遣之。王即位，授迪功郎，調濠州定遠令。建炎三年，潰卒朱海擁衆數千人入縣界，孝友率兵至永康鎮拒之。海曰：『我假道而過，秋毫不敢犯，尚與公戰乎？』孝友不納，麾民兵擊之。海怒，悉衆而前，民兵潰。孝友孤軍弗支，遂被執，死之。事聞，贈朝奉郎，官其子。①

材料出處

①原注：《福建通志》。按：道光《福建通志》卷一九〇。

校　證

〔一〕地，原闕，據《福建通志》補。

〔二〕王，原闕，據《福建通志》補。

晏溥

晏溥字慧開，丞相元獻公之孫，叔厚之子。豪傑不羈之士也。好古文，邃於籀學，作《晏氏鼎彝譜》一卷，載所親見三代鼎彝及器款。靖康初，官河北。金賊犯順，散家財募兵扞賊，與妻玉牒趙氏戎服率義士力戰而死。①

材料出處

①原注：《籀史》。按：翟耆年《籀史》『晏氏鼎彝譜一卷』條。

翁延慶

翁延慶字德甫，福建崇安人。父肅，慶曆六年進士，歷知濱、江、峽、袁、潭五州，官終職方郎中。延慶以父蔭補官。靖康初，知博州聊城縣。舉義兵，從王若訥等勤王，至京師南薰門，與金人戰，死之。贈朝散大夫，官其子世修。①

材料出處

①原注：《福建通志》。按：道光《福建通志》卷一九〇。

劉　位

劉位，招信縣人。靖康中，率衆勤王。會淮上盜起，部使者檄位保鄉井，盜畏其鋒，號横山劉家軍。建炎三年，合兵復滁州，即攝州事，兼滁濠鎮撫使。群盜張文孝等奄至城下，即出戰，中流矢死。詔贈建寧節度使，建廟於滁，賜額剛烈，命其子綱襲職。①

材料出處

①原注：《繫年要録》。按：卷三四。

蔡　楙

蔡楙字子堅，福建仙遊人。曾祖襄，自有傳。靖康中，楙以父蔭補虔州會昌縣尉。視事纔數月，贛賊犯境，楙領所部及鄉兵數千人與賊相持。兵潰，力戰死之。贈承事郎，官其子籲。

後贈朝散大夫。栤工詩，兼楷法，能得褒遺意。①

材料出處

①原注：《福建通志》。按：道光《福建通志》卷一九〇。

王　寵

王寵，宜川人。靖康中，官迪功郎。既陷僞齊，屏處村落間，不復仕進。劉豫聞其名，令赴京擢用，寵稱疾不行者經歲，州郡强遣之。寵至京，終不受僞命而去。紹興十年，改官監〔一〕登聞鼓院。①

材料出處

①原注：《繫年要録》七十一。

校　證

〔一〕監，原作『檢』，據《要録》改。

陳士尹

陳士尹字彦衡，德安人。建炎初，與武寧李彦先同應詔勤王，時號三將軍。在軍中十五年，忠義激烈，奮不顧身，與金人鏖戰，屢奏功。後與李彦先同没於陣，事聞，贈保義郎、淮西統制兵馬使，敕立碑祀之。①

材料出處

①原注：《人物志》。按：雍正《江西通志》卷九二引《人物志》。

盧以中

盧以中，歙縣人。建炎初，官奉議郎，守監察御史。元年冬十月，高宗幸淮甸，舟次寶應縣，御營後軍作亂，以中從駕不及，立船舷叱賊，爲所逼，墮水死。上命求以中所在，得之水中，拱立如故。詔以中知無不言，死于非横，贈左諫議大夫，賜其家銀帛百匹兩，官子孫二人。①

材料出處

①原注：《繫年要録》卷十。

陳　迪

陳迪，建炎初，官陝西提舉軍馬、武功大夫、榮州團練使。長安陷，守臣唐重死，迪猶率餘衆巷戰，嘔血誓衆。敵大入，死之。①

材料出處

①原注：《繫年要録》十二。

於　琳

於琳，蕭山人，爲本州防城保甲。建炎初，陳通叛，琳從浙東安撫討賊，戰敗被執。賊欲刺面强降之，琳罵不屈，賊衆攢射，矢著如蝟，罵不絶口，死之。①

材料出處

①原注：《兩浙名賢録》。按：卷七。

閭勍

閭〔一〕勍，□□人。建炎初，官保寧軍承宣使，主管侍衛步軍司公事。四月，宗澤奏爲保護陵寢使。建炎二年九月，以所部奉西京會聖宫祖宗神御南歸。由蔡河而下，至濠州，守臣孫逸謂之曰：『太尉雖王臣，而逸未嘗識面，今爲軍民計，不敢開門。』勍曰：『勍奉神御而來，守臣郊迎，禮也。』逸乃朝服率屬吏遥拜于四望樓，勍不能奪而去。初，勍至沙河，遇劇賊張用，説使歸朝，以其義女嫁之，因以爲中軍統領。用遣其參議官與勍偕行。①

四年，擢神龍衛四廂都指揮使、節制淮南軍馬。初，山東盜起，濮州人史康民因迎神會，有繖扇儀從之物，藉以爲資，遂擁衆作亂，轉至淮南，往來於淮泗間。有張文孝者，在其軍中。後畔康民，殺康民父母，自爲一軍。勍之節制淮南也，自山陽渡淮至泗州，文孝出城迎拜。勍喜，與文孝偕至招信縣。節制軍馬劉位禦之，文孝戰不勝，與勍往濠州，屯於黄連阜。文孝名爲迎勍，實挾勍也。是時康民屯於韭山，文孝往攻濠州，康民乘虚掩黄連阜，破其寨，邀勍以歸，屯於定遠縣，敕猶以節制之職傳檄河南諸郡。敵將周企在壽春，僞知濠州孫興以告企，遣其將趙壽統兵自渦口渡淮。是日，入西門，康民出兵迎敵，大敗而歸。壽已自北門入，執勍而去。是役也，康民幾死，使臣趙宏救之得免。宏，湯陰射士也，初爲岳飛部曲，勍從飛假之。勍至南京，金人欲降之，不可。欲以爲京東安撫使，又不可。敵怒，殺之。訃聞，贈檢校少保、昭化軍節度使，謚壯節。②

材料出處

①原注：《要録》二十。

②原注：《要録》三十三。

校　證

〔一〕閶，原作『閭』，據《要録》及《會編》卷一三二改。

王相如

王相如字次卿，宣城人。建炎初，江右盜起，相如爲賊所得。州檄賊降，賊令屬草報州，相如奮髯叱曰：『吾死不爲賊作牒。』遂遇害，一門皆死。所著有《溪堂集》，周紫芝序之，稱爲仁者之勇云。①

材料出處

①原注：《一統志》。按：光緒《重修安徽通志》卷二〇六引《一統志》。

馮安國

馮安國字彦修，福建順昌人。力學能文，行誼尤高。時行王安石經説，安國晦迹於家，聚徒講學。建炎中，范汝爲據尤溪沙縣，籍民降附，安國不屈死。①

材料出處

①原注：《福建通志》。按：道光《福建通志》卷一九〇。

程端中

程端中，伊川之子，南渡後徙家池州。建炎中，知六安軍事。金人攻六安，端中固守，城破死之。池州都統制程全收其骨，葬於池。[1]

材料出處

①原注：《一統志》。按：光緒《重修安徽通志》卷二〇八引《一統志》。

王佐才

王佐才字昌輔，福建崇安人。少遊邑庠，有聲。善談兵，尤精弓矢。建炎間，范汝爲作亂，佐才總義兵禦之。後建陽弓級王延勝等聚衆剽掠，佐才復討平之。以功補承信郎，累吉州水軍統領。與賊首胡義戰，中流舟壞而歿，吉人廟祀之。[1]

材料出處

①原注：《福建通志》。按：道光《福建通志》卷一九〇。

豐治

豐治，禮部尚書稷之孫。建炎中，高宗駐蹕淮揚，金人入境。時治監轉般倉，死之。紹興十一年，詔褒其忠，録子誼爲將仕郎。①

材料出處

①原注：萬曆《上虞縣志》。按：雍正《浙江通志》卷一六四引萬曆《上虞縣志》。

上官悟

上官悟字仲達，福建邵武人。父均。悟以父任補泰州司士參軍。建炎三年，權京城副留守。初，留守杜充赴行在，檄知蔡州程昌寓爲留守判官。既而昌寓以乏糧還蔡州，副留守郭仲荀亦引餘兵歸。悟承其後，號令不復能行，留守司名存而已。濟南守臣劉豫既叛降金，遣使以書説悟，悟焚書，斬其使。豫密賂其左右喬思恭、宋原，俾同勸悟，悟復斬之。明年，悟權留守。時河南北悉屬金，惟京師及畿邑猶固守，然糧儲乏絶，民多飢死。有河北僉軍首領聶淵者，①率其徒以食物與守城者博易，積久稔熟，悟不之疑。一夜，淵與其徒數百人登城北壁縱火，焚樓櫓。會城東有群盜李漬、蘇大刀等，悟欲藉其力以擒淵，招之入城。漬等既入，焚掠不止，城中大亂。悟及副留守趙倫皆出奔，淵以城獻金。悟至唐州，爲董平所殺。事聞，贈右文殿修撰，官其後五人。

悟孫謐，字安國，從朱子遊，以祖蔭授贛州會昌東尉，調永州推官。爲政簡易，用法不深刻，民懷之。遷肇慶府四會令，視事方五日卒。②

材料出處

①原注：《邵武府志》作『聶昌』，非。

②原注：《福建通志》。按：道光《福建通志》卷一九〇。

盛修己

盛修己，建炎三年，以保義郎權宿州通判。盜蘄修武犯州城，修己守節不屈，爲所害。紹興九年，知樞密樓炤據州人之請入告，贈教翼郎、閤〔一〕門宣贊舍人，封表其墓。①

材料出處

①原注：《繫年要録》二十八，參一百二十九。

校　證

〔一〕閤，原作『闔』，據《要録》卷一二八改。

沈攸

沈攸字子宜，揚子人。建炎三年，賊邵青犯真州，攸攝揚子簿，以狀白府，乞以所糾土兵禦之。賊勢張甚，攸挺身拒敵北門，死之。①

材料出處

①原注：嘉靖《揚州志》。按：乾隆《江南通志》卷一五四引嘉靖《揚州志》。

方致堯

方致堯，寧國人。建炎庚戌，戚方寇寧國，致堯伏鄉兵於嶺隘，大破之。賊益兵至，中流矢被執，脅之降，罵曰：『我豈從賊者耶？』遂死之。①

材料出處

①原注：《一統志》。按：光緒《重修安徽通志》卷二〇六引《一統志》。

陳德

陳德，□□人。建炎四年，金人陷建康，德結衆欲殺金人，部勒已定，前期爲其徒所告，舉家被害。①

材料出處

①原注：《繫年要録》三十二。按：當爲卷三三。

李喆

李喆字□□，□□人。建炎末，以文林郎知彭陽縣。關陝之陷，守令以城下者，金皆因而命之。喆獨不降，與其民移治境上。僞命執之以獻，欲官之，凡三辭。金人以爲歸附，命爲儒林郎。喆言于所司曰：『元系捕獲，不敢受歸附之賞。』以其牒還之。①

材料出處

①原注：《繫年要録》四十二。按：又卷一二九亦載有李喆事跡，可補此傳之不足，今録之如下：『初，文林郎李喆既陷僞齊，終不肯仕。劉麟聞其賢，命張中孚以禮招致，喆力拒之。是月，卒於原州。後贈喆奉議郎，官其家一人。』

卷三十一　列傳第三十一

忠義二

王玠

王玠字介玉，長洲人。倜儻負氣節，酒酣常舞劍爲樂。徙居鄂州。黄庭堅謫官來鄂，玠以文贄見，大蒙稱賞。庭堅贈以詩，由是有聲江湖間。紹興初，孔彦舟爲舒、蘄鎮撫使，奏爲幕屬。初，權邦彦知東平，彦舟隸麾下，因事叛去。及聞邦彦簽書樞密，心不安。又宣州韓世清伏誅。及韓世忠自湖外破劉忠，俘馬友，順流東下，彦舟疑其圖已，遂有異志，問計於玠。玠正色答之曰：『總管被命鎮撫二州，任優禄厚，豈可負朝廷，自陷不義？』諭以順逆，凡數百言。彦舟怒，囚之。越數日，復問之，玠曰：『君不能與韓公爭先立功，以報君父，乃甘心與逆賊爲比而慮其見圖。苟欲富貴，能建大勳於國家則可。何獨比虜能富貴人哉？君誠欲反，幸先殺我，孰謂王玠而從賊耶？』彦舟竟沈玠於龍眼磯，與妻子俱死。時紹興二年六月十三日也。彦舟既殺玠，引兵北降劉豫。初，玠赴彦舟之辟，或止之，玠曰：『吾慮之熟矣。彼方駐兵於此，姑爲鄉井計。倘能息其暴戾，固非玠一身之計也。』及被害，鄉人悲其志，爲立廟磯上，周熘賦哀詞刻石焉。①

材料出處

①原注：盧《志》。按：明盧熊《蘇州府志》卷三九。

張　憲

張憲，貴溪人，武力絶倫。紹聖〔一〕初，選爲博興巡檢。方臘寇陷兩浙，憲募勇士千人，兼程以進。賊懼引退，遂復衢州。未幾，金掠滑州，即馳赴之。既瀕河，會橋斷，不克渡。至亳州，聞駕北狩，欲邀截而不能，乃趨兵濟南謁高宗。因薦文武全才、堪爲將相者七人，以李綱、宗澤爲首，拜武義大夫、江南東路軍騎總管。久之，江東妖賊王則大熾，憲走上饒，會兵進討。兵未集，爲賊所陷，與其子琳死焉。事聞，贈武功大夫，官其兩子。①

材料出處

①原注：林《志》。按：雍正《江西通志》卷八五引林《志》。

校　證

〔一〕聖，原作『興』，據《江西通志》改。

丘　祈

丘祈，福建仙遊人。紹興間，江廣寇起，蔓及閩境，祈與族人杞結忠義社以自固。山寇起，杞力戰死，鄉人立祠祀之，扁曰忠義。已而寇自潮海踐汀、漳，侵軼泉〔一〕之惠安。十五年三月乙丑夜，掩至邑。西鄉都統張淵令武翼郎袁章破賊於磨石山下，章死於陣，賊亦潰去。越月復至，衆洶洶思避，祈率同社禦於九座山，手刃渠魁一人。賊暫退，尋別出寇掠，祈卻之。翌日復戰，祈恃勇深追，遂遇害。鄉人爲章立廟，祈附祀焉。①

材料出處

①原注：《福建通志》。按：道光《福建通志》卷一九〇。

校　證

〔一〕泉，原作『前』，據《福建通志》改。

陳希造

陳希造字賢御，福建仙遊人。父吉老，教諸子讀經，暇必令讀《百將傳》，每曰：『中原擾攘，正臣子捐軀報國之秋，非文武兼資，未易了此。』希造由是日習騎射。會金人陷京口，希造年十六，被擄至北庭，令牧馬。希造乘間擇所調御良馬，疾馳歸。吉老奇之，每目爲定亂器。以蔭授揚州録事，未赴。侍父官汀州。每戰必前，屢奏凱捷。武平之役，乘勝追至義竿口，策應不至，遂歿於難。州六邑競立祠祀之，贈承事郎，累贈奉直大夫。①

材料出處

①原注：《福建通志》。按：道光《福建通志》卷一九〇。

蔡青

蔡青，福建龍溪人。紹興間，與縣人鄒進、熊保俱爲左翼軍步兵。山寇焚縣治，郡將皇甫某領步兵二十五人禦之，青與進、保俱屬焉。方屯縣北門，賊率三百餘人突至西關，郡將曰：『我曹當効力血戰。』三人被髮瞋目，操戈先登，自卯至酉，殺傷甚衆。賊分兩道遁，三人乘勝追之。賊窮反鬬，三人皆被傷，殁。邑人爲具殯，合葬西關外，名曰勇士墓。①

材料出處

①原注：《福建通志》。按：道光《福建通志》卷一九〇。

劉　領

劉領字子誠，福建建陽人。紹興間，爲廣州參謀官，盜綦毋謹等陷三水鎮，領帥兵勦捕。後爲淮東提刑。金主亮趨淮東，領力戰死之，賜謚忠烈。領之族輪謚忠顯，子羽謚忠穆，改謚忠定，珙謚忠肅，領謚忠烈，建人稱爲五忠劉氏。①

材料出處

①原注：《福建通志》。按：道光《福建通志》卷一九〇。

陳　適

陳適字正中，福建連江人。紹興二年特奏名，授海康縣尉。時蠻寇陸梁，適繕器練兵，力戰克捷。乘勝深入，忽伏兵四起，寇縛之。適厲聲曰：『男兒讀書，死必殉國。吾世代衣冠，荷國厚恩，恨不盡忠以報，今得死所矣。』遂遇害。事聞，贈宣教郎，官其子。①

材料出處

①原注：《福建通志》。按：道光《福建通志》卷一九〇。

楊世永

楊世永，福建晉江人。祖注，登慶曆六年進士，官至廣東提刑。父偶，爲長泰縣令。世永性至孝，嘗割股以愈母疾。紹興五年，調肇慶府高要縣尉。寇駱科犯境，世永貫楮鎧，佩兩刃，跨馬獨出。伍長激其徒曰：『汝輩不可負官人。』相率從行二舍許。遇賊戰死，兵皆號哭，無生還者。事聞，詔録子夢齡官。①

材料出處

①原注：《福建通志》。按：道光《福建通志》卷一九〇。

梁楚

梁楚，電白縣人。紹興中，攝康州博白縣令。時交趾寇犯境，楚堅城力守。與賊戰，引弓連斃數賊。官軍不援，城破被執。以火炙楚，楚罵不絕口而死。高宗嘉其忠節，贈禮部侍郎，①崇祀鄉賢。②

材料出處

①原注：《輿地紀勝》。按：卷一一七。

②原注：戴《志》。按：道光《廣東通志》卷二九八引戴《志》。

虞輔國 李憲

虞輔國、李憲，不傳籍貫，俱爲澄海將軍。才略雄一時，以意氣相許。紹興八年，海寇陳旺攻雷州南城，輔國與郡守議曰：『海寇勇於水鬬，惟陸戰可挫其鋭。彼知城内有備，必不敢久。苟斂鋒而待，則彼團結營堡，必野掠饗軍，復還攻我，則城必危。乘其勢之未定，横衝以撼之，勝則城可保，敗則賊知懼。故守則禍深，戰則禍淺，請出戰。』郡守難之，憲復以死請，遂開南門而出。自朝至午，戰數十合，輔國死之。憲愈奮厲，戰至暮，亦死。寇不得入，乃縱火而去，郡城獲全。①

材料出處

①原注：《粵大記》。按：道光《廣東通志》卷二四一引《粵大記》。

詹世勳

詹世勳，婺源人，光國子。紹興三十年，以薦爲舒城縣民兵正將，弟世勣副之。世勳以民兵怯弱不足用，乃召募强壯，得六百二十八人，謂之義士，教之戰陣，與共甘苦。皆感奮，願効死力。令散去，各安其家而後來會。未幾，金騎數千突至境，世勳急禦之，義士之至者纔六十人。世勳引之入梼梡原，金使人招之降，世勳叱之，揮部將王悦、王僎直前奮擊。原中險狹，金騎不得騁，大敗去。明日，復悉衆來。世勳身被數箭，創甚，呼其子大淵曰：『我死，汝必繼吾之志。』遂死，目不瞑。其長子輔謂大淵曰：『父告爾未答故也。』大淵撫尸而號曰：『所不繼志者，有如梼梡原。』乃瞑。①

材料出處

①原注：《徽州府志》。按：康熙《徽州府志》卷一三。

趙良坡

趙良坡字深甫，坦兄。淳熙進士。守禦廣州，爲元兵生獲，欲降之，不屈。元將義之，放歸。踰年，元將思其賢，復索而得之，欲薦於朝。良坡終不屈，怒目詈罵，元將令左右刃之。良坡大呼曰：『我得死所矣。』遂伸頸受戮。其子友直同榜進士，聞難泣血，冒刃歸櫬，葬西溪湖眠牛山。所居有視清亭，戒子孫弗仕元。①

材料出處

①原注：萬曆《上虞縣志》。按：雍正《浙江通志》卷一六四引萬曆《上虞縣志》。

毛士毅

毛士毅字伯任，賀州人。累舉推恩爲化州吳川簿，就移石城令。李接反，攻石城，士毅語邑尉曹君曰：『吾與君當以死衛百姓。』糾合義丁，得二三百人，與賊戰，衆寡不敵。尉死於鋒鏑，士毅駡賊而死。劉焞經略廣西，爲文以祭之，曰：『公以卑位，爲國捐軀，少伸忠憤。雖致禍之甚慘，而垂芳之無窮。』事聞于朝。孝廟嘉其忠義，贈承事郎。誥詞云：『爾徇國家而捕寇，冒鋒鏑以捐軀，摧敗凶徒，留名萬代。朕有懷壯士，喜想英風，優加命秩之崇，庸賁九泉之寵。尚期精爽不昧，欽承。』事見《賀州圖經》。①

材料出處

①原注：《輿地紀勝》。按：卷一一六。

楊九鼎

楊九鼎字叔鎮。以父由義任入官，帥襄、漕夔，有善政，復易利漕、帥天漢。敵劫大散關，九鼎復之。又復皂郊，殺僞元帥完顔阿璘。後兵再至，九鼎死守清野原。除太府少卿，總領蜀賦。時都統吴政戰歿，麾下兵潰，敵據漢中，擣大安軍。九鼎檄張威、何進勦於三泉，匹馬不返。會蜀有新帥，首招潰卒，至雞公嶺復叛，帥挾兵以遁。有勸九鼎遁者，答曰：『九鼎有職守，不可去。』賊至，遂遇害。贈五官至朝議大夫，官其子三人。①

材料出處

①原注：《咸淳臨安志》。按：卷六七。

黄　樞

黄樞字機先，南豐人。慶元進士，爲南雄司法。峒寇猖獗，郡檄樞督餉，且調度破之。賊率衆數萬，空巢而出，官軍不滿千，遂死之。初，樞問途，著隻韈，語其下曰：『以此爲識。』已而賊退，求尸，得韈以證。事聞，贈通直郎。①

材料出處

①原注：林《志》。按：雍正《江西通志》卷八三引林《志》。

江應洪

江應洪字泰之，青陽人。慶元五年進士。趙方帥襄陽，辟應洪爲佐。後知德安府，決數十年疑獄。擢淮東提刑，兼知揚州。元兵至，多方禦之，力屈死。①

材料出處

①原注：《一統志》。按：光緒《重修安徽通志》卷二〇八引《一統志》。

鄭勳

鄭勳字景周，[①]福建仙遊人。嘉泰二年進士，知惠州博羅縣。先是，廣州摧鋒軍遠戍建康，比歸，留戍江西久之，求撤戍，不報。統領熊喬部下卒曾忠遂倡亂，焚掠州境，長驅西下。或勸勳避其鋒，勳曰：『吾去，如百姓何？須待熊統軍來諭遣之。』賊至，喬已逸，勳正衣冠坐廳事，諭以禍福，不聽，罵賊不絶口，遂遇害。事聞，贈朝奉郎，官其一子。[②]

材料出處

①原注：《閩書》作『字景固』。

②原注：《福建通志》。按：道光《福建通志》卷一九〇。

應純之

應純之字純甫，永康人。嘉泰三年進士，歷知楚州兼京東經略安撫使，收捕李全等，所向多捷。會李全來歸，密請於朝，謂中原指日可復。史彌遠鑑開禧事，不欲大舉，但敕立忠義軍，令純之節制。既而陞兵部侍郎，與金戰，没於陣。朝廷嘉其忠，遣使葬之。①

材料出處

①原注：《金華先民傳》。按：雍正《浙江通志》卷一六五引《金華先民傳》。

昔　横

昔横字飛卿，居鄆、開封，隨駕南渡。横稟姿雄傑，見義勇果，負才尚氣，不屑下人，而臨財均，與士信，士亦樂推先之。少遊兩淮，具知形勢。開禧改元，北伐詔下，許忠義自效。横傾家貲募士，得數百人，歸招撫司。進兵泗上，城下，以功補進義校尉，即所部爲忠義軍，以横爲將官。繼從都統制畢再遇戰鳳凰山，先登陷陣，陞强勇軍準備將，同諸軍拒虜淮陰。時虜先以鋭卒五千、騾馬二千絶淮，欲乘虚深入，而以重兵躡其後。横等夜至，即遣騎銜枚繞其營，欲遂攻之。顧虜勢難測，莫爲之先。横請行，衆莫敢從，乃挺身獨入。既周視營壘，出語衆曰：『虜易與〔二〕耳。』即分勇士百人，篝火散伏，而飭其餘摩厲以須，令曰：『聞號舉火，見火入營，後者斬。』衆曰諾。横奮臂一呼，火明如晝，營中騾馬盡驚，士卒紛擾。我師整隊而入，勦殺殆盡。

其幸而逸去，亦爲騎卒所掩，無生還者。時虜糧舟徧艤淮岸，悉就焚毁。再遇上其功第一，授承節郎、强勇軍統領。移戍六合。時城被重圍，横數出突陣，虜莫能當。道馬鞍山，卒與虜遇，而城下之虜亦應之，腹背交攻，衆寡不敵，遂没於陣，時年三十三，再遇痛惜之。

事聞，特贈訓武郎，與兩資恩澤。再遇復上奏曰：『國家自進兵中原，卻虜淮甸，將士立尺寸之功者，皆受不次之賞。其有成績卓然、死節明甚者，倘非恤典優厚，何以慰忠魂而勸死士？伏見故贈訓武郎昔横糾合義旅，隨臣出戰，前後所立，皆出等奇功，又能率衆迎敵，力窮就死，與其他一時没於王事者不同。欲望朝廷例外更賜推恩，以爲忘身殉國者之勸。』尋有旨更與兩資恩澤。淮人肖像祠之，命曰紀忠。①

材料出處

①原注：劉宰《漫塘文集・昔將軍行述》。按：卷三四。

校證

〔一〕易與，原作『與易』，據《行述》乙正。

唐璟

唐璟字用章，揚子東鄉人。父霆，紹興間嘗領鄉兵，拒敵馬鞍山，獲功補官。開禧間，金兵攻六合及儀徵，將指淮陽。璟以民兵總轄，親率子弟及所部强壯，斷橋填堰，謀決陳公塘以拒之。時塘隸轉運使，擅決者罪且死，衆欲請之官。璟曰：『必待關白，豈能及事乎？』乃決其水，俾東與句城塘會接揚州城南，西連儀徵，南際運河，北距岡隴，平原曠野，不日而成巨浸。敵騎登焦家山望，遂驚去，州賴以免。郡守以聞，將命之官，會疾不就。後權和州倅，金人屠城，遇害。事聞，贈官，録其子弟。①

材料出處

①原注：《儀徵縣志》。按：光緒《重修儀徵縣志》卷二三。

程光庭

程光庭字朝望，休寧人。嘉定戊辰進士，調信陽軍羅山尉。時金人犯境，光庭出方略，屢戰屢克，辟差軍學教授。金人犯光山，圍沙窩。督兵赴援，奏海陵之捷。知羅山縣。金人窺蘄黄，趙方辟爲節制三關部軍策應，殁於王事，贈朝奉郎。誥詞云：『爾三仕於邊，終始一節，周旋師旅，事不辭難。所謂國爾忘家也。』①

材料出處

①原注：《徽州府志》。按：弘治《徽州府志》卷九。

梁滿

梁滿，保昌人。嘉定二年，江西峒賊犯境，滿率鄉民禦於柯水坳，戰死。居民立祠祀之。①

材料出處

①原注：《大清一統志》。按：卷四五四。

秦綱

秦綱，建康人。性武健，有膽略，所爲詩文多悲壯慷慨。嘗出邊徼與諸將校遊，習知塞上險要。復挾輿圖遊京師，以策干當事，無所遇，獨與寶謨閣學士劉克莊善。時莆田方信孺使北議和，克莊薦綱與俱，凡三至。後嘉定中，信孺守韶郡，綱亦從焉。赤水洞賊爲亂，信孺募士兵，命綱將而討之。深入谿峒，士卒多亡去，乃揮戈奮前，與賊格鬭而死。郡人哀之，祀於韶之光孝寺。①

材料出處

①原注：郝《志》。按：道光《廣東通志》卷三二七引郝《志》。

陳　旦

陳旦，福建懷安人。嘉定中武舉正奏，授忠翊郎、江州統領，歷知壽春府霍丘縣。紹定中，從陳韡平建、邵寇，歿於王事。南劍人祀之於愛仰堂。①

材料出處

①原注：《福建通志》。按：道光《福建通志》卷一九〇。

戴衍

戴衍字崇禮，兗州人。嘉定丁丑進士。嘉熙元年十月，以奉議郎知常熟縣事。葺學宫，廣黌舍，説二戴《禮》於講堂，聽者恨得之晚。邑城卑濠淺，因舊修濬，屹然金湯。開河築隄，水旱有備。邑人朱子器應募爲兵，衍奇之，勉以學，卒爲儒者。高士鍾璇、王澮，人無識者，衍言於范大成，薦之朝。所拔士印應飛、徐曾三、趙時貴、張士元、楊麟伯，皆爲名公卿。在任三年，遷提轄左藏庫，尋以薦爲屯田員外郎。奉詔視師江淮，至高郵，遇元兵前鋒，以槊刺衍。衍脱朝冠擊之，張目大罵，遂遇害。閲四十年，衍子綏來爲王太常萬壻，奉衍骸骨葬於虞。①

材料出處

①原注：曾偉《常熟志》載：『元和縣孔文貞、戴侯祔祀二戴祠碑。』按：此傳漏注出處，當見同治《蘇州府志》卷七二。

黄從龍

黄從龍，永豐人。嘉定進士，爲郢州推官。元兵入襄峴，郢當要衝，守將潛遁。從龍抱印登城，大呼曰：『張巡、許遠之事，正在今日。』齧指血書『死戰報國』字，與子熙力戰死。①

材料出處

①原注：林《志》。按：雍正《江西通志》卷八五引林《志》。

王　赿

王赿字國瑞，樂平人。嘉定進士，授光州固始簿。有經略，善撫綏。明年，金人圍光州，赿解之。改固始令，厲兵完城。紹定四年，金兵犯淮，守令望風遁，赿舉輕騎襲金人，出其不意，得輜重以還。金怒，奮兵圍固始。城濠深浚，敵不能入。相守三月，無援，赿度勢不可支，乃屬固始民曰：『我不忍若等流離，顧事勢不可爲。』遂懷印赴漆井死。謚勇節。①

材料出處

①原注：《人物志》。按：雍正《江西通志》卷八八引《人物志》。又按：《宋史》卷四五二《忠義七》有王迸傳，迸字純父，事迹略同，迸、赿異體，當爲一人。

曹孝先

曹孝先字元思，奉化人。寶慶中，任楚州録事參軍。李全謀叛，遣劉國慶脅犯制置許國。孝先趨入，諭之曰：『制置，朝廷大臣，犯制置，是犯朝廷也。』語既，爲亂軍所射，中喉，拔箭叱曰：『誤李全斬東市，非汝曹而誰？曹孝先決不求生，許制置決不可殺。』賊鋋鏃交集，血流被體，猶登城與國謀。血盡氣微，國枕之以磚，遂絶。事聞，詔賜廟額曰旌忠。官其子詵。①

材料出處

①原注：《寧波府志》。按：雍正《浙江通志》卷一六四引《寧波府志》。

徐千能

徐千能，福建莆田人。祖師仁。寶慶二年，千能以赦文推恩入仕。紹定間，調循州興寧主簿。任未及月，賊陳三槍、羅動天迫境。千能與令顔公衮往諭，不聽，遂與公衮厲聲罵賊，賊并其二子將殺之，一〔二〕賊喝云：『且留一少年。』僅次子萬金得免。郡守林杲爲之申狀，監司掩不以聞。①

材料出處

①原注：《福建通志》。按：道光《福建通志》卷一九〇。

校　證

〔二〕一，原闕，據道光《福建通志》補。

黄　復

黄復字乾叟，福建劍浦人。寶慶二年進士，除淮安軍山陽縣尉。聞汀寇猖獗，獻三策於朝。累轉通判滁州，復與州守陳廣中協力拒守。廣中主西門，復主北門，射殺數千人。已而廣中中砲死，復攝州事，士氣復振。城被圍八旬餘，救援不至，遺子書云：『父老矣，食君之禄，繼之以死，猶生之年也。』前後數百戰而殁。總制趙葵、餉臣吴潛上其事，官其子垕、廣，皆從事郎。①

材料出處

①原注：《福建通志》。按：道光《福建通志》卷一九〇。

廖居仕

廖居仕，福建將樂人。由鄉舉任曲江尉，海寇執之，罵不屈，立刃數人，遂遇害。詔封韶陽郡守，謚文忠。①

材料出處

①原注：《福建通志》。按：道光《福建通志》卷一九〇。

姚望之

姚望之字肖吕，福建寧德人。嘗受學高頤之門，寶慶二年，武舉擢第。會朝議恢復，三京制置使趙蔡辟爲屬官。王師抵汴，乘勝復西京。望之以汴河糧運未繼，請休養士卒，濬治城壘，以備不虞。不聽。未幾，師敗，望之竟歿於王事。①

材料出處

①原注：《福建通志》。按：道光《福建通志》卷一九〇。

吴從龍

吴從龍字子雲，奉化人，建康府統制。紹定初，李全犯揚州，主帥丁勝遣從龍爲先鋒。赴敵，馬蹶被執，使至泰州諭降。佯許之，至海陵城下，大呼曰：『我右軍統制吴從龍也。馬中矢，被執至此，揚州城無恙。泰城堅，宜死守，賊無能爲也。』全怒，寸臠之，罵不絶口，以至於盡。詔立廟揚、泰二州，賜額褒忠，官其從弟虎至武經大夫。①

材料出處

①原注：家鉉翁《忠節記》。按：《延祐四明縣志》卷一九引家鉉翁《奉化縣忠節四公祠堂記》。

劉純

劉純字君錫，福建建陽人。父崇之。純精騎射，以父蔭授沙縣主簿，調袁州分宜縣丞，尋入監和劑局。紹定中，閩寇晏頭陀等嘯聚汀郡，連犯南劍、建寧。純適調湖北帳幹，聞賊迫近鄰里，辭歸，散家財，招唐石義勇千人討之。邵武守王遂請於朝，以純知邵武縣。後討下瞿賊，被執不屈，死之。事聞，贈朝散郎，謚義壯，立廟於邵武麻沙，賜額忠烈。①

材料出處

①原注：《福建通志》。按：道光《福建通志》卷一九〇。

朱　浚

朱浚字深源，福建建陽人。曾祖熹。浚少負奇節，累官兩浙轉運使，兼吏部侍郎，尚理宗公主。元兵入建寧，王積翁棄城遁。浚與公主入福安，誓與知府王剛中死守。及元將阿剌罕襲福安，剛中舉城降，浚與公主仰天大哭曰：『君帝室王姬，吾大儒世胄，不可辱於敵人手。』遂飲藥死。贈朝散大夫。①

材料出處

①原注：《福建通志》。按：道光《福建通志》卷一九〇。

顏公袞

顏公袞字鼎卿，福建龍溪人。以父澤補官，調循州興寧令。紹定間，凶賊陳三槍、羅動天迫興寧，公衮下車諭以理義。賊怒，公衮厲聲叱罵之，與主簿徐千能等皆遇害。邑民哀之，爲立祠。詔贈朝奉郎，官其子貢。①

材料出處

①原注：《福建通志》。按：道光《福建通志》卷一九〇。

高談

高談字景遂，光澤人。紹定二年，旁郡盜作，諸子請避之，談曰：『昔楊子訓問避寇於胡安國，語之曰：「往歲盜起燕山，則河北關中可避；入關，則河南、漢南可避。今惟二廣，寧保無寇乎？吾惟存心以聽命爾。」此格言也。今南則汀、劍，西則盱、贛，皆盜區，守隸利人囊篋，指爲敵，剽殺之，將焉避乎？』盜入，諸子又請，談曰：『有廟祏在。』賊至，談出曰：『時和歲豐，何忍爲此？』盜曰：『吏貪暴民，無所愬，我爲直之。』談曰：『獨不能撾鼓上聞乎？民何辜而殺之？』盜怒，執諸庭。遺之牛酒，不釋。遺之金帛，不釋。談曰：『然則將何爲？』盜曰：『我欲東破武陽，若得耆老如爾者，率是鄉子弟，吾其濟乎？』談曰：『斯言奚爲至我？』唾賊大罵，遂遇害，而里人賴以免。談平居言動，必由禮法，故鄉人敬而附之。①

材料出處

①原注：《閩書》。按：卷三三二。又按：《宋史》卷四五三《忠義八》已有高談傳。

張　愻

張愻，一名景説，字欽甫，嵊人。紹定四年，爲定城縣尉，攝麻城縣事。適敵攻破沙窩關，深入麻城，兵不支，被執。脅使降，愻曰：『吾氣吞若曹，顧力〔一〕屈耳，豈從汝耶？』遂遇害。事聞，贈通直郎。①

材料出處

①原注：《兩浙名賢録》。按：卷七。

校　證

〔一〕力，原作『方』，據《兩浙名賢録》改。

卓得慶

卓得慶字善夫，號樂山，福建莆田人。紹定五年進士甲科，教授道州，歷知饒州德興縣。舊時逃賦，專責户長，中下户畏是役，率以無産爲幸，爭相飛寄。得慶始按民産高下，各使出穀，名曰義莊。募人充户長以代役，民以爲便。景定元年，召除秘書省著作郎，兼沂、靖、惠王府教授、左司郎中。以忤時相賈似道，匃外，出知漳州。次年，嘉禾産一莖九穗，最上，賜詔寵。召還，授兵部郎，不拜，提舉雲臺觀。德祐二年，以大理寺卿趣行，引疾固辭。景炎二年，特旨除右文殿修撰、户部尚書兼福建制置司參謀官。是冬十月，元兵逼興化城，得慶與家人訣曰：『柱傾維絶，千百年何益？寧前一尺，毋卻一寸。』與其藏溝瀆而生，曷若守家廟而死？』俄甲士至，執得慶并二子規、權，殺之，年七十有二。得慶早以詞賦名，晚深於《易》，丞相江萬里器重之。仲子準，承直郎、監福州海口鎮。①

材料出處

①原注：《福建通志》。按：道光《福建通志》卷一九〇。

吴駿發

吴駿發，江都人。少遊鄉校，即有投筆之志。紹定間，李全攻城，郡守募良家子禦，駿發與其黨應之。賊平，以白衣補將校。金人入境，又以轉戰功累遷鎮江右軍統領。元兵據盱眙，大使賈似道遣兵攻之，駿發與偏裨爲前鋒，勇氣百倍。會元援兵至，駿發死之。事聞，賜恤甚厚。①

材料出處

①原注：雍正《揚州府志》引《南畿志》。按：雍正《揚州府志》卷三〇。又按：此傳實録自嘉慶《重修揚州府志》卷四九。

徐　斌

徐斌，福建建陽人。端平初，隸建寧府十二指揮虎翼軍。值卒黄勇等叛，欲殺守，約三鼓突入郡治。至別廳之便門，斌適在，闔户拒之，守得逸去。賊誘斌以利，不聽，乃斬闔入，遂遇害。後守姚瑶立祠祀之。①

材料出處

①原注：《福建通志》。按：道光《福建通志》卷一九〇。

徐梅龜

徐梅龜字臞叟，壽昌人。登進士第，授靈丘縣尉。端平三年，元兵犯境，梅龜率士人王鎔等剗寨安陽諸山，保障生民，鄰境亦賴以安。嘉熙元年，元兵又至，梅龜身先士卒，俘獲甚衆。次年春，元大舉入。梅龜與戰，不利，顧謂其子尚古曰：『彼衆我寡，我知之矣。委贄爲臣，有死無二。汝其行乎？』尚古曰：『大人既能死忠，尚古豈不能死孝？』乃轉戰益力，皆遇害。贈宣教郎，官其子汲古進武校尉，尚古贈承信郎，官其子肅進義校尉。梅龜嘗著《春秋指掌圖》，行於世。①

材料出處

①原注：舊《浙江通志》。按：雍正《浙江通志》卷一六六引舊《浙江通志》。

徐夢發

徐夢發，福建浦城人。父鳳。夢發登嘉熙二年進士，授寧德令，累官朝議大夫、廣東招捕使。居官二十八年，平恕仁慈。討捕所至，靡不望風來附。景炎初，元兵南下，夢發守仙霞關。敵猝至，左右皆潰，夢發獨踞坐大罵，遂遇害。①

材料出處

①原注：《福建通志》。按：道光《福建通志》卷一九〇。

劉仕龍

劉仕龍字時甫，世家於婺。淳祐辛丑進士，從戎鄂州。秩滿，幹辦江陵府、御前諸將軍統制公事。召試閣職，除閤〔二〕門舍人。請外，知復州。尋守賓，繕關隘，飭鬬器。未幾，易守廉備，廉如在賓時。數條上邊事，時宰忌之，徑坐是去。景定改元，詔知雷州兼理軍務。會敵犯疆，統領諸將出禦，中流矢以殁。封武節侯。①

材料出處

①原注：馮夢得《劉仕龍墓誌》。按：雍正《浙江通志》卷一六五引馮夢得《劉仕龍墓誌》。

校　證

〔一〕閤，原作「闔」，據《墓誌》改。

鮑　廉

鮑廉，龍泉人。淳祐中，以宣教郎知常熟。病邑志闕略，聘邑士鍾秀實、胡淳輩增訂所未備，即今《重修琴川志》也。寶祐初，辟差充沿江制置使。咸淳中，知臨江軍。德祐元年二月，元兵渡江，廉率所部迎敵於天長、六合間，大小百餘戰。既而元兵合圍，退入臨江。城陷，向闕泣拜，遂殉節。贈直華文閣。子穆，景定間中宏詞科。宋亡，隱居不仕。①

材料出處

①原注：據《續宋通鑑》、《琴川志序》合纂，參《南匯志》。按：此傳實録自同治《蘇州府志》卷七二。

曾如驥

曾如驥字德稱，泰和人。淳祐進士，官寶慶通判。值長沙失守，謀者咸謂降足自保，驥曰：『吾安忍爲身謀？誓與此城俱存亡。』既知不可爲，遂書『舍身取義』章於郡齋壁上，投濱江死。景炎元年，贈敷文閣待制，謚忠愍。①

材料出處

①原注：《吉州正氣録》。舊案：忠愍死事始末詳見羅念菴《寶慶祠記》及《尹洞山祠堂碑》中。按：雍正《江西通志》卷七六引《吉州正氣録》。

陳夢立

陳夢立名植，以字行，福建漳浦人。年十八，以祖景肅蔭補太學生。安定郡王伯澤妻以女，賜食邑。尋調龍溪令，轉漳州司理，後第淳祐四年進士。德祐初，提督嶺南海路兵馬。帝昺浮海，夢立提領海舟。見事危，斷維出港，自以六舟泊梅嶺，收亡命，馳檄諸蠻，圖立宋後。已而聞張世傑舟覆，元人索捕急，遂變姓名，匿於大岸白葉九侯間。臨終，遺命曰：『葬我必南望厓山。』弟格，初爲嘉興府海鹽主簿，帝昺之亡也，格從容賦詩從死。蔓立以其袍笏招靈，葬於漸山書院。後漳浦人並祀之。①

材料出處

①原注：《福建通志》。按：道光《福建通志》卷一九〇。

吳洪德

吳洪德字長翁，淳安人。淳祐九年進士，累官至金部度支員外郎。遇事激烈，多與時忤，宋亡死難。

弟雄飛，字次翁。景定二年進士，累官至太常寺簿。宋亡，募兵赴難死。①

材料出處

①原注：《嚴陵志》。按：雍正《浙江通志》卷一六六引《嚴陵志》。

樓斌

樓斌字一中，浦江人。私淑倪文卿氏，讀其疏草，知兵食戰守之策，山川險要之處，冀旦暮得當，以佐恢復。每聞雞起舞，曰：『中原陸沈，豈丈夫安枕時乎？』聞史彌遠矯詔殺濟王，作詩哭之。詩漸傳播，逢彌遠意者逮治斌，斌不爲屈。會有解之者，得釋。登淳祐十年進士，累官至翰林説書。開慶元年，賈似道鄂州乞和，以捷聞。斌直發其奸，章三上。似道怒，嗾言官劾其誣罔。受責傷重，賦詩而逝。①

材料出處

①原注：《續浦陽人物志》。按：雍正《浙江通志》卷一六五引《續浦陽人物志》。

程洙

程洙，休寧人。淳祐十年進士，授貴池縣主簿。歷任〔二〕十年，以廉謹稱。調上元縣。時元兵南侵，洙撫字盡誠，民賴以安。及代，請留不得發。元兵入建康，百官以次降附，洙歎曰：『吾受宋官二十餘年，豈忍偷生？』乃屬後事於子徹，沐浴，闔門縊死。洙平生好吟詠，忠義之氣，悉形於詩。有《南窗詩集》。徽領薦任國諭，克世其學。①

材料出處

①原注：《徽州志》。按：弘治《徽州府志》卷九。

校證

〔一〕歷任，原闕，據《徽州府志》補。

徐宗仁

徐宗仁字求心，永豐人。淳祐進士，官國子監主簿。開慶元年，伏闕上書，極論邊事。又論董宋臣盤固日久，蒙蔽日深。又請使有言責者皆得盡其言。累遷考功郎，兼崇政殿説書、國史編修、實録院檢討。德祐元年，授吏部侍郎、中書門下檢正諸房公事、權禮部尚書兼益王府贊讀。衛益王走海上厓山，敗死焉。①

材料出處

①原注：《豫章書》。按：雍正《江西通志》卷八五引《豫章書》。

趙良坦

趙良坦字平甫，良坡弟。寶祐二年進士，知永嘉、瑞安、福清，並以廉介名。會吉、廣二王走閩中，檄良坦以軍器監簿贊軍事。於是募兵守禦。元兵南指，力屈就擒，脅降不屈，繫獄中。二年，作書付其家曰：『試令三載無愧於心，守節二年不屈於敵。只因忠義二字，累及老稚一門。今惟死而已。』後元帥詰其不屈狀，對曰：『生爲宋臣，死爲宋鬼。』遂欣然就刑。①

材料出處

①原注：萬曆《紹興府志》。按：卷四四。

楊夢斗

楊夢斗字子仰，福建長樂人。寶祐四年進士，歷揚州都統使，鎮服蠻酋。兄琦，弟叔濟，姪次鄭，分守要害。景炎末，宋室播遷，夢斗與文天祥力抗元師，兵敗，赴揚子江死。里人立祠祀之，扁其額曰文章節義。①

材料出處

①原注：《福建通志》。按：道光《福建通志》卷一九〇。

陳壽孫

陳壽孫，瑞安人。登寶祐第，授台州教授。會新郡守初視篆，守，丞相丁大全黨也，謁廟日，壽孫揚言曰：『冉求聚斂，孔聖鼓攻。守黨丞相，可升夫子之堂哉？』守聞，解印去。後直龍圖閣，歷福建提刑。入覲，與賈似道爭鹽法，被劾歸里。元兵至，率市人禦之，被執，不屈死。①

材料出處

①原注：《閩書》。按：雍正《浙江通志》卷一六六引《閩書》。

陳龍復

陳龍復字本叔，福建南安人。寶祐四年進士，敭歷州縣，以清勤著聞。德祐初，家居，值文天祥開府南劍，辟爲參議官，兼行太府少卿、福建提刑。天祥以其老成，重之，遣往漳、湖計會。天祥兵敗，奔循、梅，就命分司潮陽。龍復積糧治兵，四方豪傑翕然響應。天祥由是趨潮陽，與龍復相會。未幾，天祥移屯海豐，龍復從至五坡，爲元兵追及，遇害，年七十有三。學者稱爲清陂先生。①

材料出處

①原注：《福建通志》。按：道光《福建通志》卷一九〇。

蔡蒙吉

蔡蒙吉，程鄉人。生而穎悟，八歲能背誦五經。從福建鄉貢進士侯安國福建寧化人，教授梅州，遂隸籍焉。〔一〕學《春秋》，了其大義。年十二，應童子科，登寶祐四年進士第出身，授迪功郎。再試銓衡，復中第一，加三資，授從政郎、韶州司户兼司法。未上而值世變，郡守湯執中檄權梅州僉書事、義兵總督。德祐二年冬，元招討使易正陷梅州，蒙吉被執。正大舉兵趨潮州，羈蒙吉於興寧，使其下陳一元權知興寧，守之。蒙吉駡曰：『吾知盡忠報國耳，詎肯苟生耶？』爲一元所殺，暴其尸三日，顏色不變。一元異而瘞之。時年三十有二。明年三月，文天祥復梅州，嘉其忠，爲文祭之，收骸骨歸葬其鄉。①

材料出處

①原注：戴《志》。按：道光《廣東通志》卷三〇五引戴《志》。

校　證

〔一〕按：此處小字原作大字，孱入正文，今正。

陳士英

陳士英，福建永春人，爲縣隅總。寶祐六年，山寇犯境，率民兵二百鼓行而前。衆見賊多，皆辟易，士英掀髯奮擊，力不支，死之。①

材料出處

①原注:《福建通志》。按:道光《福建通志》卷一九〇。

卓子信

卓子信,福建永春人,爲縣隅總。開慶元年,寇薄縣境,子信率民兵禦戰,衆潰被擒。惜其驍勇,脅降不從,遂遇害。郡守吳昺先後表士英及子信門。①

材料出處

①原注:《福建通志》。按:道光《福建通志》卷一九〇。

曾逢龍

曾逢龍,寧都人。開慶初進士,爲新會令。能以忠義自許,爲政有循良風。景炎元年六月,元酋吕師夔遣其將黄世雄寇廣州,經略使徐直諒遣郡人李性道領兵拒之。性道降於世雄,受虜官爵。秋九月,東莞民熊飛復廣州,世雄遂遁。會逢龍率鄉兵禦虜,亦至州城,性道迎謁祈哀，逢龍擒而誅之。時端宗在閩，聞其功，降敕嘉獎，擢韶州通判。未幾，師夔復入寇，連、韶諸州守皆降。制置使趙溍遣逢龍往南雄拒之，與虜兵遇，力戰不敵。知必被執，乃正冠裳，縊而死。贈龍圖閣學士。①

材料出處

①原注：《粵大記》。按：道光《廣東通志》卷二四〇引《粵大記》。

高應松

高應松字賁畝，福建長樂人。開慶元年進士，累擢權禮部員外郎、翰林權直。元兵陷臨安，自湧金門入，舉朝奔竄，從官存者九人，應松其一也。同留者正言陳春伯、侍郎翁仲得、大理卿郭珙，皆福州人。是日，除應松中書舍人、直學士院，令草降表。應松泣辭。改權工部侍郎，進端明殿學士、簽書樞密院事。時國事已去，擁虛名而已。恭宗及太后北行，應松扈從，至燕絶粒不語，越七日而死。①

材料出處

①原注：《福建通志》。按：道光《福建通志》卷一九〇。

曾埙

曾埙，紹興人。開慶己未，爲瑞州録事參軍，以州命行各縣賑饑民。值元兵至，被擒。主帥聞其名，誘之以利，不從，且詈之，遂死。事聞，贈秩，官其一子。①

材料出處

①原注：《江西通志》。按：雍正《江西通志》卷六〇。

豐存芳

豐存芳，字公茂，鄞縣人，稷玄孫，爲太平縣倅。景定元年，元兵至，知州孟知縉謀以城降，存芳諫不聽，詈之。知縉遂引元兵屠其家，同死者十八人。卒方義竊其孤八歲禮，長於民間，傳至曾孫淳甫。洪武中，以賢良薦，仕至監察御史。①

材料出處

①原注：《兩浙名賢録》。按：卷七。

胡德廣

胡德廣字及之。景定庚申，元兵渡江，奸人因之爲盜。德廣鳩聚鄉兵，撫安邑境。郡縣上其功，特授迪功郎、尉仙居縣，以親喪不赴。德祐初，元兵入臨安，宋丞相奉三宫赴燕。德廣曰：『吾以身許國，義當與國存亡。』遂集義勇日夜訓練之。未幾，婺州破，乃嬰城自守。會永康章堉起兵復郡，遣人邀德廣。德廣曰：『吾去則奸謀復起，亂在肘腋。』遂不往。未幾，堉敗，元兵乘勝至東陽，德廣據險拒之，元兵屢挫。前謀逆者附於元，以間道示之，攻其後，衆遂潰。德廣不屈死，其配朱氏亦自刎死。①

材料出處

①原注：《東陽縣志》。按：雍正《浙江通志》卷一六五引《東陽縣志》。

韓觀國

韓觀國字用賓。景定進士，授潭州録事。元兵下江南，頓師堅守不下，凡閲月。城陷，死之。①

材料出處

①原注：《人物志》。按：雍正《江西通志》卷八五引《人物志》。

劉揚祖

劉揚祖字弘宗，慈谿人。景定三年進士，爲刑部員外郎。見賈似道執政，國事日蹙，遂有隱志。逾年，宋亡，改冠裳慟哭。及元下詔求賢，揚祖不忍聞，遂徙家雲湖山寺之東，自號介白散人，終身不出。①

材料出處

①原注：《續文獻通考》。按：卷六七。

林逢龍　弟廷龍

林逢龍字慶雲，平陽人。弟廷龍，字雷發。俱爲太學生。當理宗末，元兵入侵，逢龍上書陳戰守計，不報。咸淳中，同廷龍叩闕[一]言事，忤[二]賈似道，歸鄉里。後逢龍又上封事，乞正似道誤國之罪，宜急調兵解襄樊圍。似道怒，削其籍，押還本貫，乃屏跡居山。德祐丙子，元兵至温州，素聞逢龍名，令軍校至山中索之。遂被執，驅迫登舟入城。元兵欲用之，逢龍攘臂怒罵曰：『我宋書生也，豈爲汝用哉？』以腹觸其刃而死。廷龍亦被執不屈，同日遇害。①

材料出處

①原注：《温州府志》。按：萬曆《温州府志》卷一二有林逢龍傳，文字小異。此傳實録自雍正《浙江通志》卷一六六。

校　證

〔一〕闕，原作『閣』，據《浙江通志》改。

〔二〕忤，原作『惟』，據《浙江通志》改。

陳虞之

陳虞之字雲翁，永嘉人。登咸淳乙丑第，授揚州教授，歷官廣王府記室參軍，積階承議郎。元兵至温，虞之率子姪、鄉人千餘登芙蓉巖，誓以死守不降。元兵攻巖，累爲所敗。越二歲始下，乃盡以家貲投巖隙中，遂自刎死。子姪、妻孥及鄉人死者八百餘人。①

材料出處

①原注：《兩浙名賢録》。按：卷七。

章如旦

章如旦字希周，餘干人。咸淳進士，起家東陽主簿，至知撫州僉判。元兵圍襄陽，得江萬里書，言吕文焕降，泣不食三日。與安仁陳陽見提刑謝枋得。會枋得與張練帥議勤王，帥大喜，因與至弋陽，入朱神廟卜。如旦曰：『今國家大勢如此，又何疑哉？爲臣子，盡忠孝而已。』枋得顧陽曰：『壯哉，章希周！』德祐中，元兵圍饒州，枋得集兵安仁，如旦起兵迎之。既而饒州降，餘干亦降。元兵攻安仁，至團湖，張孝忠戰死，如旦敗走，尋死之。①

材料出處

①原注：《江西通志》。按：雍正《江西通志》卷八八。

丘必明

丘必明，南雄保昌人。咸淳辛未進士，累官韶州僉判。德祐丙子，元兵逼梅關。時東莞勇士熊飛領兵與元師戰，敗還。元師攻城，城陷，必明被執，不屈，殺之，白血流地。時人哀其志節，立祠祀之。①

材料出處

①原注：戴《志》。按：道光《廣東通志》卷三〇四引戴《志》。

何新之

何新之，西安人。仕至樞密院編修。嘗採唐宋詩爲《詩林萬選》。後知終安軍，死節。①

材料出處

①原注：嘉靖《浙江通志》。按：雍正《浙江通志》卷一六六引嘉靖《浙江通志》。

卷三十二　列傳第三十二

忠義三

林景曦

林景曦字德陽，號霽山，温之平陽人。咸淳七年，自太學釋褐，授泉州教官，歷禮部架閣，轉從政郎。元兵南下，遂不復仕。至元十五年，楊璉真伽盡發宋諸陵。時景曦故爲杭丐者，背竹蘿，持竹夾，遇物即以夾投籮中。又鑄小銀牌繫腰間，賄西番僧。僧左右之，果得高、孝兩朝骨，爲兩函貯之，葬紹興之蘭渚山，植冬青樹志之。聞者莫不景仰，稱霽山先生。往來吴越廿餘年，居雲間甚久。有《雲間懷古》、《神仙訪僧》、《二陸故居瀫湖黄耳冢》諸作，所著詩文集十卷，士林傳誦之。①

材料出處

①原注：陳《志》。按：嘉慶《松江府志》卷六二引陳《志》。

袁　鏞

袁鏞字天與。[1]其先南昌人，有子誠者，知臨安府，以事至鄞，遂留家焉。[2]鏞治《春秋》，有文武才，尚氣節，[3]嘗中省元。[4]咸淳七年，成進士，[5]授簽書平江軍節度判官。[6]以父憂，未即仕。[7]國事日蹙，[8]鏞竊歎曰：『所貴乎士者，以有義焉耳。天下之勢，殊未可遏。夫生爲宋臣，死則宋鬼。顧吾無寸兵尺地，不能捍禦以固社稷，得仗義執言，從常山、睢陽于地下，不失爲宋國臣，足矣。』會宗室趙孟傳以沿海制置使鎮四明，將作少監謝昌元亦寓於明，故與相友善。鏞因倡言曰：『時不利矣，顧公等食君之禄，爲國重臣，鏞亦忝進士，名聞朝廷。爲臣死忠，此其日也。幸無忽！』三人因相結納，誓以死徇國。

德祐二年，元兵至鄞，遣遊騎十八人駐城西山資教寺。孟傳、昌元謂鏞曰：『爾第先往，曉以逆順，我二人即將兵繼之。』鏞往，遇其騎將，首問行在存亡，爲之開陳大義，具言四方勤王之師日至，恐汝北歸無日。北兵聞之，疑信猶未決。明日，元兵四集，孟傳、昌元懼，乃以兵獻于慈谿之車廐。鏞失援被困，因挺身與接戰，自辰至酉，力不支，爲所擒。元將愛其才，脅令降，曰：『不死且富貴，不降即燒戮汝。』鏞罵曰：『我爲宋臣，死則死爾，終不從汝。』元將怒，取噉箕，穴其中，加于鏞頸，旁縱火燎之，鬚髮且盡，鏞辭愈厲。復以刃劫之，罵益振，遂遇害。實是年三月十日也。

屬清明墓祭，鏞家人上塚回，舟次鼈山，聞鏞死，三子、二婦、三孫、二妾、伯祖妣胡與其子妻、二子及姑之子、曾祖之側室若婢合十七人，悉驚悼赴水死。惟仲子潤祖，⑨甫六歲，亦在溺中。僕沈蘭出而藏之黃猛洞土塚裏，青糍黑飯食之。比五日，兵退，克還守閭。妾利其篋笥，復投置大水甕中。僕赤腳援出之，得免。⑩

潤祖字澤民，號野航，善詩，尤工草書。入元，爲鄞縣學訓導，遷慶元路儒學教授，卒年八十二。⑪

材料出處

①原注：成化《志》。按：謂成化《四明郡志》。
②原注：戴良撰《袁廷玉傳》。按：雍正《浙江通志》卷一九六引戴良撰《袁廷玉傳》。
③原注：蔣景高撰《傳》。按：乾隆《鄞縣志》卷一三引蔣景高撰《袁鏞傳》。
④原注：袁鈞《鄮北雜詩》注。
⑤原注：蔣《傳》。
⑥原注：《鄮北雜詩注》。
⑦原注：案：《詩》注作『以母憂未上』。
⑧原注：《蔣傳》。
⑨原注：案：原作『澤民』，據袁士元《教授府君行實》改之。

⑩原注：《蔣傳》。

⑪原注：袁士元撰《潤祖行實》。

胡廷桂

胡廷桂字伯誂，婺源人。登咸淳七年進士，授平樂尉。饒守唐震素知其才，辟居簽幕。德祐元年，元兵臨城，與震協謀捍禦，力窮城陷。方裹創治兵，聞震縊死，亦死之。①

材料出處

①原注：《徽州府志》。按：弘治《徽州府志》卷九。

夏師堯

夏師堯字達德，休寧人，之時子。登咸淳十年進士，授諫議郎。嘗忤權奸被謫，後陞翰林學士，遷承旨。羽翼昺從祥興帝航海，元兵襲崖州，死之。①

材料出處

①原注：《徽州府志》。按：弘治《徽州府志》卷六。

張漢英

張漢英，奉化人。幼聘吕氏女，後女雙瞽，請辭，漢英曰：『聘時無恙，而今喪明，命也。』卒娶之。咸淳間，敕守樊城，爲元阿术所圍。募善泅者，置蠟書於髻中，潛積草下，浮水而出，往荆郢求援。至隘口被獲，於是荆郢之路絶。出鋭師薄樊城，漢英死焉。①

材料出處

①(《兩浙名賢録》。按：卷七。

王子翼

王子翼字汝翼，南昌人。咸淳進士，官廣德縣知縣。德祐乙亥四月，元兵由西道壓境，城陷，死之。①

材料出處

①原注：《府志》。按：光緒《江西通志》卷一三五有傳。

唐泰嶽

唐泰嶽號賡方，宣城人，宋相介後。度宗時，爲寧國軍節度，遂卜居焉。元兵渡江，泰嶽力戰采石，不支，退守寧國。元人來檄降，泰嶽曰：『世有降節度耶？』元令圍久者下之日屠其城，泰嶽謂其妻曰：『吾不如先死以存數萬百姓。』遂夫妻同日死。城得免屠，士人德之。[1]

材料出處

①原注：《寧國府志》。按：光緒《重修安徽通志》卷二〇六引《寧國府志》。

周　真

周真字子繼，旌德人。咸淳中，奉文天祥劄授本縣尉。元兵壓境，力戰死之。[1]

材料出處

①原注：《一統志》。按：《大清一統志》卷八一。

許伯繼

許伯繼字爲可，東陽人。父子良，仕至台州守。伯繼以蔭入官，咸淳末，差婺州通判。時李珏開府處州，辟伯繼主管機宜文字。未幾，移閫永嘉。元兵入臨安，三宫北遷，宰相陳宜中以衛、益二王如永嘉。元兵追及之，力戰數日，城破，珏降，伯繼就縛，不屈死之。①

材料出處

①原注：《金華先民傳》。按：雍正《浙江通志》卷一六五引《金華先民傳》。

章　堉

章堉，永康人。咸淳末，都城失守，浙東諸郡多陷。時衛、益二王在福州，堉與弟塈捐家資募忠勇，得義兵數千，收復婺城。制置使李珏以聞，授堉直秘閣、知婺州。塈主管官誥院、通判衢州，與元兵力戰於丁鼠山，援絶城陷，堉與堅皆死之。[1]

材料出處

①原注：《金華先民傳》。按：雍正《浙江通志》卷一六五引《金華先民傳》。

劉　源

劉源字叔清，淮西野人原義兵長也。[1]性慷慨，負大節。咸淳中，聯絡山寨，保障鄉里。德祐元年，范文虎以安慶降元。景炎二年，源與淮人張德興殺太湖縣丞，據司空山。傅高舉兵應之，源建寨野人原相犄角，復黄州壽昌軍。與元宣尉使鄭鼎戰樊口，鼎敗，墜水死。八月，元兵攻源寨不克，遂移兵襲司空山。張德興、傅高皆死，黄州復陷。源不勝憤，力戰而死。自景炎至祥興，守禦凡三年。[2]

材料出處

①原注：野人原，潛山地。

②原注：《一統志》。按：光緒《重修安徽通志》卷二〇二引《一統志》。

王貴行

王貴行，蜀之洪雅人。咸淳間爲德興丞。[1]元兵取饒州，通判常福以城降，屬邑皆望風款附，獨貴行不屈，曰：『吾幼學壯行，惟忠與孝耳。』竟赴水死。[2]

材料出處

①原注：《蜀志》作興縣丞。

②原注：《江西通志》，《豫章書》，《饒州府志》，《四川通志》。按：雍正《四川通志》卷一二，雍正《江西通志》卷六三引《豫章書》。

周偉

周偉，德祐間爲浮梁丞。元兵起，偉曰：『以守無城，以戰無兵，奈何？受人之命，不爲其事，非仁也。食人之禄，不死其難，非勇也。』卒死之。[1]

材料出處

①原注：《江西通志》，《豫章書》。按：雍正《江西通志》卷六三引《豫章書》。

楊義忠

楊義忠字大書，寧國縣吏。德祐元年，元巴延攻寧國，知縣趙與穗戰死。義忠率衆城守，凡六十晝夜。出戰死，贈武功大夫。①

材料出處

①原注：《宋史·恭宗紀》，《一統志》，《寧國府志》。按：光緒《重修安徽通志》卷二〇六引《宋史·恭宗紀》、《一統志》、《寧國府志》。

林 澤

林澤字堅叔，雅好梅，自號梅逸。幼穎悟，博學多聞。居親喪，致毀瀕死。遂絶意進取，惟杜門教子。家本僅足，口未嘗言利，而以周急爲樂。創惠生道院，延良醫，病者藥隨需不少靳，至鬻産以給，里人賴之。德祐元年冬，時事孔亟，人皆勸入深密。澤謂：『青山去城一舍而近，祖父墓在焉，必此乎依。』明年三月十六日，遊騎猝至，執之，脅令首路，大罵不屈以死，年五十六。①

材料出處

①原注：陳著撰《林隱君祠堂記》。按：陳著《本堂集》卷五〇。

吳楚材

吳楚材，名炎，以字行，南城人。德祐元年，建昌降。明年春，楚材還鄉，糾集民兵。既失利，且乏援，元兵誘降，其衆多解去。楚材走光澤，爲人所執，及其子應登，以獻郡。録事婁南良訊之曰：『汝何錯舉？』楚材抗聲曰：『不錯！不錯！如府録所爲，大錯耳。吾一鄙儒，特爲忠義所激，爲國出力，事雖不成，正不錯也。』南良愧而語塞。吳浚爲江西制置招討使，斬楚材父〔二〕子，傳首諸邑。益王立於福州，聞而哀之，贈官朝奉郎，即邵武境上立廟，賜名忠勇。①

材料出處

①原注：林《志》。按：雍正《江西通志》卷八三引林《志》。又按：《宋史》卷四五二《忠義七》已有吳楚

材傳。

校證

〔一〕父，原闕，據《宋史》及《江西通志》補。

李成大

李成大，建昌人。登進士。德祐初，知金壇郡。元兵至，與戰不勝。吏民脅成大降，乃潛與胡用存謀復金壇，事泄繫獄，榜掠不屈，遂殺其二子以懼之，終不屈。笑曰：『子爲父死，臣爲君死。』卒殺之。詔贈直秘閣，謚忠節。①

材料出處

①原注：《人物志》。按：雍正《江西通志》卷九一引《人物志》。又按：《宋史》卷四五二《忠義七》已有李成大傳。

李梓發

李梓發字材甫，上猶人。德祐元年，以世族舉爲南安三縣巡檢。元兵圍上猶，梓發隨邑令李申巽及邑中諸義士堅守不懈。元兵死傷甚衆，旋解去。文天祥表梓發爲團練使、督府諮議，收之幕下。申巽請梓發往來贛圖戰守。祥興己卯，元兵復至，梓發與邑令城守益堅。時天祥兵敗績，行朝亡於崖山。邑〔一〕子黄桂紱爲元卒所獲，令齎榜入城招降，且傳崖山之難。梓發大怒，戮桂紱。無何城陷，梓與子姓四十七人皆自焚。同時有唐仁、黄賢、張伯子、劉淵子、張南仲〔二〕、陽清叟及邑令李申巽俱遇害。①

材料出處

①原注：《人物志》。按：雍正《江西通志》卷九三引《人物志》。

校　證

〔一〕於崖山邑，原闕，據《江西通志》補。

〔二〕仲，原闕，據《江西通志》補。

何時

何時，上猶人，隱居博學。元兵攻上猶，時率僕從義勇與戰，力不支被執。强之降，厲聲曰：『恨吾力不能殺汝，肯降乎？』元將怒，去其舌，遂遇害。舉家死之。①

材料出處

①原注：《府志》。按：雍正《江西通志》卷九三引《南安府志》。

李天勇

李天勇，臨川人。從謝枋得學，爲人尚節義。德祐初，元將攻饒州，枋得舉兵援之，天勇統强壯應援，大戰樂湖坪。兵敗，與張忠孝俱死。①

材料出處

①原注：林《志》。按：雍正《江西通志》卷八十引林《志》。

趙時踐

趙時踐字容月，當塗[1]人。宋末爲廣德司户參軍，郡守重其才伎，攝建平縣事。元兵南下，先馳至東門，時踐登縣樓，搥鼓打鉦，爲守禦計。城陷，與妻子僕妾八人赴溪潭死。[2]

材料出處

①原注：舊作『采石』。

②原注：《南畿志》。按：光緒《重修安徽通志》卷二〇九引《南畿志》。

顔希孔

顔希孔，彭澤人，爲本縣簿。宋末元師南下，取安慶、江州。希孔率民兵八百人，大聚舟楫，各載石萬計，戰於江中。飛石四擊，敵舟幾敗。已而石盡，力屈被害。民爲葬其骨於鳳凰山麓。[1]

材料出處

①原注：《人物志》。按：雍正《江西通志》卷九二引《人物志》。

李長庚

李長庚字子西，新昌人。初任清江尉，再調湘潭丞。元兵至，同寅皆遁，獨長庚攜諸司印居守。被執，不屈死。士友葬於學地，并爲文表阡。①

材料出處

①原注：林《志》。按：雍正《江西通志》卷七一引林《志》。

吳世鳴

吳世鳴，蘭谿人。歷官提幹，終錢塘縣令。時元伯顔駐軍江沙，世鳴挺身出戰，死之。①

材料出處

①原注：舊《浙江通志》。按：雍正《浙江通志》卷一六五引舊《浙江通志》。

鄭采翁

鄭采翁字季華，壽昌人。性剛果，好讀書學兵法。元人圍臨安，遂倡義勤王，收集鄉兵與宋潰卒，設部伍，習騎射。義聲感激，人皆效死。俄而京師失守，兩宫北遷，元將唆都陷建德府。安撫方回降，遂犯白沙渡。采翁率所部拒之，力戰數合，兵敗被執，仗義不屈，死之。①

材料出處

①原注：《嚴陵志》。按：雍正《浙江通志》卷一六六引《嚴陵志》。

葉僩祖

葉僩〔一〕祖字德平，樂清人，尚氣節。辟史館編校，晚年退居教授。聞元兵渡江，謂子弟曰：『吾生爲宋臣，死爲宋鬼。』即具衣冠，望闕辭，躍入所居楊樓水中。①

材料出處

①原注：《兩浙名賢録》。按：卷七。

校　證

〔一〕㑩，原作『儞』，據道光《樂清縣志》卷八改。

黄　俊

黄俊，南海人。沈重有謀。宋末爲摧鋒軍將。性剛毅，不能隨時俯仰。見上官，指畫兵事，語纚纚不少休。每所主持，堅不回。或沮之，而卒如所言。由是知名。德祐二年，元兵陷臨安。廣東經略使徐直諒遣人赴隆興納款，元阿里海牙、吕師夔亦來狥廣州。未幾，益王即位，直諒乃遣權提刑郡人李性道領摧鋒軍及水軍，往扼元所遣將黄世雄等。摧鋒軍，俊與陳實爲之將，水軍則謝賢爲將，兵號二萬。俊察實、賢無忠憤心，會晤間每曰：『奇男子當斬敵取侯王，勿囁囁作兒女憐。韓世忠、岳武穆，吾等儕也。』至石門，遥望敵騎擁山塞川，性道大恐。俊進曰：『俊觀敵衆部伍未整，分兵爲兩翼，登途遶其後擊之，可以得志。』性道不從，艤舟岸滸不戰。既而敵結陣成列，鼓譟而前。俊奮身大呼，率衆迎敵力戰。實等退縮不爲之援，遂敗，奔還。直諒聞之宵遁。元黄世雄等遂陷廣州，授性道、實、賢官。俊拒不受，實、賢等共殺俊，俊慢罵不絶口而死。東莞熊飛先爲世雄守惠、潮二州，聞制置使趙溍集義勇討世雄等，飛即應溍。世雄度不可守，乃出走。飛兵至廣州，性道出迎謁，飛執之。後十日，溍與轉運副使趙淇至。次日，安撫方興至，索陳實、謝賢，告俊斬之，并戮性道，廣人萬口稱快。廣人憐俊忠，共厚葬之。①

材料出處

①原注：彭森撰《黄俊傳》。按：道光《廣東通志》卷二七〇引彭森撰《黄俊傳》。

吴寶信

吴寶信字叔誠，宣城人。以蔭爲龍泉令。元兵入臨安，寶信從張世傑奉二王如福州，復還泉州。會蒲壽庚亂，率淮兵百人，力戰死。①

材料出處

①原注：《一統志》。按：光緒《重修安徽通志》卷二〇六引《一統志》。

劉　觡

劉觡，永豐人。咸淳進士，素以節義自許。元兵入臨安，三宫北遷，觡撫膺大慟。既聞益王即位於福州，乃徒步至行在，從文天祥勤王，授軍前計議。後與元兵戰，殁於陣。①

材料出處

①原注：《江西通志》。按：雍正《江西通志》卷七六。

周　宣

周宣字公猷，錢塘人。仕職方郎中。德祐丙子，元師次皋亭，宣上表請兵禦之。時陳宜中主降議，不報。因自集族黨家丁爲報國計。及元兵入臨安，帝后遠狩，宣乃北面泣拜，率衆與戰，身被刀矢，負痛，手格殺數十人，隨遇害。文天祥以詩哭之曰：『孤忠莫克援頹軍，一死名高百戰勳。總恨權奸多異議，難禁玉石不俱焚。殺身卻羨君先我，狗國終當我繼君。他日幽魂逢地下，血應化碧氣凝雲。』①

材料出處

①原注：瞿佑《周宣傳》。按：雍正《浙江通志》卷一六三引瞿佑《周宣傳》。

林琦

林琦，福建閩縣人。德祐二年，元兵迫臨安。琦於赭山結忠義數千人，捍禦海道，以功補宣教郎。丞相文天祥開府南劍，辟琦主管機宜文字，充檢院官。天祥入廣，琦權通判惠州。元兵迫惠境，琦從天祥奔潮陽。未〔一〕幾，敗於五坡，被執，脱走惠州，復爲遊兵所獲，護以北行。至建康，以憂憤卒。天祥聞之，歎曰：『琦可謂不降其志矣。』同時閩士入幕府者，有秘書郎謝杞，充主管機宜文字；許由、李幼節、吴文炳、林楝，充幹辦架閣官。空坑之敗，杞、由、幼節不知所終，文炳、楝被執，至隆興遇害。文炳受刑時，吏卒捽辱之。文炳笑謂曰：『我與爾亦各爲其主耳，何辱我爲？』至死不屈。①

材料出處

①原注：《福建通志》。按：道光《福建通志》卷一九〇。

校　證

〔一〕未，原作『朱』，據道光《福建通志》改。

程楚翁

程楚翁，婺源彰睦人。元兵入臨安，江東皆下。楚翁散家貲結死士，將復郡城。事洩被執，榜掠幾死。夜賂守者得脱，之鄱陽，投馬廷鸞。聞謝枋得在閩，遂入閩從之。事稍定，潛歸，後復走閩。歷十餘年，間關險阻，一寓於詩，有《黍離》、《麥秀》之感，讀者無不流涕。枋得被執北去，楚翁遂憤死逆旅中。①

材料出處

①原注：《新安文獻志》八十七《程義士傳》。

江友直

江友直字德正，歙人。友直以薦爲經學長，陞本州教授。伯顔入臨安，友直升堂痛哭，示諸生以大義，不食死。葬梅口之原，書其墓曰餓殺塚，今人呼其山爲餓殺山。①

材料出處

①原注：《徽州府志》。按：嘉靖《徽州府志》卷一六。

張履翁 顔斯理

張履翁、顔斯理，俱永新人。與彭震龍同起義兵，歃血城守。值元兵突至，有劉磐者爲内應，城遂破。磐亦永新人，素無行義，至是屠城以快私憤。二人被執不屈，同時死之。里人至今稱爲勤王忠義之家。①

材料出處

①原注：林《志》。按：雍正《江西通志》卷七六引林《志》。

吴觀 陳非熊

吴觀字叔大，新昌人，嘗爲稽山書院山長。元兵入浙東，恭帝北轅，檄報與邑人陳非熊協謀，奉宋宗室趙節，使圖恢復。集義勇千餘，繕城固守，力戰死。非熊弟羆、彪、虎，子圭、堲、姪墦〔一〕、坑數千輩皆被害。惟子壎留新昌獲免，痛父死難，屏居讀書。後至元十四年，婺寇掠新昌，邀擊陳宣慰。壎率宗人赴援，聞宣慰被殺，憤激決戰，皆没於敗兵嶺。可謂世濟忠烈云。①

材料出處

①原注：《兩浙名賢録》。按：卷七。

校　證

〔一〕墦，原作『璠』，據《兩浙名賢録》改。

方　洪

方洪，福建莆田人。咸淳末，知温州。德祐二年，元兵逼浙東，詔命秀王與擇出瑞安，與洪共任備禦。已而瑞安被圍，城中危急，洪誓以死守。小校李雄夜開門納元兵，洪偕與擇率衆巷戰，兵敗被執，俱不屈而死。①

材料出處

①原注：《福建通志》。按：道光《福建通志》卷一九〇。

王小觀

王小觀，瑞安人。善槊，每以忠義自許。元兵至温，竟抵瑞安陶山。小觀乃悉傾家財召募勇敢者千餘人，出陶山迎敵。彼衆我寡，退入小溪。元兵追之，力莫能當，遂被執，不降。臨刑，罵不絶口而死。①

材料出處

①原注：《兩浙名賢録》。按：卷七。

鮑叔廉

鮑叔廉，世家樂清。宋末元兵下台州，叔廉率宗族，倡義兵，結寨七十二，據險揭旗温、台之界，曰：『台州雖降，温州不願爲之氓。』元將怒，用茅畲牟氏導殺，叔廉死之，族無噍類。遺子約已方五歲，有家奴嚴敬翁、李宗善抱匿陰溝，至夜躋舍後山，藏叢棘中，拾山果食之，兵去方下。長有室，生五子，鮑氏遂蕃。①

材料出處

①原注：《黄綰義烈記》。按：雍正《浙江通志》卷一六六引《黄綰義烈記》。

唐元章

唐元章，一名太初，字子焕，蘭谿人，韶之弟也，爲文思院官。德祐失國，二王南遷，元章與兄韶子良嗣起義興復。時元兵壓蘭谿，元章與戰於黄湓灘，破之，斬其將奚達魯。元兵退保桐廬，遂進兵拒守嚴州。良嗣加閤〔一〕門宣贊、武翼將軍、江淮閩浙都統兵馬使。相持二年，糧援不繼，戰不利，將趨閩以圖再舉。元兵大至，元章戰死於龍游白雲寺前。元主帥唆都以雙虎符金牌招良嗣，不從，亦戰死於仙霞嶺。①

材料出處

①原注：《兩浙名賢録》。按：卷七。

校　證

〔一〕閤，原作『闔』，據《兩浙名賢録》改。

毛附鳳

毛附鳳。宋室北遷，益、廣二王入閩，取道江山。元兵急追，附鳳以義兵遏之，二王得抵閩，而附鳳身嬰其難。①

材料出處

①原注：正德《江山縣志》。按：雍正《浙江通志》卷一六六引正德《江山縣志》。

張　炎

張炎字汝玉，廣陵人。身七尺，長鬣，倜儻有節慨。補州牙兵，隨制置李庭芝潰圍赴行在。追者及之，麾下鳥獸散，炎獨鬭死。①

材料出處

①原注：《揚州府志》引杜本《谷音》。按：嘉慶《揚州府志》卷四九引杜本《谷音》。

夏　椅

夏椅字景實，德興人。補太學生。會朝廷起復史嵩之，率同舍人上書爭之，不報。登進士，授安慶教授，選知鉛山，書『視民如傷』四字於座右。歲饑，救荒有奇政。既解去，謝枋得作《清廉引》以紀其績。遷安慶通判。元兵至，郡守范文虎降。椅思勢不能支，遂飲藥死。①

材料出處

①原注：《江西通志》。按：雍正《江西通志》卷八八。

陳　瓚

陳瓚字瑟玉，福建莆田人，曾祖俊卿。瓚於文龍爲族父行，少有大節，知天下必亂，無仕進，屢散粟帛以濟飢寒，曰：『世受國恩，吾當爲國收民心耳。』及賈似道潰師蕪湖，文龍被主召赴行在，瓚語文龍曰：『天下大勢已危，今列郡團兵自守。此不足以討賊，適足以餌賊也。莫若勸上召四方兵，屯聚沿江要害，擇賢王與文武材幹之臣分督之。敵若來戰，併力齊奮，猶可爲也。』文龍恤然曰：『叔父策固善，然柄國非人，恐不能用。是行也，某必死之。』

德祐二年十一月，端宗趨廣州，命文龍開閫興化。瓚發家財三百萬緡，航海助張世傑軍。世傑欲授以官，瓚曰：『某激忠義而來，豈買爵耶？』不受而歸。十二月，叛將林華等以興化降元，文龍被執北去，瓚曰：『姪不負國，吾當不負姪。』陰部署賓客募丁壯。明年二月晦，攻華等，誅之，復興化軍，以其首告於祖廟，表奏行在。詔以爲通判、權守興化。與世傑犄角，復福、泉二州。九月，元將唆都率兵攻興化，瓚號令嚴整，每巡城必南向號慟，士皆感奮。十月既望，元兵蟻附登城，瓚力不能支，尚率家僮及義民五百人巷戰，元兵死者千餘。瓚被執，唆都欲降之，瓚罵不絕口。唆都大怒，車裂於五門以徇。屠城三時，血流有聲。世傑以其事聞，贈兵部侍郎，謚忠武。子若水，世傑辟爲督府架閣。①

材料出處

①原注：《福建通志》。按：道光《福建通志》卷一九〇。

熊飛

熊飛，東莞榴花村人，有武略，善騎射，李用之壻。景炎元年六月，元軍入廣州，飛起兵勤王，聞文丞相天祥經略江西，將往隸焉，爲元將黃世雄所扼。飛陽爲元人守潮、惠，世雄疑之，謀殺飛。飛以舟師遁還東莞，舉兵應趙溍。世雄遣其將姚文虎追之，至榴花村，飛勒陣斬之，盡殲其軍。九月，制置使趙溍至，飛以兵應之，攻梁雄飛于廣州。世雄懼，拉雄飛等出走，飛遂復韶州。新會令曾逢龍亦率兵至廣州。降元通判李性道出迎，飛與逢龍數其罪而誅之，溍遂入廣州。飛以性道逆節甚明，乃没性道家，焚其居。是年，景炎改元之六月也。元將呂師夔、張榮等將兵度梅嶺。十月，溍遣飛與逢龍禦之于南雄，尋使將校劉自立守韶州。逢龍戰死，飛退保韶州。元軍師夔等圍之，飛晝夜督兵登陴，且守且戰。守將劉自立以城降，飛巷戰敗績，赴水死。所居銅嶺去城十里，有塔曰榴花塔。飛起兵時與元兵大戰處，每陰雨，猶聞金鼓之聲。塔左爲花溪，右爲銀塘，有巨石四飛，自刻『花溪銀塘』四大字，亂之復整，人以爲神。①

同時許之鑑者，城西人，集兵赴義。榴花之戰，鑑功爲多。飛死，鑑走從文天祥於汀州。力戰五坡嶺，被執，不屈死。②

材料出處

①原注：黄《志》。按：道光《廣東通志》卷二七〇引黄《志》。

②原注：舊《廣州志》。按：道光《廣東通志》卷二七〇引舊《廣州志》。

傅高

傅高，太湖人。景炎中，張德興起義兵，高率衆應之，爲元所破，被執不屈，死之。①

材料出處

①原注：《一統志》。按：光緒《重修安徽通志》卷二〇二引《一統志》。

劉伯文

劉伯文字政平，吉水人。以武舉賜第，從勤王。景炎二年，督府駐興國，伯文受檄結約遠近。至袁州仰山廟，爲巡兵所執，搜其行李，得文書甚多。伯文慷慨自引，一不以累人，獨斬於市，家屬徙燕。①

材料出處

①原注：《吉州正氣録》，《江西通志》。按：雍正《江西通志》卷七六引《吉州正氣録》。

孫　壽

孫壽字壽朋，願質子。以父蔭入官，初調潭州司户參軍，轉建昌軍、紹興府録事參軍，改宣教郎、知臨海縣。①錚錚有能聲，進通直郎。②丞相葉夢鼎、湯漢、尚書王應麟嘗以文章政事薦之。③景炎二年八月，④元兵渡錢塘，下浙東，所在繹騷。壽奉其母黄夫人在官，及久將代，命家人御之先歸。既受代，即辭還，次栅墟，逢鄉人言夫人不舍其子，復往臨海，且數日。壽倉皇追奔及之，而元兵已薄城下。壽與一力躬負板輿，窮日兼行，冀將先入。未至，遇兵，母子遂俱陷難死，十二月二十五日也。壽奉母盡孝養。於壽嚴而有恩，公退，必詰其所理之政，平允則喜溢顔開，一或未然，深加責誚曰：『我見爾父決事多，當否乃易知耳。』壽死，年纔四十。子嗣明，將仕郎。孫元蒙。⑤

材料出處

①原注：案：《臨海縣志》作淳祐元年任，去景炎二年殉難凡三十六年，太遠。又案：《浙江通志》作『知臨

安』，誤。

②原注：柳貫撰《墓誌》。按：元柳貫《待制集》卷一二《故宋孫明府碣銘》。

③原注：《至正志》。按：《至正四明續志》。

④原注：案：原作『至元十三年』，依《宋史》改正。

⑤原注：《墓誌》。

馬南寶

馬南寶，香山人。家饒財，能讀書，好義，尤工詩。景炎二年十月，①端宗自潮州之淺灣航海避敵，過邑境，南寶獻粟千石以餉軍。端宗敕獎之，召拜權工部侍郎。時帝舟爲元師所迫，十一月，丞相陳宜中、少傅張世傑、殿前指揮使蘇劉義奉帝幸沙衛，暫宫于南寶家。南寶竭力保衛帝躬，勞瘁備至，元人無知者。居數日，元兵陷廣州，諸將召募潮居里民數百以行。南寶謂諸將曰：『功成之日，當以奉迎孝恭懿聖皇帝爲先。』因飲諸將酒，曰：『痛飲黄龍府，在此行也。』遂歌岳武穆『直擣長驅』之句，以相風勵。慷慨激烈，聞者莫不壯之。

帝舟將復駐淺灣，未至，元將哈剌歹及宣府梁雄飛、招討王天禄等來襲。世傑等與戰于香山島，敗績，將士被執甚衆。陳宜中所統衆尚數千人，舟八百艘，走秀山。中流大風壞舟，衆多溺死，宜中僅以身免。十二月，張世傑奉帝舟退保秀山，尋次于井澳。丙子，颶風大作，舟敗幾溺，帝遂得驚悸疾。旬餘，諸兵士稍稍來集，死者十四五。元將劉深復襲井澳，世傑力戰卻之。陳宜中欲奉帝走占城，乃先往諭意，遂逃去。南寶聞之慟哭，曰：『丞相必不返，國事危矣。』後果然。

景炎三年春，都統凌震復廣州，南寶賦詩志喜。時帝舟次于化之硇洲，疾大作。四月，帝崩，衛王昺即位，走厓山，張世傑等從之。而曾淵子充山陵使，奉帝還殯南寶家，僞爲梓宫出葬，②其實永福陵在厓山焉。南寶方赴厓山，會阻病，旦夕譫語，未嘗忘也。宋亡，逃匿不降。③嘗作詩曰：『目擊厓門天地改，寸心難與夜潮消。』又曰：『衆星耿耿滄溟底，恨不同歸一少微。』聞者哀之。④

相傳端宗臨幸時，丹荔方熟，常摘一枝，其後經摘處，風味獨殊，人以爲異。⑤已而元兵欲屠潮居里，人爲南寶危之，南寶恬不爲動。後聞陳宜中奉帝昺猶在占城，元主忽必烈下令捕之。於是招討使黎德、梁起莘與南寶起兵運糧往迎車駕。元萬户王守信諭起莘歸降，起莘奔還馮村，德與南寶討其叛兵，大敗，南寶被執，不屈，死之。起莘遂仕元，至都元帥。⑥

材料出處

①原注：《厓山志》作『九月』。按：此傳實録自道光《廣東通志》卷二七〇。

②原注：南寶募人爲疑塚于壽星塘三處。

③原注：黄《志》。

④原注：《廣東名勝記》。

⑤原注：《嶺海名勝記》。

⑥原注：黄《志》。

胡敬方

胡敬方，分寧人，任臨江路僉判。元兵至，率衆死守，屢拒戰，誘之不肯降。及城破，元將張弘範執至瑞州，不屈而死。弘範函其首而去，家人以其身歸葬焉。①

材料出處

①原注：林《志》。按：雍正《江西通志》卷六七引林《志》。

黄介

黄介字剛中，分寧人。意氣卓越，善兵法。帥鄉民登龍安山，爲保聚計。元兵至砦，介堅守不去，顧謂家僮陳力曰：『爾盡力勿走。』力曰：『主在，死生同之。』介身被鏃如蝟，面、頸、腹中十三矢，倚栅而死，力亦死。妻劉被〔一〕掠，子用中獲免。及長，求母逾十年，得於京以歸，州里稱黄孝子云。①

材料出處

①原注：林《志》。按：雍正《江西通志》卷六七引林《志》。

校　證

〔一〕被，原闕，據《江西通志》補。

謝徽明

謝徽明，枋得伯父也。以特奏恩爲當陽尉，攝縣事。時天基節上壽，元兵奄至，徽明出戰死。二子趨進抱父屍，亦死。①

材料出處

①原注：《江西通志》。按：雍正《江西通志》卷八五。

陳琚

陳琚字奉先，敏曾孫，倜儻有英概，官襄陽帥府屬。呂文焕以城降，元琚爭之弗得，率妻子偕死。

弟瓊，字昭先，官懷仁令。元兵壓安慶路，守者風靡。懷仁城陷，瓊偕妻子死之。①

材料出處

①原注：《江西通志》。按：雍正《江西通志》卷九四。

羅開禮

羅開禮字正甫，永豐人，袁州教授。江上兵起，文天祥辟知永豐，倡義以仗大節連兵。鄒鳳駐師永豐，深溝固壘，蓄養鋭士，攻吉安、南贛、南雄，大捷響應，垂下臨、洪。忽吉、贛軍潰，元李恒兵又自隆興來，乘勝追及空坑。天祥幸脱，恒大索開禮，開禮隱巖中，執囚吉安，不屈，八日不食而死。天祥爲制服，慟哭祭之。①

材料出處

①原注：《江西通志》。按：雍正《江西通志》卷七六。

錢淵龍

錢淵龍字申叟，吉水人。文天祥勤王，以淵龍爲招討副使，率兵復泰和。會元帥李恒遣偏師至，力戰鍾步，與弟翔龍同日死。天祥被執北行，過戰場，爲文祭之。①

材料出處

①原注：《江西通志》。按：雍正《江西通志》卷七六。

吴希奭

吴希奭，安福人。文天祥起兵，奭自以名通於督府，聚衆數千，復袁州萍鄉，與北兵會，據險待命。以衆寡不敵，一門三十口俱死。①

材料出處

①原注：《吉州正氣録》、《江西通志》。按：雍正《江西通志》卷七六引《吉州正氣録》。

胡文可

胡文可字可山，泰和人。有謀略，便騎射。文天祥起兵，文可從之參謀，禮爲上賓。先一夕，天祥夢火，明日文可緋衣謁軍門，與語，喜曰：『殆天以賚我耶？』爲更名夢炎。及兵敗，文可亦被執，脱歸，後集兵赴難而死。

其弟文靜，先授提督，時無敢拒北兵者，拒即屠，而泰和已下，乃招致文靜，不屈，曰：『寧死不負趙氏。』遂闔門死之。①

材料出處

①原注：《江西通志》。謝《志》舊案：『前《志》載文可脱歸，後卒於家，與此不合。其弟文靜之死及胡氏闔門殉難事失載，今改補。』按：雍正《江西通志》卷七六。

周來奕

周來奕字仲方，南昌人。應文天祥募，授招勇校尉。或曰：『如天命何？』來奕曰：『即不克恢復，吾以媿甘心臣虜者。』未幾，與元戰，死之。

同里有周安起字桂伯，爲建陽簿。景炎二年，元使入閩招諭，安起僞與過從，陰謀殺之。事敗，解赴上都，不屈死。①

材料出處

①原注：《府志》。按：光緒《江西通志》卷一三五引《南昌府志》。

蕭明哲

蕭〔二〕明哲字元甫，福建將樂人。文天祥開府南劍，授明哲督府架閣、監軍。出江西，收復萬安，尋復龍泉。又躬入野坡，連結諸寨拒元兵。被執，不屈而死。文天祥集杜詩以哀之曰：『諸生舊短褐，張目視寇讎。高義依然在，白骨更何憂。』①

材料出處

①原注：《福建通志》。按：道光《福建通志》卷一九〇。又按：《宋史》卷四五四《忠義九》已有蕭明哲傳。

校　證

〔一〕蕭，原作『廖』，此陸氏襲《福建通志》之訛，今據《宋史》及文天祥《文信國集杜詩》之《蕭架閣第一百二十四》改。

趙必煜

趙必煜字伯暐，福建人，太宗十世孫。補承務郎。悵望中原，慨然有祖逖之志。從益王至永嘉，轉承議郎，貳趙吉甫南外宗正。益王即位，福州招撫使蒲壽庚與田子真叛降元，必煜逃甆竈邨。子真遣兵勒還草降表。必煜持匕首自刺，吉甫抱哭曰：『我愧死，萬萬不能復見子矣。』張世傑回兵圍城，壽庚盡殺宗室。録曹參吳伯厚以計出必煜，遂居泉之東陵，不復問人間事。與諸生講解經傳終身，尤長於典禮。著有《茹芝》、《東陵》等集。①

材料出處

①原注：《福建通志》。按：道光《福建通志》卷一九〇。

趙必諱

趙必諱，宗室，爲長樂主簿。宋亡不仕，易名文孫，專以講授爲事。①

材料出處

①原注：《福建通志》。按：道光《福建通志》卷一九〇。

陳尉德

陳尉德，福建德化人。與元兵戰，既被害，猶馬上馳歸南關，首墜，過東闕，下馬，尸猶挺立。邑人立廟其地以祀。①

材料出處

①原注：《福建通志》。按：道光《福建通志》卷一九〇。

蔡振先

蔡振先字德揚，福建漳浦人。宋末，授鳳州總管。爲元兵所執，説降不可，臨以刃不屈，遂遇害。[①]

材料出處

①原注：《福建通志》。按：道光《福建通志》卷一九〇。

趙與珞

趙與珞，咸淳初爲瓊管安撫使。至帝昺祥興元年秋，元將阿里海涯略地海外，遣宣慰舊帥馬旺招降，不聽。率義勇謝明、謝富、冉安國、黄之傑[①]等兵禦白沙口，極力死戰，舟師不得登岸。久之，元將患焉。冬十一月壬辰，[②]因購内應，執與珞等以降。[③]慢罵不屈，元將怒，皆裂殺之。與珞素有膽略，海外諸蠻小國皆倚爲重。既死，由是四州縣及外蠻皆附于元。[④]

材料出處

①原注：謹案：『傑』史作『記』。按：此傳實録自道光《廣東通志》卷二三六。

②原注：謹案：《厓山志》作『癸巳』，此據沈翥《碑記》。

③原注：謹案：《厓山志》損益《本録》，稱『州民作亂，執與珞』，又引《元史續編》，謂『民不堪，遂有叛志』，與《郡志》不合。按：『厓山志』下原有『作』字，據正德《瓊臺志》卷三三删。

④原注：黄《志》。

謝明 謝富 冉安國 黄之傑

謝明、謝富、冉安國、黄之傑，俱瓊州人。宋末祥興元年，從安撫趙與珞拒元兵于白沙口，極力死戰。被執，慢罵不屈，元將怒，皆裂殺之。①

材料出處

①原注：戴《志》。按：道光《廣東通志》卷三〇一引戴《志》。

伍隆起

伍隆起，新會人，①三世事宋。高祖珉，高宗朝爲嶺南第十三將，守南恩州，卒於官。子朝凱，擇新會之文章里居焉。生子之才，仕至陽春尉。之才生天麟，官至龍井場提幹。天麟生隆起。值宋季世帝昺舟次厓山，隆起以祖父三世受禄于宋，非死不能報，于是率鄉民爲義兵捍衛，且貢米七百石。[2]先是，元帥張弘範已入廣州，民咸附之。隆起力戰累日，不沮，潛爲其下謝文子所殺，以其首降元。丞相陸秀夫遣人取遺骸，以木刻首葬於文逕口山。[3]後秀夫募得文子，戮之，祭隆起之墓。故今人猶名其墳爲釘頭墳，村爲釘頭村云。[4]大忠祠成，祀隆起於東廡，題曰宋義士贈州判伍隆起位，蓋當時所贈官也。[5]

材料出處

①原注：今隸新寧。按：此傳實録自道光《廣東通志》卷二一七〇。
②原注：《粤大記》作『七千石』。
③原注：在新寧城東南八里。
④原注：《厓山志》。
⑤原注：《廣州人物傳》。

雷龍濟

雷龍濟字耕禄，福建建安人。鄉貢進士。舉義兵隨帝昺至厓山，兵敗，没於萬石灘。[1]

材料出處

①原注：《福建通志》。按：道光《福建通志》卷一九〇。

陳堯則

陳堯則字敬于，福建仙遊人，可大四世孫。以父蔭補餘姚尉，歷知吉水。帝昺溺海，堯則死之。①

材料出處

①原注：《福建通志》。按：道光《福建通志》卷一九〇。

王德欽

王德欽，福建長汀人。祥興間，除駕前指揮使。帝昺沈厓山，同時殉難。①

材料出處

①原注：《福建通志》。按：道光《福建通志》卷一九〇。

彭九萬

彭九萬字好古，福建崇安人。嘗爲太學生，上書論賈似道奸狀，不報。宋亡不仕。後黄華寇亂，以兵脅降，九萬斥之，遂遇害。①

材料出處

①原注：《福建通志》。按：道光《福建通志》卷一九〇。

柳　敘

柳敘字元德，貫從父也，爲蘭谿縣尉。宋亡，慟哭絶食而卒。①

材料出處

①原注：《浦陽人物補遺》。按：雍正《浙江通志》卷一六五引《浦陽人物補遺》。

蘇十萬

蘇十萬，欽裔孫，福建德化縣人。宋亡，破家募義兵拒元，屯駐天平城、羅城諸山後。戰敗於水府，被殺，挺立不仆，血漬石上，朱殷不滅。邑人建水府廟祀之。①

材料出處

①原注：《福建通志》。按：道光《福建通志》卷一九〇。

王用龍

王用龍字震叔，進賢人。宋亡，誓不爲異國民。時謝枋得招諭江西，用龍檄衆往附，其詞曰：『以燕人而伐燕，全趙璧而歸趙。』爲元鎮守兵所獲。家人饋食至，碎甕器劘吭而死。①

材料出處

①原注：《豫章書》。按：雍正《江西通志》卷六七引《豫章書》。

卷三十三　列傳第三十三

孝義

李平

李平字仲和，世居四川唐安郡。有高行三，皆衆人所難能。淳化中，蜀寇起，大擾州邑，雖父子，或不相攜持以遯。母劉氏方娠，平纔十歲，侍而往，俱匿野澤中。既生子，病且不粒，平晝夜望天號泣，若以危難訴之，求完其生。已而採蔬如藥者，煮以飼，疾乃愈。會有盜過，又得所棄米以具饘粥。盜稍息，扶以還舍。父老驚異歎服，謂其篤孝爲神靈陰助，雖漢江次翁、唐支叔才，殆不能過。既長，善治家，不爲米鹽斗筲之計，而田至數頃，貲數萬。諸弟欲析其産，平一毫不忍私，罄所有與之。里人稱其友愛。自是不復營産，惟聚書延賢師友以教子。或告之宜少蓄藏畀後裔，平曰：『吾子苟力學，他日能大吾門，其得失豈潤屋比耶？』①

材料出處

①原注：吕陶《淨德集·李君墓誌》。按：卷二六《隴西李君墓志銘》。

郭　琮

郭琮，至道二年台州黄巖孝子。郭琮年七十四，事母張氏備極恭順，勤奉甘旨，寅夕不懈。遠妻子，寢處母室，不飲酒茹葷者三十年。誦梵典，禮佛塔，積膜拜之數，以七十餘萬計。甘於勤勞，用祝母壽。張年一百四歲，視聽不衰，飲食尚强。里黨異之，聞於轉運使。使馳詣其家，召其母，與之坐，飲以醇酎，嗟賞良久，遂奏上。太宗覽而嘉之，亟詔旌表其閭，除其徭役。①

材料出處

①原注：杜範《郭孝子碑》。按：雍正《浙江通志》卷一八五引杜範《郭孝子碑》。

許　迥　姪俞

許迥字光遠，祁門人，司封逖之弟。宋師伐金陵，逖爲光慶殿使，分護北城。迥以光慶殿承旨從兄守，攻甚急，矢集如雨。遜被重傷，戒迥曰：『我將死主矣，汝歸慰吾親。』迥以身蔽遜，遜駡曰：『君親忠孝，我與汝均，有不可乎？』乃去。及遜歸宋，爲冠氏令。强賊李潛入冠氏，知迥在，曰：『吾固聞許迥之爲人。』即領徒去。金惟岳子因亂爲淝水巨盜李某所俘，迥直入淝水，以義動之，盜厚遇迥，而還金子。當是時，迥以節義聞河北，大官屢欲薦於朝，迥曰：『寧浮遊江淮，不能就刀尺間以活。』竟終淮上。迥及二兄皆孝友，王安石以爲迥事母如遜之孝，事兄如遜之悌，蓋慷慨有大志者。子會，舉進士，爲太廟齋郎。①

姪俞，字堯言，新安人。父遂，善事母。里母勵其子，輒曰：『汝獨不慚許伯通乎？』祥符中，封泰山，加恩群臣，仲父遜當遷，以讓遂，乃以遂爲將作監主簿。俞風貌魁傑，襟局峻整，尚節概，不妄交游，下筆立言，慨然有濟世意。遜器之，曰：『吾家千里駒也。』少喪母，事父以孝謹聞，所欲雖千里必致。後以貢如京師，安輿扶持，僦居都下。俞與妻子同粗糲，晨夕進饍，必珍厚。公卿聞者，率俸佐之。父年垂八十，謂俞曰：『覩汝登科，吾没無憾矣。』祥符七年，果登第，授涔陽從事。歸有日，父疾篤，俞晝夜供侍，澣濯必親。或問之，俞言：『澣濯於家人之手，慮其厭也。』居喪，毁幾滅性。家貧，假貸終大事。或歷父所經由，涕泣永日。嘗寄泊揚州通津佛舍，方春閉室，静坐未嘗出。偶過瑯山別院，馬上忽泣下。僕問其故，曰：『吾父嘗寄處此也。』士流伏其孝。服滿，詔超資授揚州從事。嘗知大冶縣，縣人至今稱之。二子均、垍，爲進士。②

材料出處

①原注：《新安志》。按：卷六。
②原注：《新安志》。按：卷六。

朱道誠 子冕　衮　冕子浩

朱道誠字信中，清湘人。幼喪父，事母俞氏至孝。多病，道誠截髮求醫。俞氏卒，葬於湘峰景德寺之左。結庵守墳，有冬筍、瑞竹之異，州以上聞。景祐四年，有旨賜絹十疋、米一斛，令本州常加存撫。卒於廬，郡守趙晰揭其墓曰朱孝子墓。

子揚善，亦廬墓側，事亦聞於朝。至和二年，有旨賜米帛。揚善後改名冕，字德文，官至宣教郎。

冕弟衮，字補之，讀書知名。元符中，王鞏坐司馬光黨，削尚書郎籍，貶全州。冕與衮日從之遊。鞏嘗訪其家，以欣欣名其亭，爲之作記，謂『德文真純〔一〕不苟，補之開爽喜文』云。黄庭堅南遷過湘，因鞏識冕兄弟，賦詩贈之。①

冕子浩，侍母胡病，不忍頃刻離左右。誓不飲不葷不娶，以禱母壽。②

材料出處

①原注：《文載》。按：《粵西文載》卷八二。

②原注：《全州志》。按：雍正《廣西通志》卷八二引《全州志》。

校　證

〔一〕純，原作『絶』，據《粵西文載》改。

西門楫

西門楫字道濟，渤海人。好學立義，重然諾，名聞北州。友人王大年母死，貧甚，君不待白大人，哀婦裝賙之使葬。與王肬俱客，而肬病且死，君躬訪醫，挾持卧起，至具棺斂，表識告其家乃去。是後，賴楫脱艱窘類如此者尚衆。以父屯田郎中廕太廟齋郎。楫兄弟四人，而楫居長。會有獄，弟肅當逮，其勢張甚。楫奮曰：『肅、聿皆爲吏中好學，類不可使汙。吾老無用，其即罪。』因身會逮，隨問而承。弟與族人持不可，楫固不變，繫之累月。獄吏歎息，不得已，具牘竟坐免官。更赦，調象州司户參軍，不赴。元祐元年五月卒，年五十五。①

材料出處

①原注：《學易集·西門君墓誌》。按：劉跂《學易集》卷七《渤海西門參軍墓誌銘》。

郭長孺

郭長孺，逸其名，成都人。自言虢叔之後，虢與郭近，遂轉爲郭。早喪父，執喪如成人。母没，廬墓三年，遂蔬食終身。氣體爽粹，侃然似不能言。遇人無貴賤皆下之，然其中端挺不倚，終日劇談，無駁雜慢戲半語。平生惟好書，亡他嗜。丹鉛點勘，筆不去手。自經史百代之書、浮屠黄老之教，下及陰陽、地理、醫卜之術，皆盡其妙。著有《易解》十卷，《書解》七卷，《道德經解》二卷，《三教合轍論》二卷，《蔬食譜》一卷，歌詩、雜文十卷。以爲立身揚名莫如孝，作《孝行圖》；守節高蹈莫如隱，作《高逸圖》；善惡之應猶影響，作《陰德雜證圖》。各爲之論述，傳于其徒。及卒，門人私謚曰樂善先生。①

材料出處

①原注：《成都文類》楊天惠《誄》。按：卷五〇楊天惠《樂善郭先生誄》。

趙彦霄

趙彦霄，政和間温人。兄弟二人〔一〕，父母服闋後同爨十二年。兄彦雲聲色自娯，遂求析籍。五年，生計蕩然，逋負尚三千餘緡。霄因除夕置酒邀兄嫂，告曰：『向者初無分爨意，以兄用度不節，恐皆蕩盡，俱有飢寒之憂。今幸留一半，亦足以給兄。自今復歸中堂，以主家務。』即取分書火之，管鑰之屬悉以付焉，且言所逋負已儲錢償之矣。兄有慚色，從之。次年，彦霄與長子俱膺鄉薦，一舉登第。①

材料出處

①原注：《自警篇》。按：卷三。

校　證

〔一〕按：此處《自警編》作『政和間，温人趙彦霄兄弟二人』。

黄汝楫

黄汝楫，會稽人，家頗富饒。宣和中，方臘犯境，以素積金錢瘞於居室，避地山間。忽賊黨執白旗來，揖且拜。黄驚懼答拜，認其人，蓋舊僕也，云：『主將拘掠士女，閉之空室，持金帛贖則釋之，否則盡殺。』黄惻然問所囚幾何人，曰：『無慮千數。』曰：『我藏物可直二萬緡，欲舉以獻而贖其命，可乎？』歸報，如其請。乃悉發所瘞，輦輸其營，千人皆得歸。詣黄謝，爲之誦佛祈福，歡聲如雷。至紹興中，黄爲浦江令，其子開、闓、閎同登乙科，後二子聞、闇繼之。①

材料出處

①原注：《寶慶會稽續志》。按：卷七。

李　猷

李猷字嘉仲，一字獻夫，鄞人。建炎初，以婦翁没王事，自汴京詣南都行在。所遇友人陳少陽東被召，至舍館未定，乃爲假館於太僕寺丞陳正彙。東再上書，不報。有榜通衢斥附會李綱者，猷知爲東，將勸之歸，而東已逮赴應天府，隨戮於市。猷哭且祈曰：『少陽以忠諫死，勁節英氣，當不與草木同腐。吾欲收以歸葬，莫能得，少陽有靈，其啟我心。』越一日，得尸。又一日，得其元，合而斂之。方買舟東下，會其鄉人胡〔二〕中行從太學來，欲親護喪。猷服其義，並以行李付之，亦不暇詢婦翁事而還。①

材料出處

①《兩浙名賢録》。按：卷九。

校　證

〔一〕『又一日』至『鄉人胡』，原闕，據《兩浙名賢録》補。按：底本每行二十字，此處闕漏亦二十字。

樓　蕴

樓蕴字季發，義烏人。母喪，廢櫛沐，鹽酪不入口。結廬墓左，繞塚哀號，塚下耕者爲之墮淚。負土築墳，日自課三十肩。塚高數仞，鄉人合詞請於郡邑。刺史遣從事勞之，謝曰：『此人子之常，不願賞。』鄰里强之，不可。歲時祭享，不用釋老楮幣。終其世，巫祝不至門。人稱曰孝子。龔應之請於朝，從祀顏烏廟。①

材料出處

①原注：吕祖謙《樓蕴墓誌》。按：雍正《浙江通志》卷八五引吕祖謙《樓蕴墓誌》。

唐傑

唐傑，東安人。生四歲，即知孝愛。繼祖母蔣，老而失明，傑舐之，輒有光。劇賊孔彦舟犯東安，盡驅邑人去。傑號泣詣賊營，負蔣以出，賊義而舍之。母有奇疾，食時胸腹彭亨，或教以導氣法。傑吸惡滿口，母即氣通得食，如是三年。父卒，以舌舐屍，代沐浴。既葬，廬墓，哀動山谷。所居忽生異木，一幹三花，若堆錦，起地數尺，合理而上，園植蔬果皆同蔕雙實。紹興五年，州守熊彦謀上其狀。詔宣付史館，賜以束帛。①

材料出處

①原注：熊彦謀《唐孝子傳》。按：光緒《湖南通志》卷一六三引熊彦謀《唐孝子碑》。

趙善應

趙善應字彦遠。工詩翰，集文士結社，流離感慨，見諸篇什。性純孝，嘗刺血和藥愈母疾。母畏雷，雷輒走護之。寒夜歸，恐擊門驚母，露坐達旦。家貧，諸弟未製衣，不敢製，一瓜果必相待共嘗之。母喪，哀毁骨立。父病肺終，諸肺不以膳母。官江西兵馬都監，每四方水旱警報，輒不食。同官燕會，曰：『此豈樂飲時耶？』收故人孤女爲己子，葬同僚死不克葬者。煮藥療病，施食賑饑。所居夏不去草，冬不破壤，懼傷蟲蟄。陳俊卿題其墓曰篤行。①

材料出處

①原注：《嘉興府志》。按：雍正《浙江通志》卷一九四引萬曆《嘉興府志》，參雍正《江西通志》卷八八。

戴　松 弟檜

戴松字桂之，弟檜，字寬甫。父稠，婺州人，爲饒州刺史，因占籍鄱陽。松中童子科進士，官正字。檜未仕，稠病革，謂松曰：『爾幸食禄王家，念爾弟幼且貧，所有田廬悉以畀之。』父殁，松以田宅遜弟，檜弗受，彼此交讓，各棲别館。事聞，命有司建禮遜坊以旌其義。①

材料出處

①原注：安《志》。按：雍正《江西通志》卷八八引安《志》。

李仲發

李仲發，新淦人。幼孤，事二母俱孝。生母侯氏病革，仲發割股肉，手熟以進，母啜之愈。有橘産於庭，二本合幹，楊萬里爲榜於堂，曰橘瑞，謝諤記之。侯氏殁，萬里題其墓曰李孝子生母侯孺人墓。①

材料出處

①原注：《縣志》。按：雍正《江西通志》卷七三引《縣志》。

翁蒙之

翁蒙之，崇安人。孝謹順悌。兄殁，撫其孤甚厚，嫁其女先己女。父引年恩，讓以予弟。家居不問有無，仕宦不計升黜，喜周人之急，不復知有難易多寡之擇。即有不逮，雖奔走乞貸不憚也。張孝祥忤秦檜，逮繫廷尉，親舊畏禍，莫與通，求所以爲槖饘費者，無所得。蒙之聞之，慨然罄家貲，得白金百兩遺之。在江西時，同寮劉氏子琦奔父喪，病疫甚殆，人莫敢視。蒙之輿致其家，蚤暮躬治粥藥，琦得不死。其爲常山縣尉，適故相趙鼎竄死朱崖，其柩將返葬常山。郡將章傑希秦檜旨，陽以善意檄蒙之護其喪，陰囑之曰：『趙氏私爲酒以飲役夫，即捕寘之法。』且使〔一〕併搜趙平日往來書疏，欲敗趙氏以自取美官。蒙之不可。啗以利，又不可，則脅以威。往返再三，蒙之度傑意堅，或更囑他吏，則事不可爲。即佯諾，密以告趙，夜取文書悉燬之，無片紙在。翌日乃往爲搜捕者，而以無所得告。傑怒，誣蒙之他罪，貶官。同郡朱熹稱其所爲多類此云。①

材料出處

①原注：《朱子全集》。按：朱熹《晦庵集》卷九一《司農寺丞翁君墓碣銘》。

校　證

〔一〕使，原闕，據《墓碣銘》補。

楊文修

楊文修字中理，諸暨人。年六歲，視母食多寡爲飢飽，母病輒不食。年十五，以母多病，遂棄舉子業，讀岐黃氏書。父譴之，從容答曰：『我母常病，忍能一日去母從師耶？』母病革，藥弗效，即封股肉和饘粥以進，病遂已。文修頦下生瘤，大如覆杯。一日，由市歸，中途值操瓢者，穢癩不可近。時暴雨至，從文修求共雨蓋，即與共之。行一里，操瓢者左手掐文修瘤，右手拊背曰：『瘤可醫，汝何報我？』文修未心信，别去數武，顧瞻其人，不見矣。文修大悔。明旦，視頦下瘤，忽不見。家人驚怪，捫其背，則瘤還在背矣。人謂孝感所致。母歿，文修躬捧土成墳，種樹築廬墓上居之。童子、婦人瞻其儀形，咸手加額曰：『佛子，佛子。』尊官鉅人入其鄉，必過其廬。朱熹嘗以常平使者道經風橋，聞佛子名，特就見，與談名理，竟夕乃去。年九十九終。①

材料出處

①原注：《宋史新編》。按：卷一七七。

張孚宗

張孚宗字巖夫，福建崇安人。事繼母以孝聞。未冠，舉於鄉。游朱子門，得爲學之要。厚親睦鄰，振貧恤乏，邦人愛重之。紹熙五年，有盜焚掠里閭，自西而來，至孚宗鄉境而返。後五年復作，自東而西，亦如之。咸曰：『此善人也，謹毋犯。』鄉人既賴以免，孚宗乃倡爲義甲，一家有警，則甲衆畢集，盜患由是屏息。慶元初，以累舉恩授官。時朱子忤韓侂胄罷歸，孚宗率僚友送至武夷精舍。語及時事，感憤激烈。朱子喟然曰：『巖夫真可與語。』因爲酣飲盡歡，書樂府一闋，命同志歌之，且題名以識歲月。初調江州湖口縣尉。屬開禧北征，縣當孔道，孚宗董餉役，檢吏奸，民以無擾。改歸州推官，辭不赴。理宗踐阼，以恩轉承奉郎。自號玉峰逸老。①

材料出處

①原注：《福建通志》。按：道光《福建通志》卷一九一。

龍震翁

龍震翁，太和人。性孝。母歿未葬，山寇焚掠，火其居。震翁倉皇無計，夫妻俱抱柩死。死處有枯梅，明年六月作花。事聞，理宗旌其門曰孝梅里，有御製詩曰：『南風六月吐梅花，奇絕西昌孝子家。一點落英千古月，夜來啼殺後棲鴉。』①

材料出處

①原注：《忠孝録》。按：雍正《江西通志》卷七六引《忠孝録》。

喻南强

喻南强字伯强，義烏人。少負奇氣，從陳亮游。亮下大理，罪且不測，門人畏當路威焰，噤不敢出聲。南强義形於色，貽書誚責，言：『先生無辜受罪，將賫恨入土。吾曹爲弟子，當激昂慷慨以赴之，乃匿影收聲以自完，是得爲士類耶？』走東甌見葉適，備述亮冤狀。適曰：『子真義士。』即秉燭作書數通付之。南强遂持書走越，見諸臺官，誦言無忌，卒直亮之冤。禮部侍郎真德秀以言事去，京兆尹迹其所至，見與交游者輒罪之。德秀舟過富春，南强亟往見，且賦詩爲餞，人皆壯之。①慶元中，貢於鄉，上禮部，不得第，授富陽尉，轉縉雲丞。著有《梅隱筆談》十四卷。②

材料出處

①原注：《金華先民傳》。按：雍正《浙江通志》卷一八九引《金華先民傳》。

②原注：宋濂《喻南强傳》。按：雍正《浙江通志》卷一八九引宋濂《喻南强傳》。

王公衮

王公衮字吉老，會稽人。其母葬山陰獅子塢，爲盜所發。公衮待次烏江尉，居鄉，物色得之，乃本村無賴嵇泗德者所爲，遂聞於官，具服其罪，止從徒斷黜隸他州，公衮不勝悲憤。時猶拘留鈐轄司，公衮遂誘守卒飲之以酒，皆大醉，因手斷賊首，提之自歸有司。時公衮之兄佐爲吏部員外郎，亟以狀白堂，納官以贖弟罪。事下，時楊椿爲給事，謂公衮復讎之義可嘉，殺掘冢法應死之人爲無罪，納官贖弟罪之請，當不許。詔從之。①其兄佐詳列傳中。

材料出處

①原注：《齊東野語》。按：卷九『王公衮復讎』條。

黄國華

黄國華字叔文，麗水人。性方嚴好禮，終日衣冠危坐，而施舍無倦。歲歉必賤直糶穀以活民，或大雪有不舉火者，輒遺之。里中爭者多從直其辭。德祐間，惡少群聚爲盜。包氏族最强，號包家洞。林某能搏虎，號林大將。劫掠旁郡，吏莫敢制，惟憚國華，不犯境。一日，殺牲盟里橋，圖爲變。國華適過之，喻以禍福，因出金帛曰：『汝等以貧故爲不義，以此助汝，何如？』衆慚弗敢取而去，迺追與之。所居之地曰弱溪。元兵下處州，諸大家右族爭避患其中，重貨山積。及聞兵猝至，委之而去。居人欲乘時略所有，國華命左右收貯一室。事定，召其主悉歸之。①

材料出處

①原注：貝瓊《黄國華傳》。按：明貝瓊《清江文集》卷二三。

卷三十四　列傳第三十四

遺獻一

朱元昇

朱元昇字日華，黼從子。嘉定武進士。棄官不仕，入南蕩山，嘗曰：『貫三才之道者，莫大於《易》。』精研三十年，沛然有得，乃著《三易備遺》十卷，行於世。嘗於其鄉築堰備水，鄉人德之，名朱公堰。①

材料出處

①原注：《平陽縣志》。按：雍正《浙江通志》卷一九三引《平陽縣志》。

許月卿

許月卿字太空，後字宋士，婺源許昌人。祖琳，輕財好施，朝廷旌其閭曰許長者。父大寧，有學行。月卿年十六鄉試，冠亞選。往師魏了翁，聞六經之要。嘉熙四年及第。時徐元杰力攻史嵩之，嵩之陰殺之，月卿率三學諸生伏闕訟冤。理宗嘉其忠，而外畏嵩之，目爲狂士。除京教授，言丞相謝方叔子干政，又言余玠子如孫帥蜀無狀，坐落職。董丞相槐引留之。又數上書斥丁賈奸邪，出佐江西漕。宋亡，衰服深居，三年不言。門人江愷嘗問其故，月卿大書范燦寢所乘車事以付之。後雖言，嘗如病狂，不可了。晚號山屋，所著有《山屋集》及《書經注》、《百官箴》行世。謝叠山嘗書其門曰：『要看今日謝枋得，便是當年許月卿。』

子飛，字仲鵬，著詩文，有《小山集》。①

材料出處

①原注：《新安文獻志》六十六《山屋先生行狀》。

胡三省

胡三省字身之，寧海人。寶祐進士，終朝奉郎。因《資治通鑑音義》、《釋文》各本乖異，刊正爲《廣注》九十七卷、《著論》十卷。以薦參賈似道軍，言輒不用。歸而遇亂，失前書，復購他本爲之注。始以《考異》及所著者散入《通鑑》各文之下，曆法天文則隨目録所書而附著焉。

若《釋文》之舛謬，悉改正之。著《辨誤》十二卷，復有《竹葉稿》一百卷。①

材料出處

①原注：《台州府志》。按：雍正《浙江通志》卷一八一引《台州府志》。

唐珏

唐珏字玉潛，山陰人。家貧，聚徒授〔一〕經，營滫瀡以養母。元至元十五年，總江南浮屠者楊璉真伽發宋陵寢，斷殘肢體，攫珠襦玉匣，焚其胔，棄骨草莽間。珏時年三十二歲，聞之痛憤，亟貨家具，得白金百星許，執券行貸，得白金又百星許。乃具酒醪，市羊豕，邀里中少年若干輩，狎坐轟飲。酒且酣，少年起請曰：『君儒者，若是將何爲？』珏具以告。衆謝曰：『諾。』中一少年曰：『事露，奈何？』珏曰：『余固籌矣。今四郊多暴骨，取竄以易，誰復知之？』乃斲文木爲櫝，復以黄絹爲囊，各署其表，曰某陵某陵，分委而散遺之，蕝地以藏，爲文而告。詰旦事訖來集，出白金酬之，戒勿泄。越七日，總〔二〕浮屠下令裒陵骨，雜牛馬枯骼，築一白塔壓之，名曰鎮南。總浮屠死，山陰人始有藉藉傳珏事者。

未幾，越有袁治中爲子求師，有以珏薦，一見置賓館。一日問曰：『吾渡江，聞有唐氏瘞宋諸陵骨，子豈其宗耶？』左右指曰：『此是已。』袁大駭曰：『君此舉，豫讓不能抗也。』曳之坐，北面而納拜焉。禮敬特加，情款益篤。叩知家徒四壁，惻然嗟矜，語左右曰：『唐先生家甚寒，吾當料理，使有妻有田。』不數日，二事俱愜。人固奇珏之節，而又奇珏之遇。①

材料出處

①原注：《西湖游覽志》。按：雍正《浙江通志》卷一八八引《西湖遊覽志》。

校　證

〔一〕授，原闕，據《浙江通志》補。

〔二〕總，原作『瘗』，據《西湖遊覽志餘》卷六改。

柴　望　從弟隨亨　元亨　元彪　蒙亨附

柴望字仲山，號秋堂。其先衛人，徙居江山。淳祐六年丙午元旦，日蝕，詔求中外直言。乃撰〔一〕《丙丁龜鑑》一十〔二〕卷，起周威烈王五十二年丙午，止後漢高祖天福十二年丁未，自秦漢五代，上下通一千二百六十年，爲丙午、丁未二十有一，數其吉凶禍福於前，指其治亂得失於後。正月，書成上進，忤時相意。秋七月，詔下府獄逮詰，幾不免。時趙與簒上疏言柴望忠誠懇切，所述根據史傳，未可重以爲愆。得旨放歸田里。抵家，和淵明《歸去辭》以自遣。隱長臺之高齋，有樓扁曰奇氣，廳曰百客。乃肆意名勝，登天台、雁蕩之巔，由吴江，涉廬阜，泛湘流，探赤壁，居武夷山中，踰歲乃返。景炎二年，三山孔大諫舉薦，奏授迪功郎、史館國史編校，屢進疏論。是時顛覆益甚，遂歸山中。及宋亡，杜門謝客，獨卧一榻，而感慨激烈，每於吟詠間見之。從弟通判隨亨、制參元亨、察推元彪，俱與同志遯跡，不事二姓。賡詠于煙露之間，稱柴氏四隱云。卒至元十七年，年六十有九。著有《丙丁龜鑑》、《道州台衣集》、《詠史詩》、《涼州鼓吹》，皆行于世。①

材料出處

①原注：《柴氏四隱集》附録蘇幼安《秋堂墓誌》。按：《宋國史秋堂柴公墓誌》。又按：『蘇幼安』原訛作『吴幼安』。

校　證

〔一〕撰，原作『探』，據《墓誌》改。

〔二〕一十，原作『十一』，據《墓誌》乙正。

隨亨字剛中，號瞻岵居士。寶祐四年，知建昌軍。宋亡，隱于櫸林九磜之間。

元亨，與隨亨同年進士。幼試神童科，免解。初任春陵令，轉監丞。

元彪字炳中，號澤癯居士。官觀察推官，著有《襪綫集》。①

材料出處

①原注：《江山汪志》。按：同治《江山縣志》卷九。

蒙亨，亦望之從弟。甫能言，即口授書十萬餘言不忘。六歲，暗誦九經，通《春秋》大旨。郡將試童科作文者，三以神童聞，得免解。端平二年，初赴省，嘗從幸六和寺。上指示塔云：『一塔七層八面，萬佛千燈。』蒙亨即應聲曰：『孤舟雙槳片帆，五湖四海。』大嘉之。有詩集若干卷。①

材料出處

①原注：《兩浙名賢録》。按：卷四六。

汪晫 孫夢斗

汪晫字處微，績溪西園人。從直閣汪文振學。長兄暘死，遂感傷無用世意，結廬曰環谷。取六經諸子百氏之書，日益鑽研。鄉有義役，强不逞者欲破壞之，晫力扶持，蹈禍機，不少沮。給事袁甫守徽，造門求見，以編氓辭，甫歎息而去。參政真德秀知其名，命知縣李遇訪其言行之實，將薦於朝，未果而德秀卒。遇在縣，政事必咨之。晫寢疾，遇入問，晫無所囑，賦《如夢令》一闋而逝。鄉人私謚曰康範先生。所著有《環谷存藁》及纂編《曾子》十二篇、《子思子》九篇。德祐元年，孫夢斗上其書，特賜通直郎。①

晫孫夢斗字以南，號杏山。景定辛酉，魁江東漕試，調江東司幹官。咸淳間，爲史館編校，與葉李等上書論賈似道不臣悞國，忤旨斥歸。元至元己卯，以尚書謝昌言薦，辟取趨京，不赴。遂擬將仕郎教授鄉郡，見謝，有詩云：『執志本期東海死，傷心老作北朝臣。』後江東提刑奥屯請任考試郡縣儒人，爲定籍。嘗撰《富山廟顯靈碑記》，踈〔一〕齋盧公讀之，謂文似韓、柳。所著有《雲間集》、《北遊集》。②

材料出處

①原注：《新安文獻志》八十七吕午《康範先生墓誌》。

②原注：《徽州府志》。按：弘治《徽州府志》卷七。

校　證

〔一〕踈，原作『陳』，據《徽州府志》改。

劉應登

劉應登字堯咨，安福人。景定間，漕貢進士。宋社將危，隱居不仕。其爲文出入經史，劉辰翁、趙文交推許之。所著有《耘廬集》、《詩經訓注》、《杜詩句解》，行於世。①

材料出處

①原注：林《志》。按：雍正《江西通志》卷七六引林《志》。

王幼孫

王幼孫字季稚，廬陵人。性篤孝，母劉疾苦痰，醫莫之治。一日，夢讀〔一〕《南陽活人書》，或投甘桔湯。良覺，如夢，立愈。寶祐丙辰，赴闕上書，言國事萬餘言，不報。歸，教授於鄉。宋亡，其友文天祥兵敗被執，過廬陵，謁於驛舍，爲文祭之，期以必死。辭氣慷慨，左右嗚咽，莫能仰視。自是日與賓客過從，守經執禮以終，年七十六。所著有《中庸大學章句》二卷，《太極圖説》、《擬答朱陸辨》、《深衣圖辨》、《經籍論》、《易通》、《貫三爲一圖》、《家傳譜系》、《簡便經驗二方》各〔二〕一卷，雜著若干卷。①

材料出處

①原注：《程雪樓集》。按：雍正《江西通志》卷七六引《程雪樓集》卷二〇《自觀先生王君墓碣》。

校　證

〔一〕讀，原闕，據《墓碣》補。

〔二〕各，原闕，據《墓碣》補。

錢　選

錢選字舜舉，號玉潭，①烏程人。景定三年進士。元初，吴興有八俊之號，以子昂爲稱首，試，除秘書省正字，歷秘書著作郎，仍兼景獻府教授，累遷兵部尚書、端明殿大學士、知慶元府、沿海制置使。國亡，歸苕，以《春秋》經學教授生徒。[1]元遣使七徵不起，尋遘疾，卻醫絶食，旬有四日卒。[2]趙良淳死國，體仁挽之以詩，其末章云：『慷慨君酬國，奔逃我喪家。陸沈同一壑，淵涉渺無涯。祈死惟嫌晚，餘生只自嗟。蒿萊連雉堞，落日噪棲鴉。』詩凡三章，載《浩然齋雅談》。讀其詩，可以想見其人矣。[3]

材料出處

①原注：勞《志》，參《括蒼彙記》。按：陸氏預纂之同治《湖州府志》卷九〇亦有陳存傳，文字全同。

②原注：嘉靖《浙江通志》。

③原注：周密《志雅堂雜鈔》。

周　密

周密字公謹。曾祖祕自濟南來寓吴興，至密四世。[1]雅思淵才，韜暉沈聲。[2]臺閣之舊章，宫府之故事，汎濫淹注，童而習之。[3]藏書萬卷，居饒臺榭。弁陽山水清峭，遇好景佳時，載酒肴，浮扁舟，窮旦夕賦詠於其間。[4]最爲馬廷鸞所知。[5]寶祐間，爲義烏令。[6]景定二年，爲臨安府幕屬。⑦監和劑藥局，充奉禮郎兼太祝。⑧咸淳十年，爲豐儲倉所檢察。⑨

宋運既徂，志節不屈。⑩與楊沂中諸孫大受有連，去而寓杭。⑪所居癸辛街，即楊氏瞰碧園也。遺民畸士，日接於野。荆棘銅駝，適當其會。⑫唱和者王沂孫、王易簡、馮應瑞、唐藝孫、呂同老、李彭老、陳恕、唐珏、趙汝鈉、李居仁、張炎、仇遠，皆宋遺民也。⑬其詩少年流麗鍾情，壯年典實明贍，晚年感慨激發。⑭有《蠟屐集》、《弁陽詩集》。⑮樂府妙天下，協比吕律，意味不凡，有《蘋州漁笛譜》。⑯善畫梅竹蘭石，⑰多藏法書名畫，⑱以鑑賞游諸公。⑲

自號草窗，又號弁陽嘯翁，又號蕭齋，又號四水潛夫，又號華不注山人。⑳晚更號弁陽老人，由博返約，落其英華，澄然一室，刻石自銘。㉑有《齊東野語》、《癸辛雜識》、《志雅堂雜鈔》、《浩然齋雅談》、《浩然齋視聽鈔》、《澄懷録》、《乾淳起居注》、《乾淳歲時記》、《武林舊事》、《武林市肆記》、《湖山勝概》、《弁陽客談》、《雲煙過眼録》、《絶妙好詞》。㉒

材料出處

①原注：戴表元《齊東野語序》。按：陸氏預纂之同治《湖州府志》卷七四亦有周密傳，文字全同。
②原注：馬廷鸞《碧梧玩芳集·弁陽集序》。
③原注：戴表元《序》。
④原注：《剡源集·弁陽詩序》。
⑤原注：《癸辛雜識》。

⑥原注：《圖繪寶鑑》。
⑦原注：《癸辛雜識》：『光祖再尹京，余爲帥幕』云云。案：光祖再尹京在景定二年，據《臨安志》。
⑧原注：《癸辛雜識前集》：『余爲國局』云云。案：和劑局，當時稱京局，又稱國局、監局，三十人，以士人經任者爲之。
⑨原注：《雜識》『余爲豐儲倉』凡二見，不言何官。案：豐儲倉有檢察一員，見《雜識外集》。
⑩原注：王行《半軒集》。
⑪原注：《陵陽集·復菴記》，參《剡源集》。
⑫原注：石民瞻《志雅堂雜鈔序》。
⑬原注：《樂府補題》。
⑭原注：《剡源集》。
⑮原注：《碧梧玩芳集》。
⑯原注：王槠《跋》。
⑰原注：《圖繪寶鑑》。
⑱原注：《柳待制文集·題江磯圖後》。
⑲原注：《袁清容集》。
⑳原注：《癸辛雜識》、《樂府補題》、《武林舊事》、《絶妙好詞》。
㉑原注：《陵陽集跋》。
㉒原注：石民瞻《序》。

文及翁

文及翁字時舉，號本心，綿州人。舉進士，爲昭慶軍節度使掌書記，寓居烏程。官至簽書樞密院事。國亡，隱身著書。元世祖累徵不起，閉户校書。通五經，尤長《易》數之學。子志仁，字心之，常州路教授。①

材料出處

①原注：《湖州府勞志》。按：同治《湖州府志》卷九〇引勞《志》。

胡一桂

胡一桂字廷芳，方平子。《易》學得於家庭。景定間，領鄉薦。入元不仕，退而講學，遠近師之。嘗入閩博訪諸儒，以求朱子緒論。歸則裒集諸家之説，以疏朱子之言，爲《易本義附録纂疏》及《本義啟蒙翼傳》。其言曰：『《易》道有四，象爲要。《易》學有四，占爲難。朱子《啟蒙》、《本義》專主卜筮，《本義》又專以象占示訓，蓋皆引而不發，待學者自悟爾。』又爲《詩傳附録纂疏》、《十七史纂》、《人倫事鑑》、《歷代編年》諸書。所居前有二小湖，自號雙湖居士，學者稱雙湖先生。①

材料出處

①原注：《新安文獻志》七十《胡玉齋傳》。

何夢桂

何夢桂字巖叟，淳安人。幼穎悟，從鄉先生夏納齋遊。咸淳元年，廷試第三，授台州軍判官，改太學録，遷博士，倅吉州。時廂軍鼓譟，夢桂往諭，遂帖然。除太常博士，轉監察御史，抗疏言時政甚切。遷軍器監以歸。尋轉大府卿，時事已不可爲矣。元初薦授江西儒學提舉，以疾辭不赴。築室小有源，不復與世接，著書自娱。有《易衍》、《大學説》、《中庸致用》等書。學者稱爲潛齋先生，祠之於石峽書院。①

材料出處

①原注：《嚴州府志》。按：光緒《嚴州府志》卷一九。

方逢振

方逢振字君玉，逢辰弟。學問亞于其兄，登景定三年進士，歷官太府寺簿。宋亡，退隱，聚徒講學于石峽書院。元世祖詔起之，辭不赴，終于家。學者稱山房先生。①逢辰詳列傳中。

材料出處

①原注：《嚴州府志》。按：光緒《嚴州府志》卷一九。

趙若恢

趙若恢字文叔。生而秀異，甫成童，能默誦五經，爲文數千言立就。嘗應詔言事，悉時政所急。弱冠，登咸淳乙丑進士。宋亡，避地新昌山，遇族子孟頫，與居相得甚。時元主方求索趙氏之賢者，子昂轉入天台，依楊氏，爲元所獲，若恢以間得脱。程鉅夫之使江南也，有司强起之，稱疾，且曰：『堯舜在上，下有巢由。今孟頫、孟貫已爲微、箕，願容某爲巢由也。』鉅夫感其義，釋之。於是僻處城東北隅，杜門不出。深衣大帶，摩娑古柏間。年八十餘，龐眉皓首。四方徵文獻考，詣之，多謝卻焉。①

材料出處

①原注：《東陽縣志》。按：雍正《浙江通志》卷一九三引《東陽縣志》。

孫潼發

孫潼發字帝錫，桐廬人。咸淳四年進士，調衢州軍事判官，有廉能聲。家鉉翁詳刑江左，雅知潼發，所至輒挽以自隨，獄事悉委焉。屬部民有縱火殺人者，株連坐繫甚衆，歲久不決。潼發探得其情，多所平反。衢俗好鬬，少不相能，則弄兵以相讎殺。潼發被郡檄，偏行邨落戒諭之，皆委刀劍爲良民。秩滿，除御前軍器所幹辦公事。宋亡避地，久之乃歸。程鉅夫求遺逸，得潼發以應詔，固舉不起。①

材料出處

①原注：《嚴州府志》。按：光緒《嚴州府志》卷一八。

蔡逢甲

蔡逢甲字國賢，福建漳浦人。受業陳淳之門，嘗與淳辨論河圖、洛書同異及《太極圖》、

《西銘》相發明處，稱其有特見。登咸淳四年進士，詔主廣東漕舉。值宋亡，入元不仕，自號棄夫，作悟道書院於大帽山下以隱焉。時高其誼，謂之故宋使。臨殁，自題墓碑曰前宋進士蔡逢甲墓。著《使公講録》。①

材料出處

①原注：《福建通志》。按：道光《福建通志》卷一八八。

謝國光

謝國光字觀夫，號節齋，晉太傅安二十六世孫。六世祖某隱居華亭南之立極，遂爲邑人。宋咸淳九年，領鄉薦。明年，上春官，以所對策剴切，主司畏賈似道，不敢取，例補太學生。宋亡，遂不仕元。治書侍御史程鉅夫奉詔搜賢，或以國光薦，輒杜門稱疾，以經史自娱。至正乙酉卒，遺命題其墓曰安節，表其志云。

孫晉，字彦明，善醫，有文行。①

材料出處

①原注：《顧志·節義》。按：明顧清纂正德《松江府志》卷三〇。

陸霆龍

陸霆龍字伯靈。咸淳鄉貢進士，《禮記》都魁。宋亡，即棲隱講授，終其身衣冠不易。自贊畫像云：『勤勤劬劬，耽嗜慕悦而不忍舍者，聖賢之書；趑趑趄趄，畏懦退縮而不敢登者，世利之途。暈輕霞以爲臉，縷積雪以成軀。衣前後而襜如，儼張拱而徐趨。或者見之而指笑，此必抱遺經、行古道之拘儒。』①

材料出處

①原注：《顧志·節義》。按：明顧清纂正德《松江府志》卷三〇。又按：『顧志』原訛作『顔志』。

熊禾

熊禾字去非，號勿軒，一號退齋，福建建陽人。幼有志濂洛關閩之學，師事朱子門人輔廣。

鉤考經傳，沈潛天人道德之藴。登咸淳十年進士，授汀州司户參軍。宋亡不仕，築室雲門山。四方來學者雲集，糲食澗飲，日以孔孟之道相磨礲。謝枋得聞禾名，自江右來訪，抱持而哭曰：『今天下皆賊也。不爲賊者，足下與我耳。』留數月，不忍別。後歸故里，復創鼇峰書堂，祀周、程、朱、張五賢，益肆力於六經，謂：『朱子平生精力，惟在《易》與《四書》兩部。《詩》僅完藁，《尚書》開端而未及竟，《三禮》雖有《通解》，缺略尚多。勉齋黄氏、信齋楊氏粗完《喪制》二編，而授受損益，精意竟無能續。若《春秋》，則不過發其大義而已。』因於每經取一家之説爲主，而裒衆説以疏之，剖析異同，多擴先儒所未發。

元至元中，徵聘者一，州府辟請者三，皆引疾不起。新安胡一桂詣禾質問，及退，自歎不及，就禾講切者十有七年。禾所解，自《易》、《詩》、《書》、《春秋》、《孝經》、《四書》、小學外，其他農、禮、兵、刑皆有撰述。感世俗葬祭者多爲異端所蠱，正以聖道，勒成一帙，解其惑。晚年更修《三禮通解》，未及脱藁而卒。

禾文學負一時重望，嘗修考亭書院而爲之記。後有再求記於翰林學士吴澄者，澄見禾所作，遂拱手閣筆。生平與許衡出處各異，然禾謂衡倡明朱氏之學，啟沃君心，栽培相業，而衡序禾遺集，有『立綱常、關世教、紹統緒』之稱。論者以爲志同道合，易地則皆然也。

同邑安實字子仁，哀長吉曾孫，以哀爲嫌，遂易今姓。遊禾門，禾於諸弟子中首器重之。志剛好學，其憂憤鬱滮之氣，往往發於文章。三預計偕，竟齟齬而卒。①

材料出處

①原注：《福建通志》。按：道光《福建通志》卷一八七。

文天禎

文天禎，丞相天祥兄也。寶祐間鄉舉，署廣濟學諭。造士有方，士風丕變。宋亡，天祥死節，天禎不仕，寓廣濟五里橋東。家世業儒，迄今未艾。①

材料出處

①原注：《湖廣通志》。按：光緒《江西通志》卷一四六引《湖廣通志》。

史蒙卿

史蒙卿字景吕，後易字景正，①肯之子。②生而奇領秀目。七歲善屬文，十二入國子學，江萬里、常挺時爲大小司成，器待之。③會父肯之提刑湖北，往省，從巴川陽岊學《春秋》。④一年歸，復通《周官》，兼詞賦。⑤登咸淳元年進士，⑥授景陵縣主簿。鄂帥吕文㩦入幕，命諭蜀帥温和解正陽圍，温疑吕猜阻，不肯發。蒙卿微語憾之，即就道。調穿山鹽場，諭義勸輸，户不知有箠榎。十年，⑦改江陰教授，復改平江。至是不復仕，⑧自號静清處士。⑨爲詩多感憤自喻，王應麟嘗曰：『思深辭悲，學陶潛得之者。』⑩初，四明之學祖九淵，⑪蒙卿始由陽氏以溯朱學，⑫著書立言，一以朱子爲法。⑬晚歲罹厄窮，講道不輟，從者益衆。⑭程端禮、端學兄弟皆受業焉。⑮以天台多名山，心樂之，僑居者八年。大德十年卒，年六十。

蒙卿孝悌遜讓，出于自然。於諸經窮探微旨，證墜緝缺，不溺于謏聞，剖釋正大，折衷前哲。論古今得失，必探情僞，以暴其罪。爲古邃文，不雜異説，手鈔口講，更僕不能以盡。⑯鄉人稱爲果齋先生。⑰

弟芳卿，博學著書，仕至司户參軍。入元改授，不赴。⑱

材料出處

①原注：戴表元撰《史景正字序》。按：元戴表元《剡源文集》卷一一。

②原注：袁桷撰《墓志》。按：元袁桷《清容居士集》卷二八《静清處士史君墓誌銘》。

③原注：案：陳著跋史景正《嘉魚賦》言：『賈似道玩弄威權，景正獨于公堂所課《嘉魚賦》與其《書事詩》，明斥而專攻之。其鋒鍔嚴于刀鋸斧鉞，直以殺身成仁爲己任。他日有爲《獨行傳》者，非景正誰與？』當是入國子學後事，故附注之。按：陳著《本堂集》卷四七《跋史景正南有嘉魚樂與賢賦并書事詩》。

④原注：案：《宋史・彌鞏附傳》及《至正志》皆言早受業于陽恪。今考程端禮《讀書分年程・識後》云：『果齋早師小陽。』小陽即岊。岊父名枋，若恪乃岊子。端禮親及蒙卿之門，未嘗言其師恪。黄溍亦云：『繼朱子之學者，自晏淵、陽枋、陽岊以至于史氏。』據是，知蒙卿所受業者乃岊，非恪，《宋史》、《至正志》俱悮。

⑤原注：《墓志》。

⑥原注：《延祐志》。按：《延祐四明志》卷六。

⑦原注：案：《江陰志・職官表》作『寶祐六年，任江陰軍學教授』，誤。

⑧原注：《墓志》。案：《蘇州府志》『除平江教授，再調江陰』，誤。

⑨原注：《學案》。按：《宋元學案》卷八七。

⑩原注：《墓志》。

⑪原注：《學案》。

⑫原注：全祖望《靜清書院記》。按：清全祖望《鮚埼亭集外編》卷一六《甬東靜清書院記》。

⑬原注：《宋史・附傳》。按：《宋史》卷四二三《史彌鞏傳》附《史蒙卿傳》。

⑭原注：《墓志》。

⑮原注：聞《志》。

⑯原注：《墓志》。

⑰原注：《至正志》。

⑱原注：全祖望《答萬經帖子》。按：清全祖望《鮚埼亭集外編》卷四五《答九沙先生問史學士諸公遺事帖子》。

吴思齊

吴思齊字子善，永康人，松淵先生子。少穎悟，傚父爲古文，即可誦。季父國子監丞天澤器之，悉授以所學。由任子入官，監臨安府新城税。後調爲嘉興丞，數以書與用事者，言賈似道母喪不宜用鹵簿。又言御史俞浙以論謝堂去職，宰相附貴戚、塞言路，如朝廷何？凡所爲，要以直遂其志。第知有是非，不知有毀譽禍福也。宋亡，隱浦陽，家無儋石之儲。有勸之仕者，輒謝曰：『譬猶處子，業已嫁矣，雖凍餓不能更二夫也。』所善惟方鳳、謝翺，相與放遊山水間。登嚴陵山，慟哭西臺。自號全歸子。學者尊其行，爭師之。年六十四，手編聖賢順正考終之事，曰《俟命録》。録成，賦詩別諸友，遂卒。①

材料出處

①原注：《宋元學案》。按：卷五六。

黄丙炎

黄丙炎字純宗，崇仁人。咸淳進士，歷官宗正簿。北兵至，黄萬石棄撫州走，丙炎不能挽，遂歸隱。劉伯宣、姚燉、高凝爲憲使，具禮幣迎丙炎於洪學，聽其講説，遣子受學。欲薦於朝，固拒之。子興孫，字祖烈，十歲能詩文。丙炎殁，憲使辟興孫經繼其事，皆再世稱弟子。翰林集賢交薦，不赴。①

材料出處

①原注：《人物志》。按：雍正《江西通志》卷八〇引《人物志》。

王炎午

王炎午，原名鼎翁，别號梅邊，學者稱梅邊先生，庭珪諸孫。自幼力學，業《春秋》，爲太學上舍生，與文天祥同遊。宋亡，天祥募兵勤王。炎午謁軍門，勸天祥毁家産供給軍餉，以倡士民助義之心。又請購淮卒參錯戎行，以訓江、廣烏合之衆。天祥嘉納，目爲小范老子。欲授職從戎，以母病不果。及天祥被執，爲生祭文累千五百言，其略曰：『鼎翁，丞相鄉之晚進士也。進而父没，退而國亡。生雖媿陳東報汴之忠，死不效陸機入洛之恥。忠肝義膽，凛然如秋霜烈日。蓋欲爲一死而無可死之地，故以死望丞相。』云云。自以太學舊生，世移運改，遂終身不仕。奉母至孝，三十年不懈。母没，廬墓三年，設像以祀。嘗以事宿邑城，夢母謂曰：『夜來侍婢不謹，火吾衣，幾及吾面。』旦趨至家，謁遺像，果爲跋燭所爇，及面而止。由是家居不復出。①

材料出處

①原注：《江西通志》。按：雍正《江西通志》卷七六。

鄭思肖

鄭思肖字所南，號憶翁，福建連江人。父起。思肖少遊太學，補上舍生，豪邁有雋才，爲文章不起草。隨父寓居臨安，元兵南下，痛國事日非，叩閽上章，不報。宋亡，貨其所居，得錢則周人之急。有田數十畝，寄諸寺，令僧以歲入爲祀祖禰，惟餘數畝資衣食，仍謂佃客曰：『我死則汝主之。』蓋不以家爲矣。素不娶，孑然一身，歲時伏臘，輒向南野哭。矢不與北人交接，聞北語則掩耳走。人知其偏僻，不以爲異也。坐卧未嘗北向，扁其室曰本穴世界，以『本』字之『十』置下文，則『大宋』也。精墨蘭，畫成即毁之，人求之甚靳。自更祚後，畫蘭不畫土根，人詢其故，則曰：『地爲他人奪去，汝猶不知耶？』有邑宰愛其畫，知不可得，脅以賦役。思肖怒曰：『頭可斫，蘭不可得。』宰奇而釋之。平日所作詩文，惓惓不忘故君，遇宋臣仕元者，雖素交必與之絶。嘗云：『天下皆變，吾觀其不變，乃所以變。其變者，物也。不變者，道也。』又云：

『古人重立身，今人重養身。立身者，蓋超乎千古之上，與天地周流於不識不知之天也。養身者，惜一粟以活微命，役於萬物，死於萬變者，何足道哉？』著書甚多，有《大無工十空經》一卷，『空』字去『工』而加『十』爲『宋』，隱爲『大宋經』。廋詞奇語，莫知所謂。自題其後云：『臣思肖嘔三斗血書此，後當有具眼識之。』疾亟，屬其友唐東嶼曰：『思肖死矣，煩書一牌，當云「大宋不忠不孝鄭思肖」。』傷國家之滅亡也。語訖而絶，年七十有八。初，思肖上疏，語多觸元忌，俗以是爭目之，遂變今名，隱吳下。思肖寓意思趙，名與字皆然。其初名竟莫得而傳。①

材料出處

①原注：盧熊《蘇州府志》。按：明盧熊《蘇州府志》有鄭思肖傳，然文字頗異，此傳實録自道光《福建通志》卷一九〇。

鄧光薦

鄧光薦字中父，廬陵人，文天祥門友也。少負奇氣，以詩名世，登進士第。江萬里屢薦不就，後客文氏，贊募勤王，挈家入閩，一門十二口同時死賊火中。乃隨駕厓山，不數日，厓山潰。光薦赴海者再，輒轉不死，敵人援出之，元帥張弘範改容以待。後同天祥送燕京，至建康，囚天祥於驛中，而寓光薦于天慶觀，得從黄冠歸。天祥賦詩三章送别，又與其弟書曰：『鄧先生真知吾心者，吾銘當以屬之。』①

材料出處

①原注：《江西通志》。按：雍正《江西通志》卷七六。

卷三十五　列傳第三十五

遺獻二

謝　翱

謝翱字皋羽，後徙浦城，福建福安人。父鑰，性至孝，喪母廬墓，哀毀動人。絶意仕進，閉户治《春秋經傳》，翱世其學。咸淳初，試進士不第，棄舉子業，慨然以古文名家。撰《皇宋鐃歌》、《鼓吹曲》、《騎吹曲》，上太常，樂工傳習之。德祐二年，元兵入臨安，以恭宗北去，丞相文天祥亡走閩中，開府南劍，翱傾家貲募鄉兵數百人赴軍門，署諮議參軍。明年，隨天祥引兵至漳州。已而天祥趨廣東，與翱別。翱浮海流泊温、處間，凡四年。聞天祥在燕京殉節，悲不自勝，每見山水池榭、雲嵐草木與天祥所別處偶似者，則徘徊顧盼，恍若夢寐。後三年，至平江，過天祥制閫舊治，望夫差之臺而哭焉。遂東游紹興，上會稽，循山左右，窺祐、恩諸陵，復哭天祥於越臺。紹興故多大族，日延致遊士，以賦詠相娱。翱時出所長，見者皆歎爲不及，然莫知其爲天祥客也。惟義士唐珏密與訂交，翱慮久不去，人將虞我，作《冬青棧引》別珏而行。之婺州，依浦江方鳳。時永康吴思齊亦來鳳所，遂偕隱山中，一不問當世事。

翺嘗欲仿〔一〕司馬遷法，采獨行全節事作月表，如《秦漢之際》，書未及成。邀同志結汐社，自鳳、思齊外，婺方幼學、方熹，睦馮桂芳、翁登、登弟衡皆與焉。其曰汐者，取諸潮汐既而信也。居逾年，與思齊等買舟浮七里瀨，謁嚴光祠。祠後有東西二釣臺，翺登西臺上，設天祥主荒亭隅，再拜跪伏，號而慟者三。乃以竹如意擊石，作楚歌招之，曰：『魂朝往兮何極？暮歸來兮關水黑。化爲朱鳥兮，有噣焉食？』歌闋，竹石俱碎。既下，移榜中流，賦詩懷古。日暮雪作，天陰風凜，翺愀然謂思齊曰：『阮步兵死，空山無哭聲且千年矣。』於是相向感喟，皆淚下不能禁。甲午歲，寓臨安，年四十有六矣。有劉氏者女以女，始買屋西湖上。前代遺老尚多存者，咸自詫見翺晚。明年，復至婺、睦，尋汐社舊盟。是夏，由睦返臨安，肺疾作，逾數月卒。

翺刻厲憤激，視世間流俗人若將浼己者。效屈平懷郢都託興遠遊，自號晞髮子。遇談勝國事，輒嗚咽。性嗜山水，然足跡非奇絶處不到，如雁山、鼎湖、蛟門、候濤、沃洲、天姥、野霞、碧雞、四明、金華洞天，探幽挾秘，著撰遊録，多昔賢文字所未及。先是，建炎中，江端友、吕居仁、朱翌辟地白雲原，原故唐方干所居，在釣臺之南。翺遊而樂之，曰：『吾死，葬此足矣。』且欲爲文冢，瘞所作稿。疾革，語妻劉氏曰：『吾去家千里，交遊惟方韶卿、吴子善輩最親，慎收吾文及吾骨授之。』韶卿即鳳，子善即思齊也。鳳與思齊等卒如翺前言以葬。翺嘗以朋友道喪，吴越無挂劍者，思合故交名氏，作《許劍録》勒諸石。至是鳳等復爲建許劍亭於墓右，從翺志也。翺無子，其徒吴貴祠之月泉書院云。①

材料出處

①原注：《福建通志》一百九十七。按：當爲道光《福建通志》卷一九〇。

校證

〔一〕仿，原作『訪』，據道光《福建通志》卷一九〇改。

劉辰翁

劉辰翁字會孟，廬陵人，補太學生。壬戌廷試，賈似道專國，欲殺直臣以塞言路。辰翁因言濟邸無後可慟，忠良戕害可傷，風節不競可憾。雖忤賈意，而理宗嘉之，寘丙第。以親老，請濂溪書院山長。江萬里、陳宜中薦居史館，除太學博士，皆固辭。宋亡，託方外以歸。有《須溪集》。子尚友，亦能文。①

材料出處

①原注：《江西林志》。按：雍正《江西通志》卷七六引林《志》。

王　奕

王奕字伯敬，玉山人。爲邑博，與其子介翁居玉琊峰，讀書其中。素與文天祥、謝枋得友善。及枋得就執北行，送之，有詩云：『兩生無補秦興廢，一出仍關魯重輕。白骨青山如得所，何須兒女哭清明。』詞旨激烈。宋亡，建斗山書院，杜門不出。所著有《東行稿》。①

材料出處

①原注：《人物志》。按：雍正《江西通志》卷八五引《人物志》。

胡次焱

胡次焱字濟鼎，婺源人。登咸淳四年〔一〕第，授迪功郎、湖口主簿，以便養改貴池尉。既任簽憲郡幕，録五縣囚，稱平允。有鬼物愬毆死者，爲白其冤。德祐乙亥，元兵至境，都統制張林已納款，有與異者輒收殺之。次焱念親老無子弟供養，託公事過東流縣，作冢道旁，書木爲表，識曰：『貴池尉死葬此下。』脱身而歸，以《易》教授鄉里，人稱梅巖先生。或勸其仕，作《媒嫠問答詩》以見志。所著有《四書注》、《唐詩絶句附注》、《文公感興詩注》行世。①

材料出處

①原注：《新安文獻志》八十七《胡主簿傳》。

校　證

〔一〕年，原闕，據光緒《重修安徽通志》卷二六〇補。

孟文龍

孟文龍字震翁，亞聖之後，宋昭慈后五世姪孫也。高祖信安郡王忠厚鎮吴，遂占籍爲吴人。初以世賞補將仕郎，後中銓試，受迪功郎，監華亭船場，調嚴州録事參軍，再調兩浙西路安撫司準備差遣。時賈似道枋國，百僚多隳法就風旨，文龍獨守職，屢忤其意，不少回。丞相章鑑、樞密趙順孫交薦，不報。調從政郎、浙東提舉常平幹辦公事。丁内艱〔二〕，不行。始自咸淳以來被命，主昭慈祀事。元兵壓吴，文龍奮激，與守臣議不合，返哭昭慈廟。後平章史弼等薦起之，文龍致書曰：『文龍未死，慚負神明。群公相國以忠孝，文龍爲群公起，將何以令今之事君者？敢以死辭。』遂止，不出户庭者三十年。

子潼，字宗鎮，官至松江府判官。篤學勵行，嘗即故居建鄒國公祠，創性善家塾，以教其族黨。①

材料出處

①原注：盧熊《蘇州府志》。按：卷三七。

校　證

〔一〕艱，原作『薦』，據《蘇州府志》改。

張慶之

張慶之字子善，其祖從建康徙吴。父明，字子聰，氣岸奇偉。慶之少有志操，爲舉子業。逮長，棄不習，出入經史百氏，精思積年，擬《太玄》作《測靈》，又撰《孔孟衍語》。絶意仕進，好爲山水之遊，著《虎丘賦》，因號海峰野逸。倣《五柳先生》作《海峰遺民傳》，以伯夷、蔣詡、陶潛、司空圖自況，且謂沈冥似海，峻厲似峰。時人尚其狷介。初，文天祥知平江，慶之齒諸生之列，洎國亡，集杜詩備述天祥平生大節。①

材料出處

①原注：盧熊《蘇州府志》。按：卷三八。

俞　琰

俞琰字玉吾，蘇州吳縣林屋山人。生宋寶祐間，以詞賦稱。宋亡，隱居著書，尤好鼓琴。既老，自號石澗。卒於元貞間，年七十。子仲温，克承其志。孫貞木。①

材料出處

①原注：盧熊《蘇州府志》。按：卷三七。

黎立武

黎立武字以常，江西贛渝人。年二十，入太學。二十六，登咸淳進士第三，授承事郎、簽書鎮南軍節度判官，除太學録、通判袁州，除宗正寺主簿。召試館職，除秘書省校書郎，遷著作佐郎，擢軍器少監兼國子司業。國亡，間道歸里，逮事二親，閉户三十年。北來達官禮之如天人。通判袁州時，有同僚言殺一牛活萬蟻，立武駁之曰：『萬蟻固可憐，一牛何罪？』衆稱善。官秘書省時，閱二郭氏《中庸》。郭游程門，立武思嗣其傳，故于《大學》、《中庸》等書間與世所宗尚者異義。生平著述積稿如山，演繹舊聞，敷暢新義，有圖有贊，有講義，今惟《中庸指歸》、《中庸分章》、《大學發微》、《大學本旨》存。卒年六十八，私謚元中子。①

材料出處

①原注：《吴文正集·元中子墓碑》。按：元吴澄《吴文正集》卷六五《元中子碑》。又按：『吴文正』原訛作『吴文中』。

汪元量

汪元量字大有，爲詩感慨有氣節，嘗以善琴受知紹陵。宋亡，從三宫北去，留燕甚久。時故宫人王清惠、張瓊英皆善詩，相見輒共涕泣。或至文文山鋃鐺所，作《拘幽十操》，文山倚歌和之。元祖聞其名，召入鼓琴，一再行，乞爲黄冠歸錢塘。既歸，往來匡廬、彭蠡間，莫測其去留之跡。自號水雲子，有《水雲集》。自奉使出疆，三宫去國，所歷故都遺跡，可喜可諤可歌可泣者，皆收拾於詩。劉辰翁、馬廷鸞目爲詩史。①

材料出處

①原注：《錢塘縣志》。按：雍正《浙江通志》卷一七八引《錢塘縣志》。

徐天祐

徐天祐字受之，山陰人。以父相恩爲將仕郎，銓試詞賦第一，尉歸安。時年尚少，即以吏事稱。嘗出郊，吏具供帳甚飾，天祐詰所從出，吏以例對。天祐曰：『費出於官，則犯法。於民，則重擾。例安可用？』盡卻之。貴人居邑者將囑事，出謂人曰：『吾見尉，自不敢有所請。』中進士第，爲大州教授，日與諸生講經義，聽者感發。德祐二年，以國庫書監召，不赴。退歸城南，杜門讀書。四方學者至越，必進謁天祐。高冠大帶，議論卓卓，見者以爲儀刑。①

材料出處

①原注：《兩浙名賢録》。按：卷三五。

徐　欽

徐欽字汝敬，豐城人。家藏書數萬卷，無不覽記。通六經，工詞賦。試胄監，參太學明善齋。内侍董宋臣除押班，主管太廟及國信所、都大提點。欽率同舍生抗疏，謂國信不可付閹寺，内臣不可預兵權，主管太廟不可用刑餘不祥之人。疏入，不報。入元，不仕。開梧博陽精舍，集生徒，延老成爲之師。群盗過門，皆斂戢去。①

材料出處

①原注：《江西通志》。按：雍正《江西通志》卷六七。

曾子良

曾子良，金谿人。三歲不言，伯父容安教之誦詩，則點首應語。一夕見月，忽能成誦。及長，篤志性理之學。登咸淳第，奉母歸養。入元，程鉅夫以遺逸薦，不赴，扁節居二字於堂以示志。學者稱平山先生。所著有《易雜説》、《中庸》、《大學》、《語》、《孟》解、《聖宋頌》、《百行冠冕詩》、《續言行録詩》、《廣崇類稿》、《咸淳類稿》。①

材料出處

①原注：《人物志》。按：雍正《江西通志》卷八〇引《人物志》。

龔開

龔開字聖予，號翠巖，山陽人，嘗寓於吴。博學好古，負才能，尚節氣，而甚邃於經術。間爲詩文，皆清勁古雅。遊戲翰墨，爲山水人物，尤卓絶不凡，時多尚之。嘗爲韓忠武蘄王孫亦顔作《清涼居士圖》，清涼居士，即王也，涼帽野服，控一長耳，二三童子相後先，遨遊湖山間，且題曰：『王有補天浴日之功，而自逃於佛乘。有貙貔貅、洗河洛之志，而自晦於驢鞍之上。悲夫！』想像其布置及所題之辭，概可見矣。居吴之日，高郵龔璛爲忘年友，時人謂之楚兩龔，以比漢之兩龔。方虚谷嘗稱其詩老筆有骨，議論典刑。平生長髯及腹，行走如飛，意氣令人感動。①

材料出處

①原注：盧熊《蘇州府志》。按：卷三七。

祝泌

祝泌字子涇，德興人。以進士授饒州路三司提幹，傳邵氏《皇極》之學於廖應淮。年老乞休，御書觀物樓扁額賜之。元世祖詔徵，不赴。著有《觀物解》、《六壬大占》、《祝氏秘鈐》。①

材料出處

①原注：《府志》。按：當爲雍正《江西通志》卷八八引《縣志》。

周垕

周垕字良載，鄱陽人。咸淳進士，署江東提刑幹辦。時江淮屢警，垕繕城堡、豐儲峙，爲扞禦計。德祐乙亥，元兵圍饒，垕奉母入保郡城。母卒，既殯，而城危。丞相江萬里、守臣唐震死之，元將諭衆能以城降者除郡守。衆推垕署降表，垕泣辭，夜遁。南土平，當路交薦，起南劍治中、同知廣州總管，皆不拜。結廬母墓下，杜門隱居，削迹城市。後以孫伯琦貴，累封番陽郡侯。㕓明經博學，倜儻尚氣節，世以魯仲連擬之，稱曰梅山先生。①

材料出處

①原注：《豫章書》。按：雍正《江西通志》卷八八引《豫章書》。

程時登

程時登字登庸，樂平人。自少慕義理之學，聞董銖得朱子之傳，而鄉鄰程古山學於董盤澗者，因往師之。搜探幽微，會博於約。咸淳甲戌，寇擾中原，朝廷不廢科舉舊制，合江東九路士試之，時登裒然首舉。明年入太學，又明年而宋鼎移矣。歸，杜門謝游客。四方請益，輻輳盈席，一時名流多出其門。元訪遺才，每物色之，輒謝去。①

材料出處

①原注：《人物志》。按：《江西通志》卷八八引《人物志》。

曹應符 曹光遠附

曹應符字泰叔，號梅渚。謹身飭行，爲鄉里推重。咸淳初，兩領鄉薦。十年，登進士第，授迪功郎、衢州司户參軍。會宋亡，遂隱不仕。

光遠，號東洲，應符之族。咸淳五年進士，辟監華豐莊，改軍器監簿。宋亡，衣冠不改，人稱大頭巾相公云云。①

材料出處

①原注：《顧志·節義》。按：明顧清纂正德《松江府志》卷三〇。

吴錫疇

吴錫疇字元範，後更字元倫，號蘭皋，休寧人，自勝先生子也。生五歲而孤，能自刻志於學。居常以不逮事親爲恨，每展墓攀號，不能自已。伯氏持家，破其産幾盡。疇年甫十六，或教之訟，泣謝曰：『貧富，命也。二祖以孝友名世，而吾兄弟輒論財産，若先訓何？』聞者賢之。貧窶終身，不爲芥蔕。三十即罷去舉子業，乃究心家學。復不自滿，從鄉先生程若庸研覈性命之蹟，上探考亭之緒。咸淳間，有從南康郡庠誦疇講篇者，葉侯閶聞之，不勝敬歎，特致書幣，聘爲白鹿洞書院堂長，不赴。未幾，南土軍興，羽檄交馳於道。疇乃有厭世意，慕徐稚、茅容之爲人，所居藝蘭以況。嗜爲詩，丞相程元鳳、修撰呂午、吏部方岳、史君方回皆亟稱之。自卜生塋爲息阿，樂其林谷之勝，每以即死歸藏爲幸。歿於景炎丙子，年六十二。所著有《蘭皋集》若干、講義若干篇。①

材料出處

①原注：《休寧縣志》。按：道光《休寧縣志》卷一二。

壺　敔

壺敔字怡樂，號萬菊居士，烏程人。幼以孝弟稱，及長，恥事元，隱不出。工詩詞，有《樵雲集》。集中稱宋謙之，或曰無名氏，曰宋者，不忘本也；曰無名氏，恥成名也。其詞曰：『壺山居士，未老心先懶。』壺山，寓姓；未老心先懶，寓不仕意也。又曰『身在玉壺邊』，曰『梅瘦玉壺中』，皆此意也。龍泉章三益師之，他門人之顯者以百計。有《怡樂墓志》。①

材料出處

①原注：《烏青志》。按：明董斯張《吳興備志》卷一二引《烏青志》。

周 樸

周樸字吉甫，鄱陽人。初從學於張采，奇其才，處之家塾。樸以其知己，事之不去。時盜起江湖間，州將以采知兵，使督州兵討之。盜有張家僮率衆掠邑里，采將攻之，而賊先發，遂遇害。樸走告州將，誓欲爲張復讎。州將義之，授以兵。兵寡，議者勸更募之。樸曰：『我募而衆，彼亦衆矣，不若出不意急擊之。』即擣賊所屯。賊窮，以金擲地，兵爭取金，賊脱去，立斬數人以徇。慷慨流涕，誓不與賊俱生。衆感動，願效死力。攻一寨，破之，餘寨皆走。乘勝追擊，斬首數千。生禽僮，斬之，俎其心肺，爲文祭其師。境内賊寨數十悉平之。元兵至，州將唐震死之，衆勸樸降，太守可得。樸曰：『吾爲師復讎而已，他豈所望哉？』即日散遣所部，隱居不復言功名。①

材料出處

①原注：林《志》。按：雍正《江西通志》卷八八引林《志》。

陸釗

陸釗字二思，福建福州人，左丞相秀夫子。端王殁，秀夫與張世傑、陳宜中等立衛王爲帝，奉駕至楓亭。蔡曰忠感異夢，以女爲秀夫次室而有孕，遂留於楓亭而生釗。厓山之難，秀夫殉國，蔡氏聞之，以秀夫別時衣冠招魂，葬於莆之嵩山。元元貞二年，命宣撫李文虎訪秀夫子録用。釗卻聘，以詩謝。文虎歎曰：『孝子出於忠節之門，無容强也。』初遷莆，後復居楓亭。終元之世，其子孫無有仕者。①

材料出處

①原注：《福建通志》。按：道光《福建通志》卷一九三。

劉友益

劉友益，永新人，系出清江。居平力學，嘗傭書於人以給膏火。鈔綴講習，凡經傳、子史、天文、地志、律曆、象數，靡不淹貫。爲人内剛木而外疏通，練達世務。宋季杜門不與世接，世稱水窗先生。年八十五卒，揭傒斯銘其墓。積勤三十餘年，著《通鑑綱目書法》五十九卷。①

材料出處

①原注：《人物志》。按：雍正《江西通志》卷七六引《人物志》。

張千載

張千載字毅甫，廬陵人。與文天祥友。天祥貴時，屢辟不出。及天祥被執，北上過吉州，千載涕出相見，曰：『丞相往，千載亦往。』往即寓天祥囚所近側三年，供送飲食無缺。又密造一櫝，天祥授命日，即藏其首，負骸南歸，付其家安葬。①

材料出處

①原注：《輟耕録》。按：雍正《江西通志》卷七六引《輟耕録》。

羅公升

羅公升字時翁，永豐人。大父開禮，號水心翁。公升少有才略，以軍功授本邑尉。傷大父死節，傾貲北遊燕趙，與宋宗室趙孟榮諸公圖復宋祚。知勢不可爲，回經錢塘江，作《弔胥濤賦》以自寓，今載集中，餘詩亦多感憤語。公升有弟，宋亡亦不仕。父死於寇，廬墓號泣，不御酒食肉者七年。蓋孝義萃於一堂云。所著有《石初集》。①

材料出處

①原注：元無名氏《滄洲翁傳》。按：雍正《江西通志》卷七六引元無名氏《滄洲翁傳》。

皇甫明子

皇甫明子字東生。性豪宕，乘小舟，挂布帆，載琴尊書籍釣具，往來江湖。德祐二年，①發狂痛哭，賦《海口詩》曰：『窮島迷孤青，颶風蕩頑寒。不知是海口，萬里空波瀾。蛟龍時幽沈，怒氣雄屈蟠。崢嶸抉秋陰，挂席潮如山。熒惑喪南紀，大去何時還？雲旗光慘澹，腰下青琅玕。誰能居甬東，一死諒非難。嗚呼朝宗志，會見桑海乾。』遂溺海死。②

材料出處

①原注：案：原作『至元丙子』，乃順帝後至元二年，與宋無涉。『至元丙子』當係『德祐丙子』之誤，故錢《志》改爲『德祐二年』，今從之。

②原注：《谷音》。按：元杜本《谷音》卷下。又按：雍正《寧波府志》卷二七亦有皇甫明子傳，文字略同。

衛富益

衛富益，華亭人，自號畊讀居士，文節公涇裔孫。宋亡，日夜悲泣，設壇祭文天祥、陸秀夫、張世傑，辭甚哀慘。嘗從金履祥、許謙受學。謙以齒齊名重，不敢當北面禮。許卒，爲制服。自以宋世遺民，絶意仕進，隱居教授，究心性命之學。創白社書院、春秋社，日與布衣友。賦詩講道，搢紳不得一與。後擕仲子隱湖之金蓋山，著《四書考證》、《性理集義》、《易經集説》、《讀史纂要》、《耕讀》、《怡情》等録。至治間，以長子迎養，還故里，不談世務，不履城市。或有乞詩文者，辭之。一日，遘微疾，悉焚所著書集，曰：『吾志晦迹，安用名世？况玄妙處，宋儒究盡。吾録糟粕，何益於後乎？』卒年九十六，門人私謚曰正節先生。①

材料出處

①原注：董斯張《吴興備志》。按：卷一三。

方鳳

方鳳，一名景山，字韶父，浦陽人。生有異才，嘗出遊杭都，盡交海内知名士。將作監丞方洪奇其文，以族子任試國子監，舉上禮部，不中第。主閤門舍人王斌家，教其二子大小登。後以特恩授容州文學。未幾宋亡，自是無仕志，益肆爲汗漫遊。一日，復遊杭，大登爲暹國臣，奉使上國，相持泣下。鳳欲與俱行，人勸止之。鳳善《詩》，通毛、鄭二家言。晚遂一發于詠歌，音調淒涼，深于古今之感。臨殁，屬其子樗題其旌曰容州，示不忘也。嘗謂學者曰：『文章必真實中正，方可傳。他則腐爛漫漶，當與東華塵土俱盡。』性不喜佛老，讀唐傅奕傳，壯其爲人，摭奕後闢異教者數十事，題之曰《正人心書》，尚未完。他所著詩三千餘篇，曰《存雅堂稿》。黄晉卿、吴立夫、柳道傳諸文章家皆出其門。樗字壽父，亦精于詩。①

材料出處

①原注：《宋元學案》。按：卷五六。

胡大壯

胡大壯字履季，福建崇安人。研究經術，不事科舉。躬耕自給，足不履城市。學者稱西園先生。帥臣曹彦約、提舉樂章相繼薦於朝，本州延爲嶽麓書院堂長，皆力辭不就。①

材料出處

①原注：《福建通志》。按：道光《福建通志》卷一八五。

汪宗臣

汪宗臣字公輔，婺源人。咸淳中，兩中選。宋亡不仕，與弟季洲同居。子姓四百餘指，和氣雍雍。嘗著書曰《世乘窺斑〔一〕》，詩文曰《紫巖集》。年九十二，逮見五世。胡雲峰序之，歎爲盛事云。①

材料出處

①原注：《新安文獻志·紫巖先生行狀》。按：卷八七元汪斌撰《紫巖先生汪公行狀》。

校　證

〔一〕斑，原作『班』，據《行狀》改。

汪庭桂

汪庭桂字秋芳，婺源人。年十八舉進士，授紫陽書院山長，積階至迪功郎、廣德軍司户參軍。善騎射，熟《孫吴兵法》。宋亡，遂絶意仕進。劉國公平安南，版授本省左司郎中，辭不就。徽州路監郡馬思忽一見，恨識之晚。言五事，凡誅黠吏十數，平反死獄者二，出僞楮株連者百人。馬服其明允，政有未達，輒咨訪之。庭桂事親孝，好義樂施。諸父兄弟病於征徭者，佐以私財。親族鄰里死無所歸者，給以衣棺。修川梁道路，以濟往來。出儲蓄，以濟流殍。居家嚴而有恩，妻子聞其謦欬，皆斂手正容。晚搆樓西山麓，以自娱焉。①

材料出處

①原注：《新安文獻志》九十二《存耕處士墓誌》。按：元王球撰《存耕處士汪公墓誌銘》。

汪炎昶

汪炎昶字懋遠，號古逸民，婺源人。幼有奇志，從孫元京、江雪矼諸逸民遊，有能詩聲。江古修命次《新竹詩》，有曰：『待成竿後節方露，自作筍時心已虚。』古修歎異之。方虚谷一見，詫曰：『不意吾州復有此人。』其門人趙汸嘗以其詩示虞集，集曰：『此豪傑士也。山林中乃有名作若是者乎？』其學淵源六經，取朱子《四書》，旁采博擇，而發揮其微旨，每有所得，則疏之，名曰《四書集疏》。其教人，必使循序漸進，去華務實。其爲文奇而有法，詩微婉遒勁，亦時出於悲壯激烈，然自視無可爲者。教授之餘，未嘗有所計度。或反關不出動十數年，故當時惟傳其詩文而已，其胸之所蘊不可知也。①

材料出處

①原注：趙汸《東山集·汪古逸行狀》。按：元趙汸《東山存稿》卷七《汪古逸先生行狀》。

江　愷

江愷字伯幾，婺源人。許月卿一見，以爲不凡，以女妻之，遂受學焉。初貢禮闈，宋亡，隱居沖陶石室。時婺源貢楮絲，官吏競黷貨，民甚病之。愷以書白部使者，貢遂得蠲。程苟軒龍嘗稱之曰：『欲知隱不爲徒隱，須看當時二幅書。』人稱雪矼先生。著有《四書》、《詩經》講義、《箕裘集》等書。①

材料出處

①原注：《徽州府志》。按：康熙《徽州府志》卷一五。

孫嵩

孫嵩字元京，休寧楚山人。以薦入太學。宋亡，歸隱山中，自號艮山以示意。有《艮山集》。杜門賦詠，淒斷淪絶。時婺源許月卿，宋亡，制齊衰服之以居。月卿壻江愷及汪炎昶皆絶意當世，俱從嵩遊。方回得嵩詩，歎曰：『持此以見朱文公，可無愧矣。』弟巖，字次皋，號爽山，亦以詩名，所著有《爽山集》。①

材料出處

①原注：《新安文獻志》八十八《孫上舍傳》。按：明朱同撰《孫上舍傳》。

滕堜

滕堜字仲塞，一名迴，婺源人。生宋末，性高遠，財有贏餘，即以濟窮困。爲文自成一家，書有晉人風度。入元不仕，求得文丞相《過金陵驛詩》，懸於堂，焚香拜泣。又過西湖，拜岳將軍墓，賦詩弔之，有『相對含悲石翁仲，老衰無淚落秋風』之句。黄文憲公溍〔一〕誌李與廉之墓，云：『聞滕先生堔會朱陸之學而得其同，率朋往就講學。』其見重如此。所著有《星崖〔二〕集》，學者稱星崖〔二〕先生。①

材料出處

①原注：《新安文獻志》八十八《滕星崖傳》。按：元汪幼鳳撰《滕星崖傳》。又按：『星崖』原訛作『星巖』。

校證

〔一〕溍，原作『縉』，據《滕星崖傳》改。
〔二〕崖，原作『巖』，據《滕星崖傳》及弘治《徽州府志》卷九等改。

陳深 子植

陳深字子微，蘇州吳縣人。生於宋，習舉子業。宋亡，篤志古學，閉門著書，弟子受業者户屨恒滿，江浙參政王都中亦出其門。嘗寓意筆札。天曆間，奎章閣臣以能書薦，潛匿不出以終。別號寧極，學者稱寧極先生。

子植，字叔方，少負才氣，既而折節讀書，有孝行。晨夕躬事庖饌，親之中裙、廁牏，手自浣濯。更世變，以琴書自娱，辟召皆不起。①

材料出處

①原注：盧熊《蘇州府志》。按：同治《蘇州府志》卷七八引盧《志》。

于石

于石字介翁，蘭溪人，因所居鄉自號紫巖。晚徙城中，更號兩溪。貌古氣剛，喜詼諧。早慕杜氏五高之爲人，後從王定菴業詞賦，接聞諸老緒論。其學多所通解，自負甚高。宋改物後，隱居不出，一意於詩，出入諸家，豪宕激發，氣骨蒼勁，望而知爲山林曠士，一時言詩者皆莫能及。仁山金先生嘗序其集。①

材料出處

①原注：萬曆《金華府志》。按：雍正《浙江通志》卷一九三引萬曆《金華府志》。

危復之

危復之字見心，臨川人。博覽群書，工詩，尤邃於《易》。宋末，貢補太學。至元初，元帥[一]郭昂薦爲本路儒學官，不就。朝[二]廷累遣奉御察罕、翰林應奉詹玉以幣徵之，皆不起。隱於紫霞山，從學者衆。及卒，門人私謚曰貞白先生。①

材料出處

①原注：《人物志》。按：雍正《江西通志》卷八〇引《人物志》。

校　證

〔一〕帥，原闕，據《江西通志》補。

〔二〕朝，原闕，據《江西通志》補。

趙　德

趙德，宋宗室。博學工文，舉進士。宋亡，隱居南昌之東湖，自號鐵峰。嘗著《四書箋義》、《五經辨説》，行於世。①

材料出處

①原注：林《志》。按：雍正《江西通志》卷六七引林《志》。

趙若煥

趙若煥字堯章，宗室子也，居進賢。年二十三，值國運革，賦《草之茂》三章，援琴而歌，與箕子《麥秀》同悲。所著有《中庸講義》、《適情小稿》、《逸民自得》，合若干卷。平居未嘗免冠褰裳，嗜酒不至醉，每微酣，令人歌淵明《歸去來辭》，自吹洞簫以和之。年八十卒。①

材料出處

①原注：林《志》。按：雍正《江西通志》卷六七引林《志》。

莊肅

莊肅字恭叔，號蓼塘，居青龍鎮。仕宋爲秘書小史。宋亡棄官，浪迹海上。性嗜書，聚至八萬卷，手鈔經史子集，下至稗官小説，靡所不具，書目以甲乙分十門。至正間，修宋、遼、金三史，詔求遺書。危素購於其家，得五百卷。所著有《藝經》、《畫繼餘譜》，傳於時。①

材料出處

①原注：《松江府志》。按：正德《松江府志》卷三〇。

殷澄

殷澄字公源，居胥浦，在宋避諱爲戴氏。父某，宋節幹官。家富好施，人目殷佛子。澄性介特，平生無宿諾，見義必爲。避地南錢，元兵入華亭，南錢猶保聚不下。將軍號楊掃地者，怒欲屠之。澄奮曰：『我可無一言而死乎？』遂叩軍門，大言曰：『夫民，猶水也。水順則流，逆則激。民順則寧，逆則亂。今郡縣新附，將軍不撫綏招來以稱示神武不殺之意，顧欲盡勦斯民乎？』楊怒，手劍叱之。澄正色曰：『殺我一人，活千萬人，死猶生也。』語益烈。楊感悟而止，全活者以萬計。丞相伯顏聞而義之，授華亭軍民都總管，使守其地。澄不受，曰：『大宋亡，我以親在不死，顧獨不能逸乎？』遂野服隱居浦上，時游峰泖間，人目爲泖南浪翁。①

材料出處

①原注：《郭志·獨行》。按：嘉慶《松江府志》卷五〇引郭廷弼纂康熙《松江府志·獨行》。

卷三十六　列傳第三十六

隱逸

郭震

郭震字希聲，成都人。博學能詩，才識過人。淳化中，嘗出東郊，忽賦詩曰：『今日出東郊，東郊好春色。青青原上草，莫放征馬食。』遂走京師，上書言蜀將亂，不報。已而李順起於邛、僰間，自是括囊不言，隱身漁釣。病將死，其友往問之，側卧欹枕而言。其友曰：『子且正身。』震笑曰：『此行豈可復替名耶？』識者謂其臨死生而不亂云。有《漁舟》前、後集行于世。①

材料出處

①原注：《東都事略》。按：卷一一八。

趙宗萬

趙宗萬字仲囦，山陰人。少知名，錢忠懿器之。入朝，欲與之俱，以親老辭不行。既長，博習書傳，負經濟之術。用進士應詔，籍於春官。天資蕭散，於世故淡如也。壯歲，築室於郡之照水坊，左瞰平湖，前挹秦望。畜一鶴，號丹砂，引以爲侶。足迹不及於高門。鼓琴讀書，怡然自適者三十餘年。祥符中，詔舉遺逸，郡守康戩以宗萬薦，尋被召，乃曰：『吾老矣，不足以任事。』因獻《跛鼈傳》以自見，且請自託於道家者流。朝廷不奪其志，即其家賜以羽服。後十餘年卒。

華鎮言宗萬神宇清明，識度夷曠，終日凝淡若嬰兒，真方外之士。然取捨去就之際，則確乎有不可奪者。善八分、草、隸書，通俞、扁之術，或辟穀導氣。嘗爲詩曰：『斗懸金印心難動，屏列春山眼暫開。』蓋其志也。所謂《跛鼈傳》者，其旨大抵言古先帝王自堯舜以來至於五代所以理亂興亡之迹，終設問以自喻，謂能言之而莫之致，猶跛鼈然，故以名其書。觀其書，始真有意於世，天命不相，卷以自牧，殆非山林枯槁繫而不食者也。①

材料出處

①按：此傳漏注出處，當見《寶慶會稽續志》卷五。

吴復古

吴復古字子野，一字遠遊，揭陽人。志趣超逸，以父宗爲翰林院侍講，蔭官當得皇宫教授，遜于庶兄。居父母憂，廬于墓者三年，手植〔一〕木墓傍。又以餘力葺治園亭，教育子弟。後遣去妻子，築庵居潮陽直浦都麻田山中，絶粒不食。間出遊四方，徧交公卿，然一無所求。每論出世法，以長不死爲餘事，鍊氣服藥爲土苴。①見知于待制李師中。師中於世少屈，獨於復古曰：『白雲在天，引領何及？』後東坡、黄門與一時名士悉爲知己，東坡名其居曰遠遊，且爲銘。②

復古于紹聖丙子至惠州，同軾遊羅浮，又過循州見轍。及軾安置儋州，復古又從之遊。③軾嘗問養生，復古對以『曰安曰和』。及軾南遷，見於真陽，無一言及得喪休戚事，獨告曰：『邯鄲之夢，猶足以破兵而歸真，目見而身履之，亦可以少悟矣。』④及軾遇赦還，復古與黄洞輩追送至清遠峽，忽病，⑤不服藥。妻子問後事，笑麾之，翛然而逝，⑥葬於麻田，⑦軾爲文祭之。紹興三年，海寇黎盛犯潮州，悉毁城堞，且縱火至吴子野近居。盛〔二〕登開元寺塔，見遠遊居，問左右曰：『是非藏蘇内翰圖書處否？』麾兵救之。復料理〔三〕吴氏歲寒堂，民屋附近者賴以不爇甚衆。⑧

有子芘仲，能文章，善書札，嘗作《歸鳳賦》，軾甚稱之。嘗與復古書曰：『少時在册府，嘗及接見先侍講下風。死生契闊，相遇江湖，感歎不已。』又有《與吳秀才書》，即芘仲也。⑨

材料出處

①原注：戴《志》。按：此傳實録自道光《廣東通志》卷二九二。
②原注：《輿地紀勝》。
③原注：《羅浮山志會編》。
④原注：《蘇詩施注》。
⑤原注：《羅浮山志會編》。
⑥原注：郭《志》。
⑦原注：《揭陽志》。
⑧原注：《夷堅志》。
⑨原注：黄《志》。

校證

〔一〕植，原作『值』，據《廣東通志》改。
〔二〕『犯潮州』至『居盛』，原闕，致使文義不暢，今據洪邁《夷堅志》卷一〇『盜敬東坡』條補。
〔三〕理，原闕，據《夷堅志》補。

邵炳

邵炳，晃之子。登天聖五年進士第，爲富陽簿。秩滿歸，築樓名白雲而隱焉。范文正公守睦，招之不就。内相葉道卿、郡倅張文定屈炳主錢塘學，亦辭。後張在諫垣，薦之，召赴闕，因上《時政機要策》三篇。除秘書省校書郎、知義烏縣，不赴，復還舊隱。時稱白雲先生。①

材料出處

①原注：《淳安縣志》。按：雍正《浙江通志》卷一九三引《淳安縣志》。

林巽

林巽字巽之，海陽人。天聖中，應材識兼茂、明於體用科，對策鯁切，有忤權貴，有司不敢取。慶曆中，投匭論事，仁宗鑑而異之，官以徐州義曹。巽不屑就，毅然南歸。讀《易象》，自著一書，有《卦元》，有《卦緯》，有《叢辭》，有《卦經》，有《起律吹管》，有《範餘敘和》，凡九篇，名曰《草範》。①人稱草範先生。外有文集若干卷。②

材料出處

①原注：《輿地紀勝》。按：此傳實録自道光《廣東通志》卷二九二。

②原注：戴《志》。

杜子野

杜子野，宜黄人。王安石幼師之，及爲相，子野來見安石，問所欲，但壁間顔真卿所書《東方朔像贊》。安石曰：『墨本何足貴？石在河北德州，可輦致也。』併以金帛致之，不受。孫育，德興五年進士。①

材料出處

①原注：林《志》。按：雍正《江西通志》卷八〇引林《志》。

楊適

楊適字安道，慈谿人，隱居大隱山。爲人醇厚介特，議論辯博平正。人有善則稱之，不善如未之聞。爲學要行乎己，唯恐爲人所知。毁譽榮辱不以動其心，人莫得而親疎。蓋自比〔二〕

仲元、叔度之流。鄉人嚴憚之，相語不以名氏，而尊之曰大隱先生。衣食纔自給，非義之餽，一介不取。躬耕養親，族之貧者分賑之。鄰盜其稼，人告之，適愀然曰：『彼窮厄而求其生爾，勿治也。』盜聞之慚悔，其後無敢侮者。善言治道，究歷代治亂之原。孫威敏公沔自諫官出按浙東、西刑獄，欲見適，適不肯見。適之越時，范文正公守越，聞之，就見焉，輿致府中，澹焉無求，公益賢之。

適治經不守章句，黜浮屠、老子之説。歌詩卓越超邁，容儀甚偉，衣冠儼如。始友錢塘林逋，後與同郡王致、杜醇結交，後進莫不師之。退處四十年，德行益高，名聞京師。仁宗詔求遺逸，太守鮑柯以名聞，賜以粟帛。太守錢公輔又薦之，授將仕郎，賜太學助教。州遣從事致詔書、袍笏、輿從迎之，適辭不受遁去。壽七十有六。遺令篆石壙前曰宋隱人之墓。熙寧二年，滎陽張峋爲文表之。①

材料出處

①原注：《延祐四明志》。按：卷四。

校　證

〔一〕比，原作『此』，據《延祐四明志》改。

杜　醇

杜醇，越之隱君子，居慈谿。學以爲己，隱約不求知。孝友稱於鄉里，耕桑釣牧，以養其親。經明行修，學者以爲楷模。慶曆中，鄞始建學，縣令王文公安石請醇爲之師，其書曰：『天之有斯道，固將公之。我先得之，而不推餘於人，使同我所有，非天意，且有所不忍也。願先生留聽而賜臨之，安石與有聞焉。』醇引孟子、柳宗元之説以辭。再書强起之，曰：『孟子謂好爲人師者，謂無諸中而爲有之者，豈先生謂哉？柳宗元惡知道，韓退之毋爲師，其孰能爲師，天下士將烏乎師哉？』醇始就焉。慈谿令林肇立學，又起醇爲師，亦固辭。王文公作《師説〔一〕》以勉之。二邑文風之盛，自醇始。醇談詩書不倦，爲詩質而清，當時謂學行宜爲人師者也。①

材料出處

①原注：《延祐四明志》。按：卷四。

校　證

〔一〕説，原空，據《延祐四明志》補。

王致

王致，鄞人。與同郡楊、杜二先生爲友，俱以道義化鄉里。諸生子弟師尊之，稱三人皆爲先生。嘗與牧守言政事，王文公安石復書曰：『無事於職而愛民之心乃至於此，可以爲仁矣。』年七十，樂道安貧，妻收遺秉，子拾墮樵，浩然無悶。鄉人莫不高其行。①

材料出處

①原注：《延祐四明志》。按：卷四。

王伯起

王伯起字興公，海陵人。父綸，爲太常博士，伯起當以恩得官，遜其弟。舉進士不中，歎曰：『士不自重，與千百人旅進坐軒廡下，獻小藝規合有司，可恥也。與〔一〕其冒恥以得禄，寧貧賤而肆志焉。』於是閉門靜處踰三十年，鄉人多不識面。善詩歌，獨得深造。部使者薦諸朝，不起。仁宗、英宗兩賜粟帛。如皋王覿誌其墓曰：『先生不有其道而道信於友朋，不尸其名而名聞於朝廷。與夫懷印曳綬、乘肥衣輕，自以爲得意，而死之日民無稱焉，異矣。』①

材料出處

①原注：嘉靖《揚州府志》。按：卷五三。

校證

〔一〕與，原作『以』，據《揚州府志》改。

孔旻

孔旻，淮南人。隱居篤行，終身不仕，美節甚高。嘗有竊其園中竹，旻愍其涉水冰寒，爲架一小橋渡之。推此，則其愛人可知。①

材料出處

①原注：《夢溪筆談》。按：卷九。

魏閑

魏閑字雲夫，世家於陜之東郊。父野，真宗時有大名，累召終不能起，贈著作郎。閑少喜爲詩，學鼓琴，不樂仕進，一遵著作君之志。皇祐二年，仁宗祀明堂，詔天下求遺逸草萊、年耆德茂者，知府直史館李昭遘薦閑再世有高節。上嘉之，賜號清逸處士。嘉祐八年八月卒，年八十四。閑家有舊田廬，謹守而治之。朝廷以野故，復其子孫無有所與。以故沛然自足，無衣食之累。性不嗜酒，謹潔守法度，與人和。府縣之官或時延禮，亦與之往來，然未嘗有毫髮之私以干之。其政事得失，未嘗納於耳、出於口也。以故皆愛重之。①

材料出處

①原注：《司馬温公集·魏公墓誌》。按：司馬光《傳家集》卷七八《清逸處士魏君墓誌銘》。

王　鴻

王鴻字翼道，雩都人。工隸篆，善八分書。皇祐中，以鄉舉游太學，再薦省試第一，因失韻被黜。鴻歸，擇邑治之南四十里，泉石清勝，築室隱焉，目其山曰峿山，巖曰需巖。從學者百餘人。周茂叔倅郡時，以書幣聘掌郡校，不就。肥遯四十餘年。嘗注《太玄經》，今不存。①

材料出處

①原注：《人物志》。按：雍正《江西通志》卷九四引《人物志》。

崔唐臣

崔唐臣，①福建泉州人。與蘇頌、吕夏卿同學相好。②頌、夏卿登第，唐臣遂罷舉，久不相聞。嘉祐中，頌、夏卿在館下，一日偕出循汴岸，見一士艤舟坐窗下，蓋唐臣也。亟就謁之，問其別後況味，曰：『初倒篋中，有錢百千，以其半買此舟，來往江湖間。意所欲往則從之，初不爲乏。其半市雜貨，時取贏以自給，粗足即已，不求有餘。差愈於應舉覓官時也。』頌、夏卿邀與歸，不可，相顧太息而去。翼日，自局中還，唐臣有留刺，乃攜酒具再往謁之，則舟已不知所在矣。歸視其刺，末有細字一絶云：『集賢仙客問生涯，買得漁舟度歲華。案有黄庭樽有酒，少風波處便爲家。』訖不復見。③

材料出處

①原注：《避暑録話》載唐臣事，不明爲何地人，今據《閩書》作晉江人。

②原注：案：《避暑録話》作『蘇子容、吕晉叔』，頌字子容，夏卿字縉叔，此『晉』字當是『縉』字之訛。

③原注：《福建通志》。按：此傳録自道光《福建通志》卷一九三。

管師復

管師復，龍泉人。與弟師常從安定胡瑗學，俱有盛名，時號二管。師復長於詩，隱居不仕。仁宗聞其名，召至問曰：『卿詩所得如何？』師復曰：『滿塢白雲耕不盡，一潭明月釣無痕。』賜爵不受，放歸故里，人稱之曰卧雲子。著有《白雲集》行於世。①

材料出處

①原注：嘉靖《浙江通志》。按：雍正《浙江通志》卷一九三引嘉靖《浙江通志》。

鍾棐

鍾棐字子翼，贛縣人。博學篤行，爲歐陽脩、尹洙、余靖、曾鞏所知，然卒不遇，隱於田間。蘇洵南遊至虔，棐與弟棐從之遊。洵不飲酒，每爲設醴。儂智高叛嶺南，聲摇江右，郡守曹覲欲籍民財爲戰守備，謀於棐，棐曰：『智高必不能過嶺，無事而籍民，民懼且走矣。』覲曰：『如緩急何？』棐曰：『同舟遇風，胡越可使爲左右手，况吾民乎？不幸而有急，則官與民爲一家，孰非吾財者？何以籍爲？』觀悟而止。蘇軾自南海還，訪棐，已殁，見其三子，相持而泣，作哀詞誄之。①

材料出處

①原注：《府志》。按：雍正《江西通志》卷九四引《贛州府志》。

崔閑

崔閑字誠老，星子人。讀書不務進取，襟懷清曠，以琴自娱。結廬於玉澗，號睡足庵，自謂玉澗道人。蘇軾過之，曰：『醉翁喜瑯琊山水，沈遵以琴寫其聲，惜乎無辭。今玉澗道人妙於琴，故因其聲而爲辭以補。』石刻在郡齋。①

材料出處

①原注：《江西通志》。按：雍正《江西通志》卷九一。

黎子雲

黎子雲，儋州人，家居州東二里許。昆弟貧而好學。城南有別墅，所居皆林木水竹，清幽瀟灑。蘇軾雅敬禮之，每與弟載酒過從，請益問奇，日相親炙作歌，有『寂寞兩黎生，食菜真臞儒』之句。一日，軾往訪之，遇雨，從衆家借笠屐，道上婦人小兒相隨爭笑，邑犬群吠。子雲兄弟恭敬自將送軾至館，未嘗懈也。因名其別墅曰載酒堂云。①

材料出處

①原注：戴《志》。按：道光《廣東通志》卷三〇一引戴《志》。

廖邃明

廖邃明，清湘人。能文辭，尤長於樂府。少不羈，尚氣誼。陳了翁南遷過全日，州郡待之甚嚴，無敢近者，邃明獨於逆旅中相問勞如故舊。了翁後北歸，龍圖閣學士折彦質亦貶嶺南，道遇之，問以南中相識，了翁以邃明對。折謁湘山，邂逅與語甚悦，欲與之俱，邃明慨然從之。一日渡海，風濤大作，邃明持劍厲聲曰：『有宋忠臣在此。』波遂息。後數年，折得還而邃明死，折作詩弔之，舉其子一人。①

材料出處

①原注：《文載》。按：《粵西文載》卷六八。

王公輔

王公輔，俗呼王六翁，居儋城東，東坡甚重之。世傳天文。折彦質亦與相厚，一日具冠帶賀折曰：『夜來見客星侵帝座，公即日還朝。』居無何，登極赦書果至，折公移郴。六翁年一百單三歲卒，號百歲翁。①

材料出處

①原注：《輿地紀勝》。按：卷一二五。

賈　收

賈收字耘老，有詩名。①仁宗朝，梅摯守杭，上賜書有云：『地有湖山美，東南第一州。』梅以名堂，士大夫留題甚衆。蘇軾倅杭，因令筆吏盡録之，而未著其姓名，遂以收詩爲冠。詩云：『吴越不藏千里色，斗牛常占一天寒。』②收所居有水閣，曰浮暉。李公擇常、蘇子瞻軾爲州，與之游，唱酬極多。③軾常游何山、道場山回，值風雨，艤舟於浮暉，命官奴秉燭，掃風雨竹於壁間，或刻之石。收素貧，軾每念之，常寫古木怪石書其後以贈。蘇去，收作亭以懷蘇名之。有詩一編，號《懷蘇集》。④

材料出處

①原注：談鑰《吴興志》。按：陸氏預纂之同治《湖州府志》卷七四亦有賈收傳，文字全同。
②原注：《庚溪詩話》。
③原注：談《志》。
④原注：《東坡集》，參談《志》。

張維

張維，吴興人。少年學書，貧不能卒業，去而躬耕以爲養。善教其子，至於有成。平居好詩，以吟詠自娱。浮游閭里，上下於溪湖山谷之間。遇物發興，率然成章，不事彫琢而辭意自得。徜徉閑肆，往往與異時處士能詩者爲輩。年九十一卒。子先。①

材料出處

①原注：《齊東野語》。按：卷一五『張氏十詠圖』條。

蔣　湋

蔣湋，零陵人。少辭家入太學，既不遇，去而歸隱。與黃庭堅相友善。庭堅謫宜州，士大夫畏禍不敢往還，獨湋日陪杖履。庭堅疾革，子弟無一人在側，湋往見之，大喜，握手曰：『身後事委君矣。』及卒，湋爲棺殮，具舟送歸。鄒浩謫永，湋從之遊。浩有昭州之行，湋又爲經紀其家。①

材料出處

①原注：《黃庭堅別傳》、《明統志》。按：光緒《湖南通志》卷一六三引《黃庭堅別傳》、《明統志》。

陳　輔

陳輔字輔之，丹陽人。少負俊材，不屑事科舉。文詞雄偉，不蹈故常，尤工於詩，自號南郭先生。與王安石酬唱甚多，蘇軾、鄒浩、蔡肇、沈括皆與之遊。方其少時，有志當時，嘗著《梁父》、《牛角》二吟，題于沈山寺壁。及其老也，復爲詩號《悲昔遊》，以致命遂志[一]云。其詩文，自治平至元祐爲《前集》二十卷，自元祐訖政和爲《後集》二十卷。不娶，無子。①

材料出處

①原注：《京口耆舊傳》。按：卷三。

校　證

〔一〕志，原作『老』，據《京口耆舊傳》改。

馮貫道

馮貫道，壽春人。以訓童子爲業，與人交淡而能久。元祐末，門下侍郎蘇轍罷政斥外，平昔翕翕走其門者皆諱悔弗顧，惟貫道朝夕往見，且受其所寄錢。越七年，自嶺表歸許昌，貫道即日訪焉。還其向所寄錢，視之，封識如故。紹聖中，太府卿賈種民董領茶事，人爭求爲邸肆，不許，獨念貫道貧，諭使出名，可以端居不預而月獲錢十許千。貫道謝曰：『我訓童子逾三十年，口不輟聲，手不停筆，窮日之力以修吾職，至勤苦也，月所得不過數千錢，然頗無他虞。今一旦坐獲厚利，恐有意外憂。請辭。』貫道精五行數，以人生年月日時推吉凶，無不應，以故車馬常滿門。有召者，雖權勢震赫，非其所好不往也。貫道於吉者，必曰當爲善以承其吉；於凶者，必曰當爲善以避其凶。凡所爲概類漢嚴君平云。①

材料出處

①原注：《鄒道先集》。按：鄒浩《道鄉集》卷四〇《馮貫道傳》。又按：『鄒道先』原訛作『周道鄉』。

褚承亮

褚承亮字茂先，真定人。有文名，爲蘇軾稱賞。宣和五年秋，應鄉試第一。明年登第，調易州户曹，未赴。會金帥斡離不南下，破真定，籍境内進士試安國寺，承亮亦在籍中，匿不出。金帥知其才，押赴與諸生對策。策問『上皇無道，少帝失信』。衆承風旨，極口詆毁，承亮詣主文劉侍中曰：『君父之罪，豈臣子所得言耶？』長揖而出。劉爲之動容。時七十二人悉放第，號七十二賢榜。狀元許必仕金爲郎官，一日出左掖門，墮馬，首中闑石死，餘皆無顯者。劉多承亮之誼，薦知藁城縣，謾應之，即棄去。卒年七十，門人謚曰玄貞先生。①

材料出處

①原注：《宋史新編》。按：卷一七八。

饒子儀

饒子儀字元禮，臨川人。從胡瑗、孫復授經。親歿，不事科舉。楊傑授以星曆諸書，莫不洞究。結庵凌雲山，名曰葆光，杜門著書。臨江守王説欲迎致軍學，郡守劉公臣曰：『吾州有士如此，令他之可乎？』乃迎還，躬率諸生聽講説。崇寧初，詔舉懷才抱藝、養素丘園之士，郡以子儀應詔。所著《編年史要》，陳瓘爲之序，謂其事核旨密，有補於聖經。又有《周易》、《論語》解及詩文集。①

材料出處

①原注：《人物志》。按：雍正《江西通志》卷八〇引《人物志》。

吳沆

吳沆字德遠，崇仁人。幼孤，事母孝，博通經史。政和間，與弟澥各獻書於朝，不用。歸隱環溪，號無莫居士。紹興中，舉不求聞達者，郡以沆應詔。所著《易》、《論語》發微、《老子解》、《環溪集》、《環溪詩話》。[1]

材料出處

①原注：林《志》。按：雍正《江西通志》卷八〇引林《志》。

李　迥

李迥字叔友，丹徒人。高尚不出，士人宗仰之。宣和初，董弇令升分教京口日，因白太守虞奕純臣曰：『治下有隱君子，盍訪之？』虞曰：『願見久矣。』一日，攜具邀董偕詣李，辭以未嘗製衣冠，野服見。明日，李遣介持詩謝曰：『揖客將軍重，揚名御史尊。』時稱美之。[1]

材料出處

①原注：《嘉定鎮江志》。按：附録。

張志行

張志行，東陽人。舉進士，以學行爲鄉里所推。大觀中，數舉八行，不就。浙東朱異言于朝，賜號沖素處士，年幾七十矣。①

材料出處

①按：此傳漏注出處，當見《要録》卷六六或《宋史全文》卷一八下。

趙占龜

趙占龜字十朋，黄巖人。志尚超卓，與石尚書公弼、李參政光爲内外兄弟。二公貴，無一字相通。家有軒，面植雙桂，人稱爲桂隱士。宣和寇亂，動以火攻，獨於是軒相戒無犯。①

材料出處

①原注：《兩浙名賢録》。按：卷四四。

林　彖

林彖字商卿，福建興化人。幼孤，隨母鞠於外祖陳次升家，得盡讀六經、百氏之書，多聞元祐名臣出處大節與宋累朝典故。後僑居真州，遊劉安世、任伯雨、陳瓘門，所學益進。紹興初，簽樞徐俯嘗禮致之，弗就。奉母歸閩，母歿終喪。不謀婚娶，曰：『吾有弟，不至絶先人世可矣。』寓居邑西龍華寺，牓所居軒曰聽雨，日怡其間。所非好者，叩門不納。處之四十年如一日。隆興元年春，監司、帥臣列薦，召赴行在，以疾辭。其秋，丞相陳康伯、樞密黃祖舜令監司、郡守敦促之，復不起。會參政周葵知泉州，同郡林孝澤率數百人，以彖行義聞，葵上諸朝。乾道四年，詔再召不至，特賜進士出身，授迪功郎、添差興化軍教授，未一考而卒。自號萍齋。①

材料出處

①原注：《福建通志》。按：道光《福建通志》卷一九三。

揚無咎

揚無咎字補之，號逃禪老人，又號清夷長者，清江人，後寓豫章，漢子雲之後，其字从才不从木。高宗朝，以不直秦檜所爲，累徵不起。書學率更，小變其體，小字尤清勁。嘗自題所藏《邕禪師碑》後云：『予于率更，爲入室上足。』水墨人物學李伯時，梅竹松石筆法閑野，爲一世絶。江西人得其一幅，價不下千百金。①

材料出處

①原注：《洞天清録》，《圖繪寶鑑》，《書史會要》。按：《圖繪寶鑑》卷四，《書史會要》卷六。

程先

程先字傳之，休寧人，全之子。痛父死節於金，葬衣冠，廬墓三年，固辭恩禄不忍受。隱居邑之東山，號東隱，所著有《東隱集》。嘗以書問道於朱子，朱子嘉之。聞朱子來婺源，挈子永奇見之。以老病不能卒業，因遣永奇從學於閩。①

材料出處

①原注：方回《程東隱墓表》。按：《新安文獻志》卷六九引元方回《東隱程先生先墓表》。

程鼎

程鼎字復亨，婺源環溪人，朱韋齋内弟也。與羅仲素、蕭子莊從韋齋學於閩。韋齋贈以六言，皆修身爲學之要，益自樹立。博覽經史，尤好《左氏傳》，不屑意舉子業，以故不利場屋。韋齋嘗有『舅家今三世，筆耕未逢秋』之歎。家貧，中歲奉親，徙居窮山間，自號環溪翁。卒，文公爲表其墓。①

材料出處

①原注：《朱晦庵集·環溪翁墓表》。按：朱熹《晦庵集》卷九〇《韓溪翁程君墓表》。又按：此傳實録自弘治《徽州府志》卷九。據《墓表》，程鼎號韓溪，且不言爲環溪人，蓋《府志》誤『韓』爲『環』，遂謂其爲環溪人，陸氏不察而襲其訛。

龔明之

龔明之字熙仲，崑山人。幼逮事祖母李，李自言少嘗大病，夢神告曰：『與汝七十七及期。』果病且革。明之夜禱於天，乞減己五齡以益李壽。灼香於頂者七，聞腦中爆裂聲，不爲動。詰旦，李病良愈，又五年乃卒。宣和三年，明之以諸生貢京師，迎父母往。已而母與弟相繼亡，去鄉數千里，貧無以歸葬。或使以旅殯僧舍，否則火之以其燼歸。明之不從，取其家所有，自一錢之直皆折賣之，不足，又乞貸於人，竟護二喪以歸。先墓在西山，大木數萬。族人利其直，悉斬而分之。明之不能制，獨泣且罵，每伐一木仆，明之輒號慟，響震林谷。即買松萬株補植焉。

紹興二十年，鄉貢，年已六十。或勸少匿其數，爲異日計，笑曰：『吾生平未嘗妄語，且不敢自欺。』卒書其實。晚以特恩廷試，授高州文學。年逾八十，法不應出官。吴士在朝者，列奏其行義，敕監潭州南嶽廟。淳熙五年，乞致仕。鄉人林振等又請之朝，授宣教郎致仕，仍賜緋衣銀魚。時李衡以忠諫去國，年幾八十，德望絶人，獨以兄事明之。時人高之，目爲二老。明之生平不摘人短，不作貌言，每自謂平日受用唯一誠字。嘗附益山谷語以省喫儉用，號五休居士。一日感微疾，精神蕭爽，親友問疾，歌以答之，遺令無設仙佛像於柩前，供一水一花，誦《論語》、《孝經》足矣。卒，年九十。有二子。昱字立道，有學行，安貧樂義，鄉人師之，著《樂閒先生格言》。①

材料出處

①原注：《吴郡志》、《盧志》合纂。按：此傳實録自同治《蘇州府志》卷九一。

曾季貍

曾季貍字裘父，臨川人，鞏弟宰之曾孫。師事吕居仁，又與朱子、張栻遊。栻被召，季貍戒其不當談兵，且勸以范文正、忠宣父子爲法。郡守張孝祥、樞密劉珙薦於朝，皆不起。嘗一試禮部，不中，終身不赴。隱居蕭然，自號艇齋。有《艇齋雜著》、《艇齋詩話》。①

材料出處

①原注：《江西人物志》，參《陸放翁集》。按：雍正《江西通志》卷八〇引《人物志》，陸游《渭南文集》卷一五《曾裘父詩集序》。

劉　迂

劉迂字漫翁，宜黄人，號巢松，隱居不仕。文章敏贍，自成一家。百氏釋老之書，無不精究。朱、陸諸儒會鵞湖，嘗以詩請益。年八十餘卒。有《漫塘文集》。①

材料出處

①原注：林《志》。按：雍正《江西通志》卷八〇引林《志》。

陸維之

陸維之字永仲，一名凝之，字子才，餘杭人。少以計偕入汴，群從邀與雜坐，命相者某道人視之。道人指維之曰：『秀才。』叩以科第，則曰：『且歸山。』道士揖別，贈以粒丹，曰：『緩急用之。』陸下第南歸，舟循汴，風激浪怒，舟不能勝。以丹投之，風浪始息。汴上有呼其姓名者，則道人也。維之遂有超世之志，隱於大滌洞天之石室，人因以石室先生稱之。逍遥林石，以詩酒自樂。光堯嘗召見，稱疾不赴。後光堯幸大滌，孝宗亦侍，進主觀者，問山中詩人，以維之對，進其詩。光堯讀數首，太息曰：『布衣入翰林可也。』孝宗曰：『山林隱士，必不要人知。要他出去，卻是苦他。』遂止。未幾，卒。有《石室小隱集》三十卷行於世。①

材料出處

①原注：《咸淳臨安志》。按：雍正《浙江通志》卷一九二引《咸淳臨安志》。

胡　仔

胡仔字元任。父舜陟，官至法曹。從叔舜申、舜舉，皆爲郡守，並知名。仔少無宦情，①居苕溪，日以漁釣自適，因自號苕溪漁隱。臨流有屋數椽，亦以此命名。命僧了宗爲作《苕溪漁隱圖》，覽景攄懷，有句皆題之左右。[②]留心吟詠，取自古詩人所作，考之傳記，爲《叢話》百卷行於世。弟仰，爲郎官。[③]

材料出處

①原注：談鑰《吴興志》。按：陸氏預纂之同治《湖州府志》卷八〇亦有胡仔傳，文字全同。
②原注：《漁隱叢話》。
③原注：談《志》。

方勺

方勺字仁聲，金華人。潘良貴稱其超然遐舉，神情散朗，如晉宋間高士。其詩文雄深雅健，追古作者。[①]喜交當世名士，士亦樂從之游。[②]寓烏程泊宅村，閲金石遺文。昔張志和浮家泛宅，往來苕霅間，此乃志和泊舟之所也。[③]號泊宅翁，扁舟苕霅之上。興之所至，輒悠然忘歸。著《泊宅編》。[④]徙西溪，因誦杜子美詩至『何時一茅屋，送老白雲邊』，欣然以爲與其意合，乃名其居曰雲茅庵。因東岡爲小亭，號茅墩。欲傍溪開水檻，久無資。會郡守有饋之酒五十壺，不飲，亟易之，乃克成。平生詩文甚多，隨手散去，著有《雲茅漫録》。⑤

材料出處

①原注：萬曆《金華府志》。按：陸氏預纂之同治《湖州府志》卷九〇亦有方勺傳，文字全同。

②原注：《建康集》。

③原注：《泊宅編》。

④原注：洪興祖《泊宅編序》。

⑤原注：《建康集》。

彭興宗

彭興宗字世昌，金谿人。淳熙十四年，訪舊於貴溪應天山麓張氏，因登山游覽，見陵高谷邃，林茂泉清，乃與諸張結廬，迎陸九淵講學其上。九淵登而樂之，因山形如巨象，改名象山。興宗與周元忠等數十人俱在山中結廬從學。興宗嘗訪朱子於建安，朱子以詩送其歸山，云：『象山聞説是君開，雲木參天響隱雷。好去山頭且堅坐，等閒莫要下山來。』詩題稱丙辰正月三日，蓋其時趙汝愚已謫戍，韓侂胄攻僞學方急也。是年，朱子以沈繼祖劾落職，又著僞學籍五十九人，九淵弟子袁燮、楊簡皆在焉。興宗獨訪之，不以禍患爲意。①

材料出處

①原文：《縣志》。按：光緒《江西通志》卷一五一引《縣志》。

傅子雲

傅子雲字季魯，金谿人。嘗游陸九淵之門。九淵守荆門，使居槐堂精舍，謂諸生曰：『吾遠守小郡，不得與諸君掃清氛翳，幸有季魯在。』時大對，嘗曰：『場屋之得失，窮達不與焉。終身之窮達，賢不肖不與焉。』人以爲名言。嘗主甌寧簿，決訟必傅經義。有《易傳》、《論語集傳〔二〕》、《中庸》、《大學》解、《孟子指義》、《離騷經解》行於世。七世孫子端，讀書象山書院。寶謨閣學士楊之裔妻以女，遂占籍貴溪。①

材料出處

①原注：《人物志》。按：雍正《江西通志》卷八〇引《人物志》。

校證

〔一〕傳，原闕，據《江西通志》補。

黎道華

黎道華字師侯，臨川人。受《春秋》於鄧名世，學詩於謝逸。與曾季貍、僧惠嚴俱以詩名，號臨川三隱。性至孝，母家汝水東，日一省視，寒暑不輟。一日，春水暴漲，駕小舟衝浪而往，已殁矣，篙工手援出之。人以爲純孝所致。有《頤庵詩集》。①

材料出處

①原文：《人物志》。按：雍正《江西通志》卷八〇引《人物志》。

滕宬

滕宬字季度，吴縣人，元祐黨籍友之曾孫。沈敏好學，耽研經史，惟不喜習制舉文。嘗居父喪，讀《孟子》至『形色天性』之説，自是警悟，安於退處，不急仕進。淳熙中，以賢良召試。

文飄疾，午漏不移晷即就。考官疑其輕己，大怒，以四通不合近制擯之。後雖再召薦者不絶，處之泊如也。晚居齊門窮僻處，官於吴者知其賢，多就見之。清語終日，終不及私。葉適奏其學行，特授號廉靖居士。卒，年六十五，葬常熟。①

材料出處

①原注：盧熊《蘇州府志》。按：同治《蘇州府志》卷七八引盧《志》。

林　憲

林憲字景思，吴興人。少從侍郎徐度遊，度得句法於魏衍，實後山嫡派也。①卓犖有大志。參政賀子忱奇其才，以孫女妻之，臨終復遺以米數百斛，謝不取。賀既亡，挈其孥居蕭寺，屢瀕於餒而不悔。讀書著文，不改其樂。喜哦詩，落筆立就，渾然天成，一時名流皆願交之。若徐敦立、芮國器、莫子及、毛平仲，相與爲莫逆。②楊誠齋、樓攻媿皆稱其詩似唐人。③其人高尚清談，五言四韻、古句殆逼陶謝。④淳熙五年，尤袤爲作《雪巢記》，又爲《雪巢小集序》。⑤

材料出處

①原注：《梅磵詩話》。按：陸氏預纂之同治《湖州府志》卷七四亦有林憲傳，文字全同。
②原注：尤袤《雪巢小集序》。
③原注：《誠齋集》，參《攻媿集》。
④原注：《書録解題》。
⑤原注：《瀛奎律髓》。

汪莘

汪莘字叔耕，休寧人。不屑降意場屋之文，屏居黄山，讀《易》自廣。凡韜鈐、釋老諸書，靡不究習。嘉定間，下詔求言，遂三叩閽，論天變人事、民窮吏汙之弊。楊慈湖、真西山見曰：『正愛民憂國之言也。』不報。時朱子召赴經筵，未至，莘逆通書，言：『財不待先生而富，兵不待先生而强，惟主上父子之間所不能濟者，待先生而濟。若憚於爲父子深愛之本，而利於爲禮貌臣工之末，以是爲治，未有能久者。今日之事，先生建明稍緩，竊恐言者已伺其後。是非特不能爲天下學道者之地，亦恐不能爲後世學道者之地。』朱子深重之，用其言。徐誼帥江東日，謂其履行素高，移檄本郡，使備筆札，抄録著述，欲以遺逸薦於朝，不果。築室柳塘上，自號方壺居士，所著有《柳塘集》。①

材料出處

①原注：《新安文獻志》八十七《汪居士傳》。按：李以申撰《汪居士傳》。

孫惟信

孫惟信字季蕃，婺人。工詩，喜談謔。嘉定初，嘗於大雪中登廬阜絶頂，盡得其景物之詳，作《記游》一〔一〕卷。棄官不仕，隱居武林湖山間，自號花翁。淳祐三年卒，安撫使趙與篙葬之湖上。①

材料出處

①原注：《兩浙名賢録》。按：卷四四。

校　證

〔一〕一，原闕，按陳振孫《直齋書録解題》卷八有孫惟信《廬阜紀游》一卷，今據補。

林大有

林大有字亨之，福建興化人。父渙，都昌令。大有年十六即棄舉子業，千里求師，授六經，不爲章句之學，暇則觴客賦詩。招捕使陳韡，大有妹夫也，將聞於朝授以官，大有摇手止勿破戒。咸淳初，以子雷龍預薦，賜迪功郎。命書下，僅一御冠裳拜於庭，退即易褐如他日。語子孫曰：『生稱善人，死表於墓曰處士，吾願足矣。』自號紫陽翁。及卒，同邑黄仲元書其墓曰隱君子云。①

材料出處

①原注：《福建通志》。按：道光《福建通志》卷一九三。

李 龏

李龏字仲甫，笠澤人，僑居烏程三匯。效元、白歌詩，不樂仕進。年登耄期，自作墓銘。趙文曜葬之何、道兩山間，樹梅百株，趙德符題碣曰宋詩人雪林李君之墓。①

材料出處

①原注：《佩楚軒客談》。按：雍正《浙江通志》卷一九四引《佩楚軒客談》。

方暹

方暹字明甫，平江人。淳祐間，詔舉節行才識之士。時孟珙帥荆湖，董槐帥湖南，皆以暹應詔。珙疏略曰：『伏見岳陽布衣方暹，自其少年即知古人。磨礱既久，涵養益深。脱去塵滓之中，遊心高明之域。天下之事，無所不通。豈惟一道罕有，誠四方不多見也。』槐疏略曰：『暹體用通貫，言行得實。早從朱熹高弟黄榦遊，有冰清玉潔之譽，妙性命道德之原。聽其議論，從容閑暇；驗之操履，肅清恪忠。臣三年驅馳湖之南北，採訪人物，未有出暹右者。』詔特免文解一次，暹辭不受。珙復奏：既不録以官，宜賜以處士名，示國家優禮賢才之意。疏入未報，而暹已卒。學者稱爲連雲先生。子虚中，領鄉薦。①

材料出處

①原注：《楚紀》。按：明廖道南《楚紀》卷一八《崇道内紀後篇》『方暹』條。

危固

危固字堅道，祐之子。少好學，以孝廉聞。推先澤，甘爲庶人，作《隱居詩》以見志。有『數間玉川屋，七里子陵灘』之句。薦除將作監主簿，召試館職，皆不就。①

材料出處

①原注：林《志》。按：雍正《江西通志》卷八三引林《志》。

許棐

許棐號梅屋，隱居秦溪。築小莊於溪北，儲書數千卷，丹黄不休。室中於三楹下分四隔，中垂一簾，對懸白、蘇二像事之。植梅屋之四簷。著有《梅屋稿》、《獻醜集》、《樵談》、《春融小綴》。①

材料出處

①原注：王文禄《傳》。按：光緒《嘉興府志》卷五七引王文禄《傳》。

常詵孫

常詵孫字宜卿，同之孫。累辟不就。所著有《天閑雜著》、《櫟齋筆記》、《雪溪稿》。門人稱雪溪先生。①

材料出處

①原注：《趙圖記》。按：光緒《嘉興府志》卷五七引《趙圖記》。

常棠

常棠字召仲，同曾孫。值宋季，閉關不求聞達。篤學善屬文。繞庭植竹數十竿以厲操，自號竹窗。①

材料出處

①原注：《海鹽文獻志》。按：光緒《嘉興府志》卷五七引《海鹽文獻志》。

陸能仁

陸能仁，宋咸淳進士。以兵亂與族父霆龍隱居靈溪，今其地有陸高士墓。①

材料出處

①原注：《平湖朱志》。按：光緒《嘉興府志》卷五七引《平湖朱志》。

陸　正

陸正字行正，博學篤行，兼通律吕、象數。以家世宋臣，矢不仕元。侍御臣文海薦之，不起。後與劉因同徵，俱不赴。隱居陳山教授，其學以慎獨存心爲要。著有《正學編》、《樂律考》、《七經補注》。①

材料出處

①原注：袁《志》，參《平湖志》。按：光緒《嘉興府志》卷五七引。

卷三十七　列傳第三十七

方技一

費孝先

費孝先，蜀人。善軌革，世皆知名。有賈人王旻，因殖貨至成都，求爲卜筮。孝先曰：『教住莫住，教洗莫洗。一石穀，擣得三斗米。遇明即活，遇暗即死。』再三戒之，令誦此數言足矣。旻誌之。及行塗中，遇大雨，憩一屋下，路人盈塞，乃思曰：『「教住莫住」，得非此耶？』遂冒雨行。未幾屋圮，獨得免焉。旻之妻已私鄰比，欲講終身之好，俟旋歸，將致毒謀。既至，妻約其私人曰：『今夕新沐者夫也。』日欲晡，呼旻就浴，重易巾櫛。旻悟曰：『「教洗莫洗」，得非此也？』堅不從。婦怒，自沐。昏夜，反被害。既覺，驚呼〔一〕鄰里共視，皆罔測其由。遂被囚繫拷訊。獄就，不能置辨。郡守録狀，旻泣言：『死即死耳，但孝先所言，終無驗。』左右以是語達郡守，守呼旻問曰：『汝比鄰何人也？』曰：『康七。』遂遣人捕至，一訊而服，旻得脱囹圄。僚佐問故，守曰：『「一石穀，擣得三斗米」，非康七乎？』由是辨雪，所謂『遇明即活』也。《墨客揮犀》：李璋入朝，至襄陽病危。帝命孝先作卦影，畫一鳳集於林，下有關，一鳳集於臺，衣紫而哭者五人。蓋所至之處，名鳳林關，傳舍名鳳臺驛也。璋子守官於外，聞璋病，悉來奔視。至之翌日，璋乃卒，果臨其喪者五人。孝先取人生年月日時成卦，謂之軌革。後有卦影，所畫皆唐衣冠，禄位亦唐官次，豈非唐之精象數者爲之歟？①

材料出處

①原注：《寥花洲閒録》。按：明陸楫《古今説海》卷一二八引《寥花洲閒録》。

校　證

〔一〕呼，原闕，據《古今説海》引《寥花洲閒録》補。

周文矩

周文矩，金陵句容人也。事僞主李煜〔一〕爲翰林待詔。善畫，行筆瘦硬，戰掣有煜書法。工道釋人物、車服樓觀、山林泉石，不墮吴、曹之習，而成一家之學。獨士女近類周昉，而纖麗過之。昇元中，煜命文矩畫南莊圖，覽之，歎其精備。開寳間，煜進其圖，藏於秘府。有《遊春》、《擣衣》、《熨帛》、《繡女》等圖傳於世。①

材料出處

①原注：《宣和畫譜》。按：卷七。

校　證

〔一〕煜，原作『昇』，據《宣和畫譜》改。下同。

趙　昌

趙昌字昌之，廣漢人。善畫花果，名重一時。作折枝，極有生意，傅色尤造其妙。兼工草蟲，然雖不及花果之爲勝，蓋晚年自喜其所得，往往深藏而不市。既流落，則復自購以歸之。故昌之畫，世所難得。且畫工特取其形似耳，若昌之作，則不特取其形似，直與花傳神者也。又雜以文禽貓兔，議者以爲非其所長，然妙處正不在是，觀者可以略也。①

材料出處

①原注：《宣和畫譜》。按：卷一八。

徐　熙　孫崇嗣　崇勳　崇矩附

徐熙，金陵人，世爲江南顯族。所尚高雅，寓興閒放。畫草木蟲魚，妙奪造化，非世之畫工形容所能及也。嘗徜徉遊於園圃間，每遇景輒留，故能傳寫物態，蔚有生意。至於芽者、甲者、華者、實者，與夫濠梁噞喁之態、連昌森束之狀，曲盡真宰轉鈞之妙，而四時之行蓋有不言而傳者。江南僞主李煜銜璧之初，悉以熙畫藏之於内帑。且今之畫花者，往往以色暈淡而成，獨熙落墨以寫其枝葉蘂蕚，然後傅色，故骨氣風神爲古今之絶筆。議者或以謂黄筌、趙昌爲熙之後先，殆未知熙者。蓋筌之畫，則神而不妙；昌之畫，則妙而不神。兼二者一洗而空之，其爲熙歟？梅堯臣有詩名，亦慎許可。至詠熙所畫夾竹桃花等圖，其詩曰：『花留蜂蝶竹有禽，三月江南看不足。徐熙下筆能逼真，繭素畫成纔六幅。』又云：『年深粉剥見墨蹤，描寫工夫始驚俗。』至卒章乃曰：『真竹似竹桃似桃，不待生春長在目。』以此知熙畫爲工矣。熙之孫崇嗣、崇勳、崇矩，亦頗得其所傳焉。①

材料出處

①原注：《宣和畫譜》。按：卷一七。

崇嗣，熙之孫也。長於草木禽魚，綽有祖風。如蠶繭之屬，皆世所罕畫，而崇嗣輒能之。又有墜地果實，亦少能作者。崇嗣亦喜摹寫，見其博習耳。然考諸譜，前後所畫，率皆富貴圖繪，謂如牡丹、海棠、桃竹、蟬蝶、繁杏、芍藥之類爲多，所乏者丘壑也。使其展拓縱横，何所不至？②

材料出處

①原注：《宣和畫譜》。按：卷一七。

崇矩，金陵人，熙之孫也。崇嗣、崇勳，其季孟焉。畫克有祖之風格。熙畫花竹、禽魚、蟬蝶、蔬果之類，極奪造化之妙。一時從其學者，莫能窺其藩也。崇矩兄弟遂能不墜所學，作士女益工，曲眉豐臉，蓋寫花蝶之餘思也。①

材料出處

①原注：《宣和畫譜》。按：卷一七。

唐希雅

唐希雅，嘉興人。妙于畫竹，作翎毛亦工。初學南唐僞主李昪金錯書，有一筆三過之法，雖若甚瘦，而風神有餘。晚年變而爲畫，故顫掣三過處，書法存焉。喜作荆檟林棘荒野幽尋之趣，氣韻蕭疏，非畫家之繩墨所能拘也。徐鉉亦謂羽毛雖未至，而精神過之。其確論歟？①

材料出處

①原注：《宣和畫譜》。按：卷一七。

李廷珪

李廷珪，易水人。本姓奚，父超，唐末渡江至歙，以邑多松，留居造墨，南唐李後主賜姓李。人得其墨而藏者不下五六十年，膠敗而墨調，其堅如玉，其文如犀，寫踰數十幅，不費一二分。

常侍徐鉉得李超墨一錠，與弟鍇共用之，日書不下五千字，凡十年乃盡。磨處邊際有刃，可以裁紙。廷珪造墨，不減其父。《四譜説》云：『超之子廷珪，廷珪弟廷寬，子承晏、承用，承用之後，墨無傳焉。』①

材料出處

①原注：《徽州府志》。按：弘治《徽州府志》卷一〇、卷一二。

李成

李成字咸熙。其先唐之宗室，五季艱難之際，流寓於四方，避地北海，遂爲營丘人。父、祖以儒學、吏事聞於時。家世中衰，至成猶能以儒道自業。善屬文，氣調不凡，而磊落有大志。因才命不偶，遂放意於詩酒之間。又寓興於畫，精妙初非求售，唯以自娱於其間耳。故所畫山林藪澤平遠險易、縈帶曲折、飛流、危棧、斷橋、絶澗、水石、風雨晦明、煙雲雪霧之狀，一皆吐其胸中而寫之筆下，如孟郊之鳴於詩，張顛之狂於草，無適而非此也。筆力因是大進。於時凡稱山水者，必以成爲古今第一，至不名而曰李營丘焉。然雖畫家，素喜譏評，號爲善褒貶者，無不斂衽以推之。

嘗有顯人孫氏知成善畫得名，故貽書招之。成得書，且憤且歎，曰：『自古四民不相雜處。吾本儒生，雖游心藝事，然適意而已，奈何使人羈致入戚里賓館研吮丹粉，而與畫史冗人同列乎？此戴逵之所以碎琴也。』卻其使不應。孫忿之，陰以賄厚賂營丘之在仕相知者，冀其宛轉以術取之也。不踰時，而果得數圖以歸。未幾，成隨郡計赴春官較藝，而孫氏卑辭厚禮復招之。既不獲已，至孫館，成乍見前之所畫張於謁舍中，成作色振衣而去。其後王公貴戚皆馳書致幣懇請者不絶於道，而成漫不省也。晚年，好遊江湖間，終於淮陽逆旅。子覺，以經術知名，踐歷館閣，《宋史·儒林》有傳。孫宥，嘗爲天章閣待制，尹京，故出金帛以購成之所畫甚多，悉歸而藏之。

自成歿後，名益著，其畫益難得，故學成者皆摹倣成所畫峰巒泉石，至於刻畫圖記名字等，庶幾亂真，可以欺世，然不到處終爲識者辨之。第名之不可揜而使人慕之如是，信公議所同焉。或云又兼善畫龍水，亦奇絶也。但所長在於山水之間，故不稱云。①

材料出處

①原注：《宣和畫譜》。按：卷一一。

范寬

范寬，一名中正，字中立，華原人也。風儀峭古，進止疏野。性嗜酒，落魄不拘世故，常往來於京洛。喜畫山水，始學李成，既悟，乃歎曰：『前人之法，未嘗不近取諸物。吾與其師於人者，未若師諸物也。吾與其師於物者，未若師諸心。』於是捨其舊習，卜居於終南、太華巖隈林麓之間，而覽其雲煙慘淡、風月陰霽難狀之景，默與神遇，一寄於筆端之間，則千巖萬壑，恍然如行山陰道中。雖盛暑中，凜凜然使人急欲挾纊也。故天下皆稱寬善與山傳神，宜其與關、李並馳方駕也。蔡卞嘗題其畫云：『關中人謂性緩爲寬，中立不以名著，以俚語行，故世傳范寬山水。』②

材料出處

①原注：《宣和畫譜》。按：卷一一。

石恪

石恪字子專，成都人也。喜滑稽，尚談辯，工畫道釋人物。初師張南本，技進，益縱逸不守繩墨。氣韻思致過南本遠甚，然好畫古僻人物，詭形殊狀，格雖高古，意務新奇，故不能不近乎譎怪。孟蜀平，至闕下，被旨畫相國寺壁。授以畫院之職，不就，力請還蜀，詔許之。①

材料出處

①原注：《宣和畫譜》。按：卷七。

燕文貴

燕文貴，①吳興人，隸軍中。善畫山水及人物，初師河東郝惠。太宗朝，駕舟來京師，多畫山水人物，貨於天門之道。待詔高益見而驚之，遂售數番，輒聞於上，且曰：『臣奉詔畫相國寺壁，其間樹石，非文貴不能成也。』上亦賞其精筆，遂詔入圖畫院。端拱中，敕畫臣面進紈扇，上覽文貴者甚悅。嘗畫《七夕夜市圖》，狀其浩穰之所，至爲精備。富商高氏家有文貴畫《舶船渡海像》一本，大不盈尺，舟如葉，人如麥，而檣帆棹櫓、指呼奮踴，盡得情狀。至於風波浩蕩，島嶼相望，蛟蜃雜出，咫尺千里，何其妙也。尤精於山水，不師古人，自成一家，而景物萬變，觀者如真臨焉。畫流至今，稱曰燕家景致，無能及者。②

材料出處

①原注：《畫繼》作『燕文季』。

②原注：劉道醇《宋朝名畫録》。按：《宋朝名畫評》卷一、卷二。

巨然

巨然僧，鍾陵人。善畫山水，深得佳趣，遂知名於時。每下筆，乃如文人才士，就題賦詠，詞源衮衮，出於毫端。比物連類，激昂頓挫，無所不有。蓋其胸中富甚，則落筆無窮也。巨然山水於峰巒嶺竇之外，下至林麓之間，猶作卵石松栢、疏筠蔓草之類，相與映發，而幽溪細路、屈曲縈帶，竹籬茅舍、斷橋危棧，真若山間景趣也。人或謂其氣質柔弱，不然。昔有嘗論山水者，乃曰：『儻能於幽處使可居，於平處使可行，天造地設處使可驚，嶄絶巇嶮處使可畏，此真善畫也。』今巨然雖瑣細，意頗類此，而曰柔弱者，恐以是論評之耳。又至於所作雨腳，如有爽氣襲人。信哉昔人有畫水挂於壁間，猶曰『波濤洶湧，見之皆毫髮爲立』，況於煙雲變化乎前，蹤跡一出於己。《畫録》稱之，不爲過矣。①

材料出處

①原注：《宣和畫譜》。按：卷一二。

許希善

許希善，天聖中，仁宗不豫，國醫進藥久未效，或薦希善用鍼者，召使治之，三鍼而疾愈，所謂興龍穴是也。仁宗大喜，遽命官之，賜予甚厚。希善既謝上，復西北再拜，仁宗怪問之。希善曰：『臣師扁鵲廟所在也。』仁宗嘉之。是時孔子之後久失封爵，故顔大初作《許希善詩》以諷之，於是詔訪孔子四十七代孫，襲封文宣王。①

材料出處

①原注：《皇朝類苑》。按：張杲《醫説》卷二引《皇朝類苑》。

奉　真

奉真僧，四明人，良醫也。天章閣待制許元爲江淮發運使，奏課於京師。方欲入對，而其子病亟，瞑而不食，惙惙欲逾宿矣。使奉真視之，曰：『脾已絶，不可治，死在明日。』元曰：『觀其疾勢，固知其不可救。今方有事須陛對，能延數日之期否？』奉真曰：『如此自可。諸臟皆已衰，唯肝臟獨過。脾爲肝所勝，其氣先絶。一臟絶則死，若急瀉肝氣，令肝氣衰，則脾少緩，可延三日。過此無術也。』乃投藥，至晚乃能張目精，稍復啜粥，明日漸蘇而能食。元甚喜，奉真笑曰：『此不足喜。肝氣暫舒爾，無能爲也。』後三日果卒。①

材料出處

①原注：《筆談》。按：《夢溪筆談》卷一八。

杜任

杜任郎中，善醫。里人王奉職宗簡時任於汶陽。〔一〕時有郡人孟生，家甚温厚，惟一子方數歲，抱疾，他醫數人治之無驗。召任治之，數日而良已，逾月而平復。人詢任曰：『君以何藥主之？』任語之故，其人驚曰：『公所言皆藥之至温者也，他人不取，君用之，能起其疾，其義可聞乎？』任曰：『孟生，富家也，而衆醫皆用犀珠金銀主之，其性至涼，多則寒其胃，又從而投之，由是多不喜食，日益羸瘠，則潰其元，失其本矣。吾之劑，先温其胃，使其飲食如故，然後攻其他疾，是以先壯其本而無失者焉。』又知杜君之善醫也如此。①

材料出處

①原注：《青箱雜記》。按：張杲《醫説》卷一〇引《青箱雜記》。

校證

〔一〕此處劉斧《青瑣高議》後集卷一作『余常聞里人王奉職云：仁廟時仕於汶陽』，文義較暢。

吴景鸞

吴景鸞字仲翔，德興人，漢長沙王芮裔孫。祖法旺，喜天文地理之學，聞華山陳摶洞徹秘奥，遣子克誠師之，得其肯綮。一日，摶命之歸，曰：『汝子仙才，能紹業。』盡以青囊書授克誠。克誠子即景鸞也，聰慧過人，得其書，精究有驗。慶曆辛巳，詔選精陰陽者，郡縣舉景鸞。至京，入對稱旨，授司天監正。未幾，因論牛頭山山陵章奏過直，上不悦，下獄。尋以帝晏駕，遇赦。又進《中餘圖》，不報。知時不可，遂佯狂髡髮，修真於天門西岸白雲山洞。往來饒、信二州，數處同日皆有景鸞迹。治平初，一日忽以遺書付其女，沐浴更衣，端坐而逝。所著有《理氣心印吴公解義》。①

材料出處

①原注：安《志》。按：雍正《江西通志》卷一〇六引安《志》。

郝允

郝允，博陵人。少代其兄長征河朔，不堪其役，遁去。月夜行山間，憊甚，憩一樹下。忽有大羽禽飛止其上，熟視之，一黄衣道士也。允拜手乞憐，道士曰：『汝郝允乎？』因授以醫術。晚遷鄭圃，世以神醫名之，遠近之人賴以活者四十餘年。非病者能盡活之也，蓋其術精良可信，不幸而不可治，必先語之，雖死亦無恨。於脈非獨知已病，能前知未病與死，近者頃刻，遠者累年，至其日時，皆無失。歲常候測天地六元五運，考四方之病，前以告人，亦無失。皇祐中，允死，張峋子堅誌其墓云：『夏英公病泄，太醫皆爲中虚，允曰：「風客於胃則泄，殆藁本湯證也。」英公駭曰：「吾服金石等藥無數，泄不止。其敢飲藁本乎？」允强進之，泄止。①里婦一，一夜中口噤如死狀，允曰：「血脈滯也。不用藥，聞雞聲自愈。」一行踸踔輒踣，允曰：「脈厥也。當治筋，以藥熨之自快。」皆驗。士人陳堯遵妻病，衆醫以爲勞傷，允曰：「亟屏藥，是爲娠證，且賀君得男子。」已而果然。又二婦人娠，一咽嘿不能言，允曰：「兒胞大經壅，兒生經行則言矣，不可毒以藥。」一極壯健，允偶診其脈，曰：「母氣已死，所以生者，反恃兒氣耳。」如期子生母死。允所治病，神異不可勝紀。』②

材料出處

①原注：《邵氏聞見録》。按：《邵氏聞見後録》卷二九。

②原注：《邵氏後聞見録》。按：卷二九。

孫兆

孫兆，陜人，自言爲思邈後。父用和，官太醫令，有《孫氏傳家秘寶方》三卷，父子皆以醫知名。自昭陵迄於熙、豐，無能出其右者。兆累官將仕郎、殿中丞。嘉祐二年，置校正醫書於編修院，命兆與孫奇、高保衡同校正。①先是，皇祐初，南方州軍連年疾疫。臣寮上言，以醫工謬妄，傳習僞書，詿誤病者，請出秘閣所藏醫書，委官較定，降付開板。以唐王燾《外臺秘要》命兆校勘。至治平初，校成，總四十卷，目録一卷。四年三月，進呈。熙寧二年，奉旨鏤版。②又與林億等校《黄帝内經素問》，正其繆誤六千餘字。③常進治十水之劑，仁宗賜名神助散。④

兆之治人疾也，衆人難之，兆則易之，衆人易之，兆則難之。治平中，有顯官權府尹，一日坐堂決事，耳聞風雨鼓角聲，遽召兆往焉。乃留藥治之，翌日如故。尹曰：『吾所服藥，切類四物湯，何也？』兆曰：『心脈大盛，則腎脈不能歸耳。以藥涼心，則腎脈歸，乃無恙。』⑤熙寧中，與建安林回甫秘校同客龍門，林一日血下，或煎八正散與服，小腹、前陰痛益甚。兆曰：『血得熱，則溢溢爲害。』教林服兔絲山藥丸，病尋去。少府監韓正彦得疾，手足不能舉，諸醫皆以爲中風。兆曰：『此腳氣也。』令服檳榔湯而愈。郭都官久患腳氣，發即寒熱，脹滿而氣上，服熱藥愈甚。兆與《外臺》延年茯苓飲下其氣，用六物麻子元洩其熱，猶苦燥熱，遂令服紫雪丹，大効。部署郝質患腳氣，腫滿生瘡，有人治之如水氣，以藥下之，日三，凡五十餘行，腫消而心腹不快。兆令服青木香元，愈。奉職趙令儀妻忽吐逆，大小便不通，煩亂，肢冷，無脈，凡一日半。兆與大承氣湯一劑，夜半大便通，脈復生，翌日乃安。兆曰：『此關格之病，極爲難治。兆所見者，惟此一人。』殿中丞郭中妹十歲病腹，色不變，按之而大，不陷，心腹下痞滿，得之因取轉數多，病已月餘，兆曰：『《甲乙經》云：「三焦脹者，氣滿於皮膚中，殼然不堅。」』遂與仲景厚樸生薑半夏甘草人參湯，小其服，經二十日，脹消而已。主簿李述之母患胸中痞，急不得喘息，按之則痛，脈數且澀。兆曰：『胸痺也。』與仲景三物小陷胸湯，一劑知，二劑愈。著作雷道矩病吐痰，坐頃問已及升餘，欬不甚，面色黯鬱，精神不快。兆告曰：『肺中有痰，胸膈故不利。』令服仲景葶藶大棗湯，一服訖，略無痰唾。國博王珣患咽喉噎塞，胸膈不利，時發寒熱，夜多盜汗，忽心胸壅悶，咳血三兩口即止，晡後脈數，口乾，涎唾稠粘，肩背徹痛。兆曰：『肺虚而中客熱，因誤灸服暖藥所致。』與《廣濟》紫苑湯爲元服之，效。鄜州節推時某因飲食次，忽人報其祖有事，驚憂悲泣，食即吐出，自後常多不快，時時太息，遇憂思即益甚。兆曰：『按《黄帝三部針灸經》云：「人之太息者何？曰憂思即心系急，心系急則氣道約而不利，故太息伸出之。補手少陰。」陰者，心脈也。心主者，包絡也。足少陽，曰膽脈也。用針之法，以久留爲補，究氣之元，本以憂思不已，使心膽氣虚所致。』兆數不精用針，處犀角散治之而愈。代州錢防禦目鼻腫，唇色紫，腹大腫脹，外陰如升，按之如石，舉動即喘逆，脈得沈緊數，六至已上。醫者皆云下虚風氣。兆告曰：『病名石水，此腹中有水也。』以防己葶藶椒目大黄元主之，日與服三元，覺胸腹快。遂與《聖惠》治十水葶藶散，隔日一服，服之日，至日中暮，更服防己椒目葶藶大黄元三服，凡十日，覺便利，腫脹喘咳減三之一，三十日而愈。熙寧三年八月十二日，夜夢爲縣尉黄無虞治水氣處方而寤，次年八月中，黄果患此疾，令服夢中方而愈。⑥

弟宰，元豐中爲河東漕屬。⑦

材料出處

①原注：《書録解題》。按：《直齊書録解題》卷一三《孫氏傳家秘寳方》解題、《外臺秘要方》解題。

②原注：《外臺秘要序》。

③原注：林億《内經素問序》。
④原注：《雞峰普濟方》。按：卷一九『神助散』條。
⑤原注：張氏《醫説》。按：張杲《醫説》卷二『耳聞風雨聲』條。
⑥原注：《雞峰普濟方》。按：依次見卷一四『沈香散』條、卷四『腳氣導引法』條、卷一〇『關格大小便不通』條、卷一一『三焦脹厚樸生薑半夏湯』條、『胸痺三物小陷胸湯』條、『肺中有痰』條、『肺虛客熱』條、卷一七『犀角散』條、卷一九『治石水方』條。
⑦原注：《書録解題》。按：卷一三《孫氏傳家秘寶方》解題。

徐守信

徐守信，[1]泰州人。少孤，役於天慶觀。嘉祐四年，天台道士余元吉來遊，示惡疾，守信事之無倦。忽於溺器得丹砂，餌之，自是常放言笑歌，日誦《度人經》，絶粒至數日，爲人言禍福如影響。蔣之奇爲發運使，至泰州，謁之。坐定，了無言説。將起，忽自言曰：『天上也不靜，人世更不定。』蔣固叩之，曰：『天上已遣五百魔王來世間作官。』蔣叩其身之休咎，徐曰：『發運亦一赤天魔王也。』蔣以經中有『神公受命，普掃不祥』之語，呼曰神公。自是人以神翁目之。

蔡京好方士之術，崇寧初作相，爲徽宗言：『蘇軾知揚州，遣人求字於神翁，神翁大書曰：「泄慢墮地獄，禍及七祖。」神翁雖方外士，而能疾元祐人。』徽宗頗喜之。群閹又言：『元符中，哲宗嘗遣人密問聖嗣，神翁曰：「吉人君子。」』吉人者，徽宗名也。於是召至都下，用太宗見陳摶故事，御緣褐即便殿，以賓禮接之。既至未久，即物故，年七十六。賜大中大夫，給葬用四品禮，厝城東響林原。弟子苗希頤編次其事爲《語録》。

相傳召至京時，寫字與人多驗。蔡京得『東明』二字，皆以爲吉。後京貶死潭州城南五里外東明寺。高宗在藩邸，神翁獻詩云：『牡蠣灘頭一艇横，夕陽西去待潮生。與君不負登臨約，同上金鼇背上行。』建炎庚戌，高宗航海至牡蠣灘，見金鼇山，易衣登岸，至福濟寺。壁間見此詩，方信神翁爲異人。②

材料出處

①原注：蔡絛《鐵圍山叢談》作『徐守真』。按：見卷一。

②原注：《春渚紀聞》，《清波雜志》，《家世舊聞》，《輟耕録》，《鐵圍山叢談》。按：元陶宗儀《説郛》卷三七引何薳《春渚紀聞》、卷四五下引陸游《家世舊聞》。

程惟象

程惟象，婺源人。以占算游京師，言人貴賤禍福若神。家近三靈山，故自號三靈山人。英宗潛邸時，惟象預言其兆。既貴，得賜御書。王荆公贈詩云：『占見地靈非卜筮，算知人貴自陶漁。』謂此也。而詩人梅聖俞之屬，皆有詩送之。耆老猶及見其家有御書樓者，獨其占驗事多逸。或言惟象有子傳其術。宣和中，太守盧徽猷嘗汎令占，卦成而色不懌，問何所宜。曰：『是於占皆無所宜矣，獨可以興土木耳。』曰：『何以言之？』曰：『卦爲困，於文有木焉。其外一横一縱，若今匠之尺者二，所以製天木也。』盧公喜曰：『吾欲大爲譙樓，爲是占也。』是役也，度山而材具，工徒無缺。其占則從矣，而論卦乃爾。何也？①

材料出處

①原注：《新安志》。按：卷八。

易元吉

易元吉字慶之，長沙人。官助教，善畫。初工花鳥，及見趙昌畫，乃曰：『世不乏人。』遂遊荆湖，搜奇訪古，幾與猨狖同遊，口傳心繫之妙，一寫於毫端。又於長沙舍後開圃鑿池，以亂石叢篁、梅菊葭葦馴養水禽山獸，伺其動静，以資畫意，故寫動植無出其右。尤喜畫獐猨，評者謂徐熙而後一人而已。治平中〔二〕，有詔畫景靈宫迎鳌御扆，又於神遊殿作牙獐，皆極其妙。未幾，復詔畫《百猨圖》，給粉墨資二百千，纔畫十餘枚，感時疾而卒，或云爲畫苑妬能者所鴆。宣和御府藏有二百四十五圖，別有獐猨、孔雀、四時花鳥、寫生蔬菓等傳於世，畫上多自署『長沙助教易元吉』字。黄庭堅爲作《易生畫贊》。餘杭都監廳舊有燕巢二，元吉於屏風上畫一鷂〔二〕，自此燕不復至。①

材料出處

①原注：《宣和畫譜》，《圖繪寶鑑》，《圖畫見聞志》，《畫史》，《山谷全書》。按：《宣和畫譜》卷一八，《圖畫見聞志》卷四，黄庭堅《山谷集》卷一四《易生畫麞猿猴貛贊》。

校　證

〔一〕中，原闕，據《宣和畫譜》補。

〔二〕鷂，原作『猺』，據《圖畫見聞志》改。

衛　朴

衛朴，淮南人。精於推步，一行之流也。《春秋》日食三十六，諸術密者不過得二十六七，惟一行得二十九，朴乃得三十五，惟莊公十八年一食，今古算皆不入食法，疑前史誤耳。自夏仲康五年癸巳歲，至熙寧六年癸丑，凡三千二百一年，書傳所載日食凡四百七十五，衆術考驗雖各有得失，而朴所得爲多。朴能不用算推古今月日食，但口誦乘除，不差一算。凡術書算數，令人就耳一讀，即能暗誦。嘗令人寫推步書，令附耳讀之，有差一算者，讀至其處，則曰：『此誤某字。』乘除雖極繁，不審核定位，運籌如飛，人眼不能逐。有故移其一算者，朴自上至下，手撫一遍，至移算處，撥正而去。

仁宗時，用《崇天術》。治平初，司天監周琮改撰《明天術》。熙寧元年七月望後將旦，月蝕東方，與術不協。沈括提舉司天監，言朴通算法，召至。朴言《崇天術》氣後天，《明天術》朔先天，失在置元不當。詔朴更造。朴以己學爲之，視《明天術》減二刻，積年八千三百一十八萬五千二百七十七，日法二萬三千七百，是爲《奉元術》。又謂舊食法止用平度，故在疾者過之，在遲者不及。《崇天》、《明天》二術，加減不曾求其所因，至是方究其失。八年閏四月，括上于朝，行之。賜朴錢百千。

朴謂氣朔已正，五星未有候簿可驗，前世修術多止增損舊術而已，未曾實考天度。其法須測驗，每夜昏曉夜半月及五星所在度秒，置簿録之，滿五年，其間剔去雲陰及晝見日數外，可得三年實行，然後以算術〔二〕綴之，古所謂綴術者，此也。時司天官皆承世族，隸名食禄，本無知術者，惡朴之術過己，群沮之，屢起大獄，而候簿遂不能成。《奉元術》五星步算，但增損舊術，正其甚謬處，十得六七而已。①

材料出處

①原注：《夢溪筆談》，《玉海》，《元史・曆志》。按：《夢溪筆談》卷八，《玉海》卷一〇『熙寧奉元曆』條，《元史》卷五三。

校　證

〔一〕術，原作『日』，據胡道靜《夢溪筆談校證》卷一八改。

崔　白　弟慤

崔白字子西，濠梁人。善畫花竹羽毛、芰荷鳧雁、道釋鬼神、山林飛走之類，尤長於寫生，極工於鵝。所畫無不精絶，落筆運思即成，不假於繩尺，曲直方圓，皆中法度。熙寧初被遇，神宗乃命白與艾宣、丁貺、葛守昌共畫垂拱御扆夾竹海棠鶴圖，獨白爲諸人之冠，即補爲圖畫院藝學。白性疏逸，力辭以去，恩許非御前有旨毋與其事，乃勉就焉。蓋白恃才，故不能無利鈍，其妙處亦不減於古人。嘗作《謝安登東山》、《子猷訪戴》二圖，爲世所傳。非其好古博雅而得古人之所以思致於筆端，未必有也。祖宗以來，圖畫院之較藝者必以黄筌父子筆法爲程式，自白及吴元瑜出，其格遂變。①

材料出處

①原注：《宣和畫譜》。按：卷一八。

弟愨，字子中，官至左班殿直，工畫花鳥，推譽於時。其兄白尤先得名。愨之所畫，筆法規模與白相若。凡造景寫物，必放手鋪張而爲圖，未嘗瑣碎。作花竹，多在於水〔一〕邊沙外之趣。至於寫蘆汀葦岸、風鷺雪雁，有未起先改之意，殆有得於地偏無人之態也。尤喜作兔，自成一家。大抵四方之兔賦形雖同，而毛色小異，山林原野所處不一，如山林間者往往無毫而腹下不白，平原淺草，則毫多而腹白，大率如此相異也。白居易曾作《宣州筆》詩，謂『江南石上有老兔，食竹飲泉生紫毫』，此大不知物之理。聞江南之兔未嘗有毫，宣州筆工復取青齊中山兔毫作筆耳。畫家雖游藝，至於窮理處，當須知。此因愨畫兔故及之云。①

材料出處

①原注：《宣和畫譜》。按：卷一八。

校　證

〔一〕水，原闕，據《宣和畫譜》補。

潘谷

潘谷，歙人。墨精妙，價亦不二。或不持錢求墨，不計多少與之。一日，忽取欠墨錢券焚之，飲酒三日，發狂浪走，趨井死。人下視之，蓋趺坐井中，手尚持念珠也。蘇子瞻贈詩曰：『潘郎曉踏河陽春，明珠白璧驚市人。那知望拜馬蹄下，胸中一斛泥與塵。何似墨潘穿破褐，琅玕翠餅敲玄笏。布衫漆墨手如龜，未害冰壺貯秋月。世人重耳輕目前，區區張李爭媸妍。一朝入海尋李白，空看人間畫墨仙。』①

材料出處

①原注：《徽州府志》。按：光緒《重修安徽通志》卷二六二引《徽州府志》。

諸葛高

諸葛高，宣城人，世工製筆。梅堯臣《次歐陽脩試諸葛筆詩》云：『筆工諸葛高，海内稱第一。』蘇子瞻云：『諸葛筆譬如内法酒、北苑茶，縱有佳者，尚難得其彷彿。』和靖云：『頃得宛陵葛生筆，如麾百勝之師，横行紙墨，所向如意。』①

王詵

王詵字晉卿，駙馬都尉，本太原人，今爲開封人。幼喜讀書，長能屬文，諸子百家無不貫穿，視青紫可拾芥以取。嘗袖其所爲文謁見翰林學士鄭獬，獬歎曰：『子所爲文，落筆有奇語，異日必有成耳。』既長，聲譽日益籍甚。所從遊者，皆一時之老師宿儒。於是神宗選尚秦國大長公主。詵博雅該洽，以至弈棋圖畫，無不造妙。寫煙江遠壑、柳溪漁浦、晴嵐絶澗、寒林幽谷、桃溪葦村，皆詞人墨卿難狀之景，而詵落筆思致，遂將到古人超軼處。又精於書，真行草隸，得鐘鼎篆籀用筆意。即其第乃爲堂曰寶繪，藏古今法書名畫。常以古人所畫山水寘於几案屋壁間，以爲勝玩，曰：『要如宗炳澄懷卧遊耳。』喜作詩，嘗以詩進呈，神宗一見而爲之稱賞。至其奉秦國失歡，以疾薨，神宗親筆責詵曰：『内則朋淫縱慾而失行，外則狎邪罔上而不忠。』然詵克能奉詔以自新，雖牢落中，獨以圖書自娱。其風流藴藉，真有王謝家風氣。若斯人之徒，顧豈易得哉？歷官至定州觀察使、開國公駙馬都尉，贈昭化節度使，謚榮安。①

材料出處

①原注：《江南通志》、《寧國府志》。按：光緒《重修安徽通志》卷二六二引《江南通志》、《寧國府志》。

材料出處

①原注：《宣和畫譜》。按：卷一二。

劉寀

劉寀字宏道，文臣。少時流寓都下，狂逸不事事，放意詩酒間，亦能爲長短句，與貴游少年相從無虚日。善畫魚，深得戲廣浮深、相忘於江湖之意。蓋畫魚者鬐鬣鱗刺分明，則非水中魚矣，安得有涵泳自然之態？若在水中，則無由顯露。寀之作魚，有得於此。他人作魚，皆出水之鱗，蓋不足貴也。由是專門，頗爲士人所推譽。漂泊不得志，曳裾侯門。一夕大雪擁九衢，闔户不出。平時過從謂寀舊雪來，今雪不來。後數日友生候之，意其僵仆矣，因大叫出户，謂友生曰：『我阻雪不死，與若曹罷酒不出。許時，擁褐壞屋下，無所爲。得封事一通，可獻天子。或有遇合，自此遂吐胸中霓矣。』同輩皆笑之。俄而上所陳事，神宗嘉歎而官之。後歷任州縣，今爲朝奉郎。①

材料出處

①原注：《宣和畫譜》。按：卷九。

宋史翼卷三十八　列傳第三十八

方技二

朱肱

朱肱字翼中，①歸安人。②元祐三年進士。③喜論醫，尤深於傷寒。在南陽時，太守盛次仲疾作，召肱視之，曰：『小柴胡湯證也。』請并進三服，至晚乃覺滿。又視之，問所服藥安在，取以視之，乃小柴胡散也。肱曰：『古人製㕮咀，謂剉如麻豆大，煮清汁飲之，名曰湯，所以入經絡，攻病取快。今乃爲散，滯在鬲上，所以胃滿而病自若也。』因依法旋製，自煮以進二服，是夕遂安。因論經絡之要，盛君立贊成書。蓋潛心二十年，而《活人書》成。嘗過洪州，聞名醫宋道方在焉，因攜《活人書》就見。宋留肱款語，坐中指駁數十條，皆有考據。肱憫然自失，即日解舟去。④屬朝廷大興醫學，求深於道術者爲之官師，起肱爲醫學博士。坐書東坡詩貶達州，以宮祠還，僑居西湖上。⑤

材料出處

①原注：一作『亦中』。

②原注：《泊宅編》。按：卷七。

③原注：談《志》。按：談鑰《嘉泰吳興志》卷一七『進士題名』，元祐三年李常寧榜有『李肱』而無『朱肱』，然李保《續北山酒經·自序》言朱肱登元祐戊辰李常寧榜進士，蓋談《志》訛『朱肱』爲『李肱』。

④原注：《泊宅編》。按：卷七。

⑤原注：《北山酒經詩序》。按：明董斯張《吳興藝文補》卷一六李保《讀北山酒經詩序》。

唐慎微

唐慎微字審元，蜀州晉源人。元祐間，蜀帥李端伯招之居成都。貌寢陋，舉措語言樸訥，而中極明敏。治病百不失一，一語症候不過數言，再問之，輒怒不應。其於人不以貴賤，有所召必往，寒暑雨雪不避焉。爲士人療病，不取一錢，但以名方秘録爲請，以此士人尤喜之。元祐間，宇文虛中之父感風毒，慎微療之如神，又手緘一書，約曰：『某年月日啟封。』至期，舊恙復作，取封開視，則所録之方，第一療風毒再作，第二療風毒上攻，氣促欲作喘嗽，如其言次第餌之，半月良愈。①徽宗大觀二年，取《嘉祐補注本草》及《圖經本草》合爲一書，復拾《唐本草》、陳藏器《本草》、孟詵《食療本草》舊本所遺者五百餘種，附入各部，並增五種，仍采《雷公炮炙》

有關藥物者，亦附之，共三十一卷，名《證類本草》。上之，朝廷改名《大觀本草》。②

材料出處

①原注：宇文虚中《證類本草跋》，參《賓退録》。按：《賓退録》卷三。

②原注：《證類本草》。

張濟

張濟，無爲軍人。善用鍼，得訣於異人，能觀解人而視其經絡，則無不精。因歲饑，疫人相食，凡視一百七十人以行鍼，無不立驗。如娠婦因仆地而腹偏左，鍼右手指而正。久患脱肛，鍼頂心而愈。傷寒反胃，嘔逆累日，食不下，鍼眼眥立能食。皆古今方書不著。陳瑩中爲作傳云。〔一〕①

材料出處

①原注：《邵氏聞見録》。按：張杲《醫説》卷二『善鍼』條引《邵氏聞見録》。又按：當爲《邵氏聞見後録》卷二九。

校證

〔一〕『陳瑩中爲作傳云』下原有『藥王藥王爲世良醫，嘗草木金石名數凡十萬八千，悉知酢、鹹、淡、甘、辛等味，故從味因悟入，益知今醫家别藥口味者古矣』數十字，然此乃《邵氏聞見後録》别條，《醫説》誤合而爲一，陸氏不察而襲其訛，今删去。

趙令穰

趙令穰字大年，藝祖五世孫也。令穰生長宮邸，處富貴綺紈間，而能游心經史，戲弄翰墨，尤得意於丹青之妙。喜藏晉宋以來法書名畫，每一過目，輒得其妙，然藝成而下，得不愈於博弈狗馬者乎？至於畫陂湖林樾、煙雲鳧雁之趣，荒遠閒暇，亦自有得意處，雅爲流輩之所貴重。然所寫特於京城外坡坂汀渚之景耳，使周覽江浙荆湘重山峻嶺、江湖溪澗之勝麗，以爲筆端之助，則亦不減晉宋流輩。嘗因端午節進所畫扇，哲宗嘗書其背：『朕嘗觀之，其筆甚妙。』因書『國泰』二字賜之。一時以爲榮。官至崇信軍節度觀察留後，贈開府儀同三司，追封榮國公。①

材料出處

①原注：《宣和畫譜》。按：卷二〇。

郭熙

郭熙，河陽温縣人。爲御畫院藝學，善山水寒林，得名於時。初以巧贍致工，既久，又益精深，稍稍取李成之法，布置愈造妙處。然後多所自得，至攄發胸臆，則於高堂素壁，手作長松巨木、回溪斷崖，巖岫巉絶、峰巒秀起、雲煙變滅晻靄之間，千態萬狀。論者謂熙獨步一時，雖年老，落筆益壯，如隨其年貌焉。熙後著《山水畫論》，言遠近淺深、風雨明晦、四時朝暮之所不同，則有『春山淡一作豔冶而如笑，夏山蒼翠而如滴，秋山明淨而如妝，冬山慘淡而如睡』之説。至於溪谷橋彴、漁艇釣竿、人物樓觀等，莫不分布，使得其所。言皆有序，可爲畫式，文多不載。至其所謂『大山堂堂，爲衆山之主；長松亭亭，爲衆木之表』，則不特畫矣，蓋進乎道歟？熙雖以畫自業，然能教其子思以儒學起家，後爲中奉大夫、管勾成都府、蘭湟秦鳳等州茶事，兼提舉陝西等買馬監牧公事。亦深於論畫，但不能以此自名。①

材料出處

①原注：《宣和畫譜》。按：卷一一。

許道寧

許道寧，長安人。善畫山林泉石，甚工。初市藥都門，時時戲拈筆而作寒林平遠之圖，以聚觀者。方時聲譽已著。而筆法蓋得於李成。晚遂脱去舊學，行筆簡易，風度已著，而張士遜一見賞詠久之，因贈以歌，其略云：『李成謝世范寬死，唯有長安許道寧。』時以爲榮。①

材料出處

①原注：《宣和畫譜》。按：卷一一。

周　順

周順，鄱陽人。醫有十全之功，云：『古方如《聖惠》、《千金》、《外臺秘要》所論病源脈證及鍼灸法，皆不可廢。然處方分劑，與今大異。不深究其旨者，謹勿妄用。有人得目疾，用古方治之，目遂突出。又有婦人因産病，用《外臺秘要》坐導方，其後反得惡露之疾，終身不差。曾有士人得腳弱病，方書羅列，積藥如山，而疾益甚。令屏去，但用杉木爲桶濯足，及令排樟腦於兩股間，以腳裲繫定，月餘而安健如故。南方多此疾，不可不知。』順固名醫，語必不妄，故書以爲誡。①

材料出處

①原注：《遁齋閑覽》。按：張杲《醫説》卷八『古方無妄用』條引《遁齋閑覽》。

士　衮

士衮字補之，東平須城人。祖建中，《儒林》自有傳。四歲失父，知孝其母，跬步不去側。年十五，未嘗出門巷。既長，以孝聞。年三十五失母，哀毁骨立，杖乃能起。兄才，早世無嗣，謹事寡嫂，爲之立後。既壯，又授之室，分貲産贍之。母病寒厥，醫不能識。補之痛恨，遂學爲方。頃之稍以其術視人，鄉閭賴焉。數歲之後益明，近自里巷，遠暨他邑，來問者相踵。大抵所治貴保養，賤攻取，善用剛劑，充虚斷下，内固根本，使賊邪自消，非甚不得已，不爲瞑眩。或困憊危惙，人莫能如何，補之治之輒愈。東平，部使者所會，又仕者尤衆，凡疾不經補之不敢決，以是延請無虚日。而造門者黎明往伺見之已不逮，則未昕而往，猶屢返乃一遇。或不得盥類出對客，然來者蟬聯，遂不得休，率常過午乃始飲食。窮日之力以應接，未嘗倦。人多欲厚饋之，辭不受。或求藥草諸好用物以將意，猶不肯盡取。蓋橐中空虚，妻子日闕乏，未嘗卹焉。①

材料出處

①原注：《學易集・士補之墓誌》。按：劉跂《學易集》卷八《士補之墓誌銘》。

張 擴

張擴字子充，歙縣人。少好醫，從蘄水龐安時遊。時同學六十人，安時獨喜擴。後聞蜀有王朴善脈，又能以太素知人貴賤禍福，從之期年，得衣領中所藏《素書》，盡其訣〔一〕乃辭去。南陵有富人子，傷寒不知人，氣息僅屬。擴視之，曰：『此嗜卧證也。後三日當蘇，蘇則欲飲，欲飲與此藥，必熟睡，覺當得汗也。』已而果然。當塗郭祥正子患嗽，肌骨如削，醫多以爲勞。擴曰：『是不足憂。』就坐，飲以藥，忽大吐，使視涎沫，中當有物也。視之，得魚骨，宿疾皆愈。

在建業，有婦人叩門求醫者，擴不在，其弟揮爲診之。及歸，揮具言其狀，擴曰：『弟與藥如是，且瘳矣。此其脈當嫠居三年，左乳下有誌也。』驗之信然。嘗有調官都下者，擴診之，謂曰：『蝦游脈見，不出七日當死。』後五日，得通判齊州，喜曰：『張擴妄言耳。吾適得官，何謂死哉？』又二日，晨起進盥，仆地即死。建中靖國初，范忠宣公方召而疾作，問曰：『吾此去幾何？』擴曰：『公脈氣不出半年。』公曰：『使某得生至京師，則子之賜已。』遂與偕行至京師，奏補擴假承務郎。未幾，公以不起聞。

董正封知歙州，擴以太素切其脈曰：『承議今歲當奏子。』正封自以官不應格，又非郊歲，以爲疑。適宛陵有幕官至者，與語及之，客曰：『是不可信，彼亦以此語許吾州守矣。』會徽宗登極，守臣子弟例以捧表得官。崇寧中，黄誥待淮西提刑，擴謂曰：『大夫食禄，不在淮西，行且還朝矣。然非今日宰相。所謂宰相者，猶未起，起則有召命。不滿歲，當三遷。』又曰：『大夫不病而細君病，憂在九月。』及蔡京當國，誥被召還。歲中，自户部、吏部遷左司郎中，而妻劉亦適以九月卒。尚書蹇序辰知應天府，擴謂曰：『尚書無官脈，旦夕當有謫。』俄被旨放歸田里。復見之，曰：『當得州。』果得杭州。汪丞相微時，祈門宰陳孺使徧視在學諸生，次至公，曰：『君位至宰相。然南人得北脈，名宦當由北方起。』未幾，登第，調北京大名主簿，不出北京，積官至中奉大夫，中興遂爲上相。謂胡殿院曰：『君當登第。然心脈未圓，歲在辛卯。』見之，曰：『不出此歲矣。』明年，果登第。

擴後以罪謫永州。至洪州，晨起，見帥曰：『擴今日時加午當死，後事以累公。』帥曰：『何至是？』擴曰：『吾察之，血已入心矣。』退使人伺之，及期卒。

揮字子發，傳兄業，爲人純孝有當，士大夫多愛重之。①

材料出處

①原注：《新安志》。按：卷八。

校　證

〔一〕訣，原作『袂』，據《新安志》改。

董　元

董元一作源，江南人也。善畫，多作山石水龍。然龍雖無以考按其形似之是否，其降升自如，出蟄離洞，戲珠吟月，而自有喜怒變態之狀，使人可以遐想。蓋常人所以不識者，止以想像命意，得於冥漠不可考之中。大抵元所畫山水，下筆雄偉，有嶄絶崢嶸之勢。重巒絶壁，使人觀而壯之，故於龍亦然。又作鍾馗氏，尤見思致。然畫家止以著色山水譽之，謂景物富麗，宛然有李思訓風格。今考元所畫，信然。蓋當時著色山水未多，能倣思訓者亦少也，故特以此得名於時。至其出自胸臆，寫山水、江湖、風雨、溪谷、峰巒、晦明、林霏、煙雲，與夫千巖萬壑，重汀絶岸，使覽者得之，真若寓目於其處也，而足以助騷客詞人之吟思，則有不可形容者。①

材料出處

①原注：《宣和畫譜》。按：卷一一。

李仲寧

李仲寧，九江碑工。黄山谷題其居曰琢玉坊。崇寧中，刊元祐黨籍姓名，太守使劖之，李曰：『小人家故貧窶，因刻蘇内翰、黄學士詞翰至飽煖，名爲奸人，誠不忍下手。』守義之，曰：『賢哉！士大夫所不及也。』餽以酒，從其請。①

材料出處

①原注：王氏《揮麈録》。按：王明清《揮麈三録》卷二。

史堪

史堪字載之，[1]四川眉州人。第政和進士，官郡守。[2]與劉岑友善，嘗取岑詩示唐重。[3]治病用藥，初不求異。炮炙製度，自依本法。審證精切，不過三四服立愈。[4]眉州人丹稜彭師古年二十時，得異疾，不能食，聞葷腥氣輒嘔，惟用一鐺旋煮湯沃淡飯數匙食之，食已，鼻中必滴血一點，懨懨疲削，醫莫能愈。乃趨郡謁堪，堪曰：『君之疾在《素問經》中，其名曰食掛。凡人肺六葉皆舒張如蓋，下覆於脾，則子母氣和，飲食甘美。一或有戾，則肺不能舒，脾爲之蔽，故不嗜食。《素問》曰：「肺葉焦熱，名曰食掛。」蓋食不下，脾瘀而成疾耳。』遂授一方服之。三日，覺肉香，啖之無所苦。自此嗜食，宿恙頓除。[5]蔡元長苦大腸秘，醫不能通。堪診脈已，曰：『請求二十錢。』元長曰：『何爲？』曰：『欲市紫菀耳。』末紫菀以進，須臾遂通。元長大驚，問其説。曰：『大腸，肺之傳送。今之秘無他，以肺氣濁耳。紫菀清肺氣，此所以通也。』[6]著有《指南方》二卷，凡分三十二門，門各有論。[7]

材料出處

①原注：《書録解題》。按：《直齋書録解題》卷一三《指南方》解題。

②原注：《分類夷堅志・辛集・眉州進士題名》。

③原注：《宛炎録》劉岑撰《唐重墓誌》。按：杜大圭《名臣碑傳琬琰集》中卷三三。

④原注：《載之方跋》。按：陸氏《儀顧堂續跋》卷九《宋槧史載之方跋》。

⑤原注：明刻《分類夷堅志·辛集》。

⑥原注：《北窗炙輠録》。按：卷上。

⑦原注：《解題》。

張銳

張銳字子剛，鄭州人。官成州團練使，以醫知名。政和中，蔡京之孫婦有娠，及期而病，國醫皆以爲陽證傷寒，懼胎之墮，不敢投涼劑。京密邀銳視之，銳曰：『兒處胎十月，將生矣，何藥之能敗？』即以常法與藥，且使倍服之，半日而兒生，病亦失去。明日，婦大泄，而喉閉不入食，衆醫復指言其疵，且曰：『二疾如冰炭，又産蓐甫近，雖扁鵲復生，無活理也。』銳曰：『無庸憂，將使即日愈。』乃入室取藥數十粒使吞之，咽喉即通，下泄亦止。逮滿月，京開宴，自諸子諸孫及女婦甥壻合六十人，請銳爲客。京親酌酒爲壽，曰：『君之術通神，吾不敢知。敢問一藥而治二疾何也？』銳曰：『此於經無所載，特以意處之。向者所用，乃附子理中丸裹以紫雪爾。方喉閉不通，非至寒藥不爲用。既已下咽，則消釋無餘，其得至腹中者，附子力也。故一服而兩疾愈。』京大加歎異，盡斂席上金匕箸遺之。

刑部尚書慕容彦逢爲起居舍人，母夫人病，亦召鋭於鄭，至則死矣。時方六月暑，將就木，鋭欲入視，彦逢不忍，意其欲求錢，乃曰：『道路之費，當悉奉償，實不煩入。』鋭曰：『傷寒法有死一晝夜復生者，何惜一視之？』彦逢不得已，自延入，悲哭不止。鋭揭面帛注視，呼仵匠語之曰：『若嘗見夏月死者面色赤乎？』曰：『無。』『然則汗不出而厥爾，不死也。幸無亟斂。』趨出取藥，命以水二升煮其半，灌病者，戒曰：『善守之，至夜半大瀉，則活矣。』鋭舍於外館，至夜半，時守病者覺有聲勃勃然，遺屎已滿席，出穢惡物斗餘。一家盡喜，遽敲門呼鋭。鋭應曰：『吾今日體困不能起，然亦不必起，明日方可進藥也。』天且明，出門若將便旋然，徑命駕歸鄭。彦逢詣其室，但留平胃散一貼而已。其母服之，數日良愈。蓋鋭以彦逢有求錢之疑，故不告而去。

紹興中，流落入蜀，王秬叔堅問之曰：『公之術，古所謂十全者，幾是歟？』曰：『未也。僅能七八耳。吾長子病，診脈察色，皆爲熱極，命煮承氣湯欲飲之。將飲，復疑至於再三。將遂飲，如有掣吾肘者，姑持盃以待。兒忽發顫悸，覆綿衾至四五始稍定，汗下如洗。明日而脱。然使吾藥入口，則死矣。安得爲造妙？世之庸醫，學方書未知萬一，自以爲足，吁可懼哉！』①著有《雞峰方》。

材料出處

①原注：《夷堅志》。按：《乙志》卷一〇『張鋭醫』條。

宋道方

宋道方字毅叔，以醫名天下，居南京。然不肯赴請，病者扶攜以就求脈。政和中，田登守郡，母病危甚，呼之不至。登怒云：『使吾母死，亦以憂去。殺此人，不過斥責。』即遣人擒至庭下，呵之云：『三日之内不痊，則吾當誅汝以徇衆。』毅叔曰：『容爲診之。』既而曰：『尚可活。』處以丹劑，遂愈。田喜甚，云：『吾一時相困辱，然豈可不刷前恥乎？』用太守之車，從妓樂，酬以千緡，俾群卒負於前，增以綵釀，導引還其家。旬日後，田母病復作，呼之，則全家遁去，田母遂殂。蓋其疾先已在膏肓，宋姑以良藥緩其死爾。①

材料出處

①原注：王明清《餘話》。按：《揮麈餘話》卷二。

王況

王況字子亨，本士人，爲南京宋毅叔壻。毅叔既以醫名擅南北，況初傳其學未精，薄遊京師，甚悽然。會鹽法忽變，有大賈覩揭示，失驚吐舌，遂不能復入，經旬食不下咽，尫羸日甚，國醫不能療。其家憂懼，榜於市曰：『有治之者，當以千萬爲謝。』況利其所售之厚，姑往應其求。既見賈之狀，忽發笑不能制，心以謂未易措手也。其家人怪而詰之，況謬爲大言答之，曰：『所笑者，輦轂之大如此，乃無人治此小疾耳。』語主人家曰：『試取《鍼經》來。』況謾檢之，偶有穴與其疾似是者，況曰：『爾家當勒狀與我，萬一不能治，則勿尤我。當爲鍼之，可立效。』主病者不得已，亦從之。急鍼舌之底，抽鍼之際，其人若委頓狀，頃刻舌遂伸縮如平時矣。其家大喜，謝之如約，又爲之延譽，自是翕然名動京師。既小康，始得盡心《肘後》之書，卒有聞於世。事之偶然有如此者。況後以醫得幸。宣和中，爲朝請大夫。著《全生指迷論》一書，醫者多用之。①

材料出處

①原注：王明清《餘話》。按：《揮麈餘話》卷二。

何澄

何澄，宣和間人，善醫。有一士人抱病經年，百治不瘥。其妻召至，引入密室中，告之曰：『妾以良人抱疾日久，典賣殆盡，無以供醫藥之資，願以身相酬。』醫正色拒之，曰：『小娘子何爲出此言？但放心，當爲調治取效，切不可以此相汙。萬一外人知之，非獨使某醫藥不效，不有人誅，必有鬼責。』未幾，其夫疾愈。何澄一夕夢神引入神祠，有判官語之：『汝醫藥有功，不於艱急之際，以色慾爲貪，亂良人婦女，上帝令賜汝錢五萬貫，官一資。』未數月，東宫得疾，國醫不能治。有詔召草澤醫，澄乃應詔，進劑而愈。朝廷賜錢三千貫，與初品官。自後醫道盛行，京師號爲何藥院家。①

材料出處

①按：此傳未注出處，而文末空二格作墨釘，當是『醫説』二字，見張杲《醫説》卷一〇『醫不貪色』條。

謝石

謝石字潤夫，成都人。宣和間，至京師，以相字言人禍福。求相者但隨意書一字，即就其字離析而言，無不奇中者，名聞九重。上皇因書一『朝』字，令中貴人持往試之。石見字，即端視中貴人曰：『此非觀察所書也。石據字而言，今日遭遇，即因此字；黥配遠行，亦此字也。但未敢遽言之耳。』中貴人愕然，且謂之曰：『但有所據，盡言無懼也。』石以手加額曰：『朝字離之爲十月十日，非此月此日所生之天人，當誰書也？』一座盡驚。中貴馳奏。翌日，召至後苑，令左右及宮嬪書字示之，皆據字論説禍福，俱有精理。錫賚甚厚，並補授承信郎。緣此四方求相者，其門如市。

有朝士其室懷娠過月，手書一『也』字，令其夫持問於石。是日，座客甚衆，石詳視之，謂朝士曰：『此閣中所書否？』曰：『何以言之？』曰：『也，語助辭，因知是公内助所書。尊閣盛年三十一否？』曰：『是也。』『以「也」字上爲「三十」下爲「一」字也。然君官於此，當力謀遷動而不可得否？』曰：『正以此撓耳。』『蓋「也」著「水」則爲「池」，有「馬」則爲「馳」，今池運無水，陸馳無馬，安可動也？又尊閣父母兄弟親人當無一存者，以「也」字著「人」則是「他」字，今獨見「也」字而不見「人」故也。又尊閣其家物産亦蕩盡否？以「也」著「土」則爲「地」字，今又不見「土」也。』朝士曰：『誠如所言，但此皆非所問者。今賤室以懷娠過月，方竊憂之，所以問耳。』石曰：『是必十三個月也，以「也」字中有「十」字，並兩旁二竪下一畫爲十三也。』石熟視朝士，曰：『有一事似涉奇怪，固欲不言，則君所問，正決此事，可盡言否？』朝士因請其説。石曰：『「也」字著「虫」則爲「虵」字，今尊閣所娠，殆虵妖也。石亦有薄術可爲，以藥驗之，無苦也。』朝士大異其説，因請至家，以藥投之，果下虵百數而體平。都人益神之，而不知其究挾何術也。

秦檜當國時，高宗書一『春』字命測之，其上半體墨重。石奏曰：『秦頭太重，壓日無光。』檜聞而銜之，中以危法，編管遠州。道遇一老人於山下，亦善測字。石就之，書一『謝』字求測，老人曰：『子於寸言中立身，術士也。』舉掌令更書以卜所終，石書一『石』字，老人曰：『凶哉，石遇皮必破，遇卒必碎矣。』時押石之卒在傍而書字在掌中，故云。石大款服，請老人作字，測爲何如人。老人曰：『即以我爲字可也。』石曰：『夫人而立山傍，子殆仙哉！』乃下拜，願執弟子禮請益，曰：『吾術似無減先生，乃先生褎然仙矣，而茲吾不免塵網，何也？』老人曰：『子以字爲字，吾以身爲字也。』①

材料出處

①原注：《春渚紀聞》。按：卷二『謝石拆字』條。

楊　介

楊介字吉老，泗州人，以醫術聞四方。有儒生李氏子，棄業願娶其女以授其學，執子壻禮甚恭，介盡以精微告之。一日，有靈璧縣富家婦有疾，遣人邀李生以往。李初視脈云：『腸胃間有所苦邪？』婦曰：『腸中痛不可忍，而大便從小便中出。醫者皆以謂無此證，不可治，故欲屈子。』李曰：『試爲籌之。若姑服我之藥，三日當有瘳。不然，非某所知也。』下小丸子數十粒，煎黄芪湯下之。』富家依其言，下膿血數升而愈。富家大喜，贈錢五十萬，置酒而問之，曰：『始切脈時，覺芤脈現於腸部，王叔和《脈訣》云：「寸芤積血在胸中，關内逢芤腸裏癰。」此癰主腸内，所以致然。所服者，乃雲母膏爲丸爾。』切脈至此，可以言醫矣。李後以醫科及第，至博士。李植元秀，即其從子也。①植，《宋史》有傳。

材料出處

①原注：王仲言《餘話》。按：王明清《揮麈餘話》卷二。

廖　瑀

廖瑀字伯玉，寧都人。年十五，通五經，人稱廖五經。建炎中，以茂異薦，不第。後精父三傳堪輿之術，卜居金精山。自稱金精山人。所著有《懷玉經》。①

材料出處

①原注：安《志》。按：雍正《江西通志》卷一〇六引按《志》。

鄒　寬

鄒寬字仲容。師廖金精，得其術。爲汪伯彦卜地葬親，乃借堪輿家論，貽書以動之，末云：『方今幽燕未歸版籍，朝廷有意恢復，倘值此時揚師整旅，當勿計名位高卑，昌言於朝，奮力請進，必立希世功名。若參之他意，微有更改，妄觸一機，百關俱廢。』汪是其言，而不能用。丁未，拜相。鄒術果奇，而書中之讖竟託空言。①

材料出處

①原注：《安志》。按：雍正《江西通志》卷一〇六引安《志》。

傅伯通

傅伯通，德興人。與鄒仲容同師廖金精，金精得之吳景鸞。宋南遷，伯通拜詔，往相臨安，表略曰：『顧此三吴之會，實爲百粤之衝。錢氏以之，開數世之基；郭璞占之，有興王之運。天目雙峰，屹立乎斗牛之上；海門一點，横當乎翼軫之間。雖云自昔稱雄，實乃形局兩弱。只宜爲一方之巨鎮，不可作百禩之京畿。駐蹕僅足偏安，建都難奄九有。』表上，竟升杭州爲臨安府，而稱行在。①

材料出處

①原注：安《志》。按：雍正《江西通志》卷一〇六引安《志》。

許叔微

許叔微字知可，真州人。紹興三年進士，與龐安常同爲宋一代醫師。著《普濟本事方》十卷，直探張仲景之奥。所謂黑錫圓、神效散、温脾湯、玉真丸、退陰散等方，識精理到，足補前人所未及。先是，元祐庚午，父歿，母憂慟，氣厥牙噤，里醫誤下而歿。叔微始習醫，深得其理，每見此證，急以蘇合丸灌醒，然後察其虚實調之。暴喜傷陽，暴怒傷陰，憂愁失意，氣多厥逆。《經》云：『無故而瘖，脈不至，不治自已。』謂氣暴也。氣復則已，雖不服藥可也。

一人患項筋痛，連及臂髀，不得轉，諸風藥不效。叔微謂腎氣自腰夾脊至曹溪，入泥丸，今逆行至此，不得通，用椒附丸以引歸經則安。歙縣尉宋省甫膀胱痛不可忍，醫與剛劑，益甚。叔微候其面赤色、脈洪大，曰：『陰陽否塞，疾虚不可以虚治，宜先滌其邪。』以五苓散與葱合煮，下溲如墨汁乃瘥。王檢正希皋患鼻頞間痛、不仁，漸連及口脣、頰車、髮際，左頞與頰上如餬，手觸則痛極。叔微謂飲食之毒聚于胃，足陽明受之，傳入絡。主以犀角解毒，升麻佐之，數日愈。

鄉人李信道得疾，六脈沈伏，按至骨，則有力，頭痛，身温而躁，指冷而滿，噦。醫者不識。叔微曰：『此陰中伏陽，《仲景》無此證。世人患此者多用熱藥，則爲陰邪隔絶，不克導引真陽，反生客熱。用冷藥，則所伏真火愈見消滅。宜破散陰氣，俾火升水降，然後得汗而解。』乃造破陰丹，鎔硫黄、水銀，令勻投陳皮、青皮末、冷艾湯下。信道服藥，益加狂熱，手足躁擾，其家大駭。叔微曰：『此换陽也。』須臾少定，已而病除。

叔微少時夜坐爲文，左向伏几案，卧又向左。後飲酒，止從左下，有聲，久之脇痛，減食十數日，必嘔酸水，暑月止右畔有汗。訪名醫，徧試諸藥，皆不驗。因自考其理，謂已成窠囊，如潦水之科臼，不盈科不行。清行濁停，故積必嘔而去，數日復作。脾惡濕而水則流濕，莫若燥脾以勝濕，崇土以填科臼。于是屏諸藥，專服蒼术，三月愈。其治傷寒，皆宗守仲景。

一士人得太陽病，汗不止，惡風，小便澀，而足攣曲。叔微診其脈浮而大，謂仲景書有兩證，一小便難，一小便利，用藥稍差，失以千里。是宜桂枝加附子湯。三啜，汗止。佐以甘草、芍藥湯，足便得伸。丘生病傷寒，發熱，頭痛，煩渴，脈浮，而尺遲弱。叔微曰：『榮氣不足，不可汗。』以建中湯治之。翊日，脈尚爾，其家幾不遜。叔微仍用建中，至五日，尺部方應，然後汗之而愈。

撰《傷寒歌》三卷，凡百篇。又有《治法》八十一篇、《仲景脈法三十六圖》、《翼傷寒論》二卷、《辨類》五卷。①

材料出處

①原注：《輟耕録》、《本事方》、《文獻通考》。按：許叔微《類證普濟本事方》卷一、二、三、五、六、七、八，《文獻通考》卷二二三。

馬和之

馬和之，錢塘人。紹興中登第，官至工部侍郎。善人物山水，筆法飄逸，纖悉粉藻，自成一家。高、孝兩朝最重其畫，嘗書《毛詩》三百篇，命和之篇畫一圖，會成巨帙，至今杭人嘗有存其散逸者。其後有顧興裔者，專師和之，但設色不逮耳。①

材料出處

①原注：《西湖游覽志》。按：《西湖游覽志餘》卷一七。

潘璟

潘璟字温叟，名醫也。虞部員外郎張咸之妻娠五歲，南陵尉富昌齡妻娠二歲，團練使劉彝孫妾娠十有四月，皆未育。温叟視之，曰：『疾也，凡醫妄以爲有娠爾。』於是作大劑飲之。咸妻墮肉塊百餘，有眉目狀。昌齡妻夢二童子，色漆黑，倉卒怖悸疾走而去。彝孫妾墮大蛇，猶蜿蜒不死。三婦人皆無恙。屯田郎中張諲妻年四十餘，而天癸不至。温叟察其脈，曰：『明年血潰，迺死。』既而果然。又貴江令王霽夜夢與婦人謳歌飲酒，晝不能食，如是三歲。温叟治之，疾益平，則婦人色益沮，飲酒易怠，而謳歌不樂。久之，遂無所見。温叟曰：『疾雖衰，然未愈也。如夢男子青巾而白衣者，則愈矣。』後果夢，則能食。①

材料出處

①原注：《夷堅志》。按：《甲志》卷八『潘璟醫』條。

劉松年

劉松年，錢塘人，[1]居清波門。淳熙畫院學士，紹熙年待詔。師張敦禮，工畫人物山水，神氣精妙，名過於師。寧宗朝，進《耕織圖》稱旨，賜金帶。院人中絕品也。[2]

材料出處

①原注：《畫法年紀》。按：雍正《浙江通志》卷一九六引《畫法年紀》。

②原注：《畫髓元銓》。按：雍正《浙江通志》卷一九六引《畫髓元銓》。

馬遠

馬遠，號欽山。其先河中人，世以畫名，後居錢塘，光、寧朝待詔。畫師李唐，布景齊整，工山水人物花鳥，種種臻妙，獨步畫院。其樹多斜科偃蹇，至今園丁結法猶稱馬遠云。兄逵，亦善畫。子麟，能世家學，然不逮父。遠愛其子，多於己畫上題麟字，蓋欲其章也。其時有蘇顯祖、葉肖巖，亦師馬遠。蘇筆法稍弱，俗呼爲没興馬遠。葉小景酷似，而大幅不如也。[1]

材料出處

①原注：《西湖游覽志》。按：《西湖游覽志餘》卷一七。

夏　珪

夏珪字禹玉，錢塘人。寧宗待詔，賜金帶。山水布置皴法與馬遠同，但其意尚蒼古而簡淡，喜用秃筆，樹葉間夾筆，樓閣不用尺界畫，信手畫成，突兀奇怪，氣韻尤高。①

材料出處

①原注：《格古要論》。按：明曹昭撰、王佐增《新增格古要論》卷五。

李　嵩 孫章

李嵩，錢塘人，李從訓養子。工人物山水道釋，又長於界畫。光、寧、理三朝待詔。其徒有馬永忠、豐興祖、顧師顔，皆傳其法。嵩老倦作，多令永忠代筆。其孫李章者，亦善畫。①

材料出處

①原注：《西湖游覽志》。按：《西湖游覽志餘》卷一七。

葉子仁

葉子仁，上饒人。推算筮占，往往如破的。歲乙酉，真德秀方在班，子仁以書勸補外甚力。未幾，果去國。子仁每推論五行，輒以善道勉人，如孝弟忠信、清心寡欲等語，未嘗不懇切言之。真贈以絶句云：『易象推占妙入神，勸人忠孝更諄諄。只今誰似君平術，惟有南陽賣卜人。』①

材料出處

①原注：《信乘續葤》。按：雍正《江西通志》卷一〇六引《信乘續葤》。

史崧

史崧，成都人，著有《黄帝素問靈樞集注》。其自序云：『昔黄帝作《内經》十八卷：《靈樞》九卷，《素問》九卷，迺其數焉。世所奉行，唯《素問》耳。越人得其一二而述《難經》，皇甫謐次而爲《甲乙》。諸家之説，悉自此始。其間或有得失，未可爲後世法則。謂如《南陽活人書》稱：「欬逆者，噦也。」謹按：《靈樞經》曰：「新穀氣入於胃〔二〕，與故寒氣相爭，故曰噦。」舉而並之，則理可斷矣。又如《難經》第六十五篇，是越人標指《靈樞》本輸之大略，世或以爲流注。謹按：《靈樞經》曰：「所言節者，神氣之所遊行出入也，非皮肉筋骨也。」又曰：「神氣者，正氣也。神氣之所遊行出入者，流注也。井、滎、輸、經、合者，本輸也。」舉而並之，則知相去不啻天壤之異。但恨《靈樞》不傳久矣，世莫論究。夫爲醫者，在讀醫書耳。讀而不能爲醫者有矣，未有不讀而能爲醫者也。不讀醫書，又非世業，殺人尤毒於梃刃。是故古人有言曰：「爲人子而不讀醫書，猶爲不孝也。」僕本庸昧，自髫迄壯，潛心斯道，頗涉其理，參對諸書，再行校正。家藏《靈樞》九卷，共八十一篇，增修音釋，附於卷末，勒爲二十四卷。庶使好生之人開卷易明，了無差別。今崧專訪明醫，更迄參詳，免誤將來。利益無窮，功實有自。』①

材料出處

①原注：《全蜀藝文志》。按：卷三一史崧《黄帝素問靈樞集注序》。

校證

〔一〕於胃，原闕，據史嵩《靈樞經序》補。

陸曮

陸曮，奉化人，以醫術聞於時。新昌徐氏爲婦病産，不遠二百里輿致之。及門，婦已死，但胸間有微熱。陸入視之，良久，曰：『此血悶也。』購紅花數十斤，爲大鍋以煮之。候湯沸，遂以三木桶盛湯於中，取窗格藉婦人寢其上，湯氣微，又復進之。有頃，婦人指動。半日，遂蘇。蓋以紅花能活血故也。①

材料出處

①原注：《船窗夜話》。按：雍正《浙江通志》卷一九六引《船窗夜話》。

李明甫

李明甫，東陽人。善醫，尤精針法。義烏令病心痛垂死，明甫視之，曰：『有蟲在肺下，藥所不及，惟砭乃可。然非易也。』謬謂於背上點穴，密取水以噀之，令方驚而針以入，曰：『蟲已死矣。』既而腹大痛，下黑水數升，蟲乃去，遂愈。①

材料出處

①原注：《兩浙名賢録》。按：卷四八。

卜則巍

卜則巍，字應天，贛縣人。精形家言，著作甚富。所傳《雪心》一賦，旨約而該，業地理者咸宗之。①

材料出處

①原注：安《志》。按：雍正《江西通志》卷一〇六引安《志》。

楊賁亨

楊賁亨，鄱陽人。博群書，精脈理，每心計造方。有患飢者，諸醫以火證治。賁亨久思之未得，頃見堂上木橙自仆，乃爲濕氣所蒸致朽，忽悟水能消物，不獨屬火，此濕消耳。投熱劑而愈。又有顯者瘴目，性躁，日憂切，益不瘳。賁亨紿曰：『目可計日即痊，第懼毒發於股。』又日撫其股憂之。後目忽瘳，而股亦無恙。蓋誘其心火下降爾。術遂大名於時。①

材料出處

①原注：白《志》。按：雍正《江西通志》卷一〇六引白《志》。

卷三十九　列傳第三十九

宦者

岑宗旦

岑宗旦字子文，開封人，内臣。慶曆初，以父遺表通籍壁門，然趣尚高遠，不爲苟合取容於世。年十七，棄官遊東南山水間，不復事事。至和中，仁祖録功臣之世，復官之。凡歷七任。至元豐初，又以尋醫事請。方神考大有爲之時，王中正以才敏侍上，嘗薦之於朝。宗旦恥折腰强顔奔走於貴公子之前，乃暫應召旨，卒不從仕。故自壯年，遂拂衣有歸與之志。於是終九品官，而無復遺恨。世頗高之。暮年，一無嗜好，如道人衲子，寄傲親朋間，優游卒歲，略不爲身後計。得酒輒醉酣，長哦揮酒，以爲真樂。其作詩以意爲主，不在鐫琢語言而已，故若渾金璞玉，見者知貴。嘗賦聽琴詩，其略云：『琴中太古意，方外無爲心。彈之道頗散，不彈理彌深。所以陶元亮，何須絃上音。』其他皆類此。

又嘗取古之善書者，自漢迄唐凡十有一人，爲論以評其書曰：『張芝如班輸構堂，不可增滅。鍾繇如盛德君子，容貌若愚。語其衆妙，足以爭造化者，羲之也。較其父風，但恨乏天機者，獻之也。世南潛心羲之，蓋若顏子之亞聖。徐浩比肩儒雅，有類仲由之勇態。歐陽詢〔一〕得其正，故如廟堂衣冠，不失動静。柳公權得其勁，故如轅門列兵，森然環衛。懷素之閒逸，故如翩翩真仙。真卿之淳謹，故厚重如周勃。至如李邕則舉動不離規矩，而有虧適變之道焉。』此皆其自得於心，積學於外，而其吐論所以不愧古人者與？

然宗旦作字，尤善行書，如銀鉤蠆尾，脱去媚嫵，規模點畫，當是蘇舜欽之亞，顧筆力亦窮於此矣。當時既有書名，人亦愛重。字畫一出，偶得之者，爭相賈售。治平中，英宗嘗遣使諭旨令書十扇以進。宗旦即書自爲十篇上之，英宗爲之嘉賞。平時廩賜雖厚，而周給貧匱，隨手散去。方其治時，以所藏書千餘卷及别業僦緡往歸姪孫筌家，以就侍養，而筌能以事父之禮事之，故得優游自適，不復以死生窮達爲念。年逾七十，神明不衰。及其委蜕，裕如也。①

材料出處

①原注：《宣和書譜》。按：卷一二。又按：『書』原訛作『畫』。後有訛『書譜』爲『畫譜』者，不復出校。

校　證

〔一〕詢，原作『恂』，據《宣和書譜》改。

樂士宣

樂士宣字德臣，世爲祥符人，内臣。早年放浪不束於繩檢，中年莅職東太乙宫，遂與鍊師、方外之士往往從游。留心沖漠，遂覺行年所過爲非，以是一意於詩書之習。方其未知書，則喜玩丹青，獨愛金陵艾宣之畫。既胸中厭書史，而丹青亦自造疎淡，乃悟宣之拘窘，於是捨其故步，而筆法遂將凌轢於前輩。畫花鳥尤得生意，視艾宣，蓋奄奄九泉下人矣，故當時有出藍之譽。晚年尤工水墨，縑綃數幅，唯作水蓼三五枝，𪇆鶒一雙，浮沈於滄浪之間，殆與杜甫詩意相參。士大夫見之，莫不賞詠。士宣未嘗輕以示人，凡所畫或以求之再三，而幸得者皆藏之以爲好。屢以畫上進，實爲北省絶藝也。

士宣天資明敏，晚以邊功超擢。熙寧中，神宗以謂夏童不恭，乃肆大討。嘗命李憲等以五路之兵進攻靈武，期於一舉成捷。嘗下詔曰：『如有敢議班師者，以軍法從事。』至於師老儲乏〔一〕，主帥方議班師，無敢啟言者。獨士宣毅然白於帥府，請自邊乘驛，七晝夕達奏至於京師。神考欣然從之。其時士宣方爲小行人之職，而敢冒死犯顔以請者，臣子之奇節也。故知其胸中軒昂挺然不凡，其見於丹青之習，特餘事耳。官至西京作坊使、持節虔州諸軍事、虔州刺史、虔州管内觀察使。致仕，贈少保。①

材料出處

①原注：《宣和畫譜》。按：卷一九。

校　證

〔一〕乏，原作『之』，據《宣和畫譜》改。

李正臣

李正臣字端彦，内臣。喜工丹青，寫花竹禽鳥，頗有生意。至於翔集群啅，各盡其態。時作叢棘疎梅，有水邊籬落幽絶之趣，不作麤俗桃李、雕欄曲檻以爲浮豔之勝，亦見其胸次所致思也。官止文思使。①

材料出處

①原注：《宣和畫譜》。按：卷一九。

李仲宣

李仲宣字象賢，内臣。始專於窠木，後喜工畫鳥雀，頗造其妙。觀《柘雀圖》，其顧盼向背，一幹一禽，皆極形似，蓋當時畫工亦歎服之。其所缺者，風韻蕭散，蓋亦有所未至焉。然人間罕見其本者，以其寓意於燕雀之微，不求聞達以自娱爾。官至内侍省供奉官。①

材料出處

①原注：《宣和畫譜》。按：卷一九。

楊日言

楊日言字詢直，家世開封人，内臣。日言幼而有立，喜經史，尤得於《春秋》之學。吐辭涉事，雖詞人墨卿，皆願從之游。作篆、隸、八分，可以追配古人，尤於小筆妙得其趣。其寫貌益精。方仕宦未達，而神宗識之，拔擢爲左右之漸。於殿廬傳寫古昔君臣賢哲，繪像欽聖憲肅。及建中靖國，以欽慈皇太后寫真，顧畫史無有髣髴其儀容者，命日言追寫。既落墨，左右環觀，皆以手加額，繼之以泣歎。其儼然如生，其精絶有至於是者。作山林泉石人物，荒遠蕭散，氣韻高邁，非世俗之畫得以擬倫也。官至中亮大夫、晉州觀察使，致仕，贈昭化軍節度使，謚莊簡。①

材料出處

①原注：《宣和畫譜》。按：卷七。

劉　瑗

劉瑗字伯玉，京師人，内臣。持身端慤，初終無玷。時人謂五十餘年在仕而喜怒不形於色，爲兩朝從龍，未嘗自矜。父有方，平日性喜書畫，家藏萬卷，牙籤玉軸，率有次第。自晉魏隋唐以來奇書名畫，無所不有。故能考覈真僞，論辨古今，推其人世次遠近，各有攸當。故世所言書畫者，皆率心服之。凡中外之人，有得繪畫而莫知主名者，必以求瑗辨之。瑗雖未敢定誰何，然論之皆有所歸也。瑗亦能放筆作雲林泉石，頗復瀟灑。昔桓譚以謂『能誦千賦，自可爲之』，與此相類。然適意而止，所傳乃不多，非若專門積累於歲月者也。今瑗官至通侍大夫、武勝軍承宣使，贈少師，謚忠簡。①

材料出處

①原注：《宣和畫譜》。按：卷一二。

梁揆

梁揆字仲敘，京師人，内臣。以蔭補入仕。自齠齔之時，便喜刻雕及繪事。及長，因所閲甚多，往往一見而便能，似其宿習。花竹人物，凡可賦象者，一一能之。率取其名流高古之畫，各擇其一，以資衆善，冀兼備焉。揆齒方壯，若更加討論，使就繩檢，則有加而無已。官任左武大夫、達州防禦使、直睿思殿。①

材料出處

①原注：《宣和畫譜》。按：卷一二。

羅存

羅存字仲通，開封人，内臣。性喜畫，作小筆，雖身在京國，而浩然有江湖之思致，不爲朝市風埃之所汩没。落筆則有煙濤雪浪、扁舟翻舞、咫尺天際、坡岸高下、人騎出没，披圖便如登高望遠，悠然與魚鳥相往還。此人後生，若其學駸駸未已，他日豈可量哉？存官任武德大夫、文州團練使，充殿中省尚食局奉御。①

材料出處

①原注：《宣和畫譜》。按：卷一二。

馮　覲

馮覲字遇卿，開封人，内臣。少好丹青，作江山四時、陰晴旦暮、煙雲縹緲之狀，至於林樾樓觀，頗極精妙。畫《金風萬籟圖》，怳然如聞笙竽於木末。其間思致深處，殆與《秋聲賦》爲之相參焉。惜乎覲性習未寧，但恐他日參差耳。覲今任武翼大夫、永泰陵都監。①

材料出處

①原注：《宣和畫譜》。按：卷一二。

賈　祥

賈祥字存中，開封人，内臣。少好工巧，至於丹青之習，頗極其妙。當時畫家者流，一遭品題，便爲名士。時寶和殿新成，其屏當繪設色寫龍水於其上，顧畫史雖措手，皆不當祥意。上命祥筆之，而神閑意定，縱筆爲龍，初不經思，已而夭矯空碧，體制增新，望之使人毛髮竦立，人皆服其妙。作竹石草木、鳥獸樓觀，皆工。時人得之者，遂爲珍玩。至於雕鏤塑造，靡所不能。官至通侍大夫、保康軍節度、觀察留後、知入内内侍省事，贈少師，謚忠良。①

材料出處

①原注：《宣和畫譜》。按：卷一九。

梁惟簡

梁惟簡，元豐八年，充内東門使兼皇太后殿祗候。元祐初，御藥院超帶御器械，勾管内東門。太皇太后遺賜文彦博手詔，寄文思副使。以久在太皇太后殿祗應，各有勤績，除内侍押班、添差勾當皇城司，又于坤成節恩轉左藏庫使。十月，詔惟簡在太皇太后殿祗候近二十年，累有勤績，特與遙郡刺史。蘇轍繳還詞頭，韓維爭之尤力，惟簡遂罷遷官，勾管景靈宮。二年，遷西京左藏庫使，尋爲嘉州刺史。五年，爲文思院使。紹聖初，坐援引陳衍得罪，投竄。四年，屋宅錢物籍没入官。①

材料出處

①原注：《通鑑長編》。按：卷三八九。

張士良

張士良，元祐中皇城使，爲宣仁殿御藥。紹聖元年二月，與陳衍、梁知新同罷，士良提點醴泉觀，任便居住。六月，添差監潁州酒税。章惇、蔡卞恐元祐舊臣復起，與邢恕謀所以排陷之計。既責吕大防、劉摯等過嶺，仍用王履疏、高士英狀，追貶王珪，皆誣以圖危上躬，其言寖及宣仁皇后。最後又起同文館獄，將悉誅元祐舊臣，内結宦者郝隨爲助，專媒蘗垂簾時事，建言欲追廢宣仁聖烈皇后。士良已竄雷州，元符三年，惇、卞逮赴詔獄，使證宣仁有廢立意。士良既以舊御藥告，並列鼎鑊刀鋸置前，謂之曰：『言有即舊官，言無則死。』士良仰天哭曰：『太皇太后不可誣，天地神祇何可欺也？乞就戮。』京、惇無如之何。元符三年，三省據士良辭奏言：『士良以御藥院給事宣仁聖烈皇后，與陳衍更直宮中，掌文書。衍主看詳進呈，定其所降付，士良書于籍。其所降付某處，其所從違某事，皆衍自與奪頒降，士良未嘗與聞。群臣有奏請東朝還政者，衍輒詆之曰：「此不忠不孝之人也。」匿其奏置櫃中，不以聞東朝，亦不以聞于上。及與呂大防往來，以合密賜大防妻，皆不聞上。坤成節，北使朝見太皇，坐間痰發，扶掖坐殿後御閤，衍指揮簾外使臣虛進酒，上食至畢，外廷皆不知。衍又奏除范純仁左僕射，文彥博平章事。』于是翰林學士蔡京、左諫議大夫安惇言：『臣等竊覩上次事節，大逆不道，跡狀明白，揆之以義，讞之以法，死有餘責。所有臣衍，罪在不赦。乞更賜審問，正以國法。』詔衍特處死，徙士良編管白州。崇寧初，授左藏庫使、提舉鴻慶宮，南京居住。①

材料出處

①原注：《長編》，參《紀事本末》。按：《長編》卷四九五，《長編紀事本末》卷九一。

裴彥臣

裴彥臣，元祐四年，官內東頭供奉官。蔡確貶新州，彥臣伴送，奏言：『如確沿途稱疾，即添差遞鋪兵士，用兜橋擡舁前去。』從之。元符三年，右司諫陳瓘言彥臣無甚幹才，但能交通內外，洩漏機密，遂使物議籍籍，或者以爲萬機之事，黜陟差除，皇太后至今與也。崇寧元年九月，令三省籍記姓名，不得與在京差遣。尋編管池州，除名勒停。五年，以九鼎赦移廣德軍。①

材料出處

①原注：《通鑑長編》，參《紀事本末》。按：《長編》卷四二七，《長編紀事本末》卷一二一『禁元祐黨人』、卷一二九『陳瓘貶逐』。

蔡克明

蔡克明，未詳里貫。徽宗即位，向太后權同聽政，將復用范純仁，而意若未伸。乃遣克明至永州，就賜銀合茶藥，問勞委曲，曰：『二聖甚知相公在先朝言事忠直，已虚位待相公，不知目疾如何？用何人醫治？只爲左右有不是當人阻隔相公。』又云：『太后問相公，官家即位，行事如何？天下何説？』又云：『天下有何不便，但奏取來。』又云：『離闕日，二聖再三命某言太后在宫中，皇上在藩邸，甚知相公是直臣。』純仁至畿内，又遣克明賜銀合茶藥，仍宣諭渴見之意。蔡京蓄恨范正平，及當國，言李之儀所撰范純仁行狀妄載中使蔡克明傳二聖虚佇之意，與之儀、正平同逮至御史府。之儀、正平皆欲誣服，獨克明曰：『舊制：凡傳聖語，受本于御前，請寶印；出，注籍内東門。』使從其家得聖語本，有御寶；驗内東門籍，皆同。獄遂解。崇寧三年，編管桂陽監，入黨籍。五年，以九鼎赦移饒州。①

材料出處

①原注：《紀事本末》，李之儀《范公行狀》。按：《宋史》卷三一四《范正平傳》，《范忠宣公文集》卷二〇附録李之儀撰《范忠宣公行狀》。

卷四十　列傳第四十

姦臣

林特 子瀍　洙

林特字士奇，南劍州順昌人。祖揆，仕閩爲順昌令，因家焉。特十歲往謁江南主李璟，獻所爲文。璟奇之，命作賦，頃刻而成，授蘭臺校書郎。江南平，入朝，累除大理寺丞。景德初，遷司封員外郎，詔與宮苑使劉承珪、崇儀副使李溥詳定江淮茶事。自二邊用兵，饋運仰於博易，有司務優物估以輸河北。及契丹通和，邊儲稍緩，物價差減，而官給交引虛錢之名未改，特等更刱新法，募人入金帛京師，入芻粟塞下，然後給茶。舊有交引而未給者、已給而未至者、已至而未磨者，悉差定〔一〕分數，折納入官。仍約束山場園户，謹其出入。歲課緡錢果增其舊。然初禁淮南鹽，小商已困，至是益嚴急，而民無餘利矣。

尋除右諫議大夫、權三司使、充修玉清昭應宮副使。特欲跨玄武門爲複道，爲左正言夏竦所沮而止。將祀太清宮，遣特儲供具，爲行在三司使。禮成，累進，真拜三司使。是時天下完富，丁謂以符瑞土木迎真宗意，特及劉承珪、王欽若、陳彭年附和之，蹤跡詭異，時論謂之五鬼。特每見謂，必拜，一日三見，亦三拜之。樞密使寇準惡特姦邪，數與忿爭。真宗罷準樞密，而特在位如故。尋命爲户部侍郎、同玉清昭應宫副使，復充修景靈宫副使兼管勾景靈、會靈觀事。仁宗即位，遷刑部尚書、翰林侍讀學士。謂貶，特坐謂黨，落職知許州。還朝，以户部尚書知通進銀臺司。卒，贈尚書左僕射。子濰、洙。①

材料出處

①原注：《福建通志》。按：道光《福建通志》卷一九二。又按：《宋史》卷二八三已有林特附二子傳。

校　證

〔一〕定，原闕，據《福建通志》補。

濰，以父蔭歷白波發運判官。慶曆中，累遷三司鹽鐵副使、同管勾制置軍器司。會入内都知張永和建議收民僦舍錢十之三以助軍費，事下三司，濰助之甚力。三司使王堯臣奏濰附和狀，詔罷濰副使，出知滑州。久之，遷秘書監，改知汝州。秦悼王墳域在汝，宗室附葬，役兵無慮五千人。濰使兵夫採薪芻，冶鐵石，輦致其家。衆憤，謀殺濰，濰匿不敢出。事聞，詔濰致仕。①

材料出處

①原注：《福建通志》。按：道光《福建通志》卷一九二。

洙，官至司農寺卿、知壽州。臨事苛急，鼓角將夜，入州廨，拔堂檻鐵鉤，擊殺之。①

材料出處

①原注：《福建通志》。按：道光《福建通志》卷一九二。

林　顔

林顔，福州福清人。登嘉祐四年進士。元祐初，遷提點刑獄，改知泉州。紹聖中，依附章惇、蔡卞以進。惇、卞惡陳次升，使顔致己意，賂以美官。次升責之曰：『若爲天子卿士，而爲宰相傳風旨耶？』洊歷光禄寺卿。希兄弟四人皆登第，惟希與顔爲士論所薄云。希子虡，登元祐六年進士，歷京畿開封縣主簿、詳定軍馬司敕例删修官。紹聖三年，試博學宏詞科第一，遷太學學正，終秘閣修撰。①

材料出處

①原注：《福建通志》。按：道光《福建通志》卷一九二。

吕升卿 弟温卿 和卿

吕升卿，泉州晉江人。登熙寧三年進士。六年，以王安石薦，召爲館閣校勘、提舉詳定修撰經義所檢討。安石再相，與惠卿不相能。惠卿輒删改安石《詩義》，安石滋不悦。既而安石子雱進《尚書義》，升卿奏乞不更删改，欲以媚安石，復於神宗前訐安石之短，復奏練亨甫以穢德爲王雱所昵，且曰：『陛下不信，臣有老母，敢以爲誓。』臺官言：『王安國非議其兄，吕惠卿謂之不悌，放歸田里。今升卿對陛下親詛其母，比安國不既重乎？』於是落升卿職，降授太常寺太祝、監無爲軍酒税。

元豐三年，復館閣校勘，累遷太常寺丞。嘗議郊祀致齋之内不當先詣景靈宫，及太廟朝享，得旨罷景靈宫諸處朝謁，而天興殿及太廟朝享如故。升卿遂上疏曰：『自古有天下者，莫重乎享帝。歷考載籍，不聞爲祀天致齋，乃於其間先饗宗廟者也。獨唐天寶之後，立老子廟，號曰太清宫。是歲將行郊祀，以二月辛卯先躬享焉。甲午，又親享於太廟。丙申，乃有事於南郊。雖論者以爲失禮，然考其初致齋之日，及辛卯享於太清宫，至丙申，殆且五日，猶得雍容休息，以見上帝也。今陛下致齋三日，其一日於大慶殿，而用其二日三行禮焉。於以奉宗廟，則齋之日不足；於以事上帝，則齋之義不專。陛下嚴恭寅畏，三歲一修大禮，將以受無疆之休。其爲致齋者乃如此，殆未稱昭事之意也。臣愚以謂郊禮宜如故事，致齋於大慶殿二日，徑赴行宫，以盡尊天致齋之義。其天興及太廟朝享，乞更不行，俟禮畢而恭謝，別修太廟躬祠之制。則祀天享親，兩得其當矣。』時不能行。

紹聖中，出爲京東路轉運副使，徙河北路。章惇興同文館獄，欲殺元祐責降諸人，召升卿察訪嶺南，升卿欣然請行。左司諫陳次升亟奏曰：『升卿天資慘刻，喜求人過。今使按於元祐臣僚遷謫之地，投隙報憾，何所不至？』哲宗大悟，令升卿還河北任。升卿每云：『人勿犯我兄弟，我兄弟直是報讎。』哲宗聞其語，大駭之，竟以是廢。子源。①

材料出處

①《福建通志》。按：道光《福建通志》卷一九二。

温卿，以奏補入官。元豐初，遷秦鳳路提點刑獄、權知秦州。温卿頗留心邊事，嘗請修雞川水寨，增築甘谷城，鉤考城寨隱陷荒田，增刺漢蕃弓箭手。詔皆從之。改河北西路提點刑獄。紹聖中，除直秘閣，遷鴻臚寺卿、權發遣江淮等路發運使。元符元年，爲察訪使孫傑劾罷，令朝請郎曾鎮、大理寺正張近同劾。温卿輕謾，不肯置對。近言温卿所坐明白，儻聽其蔓詞，懼爲株連者累，詔以衆證定其罪。温卿願往舒州居住，聽敕。到舒一日而卒。①

材料出處

①原注：《福建通志》。按：道光《福建通志》卷一九二。

和卿，初以奏補爲定州曲陽縣尉。熙寧中，朝廷初行免役法，和卿首以曲陽户等高下次第配役，未及行，以父憂去。服除，復考太祖朝通檢簿，并令文所謂手實者，爲書上之。時惠卿方以參政領司農寺，遂推行焉。其法，令民自供手實，糾告者賞之。民不勝其擾，惠卿反以爲詳密。累遷金部員外郎。元祐初，右司諫蘇轍奏言：『和卿與惠卿共建手實法，以根括民産爲本，以獎用告訐爲要，估計下至椽瓦，抄劄不遺雞豚，天下騷然。然其爲術迂疏，卒不能得民要領。乞行黜責，以警在位。』詔和卿權知台州，明年責降通判袁州，卒。①

材料出處

①原注：《福建通志》。按：道光《福建通志》卷一九二。

練亨甫

練亨甫字葆光，浦城人。初遊太學，從王安石子雱學，安石亦愛之。熙寧五年，發解第一。明年，登進士，調睦州司法參軍，充國子監修撰、經義所檢討。嘗與御史中丞鄧綰書，自謂上若見，唐虞三代之治不難致。綰九薦之，除崇文殿院校書。安石之再相也，與呂惠卿不相能。惠卿既出，安石亦屢求去。會華亭獄久未決，雱切責亨甫及呂嘉問。亨甫與嘉問議取綰所列下制獄，安石不知也。惠卿上章訟安石，安石問雱，雱始言亨甫所爲。安石咎之，雱憤恚死。安石奏斥綰，復言綰聽亨甫遊説。亨甫罷爲漳州軍事判官。元豐四年，除名勒停，編管均州，移郴州。①

材料出處

①原注：《福建通志》。按：道光《福建通志》卷一九二。

錢遹

錢遹字德循，縣之通化人，世隱於農。遹自少彊敏，記問過人。中熙寧九年進士第，調洪州推官。守將王詔繇樞府出，威重異常，他僚屬不敢仰視。會有疑獄，遹正色爭辨，至怒罵不少奪，後卒如遹議。遹攝府事纔二日，獄爲一空。及後爲守，姦吏望風遁去。除校書郎。徽宗立，擢殿中侍御史。中丞豐稷論其回邪，不可以任風憲。不報。稷復言必用遹，則願罷臣。乃改提舉湖北常平，夔、峽轉運判官。遹興利除害，發擿姦伏，風采凜然，人畏之如神明。

崇寧元年，召爲都官員外郎，復執法殿中，劾曾布援元祐姦黨擠紹聖忠賢。布去，遷侍御史。閱兩月，進中丞，首乞治元符末大臣乞復孟后而廢劉后事，韓忠彥、曾布、李清臣、黃履及議者曾肇、豐稷、陳瓘、龔夬皆坐貶〔一〕。遂與殿中侍御史石豫、左膚言：『元祐皇后得罪先朝，昭告宗廟，天下莫不知。哲宗上賓，太母聽政當國，大臣盡變亂紹聖之事，以逞私欲。因一布衣何大正狂言，復還廢后位號。當時物議固已洶洶，乃至疎逖小臣詣闕上書，忠義激切，則天下公議，從可知矣。今朝廷既已貶削忠彥等，及追褫大正誤恩，則元祐皇后義非所安。孔子曰：「必也正名乎。名不正，則言不順。」夫在先朝，則曰廢后，今日則謂之元祐皇后，於名爲不正。先朝廢而陛下復，於事爲不順。考之典禮，則古昔所無。稽之本朝，則故實未有。論之師言，則大以爲不然。況既爲先朝所廢，則宗廟祭告，歲時薦饗，人事有嫌疑之迹，神靈萌厭斁之心。萬世之後，配祔將安所施？宜早正厥事，斷以大義，無牽於流俗非正之論，以累聖朝。』明日，又言：『典禮所在，實朝廷治亂之所係。雖人主之尊，不得而擅。又況區區臣下，敢輕變易者哉？元祐皇后得罪先朝，廢處瑶華，制詔一頒，天下無間然者矣。並后匹嫡，《春秋》譏之。豈宜明盛之朝而循衰世非禮之事？』於是尚書右僕射京、門下侍郎將、中書侍郎益、尚書左丞挺之、右丞商英言：『元祐皇后再復位號，考之典禮，將來宗廟不可從享，陵寢不可配祔。揆諸禮制，皆所未安。請如紹聖三年九月詔旨。』后繇是復廢。遹遂言元符皇后名位未正，乃册爲崇恩太后。遹章所言小臣上書者，昌州推官馮澥也。其書以爲先帝既終，則后無單立之義。稽之逆順，陛下無立嫂之禮。要之始終，皇太后亦不得伸慈婦之恩。雖已遂之事，難復之失，然感悟追正，何有不可？澥繇是得召對，除鴻臚主簿。

蔡京謀取青、唐，遹助成其議。會籍元祐黨，遹以爲多漏略，給事中劉逵駁之，左轉户部侍郎。二年，遷工部尚書兼侍讀。三年，以樞密直學士知潁昌府。未行，言者疏其罪，黜知滁州。四年，徙宣州。五年，稍復直學士。召還工部，舉馮澥自代，謂澥趣操端勁，古人與稽，嘗建明典禮，忠義凛凛，薦紳歎服。言者又疏其罪，以待制知秀州。中書舍人侯綬封還之，又奪待制。久之，除集賢殿修撰、知越州，即提舉江州太平觀。大觀二年，會行八寶赦，復修撰。俄除顯謨閣待制，以疾請致仕。四年，起爲顯謨閣直學士。政和三年，改述古殿，皆領宫祠。

遹家居十餘年，無益之事不爲。惟築三大湖，以利鄉民，民深德之。宣和三年，方臘陷婺，遹走蘭谿靈泉寺，爲盜所刺。年七十二。盜平，州以聞，有旨贈五官至大中大夫，與遺表致仕恩澤，賜銀絹三百匹兩。遹無所不學，晚尤深於曆書。爲文章明白簡切，自成一家。學者從之，多爲名儒。所著有遺文八十卷，藏於家。子楚材、楚翁，皆承事郎。孫億年，字伯壽，宣和七年，以祖蔭入官。乾道二年，以右朝請大夫致仕。五年，落致仕，除利路提點刑獄。不果上。淳熙十一年，轉朝議大夫，卒。有詩號《雲巢集》云。

贊曰：『《四朝史》有云：「瑶華失位而復也，太母實詔之。姑有還婦之文，母有改子之道，播之天下，合於至公。」誠哉是言也。遹在當時，孰謂其不知此理耶？其意蓋有所循焉爾。執禮銘遹之墓，歎其剛方少圓，死生負謗。其厚於揚善者哉！』①

材料出處

①按：此傳漏注出處，當見明宋濂《浦陽人物記》卷下。又按：《宋史》卷三五六已有錢遹傳。

校　證

〔一〕貶，原作『賤』，據《浦陽人物記》改。

林自

林自字疑獨，興化縣人。元豐五年，由上舍生兩優釋褐賜第。紹聖元年，蔡卞薦爲太學博士。時卞方推崇王安石，自用卞意，倡言於太學曰：『神考知王荆公不盡，尚不及滕文公之知孟子也。』士大夫咸駭其言。自與卞議毁司馬光《資治通鑑》板，博士陳瓘聞之，因策士題引神宗所製序文，自駭問曰：『此豈神宗親製耶？』瓘曰：『誰敢言其非者？』自曰：『神宗少年之文耳。』瓘曰：『聖人之學，有始有卒，豈有少長之異？』自語塞，遽以告卞，卞乃密令束置高閣。國子監舊有胡瑗祠，自以瑗習元祐學術，奏於朝，撤去。三年，除秘書省正字。會瓘謁章惇，求外補，問惇曰：『今日廟堂所謂繼述者，述神考乎？述荆公乎？』因道自前日滕文公語。惇曰：『自妄言爾。』瓘退，惇呼自罵斥之。惇、卞自此不相能。明年，遷著作佐郎。方天若上書，欲誅戮元祐大臣，自陰與其謀，已而自亦論奏。哲宗惡之，遂不復用。轉宣德郎以終。①

材料出處

①原注：《福建通志》。按：道光《福建通志》卷一九二。

方天若

方天若字彦稽，莆田人。紹聖四年，廷試進士，天若對策大略以崇復熙、豐法制爲主，且言元祐大臣當誅戮而不誅戮，子孫當禁錮而不禁錮，貲産當籍没而不籍没，朝廷〔二〕政刑之失莫大於此。宰相惇讀其卷大悦，拔置第二人，調彰信軍節度推官。會星變，下詔求直言。天若登舟欲行，聞詔復留，上書指斥元祐臣僚，以爲當黜邪黨異論，上應除舊布新之象。天若本蔡京門客，其言蓋承京風旨也。元符元年，以徐鐸薦得召對，除秘書省正字，知樞密事。曾布奏天若險薄不可用，哲宗頷之。右正言鄒浩之貶也，著作佐郎周穜嘗對天若言，稱浩爲難得。天若遽以告京，京奏其語，穜由是得罪。時惇已與京交惡，以憾京故，遂言天若亦當逐，乃出爲越州觀察推官，移建州觀察推官。京當國，召除校書郎，歷通判泉州、福建路轉運判官，遷湖南轉運使。尋罷去，起知泉州。母憂，服除，累遷秘書少監，加右文殿修撰、知泉州。未行，爲言者所攻，遂致仕。天若爲京腹心，起犴獄，陷善士，天下冤之。①

材料出處

①原注：《福建通志》。按：道光《福建通志》卷一九二。

校證

〔一〕廷，原作『政』，據《福建通志》改。

蔡碩

蔡碩，泉州晉江人。登治平二年進士。熙寧五年，試治邊策，入選，補武學教授，調潁州團練推官。元豐初，累轉武學博士，尋除軍器少監。時確已爲相，碩恃兄勢，招權納賄。爲駕部郎中吳安持所按，確庇之，安持反坐謫，語在《安持傳》。先是，碩壻文康世嘗述劉唐老告文及甫語，謂時事中變，上臺當赤族，其他執政奉行者梟首，從官竄嶺南。紹聖中，碩密令人告唐老與及甫共結嶺南責降元祐人，謀爲變，欲誅章惇、蔡卞等。哲宗疑其事，詔令京西轉運副使周秩體量。久之無狀，事乃已。宣和初，碩已死，蔡京令確子懋重理確定策事，懋詭言確嘗令碩約殿前指揮使燕達同擁護，遂贈碩待制。高宗立，始削奪。①

材料出處

①原注：《福建通志》。按：道光《福建通志》卷一九二。

蔡懋

蔡懋，確次子也，本名渭，改今名。紹聖元年，太子少保馮京卒，哲宗臨奠。懋，京壻也。於喪次闌訴父確冤狀，章惇時爲左僕射，力主之。明日，復確正議大夫。懋以是得敘蔭補官，歷少府監主簿。遂奏：『臣叔父碩，曩於邢恕家見文及甫所寄書，具述元祐諸臣大逆之謀。及甫乃文彦博愛子，必知當時奸狀。』詔翰林學士承旨蔡京同權吏部侍郎安惇就〔一〕同文館鞫問，及甫詞連劉摯、王巖叟、梁燾，問其證驗，則無有也。

先是，確母明氏訴燾嘗對懷州人李詢言：『若不誅確，則於徐邸安得穩便？』朝廷封其狀，不爲施行。及劉唐老事作，懋告章惇曰：『唐老輩何足治？曷不治梁燾？』章惇遂檢明氏狀進呈，於是並付蔡京、安惇究治。燾時已貶化州，懋欲陷徙惡地，適詢以憂死，乃寢。懋始事京弟卞，密間其兄弟。後事京子攸，復間其父子。政和中，懋以重賂通京，自謝前過，且揚稱元豐末建儲，京知開封府，挾劊子入内隨徐王，有助定策功。京素誕誇，以功名自詭，聞懋言大悦。宣和初，京引懋上殿面陳誣罔語。徽宗惑焉，封確王爵，擢懋延康殿學士。尋除試開封府尹。復結宦官梁師成，請徽宗御製確傳立石墓前，自撰《哲宗帝紀》與宣仁、雍王二傳送史館，指斥垂簾政事，聞者莫不痛憤。

靖康元年，金兵圍京師，拜尚書左丞，命同右丞李綱巡觀城濠。懋力言不可守，與綱異論。

綱罷，懋代爲行營使。金人縱數百騎薄城下，間以矢石中城上。城上復者，懋皆令笞之。金人請布囊數千，揚言將以貯金移寨。懋與之，金人遂以實土塞河。皇城火禁，依軍法。懋夜輒豎紅燈籠於城上，復易建西北隅獨角皂旗。人情洶洶，以懋懷二心爲内應也。及綱復出登城，乃安。金兵退，臣僚交章劾懋。建炎元年，責授單州團練副使，徙竄英州。紹興四年，死於德慶府。①

材料出處

①原注：《福建通志》。按：道光《福建通志》卷一九二。

校　證

〔一〕就，原闕，據《福建通志》補。

蔡　儵

蔡儵，興化軍仙遊人。尚茂德帝姬，拜駙馬都尉。京貶，子孫皆竄遠地。儵以尚帝姬，故獨免。金人陷京師，儵隨徽、欽二帝北去，居五國城。紹興三年，沂王㮙、駙馬都尉劉彦文在金告變，金遣千户孛堇按打曷陳兵河濱，欲邀上皇渡河對辯，衆懼不測，幨曰：『吾儕前日不死國難，捐軀報效，正在今日。幨身以貫高自處，願諸公盡力。』坐者皆泣下。上皇遣萃王植同幨往，孛堇按打曷尚執前議，乃請欽宗行。幨與信王榛、駙馬都尉向子居、内侍王若沖從之，往返詰問三日。幨力辨其誣，鍔、彦文皆坐死。幨疏奏上皇，乞深自悔禍，以畏天戒。上皇嘉納之。幨自陷金八年，事上皇頗謹。然猶以王安石《日録》爲言，堅護紹述之局，時論鄙之。①

材料出處

①原注：《福建通志》。按：道光《福建通志》卷一九二。

蔡　絛

蔡絛字約之，京季子也，官至徽猷閣待制。絛在兄弟間，粗親翰墨，京特鍾愛之。然與攸不咸，攸有爲，絛必反之。攸與京謀，奏請通延福宫、景龍江路，撤閶闔門，跨城爲複道飛橋入賜第，得旨宣諭，毁民居數千家。絛夜草書力爭。京愕然，秘其章不肯出。攸數白徽宗請殺絛，徽宗曰：『太師老矣。』不許，但削絛官，貶新州，改光州。京恐絛出則攸必陰害之，因賞橘内宴，拜懇徽宗前，乃勒停，令侍養。宣和六年，京落致仕，復以太師總三省，除絛龍圖閣直學士兼侍讀。凡京所判，皆出條手，仍代京禁中奏事，堂吏數十人抱文案以從，中外側目。先是，王黼領應奉司，總四方貢獻之物，以市權寵。條復刱置宣和庫式貢司，中分諸庫，如泉貨、幣餘、服御、玉食、器貢等，皆其名也。元豐大觀庫及榷貨務見在錢物，盡拘撥收樁，以爲天子私財。靖康元年，流竄白州。紹興末，尚謫居無恙。論者以爲倖逃顯戮焉。①

材料出處

①原注：《福建通志》。按：道光《福建通志》卷一九二。

蔡宻

蔡宻，京族子也。性矯妄，善談鬼神。崇寧初，與泉州布衣吕注同召。宻著道士服入謁，累官拜給事中兼侍讀。去位，言者論其不學無文，持道家吐納之説以爲論思，侍立集英，瞑目自若，爲不恭。遂奪職。陳正彙上京變事，且陳在杭州日，聞宻盛言京有後福。詔下開封鞫問，獄上，削宻籍。①

材料出處

①原注：《福建通志》。按：道光《福建通志》卷一九二。

黄唐傳

黄唐傳〔一〕，閩縣人。崇寧二年進士，歷官至宗正少卿。靖康二年，金人犯闕，唐傳盡取玉牒獻金帥。金帥令充事務官，按牒搜押皇族出城。張邦昌僭位，差權中書舍人。高宗登極，除直龍圖閣、守起居郎，尋遷中書舍人。黄潛厚之除延康也，言者論其無名進職，唐傳草制，極稱美潛厚及弟潛善，擢徽猷閣待制。潛善罷相，御史中丞張澂并論唐傳罪，罷職，奉祠。紹興三年，以宰相吕頤浩薦，起除給事中。明年，殿中侍御史常同奏唐傳獻玉牒事，士大夫至今切齒，望賜罷黜，以肅百僚。奪職，提舉太平興國宫。二十六年，復徽猷閣待制。同時受邦昌僞命者，有朱宗、葉宗諤、葉份。①

材料出處

①原注：《福建通志》。按：道光《福建通志》卷一九二。

校證

〔二〕傅，原作『傳』，據《淳熙三山志》卷二七及《福建通志》卷三三改，下同。又，原有小注云『《選舉》作唐傳』，今既改正，小注已無謂，並删去。

章傑

章傑，建州浦城人。登宣和六年進士。建炎中，歷福建路轉運判官。久之，徙知衢州。故相趙鼎子汾奉鼎喪歸葬常山縣，傑雅怨鼎當國時追治惇罪，知中外士大夫多與鼎簡牘往來，欲掩取之以媚秦檜，遣兵官同尉翁蒙之以搜私釀爲名。蒙之密以告汾，語在《蒙之傳》。傑怒，深治蒙之，且追汾與故侍讀范沖之子仲彪拘於兵官所。蒙之母訴於朝，檜知傑不專爲己，而借力以逞憾也，不直之。侍御史曹筠劾傑貪墨不法，罷歸。①

材料出處

①原注：《福建通志》。按：道光《福建通志》卷一九二。

吳　幵

吳幵字正仲，汀州清流人。靖康初，爲翰林學士承旨。金使王芮還，朝廷遣刑部尚書王雲偕行。少宰唐恪令幵撰議和書，幵詞有云：『若恤鄰存好，則洪恩再造。提師復至，則宗社殞亡。』識者哂其沮弱而不祥也。已而京城失守，夜二鼓，欽宗急宣札召侍從官。幵詐得疾僵仆，歸卧於家。及金人遣使檢視府庫，幵遽出，與翰林學士莫儔首引金使入庫中。欽宗之再詣金營也，幵與宰執何㮚、曹輔等扈從。金人變議，遣幵、儔邀上皇出城，並取后妃諸王，辭氣軒鷙，上皇爲之泣下。留守孫傅匿太子民間，別求狀類太子者并内侍二人殺之，紿言宦者欲竊太子投獻，都人爭之，並傷太子。金人遲疑者五日，幵與儔督脅甚急，太子卒不免。

金人議立張邦昌，令幵密諭意，自擁戴以至册命，幵、儔朝入暮出，傳道指揮，京師人謂之捷疾鬼。邦昌即僞位，以幵權同知樞密院事。幵爲邦昌謀散遣諸路勤王兵，故赦文首及之。未幾，邦昌以吕好問言避位，請元祐太后聽政。幵不自安，辭免僞命。高宗即位，幵自陳國家禍變，不能死節，乞正典刑。疏三上，詔充龍圖閣學士、提舉江州太平觀。尋奪職，永州安置。紹興二年，再貶南雄州居住。初，秦檜嘗受幵薦，幵後赦還，寓家贛上，檜憐之，補幵子祖棣高郵軍使，御史中丞魏師遜奏免官。①

材料出處

①原注：《福建通志》。按：道光《福建通志》卷一九二。

黎　確

黎確，邵武人。靖康初，歷官至侍御史。張邦昌之僭位也，確受僞命，嘗陳三事，勸邦昌罷東南貢獻以收人心，又請邦昌修德以應天。及邦昌求奉使止勤王者，確請行。紹興元年，試吏部侍郎，除徽猷閣待制。知漳州。明年，進龍圖閣待制。言者論其在圍城中汙僞命，奪職罷歸。①

材料出處

①原注：《福建通志》。按：道光《福建通志》卷一九二。

吕　源

吕源，升卿子。以父蔭入官，傾貲賂梁師成。無何，出帥廣西。靖康中，添差江淮等路制置發運副使。奏請量添六路酒税以爲造舟之費，民不勝其擾。金人犯泗州，源遣人收淮北舟船數百泊南岸，焚浮橋而遁。事聞，除名。紹興二年，秦檜爲相，源故與檜善，復朝奉大夫，終廣西轉運副使。①

材料出處

①原注：《福建通志》。按：道光《福建通志》卷一九二。

朱宗

朱宗字成德，仙遊人。以蔭補潁昌府長社縣尉，累遷給事中。邦昌僭位，以宗權刑部侍郎。高宗登極，坐僞黨斥歸。紹興初，除直秘閣，爲福建路轉運副使。言者論罷之。①

材料出處

①原注：《福建通志》。按：道光《福建通志》卷一九二。

葉宗諤

葉宗諤，泰寧人。歷官户部員外郎。邦昌僭位，除權司農少卿。建炎初，有旨置宗諤受僞命事不問，除户部郎中、直龍圖閣、充江淮制置使。紹興元年，改知洪州。爲言者所論罷。久之，遷江西路轉運使。①

材料出處

①原注：《福建通志》。按：道光《福建通志》卷一九二。

葉　份

葉份，劍浦人。歷官庫部員外郎。邦昌僭位，以份權左司郎中。建炎三年，除秘閣修撰、充江淮等路發運副使，尋試户部侍郎。高宗幸越州，夜得杜充敗奏，份與中書舍人綦宗禮堅主浮海議，高宗遂決策移明州，份扈從。金兵退，試户部尚書、充龍圖閣直學士、知泉州。久之，提舉江州太平興國宫。紹興十七年，上章告老，詔遷一官致仕。①

材料出處

①原注：《福建通志》。按：道光《福建通志》卷一九二。

黄潛厚

黄潛厚，邵武軍邵武人。歷官直顯謨閣，除京東轉運副使。高宗爲大元帥時，師次東平，潛厚與安撫使盧益率官吏出迎，命兼大元帥府隨軍應副使。及潛厚以李宗事入告，以便宜加直龍圖閣。高宗即位南京，除試户部侍郎。未幾，擢尚書中書舍人。劉珏奏潛厚乃右僕射潛善親兄，不可同居一省，乃改潛厚延康殿學士，遷刑部尚書。潛善罷相，言者併及潛厚。奪職，提舉醴泉觀，復責授秘書少監、分司道州。紹興五年，落分司，提舉台州崇道觀。六年，卒。二十九年，追復通議大夫，官其子孫有差。①

材料出處

①原注：《福建通志》。按：道光《福建通志》卷一九二。

李文會

李文會字端友，泉州惠安人。建炎二年進士。紹興十二年，除監察御史。明年，守殿中侍御史。首論寄居士大夫干擾州縣，望嚴加戒約，倘或不悛，令監司、郡守密具姓名聞奏，重寘典憲，不以赦原。從之。時臣僚與秦檜異論者多奉祠里居，或僑寓他郡，自是以次被罪矣。直學士院洪皓自金國回，與檜語及金事，因曰：『憶室撚否？别時託寄聲。』檜變色而起。翌日，文會奏皓『傾事朱勔之壻，夤緣改官，以該討論，乃求奉使。比其歸也，非能自免，特以和議既成，例得放歸，而貪戀顯列，不求省母』。檜進呈，黜皓出知饒州。

十四年，遷御史中丞。宗室令衿前以請留張浚爲檜所斥，久之，以事至臨安。文會劾令衿昔爲大臣緩頰，今復奔走請託。詔送吏部，仍日下出門。禮部侍郎高閌侍經筵，高宗問張九成安否。明日，語檜曰：『九成清貧，不可無禄。』檜疑閌薦九成，以語中書舍人楊愿，愿遂嗾文會攻閌去之。是日，拜文會端明殿學士、簽書樞密院事兼權參知政事。文會自居臺職，專以逢迎爲務，聞檜所不樂者，上章彈擊，惟恐後時。然檜薦執政，多不一年，或半年，必以罪罷。居數月，愿爲御史中丞，察檜有厭文會意，遂論文會憸邪害政，詔落職，謫筠州居住。二十八年，復端明殿學士，卒於官。①

材料出處

①原注：《福建通志》。按：道光《福建通志》卷一九二。

林一飛

林一飛字升卿，仙遊縣人。父正，大觀四年上舍釋褐，官至左司郎中。紹興間，一飛與兄一鶚、弟一鳴俱以父蔭補官。時秦檜當國日久，引一飛爲腹心，驟擢樞密院編修，歷屯田員外郎、守右司員外郎。檜病，高宗幸檜第問疾，召權直學士院沈虚中草檜致仕制。檜子熺夜遣一飛見臺諫，奏請除熺爲宰相。高宗不允。檜死，一飛遂罷。明年，一飛遣族人進士東投匭上書，論進退大臣當以禮。侍御史湯鵬舉面奏：『禮爲忠賢設。使其奸詐如李林甫、盧杞之徒，自當明示典刑，爲天下後世戒。况檜死之後，陛下禮意隆盡，不可復加，而一飛遣東鼓唱浮言，動摇國是，乞特賜懲戒。』詔責一飛監高州鹽税，東英州編管。一飛卒貶所。①

材料出處

①原注：《福建通志》。按：道光《福建通志》卷一九二。

傅伯壽

傅伯壽字景仁，泉州晉江人。隆興元年，與弟伯成同登進士，試中教官科。乾道八年，應博學宏詞科，入選。繇三館歷知道州，入爲吏部郎官，出知漳州。紹熙初，除直焕章閣，改浙西提點刑獄。處外久，常鬱鬱。及韓侂胄用事，伯壽首以啟贊，有云：『人無恥矣，咸依右相之山；我則異歟，獨仰韓公之斗。』侂胄喜甚，力薦之。召除中書舍人、直學士院。慶元元年，侍御史楊大法、右正言劉德秀乞以國是、尊君等事訓飭在庭，伯壽承侂胄意，草詔妄詆善類。伯成屢引義責之，不聽。始朱元晦與自得善，伯壽嘗執弟子禮，憾元晦登朝不薦己。及元晦罷歸，請辭侍從職銜，得旨依舊秘閣修撰、宫觀差遣。伯壽行詞有『大遜如慢，小遜如僞』語，士論薄之。累遷禮部尚書，出知建寧府。值元晦卒，伯壽以黨禁故，不上聞，遣人致賻元晦家，元晦家辭焉。開禧初，侂胄倡開邊議，伯壽貽書侂胄，論金人必亡與中國必勝之理，而始末以勢未可勝爲言，歷引古今用兵成敗利害甚悉，欲治其在我者，以竢敵之釁。頗中機宜，然不足以掩其阿附之失也。未幾，卒。侂胄既誅，追伯壽三官。子度，建康府榷貨務。①

材料出處

①原注：《福建通志》。按：道光《福建通志》卷一九二。

林行可

林行可字可叔，侯官人。乾道八年進士。紹熙初，知尤溪縣，惸有能稱。自强入政府，以同里故，引爲己助。不二年，躐遷侍御史。凡所論奏，無非奉行韓侂冑風旨。一日，見執政，忽大言曰：『平章可謂與天同心。衆人以爲當用兵，則從而用兵。衆人以爲當議和，亦從而議和。』時金人責縛送首謀，行可見外議籍籍，謂自强曰：『事至此，恐不利於丞相及平章，必盡去異議者乃可安。』自强然之，與侂冑謀遷行可爲右諫議大夫。明日，行可方請對，會侂冑誅，計不行。已而爲御史中丞衛涇所論，奪職罷歸。①

材料出處

①原注：《福建通志》。按：道光《福建通志》卷一九二。

廖瑩中

廖瑩中字群玉，邵武軍邵武人。少有雋才，文章古雅。登進士。爲賈似道客，似道賜第葛嶺，吏抱文書就第署，大小朝政一切決於瑩中，宰執充位署紙尾而已。似道自江上歸，匿議和納幣之事，詭報諸路大捷。鄂圍始解，瑩中撰《福華編》稱頌救鄂功。似道大悦，奏瑩中籌幄之勞，比他人爲最，轉官外賜黄金百兩。瑩中遂用之鑄匜器，勒銘自詡，以爲不朽。嘗於西湖濱建世綵堂、在勤堂、芳菲逕、紅紫莊，園林擅一時之勝。及似道褫職之夕，與瑩中相對痛飲，悲歌雨〔一〕泣。瑩中歸舍，不復寢，命愛妾煎茶，服冰腦數握〔二〕。妾覺之，奪救，已無及。翌日詔下，除名勒停，韶州羈管，而瑩中已死。①

材料出處

①原注：《福建通志》。按：道光《福建通志》卷一九二。

校　證

〔一〕雨，原作『有』，據《福建通志》改。

〔二〕握，原作『幄』，據《福建通志》改。

後記

在本書的整理過程中，我的師兄慈波和成瑋給予了不少指導和幫助。這件工作是成瑋提議我做的，我有時候乾脆就本著『你提議、你負責』的心理，一有疑惑不解之處，就致電詢問，他都能耐心地加以指點，往往能令我茅塞頓開。慈波師兄助力尤多，我每遇到點不斷的地方，都第一時間通過網聊向他請教，總是能夠得到及時而滿意的解決。現在想來，當初之所以有勇氣接受這份整理工作，也許正是因爲想著反正有他們作爲後臺依靠，纔毅然決然地答應下來的。

我的學生鄭植軍做了全部的録入工作，並且將録入的文字與原刻本仔細校對了一遍。至今依然深深記得，去年的暑假，每天從早到晚，她校對一卷，我馬不停蹄地加以標點，勉强趕得上她的進度。因爲過於專心，我的頸椎出了點小毛病，有事没事總要轉動幾下纔舒服，至今還没有治好。我想，以後如果還治不好，還是這樣有事没事總要頭不由己地轉動幾下纔舒服的話，每當轉動之時，我一定都會想起曾經的那些師生共同埋頭故紙堆的日子。那真是一個炎熱而又充實的暑假。

初稿出來後，請梁燕同學做了部分復校工作。浙江古籍出版社的況正兵和潘丕秀兩位編輯，爲我的工作提供了極大的支援，尤其是潘丕秀，在審讀書稿校樣時，幾乎將所有的出處重新核對了一遍，使這部書稿避免了不少錯誤。

一書之成，衆人之力。儘管如此，四十卷的篇幅，五六十萬字的文本，不可謂不巨，加之本人學殖荒落，經驗不足，其中錯誤疏漏的地方一定不少，尚祈讀者不吝賜正。

吴伯雄，二零一五年十月十九日晚於蘭庭賃所。